한국세무사회 전산회계2급.1급 자격시험 대비
NCS(국가직무능력표준) 적용

# 오쌤
# 전산회계2급.1급
### (2025년 통합본)

오상복 편저

# 머 리 말

수험서의 목적은 합격에 공헌하는 것이다!

전산회계2급과 전산회계1급을 통합하여 1권으로 만들었습니다.

케이렙(KcLep) 프로그램을 기반으로 한 실무 부분도 수험생이 편리하게 공부할 수 있는 맞춤형 유형별 백데이터를 직접 만들어 제공하고 있습니다.

> 이 교재의 특징은 -
> 1. 각 단원마다 필수적인 내용과 주제별 연습문제와 핵심기출문제를 충분히 삽입하여 학습효과를 높일 수 있도록 하였습니다.
> 2. 실전에 자주나오는 일반전표입력, 매입매출전표입력, 결산정리사항을 유형별로 선별하여 실력향상에 도움이 될 수 있게 하였습니다.
> 3. 케이렙(KcLep) 기초정보관리, 전표입력, 결산 및 장부조회 각 주제별로 연습문제와 백데이터를 달리 하여 학습효과를 높이고 실무시험에 대비할 수 있게 하였습니다.

한편으로 아쉬움이 남지만, 전산회계2급과 1급을 준비하는 데 부족함이 없이 교재에 실었으니 수험생 여러분은 본 교재의 내용을 충분히 숙지할 수 있도록 반복하여 읽고 쓰며 실력을 키워 꼭 합격하시기 바랍니다.

본 교재가 자격시험 합격은 물론 실무에서도 힘을 발휘할 수 있는 옹골찬 실력을 키우는 데 튼튼한 디딤돌이 되기를 간절히 바랍니다.

회계와 세법은 수시로 개정되고 있어 교재 출판 후의 개정(수정)사항은 게시판을 통하여 제공하고, 오탈자와 오류를 보완해나갈 것입니다.

저자 이메일 : sutop-osb@naver.com

> 苦盡甘來(고진감래)
> 苦 쓸 고, 盡 다할 진, 甘 달 감, 來 올(위로할) 래
> '쓴 것이 다하면 단 것이 온다'라는 뜻으로, 고생 끝에 낙이 온다는 말.

합격을 만드는 가장 중요한 것은 수험생 자신의 목표 의식과 의지, 실천력입니다!

아무리 좋은 교사나 좋은 교재가 있어도 자신이 노력하지 않으면 아무런 의미가 없습니다. 스스로 합격하고자 하는 목표 의식을 갖추고, 합격을 향해 하루하루 학업에 정진하는 자세가 합격을 만드는 것입니다.

이름뿐인 자격증이 아니라 명실상부한 기본이론과 실무능력을 갖춘 회계·경리사무원이 될 수 있도록 적극적이고 성실한 자세와 노력으로 합격을 만들고 밝은 미래를 열어나가길 바랍니다.

끝으로 본 교재가 나오기까지 믿고 응원해주시는 수험생 여러분과 나와 함께해준 선생님들 그리고 사랑하는 내 가족에게 이 책을 출간으로 대신하여 감사의 마음을 전합니다.

언제나 아름다운 인연이 되길 바라며..

편저자 배상

# 목차

## 오쌤 전산회계 2급.1급 (통합본)

### 1편. 기초회계원리 17
❑ 0203020101 전표관리 / 0203020102 자금관리
❑ 0203020104 결산처리 / 0203020111 재무제표작성

| | | |
|---|---|---|
| 제1장 | 회계의 기초 | 18 |
| 제2장 | 회계의 기술적 구조 | 35 |

### 2편. 회계원리 68
❑ 0203020101 전표관리 / 0203020102 자금관리
❑ 0203020104 결산처리 / 0203020111 재무제표작성

| | | |
|---|---|---|
| 제1장 | 당좌자산 | 69 |
| 제2장 | 재고자산 | 93 |
| 제3장 | 투자자산 | 111 |
| 제4장 | 유형자산 | 117 |
| 제5장 | 무형자산 | 131 |
| 제6장 | 부채회계 | 134 |
| 제7장 | 자본회계 | 143 |
| 제8장 | 수익·비용회계 | 155 |
| 제9장 | 결산수정사항 | 166 |
| 제10장 | 재무제표 | 174 |
| 제11장 | 세무회계 | 186 |
| 제12장 | 외화자산·부채의 평가 | 190 |
| 제13장 | 재무회계이론 | 193 |

### 3편. 원가회계 201
❑ 0203020103 원가계산

| | | |
|---|---|---|
| 제1장 | 원가회계의 기초개념 | 202 |
| 제2장 | 원가의 흐름 | 214 |
| 제3장 | 요소별 원가계산 | 224 |
| 제4장 | 원가의 배분 | 233 |
| 제5장 | 제품별 원가계산 | 249 |

### 4편. 부가가치세 267
❑ 0203020205 부가가치세 신고

| | | |
|---|---|---|
| 제1장 | 부가가치세 총론 | 268 |
| 제2장 | 과세거래 | 279 |
| 제3장 | 영세율과 면세 | 290 |
| 제4장 | 과세표준 및 매출세액 | 296 |
| 제5장 | 거래징수와 세금계산서 | 302 |
| 제6장 | 세액의 계산, 신고·납부 | 309 |
| 제7장 | 간이과세 | 316 |

# 목차

## 오쌤 전산회계 2급.1급 (통합본)

## 5편. 전산회계 실무 320
☐ 0203020105 회계정보시스템 운용

| | | |
|---|---|---|
| 제1장 | 전산 프로그램 운용(1) | 321 |
| 제2장 | 전산 프로그램 운용(2) | 324 |

## 6편. 전산회계2급 이론(90)모의고사 358
☐ 비NCS 전산회계2급

| | | |
|---|---|---|
| 이론(90) | 모의고사 | 359 |
| 이론(90) | 모의고사 해답 | 376 |

## 7편. 전산회계2급 실기모의고사 387
☐ 비NCS 전산회계2급

| | | |
|---|---|---|
| 1회 | 실기모의고사 및 해답 | 388 |
| 2회 | 실기모의고사 및 해답 | 397 |
| 3회 | 실기모의고사 및 해답 | 406 |

## 8편. 전산회계2급 집중심화 415
☐ 비NCS 전산회계2급

| | | |
|---|---|---|
| 1회 | 집중심화문제 및 해답 | 416 |
| 2회 | 집중심화문제 및 해답 | 432 |
| 3회 | 집중심화문제 및 해답 | 447 |
| 4회 | 집중심화문제 및 해답 | 462 |
| 5회 | 집중심화문제 및 해답 | 477 |

## 9편. 전산회계2급 최근기출문제 494
☐ 비NCS 전산회계2급

| | | |
|---|---|---|
| 제113회 | 기출문제 및 해답 | 495 |
| 제114회 | 기출문제 및 해답 | 511 |
| 제115회 | 기출문제 및 해답 | 526 |
| 제116회 | 기출문제 및 해답 | 542 |
| 제117회 | 기출문제 및 해답 | 557 |

# 목차

## 오쌤 전산회계 2급.1급 (통합본)

## 10편. 전산회계1급 이론(90)모의고사 573
☐ 비NCS 전산회계1급

| 이론(90) | 모의고사(재무.원가.세무회계) | 574 |
| 이론(90) | 모의고사(재무.원가.세무회계) 해답 | 593 |

## 11편. 전산회계1급 실기모의고사 603
☐ 비NCS 전산회계1급

| 1회 | 실기모의고사 및 해답 | 604 |
| 2회 | 실기모의고사 및 해답 | 615 |
| 3회 | 실기모의고사 및 해답 | 625 |

## 12편. 전산회계1급 집중심화 638
☐ 비NCS 전산회계1급

| 1회 | 집중심화문제 및 해답 | 639 |
| 2회 | 집중심화문제 및 해답 | 655 |
| 3회 | 집중심화문제 및 해답 | 671 |
| 4회 | 집중심화문제 및 해답 | 687 |
| 5회 | 집중심화문제 및 해답 | 705 |

## 13편. 전산회계1급 최근기출문제 721
☐ 비NCS 전산회계1급

| 제113회 | 기출문제 및 해답 | 722 |
| 제114회 | 기출문제 및 해답 | 740 |
| 제115회 | 기출문제 및 해답 | 758 |
| 제116회 | 기출문제 및 해답 | 774 |
| 제117회 | 기출문제 및 해답 | 792 |

# ◐ 전산세무회계 자격시험 안내 ◑

1. 시험시간 : 국가 질병등 각종 상황에 따라 시험시간은 변경될 수 있음.

| 종목 | 전산세무회계 고용노동부 제2021-1호 | | | | 세무회계 / 기업회계 기획재정부 제2017-1호 / 제2008-0260호 | | |
|---|---|---|---|---|---|---|---|
| 등급 | 전산세무1급 | 전산세무2급 | 전산회계1급 | 전산회계2급 | 1급 | 2급 | 3급 |
| 시험시간 | 15:00~16:30 | 12:30~14:00 | 15:00~16:00 | 12:30~13:30 | 09:30~11:10 | 09:30~10:50 | 09:30~10:30 |
| | 90분 | 90분 | 60분 | 60분 | 100분 | 80분 | 60분 |

2. 시험종목 및 평가범위

| 종목 | 등급 | | 평가범위 | 비고 |
|---|---|---|---|---|
| 전산세무회계 | 전산세무1급 | 이론 | 재무회계(10%), 원가회계(10%), 세무회계(10%) | 국가공인 |
| | | 실무 | 재무회계 및 원가회계(15%), 부가가치세(15%), 원천제세(10%), 법인세무조정(30%) | |
| | 전산세무2급 | 이론 | 재무회계(10%), 원가회계(10%), 세무회계(10%) | |
| | | 실무 | 재무회계 및 원가회계(35%), 부가가치세(20%), 원천제세(15%) | |
| | 전산회계1급 | 이론 | 회계원리(15%), 원가회계(10%), 세무회계(5%) | |
| | | 실무 | 기초정보 등록·수정(15%), 거래자료 입력(30%), 부가가치세(15%), 입력자료 및 제장부 조회(10%) | |
| | 전산회계2급 | 이론 | 회계원리(30%) | |
| | | 실무 | 기초정보 등록 수정(20%), 거래자료 입력(40%), 입력자료 및 제장부 조회(10%) | |
| 세무회계 | 1급 | 이론 | -세법1부: 법인세법, 부가가치세법<br>-세법2부: 국세기본법, 소득세법, 조세특례제한법, 지방세법,지방세기본법,지방세특례제한법, 재산제세<br>(1,2부 전문항 서술형주관식) | 국가공인 |
| | 2급 | 이론 | -세법1부: 법인세법, 부가가치세법<br>(객관식 25문항, 주관식 5문항)<br>-세법2부: 국세기본법, 소득세법, 조세특례제한법<br>(객관식 25문항, 주관식 5문항) | |
| | 3급 | 이론 | -세법1부: 법인세법, 부가가치세법(객관식 25문항)<br>-세법2부: 소득세법, 조세특례제한법(객관식 25문항) | |
| 기업회계 | 1급 | 이론 | -1부: 재무회계(객관식25문항, 주관식5문항)<br>-2부: 원가관리회계(객관식25문항, 주관식5문항) | 한국세무사회인증 |
| | 2급 | 이론 | -1부: 재무회계(객관식 25문항)<br>-2부: 원가회계(객관식 25문항) | |
| | 3급 | 이론 | -1부: 회계원리(객관식 20문항)<br>-2부: 회계원리(객관식 20문항) | |

3. 시험장소
서울, 부산, 대구, 광주, 대전, 인천, 울산, 춘천, 원주, 안양, 안산, 수원, 평택, 의정부, 청주, 천안, 당진, 포항, 구미, 안동, 창원, 김해, 진주, 전주, 순천, 목포, 제주

4. 시험방법
- 전산세무회계자격시험
  이론(30%)은 객관식 4지 선다형 필기시험으로, 실무(70%)는 PC에 설치된 전산세무회계프로그램(케이렙:KcLep)을 이용한 실기시험으로 함.
- 세무회계자격시험
  1급은 주관식으로, 2급은 객관식(4지 선다형) 및 단답형으로, 3급은 객관식(4지 선다형) 필기시험으로 함.
- 기업회계자격시험
  1급은 객관식(4지 선다형) 및 주관식으로, 2급 및 3급은 객관식(4지 선다형) 필기시험으로 함.

5. 합격자결정기준
- <u>전산세무 1급·2급, 전산회계 1급·2급</u> : 100점 만점에 70점 이상
- <u>세무회계 1·2·3급</u> : 각 급수별로 세법 1,2부로 구분하여 각부가 40점 이상, 합산평균 60점 이상
- <u>기업회계 1·2·3급</u> : 1급과 2급은 합산평균이 70점이상, 3급은 70점 이상

6. 응시자격
- 제한없음

7. 원서접수
- 접수기간 : 각 회별 원서접수기간내 접수
- 접수방법 : 한국세무사회 자격시험 사이트(http://license.kacpta.or.kr)로 접속하여 단체 및 개인별 접수(회원가입 및 사진등록)
- 응시료 납부방법 : 원서접수시 금융기관을 통한 온라인 계좌이체 및 신용카드결제
- 응시료 : 전산세무회계 각 30,000원, 세무회계/기업회계 각 25,000원

8. 기타사항
- 궁금한 사항은 한국세무사회 자격증 홈페이지를 참고하거나 아래 전화로 문의바람.
▶ 문의 : 한국세무사회 TEL (02)521-8398  FAX (02)521-8396

NCS직종코드 : 02030201

# 직업능력개발훈련기준
## - 회계·감사 -

| 대분류 | 중분류 | 소분류 | 세분류 |
|---|---|---|---|
| 02. 경영·회계·사무 | 03. 재무·회계 | 02. 회계 | 01. 회계·감사 |

# NCS 직업능력개발 훈련기준

## Ⅰ. 개 요

1. 직 종 명 : 회계·감사

2. 직종 정의 : 기업 및 조직 내·외부에 있는 의사결정자들이 효율적인 의사결정을 할 수 있도록 유용한 정보를 제공하며, 제공된 회계정보의 적정성을 파악하는 업무에 종사

3. 훈련이수체계(수준별 이수 과정/과목)

| 수준 \ 직종 | | 회계·감사 | 세무 |
|---|---|---|---|
| 6수준 | 전문가 | 사업결합회계 | 절세방안 수립 / 조세불복 청구 / 세무조사 대응 |
| 5수준 | 책임자 | 회계감사 | 법인세 신고 / 기타세무 신고 |
| 4수준 | 중간관리자 | 비영리회계 | 종합소득세 신고 |
| 3수준 | 실무자 | 원가관리 / 재무제표작성 / 재무비율분석 | 세무정보시스템 운용 / 원천징수 / 부가가치세 신고 / 법인세 신고 준비 / 지방세 신고 |
| 2수준 | 초급자 | 전표관리 / 자금관리 / 원가계산 / 결산처리 / 회계정보시스템 운용 | 전표처리 / 결산관리 |
| - | | 직업기초능력 | |

※ 해당직종(음영)의 훈련과정을 편성하는 경우 훈련과정별 목표에 부합한 수준으로 해당 직종에서 제시한 능력단위를 기준으로 과정/과목을 편성하고, 이외 직종의 능력단위를 훈련과정에 추가 편성하려는 경우 유사 직종의 동일 수준의 능력단위를 추가할 수 있음

○ 과정/과목명 : 0203020101 전표관리

- 훈련개요

| 훈련목표 | 전표관리란 회계상 거래를 인식하고, 전표작성 및 이에 따른 증빙서류를 처리 및 관리하는 능력을 함양. |
|---|---|
| 수 준 | 2수준 |
| 훈련시간 | 40시간 |
| 훈련가능시설 | 강의실, 컴퓨터실(강의실 겸용 가능) |
| 권장훈련방법 | 집체훈련 실습 |

- 편성내용

| 단 원 명<br>(능력단위 요소명) | 훈 련 내 용<br>(수행준거) |
|---|---|
| 회계상거래인식하기 | 1.1 회계상 거래와 일상생활에서의 거래를 구분할 수 있다.<br>1.2 회계상 거래를 구성 요소별로 파악하여 거래의 결합관계를 차변요소와 대변요소로 구분할 수 있다<br>1.3 회계상 거래의 결합관계를 통해 거래 종류별로 구별할 수 있다.<br>1.4 거래의 이중성에 따라서 기입된 내용의 분석을 통해 대차평균의 원리를 파악할 수 있다. |
| 전표작성하기 | 2.1 회계상 거래를 현금거래 유무에 따라 사용되는 입금전표, 출금전표, 대체전표로 구분할 수 있다.<br>2.2 현금의 수입거래를 파악하여 입금전표를 작성할 수 있다.<br>2.3 현금의 지출거래를 파악하여 출금전표를 작성할 수 있다.<br>2.4 현금의 수입과 지출이 없는 거래를 파악하여 대체전표를 작성할 수 있다. |
| 증빙서류관리하기 | 3.1 발생한 거래에 따라 필요한 관련서류 등을 확인하여 증빙여부를 검토할 수 있다.<br>3.2 발생한 거래에 따라 관련규정을 준수하여 증빙서류를 구분·대조할 수 있다<br>3.3 증빙서류 관련규정에 따라 제증빙자료를 관리할 수 있다. |

## NCS 직업능력개발 훈련기준

○ 과정/과목명 : 0203020102 자금관리

- 훈련개요

| 훈련목표 | 자금관리란 기업 및 조직의 자금을 관리하기 위하여 회계관련규정에 따라 자금인 현금, 예금, 법인카드, 어음·수표를 관리하는 능력을 함양. |
|---|---|
| 수 준 | 2수준 |
| 훈련시간 | 30시간 |
| 훈련가능시설 | 컴퓨터실(강의실 겸용 가능) |
| 권장훈련방법 | 집체훈련 실습 |

- 편성내용

| 단 원 명 (능력단위 요소명) | 훈 련 내 용 (수행준거) |
|---|---|
| 현금시재관리하기 | 1.1 회계관련규정에 따라 현금 입출금을 관리할 수 있다.<br>1.2 회계관련규정에 따라 소액현금 업무를 처리할 수 있다.<br>1.3 회계관련규정에 따라 입·출금전표 및 현금출납부를 작성할 수 있다.<br>1.4 회계관련규정에 따라 현금 시재를 일치시키는 작업을 할 수 있다. |
| 예금관리하기 | 2.1 회계관련규정에 따라 예·적금 업무를 처리할 수 있다.<br>2.2 자금운용을 위한 예·적금 계좌를 예치기관별·종류별로 구분·관리할 수 있다.<br>2.3 은행업무시간 종료 후 회계관련규정에 따라 은행잔고를 확인할 수 있다.<br>2.4 은행잔고의 차이 발생 시 그 원인을 규명할 수 있다. |
| 법인카드관리하기 | 3.1 회계관련규정에 따라 금융기관에 법인카드를 신청할 수 있다.<br>3.2 회계관련규정에 따라 법인카드 관리대장 작성 업무를 처리할 수 있다.<br>3.3 법인카드의 사용범위를 파악하고 결제일 이전에 대금이 정산될 수 있도록 회계처리할 수 있다. |
| 어음·수표 관리하기 | 4.1 관련규정에 따라 수령한 어음·수표의 예치 업무를 할 수 있다.<br>4.2 관련규정에 따라 어음·수표를 발행·수령할 때 회계처리할 수 있다.<br>4.3 관련규정에 따라 어음관리대장에 기록하여 관리할 수 있다.<br>4.4 관련규정에 따라 어음·수표의 분실 처리 업무를 할 수 있다. |

○ 과정/과목명 : 0203020103 원가계산

- 훈련개요

| 훈련목표 | 원가계산이란 기업운영에 있어 원가분석 및 정보를 제공·활용하기 위해 원가요소 분류, 배부, 계산하는 능력을 함양. |
|---|---|
| 수 준 | 2수준 |
| 훈련시간 | 40시간 |
| 훈련가능시설 | 강의실, 컴퓨터실(강의실 겸용 가능) |
| 권장훈련방법 | 집체훈련 실습 |

- 편성내용

| 단 원 명<br>(능력단위 요소명) | 훈 련 내 용<br>(수행준거) |
|---|---|
| 원가요소 분류하기 | 1.1 회계관련규정에 따라 원가와 비용을 구분할 수 있다.<br>1.2 회계관련규정에 따라 제조원가의 계정흐름에 대해 분개할 수 있다.<br>1.3 회계관련규정에 따라 원가를 다양한 관점으로 분류할 수 있다. |
| 원가배부하기 | 2.1 원가계산 대상에 따라 직접원가와 간접원가를 구분할 수 있다.<br>2.2 원가계산 대상에 따라 합리적인 원가배부기준을 적용할 수 있다.<br>2.3 보조부문의 개별원가와 공통원가를 집계할 수 있다.<br>2.4 보조부문의 개별원가와 공통원가를 배부할 수 있다. |
| 원가계산하기 | 3.1 원가계산시스템의 종류에 따라 원가계산방법을 선택할 수 있다.<br>3.2 업종특성에 따라 개별원가계산을 할 수 있다.<br>3.3 업종특성에 따라 종합원가계산을 할 수 있다. |

## NCS 직업능력개발 훈련기준

○ 과정/과목명 : 0203020104 결산처리

- 훈련개요

| 훈련목표 | 결산처리란 재고조사표, 시산표 및 정산표를 작성하는 결산예비절차와 각 계정을 정리하여 집합계정과 자본계정에 대체하고, 장부를 마감하는 능력을 함양. |
|---|---|
| 수 준 | 2수준 |
| 훈련시간 | 30시간 |
| 훈련가능시설 | 강의실, 컴퓨터실(강의실 겸용 가능) |
| 권장훈련방법 | 원격훈련, 집체훈련 실습 |

- 편성내용

| 단 원 명<br>(능력단위 요소명) | 훈 련 내 용<br>(수행준거) |
|---|---|
| 결산준비하기 | 1.1 회계의 순환과정을 파악할 수 있다.<br>1.2 회계관련규정에 따라 시산표를 작성할 수 있다.<br>1.3 회계관련규정에 따라 재고조사표를 작성할 수 있다.<br>1.4 회계관련규정에 따라 정산표를 작성할 수 있다. |
| 결산분개하기 | 2.1 손익 관련 결산분개를 할 수 있다.<br>2.2 자산·부채계정에 관한 결산정리사항을 분개할 수 있다.<br>2.3 손익 계정을 집합계정에 대체할 수 있다. |
| 장부마감하기 | 3.1 회계관련규정에 따라 주요 장부를 마감할 수 있다.<br>3.2 회계관련규정에 따라 보조장부를 마감할 수 있다.<br>3.3 회계관련규정에 따라 각 장부의 오류를 수정할 수 있다.<br>3.4 자본거래를 파악하여 자본의 증감여부를 확인할 수 있다. |

○ 과정/과목명 : 0203020105 회계정보시스템 운용

- 훈련개요

| 훈련목표 | 회계정보시스템 운용이란 원활한 재무보고를 위하여 회계 관련 DB마스터 관리, 회계 프로그램 운용, 회계정보를 활용하는 능력을 함양. |
|---|---|
| 수　준 | 2수준 |
| 훈련시간 | 20시간 |
| 훈련가능시설 | 강의실, 컴퓨터실(강의실 겸용 가능) |
| 권장훈련방법 | 집체훈련 실습 |

- 편성내용

| 단 원 명<br>(능력단위 요소명) | 훈 련 내 용<br>(수행준거) |
|---|---|
| 회계 관련 DB마스터 관리하기 | 1.1 DB마스터 매뉴얼에 따라 계정과목 및 거래처를 관리할 수 있다.<br>1.2 DB마스터 매뉴얼에 따라 비유동자산의 변경 내용을 관리할 수 있다.<br>1.3 DB마스터 매뉴얼에 따라 개정된 회계관련규정을 적용하여 관리할 수 있다. |
| 회계프로그램 운용하기 | 2.1 회계프로그램 매뉴얼에 따라 프로그램 운용에 필요한 기초 정보를 처리할 수 있다.<br>2.2 회계프로그램 매뉴얼에 따라 정보산출에 필요한 자료를 처리할 수 있다.<br>2.3 회계프로그램 매뉴얼에 따라 기간별·시점별로 작성한 각종 장부를 검색할 수 있다.<br>2.4 회계프로그램 매뉴얼에 따라 결산 작업 후 재무제표를 검색할 수 있다. |
| 회계정보 활용하기 | 3.1 회계관련규정에 따라 회계정보를 활용하여 재무 안정성을 판단할 수 있는 자료를 산출할 수 있다.<br>3.2 회계관련규정에 따라 회계정보를 활용하여 수익성과 위험도를 판단할 수 있는 자료를 산출할 수 있다.<br>3.3 경영진 요청 시 회계정보를 제공할 수 있다. |

# NCS 직업능력개발 훈련기준

○ 과정/과목명 : 0203020111 재무제표작성

- 훈련개요

| 훈련목표 | 재무제표작성이란 재무상태를 파악하기 위하여 재무상태표일 현재의 자산, 부채, 자본을 측정·평가하고 회계기간의 수익, 비용을 확정하여 재무성과를 파악함과 동시에 각 계정을 정리하여 장부를 마감하고 재무제표를 작성하는 능력을 함양. |
|---|---|
| 수 준 | 3수준 |
| 훈련시간 | 60시간 |
| 훈련가능시설 | 강의실, 컴퓨터실(강의실 겸용 가능) |
| 권장훈련방법 | 집체훈련 실습 |

- 편성내용

| 단 원 명<br>(능력단위 요소명) | 훈 련 내 용<br>(수행준거) |
|---|---|
| 재무상태표<br>작성하기 | 1.1 자산을 회계관련규정에 맞게 회계처리할 수 있다.<br>1.2 부채를 회계관련규정에 맞게 회계처리할 수 있다.<br>1.3 자본을 회계관련규정에 맞게 회계처리할 수 있다.<br>1.4 재무상태표를 양식에 맞게 작성할 수 있다. |
| 손익계산서<br>작성하기 | 2.1 수익을 회계관련규정에 맞게 회계처리할 수 있다.<br>2.2 비용을 회계관련규정에 맞게 회계처리할 수 있다.<br>2.3 손익계산서를 양식에 맞게 작성할 수 있다. |
| 자본변동표<br>작성하기 | 3.1 자본변동표의 구성요소를 설명할 수 있다.<br>3.2 자본변동표에 포함되는 정보를 구분하여 표시할 수 있다.<br>3.3 자본변동표를 양식에 맞게 작성할 수 있다. |
| 현금흐름표<br>작성하기 | 4.1 영업활동으로 인한 현금흐름을 계산할 수 있다.<br>4.2 투자활동으로 인한 현금흐름을 계산할 수 있다.<br>4.3 재무활동으로 인한 현금흐름을 계산할 수 있다.<br>4.4 현금흐름표를 양식에 맞게 작성할 수 있다. |
| 주석<br>작성하기 | 5.1 재무제표 작성 근거와 구체적인 회계정책에 대한 정보를 제공할 수 있다.<br>5.2 회계관련규정에서 요구되는 정보이지만 재무제표 어느 곳에도 표시되지 않는 정보를 제공할 수 있다.<br>5.3 재무제표 어느 곳에도 표시되지 않지만 재무제표를 이해하는데 목적적합한 정보를 제공할 수 있다. |

# 제1편 기초회계원리

제1장   회계의 기초
제2장   회계의 기술적 구조

# 제1편. 기초회계원리 — 제1장 회계의 기초

# 제1장 회계의 기초

## 제1절 회계의 기초개념

1. **회계학(會計學)과 부기(簿記)**
   회계학(accounting)이란 기업활동을 수행하는 과정에서 발생하는 수많은 경제적 사건들을 체계적으로 기록·정리·요약하여 보고함으로써 회계정보를 이용하여 의사결정을 하는 사람들에게 유용한 정보를 제공하는 것을 목적으로 하는 정보시스템이다. 이에 비하여 부기(book-keeping)란 기업 재산의 증감변화를 나타내는 거래 사실을 일정한 원리·원칙에 따라 장부에 기록·계산·정리하여 그 원인과 결과를 명백히 하는 기술이다.

2. **회계학과 부기의 분류**
   (1) 회계의 분류
       ① 재무회계(Financial Accounting)
          기업의 외부정보이용자인 투자자나 채권자 등에게 경제적 의사결정에 유용한 회계정보를 제공하는 외부보고 목적의 회계를 말한다.
       ② 관리회계(Managerial Accounting)
          기업의 내부정보이용자인 경영자가 경영 의사결정을 하는데 유용한 회계정보를 제공하는 내부보고 목적의 회계를 말하며 재무회계와 비교하여 다음과 같은 특징이 있다.
          가. 통일적인 기준이나 원칙이 없다.
          나. 일반적으로 인정된 회계원칙의 지배를 받지 아니한다.
          다. 비화폐적 정보도 포함된다.
          라. 정밀성 보다는 보고의 적시성이 강조된다.
   (2) 부기의 분류
       ① 단식부기 : 기록·계산의 대상이 일정하지 않고, 일정한 원리·원칙 없이 현금이나 채권·채무 등의 증감변화 등 필요한 사항만을 선택적으로 간단히 기입하는 방법이다.
       ② 복식부기 : 자산, 부채, 자본의 증감변동, 수익, 비용의 발생 등 모든 경제적 행위(거래)를 일정한 장부체계를 갖추고 일정한 원리·원칙에 의하여 체계적이고 객관적인 방법에 따라 기록하는 방법이다.

3. 회계단위

   기업의 자산, 부채, 자본의 증감변화를 기록, 계산, 정리하기 위한 장소적 범위를 말한다.
   예) 본점과 지점, 본사와 공장

4. 회계기간(=회계연도, 보고기간)

   기업의 경영을 보다 더 효율적으로 수행하기 위하여 기업의 경영성과를 6월 또는 1년 단위로 구분하여 보고하게 되는데, 이러한 기간을 회계기간(accounting period) 또는 회계연도(fiscal year)라고 한다.
   상법 규정에 따라 회계연도는 1년을 초과할 수 없으며, 분기/반기별로 보고할 수 있다.

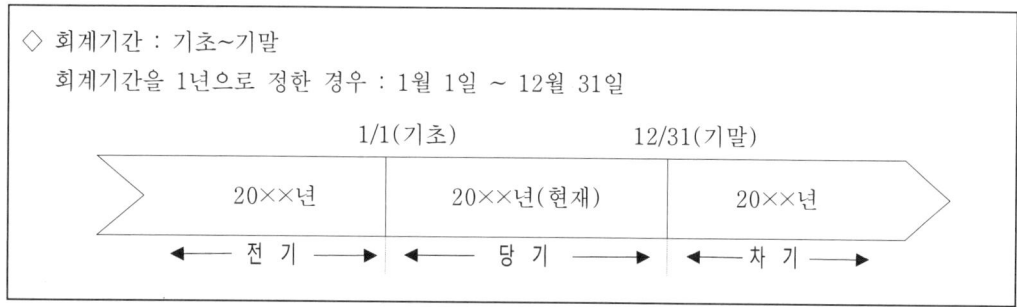

## 제2절 기업의 재무상태

1. 재무상태

   재무상태란 일정시점에 있어서의 기업의 재정상태, 즉 경제적 상태를 말한다.

2. 자산(Assets, Activa)

   기업이 소유하고 있는 재화와 채권으로서 미래의 경제적 효익이 유입되는 것을 말한다.

   | | |
   |---|---|
   | 재화 | - 기업이 소유하고 있는 현금이나 상품 등의 물품<br>- 현금, 상품, 건물, 차량운반구, 비품 등 |
   | 채권 | - 기업이 미래에 타인으로부터 받을 수 있는 권리<br>- 외상매출금, 받을어음, 대여금, 미수금, 선급금 등 |

   | 계 정 과 목 | 내                용 |
   |---|---|
   | 현          금 | 기업이 소지하고 있는 현금(통화 및 통화대용증권) |
   | 보  통  예  금 | 수시로 입출금이 가능한 자유저축예금 |
   | 당  좌  예  금 | 당좌수표를 발행할 목적으로 하는 예금 |

| 현금및현금성자산 | 현금 + 보통예금 + 당좌예금 + 현금성자산 |
|---|---|
| 단 기 매 매 증 권 | 단기매매를 목적으로 보유한 시장성 있는 주식, 사채, 국채, 지방채 등 |
| 상 품 | 판매를 목적으로 매입한 물품 |
| 제 품 | 판매를 목적으로 제작(제조)한 물품 |
| 소 모 품 | 사무용 문구류 |
| 토 지 | 사용할 목적(=영업용)으로 구입한 토지 |
| 건 물 | 사용할 목적(=영업용)으로 구입한 건물 |
| 기 계 장 치 | 사용할 목적(=영업용)으로 구입한 기계장치 |
| 차 량 운 반 구 | 사용할 목적(=영업용)으로 구입한 승용차, 트럭 등 |
| 비 품 | 사용할 목적(=영업용)으로 구입한 가구, 컴퓨터, 복사기 등 |
| 단 기 대 여 금 | 차용증서를 받고 현금을 빌려주고 발생한 채권(단기 : 1년 이내) |
| 장 기 대 여 금 | 차용증서를 받고 현금을 빌려주고 발생한 채권(장기 : 1년 이상) |
| 외 상 매 출 금 | 상품을 외상으로 매출한 경우 발생한 채권 |
| 받 을 어 음 | 상품을 매출하고 약속어음을 받은 경우 발생한 채권 |
| 매 출 채 권 | 외상매출금 + 받을어음 |
| 미 수 금 | 상품 이외의 물품 등을 매각처분하고 대금을 외상으로 하거나, 어음으로 받는 경우 발생한 채권 |
| 선 급 금 | 상품 등을 매입하기로 계약하고 대금 중 일부를 미리 지급한 금액 |

\* 현금및현금성자산, 매출채권 등과 같이 여러 개의 계정과목을 하나로 묶어 표시하는 것을 '통합계정'이라고 하며, 통합계정은 재무상태표에 보고할 때에만 사용하면 된다.

### 3. 부채(Liabilities, Passiva)

기업이 장래에 갚아야 할 채무로서 미래의 경제적 효익이 유출되는 것을 말한다.

| 계 정 과 목 | 내 용 |
|---|---|
| 단 기 차 입 금 | 차용증서를 발행하고 현금을 빌려온 경우 발생한 채무(단기 : 1년 이내) |
| 장 기 차 입 금 | 차용증서를 발행하고 현금을 빌려온 경우 발생한 채무(장기 : 1년 이상) |
| 외 상 매 입 금 | 상품을 외상으로 매입하고 발생한 채무 |
| 지 급 어 음 | 상품을 매입하고 약속어음을 발행한 경우 발생한 채무 |
| 매 입 채 무 | 외상매입금 + 지급어음 |
| 미 지 급 금 | 상품 이외의 물품 등을 외상으로 구입하거나, 약속어음을 발행해 주는 경우 발생한 채무 |
| 선 수 금 | 상품 등을 매출하기로 계약하고 대금 중 일부를 미리 받은 금액 |

### 4. 자본(Capital, Kapital)

기업의 자산 총액에서 부채 총액을 차감한 잔액으로서 순재산, 자기 자본, 소유주 지분이라고도 불린다.

자 산(A) - 부 채(L) = 자 본(C) ········ 자본등식

| 자 산 | - | 부 채 | = | 자 본 |
|---|---|---|---|---|
| 적 극 적 재 산<br>총 자 산(=총자본)<br>지 분 총 액 | | 소 극 적 재 산<br>타 인 자 본<br>채 권 자 지 분 | | 순 재 산<br>자 기 자 본<br>소 유 주 지 분 |

| 계 정 과 목 | 내 용 |
|---|---|
| 자 본 금 | 기업의 출자금, 주식회사의 경우 발행된 주식의 액면총액 |

5. 재무상태표(Financial Position : F/P, =대차대조표(B/S)) ⇨ 정태적보고서
재무상태표란 기업의 일정시점의 재무 상태를 나타내는 표로서, 보고기간 말 현재의 자산, 부채, 자본의 상태를 보고하기 위한 재무제표의 하나이다. 또한 재무상태표에는 ① 재무상태표라는 명칭, ② 상호(기업명칭), ③ 작성일자(보고기간 말), ④ 측정단위(금액단위)를 반드시 명시하여야 한다.

재 무 상 태 표①

(주)CC②        20××. 12. 31 현재③        (단위 : 원)④

| 자 산 | 금 액 | 부 채 및 자 본 | 금 액 |
|---|---|---|---|
| 총 자 산 | 300,000,000 | 총 부 채 | 200,000,000 |
| | | 자 본 금 | 100,000,000 |
| | 300,000,000 | | 300,000,000 |

자 산 = 부 채 + 자 본 ········ 재무상태표 등식

## 예제. 01

다음 ( )안에 알맞은 말을 써 넣으시오.
1. 기업의 영업활동을 위하여 보유하고 있는 재화와 채권을 ( )이라 한다.
2. 기업이 앞으로 다른 기업실체에게 재화 또는 용역을 제공하여야 할 채무(의무)를 ( )라 한다.
3. 기업의 자산 총액에서 부채 총액을 차감한 잔액을 ( )이라 하며, 순자산(순재산)이라고도 한다.
4. 기업실체의 일정시점에 있어서 보유하고 있는 자산, 부채, 자본의 구성내역 즉, 재무구조를 ( )라고 한다.
5. 일정시점에 있어서 기업실체의 재무상태를 나타내는 보고서를 ( )라 한다.

# 제1편. 기초회계원리 −제1장 회계의 기초

6. 자본등식은 (　　) − (　　) = (　　)이다.
7. 재무상태표 등식은 (　　) = (　　) + (　　)이다.
8. 재무상태표 차변에는 (　　)을 기입하고, 대변에는 (　　)와 (　　)을 기입한다.

[정답]
1. 자산
2. 부채
3. 자본
4. 재무상태
5. 재무상태표
6. 자산 − 부채 = 자본
7. 자산 = 부채 + 자본
8. 자산, 부채, 자본

## 예제. 02

다음에서 설명하는 내용에 적합한 계정과목을 나타내시오.

| 번호 | 내　　용 | 계정과목 |
|---|---|---|
| 1 | 보유하고 있는 지폐 및 주화, 자기앞수표 등 | |
| 2 | 당좌수표를 발행할 목적으로 은행에 예입한 것 | |
| 3 | 단기투자목적으로 주식을 구입하면 | |
| 4 | 판매를 목적으로 구입한 물품 | |
| 5 | 영업용으로 사용할 목적으로 구입한 토지 | |
| 6 | 영업용으로 사용할 목적으로 구입한 건물 | |
| 7 | 영업용으로 사용할 목적으로 구입한 승용차, 화물자동차 | |
| 8 | 영업용으로 사용할 목적으로 구입한 책상 및 의자, 에어컨, 복사기 등 | |
| 9 | 볼펜, 칼, 복사용지, 파일 등 사무용 문구류를 구입하면(자산처리) | |
| 10 | 상품을 매입하고 대금을 나중에 지급하기로 하면 | |
| 11 | 건물, 비품, 차량 등을 구입하고 대금을 나중에 지급하기로 하면 | |
| 12 | 상품을 매입하고 대금을 약속어음 발행하여 지급하면 | |
| 13 | 건물, 비품 등을 구입하고 대금을 약속어음 발행하여 지급하면 | |
| 14 | 상품을 매출하고 대금을 나중에 받기로 하면 | |
| 15 | 건물, 비품, 차량 등을 매각처분하고 대금을 나중에 받기로 하면 | |
| 16 | 상품을 매출하고 대금을 타인발행의 약속어음으로 받으면 | |
| 17 | 건물, 비품, 차량 등을 매각처분하고 대금을 약속어음으로 받으면 | |
| 18 | 상품 등을 매입하기로 계약하고 계약금을 지급하면 | |
| 19 | 상품 등을 매출하기로 계약하고 계약금을 받으면 | |
| 20 | 현금을 6개월 상환조건으로 대여하면 | |
| 21 | 현금을 2년 상환조건으로 대여하면 | |
| 22 | 현금을 6개월 상환조건으로 차입하면 | |
| 23 | 현금을 3년 상환조건으로 차입하면 | |

*참고: <u>신용카드</u> 결제는 "외상매출금, 외상매입금, 미수금, 미지급금" 중 하나로 처리한다.

[정답]
| | | | |
|---|---|---|---|
| 1. 현금 | 2. 당좌예금 | 3. 단기매매증권 | 4. 상품 |
| 5. 토지 | 6. 건물 | 7. 차량운반구 | 8. 비품 |
| 9. 소모품 | 10. 외상매입금 | 11. 미지급금 | 12. 지급어음 |
| 13. 미지급금 | 14. 외상매출금 | 15. 미수금 | 16. 받을어음 |
| 17. 미수금 | 18. 선급금 | 19. 선수금 | 20. 단기대여금 |
| 21. 장기대여금 | 22. 단기차입금 | 23. 장기차입금 | |

## 예제. 03

다음 계정과목 중 자산은 'A', 부채는 'L', 자본은 'C'로 (　)안에 표시하시오.

| | | |
|---|---|---|
| 1. 현　　　　금 ( ) | 2. 단기매매증권 ( ) | 3. 상　　　　품 ( ) |
| 4. 단 기 대 여 금 ( ) | 5. 건　　　　물 ( ) | 6. 선　수　금 ( ) |
| 7. 장 기 차 입 금 ( ) | 8. 받 을 어 음 ( ) | 9. 장 기 대 여 금 ( ) |
| 10. 선　급　금 ( ) | 11. 지 급 어 음 ( ) | 12. 단 기 차 입 금 ( ) |
| 13. 차 량 운 반 구 ( ) | 14. 토　　　　지 ( ) | 15. 외 상 매 출 금 ( ) |
| 16. 소　모　품 ( ) | 17. 자　본　금 ( ) | 18. 미 지 급 금 ( ) |
| 19. 미　수　금 ( ) | 20. 외 상 매 입 금 ( ) | 21. 비　　　　품 ( ) |

[정답]

| | | |
|---|---|---|
| 1. 현　　　　금 ( A ) | 2. 단기매매증권 ( A ) | 3. 상　　　　품 ( A ) |
| 4. 단 기 대 여 금 ( A ) | 5. 건　　　　물 ( A ) | 6. 선　수　금 ( L ) |
| 7. 장 기 차 입 금 ( L ) | 8. 받 을 어 음 ( A ) | 9. 장 기 대 여 금 ( A ) |
| 10. 선　급　금 ( A ) | 11. 지 급 어 음 ( L ) | 12. 단 기 차 입 금 ( L ) |
| 13. 차 량 운 반 구 ( A ) | 14. 토　　　　지 ( A ) | 15. 외 상 매 출 금 ( A ) |
| 16. 소　모　품 ( A ) | 17. 자　본　금 ( C ) | 18. 미 지 급 금 ( L ) |
| 19. 미　수　금 ( A ) | 20. 외 상 매 입 금 ( L ) | 21. 비　　　　품 ( A ) |

## 제1편. 기초회계원리 -제1장 회계의 기초

### 예제. 04

동양상회의 다음 자료에 의하여 자산, 부채, 자본금액을 계산하시오.(단위: 원)

| | | | |
|---|---|---|---|
| 현 금 | 120,000 | 외 상 매 출 금 | 80,000 |
| 단 기 대 여 금 | 100,000 | 받 을 어 음 | 90,000 |
| 상 품 | 50,000 | 건 물 | 40,000 |
| 외 상 매 입 금 | 60,000 | 단 기 차 입 금 | 30,000 |
| 지 급 어 음 | 10,000 | | |

[정답]

자산총액 : 120,000 + 80,000 + 100,000 + 90,000 + 50,000 + 40,000 = 480,000원
부채총액 : 60,000 + 30,000 + 10,000 = 100,000원
자본총액 : 480,000 - 100,000 = 380,000원

### 예제. 05

희망상점의 자산과 부채를 자료로 하여 재무상태표를 작성하고, 자본등식과 재무상태표등식을 금액으로 표시하시오.(단위: 원)

| | | | |
|---|---|---|---|
| 현 금 | 260,000 | 당 좌 예 금 | 140,000 |
| 외 상 매 출 금 | 150,000 | 받 을 어 음 | 80,000 |
| 단 기 대 여 금 | 60,000 | 상 품 | 50,000 |
| 건 물 | 120,000 | 외 상 매 입 금 | 130,000 |
| 지 급 어 음 | 70,000 | 단 기 차 입 금 | 100,000 |
| 자 본 금 ( ) | | | |

재 무 상 태 표

| 과 목 | 금 액 | 과 목 | 금 액 |
|---|---|---|---|
| | | | |
| | | | |
| | | | |
| | | | |

| 자 본 등 식 | |
|---|---|
| 재무상태표등식 | |

[정답/해설]

재 무 상 태 표

| 과 목 | 금 액 | 과 목 | 금 액 |
|---|---|---|---|
| 현          금 | 260,000 | 외 상 매 입 금 | 130,000 |
| 당 좌 예 금 | 140,000 | 지 급 어 음 | 70,000 |
| 외 상 매 출 금 | 150,000 | 단 기 차 입 금 | 100,000 |
| 받 을 어 음 | 80,000 | 자       본       금 | 560,000 |
| 단 기 대 여 금 | 60,000 | | |
| 상          품 | 50,000 | | |
| 건          물 | 120,000 | | |
| | 860,000 | | 860,000 |

| 자 본 등 식 | 860,000 − 300,000 = 560,000 |
|---|---|
| 재무상태표등식 | 860,000 = 300,000 + 560,000 |

☞ 통합계정과목을 사용하여 작성 할 경우는 무엇이 다를까요? 한번 정리해 보세요~


## 제3절 기업의 경영성과

### 1. 경영성과

경영성과란 일정 기간 동안의 기업의 경제적 활동의 결과로 나타난 경제적 성과를 의미한다.

### 2. 수익(revenues)

기업의 경영활동 결과로 인하여 자본의 증가를 가져오는 원인을 수익이라 한다.
기업이 일정 기간 동안 경영 활동에서 고객에게 제공한 재화와 용역을 화폐액으로 표시한 것으로 반복·계속적으로 발생한다.

| 계 정 과 목 | 내                                용 |
|---|---|
| 상 품 매 출 | 상품을 매출하고 받은 대가 |
| 임 대 료 | 건물, 토지, 기계장치 등을 대여하고 받은 대가 |
| 수 수 료 수 익 | 용역을 제공하고 받은 수수료 |
| 이 자 수 익 | 대여금이나 은행의 예금에서 발생하는 이자를 받은 것 |
| 단기매매증권처분이익 | 단기매매증권(주식, 사채 등)을 처분하고 발생한 이익 |
| 유 형 자 산 처 분 이 익 | 유형자산(건물, 토지 등)을 처분하고 발생한 이익 |
| 잡 이 익 | 기업의 영업활동과 무관하게 발생하는 이익으로서 금액이 적고 중요성이 낮은 이익(폐품 처분이익 등). |

## 제1편. 기초회계원리 - 제1장 회계의 기초

3. 비용(expenses)

기업의 경영활동 결과로 인하여 자본의 감소를 가져오는 원인을 비용이라 하며, 수익을 창출하기 위하여 소비된 경제적 가치를 말한다.

| 계정과목 | 내용 |
|---|---|
| 상품매출원가 | 매출한 상품의 원가 |
| 임차료 | 건물, 토지, 기계장치 등을 임차하고 사용료로 지급하는 금액 |
| 수수료비용 | 용역을 제공 받고 지급한 수수료, 관리유지비, 기장수수료 |
| 이자비용 | 차입금에 대해서 발생하는 이자를 지급 하는 금액 |
| 단기매매증권처분손실 | 단기매매증권(주식, 사채 등)을 처분하고 발생하는 손실 |
| 유형자산처분손실 | 유형자산(건물, 토지 등)을 처분하고 발생하는 손실 |
| 잡손실 | 기업의 영업활동과 무관하게 발생하는 금액이 적고 중요성이 낮은 잡다한 손실(도난, 분실 등) |
| 급여 | 임직원에게 지급하는 월급 및 상여와 각종 수당 |
| 복리후생비 | 직원들에게 무상으로 지급하는 물품이나 금전, 회식비, 경조사금, 화환, 축하금 등의 경비 |
| 기업업무추진비 | 거래처에 무상으로 지급하는 물품이나 금전, 식사대, 경조사금, 화환 등의 경비 (=접대비) |
| 여비교통비 | 교통비(택시요금, 교통카드), 고속도로 통행료, 출장비 |
| 통신비 | 전화 및 휴대폰요금, 우편 등의 요금, 시청료, 인터넷사용료 |
| 수도광열비 | 수도요금, 전기요금, 난방용 유류대금, 가스요금 |
| 세금과공과 | 각종의 세금(재산세, 자동차세, 사업소세 등)과 공과금(국가가 인정하는 ~회비, 협회비, 조합비 포함) |
| 수선비 | 비품 및 기계장치 등의 수리비 |
| 보험료 | 화재보험료, 자동차보험료 등 |
| 차량유지비 | 영업용 차량의 주유대금, 주차요금, 차량수선유지 관리비용 |
| 교육훈련비 | 종업원의 교육과 관련하여 지급한 비용, 강연료 |
| 도서인쇄비 | 신문구독료, 양식지 인쇄, 명함, 도서 구입비, 사진 현상료 |
| 소모품비 | 사무용 문방구류 및 집기류 |
| 광고선전비 | 광고, 홍보, 선전비용, 광고전단지 인쇄비용 |
| 기부금 | 성금 등으로 무상 지급하는 물품이나 기탁하는 금전 |
| 잡비 | 금액이 적고 자주 발생하지 않고 중요하지 않은 잡다한 지출 |
| 건물관리비 | 본사건물을 관리하는 비용 (문제에 건물관리 지출이라고 할 경우) |

## 4. 손익계산서(Income Statement : I/S) ⇨ 동태적보고서

손익계산서란 일정 기간의 경영 성과를 나타내는 표로서 회계 기간동안 발생한 수익, 비용, 순손익의 내용을 명확하게 보고하기 위한 기본 재무제표의 하나이다. 손익계산서에는 ① 손익계산서라는 명칭, ② 기업명칭(상호), ③ 회계기간, ④ 측정단위를 반드시 표시하여야 한다.

손 익 계 산 서①

(주)합격상사②　　　　20×2. 1. 1부터 20×2. 12. 31까지③　　　(단위 : 원)④

| 비 　 용 | 금 　 액 | 수 　 익 | 금 　 액 |
|---|---|---|---|
| | | | |

| 손 익 계 산 서 | | | | 손 익 계 산 서 | | | |
|---|---|---|---|---|---|---|---|
| 총 비 용 | 70,000 | 총 수 익 | 100,000 | 총 비 용 | 80,000 | 총 수 익 | 70,000 |
| 당기순이익 | 30,000 | | | | | 당기순손실 | 10,000 |
| | 100,000 | | 100,000 | | 80,000 | | 80,000 |

총수익 − 총비용 = 당기순이익　◁ 손 익 법 등식 ▷　총비용 − 총수익 = 당기순손실
총비용 + 당기순이익 = 총수익　◁ 손익계산서 등식 ▷　총비용 = 총수익 + 당기순손실

---

## 제4절 기업의 순손익 계산

### 1. 재산법(assets & liabilities method) : 순자산접근법

기초의 자본에 추가출자액(증자)과 인출액(감자)을 가감한 후 이를 기말의 자본과 비교하여 기말 자본액이 많으면 순이익(net income), 기말 자본액이 적으면 순손실(net loss)이 발생한다. 이 방법은 순손익의 발생 원인을 밝혀 주지 못하는 단점이 있다.

> 기말자본 − 기초자본 = 순이익(−이면 순손실)
> 기말자본 − (기초자본 + 추가출자 − 인출) = 순이익(−이면 순손실)

### 2. 손익법(profit and loss method) : 거래접근법, 유도법

일정 기간 동안에 측정된 수익 총액과 비용 총액을 비교하여 수익 총액이 비용 총액보다 많으면 순이익, 비용 총액이 수익 총액보다 많으면 순손실이 발생한다. 이 방법은 손익의 발생 원인을 알 수 있다는 장점이 있으나, 수익·비용의 대응으로 인한 기간별 배분에 개인의 주관이 개입될 수 있는 단점이 있다.

# 제1편. 기초회계원리 −제1장 회계의 기초

> 총수익 − 총비용 = 순이익(−인 경우 순손실)

## 예제. 06

다음 (   )안에 알맞은 말을 써 넣으시오.
1. 기업 영업활동의 결과 자본의 증가원인이 되는 것을 (   )이라 한다.
2. 기업 영업활동의 결과 자본의 감소원인이 되는 것을 (   )이라 한다.
3. 수익을 창출하기 위하여 소비(희생)된 경제적 가치를 (   )이라 한다.
4. 기업실체의 수익과 비용의 비교결과(구조)를 (    )라고 한다.
5. 기업의 경영성과를 보고하기 위해 작성하는 보고서를 (    )라고 한다.
6. 손익계산서 차변에는 (   )을 기입하고 대변에는 (   )을 기입한다.
7. 손익계산서 차변잔액은 (    )을 나타낸다.
8. 손익계산서 대변잔액은 (    )을 나타낸다.
9. 당기순이익을 구하는 공식은 (    ) − (    )이다.
10. 당기순이익이 발생할 경우의 손익계산서 등식은 (    ) + (    ) = (    )이다.
11. 당기순손실이 발생할 경우의 손익계산서 등식은 (    ) = (    ) + (    )이다.

[정답]
1. 수익
2. 비용
3. 비용
4. 경영성과
5. 손익계산서
6. 비용, 수익
7. 당기순손실
8. 당기순이익
9. 총수익, 총비용
10. 총비용 + 당기순이익 = 총수익
11. 총비용 = 총수익 + 당기순손실

## 예제. 07

다음에서 설명하는 내용에 적합한 계정과목을 나타내시오.

| 번호 | 거 래 내 용 | 계정과목 |
|---|---|---|
| 1 | 판매용 상품을 매출하면 | |
| 2 | 판매된 상품의 원가 | |
| 3 | 이자를 받으면 | |
| 4 | 이자를 지급하면 | |
| 5 | 수수료를 받으면 | |
| 6 | 수수료를 지급하면 | |
| 7 | 집세를 받으면 | |
| 8 | 집세를 지급하면 | |
| 9 | 보유하고 있던 단기투자목적의 주식을 처분하여 이익이 발생하면 | |
| 10 | 보유하고 있던 단기투자목적의 주식을 처분하여 손실이 발생하면 | |
| 11 | 소유하고 있던 건물, 토지 등의 유형자산을 처분하여 이익이 발생하면 | |
| 12 | 소유하고 있던 건물, 토지 등의 유형자산을 처분하여 손실이 발생하면 | |
| 13 | 금액이 적고 중요하지 않은 이익 | |
| 14 | 금액이 적고 중요하지 않은 손실 | |
| 15 | 임직원에게 월급을 지급하면 | |
| 16 | 임직원에게 지급하는 경조사비, 식사대금 등 | |
| 17 | 거래처에게 지급하는 경조사비, 식사대금 등 | |
| 18 | 화재보험료, 자동차 보험료를 지급하면 | |
| 19 | 수도요금, 전기요금, 냉난방비, 가스요금 등을 지급하면 | |
| 20 | 출장비, 버스요금, 택시요금, 기차요금 등 | |
| 21 | 영업용 차량의 수선비, 유류대금, 주차요금 등 | |
| 22 | 신문·잡지의 광고비용, 전단지 제작비용 등 | |
| 23 | 직원업무용 서적 구입비용과 업무용 서류 또는 명함 인쇄비용 | |
| 24 | 재산세, 자동차세, 상공회의소회비, 조합비를 지급하면 | |
| 25 | 건물, 기계장치, 비품 등의 수리비용 | |
| 26 | 직원 교육을 위한 강사초빙 인건비, 연수원 교육비용 등 | |
| 27 | 볼펜, 파일, 복사용지 등 사무용품 구입비용(비용처리) | |
| 28 | 불우이웃돕기 성금, 사회복지시설에 상품 등을 무상으로 지급하면 | |
| 29 | 상품 판매시 발생하는 운임(택배비 등)을 지급하면 | |
| 30 | 전화요금, 인터넷요금, 우표구입비 등의 지출액 | |

# 제1편. 기초회계원리 —제1장 회계의 기초

[정답]
1. 상품매출
2. 상품매출원가
3. 이자수익
4. 이자비용
5. 수수료수익
6. 수수료비용
7. 임대료
8. 임차료
9. 단기매매증권처분이익
10. 단기매매증권처분손실
11. 유형자산처분이익
12. 유형자산처분손실
13. 잡이익
14. 잡손실
15. 급여
16. 복리후생비
17. 기업업무추진비(접대비)
18. 보험료
19. 수도광열비
20. 여비교통비
21. 차량유지비
22. 광고선전비
23. 도서인쇄비
24. 세금과공과
25. 수선비
26. 교육훈련비
27. 소모품비(사무용품비)
28. 기부금
29. 운반비
30. 통신비


## 예제. 08

다음 계정과목 중 수익은 'R', 비용은 'E'로 ( )안에 표시하시오.

1. 상 품 매 출 (　) 2. 임 차 료 (　) 3. 이 자 수 익 (　)
4. 보 험 료 (　) 5. 수 도 광 열 비 (　) 6. 상 품 매 출 원 가 (　)
7. 소 모 품 비 (　) 8. 유형자산처분이익 (　) 9. 임 대 료 (　)
10. 기 업 업 무 추 진 비 (　) 11. 여 비 교 통 비 (　) 12. 세 금 과 공 과 (　)
13. 이 자 비 용 (　) 14. 단기매매증권처분이익 (　) 15. 차 량 유 지 비 (　)
16. 수 수 료 수 익 (　) 17. 광 고 선 전 비 (　) 18. 잡 비 (　)
19. 유형자산처분손실 (　) 20. 복 리 후 생 비 (　) 21. 단기매매증권처분손실 (　)

[정답]
1. 상 품 매 출 ( R ) 2. 임 차 료 ( E ) 3. 이 자 수 익 ( R )
4. 보 험 료 ( E ) 5. 수 도 광 열 비 ( E ) 6. 상 품 매 출 원 가 ( E )
7. 소 모 품 비 ( E ) 8. 유형자산처분이익 ( R ) 9. 임 대 료 ( R )
10. 기 업 업 무 추 진 비 ( E ) 11. 여 비 교 통 비 ( E ) 12. 세 금 과 공 과 ( E )
13. 이 자 비 용 ( E ) 14. 단기매매증권처분이익 ( R ) 15. 차 량 유 지 비 ( E )
16. 수 수 료 수 익 ( R ) 17. 광 고 선 전 비 ( E ) 18. 잡 비 ( E )
19. 유형자산처분손실 ( E ) 20. 복 리 후 생 비 ( E ) 21. 단기매매증권처분손실 ( E )

## 예제. 09

대박상점의 수익과 비용을 자료로 손익계산서를 작성하고, 손익계산서등식을 금액으로 표시하시오.(단위: 원)

| 과목 | 금액 | 과목 | 금액 |
|---|---|---|---|
| 상 품 매 출 | 100,000 | 임 대 료 | 80,000 |
| 이 자 수 익 | 70,000 | 상 품 매 출 원 가 | 40,000 |
| 급 여 | 30,000 | 이 자 비 용 | 20,000 |

### 손 익 계 산 서

| 과 목 | 금 액 | 과 목 | 금 액 |
|---|---|---|---|
|  |  |  |  |
|  |  |  |  |
|  |  |  |  |
|  |  |  |  |

| 손익계산서등식 |  |
|---|---|

[해설]

### 손 익 계 산 서

| 과 목 | 금 액 | 과 목 | 금 액 |
|---|---|---|---|
| 상 품 매 출 원 가 | 40,000 | 상 품 매 출 | 100,000 |
| 급 여 | 30,000 | 임 대 료 | 80,000 |
| 이 자 비 용 | 20,000 | 이 자 수 익 | 70,000 |
| △당 기 순 이 익 | 160,000 |  |  |
|  | 250,000 |  | 250,000 |

| 손익계산서등식 | 90,000 + 160,000 = 250,000 |
|---|---|

## 예제. 10

노세상회의 수익과 비용을 자료로 손익계산서를 작성하고, 손익계산서 등식을 금액으로 표시하시오.(단위: 원)

| 과목 | 금액 | 과목 | 금액 |
|---|---|---|---|
| 상 품 매 출 | 50,000 | 임 대 료 | 60,000 |
| 이 자 수 익 | 90,000 | 급 여 | 100,000 |
| 보 험 료 | 70,000 | 광 고 선 전 비 | 50,000 |

# 제1편. 기초회계원리 −제1장 회계의 기초

손 익 계 산 서

| 과 목 | 금 액 | 과 목 | 금 액 |
|---|---|---|---|
|  |  |  |  |
|  |  |  |  |
|  |  |  |  |
|  |  |  |  |

| 손익계산서등식 |  |
|---|---|

[해설]

손 익 계 산 서

| 과 목 | 금 액 | 과 목 | 금 액 |
|---|---|---|---|
| 급      여 | 100,000 | 상 품 매 출 | 50,000 |
| 보 험 료 | 70,000 | 임 대 료 | 60,000 |
| 광 고 선 전 비 | 50,000 | 이 자 수 익 | 90,000 |
|  |  | △당 기 순 손 실 | 20,000 |
|  | 220,000 |  | 220,000 |

| 손익계산서등식 | 220,000 = 200,000 + 20,000 |
|---|---|

## 예제. 11

다음 표의 빈칸에 알맞은 금액을 기입하시오(순손실은 △로 표시할 것).

| 기초자본금 | 추가출자액 | 인출액 | 기말자본금 | 당기순이익 |
|---|---|---|---|---|
| 200,000 | 80,000 | 30,000 | 300,000 | ① |
| 520,000 | 100,000 | 150,000 | ② | △70,000 |
| ③ | 130,000 | 120,000 | 950,000 | 210,000 |
| 760,000 | 50,000 | ④ | 720,000 | △60,000 |

[해설]

이용할 공식 : 기말자본 − (기초자본 + 추가출자 − 인출) = 순이익(−이면 순손실)

① 50,000원

② 400,000원

③ 730,000원

④ 30,000원

## 핵심예제

**문제1]** 다음 설명 중 밑줄 친 (가)와 관련 있는 계정과목으로만 나열된 것은?

> 자산은 기업이 경영활동을 하기 위하여 소유하고 있는 각종 재화와 <u>채권(가)</u>을 말한다.

① 단기대여금, 외상매출금  ② 선급금, 비품
③ 미수금, 상품  ④ 상품, 제품

**문제2]** 다음의 거래를 분개할 때, 대변 계정과목으로 옳은 것은?

> 매출처 ○○상점으로부터 상품의 주문을 받고 계약금 500,000원을 현금으로 받다.

① 가수금  ② 선수금  ③ 선급금  ④ 가지급금

**문제3]** 다음 중 부채로 계상할 수 없는 것은?

① 비품을 외상으로 구입한 금액  ② 은행으로부터 빌린 금액
③ 상품을 판매하기 전에 미리 받은 금액  ④ 회사가 종업원에게 빌려준 금액

**문제4]** 대한컴퓨터의 아래 거래를 분개시 (가), (나)와 관련된 대변 계정과목으로 옳은 것은?

> 컴퓨터 (@₩700,000) 10대 구입 (대금은 월말 지급)
> (가) 판매용 컴퓨터 9대      (나) 직원 업무용 컴퓨터 1대

① (가) 미지급금   (나) 미지급금   ② (가) 미지급금   (나) 외상매입금
③ (가) 외상매입금 (나) 미지급금   ④ (가) 외상매입금 (나) 외상매입금

**문제5]** 다음 (가), (나)의 거래를 분개할 때 대변에 기입되는 계정과목으로 바르게 짝지은 것은?

> (가) 신제품을 생산하기 위하여 기계를 2,000,000원에 구입하고, 대금은 2개월 후에 지급하기로 하다.
> (나) 신제품을 공급해 주기로 하고 대금 중 계약금 500,000원을 현금으로 받다.

|   | (가) | (나) |   | (가) | (나) |
|---|------|------|---|------|------|
| ① | 미지급금 | 선 수 금 | ② | 미지급금 | 선 급 금 |
| ③ | 외상매입금 | 선 수 금 | ④ | 외상매입금 | 선 급 금 |

## 제1편. 기초회계원리 −제1장 회계의 기초

문제6] 다음 자료에 의한 으뜸상사의 총자산은 얼마인가?

·상 품 : 60,000원  ·미 수 금 : 30,000원  ·지급어음 : 10,000원  ·비품 : 15,000원
·선수금 : 40,000원  ·받을어음 : 20,000원  ·외상매출금 : 35,000원

① 140,000원   ② 150,000원
③ 160,000원   ④ 170,000원


문제7] 다음 (   )에 알맞은 금액은?

| 기초자본금 | 추가출자 | 점주인출 | 총 수 익 | 총 비 용 | 기말자본금 |
|---|---|---|---|---|---|
| 300,000 | (   ) | 30,000 | 450,000 | 230,000 | 580,000 |

① 90,000원   ② 80,000원
③ 70,000원   ④ 60,000원


| 번호 | 정답 | 해 설 |
|---|---|---|
| 1 | ① | 채권계정에는 단기/장기대여금, 외상매출금, 받을어음, 미수금, 선급금 등이 있다. |
| 2 | ② | 상품 매출대금의 일부를 계약금으로 받은 경우 선수금 계정의 대변에 기입하고, 나중에 상품을 인도하면 매출 계정으로 대체한다. |
| 3 | ④ | ① 미지급금  ② 차입금  ③ 선수금  ④ 대여금 (자산) |
| 4 | ③ | 판매용 컴퓨터는 상품이므로 '외상매입금'으로, 업무용 컴퓨터는 비품이므로 '미지급금'으로 처리한다. |
| 5 | ① | (가)는 상품외의 외상 거래는 미수금, 미지급금 계정을 사용한다. 따라서 대금을 2개월 후에 지급하는 것은 미지급금 계정을 사용한다. (나)는 계약금을 먼저 받을 때는 선수금계정을 사용한다. |
| 6 | ③ | 총자산 : 60,000 + 30,000 + 15,000 + 20,000 + 35,000 = 160,000원 |
| 7 | ① | [공식법]<br>총수익 450,000원 − 총비용 230,000원 = 당기순이익 220,000원<br>기말자본금 580,000원 − (기초자본금 300,000원 + 추가출자 $\chi$ − 점주인출 30,000원) = 당기순이익 220,000원<br>$\chi$ = 90,000원<br><br>[계정이용법]<br><table><tr><td colspan="4">자 본 금</td></tr><tr><td>인 출 금</td><td>30,000</td><td>기 초 자 본 금</td><td>300,000</td></tr><tr><td>총 비 용</td><td>230,000</td><td>추 가 출 자</td><td>(   )</td></tr><tr><td>기 말 자 본 금</td><td>580,000</td><td>총 수 익</td><td>450,000</td></tr></table> |

# 제2장 회계의 기술적 구조

## 제1절 거래(去來)의 식별

### 1. 거래
거래란 상품의 매매, 금전의 수입과 지출 등 결과적으로 기업의 자산·부채·자본의 증감 변화를 일으키는 모든 사항을 말한다.

### 2. 회계상의 거래
일반적인 거래와 회계상의 거래는 약간의 차이가 있다.

| 일 상 적 인  거 래 | | |
|---|---|---|
| 매매계약, 주문, 약속 등 | 상품의 매매, 금전의 수지 등 | 화재, 도난, 파손 등 |
| | 회 계 상 의  거 래 | |

| 회계상의 거래 | 회계상의 거래가 아닌 것 |
|---|---|
| 현금의 수입과 지출<br>현금의 대여와 차입<br>현금의 분실<br>상품의 매매<br>유가증권(주식, 채권 등)의 구입과 처분<br>상품의 파손, 부패, 도난<br>건물·토지 등의 매매<br>건물 등의 가치 감소(=감가상각)<br>채권·채무의 발생과 소멸<br>매출채권의 회수불능(=대손상각)<br>수익·비용의 발생<br>화재 등으로 인한 재산손실 등 | 판매용 상품을 거래처에 주문하다.<br>상품 판매에 대한 주문서를 받다.<br>신규 거래처와 상품매매계약을 맺다.<br>사무실의 임대차계약을 맺다.<br>약속, 의뢰, 보관, 위탁<br>직원의 채용<br>전기·수도료 등의 당월 고지서 수취<br>담보 제공 등 |

## 예제. 01

다음 중 회계상의 거래인 것은?
① 거래처로부터 상품 600,000원의 주문을 받다.
② 종업원 5명을 각각 월급 2,500,000원을 지급하기로 약속하고 채용하다.
③ 시간의 흐름에 따라 건물가치가 200,000원만큼 감소하다.
④ 영업용 건물을 10,000,000원에 빌리기로 계약하다.
⑤ 소유하고 있는 주식가액이 300,000원만큼 하락하다.
⑥ 상품 700,000원을 당사 창고에 보관하다.
⑦ 현금 100,000원과 상품 50,000원을 도난당하다.
⑧ 화재로 건물의 일부가 소실되다.
⑨ 현금의 시재액을 조사한 결과 10,000원이 부족함을 발견하였다.
⑩ 상품 100,000원을 외상으로 매입하다.
⑪ 200,000원의 영업용 책상을 10일 후에 지급할 약속으로 구입하다.

(해설)
회계상의 거래 : ③⑤⑦⑧⑨⑩⑪

### 3. 거래의 8요소

아무리 많은 거래가 발생하더라도 거래를 분석하면 자산의 증가·감소, 부채의 증가·감소, 자본의 증가·감소, 수익의 발생, 비용의 발생 등 8가지로 요약된다.

[거래의 8요소와 결합관계]

| (차변요소) | (대변요소) |
|---|---|
| 자산의 증가 | 자산의 감소 |
| 부채의 감소 | 부채의 증가 |
| 자본의 감소 | 자본의 증가 |
| 비용의 발생 | 수익의 발생 |

### 4. 거래의 이중성

거래가 발생하면 반드시 차변요소와 대변요소가 서로 결합되어 나타난다. 차변요소끼리 또는 대변요소끼리만 나타나는 거래는 있을 수 없다. 반드시 차변요소와 대변요소가 같은 금액으로 발생하여 차변 합계금액과 대변 합계금액도 일치하게 된다(⇨대차평균의 원리). 이것이 복식부기의 근본원리이다.

5. 거래의 종류
   (1) 손익발생 여부에 따라

   | | |
   |---|---|
   | 교환거래 | ① 자산, 부채, 자본의 증감변화만 발생하여 재무상태표에만 영향을 미치는 거래<br>② 수익과 비용이 전혀 발생하지 않아 손익계산서에는 영향을 미치지 않는 거래 |
   | 손익거래 | ① 거래에서 발생하는 금액 전부가 수익 또는 비용인 거래<br>② 거래금액 전액 기업의 경영성과(손익)에 영향을 미치는 거래 |
   | 혼합거래 | ① 거래에서 발생하는 금액 일부만 수익 또는 비용인 거래<br>② 거래금액 일부만 기업의 경영성과(손익)에 영향을 미치는 거래 |

   (2) 현금수지 여부에 따라
      ① 현금거래 ② 대체거래
   (3) 발생원천에 따라
      ① 외부거래 ② 내부거래
   (4) 거래요소의 결합 수에 따라
      ① 단순거래 : 차변과 대변에 각각 1개씩의 거래요소가 결합된 거래
      ② 복합거래 : 차변과 대변에 1개 또는 2개씩의 요소가 발생하여 3개 이상의 거래요소가 결합된 거래

## 제2절 계정(計定)

1. 계 정

   거래의 발생에 따라 자산·부채·자본·수익·비용 등 각 항목의 증감변화를 상세히 기록·계산·정리하기 위하여 설정하는 단위를 '계정'이라 한다. 각 계정의 이름을 '계정과목', 계정기입 장소를 '계정계좌' 또는 '계좌'라고 한다.

   [약식 'T계정']

   계 정 과 목

   (차 변)            (대 변)

## 2. 계정의 분류

| 재무상태표 계정 | 자산계정 | 현금, 예금, 단기대여금, 매출채권, 건물 등 |
|---|---|---|
| | 부채계정 | 매입채무, 단기차입금, 미지급금 등 |
| | 자본계정 | 자본금 |
| 손익계산서 계정 | 수익계정 | 상품매출, 이자수익, 임대료 등 |
| | 비용계정 | 이자비용, 임차료, 급여, 보험료, 광고선전비 등 |

## 3. 계정과목의 설정

계정과목은 기업의 종류와 규모 또는 그 조직형태에 적합하도록 설정한다.

① 계정과목은 그 계정에 기입되는 거래의 성격과 내용을 명확히 나타내도록 정한다.

② 하나의 계정과목에는 성질·종류가 같은 항목을 기재하여야 한다.

③ 한 번 설정한 계정과목은 함부로 변경해서는 안 된다.

④ 거래의 횟수가 많고 금액이 큰 것은 세분하고, 그렇지 않은 것은 중요성에 따라 적절히 통합한다.

## 4. 계정의 기입방법

거래는 거래의 이중성에 따라 반드시 여러 계정계좌의 차변 또는 대변에 기입된다. 그러므로 한 거래는 차변요소와 대변요소로 분해되어 차변요소는 그 계정의 차변에, 대변요소는 그 계정의 대변에 기입된다.

① 자산계정 : 증가는 차변에, 감소는 대변에 기입

② 부채계정 : 증가는 대변에, 감소는 차변에 기입

③ 자본계정 : 증가는 대변에, 감소는 차변에 기입

④ 수익계정 : 발생은 대변에 (소멸은 차변에 기입)

⑤ 비용계정 : 발생은 차변에 (소멸은 대변에 기입)

[계정의 기입법칙과 차액] 참고: 차액과 잔액의 차이를 반드시 알고 넘어가야 합니다.

자산 계정(차변잔액)
| 증가액 | 감소액 |
| | 차액 |

부채 계정(대변잔액)
| 감소액 | 증가액 |
| 차액 | |

자본 계정(대변잔액)
| 감소액 | 증가액 |
| 차액 | |

비용 계정(차변잔액)
| 발생액 | 소멸액 |
| | 차액 |

수익 계정(대변잔액)
| 소멸액 | 발생액 |
| 차액 | |

## 5. 대차평균의 원리

모든 거래는 차변요소와 대변요소로 분리되어 한 계정의 차변과 다른 계정의 대변에 동액이 기입되므로, 아무리 많은 거래가 기입되어도 장부는 모두 차변합계의 금액과 대변합계의 금액은 반드시 일치한다.

## 제3절 분개(分介)

### 1. 의의

분개(journalizing)란 회계상의 거래를 계정에 기입하기 위한 과정을 말하며, '인식한다.'거나 '회계처리 한다.'고 표현하기도 한다. 분개를 하기 위해서는 다음의 3가지 절차가 필요하다.
① 그 거래를 어느 계정에 기입할 것인가?
② 그 계정의 어느 변에 기입할 것인가?
③ 얼마를 기입할 것인가?

### 2. 분개방법

분개는 자산의 증가, 부채의 감소, 자본의 감소, 비용의 발생은 차변에 기록하고, 자산의 감소, 부채의 증가, 자본의 증가, 수익의 발생은 대변에 기록한다.

※ 간편 분개법 : 현금이나 상품 등 자산은 <u>들어오면 차변, 나가면 대변</u>에 적는다!

### 3. 분개장

분개장이란 거래를 <u>발생순서에 따라 분개하여 기입</u>하는 장부로서 병립식과 분할식이 있다. 분개장은 발생된 거래가 최초로 기록되는 장부이기 때문에 원시기입장이라고도 한다.

(병립식)                        분  개  장

| 날짜 | 적 요 | 원면 | 차 변 | 대 변 |
|------|-------|------|-------|-------|
|      |       |      |       |       |

(분할식)                        분  개  장

| 차 변 | 원면 | 날짜 | 적 요 | 원면 | 대 변 |
|-------|------|------|-------|------|-------|
|       |      |      |       |      |       |

* 원면 : 총계정원장의 면(번호)

# 제1편. 기초회계원리 −제2장 회계의 기술적 구조

## 예제. 02

다음 거래에 대하여 거래의 결합관계와 분개를 표시하시오.

| 거 래 내 용 | 결 합 관 계 (차변) 분 개 (대변) | | 거래 종류 |
|---|---|---|---|
| 1. 현금 500원을 출자하여 영업을 개시하다. | 자산의 증가<br>현 금 500 | 자본의 증가<br>자 본 금 500 | → 교환거래 |
| 2. 현금 200원을 차입하다. | 자산의 증가<br>현 금 200 | 부채의 증가<br>단기차입금 200 | → 교환거래 |
| 3. 차입금 100원과 이자 30원을 현금 지급하다. | 부채의 감소<br>비용의 발생<br>단기차입금 100<br>이 자 비 용 30 | 자산의 감소<br>현 금 130 | → 혼합거래 |
| 4. 현금 300원을 대여하다. | 자산의 증가<br>단기대여금 300 | 자산의 감소<br>현 금 300 | → 교환거래 |
| 5. 대여금 200원과 이자 50원을 현금으로 받다. | 자산의 증가<br>현 금 250 | 자산의 감소<br>수익의 발생<br>단기대여금 200<br>이 자 수 익 50 | → 혼합거래 |
| 6. 차입금 100원에 대한 이자 30원을 현금지급하다. | 비용의 발생<br>이 자 비 용 30 | 자산의 감소<br>현 금 30 | → 손익거래 |
| 7. 대여금 100원에 대한 이자 30원을 현금으로 받다. | 자산의 증가<br>현 금 30 | 수익의 발생<br>이 자 수 익 30 | → 손익거래 |
| 8. 상품 800원을 외상으로 매입하다. | 자산의 증가<br>상 품 800 | 부채의 증가<br>외상매입금 800 | → 교환거래 |
| 9. 외상매입금 500원을 현금지급하다. | 부채의 감소<br>외상매입금 500 | 자산의 감소<br>현 금 500 | → 교환거래 |
| 10. 상품 900원을 외상으로 매출하다. | 자산의 증가<br>외상매출금 900 | 수익의 발생<br>상 품 매 출 900 | → 손익거래 |
| 11. 외상매출금 500원을 현금으로 받다. | 자산의 증가<br>현 금 500 | 자산의 감소<br>외상매출금 500 | → 교환거래 |

## 예제. 03

다음 거래에 대하여 거래의 결합관계와 거래의 종류 및 분개를 표시하시오.

1. 현금 500,000원을 출자하여 영업을 개시하다.

   결합관계 : (차변요소)          (대변요소)                    <거래종류>
   분   개 : (차)                  (대)

2. 현금 200,000원을 차입하다.

   결합관계 : (차변요소)          (대변요소)                    <거래종류>
   분   개 : (차)                  (대)

3. 차입금 100,000원과 이자 20,000원을 현금 지급하다.

   결합관계 : (차변요소)          (대변요소)                    <거래종류>
   분   개 : (차)                  (대)

4. 현금 300,000원을 대여하다.

   결합관계 : (차변요소)          (대변요소)                    <거래종류>
   분   개 : (차)                  (대)

5. 대여금 200,000원과 이자 30,000원을 현금으로 받다.

   결합관계 : (차변요소)          (대변요소)                    <거래종류>
   분   개 : (차)                  (대)

6. 차입금 100,000원에 대한 이자 15,000원을 현금 지급하다.

   결합관계 : (차변요소)          (대변요소)                    <거래종류>
   분   개 : (차)                  (대)

7. 대여금 100,000원에 대한 이자 20,000원을 현금으로 받다.

   결합관계 : (차변요소)          (대변요소)                    <거래종류>
   분   개 : (차)                  (대)

8. 상품 800,000원을 외상으로 매입하다.

   결합관계 : (차변요소)          (대변요소)                    <거래종류>
   분   개 : (차)                  (대)

9. 외상매입금 500,000원을 현금 지급하다.

   결합관계 : (차변요소)          (대변요소)                    <거래종류>
   분   개 : (차)                  (대)

## 제1편. 기초회계원리 −제2장 회계의 기술적 구조

10. 상품 900,000원을 외상으로 매출하다.

    결합관계 : (차변요소)                    (대변요소)                    <거래종류>
    분    개 : (차)                          (대)

11. 외상매출금 500,000원을 현금으로 받다.

    결합관계 : (차변요소)                    (대변요소)                    <거래종류>
    분    개 : (차)                          (대)

12. 상품을 150,000원에 매출하고 대금은 동점발행의 약속어음으로 받다.

    결합관계 : (차변요소)                    (대변요소)                    <거래종류>
    분    개 : (차)                          (대)

13. 상품매출대금으로 받은 약속어음 150,000원을 현금으로 회수하다.

    결합관계 : (차변요소)                    (대변요소)                    <거래종류>
    분    개 : (차)                          (대)

14. 현금 900,000원을 당좌예입하다.

    결합관계 : (차변요소)                    (대변요소)                    <거래종류>
    분    개 : (차)                          (대)

15. 상품 800,000원을 매입하고 대금 중 200,000원은 현금으로, 300,000원은 수표를 발행하여 지급하고 잔액은 외상으로 하다.

    결합관계 : (차변요소)                    (대변요소)                    <거래종류>

    분    개 : (차)                          (대)


[해설]
1. 현금 500,000원을 출자하여 영업을 개시하다.

   결합관계 : (차변요소) 자산의 증가         (대변요소) 자본의 증가        <교환거래>
   분    개 : (차) 현        금    500,000  (대) 자   본   금    500,000

2. 현금 200,000원을 차입하다.

   결합관계 : (차변요소) 자산의 증가         (대변요소) 부채의 증가        <교환거래>
   분    개 : (차) 현        금    200,000  (대) (단기)차입금     200,000

3. 차입금 100,000원과 이자 20,000원을 현금 지급하다.

   결합관계 : (차변요소) 부채의 감소         (대변요소) 자산의 감소        <혼합거래>
              비용의 발생
   분    개 : (차) (단기)차입금   100,000  (대) 현        금    120,000
              이 자 비 용      20,000

4. 현금 300,000원을 대여하다.

   결합관계 : (차변요소) 자산의 증가    (대변요소) 자산의 감소    <교환거래>
   분   개 : (차) (단기)대여금  300,000   (대) 현      금   300,000

5. 대여금 200,000원과 이자 30,000원을 현금으로 받다.

   결합관계 : (차변요소) 자산의 증가    (대변요소) 자산의 감소    <혼합거래>
                                           수익의 발생
   분   개 : (차) 현      금   230,000   (대) (단기)대여금   200,000
                                            이 자 수 익    30,000

6. 차입금 100,000원에 대한 이자 15,000원을 현금 지급하다.

   결합관계 : (차변요소) 비용의 발생    (대변요소) 자산의 감소    <손익거래>
   분   개 : (차) 이 자 비 용   15,000   (대) 현      금   15,000

7. 대여금 100,000원에 대한 이자 20,000원을 현금으로 받다.

   결합관계 : (차변요소) 자산의 증가    (대변요소) 수익의 발생    <손익거래>
   분   개 : (차) 현      금   20,000   (대) 이 자 수 익   20,000

8. 상품 800,000원을 외상으로 매입하다.

   결합관계 : (차변요소) 자산의 증가    (대변요소) 부채의 증가    <교환거래>
   분   개 : (차) 상      품   800,000   (대) 외 상 매 입 금   800,000

9. 외상매입금 500,000원을 현금 지급하다.

   결합관계 : (차변요소) 부채의 감소    (대변요소) 자산의 감소    <교환거래>
   분   개 : (차) 외 상 매 입 금   500,000   (대) 현      금   500,000

10. 상품 900,000원을 외상으로 매출하다.

    결합관계 : (차변요소) 자산의 증가    (대변요소) 수익의 발생    <손익거래>
    분   개 : (차) 외 상 매 출 금   900,000   (대) 상 품 매 출   900,000

11. 외상매출금 500,000원을 현금으로 받다.

    결합관계 : (차변요소) 자산의 증가    (대변요소) 자산의 감소    <교환거래>
    분   개 : (차) 현      금   500,000   (대) 외 상 매 출 금   500,000

12. 상품을 150,000원에 매출하고 대금은 동점발행의 약속어음으로 받다.

    결합관계 : (차변요소) 자산의 증가    (대변요소) 수익의 발생    <손익거래>
    분   개 : (차) 받 을 어 음   150,000   (대) 상 품 매 출   150,000

13. 상품매출대금으로 받은 약속어음 150,000원을 현금으로 회수하다.

    결합관계 : (차변요소) 자산의 증가    (대변요소) 자산의 감소    <교환거래>
    분   개 : (차) 현      금   150,000   (대) 받 을 어 음   150,000

# 제1편. 기초회계원리 -제2장 회계의 기술적 구조

14. 현금 900,000원을 당좌예입하다.

   결합관계 : (차변요소) 자산의 증가       (대변요소) 자산의 감소       <교환거래>
   분   개 : (차) 당 좌 예 금  900,000   (대) 현      금  900,000

15. 상품 800,000원을 매입하고 대금 중 200,000원은 현금으로, 300,000원은 수표를 발행하여 지급하고 잔액은 외상으로 하다.

   결합관계 : (차변요소) 자산의 증가       (대변요소) 자산의 감소       <교환거래>
                                          부채의 증가
   분   개 : (차) 상      품  800,000   (대) 현      금  200,000
                                          당 좌 예 금  300,000
                                          외 상 매 입 금  300,000

## 예제. 04

다음의 거래를 분개하시오.

1. 현금 50,000,000원과 건물 30,000,000원으로 영업을 시작하다.

2. 한양상회에서 상품 10,000,000원을 외상으로 매입하다.

3. 영업용 중고 자동차를 3,000,000원에 현금 구입하다.

4. 강원상점에 상품을 2,000,000원에 판매하고 대금은 외상으로 하다.

5. 하나은행으로부터 현금 3,000,000원을 차입하다.

6. 강원상점에 외상으로 판매한 상품대금 중 일부 1,000,000원을 현금으로 회수하다.

7. 한양상회에서 외상으로 매입한 상품 대금 중 5,000,000원을 현금으로 지급하다.

8. 직원의 급료 1,800,000원을 현금으로 지급하다.

9. 하나은행에서 빌려온 차입금에 대한 이자 220,000원을 현금을 지급하다.

10. 이번 달 광고비 350,000원을 현금으로 지급하다.

[해설]

| | | | | | | |
|---|---|---|---|---|---|---|
| 1 | (차) 현　　　　금 | 50,000,000 | (대) 자　　본　　금 | 80,000,000 |
| | 　　건　　　　물 | 30,000,000 | | |
| 2 | (차) 상　　　　품 | 10,000,000 | (대) 외 상 매 입 금 | 10,000,000 |
| 3 | (차) 차 량 운 반 구 | 3,000,000 | (대) 현　　　　금 | 3,000,000 |
| 4 | (차) 외 상 매 출 금 | 2,000,000 | (대) 상 품 매 출 | 2,000,000 |
| 5 | (차) 현　　　　금 | 3,000,000 | (대) 단 기 차 입 금 | 3,000,000 |
| 6 | (차) 현　　　　금 | 1,000,000 | (대) 외 상 매 출 금 | 1,000,000 |
| 7 | (차) 외 상 매 입 금 | 5,000,000 | (대) 현　　　　금 | 5,000,000 |
| 8 | (차) 급　　　　여 | 1,800,000 | (대) 현　　　　금 | 1,800,000 |
| 9 | (차) 이 자 비 용 | 220,000 | (대) 현　　　　금 | 220,000 |
| 10 | (차) 광 고 선 전 비 | 350,000 | (대) 현　　　　금 | 350,000 |

## 예제. 05

다음 거래를 분개하시오.

1. 현금 5,000,000원을 출자하여 영업을 개시하다.
   (차)                                    (대)

2. 현금 5,000,000원(이 중 차입금 2,000,000원)을 출자하여 영업을 개시하다.
   (차)                                    (대)

3. 현금 1,000,000원을 대여하다.
   (차)                                    (대)

4. 대여금 800,000원과 그 이자 100,000원을 현금으로 받다.
   (차)                                    (대)

5. 현금 500,000원을 차입하다.
   (차)                                    (대)

6. 차입금 300,000원과 이자 50,000원을 현금으로 지급하다.
   (차)                                    (대)

7. 대여금에 대한 이자 50,000원을 현금으로 받다.
   (차)                              (대)

8. 차입금에 대한 이자 30,000원을 현금 지급하다.
   (차)                              (대)

9. 상품 800,000원을 매입하고 현금으로 지급하다.
   (차)                              (대)

10. 상품 500,000원을 외상으로 매입하다.
    (차)                              (대)

11. 외상매입금 500,000원을 현금 지급하다.
    (차)                              (대)

12. 상품을 550,000원에 매출하고 대금은 현금으로 받다.
    (차)                              (대)

13. 상품을 450,000원에 외상으로 매출하다.
    (차)                              (대)

14. 외상매출금 중 300,000원을 현금으로 받다.
    (차)                              (대)

15. 상품 700,000원을 매입하고 대금은 약속어음을 발행하여 교부하다.
    (차)                              (대)

16. 상품대금으로 발행한 약속어음 700,000원을 현금으로 지급하다.
    (차)                              (대)

17. 상품 500,000원을 매출하고 대금은 약속어음으로 받다.
    (차)                              (대)

18. 상품대금으로 받은 약속어음 500,000원을 만기가 되어 현금으로 받다.
    (차)                              (대)

19. 현금 1,500,000원을 주거래은행인 수탑은행에 당좌예입하다.
    (차)                              (대)

20. ㈜경실의 주식 100주를 단기매매 목적으로 주당 10,000원에 구입하고 대금은 수표발행하여 지급하다.
    (차)                              (대)

21. 소유하고 있던 ㈜경실 주식 50주(주당 원가 10,000원)를 1주당 12,000원에 처분하고 대금은 현금으로 받다.
    (차)                              (대)

22. 소유하고 있던 ㈜경실 주식 50주(1주당 원가 10,000원)를 1주당 9,000원에 매각처분하고 대금은 현금으로 받아 당좌예입하다.
    (차)                              (대)

23. ㈜지효 발행의 사채 1,000,000원을 단기투자 목적으로 구입하고 대금은 월말에 지급하기로 하다.
    (차)                              (대)

24. 소지하고 있던 ㈜지효 발행의 사채 1,000,000원을 1,200,000원에 매각하고 대금은 월말에 받기로 하다.
    (차)                              (대)

25. 상품 2,500,000원을 주문하고, 계약금 300,000원을 현금 지급하다.
    (차)                              (대)

26. 주문한 상품(문25) 2,500,000원이 도착되어 이를 인수하고 이미 지급한 계약금을 제외한 잔액은 외상으로 하다.
    (차)                              (대)

27. 상품 3,000,000원의 주문을 받고, 계약금 500,000원을 현금으로 받다.
   (차)                          (대)

28. 주문받은 상품(문27) 3,000,000원을 화물회사를 통하여 발송하고 대금은 미리 받은 계약금을 제외한 잔액은 외상으로 하다.
   (차)                          (대)

29. 종업원에 대한 급료 880,000원을 현금 지급하다.
   (차)                          (대)

30. 집세 250,000원을 현금 지급하다.
   (차)                          (대)

31. 영업용 자동차에 대한 보험료 230,000원을 현금 지급하다.
   (차)                          (대)

32. 영업용 자동차에 대한 자동차세 35,000원을 현금 지급하다.
   (차)                          (대)

33. 전기요금 80,000원과 수도요금 40,000원을 현금 지급하다.
   (차)                          (대)

34. 건물을 수선하고 수선비 150,000원을 수표발행하여 지급하다.
   (차)                          (대)

35. 광고물 제작비 350,000원을 수표발행하여 지급하다.
   (차)                          (대)

36. 종업원의 출장비(고속버스 요금 정산) 100,000원을 현금 지급하다.
   (차)                          (대)

37. 현금 30,000원을 분실하다.
   (차)                          (대)

38. 집세 180,000원을 현금으로 받다.
   (차)                          (대)

39. 수원상점의 단기대여금 3,000,000원에 대한 이자 150,000원을 현금으로 받다.
   (차)                                    (대)

40. 사무실에서 발생한 폐지, 폐품 등을 처분하고 30,000원을 현금으로 받다.
   (차)                                    (대)

[정답]

| 1 | (차) 현 금 | 5,000,000 | (대) 자 본 금 | 5,000,000 |
|---|---|---|---|---|
| 2 | (차) 현 금 | 5,000,000 | (대) 단 기 차 입 금<br>자 본 금 | 2,000,000<br>3,000,000 |
| 3 | (차) 단 기 대 여 금 | 1,000,000 | (대) 현 금 | 1,000,000 |
| 4 | (차) 현 금 | 900,000 | (대) 단 기 대 여 금<br>이 자 수 익 | 800,000<br>100,000 |
| 5 | (차) 현 금 | 500,000 | (대) 단 기 차 입 금 | 500,000 |
| 6 | (차) 단 기 차 입 금<br>이 자 비 용 | 300,000<br>50,000 | (대) 현 금 | 350,000 |
| 7 | (차) 현 금 | 50,000 | (대) 이 자 수 익 | 50,000 |
| 8 | (차) 이 자 비 용 | 30,000 | (대) 현 금 | 30,000 |
| 9 | (차) 상 품 | 800,000 | (대) 현 금 | 800,000 |
| 10 | (차) 상 품 | 500,000 | (대) 외 상 매 입 금 | 500,000 |
| 11 | (차) 외 상 매 입 금 | 500,000 | (대) 현 금 | 500,000 |
| 12 | (차) 현 금 | 550,000 | (대) 상 품 매 출 | 550,000 |
| 13 | (차) 외 상 매 출 금 | 450,000 | (대) 상 품 매 출 | 450,000 |
| 14 | (차) 현 금 | 300,000 | (대) 외 상 매 출 금 | 300,000 |
| 15 | (차) 상 품 | 700,000 | (대) 지 급 어 음 | 700,000 |
| 16 | (차) 지 급 어 음 | 700,000 | (대) 현 금 | 700,000 |
| 17 | (차) 받 을 어 음 | 500,000 | (대) 상 품 매 출 | 500,000 |
| 18 | (차) 현 금 | 500,000 | (대) 받 을 어 음 | 500,000 |
| 19 | (차) 당 좌 예 금 | 1,500,000 | (대) 현 금 | 1,500,000 |
| 20 | (차) 단 기 매 매 증 권 | 1,000,000 | (대) 당 좌 예 금 | 1,000,000 |
| 21 | (차) 현 금 | 600,000 | (대) 단 기 매 매 증 권<br>단기매매증권처분이익 | 500,000<br>100,000 |
| 22 | (차) 당 좌 예 금<br>단기매매증권처분손실 | 450,000<br>50,000 | (대) 단 기 매 매 증 권 | 500,000 |
| 23 | (차) 단 기 매 매 증 권 | 1,000,000 | (대) 미 지 급 금 | 1,000,000 |
| 24 | (차) 미 수 금 | 1,200,000 | (대) 단 기 매 매 증 권<br>단기매매증권처분이익 | 1,000,000<br>200,000 |

| | | 차변 | | | | | 대변 | | | |
|---|---|---|---|---|---|---|---|---|---|---|
| 25 | (차) | 선급금 | | | 300,000 | (대) | 현금 | | | 300,000 |
| 26 | (차) | 상품 | | | 2,500,000 | (대) | 선급금<br>외상매입금 | | | 300,000<br>2,200,000 |
| 27 | (차) | 현금 | | | 500,000 | (대) | 선수금 | | | 500,000 |
| 28 | (차) | 선수금<br>외상매출금 | | | 500,000<br>2,500,000 | (대) | 상품매출 | | | 3,000,000 |
| 29 | (차) | 급여 | | | 880,000 | (대) | 현금 | | | 880,000 |
| 30 | (차) | 임차료 | | | 250,000 | (대) | 현금 | | | 250,000 |
| 31 | (차) | 보험료 | | | 230,000 | (대) | 현금 | | | 230,000 |
| 32 | (차) | 세금과공과 | | | 35,000 | (대) | 현금 | | | 35,000 |
| 33 | (차) | 수도광열비 | | | 120,000 | (대) | 현금 | | | 120,000 |
| 34 | (차) | 수선비 | | | 150,000 | (대) | 당좌예금 | | | 150,000 |
| 35 | (차) | 광고선전비 | | | 350,000 | (대) | 당좌예금 | | | 350,000 |
| 36 | (차) | 여비교통비 | | | 100,000 | (대) | 현금 | | | 100,000 |
| 37 | (차) | 잡손실 | | | 30,000 | (대) | 현금 | | | 30,000 |
| 38 | (차) | 현금 | | | 180,000 | (대) | 임대료 | | | 180,000 |
| 39 | (차) | 현금 | | | 150,000 | (대) | 이자수익 | | | 150,000 |
| 40 | (차) | 현금 | | | 30,000 | (대) | 잡이익 | | | 30,000 |

제4절 **전기(轉記)**

1. 전기와 총계정원장

   기업은 재무상태의 변동내용을 기록하기 위하여 자산, 부채, 자본, 수익, 비용항목에 대하여 독립적인 계정을 사용하고 있다. 이러한 각 계정의 집합체를 총계정원장이라고 하며, 분개장에 기입된 분개를 각 계정계좌(총계정원장)에 옮겨 적는 절차를 전기라 한다.

   (표준식)                (계 정 과 목)

   | 날짜 | 적 요 | 분면 | 금 액 | 날짜 | 적 요 | 분면 | 금 액 |
   |------|-------|------|-------|------|-------|------|-------|
   |      |       |      |       |      |       |      |       |

   (잔액식)                (계 정 과 목)

   | 날짜 | 적 요 | 분면 | 차 변 | 대 변 | 차·대 | 잔 액 |
   |------|-------|------|-------|-------|-------|-------|
   |      |       |      |       |       |       |       |

   * 분면 : 분개장 원면(번호)

   학습상 '표준식'을 요약하여 'T계정'으로 표시하면 다음과 같다.

   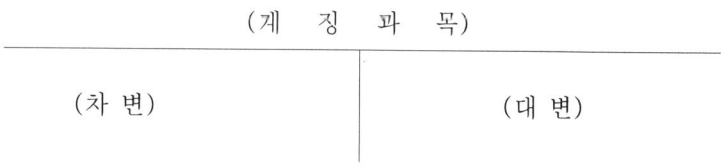

2. 전기방법

   분개의 해당과목을 찾아 차변금액은 차변에, 대변금액은 대변에 기입하고 계정과목란에는 상대편 계정과목을 기입(2개 이상일 경우에는 '제좌')한다.

## 예제. 06

다음 거래를 분개하고, 총계정원장에 전기하시오.
1. 현금 1,000,000원을 출자하여 영업을 개시하다.
2. 상품 700,000원을 현금으로 매입하다.
3. 상품 500,000원을 현금으로 매출하다.
4. 상품 600,000원을 외상으로 매입하다.
5. 상품 450,000원을 외상으로 매출하다.
6. 외상매입금 중 300,000원을 현금으로 지급하다.
7. 자동차보험료 20,000원을 현금으로 지급하다.
8. 기말상품재고액은 실지재고조사결과 550,000원이었다.(상품-기말재고액=상품매출원가)

(해설)

|   | 차변과목 및 금액 | 대변과목 및 금액 |
|---|---|---|
| 1 | | |
| 2 | | |
| 3 | | |
| 4 | | |
| 5 | | |
| 6 | | |
| 7 | | |
| 8 | | |

총 계 정 원 장

현 금                1        외 상 매 출 금        2

상 품                3        외 상 매 입 금        4

자 본 금              5        상 품 매 출          6

상 품 매 출 원 가      7        보 험 료            8

(해설)

| | 차변과목 및 금액 | | 대변과목 및 금액 | |
|---|---|---|---|---|
| 1 | 현 금 | 1,000,000 | 자 본 금 | 1,000,000 |
| 2 | 상 품 | 700,000 | 현 금 | 700,000 |
| 3 | 현 금 | 500,000 | 상 품 매 출 | 500,000 |
| 4 | 상 품 | 600,000 | 외 상 매 입 금 | 600,000 |
| 5 | 외 상 매 출 금 | 450,000 | 상 품 매 출 | 450,000 |
| 6 | 외 상 매 입 금 | 300,000 | 현 금 | 300,000 |
| 7 | 보 험 료 | 20,000 | 현 금 | 20,000 |
| 8 | 상 품 매 출 원 가 | 750,000 | 상 품 | 750,000 |

총 계 정 원 장

```
         현          금        1              외  상  매  출  금      2
① 자 본 금 1,000,000 │② 상     품   700,000   ⑤ 상 품 매 출  450,000 │
③ 상 품 매 출 500,000 │⑥ 외상매입금  300,000
                      │⑦ 보 험 료    20,000


         상          품        3              외  상  매  입  금      4
② 현     금   700,000 │⑧ 상품매출원가 750,000   ⑥ 현     금   300,000 │④ 상     품   600,000
④ 외상매입금  600,000 │


         자          본   금   5                    상  품  매  출      6
                      │① 현     금 1,000,000                         │③ 현     금   500,000
                                                                     │⑤ 외상매출금  450,000


         상 품 매 출 원 가      7                    보    험    료      8
⑧ 상     품   750,000 │                         ⑦ 현     금    20,000 │
```

## 예제. 07

다음 총계정원장의 전기내용을 보고 분개를 추정하시오.

1.
```
         현          금                           상          품
  상     품    5,000  │                  현     금    5,000  │
```

<분 개> (차)                                (대)
<거래추정>

## 제1편. 기초회계원리 —제2장 회계의 기술적 구조

2.　　　　　현　　　금　　　　　　　　　　　단기차입금
　　단기차입금 5,000　　　　　　　　　　　　　　　│현　　금　5,000

　　<분　개> (차)　　　　　　　　　(대)
　　<거래추정>

3.　　　　　현　　　금　　　　　　　　　　　외상매입금
　　　　　│외상매입금 5,000　　　　현　　금 5,000│

　　<분　개> (차)　　　　　　　　　(대)
　　<거래추정>

4.　　　　　외상매출금　　　　　　　　　　　상 품 매 출
　　상품매출 10,000　　　　　　　　　　　　　│외상매출금 10,000

　　<분　개> (차)　　　　　　　　　(대)
　　<거래추정>

5.　　　　　단기차입금　　　　　　　　　　　현　　　금
　　현　금　9,000　　　　　　　　　　　　　　│제　좌　10,000

　　　　　이 자 비 용
　　현　금　1,000

　　<분　개> (차)　　　　　　　　　(대)
　　<거래추정>

[해설]

1. <분　개> (차) 상　　　품　　5,000　　(대) 현　　　금　　5,000
　　<거래추정> 상품 5,000원을 매입하고 대금은 현금으로 지급하다.

2. <분　개> (차) 현　　　금　　5,000　　(대) 단 기 차 입 금　5,000
　　<거래추정> 현금 5,000원을 단기간 차입하다.

3. <분　개> (차) 외 상 매 입 금　5,000　　(대) 현　　　금　　5,000
　　<거래추정> 외상매입금 5,000원을 현금으로 지급하다.

4. <분　개> (차) 외 상 매 출 금　10,000　(대) 상 품 매 출　10,000
　　<거래추정> 상품 10,000원을 외상으로 매출하다.

5. <분　개> (차) 단 기 차 입 금　9,000　(대) 현　　　금　10,000
　　　　　　　　　　이 자 비 용　1,000
　　<거래추정> 단기차입금 9,000원과 이자 1,000원을 현금으로 지급하다.

제5절 **장부조직**

1. 장부조직
    (1) 장부조직의 의의
        거래가 발생하면 관련 장부에 기록하게 되는데, 이러한 장부는 상호 유기적으로 연관되어 조직화되어야 할 것이다. 이렇게 기업에서 회계 장부의 종류, 범위 및 각 장부 간의 연결 관계 등을 고려하여 장부를 구성하는 것을 장부 조직이라 한다.

    (2) 장부조직 구성시 유의할 사항
        ① 기장 절차를 간소화하여 중복 기입을 방지한다.
        ② 기장 사무를 분담시켜 내부 견제 제도를 확립함으로써 오류와 부정의 발생을 방지하고, 기장의 책임 소재를 명백히 한다.
        ③ 재무제표 작성이 용이하도록 구성한다.

2. 장부의 체계

| 주요부 | 분 개 장<br>총 계 정 원 장 | |
|---|---|---|
| 보조부 | 보 조 기 입 장 | 현 금 출 납 장 ----- 현금 거래<br>당 좌 예 금 출 납 장 ----- 당좌예금 거래<br>소 액 현 금 출 납 장 ----- 소액현금 거래<br>받 을 어 음 기 입 장 ----- 받을어음 거래<br>지 급 어 음 기 입 장 ----- 지급어음 거래<br>매 입 장 ----- 상품 매입 거래<br>매 출 장 ----- 상품 매출 거래 |
| | 보 조 원 장 | 매 출 처 원 장 ----- 외상매출금 계정<br>매 입 처 원 장 ----- 외상매입금 계정<br>상 품 재 고 장 ----- 상품 계정<br>유 형 자 산 대 장 ----- 유형자산 계정<br>적 송 품 원 장 ----- 적송품 계정<br>수 탁 판 매 원 장 ----- 수탁판매 계정<br>수 탁 매 입 원 장 ----- 수탁매입 계정 |

# 제1편. 기초회계원리 - 제2장 회계의 기술적 구조

## 제6절 전표회계

### 1. 전표의 뜻

전표란 분개장을 일정 양식을 갖춘 지편(용지)으로 낱장화한 것이며, 거래가 발생한 부서에서 그 내용을 기재하여 관련되는 여러 부서에 전달·기장하게 함으로써 기장 업무의 효율화를 기하는 회계제도가 전표 제도이다.

| | |
|---|---|
| 장점 | ① 기장 사무를 부서별로 분담할 수 있다.<br>② 거래 기장에 대한 책임 소재가 명확하다.<br>③ 거래 내용을 신속하게 관련 부서에 전달할 수 있다.<br>④ 총계정원장의 전기가 간편하다.<br>⑤ 전표를 철하면 분개장 대용이고, 매입전표·매출전표 등을 철하면 매입장·매출장 등의 대용이므로 장부 조직이 간소화된다. |
| 단점 | ① 분량이 많아져 보관이 불편하다.<br>② 장부조작이 용이하다. |

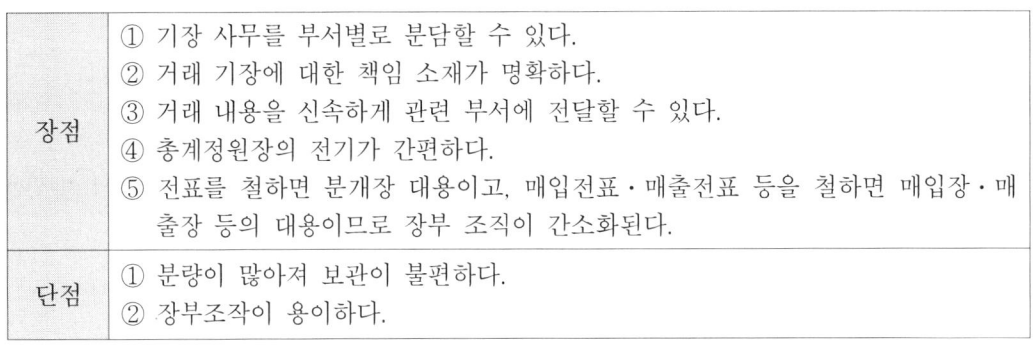

### 2. 전표의 종류

(1) 1전표제

거래 발생시 보통의 분개 방법대로 차·대변으로 나누어 기입하는 전표

(2) 3전표제

거래를 입금 거래(현금의 수입이 있는 거래), 출금 거래(현금의 지출이 있는 거래), 대체거래(현금의 수입·지출이 없는 거래)로 분류하고,
입금 거래인 경우 붉은색의 입금전표에,
출금 거래인 경우 파란색의 출금전표에,
대체 거래인 경우 검은색의 대체전표에 기표하는 현금 중심의 전표 제도로 전표 회계의 기본이다.

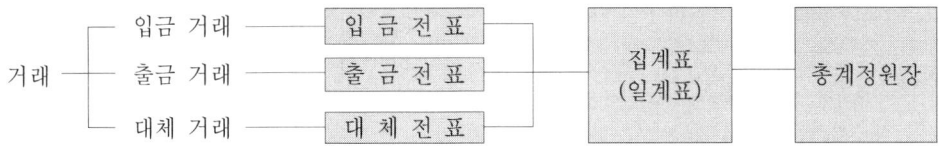

[예제1] 3전표제에 의한 전표기입

| 거 래 | 분 개 | 전 표 기 입 | |
|---|---|---|---|
| 현금 500원을 차입하다 | (차) 현 금 500<br>(대) 차입금 500 | 입 금 전 표 | |
| | | (차 입 금) 500 | |
| 상품 800원을 현금매입하다 | (차) 매 입 800<br>(대) 현 금 800 | 출 금 전 표 | |
| | | (매 입) 800 | |
| 상품 500원을 외상매출하다 | (차) 외상매출금 500<br>(대) 매 출 500 | 대 체 전 표 | |
| | | (외상매출금) 500 | (매 출) 500 |
| 상품 900원을 매출하고 대금 중 400원은 현금으로 받다 | (차) 현 금 400<br>외상매출금 500<br>(대) 매 출 900 | 입 금 전 표 | |
| | | (매 출) 400 | |
| | | 대 체 전 표 | |
| | | (외상매출금) 500 | (매 출) 500 |

(3) 5전표제

상품의 매입매출을 중심으로 한 전표 제도로서, 거래를 상품 거래와 비상품 거래로 분류하고 매입 거래를 매입 전표에, 매출 거래를 매출 전표에 기표하고 상품 거래 이외에는 3전표제에 준하여 기표한다. 5전표제에서는 전표의 집계를 편리하게 하기 위하여 상품 거래를 일단 외상으로 간주하여 분개하는 것이 특징이다.

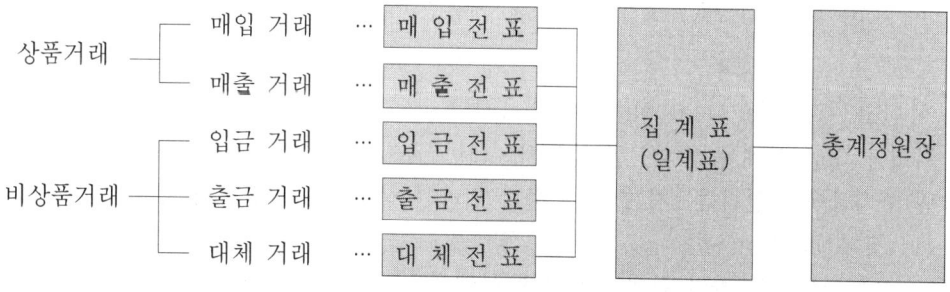

## 제1편. 기초회계원리 −제2장 회계의 기술적 구조

### 제7절 결산(決算)

1. 결산(決算, closing)
   일정기간(회계기간) 경과 후(=보고기간 말) 기업의 재무상태와 경영성과를 파악하기 위하여 장부를 정리·마감하는 절차를 결산이라 한다.

2. 결산절차

| | |
|---|---|
| 예비 절차 | 1. 시산표 작성<br>2. 재고조사표 작성(결산정리사항)<br>3. 총계정원장 수정 기입<br>4. 정산표 작성(선택적 절차, 생략가능) |
| 본 절차 | 1. 총계정원장의 마감<br>　① 수익·비용 계정을 손익 계정에 대체<br>　② 손익 계정의 잔액(=당기순손익)을 자본(금) 계정에 대체<br>　③ 자산·부채·자본 계정을 차기이월로 마감하여 이월시산표 작성<br>　* 대체 : 어느 계정의 금액을 다른 계정으로 옮기는 것을 말한다.<br>　　　⇒ 대체시에는 반드시 대체분개 필요!<br>2. 분개장 및 보조부 등의 마감 |
| 재무제표 작성 | 1. 손익계산서　　2. 재무상태표<br>3. 현금흐름표　　4. 자본변동표　　5. 주석 |

3. 시산표(試算表, trial balance : T/B)
   거래에 대한 분개와 총계정원장의 차·대변 금액 기입이 정확하게 이루어졌는가(=차·대변 합계금액이 일치하는지)를 확인하기 위하여 작성하는 일람표이다.
   (1) 합계시산표
       총계정원장의 차변 합계액과 대변 합계액을 모은 것.
   (2) 잔액시산표
       총계정원장의 잔액만을 모은 것이며, 자산과 비용은 차변에, 부채와 자본, 수익은 대변에 기입된다.
   (3) 합계잔액시산표
       합계시산표와 잔액시산표를 합한 것으로 거래 총액과 잔액을 모두 알 수 있다.

   시산표 등식 : 기말자산 + 총비용 = 기말부채 + 기초자본 + 총수익
   　　　　　　　　　　차변요소　　　　　　　　　　대변요소

## 예제. 08

제4절 [예제6]의 자료로 합계잔액시산표를 작성하시오.

(해설)

합 계 잔 액 시 산 표

| 차 변 | | 원면 | 계 정 과 목 | 대 변 | |
|---|---|---|---|---|---|
| 잔 액 | 합 계 | | | 합 계 | 잔 액 |
| 480,000 | 1,500,000 | 1 | 현　　　　　　금 | 1,020,000 | |
| 450,000 | 450,000 | 2 | 외　상　매　출　금 | | |
| 550,000 | 1,300,000 | 3 | 상　　　　　　품 | 750,000 | |
| | 300,000 | 4 | 외　상　매　입　금 | 600,000 | 300,000 |
| | | 5 | 자　　본　　금 | 1,000,000 | 1,000,000 |
| | | 6 | 상　품　매　출 | 950,000 | 950,000 |
| 750,000 | 750,000 | 7 | 상 품 매 출 원 가 | | |
| 20,000 | 20,000 | 8 | 보　　험　　료 | | |
| 2,250,000 | 4,320,000 | | | 4,320,000 | 2,250,000 |

(4) 시산표의 오류

시산표의 차변 합계액과 대변 합계액이 일치하지 않는다면 기록 계산상의 오류가 있다는 것을 의미한다. 오류는 시산표뿐만 아니라 분개장이나 총계정 원장에서 발생했을 수도 있기 때문에 장부기입의 역순으로 검토한다.

(5) 시산표에서 발견할 수 없는 오류

시산표는 차변과 대변 합계액(잔액)이 일치하는 것을 확인하는 것으로 차변과 대변 합계액(잔액)이 일치하면 정확하다고 본다. 그러나 합계액이 일치한다고 해도 다음과 같은 오류가 있을 수 있다. 이를 시산표에서 발견할 수 없는 오류라고 한다.

> ① 어떤 거래를 분개하지 않거나 전기하지 않은 경우(누락)
> ② 어떤 거래를 이중으로 분개하거나 전기한 경우(중복)
> ③ 대차를 반대로 분개했거나 전기한 경우
> ④ 실제와 다른 계정과목으로 분개했거나 전기한 경우
> ⑤ 대차 양변을 같은 금액으로 틀리게 분개했거나 전기한 경우
> ⑥ 두 가지 이상의 오류가 우연히 일치하여 상계된 경우

## 4. 재고조사표(在庫調査表)

재고조사표에 기재된 원장 잔액의 변동 사항을 결산수정(기말수정)사항이라 하고, 이를 분개한 것을 정리분개(수정분개), 이를 원장 각 계정에 전기하는 것을 정리기입(수정기입)이라 한다.

결산수정사항에는 다음과 같은 것들이 있다.

① 재고자산(상품, 원재료, 재공품, 제품 등)의 조사와 평가
② 매출채권 등에 대한 대손 예상 → (차액)보충법
③ 유가증권(단기매매증권, 매도가능증권)의 공정가치 평가
④ 유형자산의 감가상각 및 무형자산의 상각
⑤ 수익·비용의 이연과 예상
⑥ 임시계정 및 평가계정의 정리
⑦ 법인세액의 추산
⑧ 외화 자산, 외화 부채의 평가
⑨ 사채할인(할증)발행차금의 상각(환입)
⑩ 현재가치할인차금의 상각(환입) 등

5. 정산표(精算表, working sheet : W/S)

   잔액시산표를 기초로 하여 총계정원장 마감 전에 손익계산서와 재무상태표를 작성하는 과정을 하나의 표로 나타내는 것이 정산표이다. 정산표 작성의 주요목적은 재무상태표와 손익계산서의 작성을 정확하고 신속하게 하기 위한 것이다. 즉 먼저 정산표에서 모든 결산절차를 예비적으로 수행하고, 이에 의하여 재무상태표와 손익계산서를 작성한 다음 정식 결산절차를 회계장부상에서 수행하는 것이 필요하다.

## 예제. 09

제4절 [예제6]의 총계정원장을 자료로 정산표를 작성하시오.

(해설) 6위식 정산표

| 계정과목 | 잔액시산표 | | 손익계산서 | | 재무상태표 | |
|---|---|---|---|---|---|---|
| | 차변 | 대변 | 차변 | 대변 | 차변 | 대변 |
| 현　　　　금 | 480,000 | | | | 480,000 | |
| 외 상 매 출 금 | 450,000 | | | | 450,000 | |
| 상　　　　품 | 550,000 | | | | 550,000 | |
| 외 상 매 입 금 | | 300,000 | | | | 300,000 |
| 자 　본 　금 | | 1,000,000 | | | | 1,000,000 |
| 상 품 매 출 | | 950,000 | | 950,000 | | |
| 상 품 매 출 원 가 | 750,000 | | 750,000 | | | |
| 보 　험 　료 | 20,000 | | 20,000 | | | |
| 당 기 순 이 익 | | | 180,000 | | | 180,000 |
| | 2,250,000 | 2,250,000 | 950,000 | 950,000 | 1,480,000 | 1,480,000 |

## 6. 총계정원장의 마감방법

(1) 손익계정의 설정

　　손익계정은 수익과 비용계정의 잔액을 모아서 이를 대응 비교함으로써 당기순손익을 산출하기 위한 임시적 집합 계정으로 회계 연도 말에만 설정되며, 손익계산서 작성의 직접적 자료로 활용할 수 있다.

(2) 수익·비용계정 잔액을 '(집합)손익' 계정에 대체(對替)

　　수익에 속하는 각 계정 잔액은 손익 계정 대변에 대체하고, 비용에 속하는 각 계정 잔액은 손익 계정 차변에 대체하여 잔액을 '영(0원)'으로 만들고 마감한다.

　　[수익계정 대체분개]
　　　(차) 수익계정 항목　×××　　　(대) 손　　　익　×××
　　[비용 계정 대체분개]
　　　(차) 손　　　익　×××　　　(대) 비용계정 항목　×××

(3) 순손익을 자본계정에 대체

　　손익 계정의 차변 합계와 대변 합계를 비교하여 대변이 많으면 당기순이익이므로 자본(자본금 또는 미처분이익잉여금) 계정의 대변에 대체하여 자본을 증가시키고, 차변이 많으면 당기순손실이므로 자본(자본금 또는 미처리결손금) 계정의 차변에 대체하여 자본을 감소시킨 후 손익 계정을 마감한다.

　　[당기순이익인 경우(개인기업)]
　　　(차) 손　　　익　×××　　　(대) 자　본　금　×××
　　[당기순손실인 경우(개인기업)]
　　　(차) 자　본　금　×××　　　(대) 손　　　익　×××

(4) 자산·부채·자본 계정의 마감

　① 영미식(英美式, 우리나라에서 사용)

　　자산·부채·자본에 속하는 각 계정의 잔액을 '차기이월(次期移越)'이라 기입하고 대차를 일치시켜 마감한 후 이월시산표(移越試算表)를 작성한다.
　　다음 회계 연도 초에 '전기이월(前期移越)'로 개시 기입한다.

　② 대륙식(大陸式)

　　자산·부채·자본에 속하는 각 계정 잔액을 '잔액(殘額)' 계정에 대체하여 마감하는 방법이다. 다음 회계 연도 초에 '개시잔액'으로 개시 기입한다.

[총계정원장의 마감 예]
1. 영미식

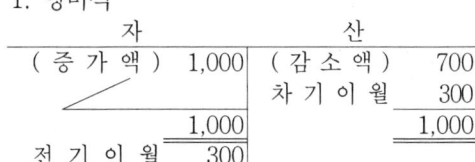

2. 대륙식

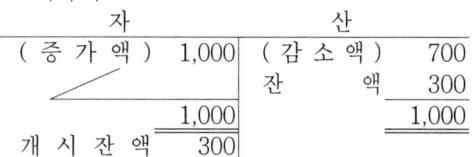

# 제1편. 기초회계원리 —제2장 회계의 기술적 구조

## 예제. 10

제4절 [예제6]의 총계정원장을 마감하시오.

총 계 정 원 장

| 현 금 1 | | 외 상 매 출 금 2 |
|---|---|---|
| ① 자 본 금 1,000,000  ② 상 품 700,000 | | ⑤ 상 품 매 출 450,000 |
| ③ 상 품 매 출 500,000  ⑥ 외상매입금 300,000 | | |
| ⑦ 보 험 료 20,000 | | |

| 상 품 3 | | 외 상 매 입 금 4 |
|---|---|---|
| ② 현 금 700,000  ⑧ 상품매출원가 750,000 | | ⑥ 현 금 300,000  ④ 상 품 600,000 |
| ④ 외상매입금 600,000 | | |

| 자 본 금 5 | | 상 품 매 출 6 |
|---|---|---|
| ① 현 금 1,000,000 | | ③ 현 금 500,000 |
| | | ⑤ 외상매출금 450,000 |

| 상 품 매 출 원 가 7 | | 보 험 료 8 |
|---|---|---|
| ⑧ 상 품 750,000 | | ⑦ 현 금 20,000 |

(해설)
1. 수익·비용계정의 손익계정에 대체

| 자 본 금 5 | | 상 품 매 출 6 |
|---|---|---|
| ① 현 금 1,000,000 | | 12/31 손 익 950,000  ③ 현 금 500,000 |
| | | ⑤ 외상매출금 450,000 |
| | | 950,000 / 950,000 |

| 상 품 매 출 원 가 7 | | 보 험 료 8 |
|---|---|---|
| ⑧ 상 품 750,000  12/31 손 익 750,000 | | ⑦ 현 금 20,000  12/31 손 익 20,000 |

[수익 대체 분개]
(차) 상 품 매 출 950,000    (대) 손 익 950,000

[비용 대체 분개]
(차) 손 익 770,000    (대) 상 품 매 출 원 가 750,000
                           보 험 료 20,000

손 익

| 상품매출원가 | 750,000 | 상 품 매 출 | 950,000 |
|---|---|---|---|
| 보 험 료 | 20,000 | | |

2. 손익계정의 잔액을 자본(금)계정에 대체

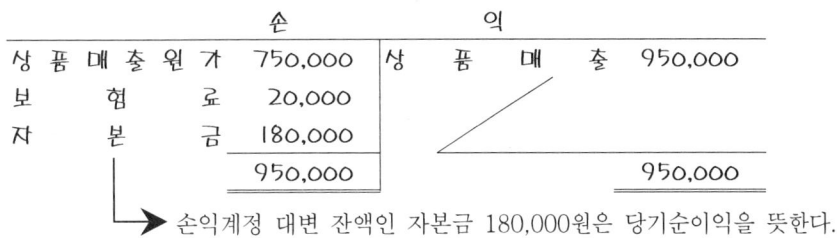

➤ 손익계정 대변 잔액인 자본금 180,000원은 당기순이익을 뜻한다.

[순손익 대체 분개]

| (차) 손 익 180,000 | (대) 자 본 금 180,000 |
|---|---|

```
            자    본    금              5
                        ① 현      금  1,000,000
                           손      익    180,000
```

3. 자산·부채·자본계정의 마감(영미식)

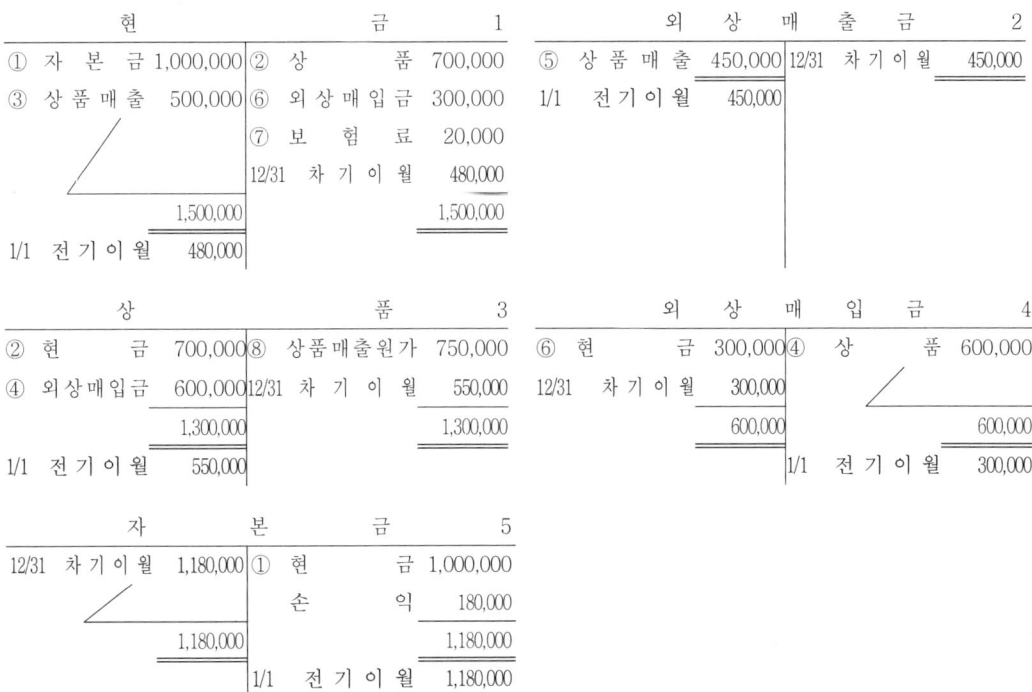

이 월 시 산 표

| | | | | |
|---|---:|---|---|---:|
| 현 금 | 480,000 | 외 상 매 입 금 | | 300,000 |
| 외 상 매 출 금 | 450,000 | 자 본 금 | | 1,180,000* |
| 상 품 | 550,000 | | | |
| | 1,480,000 | | | 1,480,000 |

\* 기말자본금(= 기초자본 1,000,000원 + 당기순이익 180,000원)

4. 손익계산서 및 재무상태표의 작성

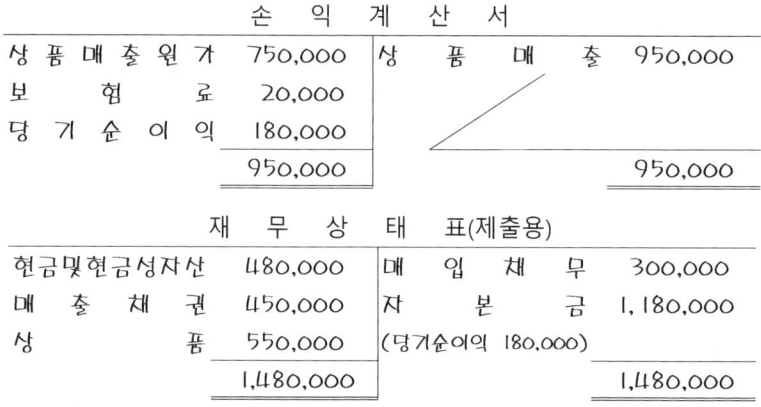

손 익 계 산 서

| | | | | |
|---|---:|---|---|---:|
| 상 품 매 출 원 가 | 750,000 | 상 품 매 출 | | 950,000 |
| 보 험 료 | 20,000 | | | |
| 당 기 순 이 익 | 180,000 | | | |
| | 950,000 | | | 950,000 |

재 무 상 태 표(제출용)

| | | | | |
|---|---:|---|---|---:|
| 현금및현금성자산 | 480,000 | 매 입 채 무 | | 300,000 |
| 매 출 채 권 | 450,000 | 자 본 금 | | 1,180,000 |
| 상 품 | 550,000 | (당기순이익 180,000) | | |
| | 1,480,000 | | | 1,480,000 |

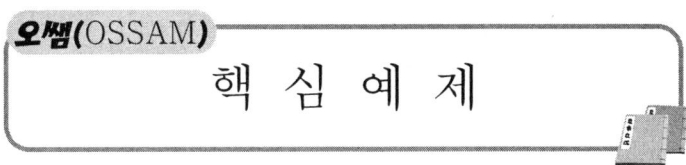

## 핵 심 예 제

문제1] 다음 중 회계상의 거래인 것은?
① 기계장치를 1,000,000원에 구입하기로 약속했다.
② B회사에 상품 2,000,000원(@10,000원, 200개)을 주문했다.
③ 종업원 김씨를 월 기본급 1,000,000원, 상여금 600% 조건으로 채용했다.
④ 20,000,000원의 토지를 구입하기로 하고 계약금으로 2,000,000원을 지급했다.

문제2] 단기차입금 1,000,000원과 그 이자 120,000원을 현금으로 지급한 거래를 분석한 것으로 올바른 것은?

| | | |
|---|---|---|
| ① (차) 자 산 의 증 가 | (대) 부 채 의 증 가 | |
| | 수 익 의 발 생 | |
| ② (차) 자 산 의 증 가 | (대) 자 산 의 감 소 | |
| | 수 익 의 발 생 | |
| ③ (차) 부 채 의 감 소 | (대) 자 산 의 감 소 | |
| 비 용 의 발 생 | | |
| ④ (차) 자 산 의 증 가 | (대) 자 산 의 감 소 | |
| 비 용 의 발 생 | | |

문제3] 다음 중 거래를 추정한 것 중 틀린 것은?

| 현 금 | | 받을어음 | 외상매입금 |
|---|---|---|---|
| (1) 500,000 | (3) 30,000 | (2) 100,000 | (3) 30,000 |
| (2) 100,000 | (4) 25,000 | | |

| 소 모 품 | 자 본 금 |
|---|---|
| (4) 25,000 | (1) 500,000 |

① 현금 500,000원을 출자하여 상품매매업을 시작하였다.
② 받을어음 100,000원이 만기가 되어 현금으로 받다.
③ 외상매입금 30,000원을 현금으로 지급하다.
④ 사무용 문구류 25,000원구입하고 대금을 현금으로 지급하다.

문제4] 다음 중 결산 본 절차 인 것은?
① 재무상태표작성      ② 재고조사표작성
③ 분개장 및 기타장부마감   ④ 손익계산서 작성

# 제1편. 기초회계원리 -제2장 회계의 기술적 구조

문제5] 시산표를 통해 발견할 수 없는 오류가 아닌 것은?
 ① 분개시 차변 대변 금액차이가 일치하지 않은 경우
 ② 하나의 거래를 두번 분개한 경우
 ③ 분개시 차변 대변이 서로 바뀐 경우
 ④ 차변 대변 동일금액이 우연히 상계된 경우

문제6] 다음 중 기말 결산시의 수정사항이 아닌 것은?
 ① 미지급 비용의 인식
 ② 매출채권의 대손추정
 ③ 건물·비품 등 유형자산의 감가상각
 ④ 단기매매증권의 처분에 따른 손익인식

문제7] 다음 각 계정의 마감이 올바르게 된 것은?

① 
| 매 출 채 권 | | | |
|---|---|---|---|
| 1/1 매 출 | 250,000 | 5/31 현 금 | 180,000 |
| | | 12/31 손 익 | 70,000 |
| | 250,000 | | 250,000 |

② 
| 단 기 차 입 금 | | | |
|---|---|---|---|
| 1/1 전 기 이 월 | 100,000 | 5/31 현 금 | 70,000 |
| | | 12/31 차 기 이 월 | 30,000 |
| | 100,000 | | 100,000 |

③ 
| 감 가 상 각 비 | | | |
|---|---|---|---|
| 12/31 건 물 | 50,000 | 12/31 잔 액 | 50,000 |

④ 
| 임 대 료 | | | |
|---|---|---|---|
| 12/31 손 익 | 70,000 | 8/23 현 금 | 70,000 |

| 번호 | 정답 | 해 설 |
|---|---|---|
| 1 | ④ | 계약, 주문, 종업원채용 등은 회계상의 거래가 아니다. |
| 2 | ③ | (차) 단기차입금  1,000,000(부채의 감소)   (대) 현     금  1,120,000(자산의 감소)<br>    이자비용      120,000(비용의 발생) |
| 3 | ③ | (3) 현금계정 대변과 외상매입금계정 대변에 기입되어 있는 내용이 잘못되어 있다. 복식부기는 거래의 이중성에 의하여 어느 계정의 차변과 다른 계정의 대변에 기입되어야 한다. |
| 4 | ③ | <table><tr><td>예비절차</td><td>시산표 작성, 재고조사표 작성(결산정리사항), 결산정리분개 및 총계정원장 수정 기입, 정산표 작성</td></tr><tr><td>본절차</td><td>1. 총계정원장의 마감<br>  ① 수익・비용 계정을 손익 계정에 대체<br>  ② 손익 계정의 잔액(=당기순손익)을 자본(금) 계정에 대체<br>  ③ 자산・부채・자본 계정을<br>      영미식이면 '차기이월'로 마감 ⇒ 이월시산표 작성<br>      대륙식이면 '잔액' 계정에 대체<br>2. 분개장 및 보조부 등의 마감</td></tr><tr><td>재무제표 작성</td><td>손익계산서, 재무상태표, 현금흐름표, 자본변동표 및 주석</td></tr></table><br>③ 결산 본 절차는 분개장 및 총계정원장을 마감하는 절차이다.<br>①④ : 결산 후 재무제표 작성절차, ② : 결산예비절차 |
| 5 | ① | ① 차변 대변의 금액이 일치하지 않으므로 시산표에서 오류를 발견할 수 있는 오류이다.<br>②③④ : 시산표에서 발견할 수 없는 오류임. |
| 6 | ④ | 결산정리(수정)사항에는 기말상품재고액의 평가, 유가증권의 평가, 매출채권의 대손추정②, 유형・무형자산의 감가상각③, 수익・비용의 이연(선급비용, 선수수익)과 예상(미수수익, 미지급비용①), 외화자산・부채의 평가, 법인세 추산, 사채발행차금의 상각(환입), 현재가치할인차금의 상각(환입), 임시계정의 정리 등이 있다.<br>④ 단기매매증권처분손익은 단기매매증권의 처분시 인식하고 결산정리와는 관계없다. |
| 7 | ④ | ① 손익이 아니라 "차기이월"이어야 한다.<br>② 단기차입금계정은 부채이므로 "전기이월"과 "차기이월"의 위치가 바뀌었다.<br>③ 잔액이 아니라 "손익"이어야 한다. |

# 제2편 회계원리

제1장  당좌자산
제2장  재고자산
제3장  투자자산
제4장  유형자산
제5장  무형자산
제6장  부채회계
제7장  자본회계
제8장  수익비용회계
제9장  결산수정사항
제10장  재무제표
제11장  세무회계
제12장  외화자산부채의 평가
제13장  재무회계이론

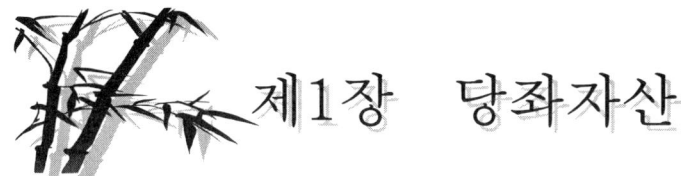

# 제1장 당좌자산

[참고] 당좌자산
(1) 현금및현금성자산(통화 및 통화대용증권, 소액현금, 당좌예금, 보통예금, 현금성자산)
(2) 단기투자자산(단기성예금, 단기매매증권, 단기대여금 등)
(3) 매출채권
(4) 선급비용
(5) 기타(미수수익, 미수금, 선급금 등을 포함한다)

 제1절 **현금 및 현금성자산**

1. 현금및현금성자산

자금의 유동성이 가장 높은 현금, 소액현금, 당좌예금, 보통예금, 현금성자산 등을 포함하여 재무상태표에 기입하는 계정이다.

2. 현금
   (1) 현금

   현금은 유동성이 가장 큰 자산으로서 재화와 서비스를 취득하거나 부채를 상환하기 위한 교환수단으로 사용된다. 좁은 의미의 현금은 통화만을 의미하지만, 넓은 의미의 현금은 ① 통화, ② 현금으로 취급될 수 있는 통화대용증권, ③ 요구불예금을 포함한다. 회계상 현금은 넓은 의미로 사용된다.

   | 통화 | 주화, 지폐 |
   |---|---|
   | 통화대용증권 | 타인(동점)발행수표, 자기앞수표, 가계수표, 여행자수표, 송금수표<br>우편환증서, 송금환증서, 전신환증서<br>주식 배당금영수증, 공·사채 만기이자표<br>만기된 어음, 일람출급어음<br>국고지급통지서, 대체저금 환급증서 등 |

   [참고] 현금으로 분류하지 않는 항목
   * 우표와 수입인지 → 선급비용, 소모품/소모품비. 수입인지는 세금과공과로 처리
   * 선일자수표 → 수취채권(받을어음 또는 미수금)
   * 차용증서(IOU) → 수취채권(단기, 장기대여금)
   * 당좌차월 → 단기차입금

## 제2편. 회계원리 —제1장 당좌자산

현　　　금

| 기초잔액(전기이월) | 지　　출 |
|---|---|
| 수　　입<br>(통화 또는 통화대용증권) | 기말잔액(차기이월) |

(2) 현금출납장

현금의 수입과 지출내역을 상세히 기입하는 보조기입장이다.

### 3. 현금과부족

현금의 장부잔액과 실지잔액이 일치하지 않을 경우에 설정하는 임시계정(=가계정)이며 원인이 판명되면 해당계정에 대체하고, 결산시까지 원인이 판명되지 않으면 잡이익 또는 잡손실 계정에 대체한다.

현금과부족계정은 잔액이 차변, 대변 어느 쪽이든 올 수 있다.

#### 예제 01   현금과부족에 관한 회계처리

1. 부족시 회계처리(장부잔액 > 실지잔액)

   ① 가라상사의 현금출납장 장부잔액은 950,000원이었으나 실지잔액은 900,000원임을 발견하다.

   ② 상기 부족액 중 30,000원은 나나상사에 지급한 외상매입금의 지급을 누락한 것으로 밝혀지다.

   ③ 결산시까지 현금과부족계정의 잔액 20,000원의 원인을 알 수 없다.

   ④ 결산시 장부잔액과 실지잔액을 검증하는 과정에서 실지잔액이 85,000원 부족한 것을 발견하여 이를 회계처리 하다.

[해설]

| | | | | | | | |
|---|---|---|---|---|---|---|---|
| ① | (차) | 현 금 과 부 족 | 50,000 | (대) | 현　　　금 | 50,000 |
| ② | (차) | 외 상 매 입 금 | 30,000 | (대) | 현 금 과 부 족 | 30,000 |
| ③ | (차) | 잡　　손　　실 | 20,000 | (대) | 현 금 과 부 족 | 20,000 |
| ④ | (차) | 잡　　손　　실 | 85,000 | (대) | 현　　　금 | 85,000 |

2. 과잉시 회계처리(장부잔액 < 실지잔액)
   ① 비자상회의 현금출납장 장부잔액은 950,000원이었으나 실지잔액은 1,050,000원임을 발견하다.

   ② 상기 과잉액 중 70,000원은 모모상사에서 대여금에 대한 이자를 받은 것을 누락한 것으로 밝혀지다.

   ③ 결산시까지 현금과부족계정의 잔액 30,000원의 원인을 알 수 없다.

   ④ 결산시 장부잔액과 실지잔액을 검증하는 과정에서 실지잔액이 55,000원 초과한 것을 발견하여 이를 회계처리 하다.

[해설]
① (차) 현        금        100,000    (대) 현 금 과 부 족    100,000
② (차) 현 금 과 부 족    70,000    (대) 이 자 수 익    70,000
③ (차) 현 금 과 부 족    30,000    (대) 잡    이    익    30,000
④ (차) 현        금        55,000     (대) 잡    이    익    55,000

4. 소액현금
   (1) 소액현금 제도
       당좌예금계정을 이용하여 금전출납사무를 모두 은행에 맡긴 경우에 일상적인 소액의 금전지급은 수표로 하기가 곤란한 경우가 많다. 따라서 일정기간의 소액지급 자금으로 필요예상액을 회계담당자에게 현금으로 선급하여 주고, 여기에서 교통비·통신비·사무용 소모품비 등을 지급하도록 하는 방법이 쓰인다.
   (2) 소액현금 선급방법
       ① 정액자금선급법(imprest system) : 회계과에서 일정기간(보통 1개월)동안 필요한 일정액을 용도계에 지급하는 방법을 말한다. 일정기간 후에 사용액을 보고 받고, 동액을 보급하여 매월 초에는 항상 일정액이 유지된다.
       ② 부정액자금선급법 : 수시(단순)자금선급법이라고도 하고 용도계의 요구에 따라 수시로 지급하는 방법이다.
   (3) 소액현금출납장
       용도계에서 소액현금의 사용내역을 기록하고 보고하기 위해 작성하는 보조기입장이다.

## 5. 당좌예금

(1) 당좌예금

기업이 은행과 당좌거래계약을 맺고, 은행에 현금을 예입한 후 (당좌)수표를 발행하여 현금을 인출하는 요구불예금으로 자산계정이다. 당좌거래계약에 따른 보증금은 사용이 제한된 예금으로 장기성예금으로 처리한다.

당 좌 예 금

| 기초잔액(전기이월) | 인 출 (반드시 수표발행) |
|---|---|
| 예 입 (현금, 수표) | 기말잔액(차기이월) |

(2) 당좌예금출납장

당좌예금의 예입과 인출내역을 상세히 기입하는 보조기입장이다.

## 6. 당좌차월

당좌예금 잔액을 초과하여 수표 발행시 그 초과액을 처리하는 부채계정이며 재무상태표에는 단기차입금계정으로 처리한다.

당 좌 차 월(단기차입금)

| 상 환 액 | 기초잔액(전기이월) |
|---|---|
| | 예 금 초 과 액 |
| 기말잔액(차기이월) | (차 월 액) |

### 예제. 02

다음 연속된 거래를 분개하라.

1. 상품 300,000원을 매입하고 대금은 수표를 발행하여 지급하다(단, 당좌예금 잔액은 200,000원이며, 당좌차월 계정과목은 통합계정과목을 사용하시오.)

2. 현금을 150,000원을 당좌예입하다.

(해설)
1. (차) 상　　　　　품　　300,000　　(대) 당 좌 예 금　　200,000
　　　　　　　　　　　　　　　　　　　　단 기 차 입 금　　100,000
2. (차) 단 기 차 입 금　　100,000　　(대) 현　　　　　금　　150,000
　　　당 좌 예 금　　　50,000

7. 현금성자산

   큰 거래비용 없이 현금으로의 전환이 용이하고 이자율 변동에 따른 가치변동의 위험이 적은 유가증권 및 단기금융상품으로 취득당시 만기가 3개월 이내인 것을 말한다.
   ① 취득당시의 만기가 3개월 이내에 도래하는 채권
   ② 취득당시 상환일까지의 기간이 3개월 이내인 상환우선주
   ③ 취득당시 3개월 이내의 환매조건인 환매조건부채권(=환매채)

8. 선일자수표와 부도수표

   (1) 선일자수표(先日字手票, = 선수표, 연수표)
       수취인의 동의를 얻어 미래의 날짜로 발행하는 수표로서 약속어음과 같이 회계처리 한다. 선일자수표는 형식은 수표이지만 경제적 실질은 어음에 해당하기 때문에 실질우선의 원칙에 따라 약속어음과 같이 처리하는 것이다.
   (2) 부도수표
       소지하고 있던 수표가 부도(지급거절)되면 현금 계정에서 채권인 부도수표(실기: 부도어음과 수표) 계정으로 대체한다.
       대금 청구시 발생하는 제비용을 부도수표 계정에 포함한다.

9. 단기금융상품

   금융기관이 취급하는 정기예금, 정기적금, 사용이 제한되어 있는 예금(내용을 주석으로 기재) 및 기타 정형화된 금융상품으로 만기가 1년 이내에 도래하는 자산을 말한다.
   ① 정기예금, 정기적금
   ② 사용이 제한되어 있는 예금 : 대출금 상환용 예적금, 감채기금, 퇴직충당정기예금 등
   ③ 기타 정형화된 금융상품 : 양도성예금증서(CD), 어음관리구좌(CMA), 금전신탁, 신종기업어음(CP), 환매채(RP), 중개어음, 표지어음 등

## 제2절 유가증권

1. 유가증권(단기매매증권)
    (1) 의의
        기업 여유자금 활용을 목적으로 구입하는 주식, 공·사채 등을 처리하는 계정이다.
    (2) 유가증권의 종류
        ① 지분증권 - 주식(보통주, 우선주, 수익증권) ⇒ 매매차익 목적, 이익배당, 경영참가권
        ② 채무증권 - 채권(사채, 국채, 지방채, 공채) ⇒ 이자수입, 만기 원금회수
    (3) 유가증권의 분류
        지분증권 및 채무증권은 취득목적에 따라 다음과 같이 분류한다.

| | | | |
|---|---|---|---|
| 지분증권 | 중대한 영향력이 있는 경우 | | 지분법적용투자주식 |
| | 중대한 영향력이 없는 경우 | 단기간 내의 매매차익 목적 | 단기매매증권 |
| | | 이외의 경우 | 매도가능증권 |
| 채무증권 | 단기간 내의 매매차익 목적 | | 단기매매증권 |
| | 만기보유목적 | | 만기보유증권 |
| | 이외의 경우 | | 매도가능증권 |

기업회계기준서에서는 다음 두 가지 요건을 모두 충족하는 경우에는 단기매매증권으로 분류한다.
① 주로 단기간 내의 매매차익을 목적으로 취득하여야 한다.
② 매수와 매도가 적극적이고 빈번하게 이루어져야 한다. 즉, 시장성이 있어야 한다.

2. 유가증권의 취득
    유가증권을 취득하기 위해 지출한 매입가액에 유가증권을 취득하기 위하여 지출한 매입수수료 등 모든 부대비용을 가산하여 유가증권의 취득원가로 계상한다. 단, 단기매매증권 취득시의 부대비용(거래원가)은 당기비용으로 처리한다.

    (차) 단 기 매 매 증 권  ×××        (대) 현          금  ×××
        수 수 료 비 용  ×××
        * 단기매매증권의 단가산정 : 개별법·총평균법·이동평균법, 기타 합리적인 방법

## 예제. 03

(주)강변의 주식 10,000주(주당 액면금액 @500원)를 주당 @650원에 매입하고, 동시에 수수료 50,000원을 현금으로 지급하다.

[해설]

| (차) 단기매매증권 | 6,500,000 | (대) 현금 | 6,550,000 |
|---|---|---|---|
| 수수료비용 | 50,000 | | |

\* 단기매매증권 취득시의 수수료는 취득원가에 산입하지 않고 당기비용으로 처리한다.

### 3. 유가증권의 보유

주식을 보유하는 경우에는 피투자회사의 순이익에 대한 배당금을 받게 되고, 채권을 보유하는 경우에는 액면이자를 받게 된다.

| 주식 | 현금배당 | (차) 현금 ××× (대) 배당금수익 ××× |
|---|---|---|
| | 주식배당 | 회계처리 없음(주식 수 증가, 단가 하향조정) |
| 채권 | 이자수취 | (차) 현금 ××× (대) 이자수익 ××× |

### 4. 유가증권의 평가

기말 결산시 소유하고 있는 유가증권의 장부가액과 공정가액(시가)을 비교하여 장부가액을 시가에 의하여 조정(평가)한다.

| 장부가 < 공정가 | (차) 단기매매증권 ××× (대) 단기매매증권평가이익 ××× |
|---|---|
| 장부가 > 공정가 | (차) 단기매매증권평가손실 ××× (대) 단기매매증권 ××× |

기업회계기준에는 '모든 유가증권은 공정가액으로 평가하는 것이 원칙이며 다만, 만기보유증권과 공정가액을 신뢰성 있게 측정할 수 없는 시장성이 없는 지분증권은 예외적으로 원가로 평가할 수 있다.'라고 규정되어 있다.

※ 평가차액의 처리 방법
    단기매매증권평가이익(손실) : 당기손익(영업외손익) → 손익계산서
    매도가능증권평가이익(손실) : 자본항목(기타포괄손익누계액) → 재무상태표
    만기보유증권 : 평가손익을 인식하지 않는다.

[참고] 원가법, 시가법(공정가치법), 저가법의 이해
예 : 취득원가 10,000원, 기말 공정가치 ① 15,000원, ② 7,000원인 경우

| 구분 | 장부금액 | 기말 공정가치(→ 평가 후 장부금액) | |
|---|---|---|---|
| | | ① 15,000원인 경우 | ② 7,000원인 경우 |
| 원가법 | 10,000원 | 10,000원( - ) | 10,000원( - ) |
| 시가법 | 10,000원 | 15,000원(5,000원 평가이익) | 7,000원(3,000원 평가손실) |
| 저가법 | 10,000원 | 10,000원( - ) | 7,000원(3,000원 평가손실) |

## 예제. 04   유가증권의 평가 - 공정가액법

(주)SS의 유가증권에 대한 다음 자료에 의하여 유가증권 평가에 대한 분개를 하시오

| 종 목 | 수 량 | 주당액면 | 주당원가 | 주당시가 |
|---|---|---|---|---|
| A사 보통주 | 2,000주 | 5,000 | 12,000 | 10,000 |
| B사 보통주 | 10,000주 | 500 | 520 | 580 |
| C사 보통주 | 2,000주 | 5,000 | 5,500 | 8,500 |

(해설)
(1) 유가증권의 평가

| 종 목 | 취 득 원 가 | 시 가 | 평가이익(손실) |
|---|---|---|---|
| A사 보통주 | 24,000,000 | 20,000,000 | (4,000,000) |
| B사 보통주 | 5,200,000 | 5,800,000 | 600,000 |
| C사 보통주 | 11,000,000 | 17,000,000 | 6,000,000 |
| 계 | 40,200,000 | 42,800,000 | 2,600,000 |

(2) 회계처리

(차) 단 기 매 매 증 권   6,600,000    (대) 단기매매증권평가이익   6,600,000
(차) 단기매매증권평가손실   4,000,000    (대) 단 기 매 매 증 권   4,000,000
또는
(차) 단 기 매 매 증 권   2,600,000    (대) 단기매매증권평가이익   2,600,000

## 5. 단기매매증권의 처분

처분시에는 장부가액[1])으로 대변에 기입하여 처분가액과 장부가액과의 차액은 단기매매증권처분이익 또는 단기매매증권처분손실로 처리한다. 이때의 처분가액은 거래수수료와 거래세를 차감한 잔액을 의미한다.

① 장부가 < 처분가인 경우

　　(차) 현　　　　　　　금　×××　　(대) 단 기 매 매 증 권　×××(장부가)
　　　　　　　　　　　　　　　　　　　　　단기매매증권처분이익　×××

② 장부가 > 처분가인 경우

　　(차) 현　　　　　　　금　×××　　(대) 단 기 매 매 증 권　×××(장부가)
　　　　단기매매증권처분손실　×××

## 예제. 05

1. (주)BB의 20X1년 12월 31일(결산일) 현재 유가증권(단기매매목적)의 원가와 시가에 대한 자료는 다음과 같다. 평가손익에 대한 분개를 하라.

| 종 목 | 수 량 | 취득원가 | 시 가 | 차 이 |
|---|---|---|---|---|
| A주식 | 1주 | 10,000원 | 6,000원 | (4,000원) |
| B주식 | 1주 | 20,000원 | 25,000원 | 5,000원 |
| C주식 | 1주 | 30,000원 | 27,000원 | (3,000원) |
|  |  | 60,000원 | 58,000원 | (2,000원) |

2. (주)BB는 20X2년 3월에 B회사 주식을 23,000원에 처분하였다. 분개는?

(해설)
1. (차) 단기매매증권평가손실　2,000　　(대) 단 기 매 매 증 권　2,000
2. (차) 현　　　　　　금　23,000　　(대) 단 기 매 매 증 권　25,000*
　　　단기매매증권처분손실　2,000

　　* 공정가치법에 의해 평가하였기 때문에 B주식의 장부가액은 25,000원이다.

---

[1]) 장부가액 : 당기에 취득한 경우에는 '취득원가'이고, 전기에 취득한 경우에는 **'전기말 공정가액'**을 말한다.

## 제2편. 회계원리 - 제1장 당좌자산

### 제3절 수취채권과 지급채무

1. 수취채권과 지급채무

    (1) 수취채권

    | 기간의 장단에 따라 | 단기수취채권 | 외상매출금, 받을어음, 단기대여금, 미수금 등 |
    |---|---|---|
    | | 장기수취채권 | 장기성매출채권, 장기대여금 등 |
    | 상품과의 관련여부에 따라 | 매출채권 | 외상매출금, 받을어음 |
    | | 기타채권 | 일반적 상거래 이외의 거래에서 발생하는 채권, 대여금, 미수금 등 |

    (2) 지급채무

    | 기간의 장단에 따라 | 단기지급채무 | 외상매입금, 지급어음, 단기차입금, 미지급금 등 |
    |---|---|---|
    | | 장기지급채무 | 장기성매입채무, 장기차입금 등 |
    | 상품과의 관련여부에 따라 | 매입채무 | 외상매입금, 지급어음 |
    | | 기타채무 | 일반적 상거래 이외의 거래에서 발생하는 채무, 차입금, 미지급금 등 |

2. 매출채권과 매입채무

    (1) 외상매출금계정과 외상매입금계정

    | 외 상 매 출 금 | | 외 상 매 입 금 | |
    |---|---|---|---|
    | 기초잔액 | 회 수 액 | 지 급 액 | 기초잔액 |
    | 외상매출액 | 대손발생 | 기말잔액 | 외상매입액 |
    | | 기말잔액 | | |

    (2) 받을어음 계정과 지급어음 계정

    | 받 을 어 음 | | 지 급 어 음 | |
    |---|---|---|---|
    | 기초잔액(전기이월) | 어음대금의 회수(추심) | 어음 대금의 지급 | 기초잔액(전기이월) |
    | 약속어음의 수취 환어음의 수취 | 어음의 배서양도 어음의 할인 소유 어음의 부도 | | 약속어음의 발행 환어음의 인수 |
    | | 기말잔액(차기이월) | 기말잔액(차기이월) | |

3. 상품거래 이외의 채권·채무

| 차 변 | 대 변 | 내 용 |
|---|---|---|
| 단 기 대 여 금 | 단 기 차 입 금 | 금전의 대여, 차입 |
| 선 급 금 | 선 수 금 | 계약금의 지급, 수입 |
| 미 수 금 | 미 지 급 금 | 상품 이외의 외상매출대금, 외상매입대금 |
| 임직원등단기채권 (선 대 금) | - | 종업원에게 지급한 일시 대여금(=가불) |
| - | 예 수 금 | 소득세, 보험료 등의 원천징수액 |
| 가 지 급 금 | - | 처리할 과목 또는 금액이 불확실한 금전의 지출 |
| - | 가 수 금 | 처리할 과목 또는 금액이 불확실한 금전의 수입 |
| 미 결 산 | - | 금액 또는 시기가 불확실한 채권 |
| - | (상품권)선수금 | 후에 상품을 인도할 조건으로 발행한 상품권 |

(1) 단기대여금과 단기차입금 : 차용증서에 의한 금전의 대·차

 ① 차용증서를 받고 현금 5,000원을 단기대여하다.
  (차) 단 기 대 여 금  5,000   (대) 현        금  5,000

 ② 단기대여금 5,000원과 이자 1,000원을 현금으로 회수하다.
  (차) 현        금  6,000   (대) 단 기 대 여 금  5,000
                              이 자 수 익  1,000

 ③ 차용증서를 발행하여 현금 10,000원을 단기차입하다.
  (차) 현        금  10,000  (대) 단 기 차 입 금  10,000

 ④ 단기차입금 10,000원과 이자 2,000원을 현금으로 지급하다.
  (차) 단 기 차 입 금  10,000  (대) 현        금  12,000
     이 자 비 용  2,000

(2) 선급금과 선수금 : 상품 매매시의 계약금(착수금) 수·수

 ① 상품 10,000원을 주문하고 계약금으로 1,000원을 현금으로 지급하다.
  (차) 선   급   금  1,000   (대) 현        금  1,000

 ② 주문했던 상품 10,000원이 도착되어 상품을 인수하고 계약금을 제외한 잔액은 외상으로 하다.
  (차) 상        품  10,000  (대) 선   급   금  1,000
                              외 상 매 입 금  9,000

 ③ 상품 15,000원의 주문을 받고 계약금으로 2,000원을 현금으로 받다.
  (차) 현        금  2,000   (대) 선   수   금  2,000

 ④ 주문받았던 상품 15,000원을 발송하고 계약금을 제외한 잔액은 외상으로 하다.
  (차) 선   수   금  2,000   (대) 상 품 매 출  15,000
     외 상 매 출 금  13,000

### 제2편. 회계원리 - 제1장 당좌자산

(3) 미수금과 미지급금 : 상품매매 이외의 외상거래시의 채권·채무

① 영업용 건물 30,000원을 처분하고 대금은 월말에 받기로 하다.
 (차) 미　수　금　30,000　　(대) 건　　　　물　30,000
② 위의 건물 처분대금 30,000원을 현금으로 회수하다.
 (차) 현　　　　금　30,000　　(대) 미　수　금　30,000
③ 영업용 차량 20,000원을 구입하고 대금은 20일 후에 지급하기로 하다.
 (차) 차 량 운 반 구　20,000　　(대) 미 지 급 금　20,000
④ 위의 차량 구입대금 20,000원을 현금으로 지급하다.
 (차) 미 지 급 금　20,000　　(대) 현　　　　금　20,000

(4) 선대금(실기 : 임직원등단기채권)과 예수금
  : 종업원에 대한 가불금과 급여지급시의 원천징수

① 종업원 나주당의 급여에서 차감하기로 하고 현금 3,000원을 가불하여 주다.
 (차) 선　대　금　3,000　　(대) 현　　　　금　3,000
 　　(실기: 임직원등단기채권)

② 종업원 나주당의 급여 20,000원 중 가불금과 소득세 1,500원과 보험료 500원의 원천징수액을 제외한 잔액을 현금으로 지급하다.
 (차) 급　　　　여　20,000　　(대) 선　대　금　3,000
 　　　　　　　　　　　　　　　　　예　수　금　2,000
 　　　　　　　　　　　　　　　　　현　　　　금　15,000

③ 위의 급여에서 원천징수한 소득세, 보험료 등의 원천징수액을 현금으로 납부하다.
 (차) 예　수　금　2,000　　(대) 현　　　　금　2,000

(5) 가지급금과 가수금 : 처리할 과목이나 금액이 불확실한 금전의 수수

① 종업원 나가라에게 출장을 명하고 출장비 개산액 5,000원을 현금으로 지급하다.
 (차) 가 지 급 금　5,000　　(대) 현　　　　금　5,000

② 출장갔던 종업원 나가라가 귀사하여 출장여비의 사용내역을 보고받아 정산하고 차액은 현금으로 수수하였다.
 가. 여비 정산액이 4,500원인 경우
  (차) 여 비 교 통 비　4,500　　(대) 가 지 급 금　5,000
  　　　현　　　　금　500
 나. 여비 정산액이 6,000원인 경우
  (차) 여 비 교 통 비　6,000　　(대) 가 지 급 금　5,000
  　　　　　　　　　　　　　　　　　현　　　　금　1,000

③ 출장중인 종업원 나가라로부터 내용불명의 18,000원이 보통예금 계좌에 예입되었다.
 (차) 보 통 예 금　18,000　　(대) 가　수　금　18,000

④ 원인불명의 예입액 18,000원의 원인이 상품주문대금 3,000원과 외상매출회수 15,000원으로 판명되었다.
 (차) 가　수　금　18,000　　(대) 선　수　금　3,000
 　　　　　　　　　　　　　　　　　외 상 매 출 금　15,000

(6) 미결산 : 금액 또는 시기가 불확실한 채권

① 종업원 나백수가 외상매출금 5,000원을 수금하여 행방불명되어 신원보증인에게 상환을 청구하다.
(차) 미 결 산 5,000 (대) 외 상 매 출 금 5,000
② 보증인으로부터 상환청구액 5,000원을 현금으로 회수하다.
(차) 현 금 5,000 (대) 미 결 산 5,000

(7) 상품권(=선수금계정으로 처리) : 상품권은 백화점 등에서 고객으로부터 현금을 미리 받고, 이후에 상품 등을 인도한다는 약속으로 발행하는 증서로서 '선수금'의 과목으로 하여 부채로 처리한다. 상품권을 발행시에는 매출로 인식하지 않으며, 나중에 상품을 인도하고 상품권을 회수할 때에 매출수익으로 인식한다.

① 50,000원의 상품권을 발행하고 현금을 받다.
(차) 현 금 50,000 (대) (상품권)선 수 금 50,000

② 상품을 매출하고 대금은 50,000원의 상품권으로 받다.
가. 상품매출액이 70,000원인 경우
(차) (상품권)선 수 금 50,000 (대) 상 품 매 출 70,000
현 금 20,000

나. 상품매출액이 40,000원인 경우
(차) (상품권)선 수 금 50,000 (대) 상 품 매 출 40,000
현 금 10,000

## 제4절 어음상의 채권·채무

### 1. 어음의 분류

| 구 분 | | 차 변 | 대 변 |
|---|---|---|---|
| 상업어음 | 상품매매에서 발행 | 받을어음(매출채권) | 지급어음(매입채무) |
| | 상품매매 이외의 발행 | 어음미수금(미수금) | 어음미지급금(미지급금) |
| 금융어음(융통어음) : 금전의 대·차시 발행 | | 어음대여금(단기대여금) | 어음차입금(단기차입금) |

### 2. 약속어음(2人)

약속어음은 발행인이 수취인에게 일정한 금액을 일정한 기일에 무조건 지급할 것을 약속하는 증서로 발행인이 어음상의 채무자, 수취인이 어음상의 채권자가 된다.

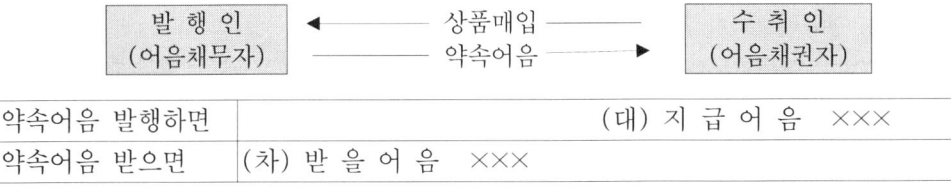

| 약속어음 발행하면 | | (대) 지 급 어 음 ××× |
|---|---|---|
| 약속어음 받으면 | (차) 받 을 어 음 ××× | |

### 3. 환어음(3人)

환어음은 발행인이 제3자(외상매출금이 있는 거래처)에 대신 지급해줄 것을 위탁하는 증서로 환어음 발행인은 어음상의 채권·채무가 발생하지 않는다.

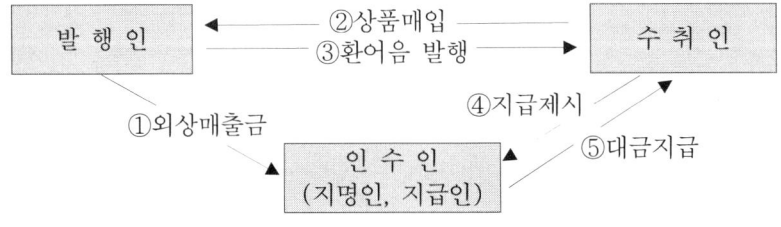

| 환어음을 발행하면 | | (대) 외상매출금 ××× |
|---|---|---|
| 환어음을 받으면 | (차) 받 을 어 음 ××× | |
| 환어음을 인수하면 | (차) 외상매입금 | (대) 지 급 어 음 ××× |

4. 받을어음 계정과 지급어음 계정

어음상의 채권은 받을어음 계정에, 어음상의 채무는 지급어음 계정에 기입한다.

| 받 을 어 음 | |
|---|---|
| 기초 잔액 (전기이월) | 어음 대금의 회수(추심) |
| 약속어음의 수취 | 어음의 배서양도 / 할인 / 부도 |
| 환어음의 수취 | 기말 잔액 (차기이월) |

| 지 급 어 음 | |
|---|---|
| 어음 대금의 지급 | 기초 잔액 (전기이월) |
| 기말 잔액 (차기이월) | 약속어음의 발행 |
|  | 환어음의 인수 |

5. 어음의 배서

 (1) 추심위임 배서

  소지하고 있는 어음 대금의 추심(회수)을 거래은행에 의뢰하고 배서하는 것을 추심위임 배서라고 한다. 추심위임 배서는 어음상의 채권이 소멸된 것이 아니기 때문에 분개하지 않고 수수료만 분개한다.

  - 소유어음의 추심을 의뢰하고 수수료를 지급하면
    (차) 수 수 료 비 용 ×××    (대) 현        금 ×××
  - 어음대금이 추심완료되어 당좌예입되면
    (차) 당 좌 예 금 ×××    (대) 받 을 어 음 ×××

 (2) 어음의 배서양도

  소지하고 있는 어음을 타인에게 상품대금 등으로 양도하고 어음 뒷면에 기명날인(배서)하는 것을 말한다. 어음을 배서양도하면 어음채권의 소멸로 받을어음계정 대변에 기입한다.

  - (상품을 매입하고)소지어음을 배서양도하면
    (차) (상      품) ×××    (대) 받 을 어 음 ×××
  - (상품을 매출하고)어음을 양수하면
    (차) 받 을 어 음 ×××    (대) (상 품 매 출) ×××

 (3) 어음의 할인

  소지하고 있는 어음을 만기 이전에 현금화하기 위해 거래은행에 배서양도하고 자금을 융통하는 것을 어음의 할인이라 한다. 할인시에 발생하는 이자를 할인료라 하고 액면에서 할인료를 차감한 잔액을 실수금이라 한다.

  - 소지어음을 할인받으면(매각거래)
    (차) 당 좌 예 금 ×××    (대) 받 을 어 음 ×××
        매출채권처분손실 ×××

## 제2편. 회계원리 - 제1장 당좌자산

### 제5절 대손회계

1. **대손(貸損)**
   거래처의 파산 등으로 채권이 회수 불능인 경우 이를 대손이라 한다.

2. **대손의 예상(추정)**
   기말현재 수취채권 잔액의 순실현가치를 표시하기 위해 수취채권 잔액에 과거의 대손경험률에 의한 대손추정률을 적용하여 계산된 대손예상액을 차감하여 표시하는 방법이다.

   (1) 대손의 예상(=대손충당금 설정)
   기말 대손추산액(예상액)과 장부상 대손충당금 잔액을 비교하여 그 차액을 추가로 설정하는 (차액)보충법을 사용하여 회계처리한다.

   > 기말채권잔액 × 대손예상율 = 추산액
   > 추산액 − 대손충당금 잔액 = 추가설정액(⊖면 환입)

   (2) 회계처리

   | | | |
   |---|---|---|
   | 추산액 > 충당금 | (차) 대 손 상 각 비 ××× | (대) 대 손 충 당 금 ××× |
   | 추산액 < 충당금 | (차) 대 손 충 당 금 ××× | (대) 대손충당금환입 ××× |

   ① 대손상각비 : 비용(판매비와관리비)
   ② 대손충당금 : 매출채권의 차감적 평가계정이며, 재무상태표에는 매출채권에서 차감하는 형식으로 표시한다.

   ```
                    재 무 상 태 표
   매 출 채 권    100,000
   대 손 충 당 금   2,000    98,000
                          └ 순실현가능액(순매출채권, 장부가액)
   ```

   ③ 대손충당금환입 : 판매비와관리비의 차감항목

3. **대손의 발생**
   대손이 발생하면 ① 대손충당금과 상계(충당)하고 대손충당금이 없거나 부족한 경우에는 그 부족액을 ② 대손상각비로 처리한다.

   | | | |
   |---|---|---|
   | 대손 발생 | (차) 대 손 충 당 금 ×××<br>대 손 상 각 비 ××× | (대) 외 상 매 출 금 ××× |

4. 상각채권의 추심

대손으로 상각처리한 채권의 회수시에는 다음과 같이 회계처리한다.

① 당기에 대손처리 후 회수시
   (차) 현    금    ×××    (대) 대 손 상 각 비*1    ×××
                              대 손 충 당 금    ×××

② 전기에 대손처리 후 회수시
   (차) 현    금    ×××    (대) 대 손 충 당 금*2    ×××

*1 : 대손처리할 당시의 차변과목을 취소하는 것으로 <u>대손상각비를 먼저 없애준다</u>.
*2 : 대손처리할 당시의 <u>상황에 관계없이 대손충당금으로 처리</u>한다.

(참고) 상각채권의 회수시 전기/당기 구분없이 모두 대손충당금으로 처리해도 보고기간 말의 회계처리 결과는 같으나 수정원리를 이해하는 것이 좋다.

## 예제. 06

기말 결산시 매출채권 잔액 100,000원에 대하여 2%의 대손을 예상하다.
① 대손충당금 잔액이 없는 경우
② 대손충당금 잔액이 800원 있는 경우
③ 대손충당금 잔액이 2,000원 있는 경우
④ 대손충당금 잔액이 2,500원 있는 경우

(해설)

| ① | (차) 대 손 상 각 비 | 2,000 | (대) 대 손 충 당 금 | 2,000 |
| ② | (차) 대 손 상 각 비 | 1,200 | (대) 대 손 충 당 금 | 1,200 |
| ③ | 분 개 없 음 | | | |
| ④ | (차) 대 손 충 당 금 | 500 | (대) 대 손 충 당 금 환 입 | 500 |

* 대손예상액 − 대손충당금 잔액 = 분개할 금액( ⊖ : 환입)

## 예제. 07

거래처의 파산으로 거래처에 대한 외상매출금 10,000원이 회수불능되다.
① 대손충당금 잔액이 없는 경우
② 대손충당금 잔액이 10,000원 있는 경우
③ 대손충당금 잔액이 13,000원 있는 경우
④ 대손충당금 잔액이 8,000원 있는 경우

## 제2편. 회계원리 - 제1장 당좌자산

(해설)

| | | | |
|---|---|---|---|
| ① (차) 대 손 상 각 비 10,000 | (대) 외 상 매 출 금 10,000 |
| ② (차) 대 손 충 당 금 10,000 | (대) 외 상 매 출 금 10,000 |
| ③ (차) 대 손 충 당 금 10,000 | (대) 외 상 매 출 금 10,000 |
| ④ (차) 대 손 충 당 금  8,000  대 손 상 각 비  2,000 | (대) 외 상 매 출 금 10,000 |

### 예제. 08

당기에 대손으로 처리하였던 외상매출금 5,000원을 현금으로 회수하다.
① 대손으로 처리할 당시 대손충당금 잔액이 없었을 경우
② 대손으로 처리할 당시 대손충당금 잔액이 3,000원 있었을 경우
③ 대손으로 처리할 당시 대손충당금 잔액이 5,000원 있었을 경우
④ 대손으로 처리할 당시 대손충당금 잔액이 7,000원 있었을 경우

(해설)

| | | |
|---|---|---|
| ① (차) 현  금  5,000 | (대) 대 손 상 각 비  5,000 |
| ② (차) 현  금  5,000 | (대) 대 손 충 당 금  3,000  대 손 상 각 비  2,000 |
| ③ (차) 현  금  5,000 | (대) 대 손 충 당 금  5,000 |
| ④ (차) 현  금  5,000 | (대) 대 손 충 당 금  5,000 |

\* 위 (예제8)를 "전기"에 대손처리 했던 것으로 가정하면 대변과목은 모두 대손충당금이다.

### 예제. 09

당기 중 대손처리하였던 매출처 산울림에 대한 외상매출금 8,000원 중 5,000원을 현금으로 회수하였다. 단, 대손처리할 당시의 대손충당금 잔액은 4,000원이었다.

(해설)

| | 회 계 처 리 | |
|---|---|---|
| | 차 변 | 대 변 |
| 대손처리 당시 | 대 손 충 당 금  4,000<br>대 손 상 각 비  4,000 | 외 상 매 출 금  8,000 |
| 상각채권 회수시 | 현  금  5,000 | 대 손 상 각 비\*  4,000<br>대 손 충 당 금  1,000 |

\* 대손처리 당시의 차변과목 중 '대손상각비'를 먼저 제거한다.

## 오쌤(OSSAM) 핵 심 예 제

문제1] 다음 중 당좌자산만으로 구성된 것은?
① 현금및현금성자산, 단기매매증권, 재고자산, 단기대여금
② 단기매매증권, 예수금, 매출채권, 미수금
③ 매출채권, 매입채무, 미수금, 미수수익
④ 단기대여금, 선급금, 선급비용, 미수금

문제2] 다음 중 회계상 현금계정으로 처리될 수 있는 것은?
① 타인발행수표, 창고증권                  ② 자기앞수표, 자기발행수표
③ 주식배당권, 공·사채만기이자표          ④ 가계수표, 화물상환증

문제3] 다음은 (주)액스터디의 20X5년 말 자료이다. 기말재무상태표에 계상할 현금 및 현금성자산은 얼마인가?

| 당좌예금 | 50,000원 | 당좌개설보증금 | 10,000원 |
| 배당금지급통지표 | 5,000원 | 차용증서 | 3,000원 |
| 우편환증서 | 8,000원 | 정기예금(만기 1년이내) | 9,000원 |

① 60,000원                          ② 63,000원
③ 66,000원                          ④ 74,000원

문제4] 다음 자료에 의하여 재무상태표에 계상할 현금및현금성자산은 얼마인가?

| 현금보관액 | 26,000원 | 수입인지 | 3,000원 |
| 정기예금(만기 1년 이내) | 300,000원 | 타인발행수표 | 85,000원 |
| 환매채(90일 환매조건) | 200,000원 | 우편환증서 | 40,000원 |
| 양도성예금증서(120일) | 150,000원 | 배당금지급통지서 | 15,000원 |
| 직원가불금 | 35,000원 | | |

① 166,000원                         ② 326,000원
③ 366,000원                         ④ 626,000원

문제5] (주)서울은 현금시재액이 장부잔액보다 20,000원이 많은 것을 발견하였으나 그 원인을 알 수 없어서 현금과부족계정으로 처리하였다. 그 후 현금 불일치의 원인이 외상매출금 회수액의 기장누락으로 발견하였다. 현금 불일치의 원인이 발견된 시점의 분개로 옳은 것은?
① (차) 현        금    20,000    (대) 외 상 매 출 금    20,000
② (차) 현 금 과 부 족   20,000    (대) 현        금    20,000
③ (차) 현 금 과 부 족   20,000    (대) 외 상 매 출 금    20,000
④ (차) 외 상 매 출 금   20,000    (대) 현 금 과 부 족   20,000

## 제2편. 회계원리 -제1장 당좌자산

**문제6]** 다음 잔액시산표 일부 내용과 기말 정리사항을 참고로 하여 결산 정리분개를 하면?

| 잔 액 시 산 표 | (결산 정리사항) |
|---|---|
| 현 금  150,000 | 현금 시재액은 155,000원이다. |

① (차) 현 금 과 부 족   5,000   (대) 현           금   5,000
② (차) 현           금   5,000   (대) 현 금 과 부 족   5,000
③ (차) 잡     손     실   5,000   (대) 현           금   5,000
④ (차) 현           금   5,000   (대) 잡     이     익   5,000

**문제7]** 다음 분개가 나타나는 거래는?

| (차) 매 입 채 무  100,000    (대) 당 좌 예 금   40,000 |
|---|
|                                          단 기 차 입 금   60,000 |

① 외상매입금 100,000원을 수표를 발행하여 지급하다.
② 외상매입금 100,000원을 수표를 발행하여 지급하다. 단, 예금잔액이 60,000원 있고 나머지는 당좌차월이다.
③ 상품 100,000원을 외상매입하고, 현금을 100,000원을 당좌예금하다. 단, 당좌차월이 60,000원 있다.
④ 외상매입금 100,000원을 수표를 발행하여 지급하다. 단, 예금잔액이 40,000원 있고 나머지는 당좌차월이다.

**문제8]** 다음에 해당하는 계정과목은?

| 금융기관이 취급하는 정기예금, 정기적금, 사용이 제한되어 있는 예금 및 기타 정형화된 금융상품 등으로 기한이 보고기간 말로부터 1년 이내에 도래하는 것으로서, 사용을 제한시킨 예금은 그 사용제한 내용을 주석사항으로 기재한다. |
|---|

① 현금및현금성자산              ② 단기금융상품
③ 단기매매증권                  ④ 장기금융상품

**문제9]** 다음 거래를 옳게 분개한 것은?

| A회사 사채 100좌를 1,000,000원에 단기매매 목적으로 구입하고 수수료 50,000원과 함께 현금으로 지급하다. |
|---|

① (차) 단 기 매 매 증 권  1,050,000   (대) 현       금  1,050,000
② (차) 단 기 매 매 증 권  1,000,000   (대) 현       금  1,050,000
      지 급 수 수 료       50,000
③ (차) 사           채   1,050,000   (대) 현       금  1,050,000
④ (차) 사           채   1,000,000   (대) 현       금  1,000,000

문제10] 다음 중 기업회계기준에서 정하는 내용과 일치하는 것은?
① 주식·채권 등과 같은 유가증권 중 단기적 자금운용목적으로 소유한 것은 단기매매증권으로 분류한다.
② 1년 내에 처분할 매도가능증권은 단기매매증권으로 분류 변경할 수 없다.
③ 단기매매증권은 매입가액에 매입부대비용을 가산하고 이에 총평균법·이동평균법을 적용하여 원가를 산정한다.
④ 단기매매증권의 단가산정방법은 총계기준으로 적용한다.

문제11] 남산주식회사는 여유자금을 단기간 운용하기 위하여 20X2년 5월 1일에 시장성 있는 상장회사 주식을 다음과 같이 매입하였다. 결산일인 20X2년 12월 31일에 기업회계기준에 의하여 이 유가증권을 평가할 때 옳은 분개는?

| 회사명 | 수 량 | 매입단가 | 취득원가 |
|---|---|---|---|
| 가나㈜ | 500주 | @8,000원 | 4,000,000원 |
| 다라㈜ | 1,000주 | @7,500원 | 7,500,000원 |

(다만, 20X2년 12월 31일 현재 두 회사 주식의 종가는 가나㈜ @7,000원, 다라㈜ @9,500원이다)

① (차) 단기매매증권평가이익 1,500,000  (대) 단 기 매 매 증 권  1,500,000
② (차) 단 기 매 매 증 권  1,500,000  (대) 단기매매증권평가이익 1,500,000
③ (차) 매도가능증권평가이익 1,500,000  (대) 투 자 주 식  1,500,000
④ (차) 단 기 매 매 증 권  2,000,000  (대) 단기매매증권평가이익 2,000,000

문제12] 당해연도 말 ㈜신라의 주식보유 현황은 다음과 같다.

| 종 목 | 분 류 | 장부가액 | 연말 공정가액 |
|---|---|---|---|
| A | 단기매매증권 | 100,000원 | 120,000원 |
| B | 매도가능증권 | 130,000원 | 140,000원 |
| C | 매도가능증권 | 100,000원 | 120,000원 |

기업회계기준에 따라 유가증권평가와 관련하여 당해연도 기말손익계산서에 계상될 영업외수익과 영업외비용은 각각 얼마인가?

|   | 영업외수익 | 영업외비용 |
|---|---|---|
| ① | 20,000원 | 0원 |
| ② | 40,000원 | 20,000원 |
| ③ | 10,000원 | 0원 |
| ④ | 20,000원 | 10,000원 |

# 제2편. 회계원리 -제1장 당좌자산

문제13] (주)반포의 20X1년도 단기매매증권에 대한 내역이다. 회사는 20X2년도 초에 B회사 주식 200주를 주당 4,000원에 처분하였다. 동 주식의 처분으로 인하여 발생한 유가증권처분손익은?

| 주 식 | A | B | C | D |
|---|---|---|---|---|
| 주 식 수 | 200 | 400 | 100 | 300 |
| 취득단가 | 3,000원 | 5,000원 | 4,000원 | 2,500원 |
| 기말시가 | 4,000원 | 6,000원 | 3,000원 | 3,500원 |

① 손실 100,000원  
② 이익 100,000원  
③ 손실 200,000원  
④ 손실 400,000원

문제14] 20×1년 10월 1일의 외상매출금 잔액은 33,000원이다. 매출은 모두 외상이다. 10월 중 30,800원을 현금으로 회수하였다. 그 결과 10월 31일의 외상매출금 잔액은 27,500원이었다. 10월중의 매출액은?

① 36,300원  
② 25,300원  
③ 36,700원  
④ 56,300원

문제15] 다음 자료에 의하여 당기 중 외상매입금 상환액을 구하면? (다만, 상품 매입거래는 현금과 외상이외는 없다)

| 기초상품재고액 | 100,000원 | 기말상품재고액 | 20,000원 |
|---|---|---|---|
| 외상매입금 전기이월액 | 50,000원 | 외상매입금 차기이월액 | 60,000원 |
| 당기 중 현금매입액 | 90,000원 | 당기 매출원가 | 510,000원 |

① 80,000원  
② 210,000원  
③ 330,000원  
④ 420,000원

문제16] 전기에 대손 처리하였던 乙상사의 외상매출금 300,000원을 현금으로 회수하였다. 다만, 대손처리시 대손충당금 잔액 180,000원일 때, 옳은 분개는?

① (차) 현　　　금 300,000　(대) 잡　　이　　익 300,000  
② (차) 현　　　금 300,000　(대) 대 손 충 당 금 300,000  
③ (차) 현　　　금 300,000　(대) 대 손 상 각 비 300,000  
④ (차) 현　　　금 300,000　(대) 대 손 충 당 금 180,000  
　　　　　　　　　　　　　　　　대 손 상 각 비 120,000

문제17] 20X1년초 대손충당금 잔액이 60,000원인 서울상회의 20X1년 5월 1일 매출채권 80,000원이 회수불능되어 대손처리하였으며 20X1년 10월 1일에 당기 대손된 80,000원을 현금으로 회수하였을 경우 분개는?

① (차) 현　　　　　금　80,000　　(대) 매　출　채　권　80,000
② (차) 현　　　　　금　80,000　　(대) 대　손　충　당　금　80,000
③ (차) 현　　　　　금　80,000　　(대) 대　손　상　각　비　80,000
④ (차) 현　　　　　금　80,000　　(대) 대　손　충　당　금　60,000
　　　　　　　　　　　　　　　　　　　대　손　상　각　비　20,000

문제18] (주)합격의 기초(1월 1일) 대손충당금 잔액은 140원이다. 동년 2월에 65원의 대손이 발생하였으며, 5월에 위 대손처리한 채권 중 10원이 다시 회수되었다. 이러한 경우 기말 결산시 90원의 대손충당금이 추가계상할 경우 동년 12월의 대손충당금 계정 잔액은? (단, (주)합격의 결산은 연 1회, 결산일은 12월 31일로 가정한다.)

① 165원　　　　　　　　　　② 175원
③ 140원　　　　　　　　　　④ 155원

| 번호 | 정답 | 해　설 |
| --- | --- | --- |
| 1 | ④ | 당좌자산 : 현금및현금성자산, 단기투자자산(단기성예금, 단기매매증권, 유동자산으로 분류되는 매도가능증권 및 만기보유증권), 매출채권, 단기대여금, 미수금, 미수수익, 선급금, 선급비용, 기타의 당좌자산 등 |
| 2 | ③ | 회계상 현금계정에는 통화와 통화대용증권(타인발행수표, 자기앞수표, 여행자수표, 가계수표, 우편환증서, 송금환증서, 국고지급통지서, 주식배당금영수증, 공사채만기이자표, 만기도래어음, 일람출급어음 등)이 있다. |
| 3 | ② | 현금 및 현금성자산 : 50,000원(당좌예금) + 5,000원(배당금지급통지표) + 8,000원(우편환증서) = 63,000원 |
| 4 | ③ | 현금및현금성자산 : 26,000원(현금보관액) + 85,000원(타인발행수표) + 200,000원(환매채) + 40,000원(우편환) + 15,000원(배당금지급통지서) = 366,000원 |
| 5 | ③ | 과잉액 발견시 : (차) 현　　금　20,000　　(대) 현금과부족　20,000<br>원인 판명시 : (차) 현 금 과 부 족　20,000　　(대) 외 상 매 출 금　20,000 |
| 6 | ④ | 현금시재액이 장부잔액보다 부족한 경우에는 현금과부족계정 차변에 대체한다. 그러나 이 문제는 결산정리사항 즉, 결산시에 발견한 것이므로 현금과부족계정이 아닌 잡손실계정(과잉인 경우에는 잡이익계정) 차변에 대체한다. |
| 7 | ④ | 주어진 분개는 외상매입금(또는 지급어음)을 수표발행하여 지급한 경우이다. 단, 예금 잔액은 40,000원이고, 나머지는 당좌차월(재무상태표 표시는 단기차입금 계정)이다. |

| | | |
|---|---|---|
| 8 | ② | ② 보고기간 말로부터 1년 이내에 만기가 도래하는 금융상품 등은 단기금융상품(재무상태표에는 단기예금, 단기매매증권, 투자자산으로 분류되지 않는 매도가능증권 및 만기보유증권 등과 함께 단기투자자산 계정으로 표시) 계정으로 처리한다. |
| 9 | ② | 자산 취득시의 제비용은 취득원가에 가산하나, 단기매매증권 취득시의 제비용은 당기비용으로 처리한다. |
| 10 | ② | ① 주식은 시장성과 단기보유목적을 동시에 충족하여야 단기매매증권으로 분류될 수 있다.<br>③ 개별법 또는 다른 합리적인 방법도 적용 가능하다.<br>④ 종목별로 적용한다. |
| 11 | ② | <table><tr><th></th><th>취 득 원 가</th><th>기 말 평 가 액</th><th>평가손익</th></tr><tr><td>가나(주)</td><td>500주 × 8,000 = 4,000,000원</td><td>500주 × 7,000 = 3,500,000원</td><td></td></tr><tr><td>다라(주)</td><td>1,000주 × 7,500 = 7,500,000원</td><td>1,000주 × 9,500 = 9,500,000원</td><td></td></tr><tr><td>합 계</td><td>11,500,000원</td><td>13,000,000원</td><td>이익 1,500,000원</td></tr></table><br>따라서 단기매매증권평가이익 1,500,000원이 발생한다. |
| 12 | ① | 단기매매증권의 평가손익은 영업외손익이며 매도가능증권의 평가손익은 자본항목(기타포괄손익누계액)이다. 따라서 기말손익계산서에 계상될 영업외손익은 A주식의 평가이익인 20,000원(영업외수익)이다. |
| 13 | ④ | ㉠ 단기매매증권은 기말 공정가치로 평가한다. 따라서 B회사주식은 기말 현재 공정가치는 1주당 6,000원이며, 처분단가는 4,000원이므로 1주당 2,000원의 처분손실이 발생한다.<br>㉡ 단기매매증권처분손실(처분가액 − 장부가액) : 200주×2,000원=400,000원 |
| 14 | ② | <table><tr><th colspan="4">외 상 매 출 금</th></tr><tr><td>전 기 이 월<br>매 출</td><td>33,000<br>(25,300)</td><td>현 금<br>차 기 이 월</td><td>30,800<br>27,500</td></tr><tr><td></td><td>58,300</td><td></td><td>58,300</td></tr></table> |
| 15 | ③ | 외상매입금계정과 매출원가 공식을 이용한다.<br><table><tr><th colspan="4">외 상 매 입 금</th></tr><tr><td>상 환 액<br>기 말 잔 액</td><td>(330,000)<br>60,000</td><td>기 초 잔 액<br>매 입 액</td><td>50,000<br>340,000*</td></tr><tr><td></td><td>390,000</td><td></td><td>390,000</td></tr></table><br>* 매출원가 510,000원 = 기초상품재고액 100,000원 + 당기매입액(      )<br> − 기말상품재고액 20,000원<br>당기매입액은 430,000원, 이 중 현금매입액 90,000원을 차감한 340,000원이 외상매입액이다.<br>외상매입금 상환액은 330,000원이다. |
| 16 | ② | 전기에 대손 처리했던 채권을 회수하면 대손 처리시 충당금잔액의 유무에 관계없이 대변과목은 대손충당금이다. |
| 17 | ④ | 당기에 대손처리 후 회수한 경우에는 대손처리시의 분개를 소멸시킨다. |
| 18 | ② | 기말 대손충당금 계정 잔액 : 140원(기초잔액) + 10원(상각채권 회수액) + 90원(추가 설정액) − 65원(대손 처리액) = 175원 |

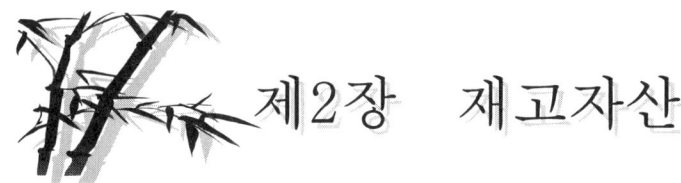

# 제2장 재고자산

## 제1절 재고자산의 의의 및 분류

1. 재고자산의 의의

    기업의 정상적인 영업활동과정에서 판매를 목적으로 보유하고 있는 자산(상품, 미착상품, 적송품 등), 판매를 위해서 제조한 자산(제품, 반제품), 판매할 자산을 생산하는데 사용하거나 소비될 자산(원재료, 저장품)을 포함하여 재고자산이라 한다.

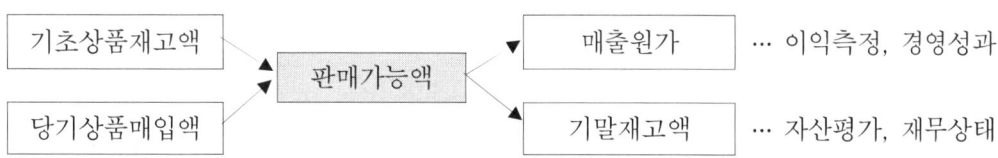

2. 기업회계기준상 재고자산의 과목
    (1) 상 품 : 판매를 목적으로 구입한 상품·미착상품·적송품 등으로 하며, 부동산 매매업에 있어서의 토지·건물 기타 이와 유사한 부동산, 증권업에 있어서의 주식·사채 등이 상품에 해당된다.
    (2) 제 품 : 판매를 목적으로 제조한 생산품·부산물 등으로 한다.
    (3) 반제품 : 자가제조한 중간제품과 부분품 등으로 한다.
    (4) 재공품 : 제품 또는 반제품의 제조를 위하여 재공과정에 있는 것으로 한다.
    (5) 원재료 : 원료·재료·매입부분품·미착원재료 등으로 한다.
    (6) 저장품 : 소모품·소모공구기구비품·수선용 부분품 및 기타 저장품으로 한다.
    (7) 기타의 재고자산 : 제1호 내지 제6호에 속하지 아니하는 재고자산으로 한다.

## 제2편. 회계원리 −제2장 재고자산

### 제2절 재고자산의 취득원가 결정

1. 매입품의 원가결정

   재고자산의 취득원가에 포함될 지출은 상품의 매입가격뿐만 아니라 상품이 판매가능한 상태가 될 때까지 모든 직접 부대비용을 포함한다.

   > 재고자산의 취득원가 = 매입가액(또는 제조원가) + 부대비용

2. 매입관련 조정사항

   (1) 매입운임(인수운임)

   매입시 부담하는 운임으로서 매입원가에 포함한다.

   (2) 매입환출

   매입한 상품중 하자 또는 기타 이유로 인하여 수량을 반품하는 경우를 말하며 매입액에서 차감한다.

   (3) 매입에누리

   매입한 상품중 하자 기타 이유로 인하여 할인하는 경우를 말하며 에누리시에는 수량은 불변이며 단가는 하향조정되며 매입액에서 차감한 금액을 손익계산서에 기입한다.

   (4) 매입할인

   매입채무를 약정에 의하여 조기결제하는 것을 말하며 매입액에서 차감한다.

   > (예) 5월 1일 서울상점에서 상품 100,000원을 외상으로 매입(2/10, n/30)[2] 하였다가, 5월 9일에 외상대금을 현금으로 지급하였다. 5월 1일과 5월 9일의 회계처리는?
   >
   > 5/1 : (차) 상　　품(매입)　100,000　　(대) 외상매입금　　　　100,000
   > 5/9 : (차) 외상매입금　　　100,000　　(대) 매입할인(매입)　　2,000
   > 　　　　　　　　　　　　　　　　　　　　　현　　금　　　　　98,000

   (5) 거래할인(매매할인, 수량할인)

   특정고객(종업원 또는 단골)에게 표시가격에서 일정률을 할인(예 정상가 10,000원을 9,000원에 매입)하여 매입하거나 일정수량을 부가하여 매입(예 정상수량 100개에 10개를 덤으로 하여 110개 수취)하는 경우가 있다. 전자를 매매할인이라 하고 후자를 수량할인이라고 한다. 거래할인은 별도의 회계처리를 하지 않는다.

   > 순매입액 = 총매입액(매입액 + 부대비용) − 매입에누리와 환출, 매입할인

---

[2/10, n/30]이란 구입시점 이후 10일 이내 대금 결제시에는 2%를 할인하고, 할인기간(10일)이 경과하면 할인혜택이 없으며 30일은 지급기한을 의미한다. 참고로 [2/10, E.O.M]이란 당월 매입대금을 당월말 시점(end-of-month)으로부터 10일 내 현금지급하면 2%를 할인한다는 의미이다.

3. 매출관련 조정사항
    (1) 매출운임(발송운임)
        매출시 부담하는 운임으로서 운반비계정(판매비와 관리비)으로 처리한다.
    (2) 매출환입
        매출한 상품 중 하자 또는 기타 이유로 인하여 수량이 반품되는 경우를 말하며 매출액에서 차감한다.
    (3) 매출에누리
        매출한 상품 중 하자 또는 기타 이유로 인하여 할인하는 경우를 말하며 매출액에서 차감한다.
    (4) 매출할인
        매출채권을 약정에 의하여 조기결제하는 것을 말하며 매출액에서 차감한다.

> (예) 5월 1일 대전상점에 상품 100,000원을 외상으로 매출(2/10, n/30)하였다가, 5월 9일에 외상대금을 현금으로 회수하였다. 5월 1일과 5월 9일의 회계처리는?
> 5/1 : (차) 외상매출금      100,000    (대) 상품매출(매출)  100,000
> 5/9 : (차) 매출할인(매출)     2,000    (대) 외상매출금      100,000
>       현     금             98,000

    (5) 거래할인(매매할인, 수량할인)
        특정고객(종업원 또는 단골)에게 표시가격에서 일정률을 할인(예 정상가 10,000원을 9,000원에 매출)하여 매출하거나 일정수량을 부가하여 매출(예 정상수량 100개에 10개를 덤으로 하여 110개 지급)하는 경우가 있다. 전자를 매매할인이라 하고 후자를 수량할인이라고 한다. 거래할인은 별도의 회계처리를 하지 않는다.

> 순매출액 = 총매출액 − 매출에누리와 환입, 매출할인

[상품매출손익계산]
> ① 총매입액 − 환출 및 매입에누리와 매입할인 = 순매입액
> ② 기초재고액 + 순매입액 − 기말재고액 = 매출원가
> ③ 총매출액 − 환입 및 매출에누리와 매출할인 = 순매출액
> ④ 순매출액 − 매출원가 = 매출총이익(상품매출이익)

## 제3절 단일상품계정

상품매매를 하나의 상품계정만으로 처리하는 것을 단일 상품계정이라 하고, 순수계정(분기법)과 혼합계정(총기법)이 있다.

1. 순수계정(분기법)

   상품계정에는 순수한 상품의 원가만을 기장하는 방법이다.

   매출시마다 원가(=매출원가)와 매출이익을 분리하여 기장하므로 수시로 매출원가와 매출이익을 산출할 수 있어 별도의 이익계산 절차가 필요 없으나, 거래량이 많을 경우 매출시마다 원가와 이익을 분리하여 기장 한다는 것이 오히려 불편하다.

   [분기법에 의한 상품계정 기입]

   | 상 품 | |
   |---|---|
   | 기초재고액 | 매 출 원 가 |
   | 매 입 액 | 기말재고액 |
   | **판매가능상품** | **판매가능상품** |

   | 상 품 매 출 이 익 | |
   |---|---|
   | | 매 출 이 익 |

   * 상품매출이익이 상품매출이익계정에 기입되어 별도의 계산절차가 필요 없다.

2. 혼합계정(총기법)

   상품계정에 매출상품의 원가와 매출이익을 혼합하여 매가로 기장하는 방법이다.

   매출시마다 원가와 이익을 분리하지 않고 매가로 기장 하였다가 후에 매출원가와 매출이익을 산정하는 방법으로 거래량이 많은 경우에 편리하다. 기말재고액 기입 후 대변 잔액(=차변<대변)이면 상품매출이익, 차변 잔액(=차변>대변)이면 상품매출손실이 된다.

   [총기법에 의한 상품계정 기입]

   | 상 품 | |
   |---|---|
   | 기초재고액(전기이월) | 당기매출액 |
   | 당기매입액<br>매입제비용 | 매입환출 및 매입에누리, 매입할인 |
   | 매출환입 및 매출에누리, 매출할인 | 기말재고액(차기이월) |
   | **상품매출이익(매출총이익)** | |

### 예제. 01

다음 자료에 의하여 상품매출손익을 계산하시오.

| 전 기 이 월 액 | 1,000,000원 | 총 매 입 액 | 4,000,000원 |
| 총 매 출 액 | 5,500,000원 | 매 입 에 누 리 | 100,000원 |
| 매 출 에 누 리 | 250,000원 | 매 입 운 임 | 450,000원 |
| 매 출 운 임 | 550,000원 | 매 입 환 출 액 | 300,000원 |
| 매 출 환 입 액 | 100,000원 | 매 입 할 인 액 | 200,000원 |
| 매 출 할 인 액 | 350,000원 | 기 말 재 고 액 | 800,000원 |

(해설)

1. 공식법

   (1) 순매입액 : 4,000,000 + 450,000 − 100,000 − 300,000 − 200,000 = 3,850,000원
   (2) 순매출액 : 5,500,000 − 250,000 − 100,000 − 350,000 = 4,800,000원
   (3) 매출원가 : 1,000,000 + 3,850,000 − 800,000 = 4,050,000원
   (4) 매출총이익 : 4,800,000 − 4,050,000 = 750,000원

2. 계정분석법

혼 합 상 품(총기법)

| 전기이월액 | 1,000,000 | 총매출액 | 5,500,000 |
|---|---|---|---|
| 총매입액 | 4,000,000 | 매입에누리액 | 100,000 |
| 매출에누리액 | 250,000 | 매입환출액 | 300,000 |
| 매입운임 | 450,000 | 매입할인액 | 200,000 |
| 매출환입액 | 100,000 | 기말재고액 | 800,000 |
| 매출할인액 | 350,000 | | |
| 상품매출이익 | 750,000 | | |
| | 6,900,000 | | 6,900,000 |

* 매출운임은 운반비계정으로 처리되며 상품매출손익계산과 무관하다.

## 제4절 분할상품계정

1. 2분법(전산회계 실무에서 사용)
   재고분과 매입분은 '상품'계정, 매출분은 '상품매출'계정의 2가지 계정을 사용한다.

   | ① 외상매입 | (차) 상 품(자산) ××× | (대) 외상매입금 ××× |
   |---|---|---|
   | ② 외상매출 | (차) 외상매출금 ××× | (대) 상 품 매 출(수익) ×××(매가) |
   | ③ 결산시 | (차) 상품매출원가(비용) ××× | (대) 상 품 ×××(원가) |
   | | ↳ 상품계정 차변잔액 - 기말재고액 | |

2. 3분법
   상품계정을 '이월상품(자산)', '매입(비용)', '매출(수익)'계정을 3분할하여 처리하는 방법이다.

   | ① 외상매입 | (차) 매 입 ××× | (대) 외 상 매 입 금 ××× |
   |---|---|---|
   | ② 외상매출 | (차) 외 상 매 입 금 ××× | (대) 매 출 ×××(매가) |

   [3분법에 의한 상품계정 기입]

   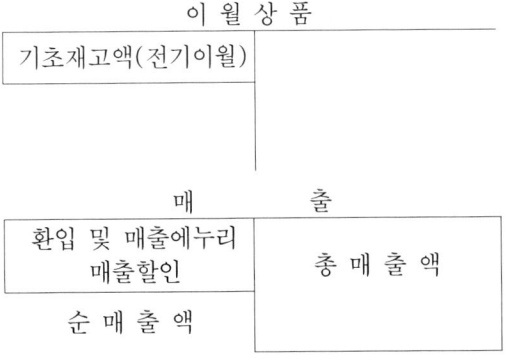

   3분법의 기말 매출손익계산 방법에는 총액법과 순액법이 있다.
   총액법은 매출원가와 순매출액을 집합손익계정에 대체하여 매출손익을 손익계정에서 산출하고, 순액법은 매출원가를 매출계정에 대체하여 매출손익을 매출계정에서 산출한다.

   (1) 총액법의 매출손익 계산절차
   ① 기초재고액을 매입계정 차변에 대체한다.
   　　(차) 매 입 ×××　　(대) 이 월 상 품 ×××
   ② 기말재고액을 매입계정 대변에 대체한다.
   　　(차) 이 월 상 품 ×××　　(대) 매 입 ×××

③ 매입계정에서 산출된 매출원가를 손익계정 차변에 대체한다.
　　(차) 손　　　익 ×××　　　(대) 매　　　입 ×××
④ 매출계정에서 산출된 순매출액을 손익계정 대변에 대체한다.
　　(차) 매　　　출 ×××　　　(대) 손　　　익 ×××

(2) 순액법의 매출손익 계산절차
　① 기초재고액을 매입계정 차변에 대체한다.
　　(차) 매　　　입 ×××　　　(대) 이 월 상 품 ×××
　② 기말재고액을 매입계정 대변에 대체한다.
　　(차) 이 월 상 품 ×××　　　(대) 매　　　입 ×××
　③ 매입계정에서 산출된 매출원가를 매출계정 차변에 대체한다.
　　(차) 매　　　출 ×××　　　(대) 매　　　입 ×××
　④ 매출계정에서 산출된 매출이익을 손익계정 대변에 대체한다.
　　(차) 매　　　출 ×××　　　(대) 손　　　익 ×××

## 제5절 재고자산의 원가배분

1. 상품에 관한 장부(보조부)
　(1) 매입장
　　상품의 매입거래를 순서에 따라 상세히 기입하는 장부이며, 거래일자·매입처·상품명·수량·단가·금액·대금결제조건 등이 기입된다.
　(2) 매출장
　　상품의 매출거래를 순서에 따라 상세히 기입하는 장부이며, 거래일자·매출처·상품명·수량·단가·금액·대금결제조건 등이 기입된다.
　(3) 상품재고장(재고자산수불부)
　　상품의 인수와 인도를 종류별로 기록하여 현재 창고에 보관중인 상품의 재고수량과 금액을 장부상으로 파악할 수 있도록 작성하는 것이 상품재고장이다.

상 품 재 고 장

품명 :　　　　　　　　　　　　　　　　　　　　　　　　　단위 :

| 월일 | 적요 | 인 수 | | | 인 도 | | | 잔 액 | | |
|---|---|---|---|---|---|---|---|---|---|---|
| | | 수량 | 단가 | 금액 | 수량 | 단가 | 금액 | 수량 | 단가 | 금액 |
| | | | | | | | | | | |

## 2. 기말재고액의 계산

상품의 매출원가를 산출하기 위해서는 기말재고액을 정확히 계산하여야 한다. 기말재고액은 기말 재고수량에 단가를 곱하여 계산한다.

| 수량 결정 방법 | 계속기록법, 실지재고조사법 | |
|---|---|---|
| 단가 결정 방법 | 개별법, 선입선출법, 후입선출법, 이동평균법, 총평균법, 매출가격환원법 | 기업회계기준으로 규정 |
| | 단순평균법, 매출총이익률법, 기준재고조사법 | |

## 3. 수량결정방법

기말재고자산의 수량을 결정하는 방법으로는 실지재고조사법과 계속기록법이 있다.

### (1) 계속기록법(장부재고조사법)

상품의 입출고 내용을 장부(상품재고장)상에 계속적으로 기록하여 출고 수량은 출고 시점별로 파악되며, 재고 수량도 장부상의 잔고로 결정되는 방법이다.

| 전기 이월수량 + 당기 매입수량 - 당기 매출수량 = 기말 재고수량 |
|---|

재 고 자 산

| 기초재고액 | ××× | 매출원가 | ××× | ← ① 판매될 때마다 기록 |
| 당기매입액 | ××× | 기말재고액 | ××× | ← ② 자동으로 산출 |
| | ××× | | ××× | |

| 장점 | 출고 및 재고 수량을 항상 장부에 의하여 정확하게 파악할 수 있다. |
|---|---|
| 단점 | 다종·다량의 상품을 취급하는 경우 기장이 번잡하여 실무상 불편하며, 실지재고조사를 병행하지 않는 경우 도난·파손 등으로 없어진 상품이 기말재고액에 포함된다. |

### (2) 실지재고조사법(실사법)

정기적으로 일정 시점(기말 또는 월말)마다 실지로 재고 수량을 조사하여 파악하고 이를 자료로 출고 수량을 산출하는 방법이다.

| 전기 이월수량 + 당기 매입수량 - 당기말 실사량 = 당기 매출수량 |
|---|

재 고 자 산

| 기초재고액 | ××× | 매출원가 | ××× | ← ② 자동으로 산출 |
| 당기매입액 | ××× | 기말재고액 | ××× | ← ① 실사를 통하여 먼저 확정 |
| | ××× | | ××× | |

| 장점 | 출고 내용을 장부에 기록하지 않아도 되므로 실무상 간편하다. |
|---|---|
| 단점 | - 기중에는 매출원가와 재고액을 파악할 수 없다.<br>- 도난·파손·변질 등으로 없어진 상품을 알 수 없을 뿐만 아니라, 이러한 것들이 매출된 것으로 간주되어 매출원가에 포함된다. |

(3) 병행법

병행법이란 기중에는 계속기록법을 적용하다가 기말에 실지재고조사를 통하여 감모수량과 기말재고수량을 결정짓고 나머지 수량을 판매된 수량으로 간주하는 방법이다.

4. 원가 기준에 의한 가격 결정 방법

(1) 개별법(specific identification method)

개별법은 각 재고자산별로 취득단가를 결정하는 방법이다. 통상적으로 상호 교환될 수 없는 제품이나 특정 프로젝트별로 생산되는 제품 또는 서비스의 원가는 개별법을 사용하여 결정한다.

예를 들어 특수기계를 주문 생산하는 경우, 미술품, 공예품과 같이 제품별로 원가를 식별할 수 있는 때는 개별법을 사용하여 원가를 결정한다.

개별법에 의한 매출원가와 기말재고액의 파악은 상품을 매입한 때 상품별로 가격표를 붙이는 방법 등으로 매입 원가를 알 수 있도록 표시하여 두고, 출고 단가는 실제로 출고된 상품의 단가로 하고, 재고 단가는 판매되지 않고 남아 있는 상품의 단가로 하여 계산한다.

| 장점 | ① 물량흐름을 추정이 아닌 실제의 물량흐름을 추적하여 집계하는 이상적이고 합리적인 방법이다.<br>② 수익·비용의 대응원칙에 이상적이다. |
|---|---|
| 단점 | ① 재고자산의 상호 교환 가능한 종류가 많고 대량 매매되는 저가품목인 경우에 실무에 적용하기 어렵다.<br>② 경영자의 의도에 따라 이익을 조작할 가능성이 있다. |

(2) 선입선출법(first-in first-out method, FIFO)

매입순법이라고도 하며 먼저 매입된 상품이 먼저 매출되는 것으로 가정하여 출고 및 재고 단가를 결정하는 방법으로 실제물량 흐름과 가장 유사하다.

| 장점 | ① 기말재고자산이 현행원가(시가)에 가까운 금액으로 표시한다.<br>② 일반적인 물량흐름과 유사하다. |
|---|---|
| 단점 | ① 현재의 매출액에 과거의 원가가 대응되어 수익·비용의 대응원칙에 부합되지 않는다.<br>② 물가상승시 기말재고액이 과대계상되어 당기순이익이 과대계상된다. |

(3) 후입선출법(last-in first-out method, LIFO)

매입역법이라고도 하고 나중에 매입된 상품이 먼저 매출되는 것으로 가정하여 출고 및 재고 단가를 결정하는 방법이다.

| 장점 | ① 현재의 매출액에 현재의 원가가 대응되어 수익·비용의 대응원칙에 부합된다.<br>② 물가상승시 기말재고액이 과소계상되어 당기순이익이 과소계상되고, 이로 인해 법인세의 이연효과가 있다. |
|---|---|
| 단점 | ① 기말재고자산이 과거의 금액으로 표시되어 현행원가를 반영하지 못한다.<br>② 일반적인 물량흐름과 반대다.<br>③ 판매량이 급증하여 기초재고가 판매된 경우, 과거의 원가로 계상되어 있는 재고자산층이 일부 청산되어 매출원가가 감소하고 순이익이 증가하는 후입선출청산현상이 발생하며, 이러한 후입선출청산현상을 이용한 경영자의 손익조작 가능성이 존재한다. |

후입선출법은 보고기간 말 현재의 재고자산가액이 시가를 반영하지 못하며, 일반적인 실물흐름과도 일치하지 않기 때문에 표현의 충실성이 저하된다. 따라서 <u>국제회계기준(K-IFRS)은 후입선출법의 적용을 금지</u>하고 있다.

(4) 이동평균법(moving average method)

상품의 매입 단가가 다를 때마다 즉, <u>매입할 때마다</u> 가중 평균 단가를 계산하여 출고 및 재고단가를 결정하는 방법이다.

$$\text{이동평균단가} = \frac{\text{매입직전의 재고금액} + \text{매입금액}}{\text{매입직전의 재고수량} + \text{매입수량}}$$

(5) 총평균법(weighted average method)

일정 기간 전체(보고기간 말)를 대상으로 상품의 총평균단가를 계산하여 출고 및 재고단가를 결정하는 방법이다. 따라서 기중에는 매출원가와 (기말)재고액을 파악할 수 없다.

$$\text{총평균단가} = \frac{\text{기초 재고금액} + \text{일정기간 매입금액}}{\text{기초 재고수량} + \text{일정기간 매입수량}}$$

[수량과 단가결정방법의 관계]

| 단가 \ 수량 | 계속기록법 | 실지재고조사법 |
|---|---|---|
| 개별법 | ○ | ○ |
| 선입선출법 | ○ | ○ |
| 후입선출법 | ○ | ○ |
| 이동평균법 | ○ | × |
| 총평균법 | × | ○ |

### 예제. 02

다음 자료에 의하여 계속기록법과 실지재고조사법 하에서 다음의 각 방법에 의한 기말재고액을 파악하라.

| 5/ 1 | 전 기 이 월 | 100개 | @1,000원 |
| 5 | 매     입 | 200개 | @1,300원 |
| 10 | 매     출 | 200개 | @2,000원 |
| 15 | 매     입 | 300개 | @1,500원 |
| 20 | 매     출 | 300개 | @2,000원 |
| 25 | 매     입 | 100개 | @1,800원 |

(해설)

1. 선입선출법(계속기록법)

| 월일 | 적요 | 입 고 | 출 고 | 재 고 |
|---|---|---|---|---|
| 5/1 | 이월 | 100 @1,000 100,000 | | 100 @1,000 100,000 |
| 5/5 | 매입 | 200 @1,300 260,000 | | 100 @1,000 100,000<br>200 @1,300 260,000 |
| 5/10 | 매출 | | 100 @1,000 100,000<br>100 @1,300 130,000 | 100 @1,300 130,000 |
| 5/15 | 매입 | 300 @1,500 450,000 | | 100 @1,300 130,000<br>300 @1,500 450,000 |
| 5/20 | 매출 | | 100 @1,300 130,000<br>200 @1,500 300,000 | 100 @1,500 150,000 |
| 5/25 | 매입 | 100 @1,800 180,000 | | 100 @1,500 150,000<br>100 @1,800 180,000 |
| | | 기초재고+ 순매입<br>990,000원 | 매출원가  660,000원 | 기말재고액 330,000원 |

2. 선입선출법(실지재고조사법)

| 입 고 | 출 고 | 재 고 |
|---|---|---|
| 100 @1,000  100,000<br>200 @1,300  260,000<br>300 @1,500  450,000<br>100 @1,800  180,000 | 100 @1,000  100,000<br>200 @1,300  260,000<br>200 @1,500  300,000 | 100 @1,500  150,000<br>100 @1,800  180,000 |
| 기초재고+ 순매입 990,000원 | 매출원가  660,000원 | 기말재고액  330,000원 |

## 제2편. 회계원리 －제2장 재고자산

3. 후입선출법(계속기록법)

| 월일 | 적요 | 입 고 | 출 고 | 재 고 |
|---|---|---|---|---|
| 5/1 | 이월 | 100 @1,000 100,000 | | 100 @1,000 100,000 |
| 5/5 | 매입 | 200 @1,300 260,000 | | 100 @1,000 100,000<br>200 @1,300 260,000 |
| 5/10 | 매출 | | 200 @1,300 260,000 | 100 @1,000 100,000 |
| 5/15 | 매입 | 300 @1,500 450,000 | | 100 @1,000 100,000<br>300 @1,500 450,000 |
| 5/20 | 매출 | | 300 @1,500 450,000 | 100 @1,000 100,000 |
| 5/25 | 매입 | 100 @1,800 180,000 | | 100 @1,000 100,000<br>100 @1,800 180,000 |
| | | 기초재고+ 순매입<br>990,000원 | 매출원가 710,000원 | 기말재고액 280,000원 |

4. 후입선출법(실지재고조사법)

| 입 고 | 출 고 | 재 고 |
|---|---|---|
| 100 @1,000 100,000<br>200 @1,300 260,000<br>300 @1,500 450,000<br>100 @1,800 180,000 | 100 @1,800 180,000<br>300 @1,500 450,000<br>100 @1,300 130,000 | 100 @1,000 100,000<br>100 @1,300 130,000 |
| 기초재고+ 순매입 990,000원 | 매출원가 760,000원 | 기말재고액 230,000원 |

5. 이동평균법(계속기록법), 실지재고조사법은 적용되지 않음

| 월일 | 적요 | 입 고 | 출 고 | 재 고 |
|---|---|---|---|---|
| 5/1 | 이월 | 100 @1,000 100,000 | | 100 @1,000 100,000 |
| 5/5 | 매입 | 200 @1,300 260,000 | | 300 @1,200 360,000 |
| 5/10 | 매출 | | 200 @1,200 240,000 | 100 @1,200 120,000 |
| 5/15 | 매입 | 300 @1,500 450,000 | | 400 @1,425 570,000 |
| 5/20 | 매출 | | 300 @1,425 427,500 | 100 @1,425 142,500 |
| 5/25 | 매입 | 100 @1,800 180,000 | | 200 @1,612.50 322,500 |
| | | 기초재고+ 순매입<br>990,000원 | 매출원가 667,500원 | 기말재고액 322,500원 |

6. 총평균법(실지재고조사법), 계속기록법은 적용되지 않음

| 입 고 | 출 고 | 재 고 |
|---|---|---|
| 100 @1,000 100,000<br>200 @1,300 260,000<br>300 @1,500 450,000<br>100 @1,800 180,000 | 500 @1,414.29<br>707,145 | 200 @1,414.29<br>282,858 |
| 700 @1,414.29 990,000원 | 매출원가 707,145원 | 기말재고액 282,858원 |

[참고] 물가상승(인플레이션)시의 기말재고액 크기

  선입선출법 ≥ 이동평균법 ≥ 총평균법 ≥ 후입선출법
  (계속기록법 = 실사법)                    (계속기록법 ≥ 실사법)

※ 기말재고액 증가 ⇒ 매출원가 감소 ⇒ 매출총이익(당기순이익) 증가

## 5. 재고자산감모손실과 평가손실

(1) 재고자산감모손실

재고자산의 파손, 부패, 도난, 증발 등에 의해 실제재고수량이 장부재고수량보다 적은 경우를 감모손실이라 한다.

(2) 재고자산평가손실<저가법>

실지재고액의 순실현가능가치가 장부가액에 미달할 경우를 평가손실이라고 하며 전액 매출원가에 포함한다.

순실현가치(시가) 상승시는 고려하지 않고 평가손실만 인식하는 것을 저가법이라고 한다.

① 시가가 하락한 경우의 예

> ① 손상을 입은 경우
> ② 보고기간말로부터 1년 또는 정상영업주기 내에 판매되지 않았거나 생산에 투입할 수 없어 장기체화된 경우
> ③ 진부화하여 정상적인 판매시장이 사라지거나 기술 및 시장 여건 등의 변화에 의해서 판매가치가 하락한 경우
> ④ 완성하거나 또는 판매하는데 필요한 원가가 상승하는 경우

② 저가법 적용시 순실현가치(시가)

| 제품, 상품, 재공품 | 순실현가능가치(NRV) = 추정 판매가격 − 판매비용 |
|---|---|
| 원재료 | 현행대체원가( = 현재시점에서 매입할 경우 소요예상 비용) |

재고자산의 저가법 평가는 종목별로 적용하고, 유사하거나 관련되어 있는 품목은 조별로 적용할 수 있으며 총계기준은 인정되지 않는다.

[재고자산 감모손실과 평가손실]

| 구 분 | | | 회 계 처 리 |
|---|---|---|---|
| 재고자산감모손실<br>(수량부족) | 정 상 적 | 매출원가에 포함 | (차) 매입(매출원가) ××<br>(대) 상       품 ×× |
| | 비정상적 | 영업외비용 처리 | (차) 재고자산감모손실 ××<br>(대) 상       품 ×× |
| 재고자산평가손실(시가하락) | | 매출원가에 포함 | (차) 매입(매출원가) ××<br>(대) 상품평가충당금 ×× |

# 제2편. 회계원리 —제2장 재고자산

## 오쌤(OSSAM) 핵심예제

**문제1]** 다음은 (주)서울의 손익계산서 계정과목 중 일부이다. 괄호 ㉠, ㉡, ㉢ 안에 들어갈 금액이 옳게 연결된 것은?

|  | 2013년 | 2014년 |
|---|---|---|
| 매 출 액 | 11,000원 | 12,000원 |
| 기 초 상 품 | 1,200원 | ( ㉡ ) |
| 당 기 매 입 | 9,400원 | ( ㉢ ) |
| 기 말 상 품 | 1,400원 | 1,500원 |
| 매 출 총 이 익 | ( ㉠ ) | 2,000원 |

| | ㉠ | ㉡ | ㉢ |
|---|---|---|---|
| ① | 1,800원 | 1,400원 | 10,100원 |
| ② | 1,800원 | 1,200원 | 10,300원 |
| ③ | 1,600원 | 1,400원 | 10,000원 |
| ④ | 1,600원 | 1,200원 | 10,300원 |

**문제2]** 다음 자료를 기초로 계산된 매출원가는 얼마인가?

| | | | |
|---|---|---|---|
| ◦ 기초재고 | 10,000원 | ◦ 기말재고 | 15,000원 |
| ◦ 외상매입 | 40,000원 | ◦ 현금매입 | 20,000원 |
| ◦ 외상매출 | 80,000원 | ◦ 현금매출 | 20,000원 |
| ◦ 매입환출 | 10,000원 | ◦ 매출환입 | 18,000원 |

① 50,000원  ② 45,000원
③ 46,000원  ④ 49,000원

**문제3]** 다음 자료에 의하여 상품매출이익을 계산하면?

| | | | |
|---|---|---|---|
| 기초상품재고액 | 450,000원 | 매 입 액 | 300,000원 |
| 매출액 | 510,000원 | 환 출 액 | 30,000원 |
| 매입에누리 | 10,000원 | 환 입 액 | 40,000원 |
| 매출에누리 | 20,000원 | 기말상품재고액 | 490,000원 |

① 190,000원  ② 210,000원
③ 230,000원  ④ 250,000원

문제4] 다음 계정에 대한 기입내용에 관한 설명으로 틀린 것은?

| (이월)상품 | | | | 매 입 | | | |
|---|---|---|---|---|---|---|---|
| 전기이월 | 30,000 | | | 외상매입금 | 95,000 | 외상매입금 | 5,000 |
| | | 차기이월 | 10,000 | (이월)상품 | 30,000 | 외상매입금 | 2,000 |
| | | | | | | (이월)상품 | 10,000 |
| | | | | | | 손 익 | ( ) |

| 매 출 | | | |
|---|---|---|---|
| 외상매출금 | 3,000 | 외상매출금 | 138,000 |

① 매출총이익의 발생
② 매출원가는 78,000원
③ 당기순매입액 88,000원
④ 당기총매입액 95,000원

문제5] 기말상품재고액 160,000을 260,000으로 잘못 계상하는 경우 어떠한 결과가 나타나는가?
① 당기순이익 100,000원이 과소계상된다.
② 당기순손실 100,000원이 과대계상된다.
③ 매출원가 100,000원이 과대계상된다.
④ 당기순이익 100,000원이 과대계상된다.

문제6] 인플레이션시에 기말 재고자산을 선입선출법에 의하여 평가하면 후입선출법에 의하여 평가한 것보다 어떠한가?
① 당기순이익이 적어진다
② 재고수량이 많아진다.
③ 매출원가가 커진다.
④ 재고자산가액이 커진다.

문제7] 재고자산의 구입가격이 계속 상승할 때, 재고자산 원가결정방법 중 당기순이익이 많게 계상되는 것부터 바르게 나열한 것은?
① 선입선출법 > 평균원가법 > 후입선출법
② 후입선출법 > 선입선출법 > 평균원가법
③ 평균원가법 > 후입선출법 > 선입선출법
④ 선입선출법 > 후입선출법 > 평균원가법

문제8] 재고조사평가방법 중 실지재고조사법(실사법) 하에서만 이용 가능한 것은?
① 선입선출법
② 후입선출법
③ 총평균법
④ 이동평균법

# 제2편. 회계원리 — 제2장 재고자산

**문제9]** 나래상사의 6월 중 상품매매와 관련된 자료가 다음과 같을 때 선입선출법을 적용할 경우 6월말 상품재고액은?

| 6월 1일 | 기 초 재 고 | 100개 | @100원 |
| 6월 10일 | 매     입 | 100개 | @110원 |
| 6월 15일 | 매     출 | 100개 |        |
| 6월 20일 | 매     입 | 100개 | @120원 |
| 6월 25일 | 매     출 | 100개 |        |

① 10,000원　　　　　　　　　　② 11,000원
③ 12,000원　　　　　　　　　　④ 13,000원


**문제10]** 아래 상품 거래에 관한 자료로 재고상품의 평균단가를 이동평균법에 의하여 구할 경우 얼마인가?

| 5/3 매 입 | 400개 | @200원 | 80,000원 |
| 11 매 출 | 300개 | @250원 | 75,000원 |
| 21 매 입 | 200개 | @230원 | 46,000원 |
| 27 매 출 | 250개 | @240원 | 60,000원 |

① 210원　　　　　　　　　　② 220원
③ 230원　　　　　　　　　　④ 250원


**문제11]** 물가가 지속적으로 상승하는 경우, 선입선출법(FIFO)과 후입선출법(LIFO)의 비교로서 옳은 것은?
① FIFO는 LIFO보다 이익을 낮게, 기말재고액을 높게 보고할 것이다.
② LIFO는 FIFO보다 이익을 낮게, 기말재고액을 높게 보고할 것이다.
③ LIFO는 FIFO보다 이익을 높게, 기말재고액을 낮게 보고할 것이다.
④ LIFO는 FIFO보다 이익을 낮게, 기말재고액을 낮게 보고할 것이다.


**문제12]** 물가가 지속적으로 하락하는 경우, 재고자산의 평가방법이 자산평가와 이익측정에 미치는 효과를 설명한 것으로 옳은 것은?
① 총평균법에 의한 재고자산과 매출원가의 금액은 선입선출법에 의한 금액과 후입선출법에 의한 금액 사이에서 결정된다.
② 선입선출법에 의하면 재고자산은 상대적으로 높게 평가되고, 순이익은 상대적으로 낮게 나타난다.
③ 후입선출법에서는 재고자산과 순이익이 상대적으로 모두 낮게 평가된다.
④ 매출원가의 크기는 「후입선출법 > 총평균법 > 선입선출법」의 순이다.

| 번호 | 정답 | 해 설 |
|---|---|---|
| 1 | ① | ㉠ : 매출액 11,000원 − 매출원가 9,200원(= 기초 1,200원 + 매입 9,400원 − 기말 1,400원) = 1,800원<br>㉡ : 2013년의 기말재고액 1,400원이 2014년의 기초재고액이다.<br>㉢ : 매출액 12,000원 − 매출총이익 2,000원 = 매출원가 10,000원<br>　　매입액 : 매출원가 10,000원 + 기말상품 1,500원 − 기초상품 1,400원<br>　　　　　 = 10,100원 |
| 2 | ② | 상품(매출원가)<br>기초재고　10,000　　매출원가　45,000<br>외상매입　40,000　　매입환출　10,000<br>현금매입　20,000　　기말재고　15,000<br>　　　　　70,000　　　　　　　　70,000 |
| 3 | ③ | 상　　　　　　　　　품<br>기초상품재고액　450,000　　매출액　　　　510,000<br>매입액　　　　　300,000　　환출액　　　　 30,000<br>환입액　　　　　 40,000　　매입에누리　　 10,000<br>매출에누리　　　 20,000　　기말상품재고액 490,000<br>상품매출이익　 (230,000)<br>　　　　　　1,040,000　　　　　　　　1,040,000 |
| 4 | ② | 기초재고액(이월상품 계정 차변의 전기이월) : 30,000원<br>당기총매입액(매입계정 차변의 외상매입금) : 95,000원<br>당기순매입액(총매입액 − 매입계정 대변의 환출및에누리(외상매입금))<br>　　　　: 95,000원 − 5,000원 − 2,000원 = 88,000원<br>기말재고액(=이월상품, 매입계정 대변의 차기이월상품) : 10,000원<br>매출원가 : 기초재고액 30,000원 + 순매입액 88,000원 − 기말재고액 10,000원<br>　　　　= 108,000원<br>당기순매출액(매출계정의 대변잔액) : 135,000원(138,000원 − 3,000원)<br>매출총이익 : 135,000원 − 108,000원 = 27,000원 |
| 5 | ④ | 기말상품재고액 과대계상 → 매출원가 과소계상 → 당기순이익 과대계상 |
| 6 | ④ | 물가상승(인플레이션)시의 기말재고액 크기<br>　⇒ 선입선출법 > 이동평균법 > 총평균법 > 후입선출법<br>기말재고액↑ = 매출원가↓ = 매출총이익(당기순이익)↑<br>따라서 물가상승시 선입선출법은 후입선출법에 비해 기말재고액 커지고 매출원가는 작아지며 이익은 커진다. 이 때 재고수량은 일정하다. |
| 7 | ① | 물가상승(인플레이션)시 기말재고액(=당기순이익)의 크기 :<br>　선입선출법 > 평균원가법 > 후입선출법 |
| 8 | ③ | <table><tr><td></td><td>계속기록법</td><td>실지재고조사법</td></tr><tr><td>개별법, 선입선출법, 후입선출법</td><td>O</td><td>O</td></tr><tr><td>이동평균법</td><td>O</td><td>X</td></tr><tr><td>총평균법, 기타방법</td><td>X</td><td>O</td></tr></table> |

| 9 | ③ | 선입선출법은 실지재고조사법과 계속기록법의 결과가 같다.<br><br>| 입 고 | 출 고 | 재 고 |<br>|---|---|---|<br>| 100개  100 | 100  100 | |<br>| 100개  110 | 100  110 | |<br>| 100개  120 | | 100  120  12,000 | |
|---|---|---|
| 10 | ② | 이동평균법은 매입시마다 잔액란의 금액에다 입고금액을 가산한 것을 잔액란의 수량과 입고수량을 더하여 나눈 단가로 계산하는 방법이다.<br>즉, (100개×200+200개×230)÷300개=@220원 |
| 11 | ④ | 물가상승(인플레이션)시 FIFO 적용 = 기말재고액의 증가 ⇒ 매출원가의 감소 ⇒ 매출총이익의 증가 |
| 12 | ① | ② 선입선출법에 의하면 재고자산과 순이익은 상대적으로 낮게 평가된다.<br>③ 후입선출법에 의하면 재고자산과 순이익은 상대적으로 높게 평가된다.<br>④ 매출원가 크기 : 선입선출법>이동평균법>총평균법>후입선출법 |

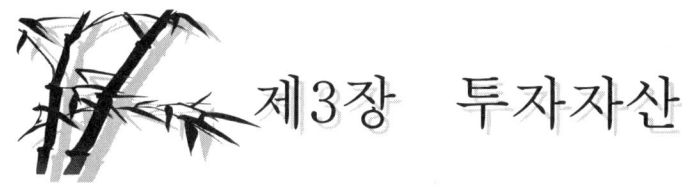

# 제3장 투자자산

## 제1절 자산의 분류

| 유동자산 | 당좌자산 | 현금및현금성자산(통화 및 통화대용증권, 소액현금, 당좌예금, 보통예금, 현금성자산), 단기투자자산(단기성예금, 단기매매증권, 단기대여금 및 유동자산으로 분류되는 매도가능증권, 만기보유증권 등의 자산을 포함), 매출채권(외상매출금, 받을어음), 선급비용, 이연법인세자산, 기타(미수금, 미수수익, 선급금 등) |
|---|---|---|
| | 재고자산 | 상품, 제품, 반제품, 재공품, 원재료, 저장품, 기타의 재고자산 |
| 비유동자산 | 투자자산 | 투자부동산, 장기투자증권(매도가능증권, 만기보유증권), 지분법적용투자주식, 장기대여금, 기타 |
| | 유형자산 | 토지, 건물, 설비자산, 건설중인자산, 기타의 유형자산 |
| | 무형자산 | 영업권, 산업재산권, 개발비, 기타(라이선스와 프랜차이즈, 저작권, 컴퓨터소프트웨어, 임차권리금, 광업권, 어업권 등) |
| | 기타 비유동자산 | 이연법인세자산, 기타(임차보증금, 장기매출채권, 장기미수금, 장기선급비용, 장기선급금 등) |

[참고] 한국채택국제회계기준에서는 자산분류를 유동자산과 비유동사산으로만 구분하고 있다.

## 제2절 투자자산

### 1. 투자자산의 의의

투자자산은 기업 고유의 영업 목적이 아니라 다른 기업을 지배·통제하거나 장기적인 투자 수익을 얻을 목적으로 보유하는 자산을 말한다.

### 2. 투자자산의 종류

(1) 투자부동산 : 투자목적(임대, 시세차익), 비영업용 토지, 건물 및 기타의 부동산
(2) 장기투자증권
　　① 매도가능증권 : 단기매매증권 또는 만기보유증권으로 분류되지 않는 주식 및 채권
　　② 만기보유증권 : 만기까지 보유할 의도와 능력이 있는 채권

(3) 지분법적용투자주식 : 지분법을 적용하는 중대한 영향력있는 장기투자주식
(4) 장기대여금 : 유동자산에 속하지 않는 보고기간 말로부터 1년 이내에 만기가 도래하지 않는 장기 대여금
(5) 기타의 투자자산 : 위에 속하지 않는 장기성예금(장기금융상품) 등

3. 투자자산의 회계처리
   (1) 취득
       투자자산의 취득시 취득원가로 해당 투자자산 계정 차변에 기입한다.
       * 취득원가 : 매입가액 + 매입부대비용
   (2) 처분
       투자자산의 처분시 장부가액으로 해당 투자자산 계정 대변에 기입하고, 처분가액(처분수수료를 차감한 잔액)과의 차액은 투자자산처분이익(차익) 또는 투자자산처분손실(차손)로 처리한다.

## 제3절 장기투자유가증권

1. 유가증권의 분류

| | | | |
|---|---|---|---|
| 지분증권 | 중대한 영향력이 있는 경우 | | 지분법적용투자주식 |
| | 중대한 영향력이 없는 경우 | 단기 매매차익 목적 | 단기매매증권 |
| | | 이외의 경우 | 매도가능증권 |
| 채무증권 | 단기 매매차익 목적 | | 단기매매증권 |
| | 만기보유 목적 | | 만기보유증권 |
| | 이외의 경우 | | 매도가능증권 |

(1) 단기매매증권
    단기매매증권은 주로 ① 단기간 내의 매매차익을 목적으로 취득한 유가증권으로서 ② 매수와 매도가 적극적이고 빈번하게 이루어지는 경우(= 시장성 있는 경우)에는 단기매매증권으로 분류한다.
(2) 만기보유증권
    ① 만기와 상환금액의 확정, ② 만기까지 보유할 적극적인 의도, ③ 실질적인 만기까지 보유할 수 있는 능력을 모두 충족시키는 채무증권을 만기보유증권으로 분류한다.
(3) 매도가능증권
    취득한 유가증권 중 단기매매증권이나 만기보유증권으로 분류되지 않은 것은 매도가능증권으로 분류한다.

(4) 지분법적용투자주식

지분법적용투자주식은 투자회사가 피투자회사를 직·간접적으로 지배하기 위하여 주식을 취득한 경우로 투자회사가 피투자회사에 대하여 '중대한 영향력'을 행사할 수 있는 투자주식을 의미한다.

투자회사가 직접 또는 지배·종속회사를 통하여 간접으로 피투자회사의 의결권 있는 주식의 20%이상을 보유하고 있다면 명백한 반증이 있는 경우를 제외하고는 중대한 영향력이 있는 것으로 본다.

2. 매도가능증권(주식)
    (1) 시장성이 있는 경우(공정가액을 구할 수 있는 경우)
        ① 보고기간 말의 공정가액으로 장부가액을 조정하고, 장부가액과의 차액은 매도가능증권평가손익(평가이익과 평가손실은 상계처리함)의 과목으로 하여 기타포괄손익누계액으로 처리하고, 처분할 경우 처분손익에 반영한다.
        ② 단기매매증권과 매도가능증권은 상호간 분류변경을 할 수 없다. 다만 단기매매증권이 시장성을 상실한 경우에 한하여 매도가능증권으로 분류변경한다.
        ③ 매도가능증권이 1년 이내에 실현될 것이 확실(만기일 도래 또는 처분이 확실)하더라도 단기매매증권으로 분류변경할 수 없다. 단, 매도가능증권을 1년 이내에 실현될 것이 확실한 경우에는 비유동자산이 아닌 유동자산의 매도가능증권으로 재분류한다.

[매도가능증권 취득시]

| 취득 | (차) 매 도 가 능 증 권 ××× | (대) 현 금 ××× |
|---|---|---|

[배당금을 받은 경우]

| 현금배당 | (차) 현 금 ××× | (대) 배 당 금 수 익 ××× |
|---|---|---|
| 주식배당 | 분 개 없 음 | |

[기말결산시]

| 평가이익 | (차) 매 도 가 능 증 권 ××× | (대) 매도가능증권평가이익 ×××<br>(기타포괄손익누계액) |
|---|---|---|
| 평가손실 | (차) 매도가능증권평가손실 ×××<br>(기타포괄손익누계액) | (대) 매 도 가 능 증 권 ××× |

(2) 시장성이 없는 경우(공정가액을 구할 수 없는 경우)
    ① 공정가액을 신뢰성 있게 측정할 수 없는 경우에는 취득원가로 평가한다.
    ② 처분시에는 처분가액과 장부가액(=취득원가)과의 차이를 매도가능증권처분손익으로 인식한다.

3. 만기보유증권
   (1) 만기보유증권의 회계처리
      ① 매도가능증권과 함께 장기투자증권 계정으로 통합하여 재무상태표에 표시한다.
      ② 만기보유증권이 1년 이내에 실현될 것이 확실(만기일 도래 또는 처분이 확실)하더라도 단기매매증권으로 분류 변경할 수 없다. 단, 1년 이내에 실현이 확실한 경우에는 비유동자산이 아닌 유동자산의 만기보유증권으로 재분류한다.
   (2) 만기보유증권의 평가
      만기보유증권은 <u>상각후취득원가</u>로 평가하여 재무상태표에 표시한다. 여기에서 상각후취득원가란 채무증권의 취득원가에 할인 또는 할증차금의 상각누적액을 가산 또는 차감한 금액이다.
      만기보유증권을 상각후취득원가로 측정할 때에는 취득원가와 만기액면가액의 차이를 상환기간에 걸쳐 유효이자율법에 의하여 상각하여 취득원가와 이자수익에 가감한다.

4. 지분법적용투자주식
   투자주식을 취득시에는 취득원가로 평가하여 자산으로 계상하지만, 취득 후에는 피투자회사의 순자산 변동에 따라 투자주식 가액을 조정한다.

| | | |
|---|---|---|
| 취득시 | (차) 지분법적용투자주식 ××× | (대) 현금및현금성자산 ××× |
| 순이익 보고시 | (차) 지분법적용투자주식 ××× | (대) 지분법이익 ××× |
| 배당금 지급시 | (차) 현금및현금성자산 ××× | (대) 지분법적용투자주식 ××× |

## 제4절 기타비유동자산

기타의 비유동자산은 비유동자산 중 투자자산, 유형자산 및 무형자산으로 분류되지 않는 다음 항목들을 말한다.
① 이연법인세자산
   일시적 차이로 인하여 세법상 납부할 법인세액이 기업회계상 법인세액을 초과하는 경우 그 초과액이며, 차기 이후에 발생하는 이연법인세부채 계정과 상계처리한다.
② 기타의 비유동자산 :
   기타의 비유동자산에는 임차보증금, 전세권, 장기성매출채권, 장기미수금, 장기선급비용, 장기선급금 등이 있다.

## 핵심예제

문제1] 거래내용에 따른 계정과목이 잘못된 것은?
① 비상장회사주식을 일시소유목적으로 취득 → 매도가능증권 계정
② 임대를 목적으로 구입한 건물 → 투자부동산 계정
③ 중고비품의 외상판매 → 미수금 계정
④ 부동산회사가 전매목적으로 건물 취득 → 건물계정

문제2] 다음 중 투자자산에 속하는 항목만을 나열한 것은?
① 비업무용 부동산, 임차보증금, 장기대여금
② 장기선급금, 투자부동산, 장기대여금
③ 장기대여금, 장기성매출채권, 장기선급금
④ 장기금융상품, 지분법적용투자주식, 장기대여금

문제3] 다음 중 투자자산은 모두 얼마인가?

> ㉠ 3년 만기의 정기적금    2,000,000원
> ㉡ 중대한 영향력 있는 소유주식    1,500,000원
> ㉢ 특허권    700,000원
> ㉣ 대여금    400,000원(대여일 2012년 9월 1일, 만기일 2013년 7월 31일)

① 2,230,000원  ② 3,500,000원
③ 3,730,000원  ④ 2,430,000원

문제4] 다음 일반기업회계기준상 투자주식의 회계처리에 관한 설명 중 틀린 것은?
① 투자주식은 취득 후 만기보유증권, 매도가능증권 및 단기매매증권으로 분류하여야 한다.
② 취득한 투자주식의 단가산정은 종목별로 개별법, 총평균법, 이동평균법 또는 다른 합리적인 방법을 사용한다.
③ 공정가액으로 평가함으로써 발생하는 매도가능증권평가손익은 재무상태표상의 자본항목으로 분류한다.
④ 매도가능증권의 처분시에는 처분가액과 장부가액과의 차이에 재무상태표에 자본항목으로 계상되어 있는 매도가능증권평가손익을 가감한다.

문제5] 행복한합격 코아회계상사가 기말에 보유하고 있는 매도가능증권의 공정가치가 장부가액에 비해 30,000원만큼 상승하였다. 이 경우 매도가능증권평가이익 30,000원을 다음 중 어디에 포함되는가?
① 손익계산서의 영업이익      ② 재무상태표의 자본조정
③ 손익계산서의 영업외수익    ④ 재무상태표의 기타포괄손익누계액

# 제2편. 회계원리 -제3장 투자자산

문제6] 코아회계상사는 공정가치법으로 매도가능증권을 평가하고 있다. A주식 자료가 다음과 같을 때 2015년 12월 31일 분개로 옳은 것은?

| | |
|---|---|
| 2014년 9월 취득가액 | 600,000원 |
| 2014년 12월 31일 공정가치 | 630,000원 |
| 2015년 12월 31일 공정가치 | 570,000원 |

① (차) 매도가능증권평가손실 30,000 (대) 매 도 가 능 증 권 30,000
② (차) 매도가능증권평가손실 60,000 (대) 매 도 가 능 증 권 60,000
③ (차) 매도가능증권평가이익 30,000 (대) 매 도 가 능 증 권 30,000
④ (차) 매도가능증권평가이익 30,000 (대) 매 도 가 능 증 권 60,000
　　　매도가능증권평가손실 30,000

| 번호 | 정답 | 해 설 |
|---|---|---|
| 1 | ④ | ④ 부동산(매매)회사에서 전매를 목적으로 취득한 건물은 상품으로 재고자산이다. |
| 2 | ④ | 투자자산의 종류 : 투자부동산, 장기투자증권(매도가능증권, 만기보유증권), 지분법적용투자주식, 장기대여금, 기타의 투자자산 등 |
| 3 | ② | 투자자산 : 2,000,000원(3년 만기 정기적금) + 1,500,000원(중대한 영향력 있는 주식) = 3,500,000원 |
| 4 | ① | ① 투자주식은 중대한 영향력을 행사할 수 있는 경우에는 지분법적용투자주식으로 분류하고 이외의 경우에는 보유목적에 따라 매도가능증권 및 단기매매증권으로 분류한다. 주식의 경우에는 만기가 없으므로 만기보유증권으로 분류할 수 없다. |
| 5 | ④ | 매도가능증권의 평가손익은 재무상태표상 기타포괄손익누계액으로 처리한다. |
| 6 | ④ | 매도가능증권은 기말 평가시 평가이익 30,000원을 상계하고 평가손실 30,000원을 추가로 계상한다. |

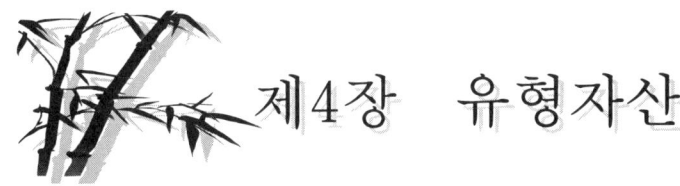

# 제4장 유형자산

## 제1절 유형자산의 개념

1. 유형자산의 의의

   유형자산은 물리적 형체가 있는 자산으로서 재화의 생산, 용역의 제공, 타인에 대한 임대 또는 자체적으로 사용할 목적으로 보유하고, 1년을 초과하여 사용할 것이 예상되는 자산이다. 유형자산에는 토지, 설비자산, 건설중인자산, 기타의 유형자산 등이 포함된다.

2. 유형자산의 특징
   (1) 비화폐성 자산이다.
   (2) 대부분 감가상각 대상이 되는 자산이다.
   (3) 영업활동에 사용되어지는 자산으로서 재판매의 대상이 되지 않는다.
   (4) 영업활동에 장기적으로 이용되며 장기자본에 의해 취득한다.
   (5) 자산의 형태가 존재한다.

3. 유형자산의 종류
   (1) 상각여부에 따라
      ① 상각성 자산 : 대부분의 유형자산
      ② 비상각성 자산 : 토지, 건설중인자산
   (2) 기업회계기준상 유형자산의 과목

      ① 토         지 : 대지, 임야, 전답, 잡종지 등으로 한다.
      ② 건         물 : 건물과 냉·난방, 조명, 통풍 및 기타의 건물부속설비
      ③ 구  축  물 : 선거, 교량, 안벽, 부교, 궤도, 저수지, 갱도, 굴뚝, 정원설비 및 기타의 토목설비 또는 공작물 등으로 한다.
      ④ 기 계 장 치 : 기계장치, 운송설비(콘베어, 호이스트, 기중기 등) 등
      ⑤ 선         박 : 선박과 기타의 수상운반구 등으로 한다.
      ⑥ 차 량 운 반 구 : 철도차량, 자동차 및 기타의 육상운반구 등으로 한다.
      ⑦ 건설중인자산 : 유형자산의 건설을 위한 재료비, 노무비 및 경비로 하되, 건설을 위하여 지출한 도급금액 또는 취득한 기계 등을 포함한다.
      ⑧ 비         품 : 사무용 책상 및 의자, 컴퓨터, 복사기 등
      ⑨ 기타의유형자산 : 위에 속하지 아니하는 유형자산(항공기 등)

## 제2절 유형자산의 취득원가 결정

1. 취득원가의 결정(최초원가)

 유형자산은 최초에는 취득원가로 측정하며, 현물출자, 증여, 기타 무상으로 취득한 자산의 가액은 공정가액을 취득원가로 한다.

 취득원가는 구입원가 또는 제작원가와 자산을 사용할 수 있도록 준비하는데 직접 관련되는 ① 내지 ⑦ 및 ⑧과 관련된 지출 등으로 구성된다.

 매입할인 등이 있는 경우 이를 차감하여 취득원가를 산출한다.

> ① 설치장소 준비를 위한 지출
> ② 외부 운송 및 취급비
> ③ 설치비
> ④ 설계와 관련하여 전문가에게 지급하는 수수료
> ⑤ 유형자산의 취득과 관련하여 국·공채 등을 불가피하게 매입하는 경우 당해 채권의 매입가액과 기업회계기준에 따라 평가한 현재가치와의 차액
> ⑥ 자본화대상인 차입원가(금융비용)
> ⑦ 취득세, 등록세 등 자산의 취득과 직접 관련된 제세공과금.
>  그러나 재산세와 종합부동산세는 취득과 관련된 세금이 아니고 재산을 보유함에 따른 유지비용이기 때문에 기간비용으로 처리한다.
> ⑧ 해당 유형자산의 경제적 사용이 종료된 후에 원상회복을 위하여 그 자산을 제거, 해체하거나 또는 부지를 복원하는데 소요될 것으로 추정되는 비용이 충당부채의 인식요건을 충족하는 경우 그 지출의 현재가치(이하 "복구비용"이라 한다). 이 경우에는 자산의 취득, 건설, 개발에 따른 복구비용에 대한 충당부채는 유형자산을 취득하는 시점에서 해당 유형자산의 취득원가에 반영한다.

 유형자산이 정상적으로 작동되는지 여부를 시험하는 과정에서 발생하는 원가는 취득원가에 산입한다. 단, 시험과정에서 생산된 재화(예: 장비의 시험과정에서 생산된 시제품)의 순매각금액은 당해원가에서 차감한다.

(1) 토지

 토지 구입대금에 구입제비용(= 부대원가 : 소유권이전비용, 중개수수료, 구획정리비용, 취득세 등)을 취득원가에 포함한다.

(2) 건물

 건물 구입대금에 소유권이전비용, 중개수수료 등과 신축시 발생하는 제비용(설계비, 건축허가비, 공사관련 재료비·노무비·경비, 소유권이전비용 등)을 취득원가에 포함한다.

(3) 기계장치

 기계 구입대금에 구입제비용(운임, 설치비, 시운전비, 사용전수리비 등)을 포함한다. 또한 기계장치를 시운전하면서 생산된 제품의 매각대금은 취득원가에서 차감한다.

(4) 일괄구입

여러 종류의 자산을 한 가격에 동시에 구입하는 것을 일괄구입이라 하며, 일괄구입자산의 취득원가는 각 자산의 상대적 공정가치(시장가치)를 기준으로 안분하여 계산한다.

| 구 분 | | 회계처리 |
| --- | --- | --- |
| 건물이 있는 토지를 취득한 경우 | 기존 건물 계속 사용 | 공정가치로 안분 |
| | 기존 건물 철거 | 전액(구입가격 + 순철거비용*) 토지의 취득원가 |
| 사용 중인 건물을 철거하는 경우 | | 기존 건물의 장부가액을 제거, 순철거비용은 당기 비용 처리 |

* 순철거비용 = 철거비용 - 잔존물 처분가치

토지를 취득한 이후 이루어지는 진입로 개설, 도로포장, 조경공사, 배수설비 등의 부대시설 공사비는 내용연수와 유지·보수 책임의 부담에 따라 판단한다.

| 구 분 | 회계처리 |
| --- | --- |
| 유지·보수 책임이 정부(국가, 지자체)에게 있는 경우 | 토지 취득원가에 포함 |
| 유지·보수 책임이 회사에게 있는 경우 | 구축물로 계상하고 감가상각 |

### 예제. 01

(주)합격은 공장신축을 위하여 기존 건물이 있는 토지를 100,000원에 구입하였다. 그 후 토지에 있던 구건물을 철거하고 새 건물을 완공하였다. 이 기간동안 발생한 원가는 다음과 같다. 토지와 새 건물의 원가는 각각 얼마인가?

| 구입계약 및 소유권조사비용 | 2,000원 | 구건물철거비 | 10,000원 |
| --- | --- | --- | --- |
| 건축설계비 | 25,000원 | 건설원가 | 450,000원 |
| 구건물 철거로 발생한 폐기물 처분수익 | 2,000원 | | |

(해설)
- 토지원가 : 100,000 + (10,000 - 2,000) + 2,000 = 110,000원
- 건물원가 : 25,000 + 450,000 = 475,000원

### 예제. 02  일괄구입

행복한합격상사는 건물, 설비, 토지를 350,000원에 일괄구입하고 대금은 수수료 10,000원과 함께 수표발행하여 지급하다. 각 자산의 공정가치는 다음과 같다. 각 자산의 취득원가는?

| 토 지 600,000 | 건 물 400,000 | 설 비 200,000 |
| --- | --- | --- |

## 제2편. 회계원리 —제4장 유형자산

(해설)

토　지 : $360,000 \times \dfrac{600,000}{600,000+400,000+200,000} = 180,000$원

건　물 : $360,000 \times \dfrac{400,000}{600,000+400,000+200,000} = 120,000$원

설　비 : $360,000 \times \dfrac{200,000}{600,000+400,000+200,000} = 60,000$원

(5) 유형자산의 취득과 관련하여 국·공채 등을 불가피하게 매입하는 경우

국·공채 매입가액과 공정가치(= 현재가치)와의 차액(즉시 매각하는 경우 처분손실)은 유형자산의 취득원가에 포함한다. 즉, 국·공채의 공정가치 초과지급액은 유형자산 취득원가에 포함한다.

예를 들면, 토지를 100,000원에 취득하면서 액면가액 10,000원인 채권(단기보유목적)을 10,000원에 구입하였다. 이 채권의 현재가치가 6,000원이라면 토지의 취득원가는 100,000원 + (10,000원 - 6,000원) = 104,000원이 된다. 분개하면

| (차) 토　　　지 | 104,000 | (대) 현　　　금 | 110,000 |
|---|---|---|---|
| 단기매매증권 | 6,000 | | |

(6) 자산교환

① 이종자산간 교환

　다른 종류의 자산과 교환하여 새로운 유형자산을 취득하는 경우 유형자산의 취득원가는 교환을 위하여 제공한 자산의 공정가치로 하고, 공정가치와 장부금액의 차액을 유형자산처분손익의 과목으로 하여 당기손익에 반영한다.

② 동종자산간 교환

　교환으로 취득한 자산의 취득원가는 교환으로 제공한 자산의 장부금액으로 하며 처분손익을 인식하지 않는다.

| | 이종자산 교환 | 동종자산 교환 |
|---|---|---|
| 취득원가 | 제공자산의 공정가치 ± 현금 | 제공자산의 장부가액 ± 현금 |
| 교환손익 | 인식(O) | 인식(×) |

　＊ 교환(처분)손익 : 제공자산 공정가액 - 장부가액

### 예제. 03

(주)계룡산은 보유하고 있는 기계장치A를 월출산(주)의 기계장치B와 교환하였다. 다음 자료를 참고하여 (1) 동종자산의 교환일 경우와 (2) 이종자산의 교환일 경우의 회계처리를 하라.

기계장치 A의 취득원가 500,000원, 감가상각누계액 350,000원, 공정가치 200,000원

(해설)

(1) 동종자산의 교환일 경우

| | | | | | |
|---|---|---|---|---|---|
| (차) | 감가상각누계액 | 350,000 | (대) | 기 계 장 치 A | 500,000 |
| | 기 계 장 치 B | 150,000 | | | |

(2) 이종자산의 교환일 경우

| | | | | | |
|---|---|---|---|---|---|
| (차) | 감가상각누계액 | 350,000 | (대) | 기 계 장 치 A | 500,000 |
| | 기 계 장 치 B | 200,000 | | 유형자산처분이익 | 50,000 |

(7) 현물출자, 증여에 의한 취득

현물출자는 자산취득의 대가로 주식을 발행하는 경우를 말하며 공정가치(취득자산과 발행한 주식의 공정가치 중 명확한 금액)로 취득원가를 계상한다.

자산을 증여 받은 경우에는 취득자산의 공정가치를 취득원가로 계상하고 자산수증이익의 과목으로 하여 영업외수익으로 처리한다.

| 구 분 | 회 계 처 리 | | | | |
|---|---|---|---|---|---|
| 현물출자 | (차) 건 물 등 | ××× | (대) | 자 본 금<br>주식발행초과금 | ×××<br>××× |
| 무상수증 | (차) 건 물 등 | ××× | (대) | 자산수증이익 | ××× |

(8) 정부보조금(국고보조금)

정부보조금이란 기업의 영업활동과 관련하여 과거나 미래에 일정한 조건을 충족하였거나 충족할 경우 기업에게 자원을 이전하는 형식의 지원을 말한다.

상환의무가 없는 정부보조금 중 자산 취득에 사용한 금액은 당해 자산의 취득원가에서 차감한다.

① 정부보조금을 해당자산의 취득원가에서 차감하는 형식으로 하여 자산의 장부금액을 계상한다.
② 정부보조금을 내용연수에 걸쳐 감가상각비를 감소(상계)시키는 방식으로 당기손익을 인식한다.

| 구 분 | 회 계 처 리 | | | | |
|---|---|---|---|---|---|
| 보조금 수취 | (차) 보통예금 | ××× | (대) | 정부보조금 | ××× |
| 자산취득 | (차) 기계장치 등 | ××× | (대) | 보통예금 등 | ××× |
| 결 산 시 | (차) 감가상각비<br>정부보조금 | ×××<br>××× | (대) | 감가상각누계액<br>감가상각비 | ×××<br>××× |

## 2. 자가건설자산

기업이 필요로 하는 자산을 외부로부터 구입하지 않고 기업이 스스로 건설하는 경우가 있다. 이 때 건설에 소요된 재료비·노무비·경비 등의 제조비용을 건설중인자산으로 처리하였다가 건설완료시에 해당계정으로 대체한다.

또한 건설기간중의 차입원가(이자비용, 금융비용, 건설자금이자)는 당기비용으로 처리하

## 제2편. 회계원리 −제4장 유형자산

는 것을 원칙으로 한다. 다만, 제조·매입·건설 및 개발에 1년 이상이 소요되는 재고자산과 투자자산·유형자산·무형자산의 취득원가를 구성하는 차입원가에 대해서는 이를 객관적으로 측정할 수 있는 경우 취득원가에 산입할 수 있다.

| 원가발생시 | (차) 건설중인자산 (유형자산) | ××× | (대) 현 금 (재료비, 노무비, 경비) | ××× |
|---|---|---|---|---|
| 완 성 시 | (차) 건 물(등) | ××× | (대) 건설중인자산<br>현 금 | ×××<br>××× |

## 제3절 자본적 지출과 수익적 지출

### 1. 자본적 지출
자본적 지출은 유형자산에 대한 지출의 결과 그 지출로 인한 효익이 차기 이후의 기간까지 지속적으로 미치는 것으로서, 유형자산의 취득원가에 가산하여 처리하였다가 유형자산의 사용으로 인하여 수익이 실현되는 시점에서 감가상각비(비용)로 처리한다.

### 2. 수익적 지출
수익적 지출은 유형자산에 대한 지출의 효익이 당기에만 미치는 것으로서 당해 지출 전액을 당기비용으로 처리한다.

| 구 분 | 자 본 적 지 출 | 수 익 적 지 출 |
|---|---|---|
| 의 의 | 자산의 가치 증가, 내용연수(수명) 연장, 성능향상을 가져오는 지출 | 현상유지, 원상복구를 위한 지출 |
| 사 례 | ① 용도변경을 위한 개조<br>② 증설(엘리베이터, 냉난방, 소방/피난시설 등)<br>③ 증축, 개량 및 대체<br>④ 재해·화재 등으로 인하여 건물, 기계, 설비 등의 멸실 또는 훼손되어 당해 자산의 본래 용도에 이용가치가 없는 것의 복구비용 | ① 건물 또는 외벽의 도장수리<br>② 경상적 수선유지비<br>③ 파손된 유리·기와의 대체 등<br>④ 소모성 부속품 대체<br>⑤ 기타 원상회복이나 능률유지를 위한 지출 |
| 회계처리 | 해당자산의 원가에 산입 | 비용(수선비, 차량유지비) 처리 |

◆ 예제. 04　　자본적 지출과 수익적 지출　　　　　　　　　　　　　　Question :

다음은 회사 소유 건물과 관련된 지출내역이다. 자본화하여야 할 금액은 얼마인가?

| ㉠ 낡은 지붕의 전체적인 지붕타일의 개량 | 45,000원 |
| ㉡ 건물에 엘리베이터 설치 | 300,000원 |
| ㉢ 건물 벽의 페인트 | 250,000원 |
| ㉣ 기계장치의 대대적인 수선(내용연수 3년 연장) | 100,000원 |
| ㉤ 영업용 승합차의 타이어 교체 | 50,000원 |

(해설)
자본적 지출 : ㉠ 45,000원 + ㉡ 300,000원 + ㉣ 100,000원 = 445,000원
수익적 지출 : ㉢ 250,000원 + ㉤ 50,000원 = 300,000원
따라서 자본화할 금액은 445,000원이다.

(차) 건　　　　　물　445,000　　　(대) 현　　　　　금　745,000
　　 수　 선　 비　300,000

## 제4절 감가상각

### 1. 감가상각의 의의

감가상각이란 유형자산의 가치감소(소멸)액을 자산 원가에서 차감하는 절차로서 해당 유형자산의 취득원가를 경제적 효익을 받는 기간에 걸쳐 합리적·체계적으로 배분하는 과정이다[=원가배분과정].

즉, 유형자산이 수익창출활동에 사용하는 기간 동안에 유형자산의 사용액을 비용으로 인식함으로써 각 회계기간의 기간손익을 정확하게 인식하자는 것이다[=수익·비용의 대응].

### 2. 감가상각의 목적

(1) 정확한 기간손익·원가 계산 - 정확한 비용배분
(2) 기업자본의 유지(유형자산의 재조달 재원 확보)

### 3. 감가상각의 계산요소

① 취득원가 : 매입가액에 본래의 용도에 사용할 수 있을 때까지 소요된 부대비용을 가산한 금액으로 한다.
② 내용연수 : 경제적 효익이 발생하는 기간을 말하며, 회사는 자산의 성격과 업종 등을 고려하여 객관적이고 합리적으로 정하여야 한다.

③ 잔존가액 : 내용연수 경과 후 유형자산 처분시의 추정 처분가액에서 처분과 관련된 비용을 차감한 가액을 말하며, 회사는 자산의 성격과 업종 등을 고려하여 객관적이고 합리적으로 정하여야 한다.

$$\text{감가상각 대상액} = \text{취득원가} - \text{잔존가액}$$

4. 감가상각비의 계산 방법
   (1) 정액법 : 균등상각법 → 장점 : 간편, 단점 : 수익·비용의 대응원칙에 불합리

   $$\text{매기 감가상각비} = \frac{\text{취득원가} - \text{잔존가액}}{\text{내용연수}}$$

   (2) 가속상각법 : 체감상각법 → 장점 : 수익·비용의 대응원칙에 합리적, 단점 : 계산복잡
   ① 정률법(미상각 잔액법)

   $$\begin{aligned}\text{매기 감가상각비} &= (\text{취득원가} - \text{감가상각누계액}) \times \text{정률\%} \\ &= \text{미상각 잔액} \times \text{정률\%} \\ &= \text{장부가액} \times \text{정률\%}\end{aligned}$$

   $$* \text{정률} = 1 - \sqrt[n]{\frac{\text{잔존가액}}{\text{취득원가}}}$$

   ② 이중체감법(정액법의 배법)

   $$\text{매기 감가상각비} = \text{미상각 잔액} \times \text{상각률}^*$$

   $$* \text{상각률} = \frac{1}{\text{내용연수}} \times 2$$

   ③ 연수합계법(급수법)

   $$\text{매기 감가상각비} = (\text{취득원가} - \text{잔존가액}) \times \frac{\text{잔여 내용연수}}{\text{내용연수 합계}}$$

   * 기업회계기준에 의한 유형자산의 상각 : 정액법, 정률법, 비례법 등 합리적인 방법 선택
   * 감가상각 방법별 초기 상각액의 크기 : 이중체감법 > 정률법 > 연수합계법 > 정액법

   (3) 비례법 → 수익·비용의 대응원칙에 가장 합리적이며, 월할계산하지 않는다.
   내용연수를 기준으로 하지 않고 생산량 또는 작업시간(사용량)에 비례하여 감가상각비를 계산하는 방법이다.

   $$\text{매기 감가상각비} = (\text{취득원가} - \text{잔존가액}) \times \frac{\text{실제 생산량 또는 작업시간}}{\text{추정 총 생산량 또는 작업시간}}$$

◎ 예제. 05　　　　감가상각비 계산　　　　　　　　　　　　　Question :

다음 자료에 의하여 ① 정액법, ② 정률법, ③ 이중체감법, ④ 연수합계법에 의한 감가상각비를 계산하라.

| 취득원가 : 100,000원 | 잔존가액 : 취득원가의 10% |
|---|---|
| 내용연수 : 5년 | 정　　률 : 36.9% |

해설]
① 정액법
　・1차년도 : (100,000원 - 10,000원) ÷ 5년 = 18,000원
　・2차년도 : (100,000원 - 10,000원) ÷ 5년 = 18,000원
　・3차년도 : (100,000원 - 10,000원) ÷ 5년 = 18,000원

② 정률법
　・1차년도 : 100,000원　　　　　　　　× 0.369 = 36,900원
　・2차년도 : (100,000원 - 36,900원) × 0.369 = 23,284원
　・3차년도 : (100,000원 - 60,184원) × 0.369 = 14,692원

③ 이중체감법(정액법의 배법)
　상각률 = 정액법상각률 × 2배 = (1/5) × 2 = 40%
　・1차년도 : 100,000원　　　　　　　　× 0.4 = 40,000원
　・2차년도 : (100,000원 - 40,000원) × 0.4 = 24,000원
　・3차년도 : (100,000원 - 64,000원) × 0.4 = 14,400원

④ 연수합계법
　・1차년도 : (100,000원 - 10,000원) × $\frac{5}{15}$ = 30,000원 (* 1+2+3+4+5=15)
　・2차년도 : (100,000원 - 10,000원) × $\frac{4}{15}$ = 24,000원
　・3차년도 : (100,000원 - 10,000원) × $\frac{3}{15}$ = 18,000원

5. 감가상각비의 기장 방법

| 직접법 | (차) 감 가 상 각 비　×××　(대) 건　　　　　물　××× |
|---|---|
| 간접법 | (차) 감 가 상 각 비　×××　(대) 감가상각누계액　××× |

* 감가상각비 : 당기비용(판매비와관리비)
* 감가상각누계액 ┌ 해당 자산에 대한 차감적 평가계정
　　　　　　　　 └ 재무상태표 : 해당 계정에서 차감하는 형식으로 표시한다.

※ 재무상태표(F/P) 표기방법(예; 건물 취득원가 10,000원, 감가상각액 3,000원)

　　　　　　직 접 법 F/P　　　　　　　　　　　간 접 법 F/P
　　건　　　물　　7,000　　　　　　　건　　　　　물　　10,000
　　　　　　　　　　　　　　　　　　감가상각누계액　　3,000　 7,000
　　　　　　　　　　　　　　　　　　　　　　　　　　　↳ 장부가액

## 제5절 유형자산의 제거

### 1. 처분

사용하던 유형자산이나 내용연수가 종료된 유형자산을 처분하는 경우에는 당해 유형자산과 유형자산의 감가상각누계액을 장부에서 제거하는 회계처리를 하여야 한다. 이 경우에 유형자산의 장부가액(취득원가 − 감가상각누계액)과 처분가액과의 차액은 유형자산처분손익(영업외손익)으로 계상하여야 한다.
① 처분시점까지의 감가상각비를 계산한다.
② 처분시점의 장부가액 계산을 위하여 취득원가와 감가상각누계액을 파악한다.
③ 처분가액과 장부가액을 비교하여 유형자산처분손익을 계산한다.

**예제. 06    유형자산의 처분**

㈜필승은 20X1년 1월 1일 건물 10,000,000원을 취득하였다. 잔존가치와 내용년수는 각각 1,000,000원과 10년으로 추정되었다. 정액법을 사용하여 감가상각을 해 오던 ㈜필승은 20X3년 4월 1일에 동 건물을 8,000,000원에 현금으로 처분하였을 경우 유형자산처분손익은?

(해설)
① 처분시까지의 감가상각비

20X1. 1. 1 ~ 20X2. 12. 31 : $(10,000,000-1,000,000) \times \frac{2년}{10년} = 1,800,000$원

20X3. 1. 1 ~ 20X3. 4. 1  : $(10,000,000-1,000,000) \times \frac{1년}{10년} \times \frac{3월}{12월} = 225,000$원

② 장부가액
  취득원가 10,000,000원 − 감가상각누계액 2,025,000원 = 7,975,000원
③ 처분이익
  처분가액 8,000,000원 − 7,975,000원 = 25,000원
④ 회계처리

  (차) 감 가 상 각 누 계 액   1,800,000  (대) 건           물   10,000,000
      감 가 상 각 비          225,000       유 형 자 산 처 분 이 익   25,000
      현           금       8,000,000

### 2. 비자발적 처분(재해의 발생)

유형자산이 천재지변 또는 수용 등으로 인하여 손상 또는 소실되는 경우가 있다.
이러한 손상, 소실 등에 대비하여 보험에 가입하였을 경우 손상, 소실로 인한 보험회사로부터의 보상금을 받는 경우가 있다. 이 경우 보상금은 수취할 권리가 발생하는 시점에 당기손익으로 반영한다.

### 예제. 07  비자발적 처분(재해 발생)

① 건물 원가 50,000,000원(감가상각누계액 35,000,000원)이 화재로 인하여 소실되었다. 이 건물에 대하여 삼송화재보험에 50,000,000원의 화재보험에 가입하여 두었고, 화재로 인해 삼송화재보험회사에 보험금을 청구하였다.

  (차) 감 가 상 각 누 계 액  35,000,000    (대) 건      물   50,000,000
      재  해  손      실   15,000,000

② 보험금으로 20,000,000원을 현금으로 받았을 경우

  (차) 현          금  20,000,000    (대) 보 험 금 수 익   20,000,000

  * 재해손실 : 비용, 보험금수익(보험차익) : 수익


## [보론] 원가모형과 재평가모형

기업은 유형자산의 인식일 이후의 측정방법으로 원가모형과 재평가모형 중 하나를 회계정책으로 선택하여 유형자산 분류별로 동일하게 적용하게 적용할 수 있다.

### 1. 원가모형
최초 인식 후에 취득원가에서 감가상각누계액과 손상차손누계액을 차감한 금액을 장부금액으로 한다.
유형자산의 손상가능성이 있다고 판단되고, 당해 유형자산의 사용 및 처분으로부터 기대되는 미래의 현금흐름총액의 추정액이 장부가액에 미달하는 경우에는 장부가액을 회수가능가액으로 조정하고 그 차액을 손상차손으로 처리한다.

| 손상시 | (차) 유형자산손상차손<br>(영업외비용) | ××× | (대) 손상차손누계액<br>(자산의 차감항목) | ××× |
|---|---|---|---|---|
| 환입시 | (차) 손상차손누계액 | ××× | (대) 손상차손누계액환입<br>(영업외수익) | ××× |

### 2. 재평가모형
재평가모형이란 취득일 이후 공정가치를 신뢰성있게 측정할 수 있는 유형자산에 대하여는 재평가일의 공정가치로 해당 자산금액을 수정하고, 당해 공정가치에서 재평가일이후의 감가상각누계액과 손상차손누계액을 차감한 금액을 장부금액으로 공시하는 방법을 말한다. 재평가는 보고기간말에 자산의 장부금액이 공정가치와 중요하게 차이가 나지 않도록 주기적(3년~5년)으로 수행해야 하며, 특정 유형자산을 재평가할 때에는 해당 자산이 포함되는 유형자산분류 전체를 동시에 재평가한다.

| 상승시 | (차) 해당 유형자산 | ××× | (대) 재평가잉여금(기타포괄손익) | ××× |
|---|---|---|---|---|
| 하락시 | (차) 재평가손실(영업외비용) | ××× | (대) 해당 유형자산 | ××× |

## 제2편. 회계원리 — 제4장 유형자산

### 오쌤(OSSAM) 핵심예제

**문제1]** 독도상회는 장기공사에 사용할 기계장치를 300,000원에 구입하고 매입운송비 20,000원을 지출했고 기계장치 사용 전 검사와 설치비로 35,000원을 지출했다. 취득원가는 얼마인가?
① 355,000원
② 335,000원
③ 320,000원
④ 300,000원

**문제2]** 어느 회사가 공장을 짓기 위해서 토지를 구입하고, 토지 위에 있던 낡은 건물을 비용을 들여 철거하였다. 이때의 비용은?
① 공장건설기간에 걸쳐 비용으로 배분
② 건물의 원가에 계산
③ 토지의 원가에 계산
④ 발생한 기간의 비용으로 처리

**문제3]** 수익적 지출을 자본적 지출로 처리했을 경우, 재무제표에 미치는 영향은?
① 자산의 과소계상
② 비용의 과대계상
③ 당기순이익이 과대계상
④ 부채의 과대계상

**문제4]** 다음은 유형자산과 관련된 지출내용이다. 자본화하여야 할 금액은 얼마인가?

| | |
|---|---|
| ㉠ 낡은 지붕의 전체적인 지붕타일의 개량 | 45,000원 |
| ㉡ 건물에 엘리베이터 설치 | 30,000원 |
| ㉢ 건물벽의 페인트 | 250,000원 |
| ㉣ 기계장치의 대대적인 수선(내용연수 4년 연장) | 100,000원 |
| ㉤ 승용차의 타이어 교체 | 50,000원 |

① 75,000원
② 295,000원
③ 175,000원
④ 475,000원

**문제5]** 다음 기계장치와 관련된 자료에 의해 2018년 재무상태표의 기계장치 취득원가는?(단, 감가상각비는 무시한다.)

| 구입가액(2017 중 취득) | 50,000,000원 | 추가 운반비 | 5,000,000원 |
|---|---|---|---|
| 2018년 중 기계관련 지출 | 내용연수 증가를 위한 지출 | | 6,000,000원 |
| | 원상회복을 위한 지출 | | 2,000,000원 |

① 63,000,000원
② 61,000,000원
③ 58,000,000원
④ 56,000,000원

문제6] 감가상각 초기에 있어서 정률법의 경우에 정액법에 비해 어떤 경향이 있는가?
① 순이익은 증가하고 유형자산의 장부가액은 적게 표시된다.
② 순이익은 감소하고 유형자산의 장부가액은 크게 표시된다.
③ 순이익은 증가하고 유형자산의 장부가액은 크게 표시된다.
④ 순이익은 감소하고 유형자산의 장부가액은 적게 표시된다.

문제7] (주)경기는 2017년 1월 1일에 기계 1대를 구입하였다. 2018년의 감가상각비는?(결산일 : 12월 31일)

| 취득원가 : 100,000원 | 잔존가치 : 16,810원 |
|---|---|
| 내용연수 : 5년 | 정률 : 30% |
| 정률법으로 상각 | |

① 21,000원  ② 14,700원
③ 30,000원  ④ 14,870원

문제8] 취득원가가 40,000원(내용연수 10년, 잔존가액은 없는 것으로 한다)인 기계장비를 정액법으로 감가상각하여 왔다. 이 기계장비를 6차연도 초에 현금 22,000원을 받고 매각하였을 경우 맞는 분개는?

① (차) 현             금    22,000    (대) 기  계  장  치    20,000
                                            유 형 자 산 처 분 이 익     2,000

② (차) 현             금    22,000    (대) 기  계  장  치    16,000
                                            유 형 자 산 처 분 이 익     6,000

③ (차) 현             금    22,000    (대) 기  계  장  치    40,000
        감 가 상 각 누 계 액    20,000         유 형 자 산 처 분 이 익     2,000

④ (차) 현             금    22,000    (대) 기  계  장  치    40,000
        감 가 상 각 누 계 액    24,000         유 형 자 산 처 분 이 익     6,000

문제9] (주)코아회계는 2016년 1월 1일에 취득원가 1,000,000원, 내용연수 3년, 잔존가액 100,000원인 기계장치를 취득하였다. (주)코아회계는 이 기계장치를 정액법으로 감가상각하다가 2018년 1월 1일에 450,000원을 받고 처분하였다. 이 기계장치의 처분손익은?
① 50,000원 손실   ② 50,000원 이익
③ 150,000원 손실  ④ 150,000원 이익

| 번호 | 정답 | 해 설 |
|---|---|---|
| 1 | ① | 자산 취득시 제비용은 취득원가에 포함한다. |
| 2 | ③ | 건물 신축을 위해 구입한 구건물의 철거비용은 토지의 취득원가에 산입하고, 사용중인 건물을 철거하고 신축할 경우의 철거비용은 당기비용으로 처리한다. |
| 3 | ③ | 자본적 지출은 해당 자산의 원가에 산입하고, 수익적 지출은 기간비용으로 처리한다. 따라서 수익적 지출을 자본적 지출로 처리하면 비용의 과소계상 > 자산의 과대계상 > 당기순이익의 과대계상 > 가공이익, 혼수자본이 발생한다. |
| 4 | ③ | 자본적 지출 : ㉠ ㉡ ㉣<br>45,000원+30,000원+100,000원=175,000원 |
| 5 | ② | 취득원가 : 50,000,000원(구입가액) + 5,000원,000원(추가 운반비) + 6,000원,000원(자본적 지출) = 61,000원,000원 |
| 6 | ④ | 초기의 감가상각비 : 정률법 > 정액법<br>따라서 초기의 정률법에 의한 감가상각은 정액법에 비해 순이익은 감소하고, 유형자산의 장부가액은 적게 표시된다. |
| 7 | ① | 정률법 감가상각비=미상각액×정률<br>㉠ 2017년 감가상각비=100,000원×30%=30,000원<br>㉡ 2018년 감가상각비=(100,000원-30,000원)×30%=21,000원 |
| 8 | ③ | 6차연도 초의 장부가액 : 40,000원(취득원가) - 20,000원(감가상각누계액, 40,000원×5/10) = 20,000원<br>처분손익 : 22,000원(처분가액) - 20,000원(장부가액) = 2,000원(이익) |
| 9 | ② | 감가상각누계액 : (1,000원,000원-100,000원)×2/3=600,000원<br>2018년초 장부가액 : 1,000원,000원-600,000원=400,000원<br>처분손익 : 처분가액 450,000원 - 장부가액 400,000원 = 50,000원(이익) |

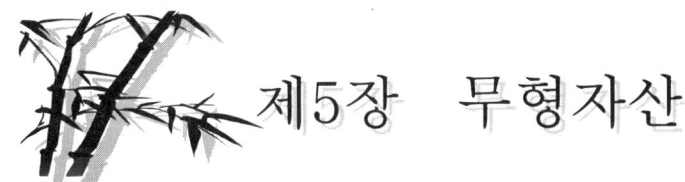
# 제5장 무형자산

## 1. 의의 및 인식기준
무형자산은 무형자산의 정의(물리적 형태가 없는 장기적 사용자산)와 인식기준을 모두 충족해야 재무상태표에 무형자산으로 인식할 수 있다.

(1) 의의

　무형자산이란 재화의 생산이나 용역의 제공, 타인에 대한 임대 또는 관리에 사용할 목적으로 기업이 보유하고 있으며 물리적 형체가 없는 자산이다.

(2) 인식기준

　① 개별적으로 식별가능(구분/분리 가능)하고, ② 기업이 통제하고 있으며, ③ 미래의 경제적 효익이 유입될 가능성이 높아야 한다.

## 2. 무형자산의 종류
(1) 영업권

　영업권은 기업의 특별한 기술력이나 경영능력, 독점적 지위, 높은 수준의 고객충성도, 유리한 입지조건 등으로 인하여 장래 기업의 경제적 이익에 공헌하리라고 기대되는 초과수익력을 자본화한 것을 말한다.

　① 외부구입 영업권

　　기업/사업의 합병, 영업양수 등의 경우에 유상으로 취득한 것을 말한다.

> 피매수회사 순자산 공정가치 < 지급대가 : 영　업　권(무형자산)
> 피매수회사 순자산 공정가치 > 지급대가 : 염가매수차익(영업외수익)

　② 내부창출 영업권

　　내부적으로 창출(자가창출)된 영업권은 취득원가를 신뢰성있게 측정할 수 없을 뿐만 아니라 기업이 통제하고 식별가능한 자원도 아니기 때문에 무형자산으로 인식할 수 없다.

(2) 산업재산권

　특정발명, 특정고안, 특정의장, 특정상표를 일정기간 독점적·배타적으로 이용할 수 있는 권리로서 특허권·의장권·실용신안권 및 상표권 등을 말한다.

(3) 개발비

　신제품·신기술의 개발과 관련된 비용(제조비법, 공식, 모델, 디자인 및 시작품 등의 개발)으로서, 연구단계에서 발생한 모든 지출은 발생한 기간의 비용(연구비)으로 인식한다. 개발단계에서 발생한 지출은 무형자산의 인식기준을 모두 충족할 경우에는 자산(개발비)으로 인식하고, 그 외에는 발생한 기간의 비용(경상개발비)으로 인식한다.

연구단계와 개발단계의 구분이 곤란한 경우에는 연구단계로 본다.

(4) 기타의 무형자산

① 라이선스와 프랜차이즈, ② 저작권, ③ 외부에서 구입한 컴퓨터 소프트웨어, ④ 임차권리금, ⑤ 광업권·어업권, ⑥ 기타의 무형자산(차지권(지상권 포함), 전기가스시설이용권, 수도시설이용권, 전신전화전용시설이용권 등)

## 3. 무형자산의 상각

(1) 상각대상금액

무형자산의 상각대상금액은 무형자산의 취득원가에서 잔존가액을 차감한 금액을 말한다. 상각기간 중 무형자산의 공정가액 또는 회수가능가액이 증가하더라도 상각은 취득원가에 기초한다. 무형자산의 잔존가액은 없는 것을 원칙으로 한다.

(2) 상각기간

무형자산의 상각기간은 독점적·배타적인 권리를 부여하고 있는 관계 법령이나 계약에 정해진 경우를 제외하고는 20년을 초과할 수 없으며, 상각은 자산이 사용가능한 때부터 시작한다.

(3) 상각방법

무형자산을 상각할 때는 자산의 경제적 효익이 소비되는 행태를 반영한 합리적인 방법(정액법, 체감상각법, 연수합계법, 생산량비례법 등)을 선택하여 사용한다. 다만, 합리적인 상각방법을 정할 수 없는 경우에는 정액법을 사용한다.

무형자산의 상각이 다른 자산의 제조와 관련된 경우에는 관련 자산의 제조원가로, 그 외의 경우에는 비용으로 처리한다.

(4) 보고방법

상각한 금액은 직접법으로 장부가액을 차감하거나 간접법으로 그 무형자산상각누계액을 설정하여 장부가액에서 차감하는 형식으로 보고할 수 있다. 어느 경우에는 각 종류별로 상각누계액을 주석에 공시한다.

| 직접법 | (차) 무형자산상각비 ××× | (대) 무 형 자 산 ××× |
|---|---|---|
| 간접법 | (차) 무형자산상각비 ××× | (대) 무형자산상각누계액 ×××<br>(무형자산의 차감적 평가계정) |

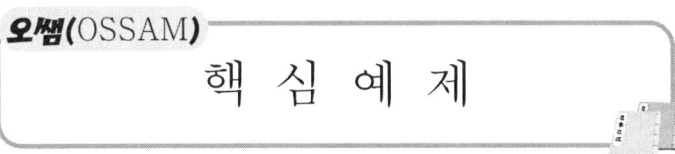

## 핵심예제

문제1] 다음 중 기업회계기준서상의 무형자산이 아닌 것은?
① 임차보증금  ② 저작권
③ 임차권리금  ④ 산업재산권

문제2] 영업권은 다음 중 어느 때 재무상태표 능력을 가지는가?
① 순자산(자산-부채)보다 저렴하게 기업을 매수했을 때
② 기업자산을 재평가했을 때
③ 좋은 위치에서 영업이 잘 될 때
④ 순자산보다 기업을 고가로 매수했을 때

문제3] 제자산 2,400,000원, 제부채 1,600,000원, 자본잉여금 200,000원인 B회사를 1,000,000원에 매입한 경우 영업권에 해당하는 금액은 다음 중 어느 것인가?
① 200,000원  ② 400,000원
③ 600,000원  ④ 800,000원

| 번호 | 정답 | 해 설 |
|---|---|---|
| 1 | ① | 기업회계기준서상의 무형자산<br>: 영업권, 산업재산권, 라이선스와 프랜차이즈, 저작권, 컴퓨터소프트웨어, 개발비, 임차권리금, 광업권, 어업권 등<br>보증금은 기타비유동자산으로 분류한다. |
| 2 | ④ | 영업권은 기업회계기준상 타인으로부터 유상으로 취득한 경우에만 영업권으로 재무상태표에 계상할 수 있다.<br>㉠ 합병대가 > 순자산 : 영업권<br>㉡ 합병대가 < 순자산 : 염가매수차익 |
| 3 | ① | 영업권 = 합병대가 - 피합병회사의 순자산공정가치<br>1,000,000원 - (2,400,000원 - 1,600,000원) = 200,000원 |

제2편. 회계원리 －제6장 부채회계

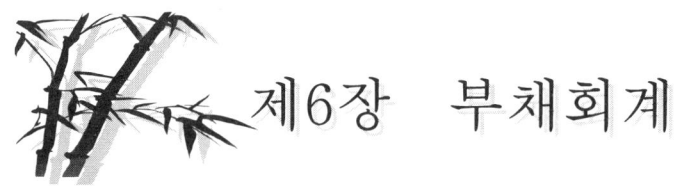

# 제6장 부채회계

## 제1절 부채의 의의 및 분류

1. 부채의 의의
   부채란 과거의 거래나 사건의 결과로서 특정의 실체가 다른 실체에게 미래에 자산을 이전하거나 용역을 제공해야 하는 현재의 의무로부터 발생하는 미래의 가능한 경제적 효익의 희생이다.

2. 부채의 특성
   ① 부채란 과거의 거래나 경제적 사건의 결과로서 관련의무가 현재의 시점에서 존재하는 것이어야 한다. 즉, 상품을 외상으로 주문하는 경우에는 주문만으로는 부채로 인식되지 않는다.
   ② 미래에 자산을 이전하거나 용역(선수임차료 등)을 제공할 의무가 있어야 한다.
   ③ 부채를 인식할 당시에 만기 시점의 지급금액 및 지급시기 또는 채권자가 반드시 확정될 필요는 없다(제품보증충당부채 등).
   ④ 부채의 상환금액과 상환시기가 합리적·객관적으로 측정 가능해야 한다.

3. 부채의 분류

| | |
|---|---|
| 유동부채 | 단기차입금, 매입채무(외상매입금 ＋ 지급어음), 선수금, 선수수익, 미지급금, 미지급비용, 미지급법인세, 유동성장기부채, 이연법인세부채 등 |
| 비유동부채 | 사채, 전환사채, 장기차입금, 장기선수금, 임대보증금, 퇴직급여충당부채, 판매보증충당부채, 이연법인세부채 등 |

## 제2절 충당부채와 우발부채 및 우발자산

1. 충당부채와 우발부채
   (1) 충당부채

134

충당부채는 지출의 시기 또는 금액이 불확실한 부채를 말하며 다음의 인식요건을 모두 충족하는 경우에 인식한다.
① 과거사건이나 거래의 결과로 현재의무가 존재한다.
② 당해 의무를 이행하기 위하여 자원이 유출될 가능성이 매우 높다.
③ 그 의무의 이행에 소요되는 금액을 신뢰성 있게 추정할 수 있다.

(2) 우발부채

우발부채는 잠재적인 부채를 말하며, 부채로 인식하지 아니한다.

[충당부채와 우발부채의 인식요건]

| 자원유출가능성 \ 금액추정가능성 | 합리적 추정가능 | 추정불가능 |
|---|---|---|
| 가능성이 매우 높음 | 충당부채 인식 | 우발부채로 주석공시 |
| 가능성이 어느 정도 높음 | 우발부채로 주석공시 | |
| 가능성이 거의 없음 | 공시하지 않음 | 공시하지 않음 |

* 중요한 계류중인 소송사건과 보증제공 사항은 의무적으로 주석공시

2. 우발자산

우발자산은 과거사건이나 거래의 결과로 발생할 가능성이 있으며, 기업이 전적으로 통제할 수 없는 하나 또는 그 이상의 불확실한 미래사건의 발생 여부에 의하여서만 그 존재 여부가 확인되는 잠재적 자산을 말한다. 우발자산은 자산으로 인식하지 아니하고 자원의 유입가능성이 매우 높은 경우에만 주석에 기재한다.

## 제3절 충당부채

1. 의의

충당부채란 당기의 수익에 대응하는 비용으로서 장래에 지출될 것이 확실한 것과 당기의 수익에서 차감되는 것이 합리적인 것에 대하여 그 금액을 추산하여 계상된 부채를 말한다. 충당부채는 수익·비용대응원칙에 의하여 적정한 기간 손익을 측정하기 위하여 설정한다.

2. 특성

① 장래에 지출이 확실하다.
② 당기수익에 대응하는 비용이다.
③ 그 금액을 합리적으로 추정할 수 있다.
④ 수익·비용 대응원칙에 따라 설정된 외부 아닌 내부부채이다.

3. 퇴직급여충당부채

노동협약 또는 근로기준법의 규정 등에 의하여 임직원의 퇴직시 지급되는 퇴직금을 예상하여 설정하는 준비금으로 결산시 모든 임직원이 퇴직한다고 가정할 때 지급할 추계액(예상퇴직금)에서 이미 계상된 퇴직급여충당부채를 차감하여 설정한다.

| 기말 설정시 | (차) 퇴 직 급 여 ××× | (대) 퇴직급여충당부채 ××× |
|---|---|---|
| 퇴직금 지급시 | (차) 퇴직급여충당부채 ××× 퇴 직 급 여 ××× | (대) 현 금 ××× 예 수 금 ××× |

* 추계액(추산액) − 기설정 퇴직급여충당부채 잔액 = 설정액
* 퇴직급여(제조관련은 제조원가)는 판매비와관리비로 처리한다.

4. 퇴직보험예치금제도

종업원의 퇴직급여를 지급하기 위하여 보험회사에 퇴직보험상품에 가입한 경우를 말하며 퇴직급여충당부채에서 차감하는 형식으로 기재한다.

| (차) 퇴직보험예치금 ××× 수 수 료 비 용 ××× | (대) 현 금 ××× |
|---|---|

5. 퇴직급여(퇴직연금제도)

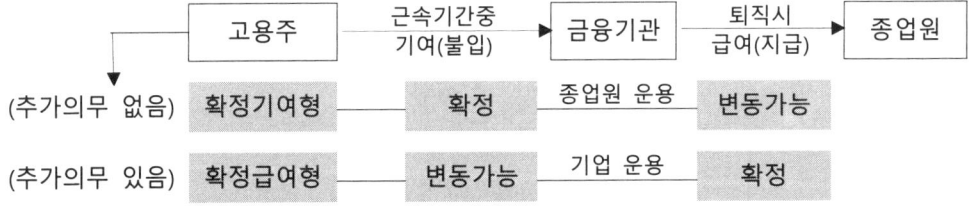

(1) 확정기여제도(DC형)

확정기여제도를 설정하는 경우에는 당해 회계기간에 대하여 기업이 납부하여야 할 부담금(기여금)을 퇴직급여(비용)로 인식하고, 퇴직연금운용자산, 퇴직급여충당부채 및 퇴직연금미지급금은 인식하지 않는다.

(2) 확정급여제도(DB형)

확정급여제도를 설정한 경우에는 퇴직급여충당부채를 설정하여야 한다. 퇴직급여충당부채는 보고기간 말 현재 전종업원이 일시에 퇴직할 경우 지급하여야 할 퇴직금에 상당하는 금액으로 한다.

| 구 분 | | 확정기여형 | 확정급여형 |
|---|---|---|---|
| 기금운용 책임 | | 종업원 | 기 업 |
| 회계처리 | 납입(기여) | 퇴직급여 ×× / 현 금 ×× | 퇴직연금운용자산 ×× / 현 금 ×× |
| | 운용수익 발생 | | 퇴직연금운용자산 ×× / 이 자 수 익 ×× |
| | 결산 | | 퇴 직 급 여 ×× / 퇴직급여충당부채 ×× |
| | 지급 | | 퇴직급여충당부채 ×× / 퇴직연금운용자산 ×× |

[예제1] (주)한강의 퇴직급여에 관한 자료는 다음과 같다. (주)한강이 20X2년 12월 31일에 설정하여야 할 퇴직급여충당부채는?

| | 20X1년 | 20X2년 |
|---|---|---|
| 12월 31일 퇴직급여충당부채 | 14,000,000원 | 20,000,000원 |
| 퇴직급여 지급액 | 2,500,000원 | 1,500,000원 |

(해설)
1. 20X2년도 말의 퇴직급여 설정액
   20,000,000원 - (14,000,000원-1,500,000원) = 7,500,000원
2. 회계처리
   (차) 퇴 직 급 여  7,500,000원  (대) 퇴직급여충당부채  7,500,000원

◆ 계정분석법

퇴 직 급 여 충 당 부 채(20X2)

| 퇴직금 지급액 | 1,500,000원 | 기초 잔액 | 14,000,000원 |
| 기말 잔액 | 20,000,000원 | 퇴직급여충당부채 설정액 | ( ? ) |

## 제4절 사채

1. 사채(社債, bonds)

   기업(주식회사)이 사채권을 발행하여 일반대중으로부터 장기적으로 거액의 자금을 차입하는 것으로 사채발행자인 기업은 사채라는 부채가 되며, 보통 비유동(고정)부채이다.

2. 사채의 발행
   (1) 사채 발행방법
   
   사채의 발행가격은 사채의 미래현금흐름을 발행당시의 시장이자율로 할인한 현재가치로 결정된다.

   | 사채의 발행가격 = 액면가액의 현재가치 + 액면이자의 현재가치 |
   |---|

   | 구분 | 이자율간의 관계 | 액면가액과 발행가액의 관계 |
   |---|---|---|
   | 액면발행 | 시장이자율 = 액면이자율 | 발행가액 = 액면가액 |
   | 할인발행 | 시장이자율 > 액면이자율 | 발행가액 < 액면가액 |
   | 할증발행 | 시장이자율 < 액면이자율 | 발행가액 > 액면가액 |

## 제2편. 회계원리 —제6장 부채회계

① 평가발행(액면가액 = 발행가액, 사채액면이자율 = 유효이자율)

　　(차) 당　좌　예　금 ×××　　(대) 사　　　채 ×××

② 할인발행(액면가액 > 발행가액, 사채이자율 < 시장이자율)

　　(차) 당　좌　예　금 ×××　　(대) 사　　　채 ×××
　　　　사 채 할 인 발 행 차 금 ×××

　　1) 사채할인발행차금은 선급이자의 성격으로 사채의 차감적 평가계정이다.
　　2) 재무상태표에는 사채 액면가액에서 차감하는 형식으로 공시한다.
　　3) 사채상환일까지의 기간에 유효이자율법으로 상각하여 이자비용에 가산한다.

③ 할증발행(액면가액 < 발행가액, 사채이자율 > 시장이자율)

　　(차) 당　좌　예　금 ×××　　(대) 사　　　채 ×××
　　　　　　　　　　　　　　　　　　사 채 할 증 발 행 차 금 ×××

　　1) 사채할증발행차금은 선수이자의 성격으로 사채의 부가적 평가계정이다.
　　2) 재무상태표에는 사채 액면가액에 가산하는 형식으로 공시한다.
　　3) 사채상환일까지의 기간에 유효이자율법으로 상각(환입)하여 이자비용에서 차감한다.

(2) 사채발행비

사채발행시 발생하는 비용으로 사채발행수수료, 광고비, 사권의 인쇄비 등이 포함된다. 사채발행비는 사채의 발행가액에서 직접 차감한다. 발행가액이 감소하므로 할인발행시는 사채할인발행차금에 가산하고, 할증발행시는 사채할증발행차금에서 차감한다.

### 예제. 01　　사채발행비

1. 사채액면 1,000,000원을 950,000원에 발행하고, 대금은 현금으로 받다. 그리고 사채발행비 10,000원은 현금으로 지급하다.

2. 사채액면 1,000,000원을 1,100,000원에 발행하고 대금은 현금으로 받다. 그리고 사채발행비 10,000원은 현금으로 지급하다.

(해설)

　(차) 현　　　　　　금　　940,000　　(대) 사　　　채　　1,000,000
　　　사 채 할 인 발 행 차 금　　60,000

　(차) 현　　　　　　금　1,090,000　　(대) 사　　　채　　1,000,000
　　　　　　　　　　　　　　　　　　사 채 할 증 발 행 차 금　　90,000

## 3. 사채이자와 차금상각

사채이자는 사채의 액면에 대하여 약정된 이자율과 기간을 적용한 액면이자와 사채 발행차금의 상각액을 가감하여 이자비용으로 처리한다. 할인 발행한 경우에는 사채할인발행차금을, 할증 발행한 경우에는 사채할증발행차금을 유효이자율법에 의하여 상각한다. 사채할인발행차금의 상각액은 이자비용에 가산하고, 사채할증발행차금의 상각액은 이자비용에서 차감한다.

유효이자율법에 의하면 사채의 장부금액(사채액면±사채발행차금)에 유효이자율을 적용하여 구한 이자액이 이자비용이 되고, 이자비용에서 액면이자를 차감한 금액이 사채발행차금의 상각액이 된다.

> 다음 거래를 분개하시오.
> 1월 1일 액면 총액 1,000,000원의 사채(상환기한 3년, 액면이자율 연 8%)를 960,000원에 발행하고 납입금은 사채발행비 9,700원을 제외하고 전액 당좌예입하다. 단, 이자지급과 결산은 연 1회, 12월 31일이고, 유효이자율은 연 10%를 적용한다.
> 12월31일 이자지급일에 사채이자를 현금으로 지급하다. 단, 유효이자율법에 의한 사채할인 발행차금의 상각액은 15,030원이다.

| | | | |
|---|---|---|---|
| 1/1 | (차) 당 좌 예 금   950,300<br>사 채 할 인 발 행 차 금   49,700 | (대) 사   채 | 1,000,000 |
| 12/31 | (차) 이 자 비 용   95,030 | (대) 현   금<br>사 채 할 인 발 행 차 금 | 80,000<br>15,030 |

❶ 사채이자 = 액면이자 + 사채할인발행차금 상각액 = 유효이자
❷ 액면이자 : 1,000,000 × 8% = 80,000원
❸ 사채할인발행차금 상각액 = 유효이자 − 액면이자
❹ 매기말 사채의 장부금액 = 최초발행금액(장부금액) + 차금상각액
❺ 할인발행시의 유효이자율법에 의한 차금상각액 계산표

| 회계기간 | 장부금액 | 유효이자(ⓐ) | 액면이자(ⓑ) | 차금상각액(ⓐ−ⓑ) |
|---|---|---|---|---|
| 20X1.1.1 | 950,300 | 10% | 8% | |
| 20×1.12.31 | 965,330 | 95,030 | 80,000 | 15,030 |
| 20×2.12.31 | 981,863 | 96,533 | 80,000 | 16,533 |
| 20×3.12.31 | 1,000,000 | 98,186 | 80,000 | 18,186 |
| 합계 | | 289,749 | 240,000 | 49,749 |

✿ 유효이자는 매기말에 기초의 장부금액을 기준으로 계산한다.
  유효이자 = 기초 장부금액 × 유효이자율(화살표방향으로 유효이자율 적용) 제1기말 유효이자 ⇒ 950,300 × 10% = 95,030원
✿ 유효이자율법을 적용하는 경우 사채발행차금의 상각액은 <u>할인발행과 할증발행의 구분과 관계없이</u> 매년 증가한다.

4. 사채의 상환
   (1) 만기상환
      사채의 만기일에 사채의 액면가액을 일시에 상환하는 방법
   (2) 임시상환
      ① 추첨상환
         상환할 사채를 추첨하여 당첨된 번호의 사채만을 액면가액으로 상환하는 방법
      ② 매입상환
         만기일 이전에 사채를 시가(대개의 경우 시가하락시)로 매입하여 상환하는 방법으로 액면가액과 매입가액의 차액만큼 사채상환이익(또는 손실)이 발생한다

         상환가액(매입가액) < 장부가액 : 사채상환이익(영업외수익)
         상환가액(매입가액) > 장부가액 : 사채상환손실(영업외비용)

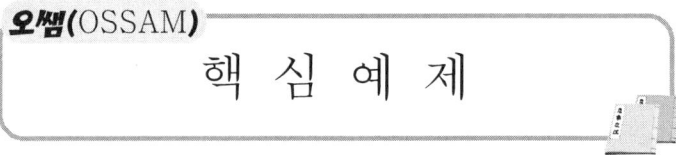

문제1] 다음 중 비유동부채가 아닌 것은?
  ① 사채                    ② 장기차입금
  ③ 유동성장기부채           ④ 퇴직급여충당부채

문제2] 비유동부채는 다음 중 어떠한 경우에 유동부채로 분류될 수 있는가?
  ① 비유동부채로 분류되는 부분이 1년 이내에 상환되는 경우
  ② 부채가 자본으로 전환되는 경우
  ③ 유동부채를 차입하여 상환하고자 하는 경우
  ④ 화폐성 부채로 전환되는 경우

문제3] 우발부채에 대해 회계처리를 할 때, 우발부채는 우발사건의 발생가능성에 따라 회계처리를 다르게 한다. 만약 어느 정도 가능한 경우의 우발사건에 대해 금액의 합리적 추정이 불가능하다면 어떤 처리를 하여야 하나?
  ① 재무제표 본문에 기재한다.
  ② 재무제표에 기재하지 않고 주석으로 공시한다.
  ③ 공시하지 않는다.
  ④ 기재 및 주석사항이 아니므로 주기로 표시한다.

문제4] 다음은 코아회계회사 퇴직급여에 관계되는 회계정보이다.

|  | 2X13년 | 2X14년 |
|---|---|---|
| 12월 31일 퇴직급여충당부채 | 45,000원 | 60,000원 |
| 현금 지불된 퇴직금 | 3,000원 | 5,000원 |

2X14년 코아회계회사의 손익계산서에 보고되어야 하는 퇴직급여비용 총액은?
① 13,000원　　　　　　　　　② 23,000원
③ 20,000원　　　　　　　　　④ 15,000원

문제5] 사채에 관한 설명으로 옳지 않은 것은?
① 표시이자율이 시장이자율보다 높은 경우 사채는 액면가액보다 낮게 발행된다
② 사채할인발행차금을 유효이자율법으로 상각할 경우 상각액은 매기 증가한다.
③ 사채할인발행차금계정은 사채의 차감적 평가계정이다.
④ 사채할인발행차금을 유효이자율법에 의해 상각하는 경우 이자비용은 기간이 경과함에 따라 증가한다.

문제6] 액스터디회사는 2X14년 1월 1일 사채를 발행하였다. 발행일의 분개로 맞는 것은?

```
액면    1,000,000원 연이율 9%    이자지급 연1회(매년 12월 31일)
발행대금 980,000원 사채발행비 30,000원
상환조건 2X16년 12월 31일 일시상환
```

① (차) 현　　　　　　금　980,000원　(대) 사　　　　　채　1,000,000원
　　　사채할인발행차금　 20,000원

② (차) 현　　　　　　금　980,000원　(대) 사　　　　　채　1,000,000원
　　　사채할인발행차금　 50,000원　　　 사　채　발　행　비　 30,000원

③ (차) 현　　　　　　금　950,000원　(대) 사　　　　　채　1,000,000원
　　　사채할인발행차금　 50,000원

④ (차) 현　　　　　　금　1,000,000원　(대) 사　　　　　채　1,000,000원

문제7] 사채할인발행차금의 상각은 다음 각 항목에 어떻게 영향을 미치는가?

|  | 당기순이익 | 사채장부가액 |  | 당기순이익 | 사채장부가액 |
|---|---|---|---|---|---|
| ① | 증가시킨다 | 증가시킨다 | ② | 증가시킨다 | 감소시킨다 |
| ③ | 감소시킨다 | 감소시킨다 | ④ | 감소시킨다 | 증가시킨다 |

| 번호 | 정답 | 해 설 |
|---|---|---|
| 1 | ③ | ③ 유동성장기부채는 원래 장기부채였다가 만기가 1년 이내에 도래한 부채를 말한다. 유동성장기부채는 유동부채에 해당한다. |
| 2 | ① | 유동부채 : 1년 이내에 상환해야 할 부채<br>비유동부채 : 1년 이후에 상환기일이 도래하는 부채 |
| 3 | ② | 어느 정도 가능하고 금액의 합리적 추정이 불가능하다면 기재하지 않고 주석으로 공시한다.<br><br>| 금액추정가능성<br>자원유출가능성 | 합리적 추정가능 | 추정불가능 |<br>|---|---|---|<br>| 가능성이 매우 높음 | 충당부채 인식 | 우발부채로 주석공시 |<br>| 가능성이 어느 정도 있음 | 우발부채로 주석공시 | |<br>| 가능성이 거의 없음 | 공시하지 않음 | 공시하지 않음 |<br><br>\* 중요한 계류중인 소송사건과 보증제공 사항은 의무적으로 주석공시 |
| 4 | ③ | 퇴 직 급 여 충 당 부 채<br>지 급     5,000원    기 초     45,000원<br>기 말    60,000원    설 정   (20,000원)<br>        65,000원              65,000원<br>∴ 퇴직급여비용은 20,000원이다. |
| 5 | ① | 표시이자율이 시장이자율보다 높은 경우의 발행가액은 액면가액보다 높다(할증발행). |
| 6 | ③ | 사채발행비는 사채의 발행가액에서 차감(=사채할인발행차금에 가산 또는 사채할증발행차금에서 차감)한다. |
| 7 | ④ | 사채할인발행차금상각액은 사채이자비용이 증가되어 당기순이익을 감소시키고 사채의 장부가액은 증가시킨다. |

# 제7장 자본회계

## 제1절 개인기업의 자본

1. 자본금 계정

   개인 기업에서는 자본의 출자, 추가출자와 인출을 자본금 계정에서 처리한다.

   | 자 본 금 | |
   |---|---|
   | 인출금(감자) | 원시출자액(기초자본금) |
   | 당기순손실 | 추가출자액(증자) |
   | 기말자본 | 당기순이익 |

2. 인출금 계정

   영업기간 중에 기업주가 자본을 인출하는 경우가 많으면 이를 인출금 계정(자본금의 차감적 평가계정)으로 처리하였다가 기말 결산시 자본금 계정에 대체한다.

## 제2절 주식회사의 자본

1. 주식회사의 설립

   주식회사를 설립하려면 상법규정에 의하여 1인 이상의 발기인이 회사가 발행할 주식의 총수, 1주당 금액(100원 이상), 설립시에 발행하는 주식의 총수 등을 정관에 기재하고, 발행한 주식대금을 납입받아 법원의 설립등기를 마치면 주식회사는 설립된다.

2. 설립방법

   (1) 발기설립 : 주식회사 설립시에 발기인이 전부 인수하여 설립
   (2) 모집설립 : 주식회사 설립시에 발행주식의 일부를 발기인이 인수하고, 나머지는 일반 투자자로부터 모집한 주주가 인수하여 설립

① 발기설립
  (차) 당 좌 예 금 ×××    (대) 자 본 금 ×××
② 모집설립
  모집시 : (차) 당 좌 예 금 ×××    (대) 신주청약증거금 ×××
  발행시 : (차) 신주청약증거금 ×××    (대) 자 본 금 ×××
         당 좌 예 금 ×××

3. 주식의 발행
  (1) 주식의 발행방법

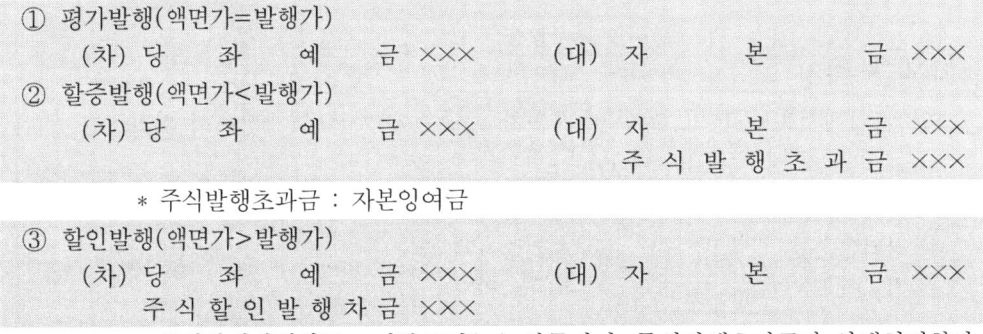

  * 주식발행초과금 : 자본잉여금

  ③ 할인발행(액면가>발행가)
    (차) 당 좌 예 금 ×××    (대) 자 본 금 ×××
        주식할인발행차금 ×××
    * 주식할인발행차금 : 자본조정(-) 항목이며, 주식발행초과금과 상계처리한다.

  (2) 주식발행비
    주식발행시의 제비용은 주식의 발행가액에서 차감한다. 발행가액이 감소하므로 할증발행시는 주식발행초과금이 감소되고 할인발행시는 주식할인발행차금이 증가한다.

### 예제. 01  주식발행과 주식발행비

액면가액 5,000,000원의 주식을 발행하여 주식대금은 주식발행비 100,000원을 차감하고 당좌예입하였다.
① 발행가액 5,000,000원 인 경우
② 발행가액 6,000,000원 인 경우
③ 발행가액 4,800,000원 인 경우

(해설)
① (차) 당 좌 예 금  4,900,000원    (대) 자 본 금  5,000,000원
       주식할인발행차금  100,000원
② (차) 당 좌 예 금  5,900,000원    (대) 자 본 금  5,000,000원
                                       주식발행초과금  900,000원
③ (차) 당 좌 예 금  4,700,000원    (대) 자 본 금  5,000,000원
       주식할인발행차금  300,000원

## 제3절 주식회사의 자본회계

### 1. 자본의 분류

현행 기업회계기준서에서는 주주지분(자본)을 다음과 같이 분류하고 있다.

| 자 본 금 | 보통주 자본금, 우선주 자본금 |
|---|---|
| 자 본 잉 여 금 | 주식발행초과금, 감자차익, 자기주식처분이익 |
| 자 본 조 정 | (+) : 주식선택권, 미교부주식배당금, 출자전환채무<br>(−) : 자기주식, 주식할인발행차금, 감자차손, 자기주식처분손실 |
| 기 타 포 괄 손 익 누 계 액 | 매도가능증권평가손익, 해외사업환산손익, 현금흐름위험회피파생<br>상품평가손익, 재평가잉여금 |
| 이익잉여금(또는 결손금) | 법정적립금, 임의적립금, 미처분이익잉여금(또는 미처리결손금) |

[참고] 한국채택국제회계기준에서는 자본분류를 납입자본(자본금, 자본잉여금), 기타자본요소(자본조정, 기타포괄손익누계액), 이익잉여금으로 분류하고 있다.

### 2. 자본금

주식회사의 자본금은 일정한 금액의 액면으로 균일하게 분할되어 있으며, 주식을 발행하여 조달한다. 조달된 자본은 보통주자본금과 우선주자본금으로 구분하여 기입되며 다음과 같이 계산한다.

$$발행주식 수 \times 1주당 액면금액 = 자 본 금$$

### 3. 증 자

(1) 실질적 증자(유상 증자)

증자를 위하여 신주를 발행하고 주금을 납입받아 실질적으로 순자산이 증가하여 실질적증자라 한다.

| (차) 당 좌 예 금 ××× | (대) 자 본 금 ××× |
|---|---|
| | 주 식 발 행 초 과 금 ××× |

(2) 형식적 증자(무상 증자)

잉여금을 자본금에 전입(대체)하는 것으로 신주를 발행하여 자본금은 증가되지만 잉여금이 자본금으로 명칭이 바뀌는 것에 불과하고 순자산의 증가는 없으므로 형식적 증자라 한다.

| (차) 자 본 잉 여 금 ××× | (대) 자 본 금 ××× |
|---|---|
| 이 익 잉 여 금 ××× | |

## 제2편. 회계원리 - 제7장 자본회계

### 예제. 02  증자

1. 1주 액면 5,000원의 주식 10,000원주를 주당 6,000원에 발행하고, 납입금은 당좌예입하다.
2. 이익준비금 5,000,000원을 자본금에 전입하기로 하고, 1주 액면 5,000원의 주식 1,000원주를 발행하여 구 주주에게 무상으로 교부하다.

(해설)

1. (차) 당 좌 예 금   60,000,000    (대) 자 본 금   50,000,000
                                        주식발행초과금  10,000,000
2. (차) 이 익 준 비 금   5,000,000    (대) 자 본 금    5,000,000

### 4. 감 자

(1) 실질적 감자(유상 감자)

사업의 규모를 축소하기 위하여 발행했던 주식을 매입하거나 주금을 환급하여 소각하여 순자산이 실질적으로 감소된다.

(차) 자 본 금 ×××    (대) 당 좌 예 금 ×××
                          감 자 차 익 ×××

(2) 형식적 감자(무상 감자)

결손금을 보전하기 위하여 발행주식을 병합하거나 주식금액의 절삭(액면금액의 감소) 등으로 자본금을 감소시키는 것으로 자산의 감소는 발생하지 않는다.

(차) 자 본 금 ×××    (대) 이 월 결 손 금 ×××
                          감 자 차 익 ×××

### 예제. 03  감자

1. 사업규모를 축소하기 위하여 액면 5,000원의 주식 1,000주에 대한 대금을 주주에게 수표발행하여 환급하다.
2. 이월결손금 6,000,000원을 보전하기 위하여 액면 5,000원의 주식 4,000주를 2주에 대하여 1주로 병합하고, 신주를 발행하여 구 주주에게 교부하다.

(해설)

1. (차) 자 본 금    5,000,000    (대) 당 좌 예 금    5,000,000
2. (차) 자 본 금   10,000,000    (대) 이 월 결 손 금  6,000,000
                                        감 자 차 익    4,000,000

## 5. 자본잉여금

자본잉여금은 영업활동과 직접적인 관계가 없는 증자 및 감자활동, 기타 자본과 관련된 거래에서 발생한 잉여금을 말하며, 무상증자를 통한 자본금으로의 전입과 이월결손금의 보전을 위해서만 사용될 수 있다.

(1) 주식발행초과금

　유상증자의 경우 주식발행가액이 액면가액을 초과하는 경우 그 초과하는 금액을 주식발행초과금이라고 한다. 이때 주식발행가액은 신주발행을 위하여 직접 발생한 기타의 비용을 차감한 후의 금액으로 한다.

(2) 기타자본잉여금

　① 감자차익

　　감자차익은 유상감자 또는 무상감자시 모두 발생할 수 있다. 유상감자시에는 감소하는 자본금보다 지급하는 대가가 적을 때 발생하며, 무상감자시에는 감소하는 자본금보다 상계하는 미처리결손금이 적을 때 발생한다.

　② 자기주식처분이익

　　자기주식을 취득원가 이상으로 처분(재발행)했을 경우의 차액을 자기주식처분이익이라 한다.

## 6. 자본조정

자본조정은 당해 항목의 성격으로 보아 자본거래에 해당하나 최종 납입된 자본으로 볼 수 없거나 자본의 가감 성격으로 자본금이나 자본잉여금으로 분류할 수 없는 항목을 말한다.

| 차 감 항 목 | 부 가 항 목 |
|---|---|
| 자기주식 | 미교부주식배당금 |
| 주식할인발행차금 | 신주청약증거금 |
| 감자차손 | 주식선택권 |
| 자기주식처분손실 | 출자전환채무 |

(1) 주식할인발행차금

　주식을 할인발행할 경우 액면가액에서 발행가액을 차감한 금액을 주식할인발행차금의 과목으로 처리한다. 주식할인발행차금은 주식발행초과금과 상계처리한다.

(2) 자기주식

　자기회사가 이미 발행한 주식을 재취득한 경우의 주식을 말한다.

[자기주식 회계처리 - 원가법]

| 취득시 | (차) 자기주식(**원가**) ××× (대) 현 금 ××× |
|---|---|
| 처분시 | 취득원가 < 처분가액<br>    (차) 현 금 ××× (대) 자기주식 ×××<br>                                         자기주식처분이익 ×××<br>취득원가 > 처분가액<br>    (차) 현 금 ××× (대) 자기주식 ×××<br>        자기주식처분이익 ×××<br>        자기주식처분손실* ×××<br>* 자기주식처분손실이 발생하면 먼저 자기주식처분이익으로 상계한다. |
| 소각시 | 취득원가 < 액면가액<br>    (차) 자 본 금(**액면가**) ××× (대) 자기주식 ×××<br>                                             감자차익 ×××<br>취득원가 > 액면가액<br>    (차) 자 본 금(**액면가**) ××× (대) 자기주식 ×××<br>        감자차익 ×××<br>        감자차손* ×××<br>* 감자차손이 발생하면 먼저 감자차익으로 상계한다. |

(3) 미교부주식배당금

결산시 이익잉여금처분계산서(안)에 나타난 주식배당액을 말한다.

```
배당을 결의한 경우
    (차) 미처분이익잉여금    ×××     (대) (금전)미지급배당금    ×××
        (실기 : 이월이익잉여금)              (주식)미교부주식배당금  ×××
주식을 배당한 경우
    (차) 미지급배당금        ×××     (대) (금전)현    금         ×××
        미교부주식배당금    ×××          (주식)자 본 금         ×××
```

## 7. 기타포괄손익누계액

포괄손익은 일정 기간 동안 주주와의 자본거래를 제외한 모든 거래나 사건에서 인식한 자본의 변동을 말한다. 자본거래를 제외한 자본의 변동은 대부분 당기순손익에 포함되나, 경우에 따라서는 당기순손익에 포함시키지 않고 직접 재무상태표에 인식할 수도 있다. 따라서 포괄손익은 다음과 같이 당기순손익과 기타포괄손익으로 구분할 수 있다.

$$포괄이익 = 당기순손익 \pm 기타포괄손익$$

(1) 매도가능증권평가손익

유가증권에서 설명한 바와 같이 매도가능증권으로 구분한 지분증권 및 채무증권에 대해서는 기말에 공정가액법을 적용하여 평가한다. 이 때 평가전 장부가액과 기말공정가액의 차이를 매도가능증권평가손익으로 인식하고 기타포괄손익누계액으로 분류한다.

(2) 해외사업환산손익

외화재무제표의 환산시 화폐성·비화폐성법을 원칙적으로 적용하되 현행환율법도 적용할 수 있도록 규정하고 있는데, 해외사업환산손익은 현행환율법을 적용하는 경우에 발생하는 환산차액이다.

(3) 현금흐름위험회피파생상품평가손익

기업회계기준에서는 파생상품을 공정가액으로 평가하도록 규정하고 있는데, 매매목적 및 공정가액 위험회피목적 파생상품의 공정가액 평가로부터 발생하는 평가손익은 당기손익으로 회계처리 하는 한편, 현금흐름 위험회피목적 파생상품의 공정가액 평가로부터 발생하는(위험회피에 효과적인 부분에 해당하는) 평가손익은 기타포괄손익누계액으로 회계처리 한다.

(4) 재평가잉여금

자산의 장부금액이 재평가로 인하여 증가된 경우에 그 증가액은 기타포괄이익으로 인식하고 재평가잉여금의 과목으로 하여 기타포괄손익누계액에 가산한다.

## 8. 이익잉여금

(1) 이익잉여금의 의의

이익잉여금은 회사의 정상적인 영업활동, 유형자산 및 투자자산의 처분 및 기타 일시적인 손익거래에서 발생한 이익을 원천으로 하여 회사 내에 유보되어 있는 잉여금을 의미한다.

(2) 법정적립금(이익준비금, 기타법정적립금)

상법(제458조)에 따라 주식회사가 그 자본금의 1/2에 달할 때까지 매결산기에 금전에 의한 이익배당액의 1/10이상의 금액을 이익준비금으로 적립하여야 하며, 재무상태표에는 이익준비금을 법정적립금 계정으로 통합표시 한다.

(3) 임의적립금

1) 적극적 적립금

영업확장(자산의 증가 또는 부채의 감소)이라는 기업 재무상의 목적으로 이익을 유보하고 영속적 자본으로 유보하려는 적립금으로서 ①사업확장적립금, ②감채적립금이 있다. 적극적 적립금은 그 목적이 달성되면 별도적립금에 대체한다.

2) 소극적 적립금

장래 손실이나 지출에 대비하는 적립금이며, ①배당평균적립금, ②결손보전적립금, ③자가보험적립금, ④별도적립금 등이 이에 속한다. 이러한 소극적 적립금은 목적이 달성되면 소멸한다.

(4) 미처분이익잉여금(또는 미처리결손금)

전기이월미처분이익잉여금에 당기순이익(당기순손실)을 가산(차감)한 금액을 미처분이익잉여금(실기 : 이월이익잉여금)이라고 한다. 미처분이익잉여금에 임의적립금 이입액을 가산한 금액은 다음 절에서 설명하는 바와 같이 여러 가지 형태로 처분을 하는데, 이렇게 이익잉여금을 처분한 후 잔액을 차기이월이익잉여금이라고 한다.

## 제4절 당기순손익의 계상과 처분

1. **개인기업의 순손익 계상과 대체**
   개인기업의 순손익은 손익 계정에서 자본금 계정에 대체한다.

   당기순이익 발생시 : (차) 손　　　　　　익 ×××　　(대) 자　　본　　금 ×××
   당기순손실 발생시 : (차) 자　　본　　금 ×××　　(대) 손　　　　　　익 ×××

2. **주식회사의 순손익 계상과 대체**
   주식회사의 당기순손익은 자본금 계정에 대체하지 않고 미처분이익잉여금(실기 : 이월이익잉여금) 계정 또는 미처리결손금(실기 : 이월결손금) 계정에 대체한다.

   (1) 당기순이익이 발생한 경우

   ① 당기순이익 계상
   　　(차) 이월이익잉여금　　×××　　(대) 미처분이익잉여금　×××
   　　　　손　　　　익　　×××

   ② 임의적립금 이입
   　　(차) 배당평균적립금　　×××　　(대) 미처분이익잉여금　×××
   　　　　결손보전적립금 등　×××

   ③ 이익처분 결의
   　　(차) 미처분이익잉여금　×××　　(대) 이 익 준 비 금　　×××
   　　　　　　　　　　　　　　　　　　기타법정적립금　　×××
   　　　　　　　　　　　　　　　　　　(금전)미지급배당금　×××
   　　　　　　　　　　　　　　　　　　(주식)미교부주식배당금 ×××
   　　　　　　　　　　　　　　　　　　임의적립금　　　　×××
   　　　　　　　　　　　　　　　　　　이월이익잉여금　　×××

   ④ 배당금 지급
   　　(차) 미지급배당금　　　×××　　(대) 현　　　　　금　×××
   　　　　미교부주식배당금　×××　　　　자　　본　　금　×××

   \* 배당금 = 자본금(액면) × 배당률%,　　\* 이익준비금 = 현금배당금 × 1/10

   (2) 당기순손실이 발생한 경우

   ① 결산시 당기순손실 계상
   　　(차) (이월이익잉여금)　×××　　(대) 손　　　　익　×××
   　　　　미처리결손금　　　×××

   ② 손실 전보(처리) 의결
   　　(차) 임의적립금　　　　×××　　(대) 미처리결손금　×××
   　　　　이익준비금　　　　×××
   　　　　자본잉여금　　　　×××
   　　　　이월결손금　　　　×××

## 3. 이익잉여금처분계산서

기업이 한 회계기간 동안 발생한 이익잉여금의 처분사항과 이월이익잉여금의 변동사항을 명확히 보고하기 위하여 작성하는 재무제표이다.

① 미처분이익잉여금 = 전기이월이익잉여금(또는 전기이월결손금) ± 회계처리기준변경의 누적효과 ± 전기오류수정손익 − 중간배당액 ± 당기순손익
② 배당가능한 이익잉여금 = 미처분이익잉여금 + 임의적립금이입액
③ 배당가능한 이익잉여금 − 이익잉여금처분액 = 차기이월이익잉여금

### 예제. 04

자본금 10,000,000원의 계룡산주식회사는 결산결과 순이익 2,000,000원이 계상되어 주주총회에서 다음과 같이 처분하기로 의결할 경우 이익준비금과 주주배당금은 얼마인가?

| 이익준비금 : 법정최소한도액 | 주주배당금 : 7% |

[해설]
주주배당금 : 10,000,000원 × 7% = 700,000원
이익준비금 : 700,000원 × 1/10 = 70,000원

문제1] 자본과 관련하여 옳게 설명한 것은?
① 주식회사의 자본금은 주식발행시 납입된 현금 또는 자산의 가액을 나타낸다.
② 실질적 감자의 경우 자본금과 순자산이 감소하지만 형식적 감자의 경우에는 순자산이 감소되지 않는다.
③ 이익잉여금은 배당금의 지급 또는 손실의 발생 등에 의해서만 감소된다.
④ 주식배당을 하면 이익잉여금은 감소하나 자본금은 변하지 않는다.

문제2] 다음 중 재무상태표를 작성할 때 기업회계기준상 자본잉여금으로 분류되는 것만으로 나열된 것은?
① 주식할인발행차금, 자기주식처분손실
② 배당평균적립금, 자기주식처분이익
③ 해외사업환산이익, 자기주식
④ 주식발행초과금, 감자차익

문제3] 기업회계기준에서 정하는 주식발행초과금 및 주식할인발행차금의 상각액에 대한 보고방법으로 옳은 것은?

| | 주식발행초과금상각액 | 주식할인발행차금상각액 |
|---|---|---|
| ① | 상각 불가능 | 재무상태표상의 이익잉여금 차감 |
| ② | 재무상태표상의 이익잉여금 | 재무상태표상의 이익잉여금 차감 |
| ③ | 재무상태표상의 자본잉여금 | 재무상태표상의 자본잉여금 차감 |
| ④ | 상각 불가능 | 재무상태표상의 자본잉여금 차감 |

문제4] 한국최강 액스터디 주식회사는 액면가 5,000원의 보통주 1,000주를 주당 7,000원에 현금발행하면서 신주발행비 100,000원을 현금지급하였다. 이 거래로 발생하는 주식발행초과금은?
① 1,900,000원  ② 4,900,000원
③ 2,000,000원  ④ 7,000,000원

문제5] 자본금 100,000원의 (주)액스터디는 이월결손금 18,000원을 보전하기 위하여 주식병합을 행하였다. (주)액스터디는 보유주식을 5주를 4주의 비율로 병합하였을 경우 자본잉여금에 미치는 영향은?
① 자기주식처분이익 2,000원  ② 주식할인발행차금 2,000원
③ 감자차손 2,000원  ④ 감자차익 2,000원

문제6] 주당 액면가액이 5,000원인 신주 10주를 주당 4,500에 발행하면서 신주 발행비용이 주당 100원 발생하였다. 신주발행 전 재무상태표에는 주식발행초과금과 주식할인발행차금은 계상되어 있지 않다. 기업회계기준에 의하여 주식발행을 회계처리할 경우 이에 대한 설명으로 옳은 것은?
① 자본의 순증가는 45,000원이다.
② 주식할인발행차금은 3,000원으로 표시된다.
③ 신주발행비용 1,000원은 3년 내에 상각하여 상각연도 비용으로 처리한다.
④ 재무상태표상 자본금 증가는 50,000원이다.

문제7] 다음 항목 중 이익잉여금계정잔액을 증가시키거나 감소시키는 거래가 아닌 것은?
① 이익준비금을 자본전입하여 주식을 발행해주다.
② 미처분이익잉여금 중의 일부에 대해 현금배당을 선언하다.
③ 미처분이익잉여금 중의 일부에 대해 주식배당을 선언하다.
④ 미처분이익잉여금 중의 일부를 배당평균적립금으로 처분하다.

문제8] 주주총회의 결의에 의해서 당기분 배당액 7,000,000원 중 4,000,000원을 주주들에게 금전으로 배당한 경우에 회사가 설정해야 할 이익준비금의 법정한도액은?
① 400,000원
② 800,000원
③ 1,000,000원
④ 2,000,000원

문제9] 현금배당금 지급이 재무제표에 미치는 영향을 설명한 것으로 옳은 것은? 단, 배당 선언과 지급이 동시에 이루어졌다고 가정한다.
① 이익잉여금이 증가한다.
② 자산과 이익잉여금이 감소한다.
③ 자산은 증가하고 이익잉여금은 감소한다.
④ 자산은 감소하나 이익잉여금은 불변이다.

문제10] 20X5년 말 차기이월미처분이익잉여금은 648,000원이다. 20X5년의 당기순이익은 158,000원이고, 배당금은 80,000원이다. 전기이월미처분이익잉여금은 얼마인가?
① 570,000원
② 670,000원
③ 726,000원
④ 886,000원

| 번호 | 정답 | 해 설 |
|---|---|---|
| 1 | ② | ① 할인발행시는 자본금보다 현금이 적게, 할증발행시는 자본금보다 현금이 더 많이 유입된다.<br>③ 이익잉여금은 자본전입 등의 경우에도 감소한다.<br>④ 주식배당은 이익잉여금을 자본금으로 전입하는 것이므로 이익잉여금은 감소하고 자본금은 증가한다. |
| 2 | ④ | 자본잉여금 : 주식발행초과금, 기타자본잉여금(감자차익, 자기주식처분이익, 전환권대가, 신주인수권대가 등) |
| 3 | ④ | 주식발행초과금 : 자본잉여금이며 상각하지 않는다.<br>주식할인발행차금 : 자본조정(-)항목으로 상각액은 주식발행초과금(자본잉여금)과 상계처리한다. |
| 4 | ① | 주식발행비 100,000원은 발행가액에서 차감 즉, 주식발행초과금에서 차감한다.<br>(차) 현　　　　　　금　6,900,000　　(대) 자　본　　　금　5,000,000<br>　　　　　　　　　　　　　　　　　　주식발행초과금　1,900,000 |
| 5 | ④ | (차) 자　본　　　금　20,000*　　(대) 이　월　결　손　금　18,000<br>　　　　　　　　　　　　　　　　　　감　자　차　익　　　2,000<br>＊자본금감소 : 100,000원×$\frac{1}{5}$＝20,000원 |
| 6 | ④ | 주식발행비는 주식의 발행가액에서 차감하여 주식할인발행차금을 증가시키거나 주식발행초과금을 감소시킨다.<br>(차) 당　좌　예　금　44,000　　(대) 자　본　　　금　50,000<br>　　　주식할인발행차금　6,000<br>① 자본의 순증가는 44,000원이다.<br>② 주식할인발행차금은 6,000원으로 표시된다.<br>③ 신주발행비용 1,000원은 주식할인발행차금에 포함되어 주식발행초과금과 상계처리한다. |
| 7 | ④ | ㉠ 이익준비금(이익잉여금)이 감소하여 자본금이 증가한다.<br>　　(차) 이 익 준 비 금　×××　　(대) 자　본　　　금　×××<br>㉡ 이익잉여금이 감소하고 부채가 증가한다.<br>　　(차) 미처분이익잉여금　×××　　(대) 미지급배당금　×××<br>㉢ 이익잉여금이 감소하여 자본금이 증가한다.<br>　　(차) 미처분이익잉여금　×××　　(대) 미교부주식배당금　×××<br>㉣ 이익잉여금이 감소하면서 이익잉여금이 증가하므로 이익잉여금계정은 변동이 없다.<br>　　(차) 미처분이익잉여금　×××　　(대) 배당평균적립금　×××<br>　　　　　　　　　　　　　　　　　　　　(이익잉여금) |
| 8 | ① | 이익준비금은 금전에 의한 이익배당액의 1/10이상을 적립한다. 따라서 금전배당액 4,000,000원 × 1/10 ＝ 400,000원 |
| 9 | ② | 현금배당 : (차) 미처분이익잉여금(이익잉여금, 자본 감소) ×××<br>　　　　　　(대) 현　　　　　금(자산 감소) ××× |
| 10 | ① | 차기이월이익잉여금＝전기이월이익잉여금＋당기순이익－배당금이므로<br>648,000원＝$x$＋158,000원－80,000원<br>∴ $x$＝570,000원 |

# 제8장 수익·비용회계

## 제1절 수익

### 1. 의의

수익은 통상적인 경영활동에서 발생하는 경제적 효익의 총유입을 말하며, 자산의 증가 또는 부채의 감소로 나타나 자본의 증가원인이 된다. 다만, 주주의 지분참여로 인한 자본 증가는 수익에 포함하지 아니한다. 또한 수익은 기업에 귀속되는 경제적 효익의 유입만을 포함하므로 부가가치세와 같이 제3자를 대신하여 받는 금액이나, 대리 관계에서 위임자를 대신하여 받는 금액 등은 수익으로 보지 아니한다. 수익은 경제적 효익의 유입 가능성이 매우 높고, 그 효익을 신뢰성 있게 측정할 수 있을 때 인식한다.

### 2. 수익의 인식과 측정

(1) 수익의 인식 : 수익의 귀속 년도를 결정하는 것
(2) 수익의 측정 : 인식할 수익의 금액을 결정하는 것
(3) 수익의 인식기준(실현주의)

　① 생산기준 : 수익을 생산기간 중에(=진행기준) 또는 생산완료 시점에서(=완성기준) 인식하는 것
　② 인도기준(판매기준) : 수익을 판매시점에서 인식하는 것
　③ 회수기준 : 수익을 상품대금의 회수시점에서 인식하는 것

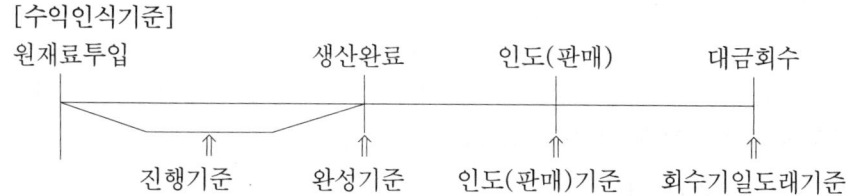

[수익인식기준]

### 3. 수익의 분류

(1) 매출액

　① 매출액은 기업의 주된 영업활동에서 발생한 제품, 상품, 용역 등의 총매출액에서 매출할인, 매출환입, 매출에누리 등을 차감한 금액이다. 차감 대상 금액이 중요한 경우에는 총매출액에서 차감하는 형식으로 표시하거나 주석으로 기재한다.

② 매출액은 업종별이나 부문별로 구분하여 표시할 수 있으며, 반제품매출액, 부산물매출액, 작업폐물매출액, 수출액, 장기할부매출액 등이 중요한 경우에는 이를 구분하여 표시하거나 주석으로 기재한다.
(2) 영업외수익
① 영업외수익은 기업의 주된 영업활동이 아닌 활동으로부터 발생한 수익과 차익으로서 중단사업손익에 해당하지 않는 것으로 한다.
② 영업외수익은 이자수익, 배당금수익(주식배당액은 제외한다), 임대료, 수수료수익, 단기투자자산처분이익, 단기투자자산평가이익, 외환차익, 외화환산이익, 지분법이익, 장기투자증권손상차손환입, 유형자산손상차손환입, 투자자산처분이익, 유형자산처분이익, 사채상환이익, 전기오류수정이익, 보험금수익, 채무면제이익, 자산수증이익 등을 포함한다.

## 제2절 비용

### 1. 의의
비용(expenses)이란 기업의 계속적인 주요 또는 중심적 영업활동을 구성하는 재화의 판매와 생산, 용역의 제공 등으로 나타난 기업실체의 자산 유출이나 사용 또는 부채의 발생으로 자본의 감소원인이 된다.

### 2. 비용의 인식 및 측정
(1) 비용의 인식 : 수익과의 대응 관계를 고려하여 비용의 귀속 년도를 결정하는 것
(2) 비용의 측정 : 인식할 비용의 금액을 결정하는 것
(3) 비용의 인식기준(직접적 대응 ⇒ 간접적 대응 ⇒ 즉시 인식의 순으로 인식)
① 직접적 대응(인과관계적 대응, 개별적 대응)
수익을 얻기 위해 희생된 직접적인 인과관계가 있는 비용을 수익에 대응시키는 것으로 수익과 비용의 관련정도가 개별적으로 명확하게 식별이 되는 비용을 말한다(매출원가, 판매관련 직접비용).
② 간접적 대응(기간 대응, 합리적 배분)
수익·비용의 직접적 대응이 명확하지 않은 경우에는 재화나 용역이 그 경제적 효익을 실현시키기 위하여 소비된 기간에 합리적·체계적으로 배분하여 인식한다(감가상각비, 장기적 보험료 등).
③ 즉시 인식
미래의 경제적 효익의 실현가능성이 불확실하거나, 합리적인 배분이 불필요하다고

판단되는 경우에는 그것이 발생 즉시 당기비용으로 인식하며 대부분의 비용이 이에 속한다.

3. 비용의 분류
   (1) 매출원가
   ① 매출원가는 제품, 상품 등의 매출액에 대응되는 원가로서 판매된 제품이나 상품 등에 대한 제조원가 또는 매입원가이다. 매출원가의 산출과정은 손익계산서 본문에 표시하거나 주석으로 기재한다.
   ② 매출원가는 기초제품(또는 상품)재고액에 당기제품제조원가(또는 당기상품매입액)를 가산하고 기말제품(또는 상품)재고액을 차감한 금액이다.
   ③ 당기상품매입액은 상품의 총매입액에서 매입할인, 매입환출, 매입에누리 등을 차감한 금액으로 한다.
   ④ 제품이나 상품에 대하여 생산, 판매 또는 매입 외의 사유로 증감액이 있는 경우에는 이를 매출원가의 계산에 반영한다(예: 타계정대체).
   (2) 판매비와관리비
   ① 판매비와관리비는 제품, 상품, 용역 등의 판매활동과 기업의 관리활동에서 발생하는 비용으로서 매출원가에 속하지 아니하는 모든 영업비용을 포함한다.
   ② 판매비와관리비는 당해 비용을 표시하는 적절한 항목으로 구분하여 표시하거나 일괄표시할 수 있다. 일괄표시하는 경우에는 적절한 항목으로 구분하여 이를 주석으로 기재한다.
   ③ 판매비와관리비는 상품과 용역의 판매활동 또는 기업의 관리와 유지에서 발생하는 비용으로 급여(임원급여, 급료, 임금 및 제수당을 포함한다), 퇴직급여, 명예퇴직금(조기퇴직의 대가로 지급하는 인센티브 등을 포함한다), 복리후생비, 임차료, 기업업무추진비, 감가상각비, 무형자산상각비, 세금과공과, 광고선전비, 연구비, 경상개발비, 대손상각비, (-)대손충당금환입, 소모품비, 여비교통비, 수도광열비, 통신비, 수선비, 운반비, 보관료, 수수료비용, 잡비 등 매출원가에 속하지 아니하는 모든 영업비용을 포함하며, 당해 비용을 표시하는 적절한 항목으로 구분한다.
   (3) 영업외비용
   ① 영업외비용은 기업의 주된 영업활동이 아닌 활동으로부터 발생한 비용과 차손으로서 중단사업손익에 해당하지 않는 것으로 한다.
   ② 영업외비용은 이자비용, 기부금, 기타의 대손상각비, 단기투자자산처분손실, 단기투자자산평가손실, 재고자산감모손실(비정상적으로 발생한 재고자산감모손실에 한한다), 외환차손, 외화환산손실, 지분법손실, 장기투자증권손상차손, 투자자산처분손실, 유형자산손상차손, 유형자산처분손실, 사채상환손실, 전기오류수정손실, 잡손실 등을 포함한다.

## 제3절 당기순손익 계산

1. 당기순손익의 구분계산
   (1) 매출총손익

   | 매출액 - 매출원가 = 매출총이익(손실) |

   (2) 영업손익

   | 매출총이익(손실) - 판매비와관리비 = 영업이익(손실) |

   (3) 법인세비용차감전순손익

   | 영업이익(손실) + 영업외수익 - 영업외비용 = 법인세비용차감전순이익(손실) |

   (4) 당기순손익

   | 법인세비용차감전순이익(손실) - 법인세비용 = 당기순이익(손실) |

2. 손익계산서 양식(보고식)

손 익 계 산 서(보고식)

| 매 출 액 | ××× |
| --- | --- |
| 매 출 원 가 | (-)××× |
| 매 출 총 이 익 | ××× |
| 판매비와관리비 | (-)××× |
| 영 업 이 익 | ××× |
| 영 업 외 수 익 | (+)××× |
| 영 업 외 비 용 | (-)××× |
| 법인세비용차감전순이익 | ××× |
| 법 인 세 비 용 | (-)××× |
| 당기순이익(또는 당기순손실) | ××× |

### 예제. 01

다음 자료에 의하여 영업이익을 구하면 얼마인가?

| 매출액 | 1,000원 | 매출원가 | 600원 | 급여 | 100원 |
| 감가상각비 | 50원 | 이자수익 | 30원 | 잡이익 | 120원 |
| 잡손실 | 80원 | 유형자산처분손실 | 20원 | 법인세비용 | 200원 |

(해설)
매출액 - 매출원가 - 판매비와 관리비 = 영업이익
매출총이익 : 매출액 1,000원 - 매출원가 600원 = 400원
영업이익  : 매출총이익 400원 - 급여 100원 - 감가상각비 50원 = 250원

[T계정을 이용법]

손 익 계 산 서

| 매 출 원 가 | 600 | 매 출 액 | 1,000 |
| 급 여 | 100 | | |
| 감 가 상 각 비 | 50 | | |
| 영 업 이 익 | 250 | | |
| | 1,000 | | 1,000 |

## 제4절 수익인식기준서

수익은 실현되었거나 또는 실현가능한 시점에서 인식된다(=실현요건).
수익은 제품, 상품 또는 기타 자산이 현금 또는 현금청구권과 교환되는 시점에서 실현된다. 수익이 실현가능하다는 것은 수익의 발생과정에서 수취 또는 보유한 자산이 일정액의 현금 또는 현금청구권으로 즉시 전환될 수 있음을 의미한다. 또한 수익은 그 가득과정이 완료되어야 인식된다(=가득요건).

1. 재화의 판매
   (1) 일반적인 수익인식기준

   재화는 판매로 인한 수익은 다음 조건이 모두 충족될 때 인식한다.
   ① 재화의 소유에 따른 위험과 효익의 대부분이 구매자에게 이전된다.
   ② 판매자는 판매한 재화에 대하여 소유권이 있을 때 통상적으로 행사하는 정도의 관리나 효과적인 통제를 할 수 없다.
   ③ 수익금액을 신뢰성 있게 측정할 수 있다.
   ④ 경제적 효익의 유입 가능성이 매우 높다.

⑤ 거래와 관련하여 발생했거나 발생할 거래원가와 관련 비용을 신뢰성 있게 측정할 수 있다.

통상적으로 재화의 소유에 따른 위험과 효익은 재화의 인도시점에 판매자로부터 구매자에게로 이전된다.

(2) 위탁판매

위탁자는 수탁자가 해당 재화를 제3자에게 판매한 시점에 수익을 인식한다.

(3) 할부판매

할부판매의 경우에는 이자수익에 해당하는 부분을 제외한 판매가액을 재화가 인도되는 시점에 수익으로 인식한다. 판매가액은 할부금액의 현재가치이며, 이자수익은 유효이자율법을 적용하여 계상한다.

(4) 상품권

상품권의 발행과 관련된 수익은 상품권을 회수한 시점 즉, 재화를 인도하거나 판매한 시점에서 인식하고, 상품권을 판매한 때에는 선수금으로 처리한다.

(5) 정기간행물의 구독신청

구독기간에 걸쳐 정액법으로 인식한다. 단, 판매하는 품목의 가액이 기간별로 다른 경우에는 발송된 품목의 판매가액이 구독신청을 받은 모든 품목의 예상 총판매가액에서 차지하는 비율에 따라 인식한다.

(6) 부동산 판매

부동산의 판매수익은 법적 소유권이 구매자에게 이전되는 시점에 인식한다.

또는 잔금청산일, 소유권이전등기일 또는 매입자의 사용가능일 중 가장 빠른 날에 인식한다.

(7) 판매대리

기업이 재화의 소유에 따른 위험과 효익을 가지지 않고 타인의 대리인 역할만 수행하여 재화를 판매하는 경우에는 판매가액 총액을 수익으로 계상할 수 없으며, 판매수수료만을 수익으로 인식해야 한다.

예 : 임대업, 수출대행 종합상사. 인터넷상 중개판매 또는 경매

2. 용역의 제공

(1) 일반적인 인식기준

용역의 제공으로 인한 수익은 용역제공거래의 성과를 신뢰성 있게 추정할 수 있을 때 진행기준에 따라 인식한다.

다음 조건이 모두 충족되는 경우에는 용역제공거래의 성과를 신뢰성 있게 추정할 수 있다고 본다.

① 거래 전체의 수익금액을 신뢰성 있게 측정할 수 있다.

② 경제적 효익의 유입 가능성이 매우 높다.

③ 진행률을 신뢰성 있게 측정할 수 있다.

④ 이미 발생한 원가 및 거래의 완료를 위하여 투입하여야 할 원가를 신뢰성 있게 측정할 수 있다.

(2) 설치용역수수료

기계장치 등의 설치와 관련하여 수취하는 설치용역 수수료는 재화판매가 주목적이고 설치용역이 재화판매의 부수적으로 제공되는 경우가 아니라면 진행기준에 따라 수익으로 인식한다.

(3) 재화의 판매가격에 추후에 제공될 용역이 포함된 경우

재화의 판매가격에 추후 제공될 용역(예를 들면, 소프트웨어 판매시 판매후 지원용역 및 제품개선 용역)에 대한 식별가능한 금액이 포함되어 있는 경우에는 그 금액을 이연시켜 용역이 제공되는 기간 동안에 수익으로 인식한다.

(4) 광고수익

방송사 등의 광고수익은 해당 광고를 대중에게 전달하는 시점에 수익으로 인식하고, 광고제작사 등의 광고제작용역수익은 진행기준에 따라 수익으로 인식한다.

(5) 예술공연 등 입장료 수익

예술공연 등의 행사에서 발생하는 입장료 수익은 행사가 개최되는 시점에 인식한다.

하나의 입장권으로 여러 행사에 참가할 수 있는 경우의 입장료수익은 각각의 행사를 위해 수행된 용역의 정도에 따라 각 행사에 배분하여 인식한다.

(6) 수강료

수강료는 강의기간 동안 발생기준에 따라 수익으로 인식한다.

(7) 주문개발하는 소프트웨어의 대가로 수취하는 수수료

주문개발하는 소프트웨어의 대가로 수취하는 수수료는 진행기준에 따라 수익을 인식한다. 이 때 진행률은 소프트웨어의 개발과 소프트웨어 인도 후 제공하는 지원용역을 모두 포함하여 결정한다.

3. 이자, 배당금, 로열티수익

자산을 타인에게 사용하게 함으로써 발생하는 이자, 배당금, 로열티 등의 수익은 다음 조건을 모두 충족하는 경우에 인식한다.

① 수익금액을 신뢰성 있게 측정할 수 있다.
② 경제적 효익의 유입 가능성이 매우 높다.

따라서
① 이자수익은 원칙적으로 유효이자율법을 적용하여 발생기준에 따라 인식한다.
② 배당금수익은 배당금을 받을 권리와 금액이 확정되는 시점에 인식한다.
③ 로열티수익은 관련된 계약의 경제적 실질을 반영하여 발생기준에 따라 인식한다.

## 핵심예제

문제1] 주식배당을 받았을 경우 기업회계기준에 의한 옳은 처리법은?
① 배당받은 주식의 시가를 영업외수익으로 계상한다.
② 수익으로 계상하지 않고 유가증권의 단가만 조정한다.
③ 배당받은 주식의 액면가액을 영업외수익으로 계상한다.
④ 당해 주식을 처분했을 때 처분액을 수익으로 계상한다.

문제2] 기업회계기준의 규정 내용에 비추어 서로의 연결이 잘못된 것은?
① 임차료 – 영업외비용
② 단기매매증권평가이익 – 영업외수익
③ 기타의 대손상각비 – 영업외비용
④ 투자자산처분손실 – 영업외비용

문제3] 다음은 5단계 당기순이익을 구하는 과정이다. 다음 괄호 안에 들어갈 단어로 적당한 것은?

```
1단계 : 순매출액 – {기초재고액 + ( ㄱ ) – 기말재고액} = 매출총손익
2단계 : 매출총손익 – 판매비와 관리비 = ( ㄴ )
3단계 : ( ㄴ ) + 영업외수익 – 영업외비용 = 법인세비용차감전계속사업손익
4단계 : 법인세비용차감전계속사업손익 – ( ㄷ ) = 계속사업손익
5단계 : 계속사업손익 ± ( ㄹ ) = 당기순손익
```

|   | ( ㄱ ) | ( ㄴ ) | ( ㄷ ) | ( ㄹ ) |
|---|---|---|---|---|
| ① | 당기순매입액 | 영업손익 | 계속사업이익법인세비용 | 중단사업손익 |
| ② | 당기매입액 | 매출원가 | 계속사업이익법인세비용 | 법인세비용 |
| ③ | 당기순매입액 | 영업손익 | 특별손실 | 중단사업손익 |
| ④ | 당기매입액 | 영업손익 | 법인세비용 | 법인세비용 |

문제4] 다음은 체육기구를 판매하는 (주)동대문상사의 제3기 영업활동이다. 영업이익은?

| 기초상품재고액 20,000원 | 매입액 150,000원 | 매입환출 5,000원 |
| 매출액 200,000원 | 급여 15,000원 | 광고선전비 10,000원 |
| 유형자산처분이익 10,000원 | 기말상품재고액 22,000원 | |

① 27,000원
② 32,000원
③ 37,000원
④ 42,000원

문제5] 영업이익에 영향을 주는 거래가 아닌 것은?
① 당월분 종업원에 대한 급여 100,000원을 지급하다.
② 매출채권의 기말잔액에 대하여 3%의 대손을 추정하여 계상하다.
③ 금월분 전화요금 70,000원을 현금지급하다.
④ 단기매매증권(장부가액 12,000원)을 10,000원에 매각하다.

문제6] 다음의 자료를 이용하여 계산한 계속사업이익은?

| 매출액 | 20,000,000원 | 기초상품재고액 | 3,000,000원 |
| 기말상품재고액 | 2,000,000원 | 당기상품매입액 | 10,000,000원 |
| 판매비와관리비 | 4,000,000원 | 단기매매증권처분이익 | 1,500,000원 |
| 유형자산처분손실 | 2,500,000원 | 전기오류수정이익 | 500,000원 |
| 재해손실 | 600,000원 | | |

① 5,000,000원
② 3,900,000원
③ 4,100,000원
④ 4,000,000원

문제7] 수익과 비용은 대응원칙에 따라 각 수익항목과 관련되는 비용항목을 대응 표시하여야 한다. 그런데 대응에는 직접대응과 기간대응(간접대응)의 두 가지 형태가 있다. 다음의 비용항목 중에서 관련 수익항목에 대해 직접대응되는 것은?
① 판매비
② 관리비
③ 매출원가
④ 감가상각비

문제8] 다음 중 특정 수익에 직접 관련되어 발생하지는 않지만 일정기간 동안 수익창출활동에 기여할 것으로 판단하여 합리적이고 체계적으로 일정한 기간에 배분하는 원가 또는 비용은 무엇인가?
① 판매수수료
② 광고선전비
③ 감가상각비
④ 매출원가

문제9] 다음 중 기업회계기준에 의한 수익인식기준으로 올바른 것은?
① 위탁판매 – 수탁자에게 상품을 인도한 날
② 상품권판매 – 상품권을 회수한 날
③ 정기간행물(가액이 매기간 동일) 판매 – 구독금액을 일시에 수령한 날
④ 할부판매 – 매회 할부금을 회수하는 날

문제10] 다음 중 재화의 판매로 인한 수익인식 조건이 아닌 것은?
① 재화의 소유에 따른 유의적인 위험과 보상이 구매자에게 이전된다.
② 수익금액을 신뢰성 있게 측정할 수 있다.
③ 경제적 효익의 유입 가능성이 매우 높다.
④ 판매자는 판매한 재화에 대하여 소유권이 있을 때 통상적으로 행사하는 정도의 관리나 효과적인 통제를 할 수 있다.

# 제2편. 회계원리 —제8장 수익·비용회계

| 번호 | 정답 | 해 설 |
|---|---|---|
| 1 | ② | 주식배당이나 무상증자로 인하여 교부받은 주식은 자산의 증가로 인식하지 않고 유가증권의 단가만 하향조정한다. |
| 2 | ① | 임차료는 판매비와관리비로 분류된다. |
| 3 | ① | 1단계 : 순매출액 − {기초재고액 + (ㄱ: 당기순매입액) − 기말재고액}<br>　　　　 = 매출총손익<br>2단계 : 매출총손익 − 판매비와 관리비 = (ㄴ : 영업손익)<br>3단계 : (ㄴ : 영업손익) + 영업외수익 − 영업외비용<br>　　　　 = 법인세비용차감전계속사업손익<br>4단계 : 법인세비용차감전계속사업손익 − (ㄷ : 계속사업이익법인세비용)<br>　　　　 = 계속사업손익<br>5단계 : 계속사업손익 − (ㄹ : 중단사업손익) = 당기순손익 |
| 4 | ② | 영업이익 : 매출액 − 매출원가 − 판매비와 관리비<br>약식손익계산서<br><br>｜ 기초상품재고액 20,000원 ｜ 매입환출 5,000원<br>｜ 매입액 150,000원 ｜ 매출액 200,000원<br>｜ 급여 15,000원 ｜ 기말상품재고액 22,000원<br>｜ 광고선전비 10,000원 ｜<br>｜ 영업이익 32,000원 ｜<br>｜ 227,000원 ｜ 227,000원 |
| 5 | ④ | ④ 단기매매증권의 처분손익은 영업외손익으로 영업이익 계산에서 제외된다. |
| 6 | ② | 손익계산서<br><br>기초상품재고액 3,000,000원 ｜ 매출액 20,000,000원<br>당기상품매입액 10,000,000원 ｜ 기말상품재고액 2,000,000원<br>판매비와관리비 4,000,000원 ｜ 단기매매증권처분이익 1,500,000원<br>유형자산처분손실 2,500,000원 ｜ 전기오류수정이익 500,000원<br>재해손실 600,000원 ｜<br>계속사업이익 3,900,000원 ｜<br>24,000,000원 ｜ 24,000,000원 |
| 7 | ③ | 수익·비용대응의 원칙<br>㉠ 직접대응 : 수익과 직접적인 인과관계가 있는 비용으로서 매출액과 매출원가 (판매수수료, 판매보증비, 포장비) 등<br>㉡ 간접대응(기간대응) : 수익과 직접적인 인과관계가 없는 것으로 일정기간의 수익총액과 비용총액을 대응시키는 것이다.<br>　• 원가의 기간 배분 : 유형자산의 감가상각비, 무형자산의 상각, 보험료 등<br>　• 즉시인식 : 발생 즉시 당기비용으로 인식하는 것으로 대부분의 비용항목이다. |
| 8 | ③ | 비용 배분은 수익·비용대응원칙, 합리적이고 체계적인 방법, 당기비용 방법으로 인식한다. 합리적이고 체계적인 방법의 대표적인 비용이 감가상각비이다. |

| | | |
|---|---|---|
| 9 | ② | 기업회계기준서 4호 부록<br>A27 (다) 위탁판매 - 수탁자가 소비자에게 상품을 판매한 날<br>A31 정기간행물(가액이 매기간 동일) 판매 - 구독기간에 걸쳐 정액법으로 인식<br>A32 할부판매 - 재화가 인도되는 날 |
| 10 | ④ | 일반기업회계기준 16.10 : 재화의 판매로 인한 수익은 다음 조건이 모두 충족될 때 인식한다.<br>(1) 재화의 소유에 따른 유의적인 위험과 보상이 구매자에게 이전된다.<br>(2) 판매자는 판매한 재화에 대하여 소유권이 있을 때 통상적으로 행사하는 정도의 관리나 효과적인 통제를 할 수 없다.<br>(3) 수익금액을 신뢰성 있게 측정할 수 있다.<br>(4) 경제적 효익의 유입 가능성이 매우 높다.<br>(5) 거래와 관련하여 발생했거나 발생할 원가를 신뢰성 있게 측정할 수 있다. |

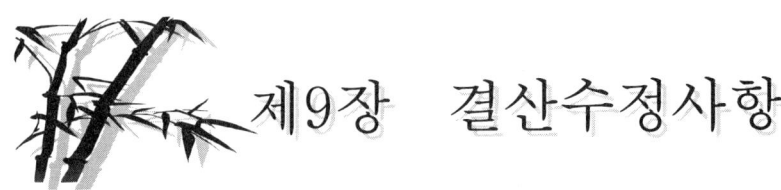

# 제9장 결산수정사항

## 제1절 결산수정사항

1. 결산수정(정리)사항

    결산시 장부가액과 실제가액의 차액이 있을 경우 이를 정리·수정하여 일치시키기 위한 과정이라 할 수 있다. 또한 기중 현금주의로 회계처리한 수익과 비용계정을 발생주의로 수정하는 회계처리 과정이다.

2. 재고조사표에 기재되는 결산수정사항

    (1) 자산에 관한 결산수정사항

    | |
    |---|
    | 기말재고자산(상품, 원재료, 재공품, 제품 등)의 정리 → 매출원가 계산 |
    | 재고자산의 감모손실과 평가손실의 정리 |
    | 유가증권(단기매매증권, 매도가능증권)의 평가 → 공정가액법 |
    | 매출채권에 대한 대손충당금의 설정 → (차액)보충법 |
    | 유형자산의 감가상각비 계상 |
    | 무형자산의 상각 등 |

    (2) 손익(수익·비용)에 관한 결산수정사항

    | | |
    |---|---|
    | 수익의 이연 | 비용의 이연 |
    | 수익의 예상 | 비용의 예상 |
    | 소모품 계정의 정리(비용처리법, 자산처리법) | |

    (3) 기타

    | | |
    |---|---|
    | 현금과부족 정리 | 가지급금, 가수금 정리 |
    | 인출금 정리 | 부가가치세계정 정리 |
    | 외화자산·부채의 평가 | 법인세 추산 |
    | 현재가치할인차금의 상각(환입) | 사채할인(할증)발행차금의 상각(환입) 등 |

## 제2절 손익에 관한 결산수정사항

1. 수익·비용의 이연과 예상
   (1) 수익의 이연

   당기에 수입된 금액 중 당기에 속하지 않는 부분(=차기분, 미경과분)을 해당 수익 계정에서 차감하여 선수수익(선수임대료, 선수이자 등) 계정에 대체하였다가, 차기 초에 이를 다시 해당 수익 계정에 재대체하는 것을 말한다.

   가. 수익처리법

   임대료, 이자수익 등 수익으로 처리하였다가 결산시 미경과액(차기분)을 선수수익(선수임대료, 선수이자 등)으로 하여 부채로 대체(이연)하는 방법이다.

   |   | 차 변 | 대 변 | 비고 |
   |---|---|---|---|
   | 수취시 | 현 금 ××× | 임 대 료 ××× | |
   | 결산시 | 임 대 료 ××× | 선 수 임 대 료 ××× | 미경과액 |

   나. 부채처리법

   선수수익(선수임대료, 선수이자 등)의 과목으로 하여 부채로 처리하였다가 결산시 당기에 기간이 경과된 부분을 임대료, 이자수익 등의 과목으로 하여 수익으로 대체하는 방법이다.

   |   | 차 변 | 대 변 | 비고 |
   |---|---|---|---|
   | 수취시 | 현 금 ××× | 선 수 임 대 료 ××× | |
   | 결산시 | 선 수 임 대 료 ××× | 임 대 료 ××× | 경과액 |

### 예제. 01  수익의 이연

다음 거래를 수익처리법으로 회계처리하시오.
5/1  미미상사는 임대중인 건물에 대하여 1년분 임대료 12,000원을 현금으로 받다.
12/31 결산시 당기 임대료 수입액 중 미경과분을 차기로 이월하다.

[해설]

| 당 기 수 입 액 (1년분 12,000원) | | | | | | | | | | | |
|---|---|---|---|---|---|---|---|---|---|---|---|
| 5 | 6 | 7 | 8 | 9 | 10 | 11 | 12 | 1 | 2 | 3 | 4 |
| 당 기 분 ( 경 과 분 ) | | | | | | | | 차기분(미경과분) | | | |

5/1 (차) 현           금      12,000    (대) 임      대      료      12,000
12/31 (차) 임   대   료      4,000    (대) 선  수  임  대  료      4,000

## 제2편. 회계원리 -제9장 결산수정사항

(2) 비용의 이연

당기에 지급된 금액 중 당기에 속하지 않는 부분(=차기분, 미경과분)을 해당 비용 계정에서 차감하여 선급비용(선급보험료, 선급이자 등) 계정에 대체하였다가, 차기 초에 이를 다시 해당 비용 계정에 재대체하는 것을 말한다.

가. 비용처리법

보험료, 임차료 등의 과목으로 하여 비용으로 처리하였다가 결산시 미경과액을 선급비용(선급보험료, 선급임차료 등)의 과목으로 하여 자산으로 대체(이연)하는 방법이다.

|  | 차 변 | 대 변 | 비고 |
|---|---|---|---|
| 지급시 | 보 험 료 ××× | 현 금 ××× | |
| 결산시 | 선급보험료 ××× | 보 험 료 ××× | 미경과액 |

나. 자산처리법

선급비용(선급보험료, 선급임차료 등)의 과목으로 하여 자산처리 하였다가 결산시 당기에 기간이 경과된 부분을 보험료, 임차료 등의 과목으로 하여 당기비용으로 대체하는 방법이다.

|  | 차 변 | 대 변 | 비고 |
|---|---|---|---|
| 지급시 | 선급보험료 ××× | 현 금 ××× | |
| 결산시 | 보 험 료 ××× | 선급보험료 ××× | 경과액 |

### 예제. 02  비용의 이연

다음 거래를 비용처리법으로 분개하시오.
5/1 라라상사는 화재보험료 1년분 12,000원을 현금으로 지급하다.
12/31 결산시 당기 보험료 지급액 중 미경과분을 차기로 이월하다.

[해설]

| 당 기 지 급 액 (1년분 12,000원) |||||||| ||||
|---|---|---|---|---|---|---|---|---|---|---|---|
| 5 | 6 | 7 | 8 | 9 | 10 | 11 | 12 | 1 | 2 | 3 | 4 |
| 당 기 분 ( 경 과 분 ) |||||||| 차 기 분(미경과분) ||||

5/1   (차) 보 험 료       12,000    (대) 현       금   12,000
12/31 (차) 선 급 보 험 료  4,000    (대) 보 험 료      4,000

(3) 수익의 예상

당기에 발생하였으나 아직 받지 않은 수익을 해당 수익 계정에 가산하여 미수수익(미수이자 등) 계정에 계상한 후, 차기 초에 이를 다시 해당 수익 계정에 재대체하여 다음 기의 수익으로 계상되지 않게 하는 것이다.

### 예제. 03  수익의 예상

다음 거래를 분개하시오.

1/1 루루상사는 임대중인 건물에 대하여 10개월분 임대료 10,000원을 현금으로 받다.
12/31 결산시 당기분 임대료 중 미수액을 임대료계정에 계상하다.

[해설]

| 당 기 수 입 액 (10개월분 10,000원) |||||||||| 당기미수액 ||
|---|---|---|---|---|---|---|---|---|---|---|---|
| 1 | 2 | 3 | 4 | 5 | 6 | 7 | 8 | 9 | 10 | 11 | 12 |
| 당 기 분 ( 경 과 분 ) |||||||||| | |

```
1/1    (차) 현          금    10,000    (대) 임    대    료    10,000
12/31  (차) 미 수 임 대 료     2,000    (대) 임    대    료     2,000
```

(4) 비용의 예상

당기에 발생하였으나 아직 지급하지 않은 비용을 해당 비용 계정에 가산하여 미지급비용(미지급임차료 등) 계정에 계상한 후, 차기 초에 이를 다시 해당 비용 계정에 재대체하여 다음 기의 비용으로 계상되지 않게 하는 것이다.

### 예제. 04  비용의 예상

다음 거래를 분개하시오.

1/1 나나상사는 임차중인 본사사무실에 대한 10개월분 임차료 10,000원을 현금으로 지급하다.
12/31 결산시 당기분 임차료 중 미지급액을 임차료계정에 계상하다.

[해설]

| 당 기 지 급 액 (10개월분 10,000원) |||||||||| 당기미지급액 ||
|---|---|---|---|---|---|---|---|---|---|---|---|
| 1 | 2 | 3 | 4 | 5 | 6 | 7 | 8 | 9 | 10 | 11 | 12 |
| 당 기 분 ( 경 과 분 ) |||||||||| | |

```
1/1    (차) 임    차    료    10,000    (대) 현          금    10,000
12/31  (차) 임    차    료     2,000    (대) 미 지 급 임 차 료    2,000
```

### 예제. 05     수정 후 당기순이익 계산

기말 수정 분개없이 결산을 한 결과 당기순이익이 150,000원이었는데, 여기에 선급보험료 5,000원, 미지급이자 10,000원, 선수임대료 6,000원, 미수수료 4,000원을 추가하여 계산할 경우 수정 후 당기순이익은?

(해설)

| 수정사항 | 분 개 | 당기순이익 |
|---|---|---|
| 선급비용 | (차) 선급비용 ×× (대) 비 용 ×× | 비용 감소로 당기순이익 증가 |
| 선수수익 | (차) 수 익 ×× (대) 선수수익 ×× | 수익 감소로 당기순이익 감소 |
| 미수수익 | (차) 미수수익 ×× (대) 수 익 ×× | 수익 증가로 당기순이익 증가 |
| 미지급비용 | (차) 비 용 ×× (대) 미지급비용 ×× | 비용 증가로 당기순이익 감소 |

∴ 수정 후 순이익 : 150,000원 + 5,000원 − 10,000원 − 6,000원 + 4,000원 = 143,000원

```
∴ 간편계산법 :      수정전 순이익
       (+)   자산(기말재고자산, 선급비용, 미수수익), 수익(~~평가이익 등)
       (−)   부채(선수수익, 미지급비용), 비용(~~상각비, 평가손실 등)
        =    수정후 순이익
```

## 2. 소모품 계정의 처리

(1) 비용처리법

   구입시 전액 비용으로 계상(사용한 것으로 가정)하였다가, 기말에 미사용액을 자산으로 대체하는 방법

(2) 자산처리법

   구입시 전액 자산으로 계상(미사용한 것)하였다가, 기말에 사용액을 비용으로 대체하는 방법

### 예제. 06     소모품 회계처리

다음 자료에 의하여 각각의 방법에 따라 분개하라.

* 당기 중 소모품 구입액 100,000원      * 결산시 미사용 30,000원

[해설]

1. 비용처리법
    구입시 : (차) 소 모 품 비    100,000    (대) 현    금    100,000   (사용액)
    결산시 : (차) 소   모   품     30,000    (대) 소 모 품 비    30,000   미사용액

2. 자산처리법
    구입시 : (차) 소   모   품    100,000    (대) 현    금    100,000   (미사용액)
    결산시 : (차) 소 모 품 비     70,000    (대) 소   모   품    70,000   사용액

## 핵심예제

문제1] 당기에 현금으로 수입된 수익은 일단 수익계정으로 처리하고 결산시에 그 수익 중 차기에 속하는 부분을 계산하여 당기의 수익계정에서 차감하는 선수금의 성질을 가진 일종의 부채로 차기로 이월하는 것을 무엇이라 하는가?
① 수익의 이연　　　　　　　　② 비용의 이연
③ 수익의 발생　　　　　　　　④ 비용의 발생

문제2] 다음 중 기말 결산시의 수정사항이 아닌 것은?
① 미지급 비용의 인식
② 매출채권의 대손추정
③ 건물, 비품 등 유형자산의 감가상각
④ 유가증권의 처분에 따른 손익인식

문제3] 장원상사는 2016년 10월 1일에 1년분 보험료 360,000원을 지급하고 비용처리 하였다. 2016년 기말에 보험료에 대한 결산정리분개로 올바른 것은?
① (차) 보　험　료　　 90,000　　　(대) 선급보험료　　 90,000
② (차) 보　험　료　　270,000　　　(대) 선급보험료　　270,000
③ (차) 선급보험료　　 90,000　　　(대) 보　험　료　　 90,000
④ (차) 선급보험료　　270,000　　　(대) 보　험　료　　270,000

문제4] (주)부산은 회계기간중에 1년분 보험료를 현금지급할 때 아래와 같이 회계처리하였다.

| (차) 보 험 료 100,000　　　　(대) 현　　　금 100,000 |
| --- |

(주)부산의 당기분 보험료가 80,000원이라고 할 때 당기말 회계처리는?
① (차) 선 급 보 험 료　20,000　　　(대) 보　　험　　료　20,000
② (차) 보　　험　　료　80,000　　　(대) 선 급 보 험 료　80,000
③ (차) 보　　험　　료　20,000　　　(대) 선 급 보 험 료　20,000
④ (차) 선 급 보 험 료　80,000　　　(대) 보　　험　　료　80,000

문제5] 다음 자료에 의하면 결산일에 보험료의 미경과분을 계상하지 않았는데, 이를 계상하면 당기순이익은 어떻게 변화하는가?

| ・ 6월　1일 : 1년분 보험료 360,000원을 현금으로 납부하다.<br>・12월 31일 : 결산일에 보험료 미경과분을 계상하지 않다. |
| --- |

① 150,000원 증가　　　　　　② 150,000원 감소
③ 210,000원 증가　　　　　　④ 210,000원 감소

문제6] 결산결과 당기순이익 365,000원이 산출되었으나 다음과 같은 사항이 누락되었음이 발견되었다. 수정 후 당기순이익은?

| · 이자 미지급분    8,000원 | · 임대료 선수분    12,000원 |
| · 수수료 미수분   15,000원 | · 보험료 선급분     7,000원 |

① 350,000원
② 363,000원
③ 367,000원
④ 379,000원

문제7] 20X1년 9월 1일 소모품 30,000원을 현금구입하고 이를 자산계상법으로 기록하였다. 20X1년 12월 31일 결산시 실사결과 10,000원의 소모품이 남아 있음을 확인하였다. 결산시 정리분개는? (단, 당사는 실지재고조사법에 의해 기말수정을 한다.)

① (차) 소 모 품 비  10,000    (대) 소   모   품   10,000
② (차) 소 모 품 비  20,000    (대) 소   모   품   20,000
③ (차) 소 모 품 비  10,000    (대) 소 모 품 비  10,000
④ (차) 소   모   품   20,000    (대) 소 모 품 비  20,000

문제8] 기말에 미지급법인세를 기록하는 분개를 누락하였을 경우 나타나는 결과로 옳은 것은?

|   | 비  용 | 부  채 | 순이익 | 소유주지분 |
|---|--------|--------|--------|------------|
| ① | 과대계상 | 과소계상 | 과대계상 | 과대계상 |
| ② | 과소계상 | 과소계상 | 과대계상 | 과대계상 |
| ③ | 과대계상 | 과대계상 | 과소계상 | 과소계상 |
| ④ | 과소계상 | 과소계상 | 영향없음 | 영향없음 |

| 번호 | 정답 | 해 설 |
|---|---|---|
| 1 | ① | 수익의 미경과분(차기분)을 차기로 이월하는 수익의 이연에 관한 설명이다. |
| 2 | ④ | 결산정리(수정)사항에는 기말상품재고액의 평가, (투자)유가증권의 평가, 매출채권의 대손추정, 유형·무형자산의 감가상각, 수익·비용의 이연(선급비용, 선수수익)과 예상(미수수익, 미지급비용), 사채발행차금의 상각(환입), 현재가치할인차금의 상각(환입), 외화자산·부채의 평가, 법인세 추산, 임시계정의 정리 등이 있다.<br>④유가증권처분손익은 유가증권의 처분시 인식하고 결산정리와는 관계없다. |
| 3 | ④ | 선급보험료 : (360,000원 ÷ 12월) × 9월 = 270,000원 |
| 4 | ① | 지급시 비용처리하였으므로 회계기말에 비용을 자산으로 이연시키는 분개가 필요하다. |
| 5 | ① | 결산일 보험료 미경과액 분개<br>　: (차)선급보험료　150,000　　(대)보 험 료　150,000<br>보험료 미경과액을 계상하면 당기순이익이 150,000원 증가한다. |
| 6 | ③ | 수정 전 당기순이익　+ (자산 : 선급비용, 미수수익)<br>　　　　　　　　　- (부채 : 선수수익, 미지급비용)　= 수정 후 당기순이익<br>수정후이익 : 365,000원-8,000원-12,000원+15,000원+7,000원=367,000원 |
| 7 | ② | <table><tr><td></td><td colspan="2">자 산 계 상 법</td><td colspan="2">비 용 계 상 법</td></tr><tr><td></td><td>차 변</td><td>대 변</td><td>차 변</td><td>대 변</td></tr><tr><td>구입시</td><td>소 모 품 30,000</td><td>현　　금 30,000</td><td>소모품비 30,000</td><td>현　　금 30,000</td></tr><tr><td>결산시</td><td>소모품비 20,000</td><td>소 모 품 20,000</td><td>소 모 품 10,000</td><td>소모품비 10,000</td></tr></table> |
| 8 | ② | 미지급법인세 계상 : 법인세비용　xxx / 미지급법인세비용 xxx<br>위 분개를 누락하면 비용의 과소계상 → 부채의 과소계상 → 당기순이익의 과대계상 → 잉여금(소유주지분)의 과대계상. |

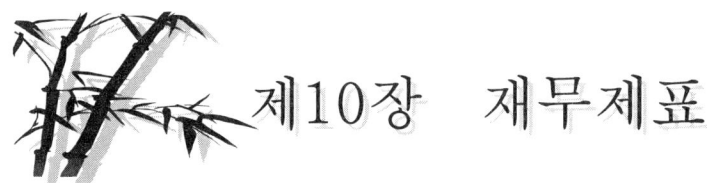

# 제10장 재무제표

## 제1절 재무제표(財務諸表)

1. 재무보고의 목적과 재무제표

   재무보고(financial reporting)는 현재 및 잠재 투자자와 채권자가 합리적인 의사결정을 하는데 유용한 정보를 제공하는 것을 목적으로 하며, 재무보고의 핵심적인 수단이 바로 재무제표(financial statements)이다.

   재무제표는 재무상태표, 손익계산서(한국채택국제회계기준[K-IFRS]는 포괄손익계산서), 현금흐름표 및 자본변동표로 구성되며 주석을 포함한다. 그러나 재무제표에 첨부하는 각종 명세서와 분석보고서나 검토보고서 등과 같은 설명자료는 재무제표의 범위에 포함되지 않는다.

2. 재무제표 작성과 표시의 일반원칙

   (1) 계속기업

   경영자는 재무제표를 작성할 때 기업의 존속가능성을 평가하여야 하며, 기업이 경영활동을 청산 또는 중단할 의도가 있거나, 경영활동을 계속할 수 없는 상황에 놓인 경우를 제외하고는 계속기업을 전제로 재무제표를 작성한다. 그리고 경영자가 계속기업의 전제에 대한 중요한 의문을 가지게 된 경우에는 그 내용을 주석으로 기재한다.

   (2) 재무제표의 작성책임과 공정한 표시

   재무제표의 작성과 표시에 대한 책임은 경영자에게 있다.

   재무제표는 경제적 사실과 거래의 실질을 반영하여 기업의 재무상태, 경영성과, 현금흐름 및 자본변동을 공정하게 표시하여야 하며, 기업회계기준에 따라 적정하게 작성된 재무제표는 공정하게 표시된 재무제표로 본다.

   (3) 회계정책의 결정

   기업은 기업회계기준이 허용하는 범위 내에서 회계정책을 선택할 수 있다. 회계정책은 기업이 재무보고의 목적으로 선택한 기업회계기준과 그 적용방법을 말한다.

   ① 회계정보는 목적적합 하여야 한다. 목적적합성은 의사결정에 유용한 예측가치나 피드백(확인)가치를 가진 정보가 적시에 제공될 때 효과적으로 달성될 수 있다.

   ② 회계정보는 신뢰할 수 있어야 한다. 신뢰성은 그 정보가 나타내고자 하는 바를 충실히 표현하고, 객관적으로 검증가능하며, 중립적일 때 효과적으로 달성될 수 있다.

(4) 재무제표 항목의 구분과 통합표시

중요한 항목은 재무제표의 본문이나 주석에 그 내용을 가장 잘 나타낼 수 있도록 구분하여 표시하며, 중요하지 않은 항목은 성격이나 기능이 유사한 항목과 통합하여 표시할 수 있다.

(5) 비교재무제표의 작성

재무제표의 기간별 비교가능성을 제고하기 위하여 전기 재무제표의 모든 계량정보를 당기와 비교하는 형식으로 표시한다.

(6) 재무제표 항목의 표시와 분류의 계속성

재무제표의 기간별 비교가능성을 제고하기 위하여 재무제표 항목의 표시와 분류는 다음의 경우를 제외하고는 매기 동일하여야 한다.

① 기업회계기준에 의하여 재무제표 항목의 표시와 분류의 변경이 요구되는 경우

② 사업결합 또는 사업중단 등에 의해 영업의 내용이 중요하게 변경된 경우

③ 재무제표 항목의 표시와 분류를 변경함으로써 기업의 재무정보를 더욱 적절하게 전달할 수 있는 경우

(7) 재무제표의 보고양식

재무제표는 이해하기 쉽도록 간단하고 명료하게 표시하여야 하며, 이 기준서에 예시된 재무제표의 양식을 참조하여 작성한다. 예시된 명칭보다 내용을 잘 나타내는 계정과목명이 있을 때는 그 계정과목명을 사용할 수 있다.

재무제표는 재무상태표, 손익계산서, 현금흐름표, 자본변동표 및 주석으로 구분하여 작성히며, 다음의 사항을 각 재부제표의 명칭과 함께 기재한다.

① 회사명

② 보고기간 말 또는 회계기간

③ 보고통화 및 금액단위 : 재무제표 이용자에게 오해를 줄 염려가 없는 경우에는 금액을 천원이나 백만원 단위 등으로 표시할 수 있다.

## 제2절 재무상태표

1. 재무상태표의 의의

재무상태표는 일정 시점 현재 기업이 보유하고 있는 경제적 자원인 자산과 경제적 의무인 부채, 그리고 자본에 대한 정보를 제공하는 재무보고서로서, 정보이용자들이 기업의 유동성, 재무적 탄력성, 수익성과 위험 등을 평가하는 데 유용한 정보를 제공한다.

## 2. 재무상태표의 기본구조

재무상태표의 구성요소인 자산, 부채 및 자본을 다음과 같이 구분하되, 유동성이 큰 항목부터 배열하는 것을 원칙으로 한다.

| 구성요소 | 구 분 |
|---|---|
| 자 산 | 유동자산(당좌자산과 재고자산으로 구분)<br>비유동자산(투자자산, 유형자산, 무형자산, 기타비유동자산으로 구분) |
| 부 채 | 유동부채, 비유동부채 |
| 자 본 | 자본금, 자본잉여금, 자본조정, 기타포괄손익누계액 및 이익잉여금(또는 결손금) |

## 3. 자산과 부채의 유동성·비유동성 구분

① 자산과 부채는 재무상태표에 표시할 때 유동항목과 비유동항목으로 구분하는데, 그 이유는 운전자본으로 사용되는 자산·부채와 장기적인 경영활동에 사용되는 자산·부채를 구분하여 표시할 수 있고, 기업의 유동성과 지급능력을 평가하는데 유용한 정보를 제공해주기 때문이다.

② 자산은 1년을 기준으로 유동자산과 비유동자산으로 분류한다. 다만, 정상적인 영업주기 내에 판매되거나 사용되는 재고자산과 회수되는 매출채권 등은 보고기간 말로부터 1년 이내에 실현되지 않더라도 유동자산으로 분류한다. 이 경우 유동자산으로 분류한 금액 중 1년 이내에 실현되지 않을 금액을 주석으로 기재한다. 또, 장기미수금이나 투자자산에 속하는 매도가능증권 또는 만기보유증권 등의 비유동자산 중 1년 이내에 실현되는 부분은 유동자산으로 분류한다.

③ 영업주기는 제조업의 경우에 제조과정에 투입될 재화와 용역을 취득한 시점부터 제품의 판매로 인한 현금의 회수완료시점까지 소요되는 기간을 나타낸다. 숙성과정이 필요한 업종이나 자본집약적인 업종의 경우에는 영업주기가 1년을 초과할 수도 있다. 반면에 대부분의 업종의 경우에는 영업주기가 1년 이내인 경우가 보통이다.
정상적인 영업주기가 명확하게 확인되지 않는 경우에는 1년으로 추정한다.

④ 기업회계기준서에서는 구체적으로 다음과 같은 자산을 유동자산으로 분류하도록 규정하고 있다.

> ① 사용의 제한이 없는 현금및현금성자산
> ② 기업의 정상적인 영업주기 내에 실현될 것으로 예상되거나 판매목적 또는 소비목적으로 보유하고 있는 자산
> ③ 단기매매 목적으로 보유하는 자산
> ④ ① 내지 ③ 외에 보고기간 말로부터 1년 이내에 현금화 또는 실현될 것으로 예상되는 자산

⑤ 부채의 경우에도 자산과 마찬가지로 1년기준으로 유동부채와 비유동부채로 구분한다. 다만, 정상적인 영업주기 내에 소멸할 것으로 예상되는 매입채무와 미지급비용 등은 보고기간 말로부터 1년 이내에 결제되지 않더라도 유동부채로 분류한다. 이 경우 유

동부채로 분류한 금액 중 1년 이내에 결제되지 않을 금액을 주석으로 기재한다.

당좌차월, 단기차입금 및 유동성장기차입금 등은 보고기간 말로부터 1년 이내에 결제되어야 하므로 영업주기와 관계없이 유동부채로 분류한다. 또, 비유동부채 중 보고기간 말로부터 1년 이내에 자원의 유출이 예상되는 부분은 유동부채로 분류한다.

⑥ 기업회계기준서에서는 다음과 같은 부채를 유동부채로 분류하도록 규정하고 있다.

> ① 기업의 정상적인 영업주기 내에 상환 등을 통하여 소멸할 것이 예상되는 매입채무와 미지급비용 등의 부채
> ② 보고기간 말로부터 1년 이내에 상환되어야 하는 단기차입금 등의 부채

## 4. 자본의 분류

재무상태표상 자본은 변동원천과 법률적 요구를 기준으로 다음과 같이 분류한다.

| 분 류 | 내 용 |
|---|---|
| 자 본 금 | 법정자본금(보통주자본금, 우선주자본금) |
| 자 본 잉 여 금 | 증자나 감자 등 주주와의 거래에서 발생하여 자본을 증가시키는 잉여금으로서 주식발행초과금, 자기주식처분이익, 감자차익 등이 포함 |
| 자 본 조 정 | 당해 항목의 성격으로 보아 자본거래에 해당하나 최종 납입된 자본으로 볼 수 없거나 자본의 가감 성격으로 자본금이나 자본잉여금으로 분류할 수 없는 항목으로서 자기주식, 주식할인발행차금, 주식매수선택권, 출자전환채무, 감자차손 및 자기주식처분손실 등이 포함 |
| 기타포괄손익누계액 | 매도가능증권평가손익, 해외사업환산손익, 재평가잉여금, 현금흐름위험회피 파생상품평가손익 등의 잔액 |
| 이익잉여금(또는 결손금) | 손익계산서에 보고된 손익과 다른 자본항목에서 이입된 금액의 합계액에서 주주에 대한 배당, 자본금으로의 전입 및 자본조정 항목의 상각 등으로 처분된 금액을 차감한 잔액 |

## 5. 재무상태표 항목의 구분과 통합표시

자산, 부채, 자본 중 중요한 항목은 재무상태표 본문에 별도 항목으로 구분하여 표시한다. 중요하지 않은 항목은 성격 또는 기능이 유사한 항목에 통합하여 표시할 수 있으며, 통합할 적절한 항목이 없는 경우에는 기타항목으로 통합할 수 있다. 이 경우 세부 내용은 주석으로 기재한다.

기업회계기준서에서는 다음의 항목을 중요한 항목으로 간주하여 별도 항목으로 구분 표시하도록 규정하고 있다(즉, 다른 항목과 통합표시 불가).

> ① 현금및현금성자산은 기업의 유동성 판단에 중요한 정보이므로 별도 항목으로 구분표시
> ② 자본금은 보통주자본금과 우선주자본금으로 구분하여 표시한다. 보통주와 우선주는 배당금 지급 및 청산시의 권리가 상이하기 때문에 자본금을 구분하여 표시
> ③ 자본잉여금은 주식발행초과금과 기타자본잉여금으로 구분하여 표시

④ 자본조정 중 자기주식은 별도 항목으로 구분하여 표시(주식할인발행차금, 주식매수선택권, 출자전환채무, 감자차손 및 자기주식처분손실 등은 기타자본조정으로 통합하여 표시할 수 있다.)
⑤ 기타포괄손익누계액은 매도가능증권평가손익, 해외사업환산손익 및 현금흐름위험회피 파생상품평가손익 등으로 구분하여 표시
⑥ 이익잉여금은 법정적립금, 임의적립금 및 미처분이익잉여금(또는 미처리결손금)으로 구분하여 표시

6. 자산과 부채의 총액표시

자산과 부채는 원칙적으로 상계하여 표시하지 않는다. 일반적으로 자산과 부채의 상계표시는 정보이용자들의 거래에 대한 이해를 오도할 가능성이 높기 때문에 자산과 부채의 상계표시를 원칙적으로 허용하지 않는 것이다. 다만, 이 기준서 외에 다른 기업회계기준에서 요구하거나 허용하는 경우에는 예외로 한다.

한편, 매출채권에 대한 대손충당금, 사채발행차금 등 평가계정을 재무상태표 본문에 가감하는 형식으로 표시하면 재무상태표가 지나치게 복잡하게 될 수 있다. 따라서 이러한 평가계정 잔액을 해당 자산이나 부채에서 직접 가감한 금액(순액)으로 표시할 수 있으며, 이는 자산·부채의 상계에 해당하지 아니한다. 이 기준서 외의 다른 기업회계기준에서 달리 정하는 경우를 제외하고는 자산이나 부채의 가감항목을 해당 자산이나 부채에서 직접 가감하여 표시할 수 있다. 이 경우 가감한 금액을 주석으로 기재한다.

## 제3절 손익계산서

1. 손익계산서의 의의

손익계산서는 일정 기간 동안 기업의 경영성과에 대한 정보를 제공하는 재무보고서이다. 손익계산서는 당해 회계기간의 경영성과를 나타낼 뿐만 아니라 기업의 미래현금흐름과 수익창출능력 등의 예측에 유용한 정보를 제공한다.

2. 손익계산서의 기본구조

손익계산서는 다음과 같이 구분하여 표시한다. 다만, 제조업, 판매업 및 건설업 외의 업종에 속하는 기업은 매출총손익의 구분표시를 생략할 수 있다.

① 매출액
② 매출원가
③ 매출총손익
④ 판매비와관리비
⑤ 영업손익
⑥ 영업외수익
⑦ 영업외비용
⑧ 법인세비용차감전계속사업손익
⑨ 계속사업손익법인세비용
⑩ 계속사업손익
⑪ 중단사업손익(법인세효과 차감후)
⑫ 당기순손익
⑬ 주당손익

3. 수익과 비용의 총액표시

수익과 비용은 각각 총액으로 보고하는 것을 원칙으로 한다. 다만, 이 기준서 외의 다른 기업회계기준에서 요구하거나 허용하는 경우에는 수익과 비용을 상계하여 표시할 수 있다.

동일 또는 유사한 거래나 회계사건에서 발생한 차익, 차손 등은 총액으로 표시하지만 중요하지 않은 경우에는 관련 차익과 차손 등을 상계하여 표시할 수 있다. 예를 들어 외환차익과 외환차손과 같이 동일 또는 유사한 성격으로서 중요하지 않은 차익과 차손이 반복적으로 발생하는 경우 이를 상계함으로써 개별적인 합계금액의 표시로 야기될 수 있는 회계정보의 왜곡가능성을 방지할 수 있다. 그러나 외환차익과 외환차손 중 어느 한 쪽 또는 각각의 크기가 중요하면 상계표시하지 않는다.

## 제4절 자본변동표

자본변동표는 자본의 크기와 그 변동에 관한 정보를 제공하는 재무보고서로서, 자본을 구성하고 있는 자본금, 자본잉여금, 자본조정, 기타포괄손익누계액, 이익잉여금(또는 결손금)의 변동에 대한 포괄적인 정보를 제공한다.

자본변동표는 재무상태표에 표시되어 있는 자본의 기초잔액과 기말잔액의 내용을 모두 제시함으로써 재무상태표와 연결할 수 있고, 자본의 변동내용은 손익계산서와 현금흐름표에 나타난 정보와 연결할 수 있어 정보이용자들이 더 명확하게 재무제표간의 연계성을 파악할 수 있게 한다. 또한 자본변동표는 손익계산서를 거치지 않고 재무상태표의 자본(기타포괄손익누계액)에 직접 가감되는 항목에 대한 정보를 제공한다.

## 제5절 현금흐름표

1. 의의

   기업의 기본적인 재무제표로서 현금흐름에 관한 정보를 제공한다. 현금흐름표는 기업의 영업활동, 투자활동 및 재무활동과 관련되는 모든 현금의 유입과 유출에 관한 정보를 통하여 재무상태의 변동원인을 표시한다. 현금흐름표는 영업활동으로 인한 현금흐름, 투자활동으로 인한 현금흐름, 재무활동으로 인한 현금흐름으로 구분하여 표시하고, 이에 기초의 현금을 가산하여 기말의 현금을 산출하는 형식으로 표시한다.

2. 유용성

   발생주의를 적용하여 계산된 손익계산서상의 당기순이익은 기업의 이익창출능력을 판단할 수 있게 하지만 투자자가 궁극적으로 관심을 갖는 현금흐름에 관한 정보를 상세하게 제공하지 못한다. 이에 반하여 현금흐름표는 현금흐름에 관한 정보를 체계적으로 제공한다.
   ① 미래 현금흐름의 예측 및 평가
   ② 부채와 배당금에 대한 지급능력, 외부금융의 필요성 평가
   ③ 당기순이익의 질적 평가
   ④ 현금 또는 비현금 투자와 재무활동이 기업의 재무상태에 미친 영향 파악

3. 현금및현금성자산

   현금흐름표의 작성기준이 되는 현금의 범위는 현금 및 현금성자산이다. 이는 현금(통화 및 통화대용증권)과 당좌예금·보통예금 및 현금성자산으로 구성된다.

4. 현금흐름의 구분

   (1) 영업활동

   투자활동이나 재무활동에 속하지 않는 모든 거래가 이에 포함된다. 이는 당기순이익의 결정에 영향을 미치는 거래를 말하는데, 주로 제품의 생산과 상품 및 용역의 구입·판매활동이 이에 해당한다.

   (2) 투자활동

   투자활동에는 현금의 대여나 대여금의 회수 및 유형자산의 취득과 처분 등과 같이 일반적으로 비유동자산에 영향을 미치는 거래를 말한다.

   (3) 재무활동

   재무활동에는 현금의 차입과 차입금의 상환, 사채발행, 주식발행, 배당금의 지급 등과 같이 일반적으로 비유동부채 및 자본에 영향을 미치는 거래를 말한다.

## 제6절 중간재무제표

1. 의의

    중간재무제표는 1회계연도보다 짧은 기간(중간기간)을 대상으로 작성하는 재무제표로서 회계정보의 적시성 제고를 위하여 필수적인 수단이다.
    ① 중간기간 : 1회계연도보다 짧은 회계기간을 말한다. 예를 들면 중간기간은 3개월, 6개월 등이 될 수 있다. 3개월 단위의 중간기간을 '분기', 6개월 단위의 중간기간을 '반기'라 한다.
    ② 누적중간기간 : 회계연도의 개시일부터 당해 중간기간의 종료일까지의 기간을 말한다.
    ③ 중간재무제표 : 중간기간 또는 누적중간기간을 대상으로 작성하는 재무제표를 말한다.
    ④ 연차재무제표 : 1회계연도를 대상으로 작성하는 재무제표를 말한다.

2. 중간재무제표

    (1) 중간재무제표는 다음을 포함한다.

    > ① 중간 재무상태표
    > ② 중간 손익계산서
    > ③ 중간 자본변동표
    > ④ 중간 현금흐름표
    > ⑤ 주석

    (2) 중간재무제표가 표시되어야 하는 기간

    중간보고서는 다음 기간에 대한 중간재무제표를 포함하여야 한다.

    > ① 재무상태표는 중간보고기간말과 직전 연차보고기간말을 비교형식으로 작성한다.
    > ② 손익계산서는 중간기간과 누적중간기간을 직전 회계연도의 동일기간과 비교하는 형식으로 작성한다.
    > ③ 현금흐름표 및 자본변동표는 누적중간기간을 직전 회계연도의 동일기간과 비교하는 형식으로 작성한다.

    (3) 기타 고려할 사항

    ① 중요성

    중간재무보고서를 작성할 때 인식, 측정, 분류 및 공시와 관련된 중요성의 판단은 해당 중간기간의 재무자료에 근거하여 이루어져야 한다.

    ② 연차재무제표 주석공시

    최종 중간기간(12월 결산법인의 경우에는 4/4분기가 될 것이다)의 중간재무보고서는 별도로 작성하지 않을 수 있다. 다만, 특정 중간기간에 보고된 추정금액이 최종 중간기간에 중요하게 변동하였지만 최종 중간기간에 대하여 별도의 재무보고를 하지 않는 경우, 추정의 변동 내용과 금액을 해당 회계연도의 연차재무제표에 주석으로 공시하여야 한다.
③ 일반기업회계기준의 준수에 대한 공시
일반기업회계기준에 따라 중간재무보고서를 작성한 경우, 그 사실을 공시하여야 한다.

## 3. 인식과 측정

(1) 연차기준과 동일한 회계정책

중간재무제표는 연차재무제표에 적용하는 회계정책과 동일한 회계정책을 적용하여 작성한다. 다만, 직전 연차보고기간말 후에 회계정책을 변경하여 그 후의 연차재무제표에 반영하는 경우에는 변경된 회계정책을 적용한다. 그러나 연차재무제표의 결과가 보고빈도(연차보고, 반기보고, 분기보고)에 따라 달라지지 않아야 한다.

(2) 법인세비용의 인식

법인세비용은 중간보고기간말 현재 예상되는 연간법인세율의 추정에 기초하여 인식한다.

(3) 계절적, 주기적 또는 일시적인 수익 및 연중 고르지 않게 발생하는 원가

배당수익, 로열티수익과 같이 계절적, 주기적 또는 일시적으로 발생하는 수익은 연차보고기간말에 미리 예측하여 인식하거나 이연하는 것이 적절하지 않은 경우 중간보고기간말에도 미리 예측하여 인식하거나 이연하여서는 아니된다. 한편, 연중 고르지 않게 발생하는 원가는 연차보고기간말에 미리 비용으로 예측하여 인식하거나 이연하는 것이 타당한 방법으로 인정되는 경우에 한하여 중간재무보고서에서도 동일하게 처리한다.

## 핵심예제

**문제1]** 기본적인 재무제표에 해당되지 않는 것은?
① 재무상태표　　　　　　　　② 현금흐름표
③ 손익계산서　　　　　　　　④ 제조원가명세서

**문제2]** 주식할인발행차금상각비가 표시되는 재무제표는?
① 재무상태표　　　　　　　　② 손익계산서
③ 자본변동표　　　　　　　　④ 현금흐름표

**문제3]** 재무제표와 관련된 설명으로 옳지 않은 것은?
① 재무상태표는 일정시점 현재 기업실체가 보유하고 있는 경제적 자원인 자산과 경제적 의무인 부채, 그리고 자본에 대한 정보를 제공하는 재무보고서이다.
② 손익계산서는 일정기간 동안 기업실체의 경영성과에 대한 정보를 제공하는 재무보고서이다.
③ 현금흐름표는 일정시점의 기업실체에 대한 현금유입과 현금유출에 대한 내용을 제공하므로 기업실체의 미래현금흐름을 전망하는데 충분한 정보를 제공하지 못한다.
④ 자본변동표는 기업실체에 대한 자본의 크기와 그 변동에 관한 정보를 제공하는 재무보고서로서 소유주의 투자와 소유주에 대한 분배, 그리고 포괄손익에 대한 정보를 포함한다.

**문제4]** 다음 중 재무제표에 대한 설명으로 옳지 않은 것은?
① 총액주의에 의한 구분표시, 유동성배열법(1년기준)에 따라 기업의 재무상태를 나타내주는 일람표
② 수익·비용 대응의 원칙에 따라 발생주의에 의한 기업의 경영성과를 나타내주는 일람표
③ 자기검증기능에 따라 결산일 이전에 기업의 재무상태와 경영성과를 파악할 수 있는 일람표
④ 재무제표의 종류에는 재무상태표, 손익계산서, 현금흐름표, 자본변동표 및 주석이 있다.

**문제5]** 재무상태표의 기본요소에 대한 설명으로 적절하지 않은 것은?
① 자산은 과거의 거래나 사건의 결과로서 현재 기업실체에 의해 지배되고 미래에 경제적 효익을 창출할 것으로 기대되는 자원이다.
② 부채는 과거의 거래나 사건의 결과로서 현재 기업실체가 부담하고 미래에 자원의 유출 또는 사용이 예상되는 의무이다.
③ 재무상태표에 표시되는 자본의 총액은 발행주식의 시가총액으로서, 자본잉여금의 발생금액 및 이익잉여금의 총액에 의해 결정된다.
④ 기업실체의 재무상태에 대한 정보를 제공하는 재무상태표의 기본요소는 자산, 부채 및 자본이다.

## 제2편. 회계원리 -제10장 재무제표

문제6] 기업회계기준에 의거 재무상태표 작성시 자산(차변)에 기입 표시될 항목이 아닌 것은?
① 감가상각누계액
② 미경과비용
③ 대손충당금
④ 미경과수익

문제7] 다음의 항목들이 재무상태표에 계상되었을 경우, 기업회계기준서에서 제시하고 있는 기타포괄손익누계액의 구분표시항목으로 옳지 않은 것은?
① 현금흐름위험회피 파생상품평가손익
② 해외산업환산손익
③ 자기주식처분손익
④ 매도가능증권평가손익

문제8] 다음 자료에 의하여 영업손익은?

| 기초상품재고액 200,000원 | 매입액 1,500,000원 | 매출액 2,000,000원 |
| 기말상품재고액 220,000원 | 급여 150,000원 | 대손상각비 100,000원 |
| 유형자산처분이익 100,000원 | 매입할인 50,000원 | 재해손실 150,000원 |

① 270,000원
② 320,000원
③ 370,000원
④ 470,000원

문제9] '기업회계기준'에 따라 작성하는 재무상태표에서 미처분이익잉여금은 무엇을 나타내는가?
① 차기이월 미처분이익잉여금과 당기순이익의 합계액
② 전기이월 미처분이익잉여금과 당기순이익의 합계액
③ 전기이월 이익잉여금과 당기순이익의 합계액으로부터 이익잉여금을 처분한 후의 차기이월 미처분이익잉여금
④ 수정전 전기이월 미처분이익잉여금과 당기순이익의 합계액에서 주식할인발행차금을 차감한 잔액

문제10] 다음은 기업회계기준서의 중간재무제표에 대한 용어의 설명이다. 틀린 것은?
① "누적중간기간"은 회계연도 개시일부터 당해 중간기간의 종료일까지의 기간을 말한다.
② "중간기간"은 1회계연도보다 긴 회계기간을 말한다
③ "중간재무제표"는 중간기간 또는 누적중간기간을 대상으로 작성하는 재무제표를 말한다.
④ "연차재무제표"는 1회계연도를 대상으로 작성하는 재무제표를 말한다.

| 번호 | 정답 | 해　　　설 |
|---|---|---|
| 1 | ④ | 재무제표 : 손익계산서, 재무상태표, 현금흐름표, 자본변동표 및 주석.<br>④ 제조원가명세서는 손익계산서의 부속명세서이며, 부속명세서, 설명서 등은 재무제표의 범위에 포함되지 않는다. |
| 2 | ③ | 주식할인발행차금 상각비, 배당건설이자 상각비는 비용이 아닌 이익잉여금의 처분항목이다. 따라서 손익계산서가 아닌 자본변동표(또는 이익잉여금처분계산서)에 기입된다. |
| 3 | ③ | ③ 현금흐름은 회계기간 중에 발생한 현금의 유입과 유출에 대한 정보를 제공하므로 미래의 현금흐름을 전망하는 데 유용하다. |
| 4 | ③ | ③ 시산표에 대한 설명으로 시산표는 재무제표가 아니다. |
| 5 | ③ | ③ 재무상태표에 표시되는 자본총액은 자산총액에서 부채총액을 차감한 산액이다. |
| 6 | ④ | ① 유형자산에서 차감하는 형식으로 표시. ② 선급비용. ③ 매출채권에서 차감하는 형식으로 표시. ④ 미경과수익은 선수수익(부채계정)으로 대변에 표시한다. |
| 7 | ③ | ③ 자기주식처분이익은 기타자본잉여금으로, 자기주식처분손실은 자본조정의 차감항목으로 표시된다. |
| 8 | ② | 영업손익 = 매출액 - 매출원가 - 판매비와 관리비<br><br>손　익　계　산　서<br><br>기초상품재고액　200,000　　매　　출　　액　2,000,000<br>매　　　입　　　액　1,500,000　　매　　입　할　인　　　50,000<br>급　　　　　　　　여　　150,000　　기말상품재고액　　220,000<br>대　손　상　각　비　　100,000<br>영　　업　　이　　익　　320,000<br><br>유형자산처분이익(영업외수익)과 재해손실(영업외비용)은 영업손익계산에서 제외된다. |
| 9 | ② | 전기이월미처분이익잉여금 + 당기순이익 = 미처분이익잉여금 |
| 10 | ② | 기업회계기준서 제2호 (문단4) - 중간기간은 1회계연도보다 짧은 회계기간을 말한다 |

# 제11장 세무회계

## 1. 세금
국가 또는 지방자치단체가 특정한 반대급부 없이 개인 또는 기업으로부터 강제적으로 징수하는 금전 또는 재화이다.

## 2. 각종 세금의 회계처리

| 세 금 | 회계처리 |
|---|---|
| (개인기업의) 소득세 | 자본금(또는 인출금) |
| 재산세·자동차세·사업소세 등의 세금<br>상공회의소회비·협회비·조합비 등의 공과금 | 세금과공과 |
| 급여 지급시 원천징수한 소득세 | 예수금 |
| 취득세·등록세·인지세 등 | 해당자산의 원가에 포함 |
| 상품 매입시 부가가치세 지급<br>상품 매출시 부가가치세 징수 | 부가가치세대급금<br>부가가치세예수금 |

## 3. 부가가치세(VAT)
재화나 용역의 거래과정에서 발생하는 부가가치에 대하여 부과하는 간접세로서, 기업은 상품 매출시 국가를 대신하여 부가가치세를 징수한 후, 상품 매입시 지급한 부가가치세를 차감한 잔액을 신고일에 납부(매입세액이 많으면 환급)한다.

(1) 부가가치세의 계산
  ① 매출세액(부가가치세 예수금) = 매출액 × 세율(10%)
  ② 매입세액(부가가치세 대급금) = 매입액 × 세율(10%)
  ③ 납부할 세액 = 매출세액 − 매입세액 ──▶ 전단계세액공제법

(2) 회계처리
  ① 상품매입시
  　　(차) 상　　　　　품　×××　　(대) 현　　　　　금　×××
  　　　　 부가가치세대급금　×××

  ② 상품매출시
  　　(차) 현　　　　　금　×××　　(대) 상　품　매　출　×××
  　　　　　　　　　　　　　　　　　　　 부가가치세예수금　×××

③ 부가가치세계정 정리
(차) 부가가치세예수금　×××　　(대) 부가가치세대급금　×××
　　　　　　　　　　　　　　　　　　미 지 급 세 금　×××

④ 신고·납부
(차) 미 지 급 세 금　×××　　(대) 현　　　　　금　×××

### 예제. 01　부가가치세의 회계처리

1. 상품 300,000원을 외상매입하고 부가가치세 30,000원을 현금 지급하다.
2. 상품 400,000원을 외상매출하고 부가가치세 40,000원을 현금으로 받다.
3. 부가가치세 매출세액 80,000원과 매입세액 65,000원을 정리하다.
4. 부가가치세를 현금으로 납부하다.

(해설)

1. (차) 상　　　　　품　　300,000　　(대) 외 상 매 입 금　300,000
　　　　부 가 가 치 세 대 급 금　30,000　　　　현　　　　　금　30,000
2. (차) 외 상 매 출 금　400,000　　(대) 상 품 매 출　400,000
　　　　현　　　　　금　40,000　　　　부 가 가 치 세 예 수 금　40,000
3. (차) 부 가 가 치 세 예 수 금　40,000　　(대) 부 가 가 치 세 대 급 금　30,000
　　　　　　　　　　　　　　　　　　　　미 지 급 세 금　10,000
4. (차) 미 지 급 세 금　10,000　　(대) 현　　　　　금　10,000

## 4. 법인세

법인기업의 사업소득(당기순이익)에 대하여 부과하는 세금을 말한다.

① 법인세 2,000원 중간 예납시
(차) 선 납 세 금　2,000　　(대) 현　　　　　금　2,000

② 결산시 법인세 5,000원 추산
(차) 법 인 세 등　5,000　　(대) 선 납 세 금　2,000
　　　　　　　　　　　　　　　　　미 지 급 세 금　3,000

③ 결산 후 납부
(차) 미 지 급 세 금　3,000　　(대) 현　　　　　금　3,000

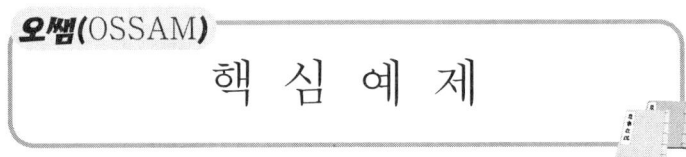

문제1] 다음 중 세금과공과계정으로 처리할 수 없는 것은?
① 재산세                    ② 자동차세
③ 사업소득세                ④ 상공회의소 회비

문제2] 다음 설명 중 잘못된 것은?
① 법인세에 부과된 소득할주민세는 법인세비용으로 계상한다.
② 상품을 외상매입하고 부가가치세 부분은 현금으로 지급한 경우 분개할 때는 매입, 부가가치세대급금, 외상매입금, 현금계정이 사용된다.
③ 결산일의 법인세비용추산액이 500,000원이고, 중간예납액이 300,000원이면 결산일에는 200,000원만 미지급법인세로 계상한다(주민세는 없다고 가정).
④ 기업주에 부과된 소득세를 그 기업이 대납할 경우에는 세금과공과로 회계처리한다.

문제3] 상품 900,000원을 외상으로 매입하고, 그에 대한 부가가치세 90,000원을 현금으로 지급하다. 옳은 분개는? (단, 상품은 3분법으로 분개한다)

① (차) 매            입    900,000    (대) 외 상 매 입 금    900,000
        부가가치세대급금     90,000         부가가치세예수금     90,000
② (차) 매            입    990,000    (대) 외 상 매 입 금    900,000
                                              현         금      90,000
③ (차) 매            입    900,000    (대) 외 상 매 입 금    900,000
        부가가치세대급금     90,000         현         금      90,000
④ (차) 매            입    990,000    (대) 외 상 매 입 금    900,000
                                              부가가치세예수금     90,000

문제4] "甲상점에 상품 200,000원을 매출하고 대금은 부가가치세 20,000원과 함께 동점 발행 당좌수표로 받다."의 옳은 분개는? (단, 상품은 3분법으로 분개한다)

① (차) 현        금    220,000    (대) 매            출    200,000
                                          부가가치세예수금     20,000
② (차) 현        금    220,000    (대) 매            출    200,000
                                          부가가치세대급금     20,000
③ (차) 당 좌 예 금      220,000    (대) 매            출    200,000
④ (차) 당 좌 예 금      220,000    (대) 매            출    500,000
                                          상품매출이익        200,000

문제5] 부가가치세 매출세액 700,000원과 매입세액 500,000원을 정리하는 분개로 옳은 것은?

① (차) 세 금 과 공 과　　200,000　　(대) 현　　　　　　금　　200,000
② (차) 부가가치세대급금　　700,000　　(대) 부가가치세예수금　　500,000
　　　　　　　　　　　　　　　　　　　　　　현　　　　　　금　　200,000
③ (차) 법 인 세 비 용　　200,000　　(대) 현　　　　　　금　　200,000
④ (차) 부가가치세예수금　　700,000　　(대) 부가가치세대급금　　500,000
　　　　　　　　　　　　　　　　　　　　　　미 지 급 세 금　　200,000

문제6] 법인세의 중간예납액 500,000원을 현금으로 납부한 경우의 정확한 분개는?

① (차) 세 금 과 공 과　　500,000　　(대) 현　　　　　　금　　500,000
② (차) 법 인 세 가 지 급 금　　500,000　　(대) 현　　　　　　금　　500,000
③ (차) 선 납 세 금　　500,000　　(대) 현　　　　　　금　　500,000
④ (차) 미 지 급 법 인 세　　500,000　　(대) 현　　　　　　금　　500,000

| 번호 | 정답 | 해　　　설 |
|---|---|---|
| 1 | ③ | 사업소득세는 기업주 개인부담으로 인출금계정으로 처리하고 사업소세는 기업부담이므로 세금과공과계정으로 처리한다. |
| 2 | ④ | 소득세는 기업주 개인에 대해 부과하는 것으로 자본의 인출에 해당한다. |
| 3 | ③ | 상품매입시 지급하는 부가가치세는 매입원가에 포함하지 않고 부가가치세대급금계정 차변에 기입한다. |
| 4 | ① | 상품 매출시의 부가가치세는 부가가치세 예수금계정으로 처리한다. |
| 5 | ④ | 매출세액(부가가치세예수금, 대변)과 매입세액(부가가치세대급금, 차변)을 상계시킨다. |
| 6 | ③ | 법인세를 중간예납하는 경우 선납세금계정의 차변에 기입한다. |

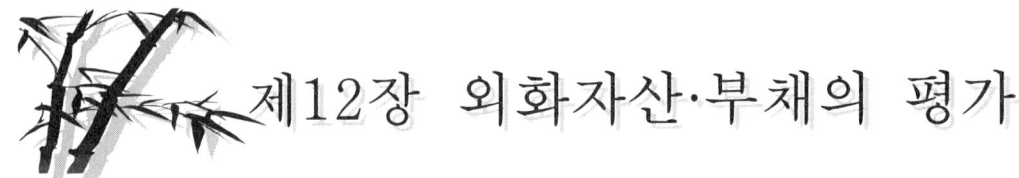
# 제12장 외화자산·부채의 평가

1. 화폐성외화자산 및 부채의 정의
   화폐가치의 변동과 상관없이 금액이 계약 등에 의해 일정액의 외화 화폐액으로 고정되어 있는 자산 및 부채를 말한다.

2. 외화표시 자산 및 부채의 환산
   (1) 화폐성(화폐가치 고정)

   재무상태표일(결산일, 보고기간종료일) 현재의 적절한 환율로 환산하여 표시하고 외화환산손익은 당기손익으로 처리한다.

   ① 매출채권, 미수금, 대여금, ② 매입채무, 미지급금, 차입금 등
   (2) 비화폐성(화폐가치 변동)

   자산을 취득하거나 부채를 부담한 당시의 적절한 환율로 환산하여 표시한다.

   ① 재고자산과 유가증권(단기매매증권 등), ② 유형자산과 무형자산, ③ 선급금과 선수금

3. 외화채권 및 채무의 환산
   (1) 완결거래(대금 결제시)

   당기에 외화를 지급하거나 수취하게 될 때 거래발생시점(또는 결산일)의 환율과 결제시점의 환율을 비교하여 그 환율차이를 외환차익(또는 외환차손)으로서 영업외수익(비용)으로 계상한다.

### 예제. 01  외환차손익

장기외화차입금 300,000,000원($300,000, $1 = 1,000원)을 수표발행 하여 상환하다.
(1) 상환당시의 환율이 $1 = 900원일 경우의 분개는?
(2) 상환당시의 환율이 $1 = 1,100원일 경우의 분개는?
(해설)
   (1) (차) 장 기 외 화 차 입 금   300,000,000   (대) 당 좌 예 금   270,000,000
                                                                                외 환 차 익   30,000,000
   (2) (차) 장 기 외 화 차 입 금   300,000,000   (대) 당 좌 예 금   330,000,000
        외 환 차 손   30,000,000

(2) 미결거래(결산시)

결산시점에서 환율변동에 따른 화폐성자산 및 화폐성부채의 평가에 따른 차액을 외화환산이익(또는 외화환산손실)으로서 영업외수익(비용)으로 계상한다.

> 화폐성 항목 = 결산일 현재의 환율(=현행환율)
> 비화폐성 항목 = 발생당시의 환율(=역사적 환율)

### 예제. 02  외화환산손익

20×1년 12월 1일 브라질로부터 상품을 $3,000(1,100원/$) 외상으로 구입하였다.
(1) 기말 결산시의 환율이 $1 = 1,000원일 경우의 분개는?
(2) 기말 결산시의 환율이 $1 = 1,200원일 경우의 분개는?

(해설)

(1) (차) 외 화 외 상 매 입 금   300,000   (대) 외 화 환 산 이 익   300,000
(2) (차) 외 화 환 산 손 실   300,000   (대) 외 화 외 상 매 입 금   300,000

## 4. 외화 재무제표의 환산

외국에 지점 또는 종속회사가 있는 경우 지점 또는 종속회사의 외화표시재무제표를 원화로 환산하여야 한다.

(1) 원칙

화폐성·비화폐성법을 적용한다. 이 경우에 발생하는 외화환산손익은 당기손익으로 처리한다.

> ① 화폐성 항목은 현행환율로, 비화폐성 항목은 역사적 환율로 환산하는 방법.
> ② 손익계산서 항목은 비화폐성 항목과 관련된 손익(매출원가, 감가상각비 등)은 역사적 환율로, 기타의 항목은 평균환율 적용 ⇒ 외화환산이익(손실)은 당기손익으로 처리.

(2) 예외

영업·재무활동이 본점과 독립적으로 운영되는 해외지점, 해외사업소 또는 해외소재 지분법적용대상회사의 경우에는 현행환율법을 적용할 수 있다.

① 화폐성·비화폐성법을 적용할 경우 – (1)의 처리방법과 같다.
② 현행환율법을 적용할 경우 – 이 경우에 발생하는 환산손익은 이를 상계하여 그 차액을 해외사업환산손실 또는 해외사업환산이익의 과목으로 하여 자본항목(기타포괄손익누계액)으로 처리하며, 차기 이후에 발생하는 해외사업환산손실 또는 이익과 상계하여 표시하고 관련지점, 사업소 또는 지분법적용대상회사가 청산, 폐쇄 또는 매각되는 회계 연도의 손익으로 처리한다.

## 제2편. 회계원리 – 제12장 외화자산·부채의 평가

### 오쌤(OSSAM) 핵심예제

**문제1]** 다음의 연결된 거래에서 20X5년 12월 10일의 분개로 옳은 것은?

> (1) 20×4년 12월 1일 캐나다로부터 상품 $3,000을 외상으로 구입하였다.
>   이때의 환율이 $1 : 800원이다.
> (2) 20×4년 12월 31일 결산일 현재 환율이 $1 : 750원이다.
> (3) 20×5년 12월 10일 위 외상매입금을 전액 현금으로 상환하다
>   단, 현재 환율이 $1 : 1,000원이다.

① (차) 외화외상매입금   2,400,000   (대) 현       금   3,000,000
       외 환 차 손          600,000
② (차) 외화외상매입금   2,250,000   (대) 현       금   3,000,000
       외 환 차 손          750,000
③ (차) 외화외상매입금   2,250,000   (대) 현       금   3,000,000
       외 화 환 산 손 실     750,000
④ (차) 외 환 차 손          750,000   (대) 외화외상매입금   750,000

**문제2]** 甲회사는 당기 중 $1 : 800일 때 발생한 각각의 외화단기차입금 $100,000과 외화단기대여금 $80,000을 결산시의 환율인 $1 : 830으로 평가하였다. 이 평가에 의해 산출되는 손익계산서상의 외화환산손실과 외화환산이익을 바르게 표시한 것은?

|   | (외화환산손실) | (외화환산이익) |   | (외화환산손실) | (외화환산이익) |
|---|---|---|---|---|---|
| ① | 3,000,000원 | 2,400,000원 | ② | 2,400,000원 | 3,000,000원 |
| ③ | 0원 | 600,000원 | ④ | 600,000원 | 0원 |

| 번호 | 정답 | 해 설 |
|---|---|---|
| 1 | ② | (1) (차) 매    입   2,400,000   (대) 외화외상매입금   2,400,000 *<br>   * $3,000 × 800 = 2,400,000원<br>(2) (차) 외화외상매입금   150,000   (대) 외화환산이익   150,000 *<br>   * $3,000 × (800 − 750) = 150,000원<br>(3) (차) 외화외상매입금   2,250,000 *1   (대) 현   금   3,000,000 *2<br>       외 환 차 손        750,000 *3<br>   *1 2,400,000원 − 150,000원 = 2,250,000원(또는 $3,000 × 750)<br>   *2 $3,000 × 1,000원 = 3,000,000원<br>   *3 $3,000 × (1,000원 − 750원) = 750,000원 또는 대,차 차액 |
| 2 | ② | 외화환산손실(외화차입금)<br>   : ($100,000×830원) − ($100,000×800원) = 3,000,000원<br>외화환산이익(외화대여금)<br>   : ($80,000×830원) − ($80,000×800원) = 2,400,000원 |

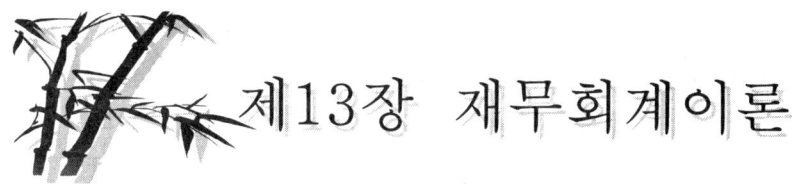

# 제13장 재무회계이론

## 제1절 회계의 기본개념

### 1. 재무회계의 목적
재무회계는 '외부이해관계자인 주주나 채권자 등에게 유용한 정보를 제공하는 것'을 목적으로 한다.
① 투자 및 신용결정에 유용한 정보의 제공
② 미래 현금흐름의 전망을 평가하는데 유용한 정보의 제공
③ 기업의 자원·청구권 및 이들의 변동에 관한 정보의 제공
　가. 경제적 자원과 채무 및 소유자지분에 관한 정보의 제공
　나. 재무적 성과에 관한 정보의 제공
　다. 유동성·지급능력·자금흐름에 관한 정보의 제공
　라. 경영자의 수탁책임에 관한 정보의 제공

### 2. 회계의 분류

|  | 재 무 회 계 | 관 리 회 계 |
|---|---|---|
| 목적 | 외부정보이용자의 경제적 의사결정에 유용한 정보의 제공 | 경영자의 관리적 의사결정에 유용한 정보의 제공 |
| 보고대상 | 외부보고(객관성, 신뢰성) | 내부보고(실용성, 목적적합성) |
| 기준(원칙) | 일반적으로 인정된 회계원칙(GAAP), 법률, 관습 | 통일된 회계원칙 및 이론이 없다. 회계학, 경제학, 의사결정과학 |
| 정보　* 시간성<br>　　　* 자료범위<br>　　　* 정보범위 | 과거지향적 정보<br>화폐적 정보<br>기업전체를 종합 | 과거·미래지향적 정보<br>화폐적·비화폐적 정보<br>부문별·제 구분 |
| 보고　* 양식<br>방법　* 보고시점 | 재무제표<br>보통 1년(정기적) | 관리회계보고서<br>필요에 따라 수시 |

## 제2절 재무회계개념체계

재무회계개념체계는 기업실체의 재무보고 목적을 명확히 하고, 이를 달성하는데 유용한 재무회계의 기초개념을 제공하는 것을 목적으로 한다.
① 회계기준제정기구가 회계기준을 제정 또는 개정함에 있어 준거하는 재무회계의 개념과 개념의 적용에 관한 일관성 있는 지침을 제공한다.
② 재무제표의 이용자가 회계기준에 의해 작성된 재무제표를 해석하는데 도움이 되도록 재무제표 작성에 기초가 되는 기본가정과 제 개념을 제시한다.
③ 재무제표 작성자가 회계기준을 해석·적용하여 재무제표를 작성·공시하거나, 특정한 거래나 사건에 대한 회계기준이 미비된 경우에 적용할 수 있는 일관된 지침을 제공한다.
④ 외부감사인이 감사의견을 표명하기 위하여 회계기준 적용의 적정성을 판단하거나, 특정한 거래나 사건에 대한 회계기준이 미비된 경우 회계처리의 적정성을 판단함에 있어서 의견형성의 기초가 되는 일관된 지침을 제공한다.

재무회계개념체계는 회계기준이 아니므로 구체적 회계처리방법이나 공시에 관한 기준을 정하는 것을 목적으로 하지 않는다. 따라서 개념체계의 내용이 특정 회계기준과 상충되는 경우에는 그 회계기준이 개념체계에 우선한다.

## 제3절 회계정보의 질적 특성

회계정보기준이란 회계정보가 정보이용자들의 의사결정에 유용한 정보가 되기 위하여 갖추어야 할 질적인 특성을 말한다.

1. 이해가능성

   재무제표 정보가 정보이용자의 의사결정에 유용하게 활용되기 위해서는 질적 특성을 갖춘 정보가 이해가능성이 있어야 한다는 전제가 필요하다. 기업은 정보이용자들이 쉽게 이해할 수 있는 방법으로 회계정보를 제공해야 한다는 것을 의미한다. 회계정보가 아무리 목적적합하고 신뢰성이 있다 하더라도 정보이용자가 그것을 이해하지 못한다면 그 정보는 유용한 정보라고 할 수 없다.

2. 목적적합성

   목적적합성이란 회계정보는 정보이용자가 의도하고 있는 의사결정목적과 관련이 있어야 하며, 회계정보를 이용하여 의사결정을 하는 경우와 이용하지 않고 의사결정을 하는 경우를 비교해서 의사결정에 차이를 발생하게 하는 정보의 능력을 말한다.
(1) 예측가치와 피드백가치(확인가치)

예측가치란 의사결정은 미래를 대상으로 하므로 정보이용자의 미래예측능력을 증대시키는 자질을 말하며, 피드백가치란 정보이용자로 하여금 과거의 예측했던 바를 확인하거나 또는 수정할 수 있게 하는 정보의 자질을 말한다.

(2) 적시성

적시성이란 정보이용자가 의사결정을 하기 위해서는 정보가 필요한 시기에, 즉 정보로서 영향력을 상실하기 전에 회계정보가 제공되어야 한다는 뜻이다.
중간재무보고(반기재무제표 또는 분기재무제표)를 작성하거나, 장기건설공사에 있어서 진행기준에 따라 이익을 보고하는 것은 재무제표가 적시성을 갖도록 하여 의사결정에 목적적합하도록 하기 위한 것이다.

## 3. 신뢰성

신뢰성이란 회계정보가 오류나 편의(偏倚, bias)에서 벗어나 표현하고자 하는 바를 충실하게 표현하고 있음을 보증하는 정보의 자질을 말한다.

(1) 표현의 충실성

표현의 충실성이란 표현하고자 하는 경제적 현상의 실질적 속성과 현상을 나타내는 측정치가 일치하는 정도를 의미한다. 예를 들어 실제 매출액이 1억원일 경우에 매출액을 1억원으로 측정하여 보고하는 것은 충실한 표현이라고 할 수 있다.

(2) 검증가능성

검증가능성이란 독립된 측정자들이 동일한 경제적 사건에 대해서 동일한 측정방법으로 각각 독립적으로 측정하더라도 동일한 결과를 얻을 수 있는 정보의 속성을 말한다.

(3) 중립성

중립성이란 회계정보가 의도적으로 미리 정해 놓은 특정한 결과를 가져오게 하거나, 정보이용자에게 특정한 행동양식을 유발하게 하는 편의를 가져서는 안된다는 속성으로서 회계원칙의 제정 및 적용에 있어서 정보이용자에게 중립적이어야 한다는 것을 말한다.

## 4. 비교가능성

비교가능성이란 두 개의 서로 다른 경제현상에 대해서 정보이용자가 유사점과 차이점을 식별할 수 있는 정보의 자질을 의미하며, 기간별 비교가능성(일관성, 계속성)과 기업간 비교가능성(통일성)을 포괄하는 개념이다.

[보충] 계속성의 원칙

기업이 한 번 채택한 회계처리에 관한 기준 및 추정은 정당한 사유가 없는 한 이를 매기 계속해서 적용해야 한다. 계속성의 원칙이 준수되어야 하는 이유는
* 기간별 비교가능성을 제고시킨다.
* 이익조작을 방지한다.

5. 실질의 우선
   재무제표 정보가 목적적합하고 신뢰할 수 있기 위해서는 재무제표 작성시 거래나 사건을 형식보다는 경제적 실질에 따라 회계처리하고 보고하여야 한다.

   [목적적합성과 신뢰성의 상충관계]

   |  | 목 적 적 합 성 | 신 뢰 성 |
   |---|---|---|
   | * 자산의 평가기준 | 현행원가(시가) | 역사적 원가 |
   | * 재무보고서 | 중간보고서(반기재무제표 등) | 정기 결산보고서(연차 재무제표) |
   | * 순이익 개념 | 발생주의 | 현금주의 |
   | * 공사수익의 인식 | 진행기준 | 완성기준 |
   | * 투자주식의 평가 | 지분법 | 원가법 |
   | * 대손회계 | 충당금설정법 | 직접차감법 |

6. 회계공준
   회계공준이란 회계이론을 논리적으로 전개하기 위한 기본적인 가정 또는 근본적인 명제로서 회계가 이루어지는 정치적·경제적·사회적 환경으로부터 귀납적으로 도출된다.
   (1) 회계공준의 성격
       ① 당연히 받아들어지고 있는 가정이므로 논리적으로 증명을 필요로 하지 않는다.
       ② 관습적으로 생성·발전되었으며 회계이론을 추론하는 기초적인 토대가 된다.
       ③ 회계이론을 연역적으로 추론하고자 할 때 필요한 개념이다.
       ④ 시대와 환경의 변화에 따라서 변할 수 있다.
   (2) 회계공준의 종류
       ① 기업실체의 공준
          기업실체의 공준은 회계담당자가 측정·보고하는 재무적 정보는 소유주와 독립된 특정의 회계실체에 대한 것이어야 한다는 가정이다. 즉, 회계의 주체는 경영자나 주주가 아닌 바로 기업 그 자체이므로 기업 자체에 대한 회계보고를 하여야 한다는 가정이다.
       ② 계속기업의 공준
          계속기업의 공준은 기업이 계속적으로 존재하지 않을 것이라는 반증이 없는 한 기업실체는 실체의 본래 목적을 달성하기 위하여 계속적으로 존재한다는 가정이다. 계속기업의 공준을 오랫동안 채택해온 이유는 자산을 역사적 원가주의로 평가하는 것을 정당화하기 위함이다. 만약 청산이 예상된다면 자산 가치는 역사적 원가보다는 순실현가능가치(= 청산가치, 시가)로 평가하는 것이 타당한 방법이 될 것이다. 계속기업의 공준에서 파생되는 회계개념으로는 역사적 원가주의, 미래현금흐름의 현재가치, 비교가능성, 계속성의 원칙이 있으며, 회계적 사례는 다음과 같다.

㉠ 자산의 평가기준은 역사적 원가에 의한다.
㉡ 유형자산의 원가배분원칙이 적용된다.
㉢ 손익의 인식기준은 발생주의를 적용한다.
㉣ 발생주의에 근거하여 미지급비용과 충당부채를 설정한다.
㉤ 계속성·안전성 원칙 등 회계기준이 적용된다.
㉥ 계속기업공준에 근거하여 회계기간이 도출된다.

③ 회계기간(기간별 보고)의 공준

회계기간의 공준이란 기업실체의 지속적인 경제적 활동을 인위적으로 분할하여 각 기간마다 경영자의 수탁책임을 보고하자는 가정이다.

예) 발생주의(실현주의), 수익·비용의 대응, 감가상각, 수익·비용의 이연과 예상

## 제2편. 회계원리 —제13장 재무회계 이론

### 오쌤(OSSAM) 핵심예제

문제1] 회사는 미래에도 계속적으로 정상적인 영업활동을 영위할 것이라는 전제하에 역사적 원가주의의 근간이 되는 회계의 기본가정은?
① 기업실체의 가정  ② 계속기업의 가정
③ 기간별보고의 가정  ④ 발생주의

문제2] 회사가 소모품을 구입하면서 이를 모두 당기의 비용으로 회계처리하였을 경우 다음 중 어떤 회계개념을 고려한 것인가? 단, 금액의 대소관계를 고려하지 않음.
① 보수주의  ② 수익비용의 대응
③ 편리성  ④ 계속성

문제3] 다음 중에서 재무제표 작성시 미지급비용이나, 선급비용, 각종 충당부채설정 등에 대한 수정분개를 정당화시키는 회계개념과 가장 가까운 개념은?
① 계속기업의 전제  ② 회계기간의 전제
③ 비교가능성  ④ 기업실체

문제4] 다음은 재무제표의 질적 특성에 관련된 내용이다. 성격이 다른 하나는?
① 표현의 충실성  ② 검증가능성
③ 중립성  ④ 적시성

문제5] 재무제표의 질적 특성(회계정보의 질적 특성)간 균형에 대한 설명 중 잘못된 것은?

① 신뢰성과 목적적합성은 서로 상충관계가 발생될 수 있다.
② 수익 인식과 관련하여 완성기준을 적용하면 목적적합성은 향상되는 반면 신뢰성은 저하될 수 있다.
③ 자산 평가와 관련하여 현행원가를 적용하면 목적적합성은 향상되는 반면 신뢰성은 저하될 수 있다.
④ 회계정보의 보고와 관련하여 중간보고의 경우 목적적합성은 향상되는 반면 신뢰성은 저하될 수 있다.

문제6] 역사적 원가의 장점으로 고려되어질 수 있는 회계정보의 질적 특성은 다음 중 어느 것인가?
① 중요성  ② 신뢰성
③ 예측가치  ④ 목적적합성

문제7] 오늘날 자산의 평가기준으로서 역사적 원가와 현행 원가 중에서 어느 것이 더 바람직한가에 대한 논란이 계속되고 있다. 이 두 가지 평가기준을 사용하여 자산평가를 할 때, 결과로서 주어지는 회계정보는 어떤 특성들에 있어서 서로 상충효과가 존재하게 되는가?
① 목적적합성과 비교가능성 ② 중요성과 비교가능성
③ 신뢰성과 중요성 ④ 신뢰성과 목적적합성

문제8] 의사결정에 유용한 정보를 제공하기 위해서 회계정보는 필요한 질적 속성을 지녀야 한다. 다음 설명 중 틀린 것은?
① 검증가능성, 중립성, 표현의 충실성이 있으면 신뢰성이 있다고 본다.
② 현대회계는 과거에 비하여 신뢰성보다 목적적합성을 강조하고 있는데, 이는 재무회계의 수탁기능을 적합하게 수행하기 위해서이다.
③ 목적적합성과 신뢰성은 상호보완적인 관계뿐 아니라 상호대립적인 관계도 가지고 있다.
④ 비교가능성은 기업간 비교가능성과 기간별 비교가능성(일관성) 모두를 고려하여야 한다.

## 제2편. 회계원리 —제13장 재무회계 이론

| 번호 | 정답 | 해　　　　설 |
|---|---|---|
| 1 | ② | 재무제표를 작성하는 데 있어서 기초가 되는 기본적 전제를 회계의 기본가정이라 한다. |
| 2 | ① | 소모품 구입시 자산처리 대신 비용으로 처리하는 것은 '중요성'에 따른 회계처리이다. 다만, 본 문제처럼 금액의 대소관계를 고려하지 않는다는 전제에 따르므로 이러한 회계처리는 '보수주의'에 의한 것이다. |
| 3 | ② | 한 기업의 존속기간을 인위적으로 분할하여 각 기간별로 재무제표를 작성하는 것을 회계기간의 전제(공준)이라 한다. |
| 4 | ④ | 적시성은 목적적합성의 주요 질적 특성의 요소이다. |
| 5 | ② | 완성기준을 적용하면 신뢰성은 향상되나, 목적적합성은 저하될 수 있음. |
| 6 | ② | 역사적 원가는 취득시점의 교환가격으로 평가하는 것을 말하며 객관적이고 검증가능하다. 즉 회계정보의 질적 특성 중 신뢰성과 관련이 있다.<br><br>[역사적 원가]<br><br>| | |<br>|---|---|<br>| 장 점 | · 취득당시의 합의에 의한 가격으로 합리적인 가격이다.<br>· 신뢰성이 있다. 즉, 검증가능성이 있으며 객관적이다.<br>· 기장 및 계산이 간편하고 실현주의에 적합하다. |<br>| 단 점 | · 자산의 현재가치를 반영하지 못한다.<br>· 보유손익을 배당하게 되므로 자본의 잠식을 가져온다.<br>· 화폐가치가 상이한 시점에서 구입한 자산의 가액을 합산하는 것은 무의미하다.<br>· 비교가능성에 대한 정보를 제공하지 못한다.<br>· 수익·비용대응의 원칙이 잘 이루어지지 않는다. | |
| 7 | ④ | 자산평가기준 중 역사적 원가는 신뢰성을, 시가(현행원가)는 목적적합성을 제고하는 것으로 이들간에는 서로 상충관계가 있다.<br><br>[목적적합성과 신뢰성의 상충관계]<br><br>| | 목 적 적 합 성 | 신 뢰 성 |<br>|---|---|---|<br>| * 자산의 평가기준 | 현행원가(시가) | 역사적 원가 |<br>| * 재무보고서 | 중간보고서(반기재무제표 등) | 정기 결산보고서(연차재무제표) |<br>| * 순이익 개념 | 발생주의 | 현금주의 |<br>| * 공사수익의 인식 | 진행기준 | 완성기준 |<br>| * 투자주식의 평가 | 지분법 | 원가법 | |
| 8 | ③ | ③ 목적적합성과 신뢰성은 상충관계에 있다. |

# 제3편 원가회계

제1장  원가회계의 기초개념
제2장  원가의 흐름
제3장  요소별 원가계산
제4장  원가의 배분
제5장  제품별 원가계산

# 제1장 원가회계의 기초개념

## 제1절 원가회계

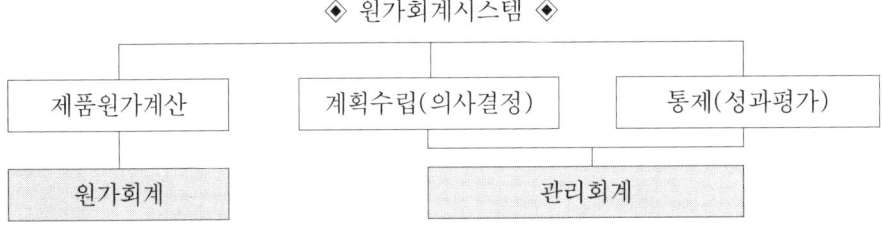

◈ 원가회계시스템 ◈

### 1. 제조기업
제조기업은 제조활동에 필요한 설비를 갖추고 노동력과 원재료를 투입하여 제품을 생산하며, 이렇게 생산된 제품을 외부에 판매하는 영리조직이다.

### 2. 제조기업의 경영활동
(1) 구매과정
　　제품의 제조를 위하여 원재료, 노동력, 생산설비, 용역을 기업의 외부로부터 구입하여 제조활동을 준비하는 과정이다.
(2) 제조과정
　　구매과정에서 준비한 노동력, 생산설비, 용역을 이용하여 원재료를 가공함으로써 제품을 제조하는 과정이다.
(3) 판매과정
　　제조과정을 거쳐 생산된 제품을 외부에 판매하는 과정이다.

### 3. 원가회계
제조기업이 판매할 제품의 원가를 알기 위해서는 제품을 제조하는 데 소비된 원가를 집계하여야 한다. 이와 같이 제품 또는 용역의 생산에 소비된 원가를 기록·계산·집계하는 회계를 원가회계라 한다.

4. 상업기업과 제조기업의 비교

상기업의 경영활동과 제조기업의 경영활동의 자본 순환과정은 다음과 같다.

(1) 상업기업(일반적인 재화의 판매회사)

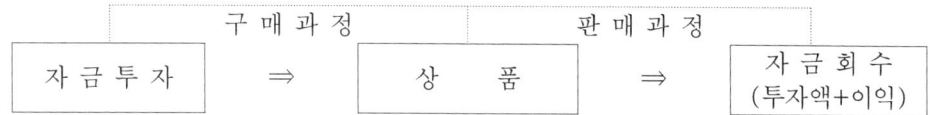

(2) 제조기업(공업기업)

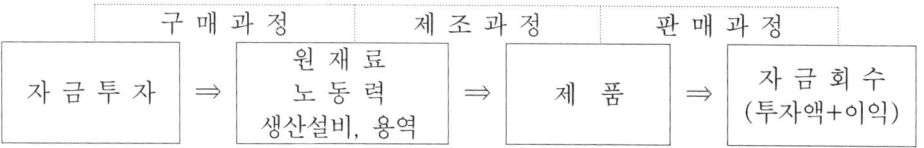

(3) 제조기업과 상업기업의 비교

| 제 조 기 업(원가회계) | 상 업 기 업(회계원리) |
|---|---|
| 원가의 흐름파악이 중요하고 주로 내부거래를 중심으로 처리한다. | 주로 외부거래를 중심으로 처리한다. |
| 원가계산기간은 보통 1개월로 한다. | 회계기간은 6개월 또는 1년으로 한다. |
| 재료비 계정, 노무비 계정, 제조경비 계정 등을 설정하므로 계정과목 수가 많다. | 재무상태표 계정과 손익계산서 계정만 기록한다. |
| 원가회계는 집계하는 집합계정의 수가 많고 계정간 대체기입이 많다. | 집합 계정은 결산 때에 설정되는 손익 계정뿐이다. |
| 제품의 제조를 위하여 소비된 재료비, 노무비, 제조경비 등이 모두 제품원가를 구성한다. | 수익을 창출하기 위하여 사용된 모든 순자산의 유출을 비용으로 처리하여 수익에 대응시킨다. |

5. 원가회계의 목적

　① 재무제표 작성에 필요한 원가자료의 제공
　② 원가통제·관리에 필요한 원가자료의 제공
　③ 경영의사 결정에 필요한 원가자료의 제공
　④ 판매가격 계산에 필요한 원가자료의 제공
　⑤ 예산편성 및 예산통제에 필요한 원가자료의 제공

## 제2절 원가와 원가계산

1. 원가(原價, Cost)의 뜻
   원가란 재화나 용역을 생산하는 과정에서 소비된 재료원가, 노무원가, 제조경비를 통합한 모든 경제적 가치이다.

2. 원가의 특징
   ① 원가는 재화나 용역의 생산과정에서 소비되는 경제적 가치를 말한다.
   ② 원가는 정상적인 제조과정에서 발생하는 것만 포함된다.

3. 원가와 비용과의 관계
   (1) 원가와 비용
       원가는 제품의 제조를 위하여 소비된 경제적 가치이나, 비용은 일정한 기간에 기업의 수익을 얻기 위하여 소비된 경제적 가치이다.

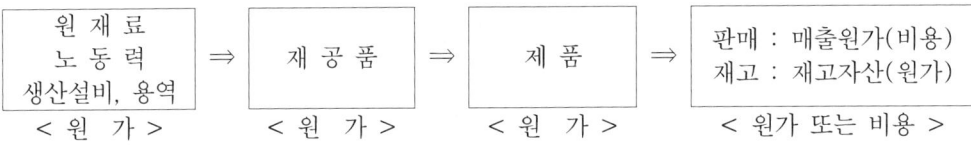

   (2) 원가의 변형과정

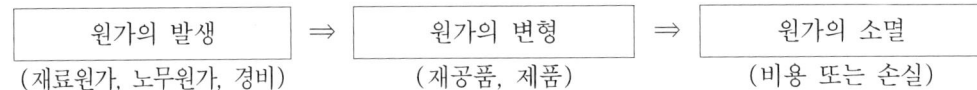

   위 경우에 소멸된 원가 중 수익창출에 기여한 원가는 비용이 되며, 미소멸된 원가는 자산으로 남는다.

| 미래경제적 효익 존재 | 미소멸원가 |  | 자산 |
|---|---|---|---|
| 미래경제적 효익 없음 | 소멸원가 | 수익창출활동에 기여 | 비용(매출원가) |
|  |  | 수익창출활동에 기여 못함 | 손실 |

   (3) 원가와 비용의 상호관계

| 손익계산시 비용 | | |
|---|---|---|
| 중 성 비 용 | 목 적 비 용 | |
|  | 기 초 원 가 | 부 가 원 가 |
|  | 원가계산시 원가 | |

   ① 중성비용 : 제품제조와는 직접적으로 관계없이 발생한 비용으로 원가가 아닌 것
              (판매활동과 관련되는 광고비, 영업외비용, 법인세비용 등)
   ② 목적비용 : 비용인 동시에 원가인 것(기계 등 모빌, 글리세린, 매출원가, 판매비와 관리비 등)

③ 기초원가 : 원가이면서 비용인 것(원재료비, 노무비, 제조경비 등)
④ 부가원가 : 순수한 원가로서 비용에는 포함되지 않는 원가. 일반적으로 원가 계산 시에 원가에 산입되지 않는 추상적인 원가로 장부상 기록이 없고 현금 지출은 수반하지 않는다(기부 받은 원재료비, 개인기업의 기업주 보수, 자기자본에 대한 이자, 상각이 완료된 기계로 제품을 생산한 경우 등)

4. 비원가 항목

다음은 원가항목과 달리 전액을 발생기간의 비용 또는 손실로 계상한다.
① 제품의 생산과 관계없는 가치의 감소
② 제조활동에 관계가 있더라도 비정상적인 상태(파업, 기계고장 등)에서 발생하는 가치의 감소
③ 기업의 목적과 상반되는 가치의 감소

## 제3절 원가의 분류

1. 발생형태에 따른 분류(= 원가의 3요소)
   (1) 재료원가(재료비) : 제품의 제조를 위해 소비된 재료의 가치.
   (2) 노무원가(노무비) : 제품의 제조에 투입된 노동력의 대가
   (3) 제조경비 : 재료비와 노무비를 제외한 제품의 제조에 소비된 원가요소의 가치.

2. 제품에의 추적 가능성(원가 집계 방법)에 따른 분류
   (1) 직접원가(직접비)
       특정 제품의 제조에 개별적으로 발생한 원가로서 해당 제품에 바로 집계(=부과)되는 원가를 말한다.
   (2) 간접원가(간접비)
       여러 종류의 제품 제조를 위하여 공통적으로 발생하는 원가로서, 소비액을 집계한 후, 이를 적절한 배부 기준에 의하여 제품별로 할당(=배부)한다.

[원가의 구성도]

|  |  |  | 판 매 이 익 |  |
|---|---|---|---|---|
|  |  | 판매비와관리비 |  |  |
|  | 제조간접비* |  | 판 매 원 가 (총원가) | 판 매 가 격 |
| 직 접 재 료 비<br>직 접 노 무 비<br>직 접 경 비 | 직 접 원 가 | 제 조 원 가 |  |  |

* 제조간접비 = 간접재료비 + 간접노무비 + 간접경비

## 제3편. 원가회계 -제1장 원가회계의 기초개념

### 예제. 01  원가의 구성도

특정제품 생산을 위하여 소비한 원가 및 판매와 관련된 자료가 다음과 같을 때 판매가격은 얼마인가?

| 직접원가 150,000원 　　제조간접비 50,000원 　　판매비와관리비 40,000원 |
| --- |
| 다만, 판매가격은 총원가에 20%의 이익을 가산하여 결정한다 |

해설]

[원가의 구성도]

|  |  |  | 판매이익<br>48,000원* | |
|---|---|---|---|---|
|  |  | 판매비와관리비<br>40,000원 | 총원가<br>240,000원 | 판매가격<br>[288,000원] |
|  | 제조간접비<br>50,000원 | 제조원가<br>200,000원 | | |
| 직접재료비<br>직접노무비<br>직접제조경비 | 직접원가<br>150,000원 | | | |

＊ 판매이익 : 총원가 240,000원 × 20% = 48,000원

### 3. 조업도와의 관계에 따른 분류

조업도란 생산 능력의 이용도로서 생산 설비를 이용하여 생산 활동을 하는 정도를 말하며, 제품의 생산량, 또는 작업 시간 등으로 측정 표시된다.

(1) 고정원가(고정비) → 임차료, 감가상각비 등
　조업도의 변동에 관계없이 항상 일정하게 발생하는 원가를 말한다.

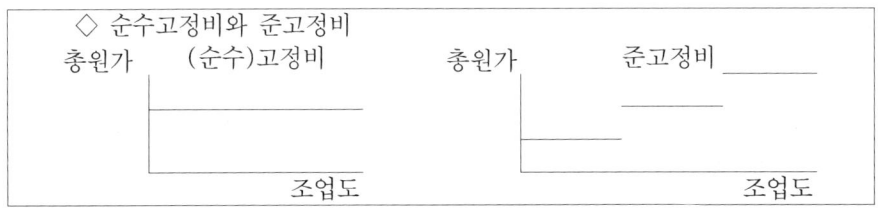

(2) 변동원가(변동비) → 재료비, 노무비 등
　조업도의 변동에 따라 원가 발생 총액이 증감하는 원가를 말하며, 조업도의 증감정도와 원가 발생 총액의 증감 정도에 따라 비례비, 체감비, 체증비로 구분된다.

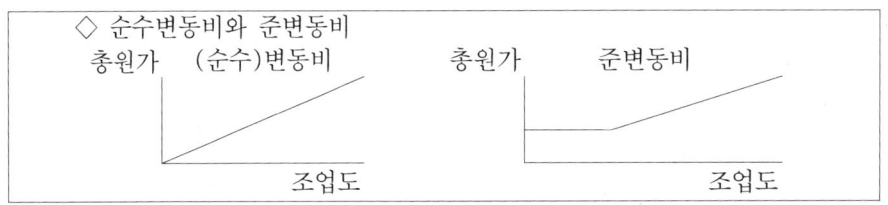

[표] 조업도별 원가 분류

| 조업도 (생산량) | 원 가 발 생 액 |||||||||
|---|---|---|---|---|---|---|---|---|---|
| | 고정비 || 비례비 || 체감비 || 체증비 ||
| | 원가 | 단가 | 원가 | 단가 | 원가 | 단가 | 원가 | 단가 |
| 100개 | 60,000원 | @600원 | 20,000원 | @200원 | 10,000원 | @100원 | 10,000원 | @100원 |
| 200개 | 60,000원 | 300원 | 40,000원 | 200원 | 19,000원 | 95원 | 20,400원 | 102원 |
| 300개 | 60,000원 | 200원 | 60,000원 | 200원 | 27,000원 | 90원 | 31,500원 | 105원 |
| 400개 | 60,000원 | 150원 | 80,000원 | 200원 | 34,000원 | 85원 | 44,000원 | 110원 |
| 500개 | 60,000원 | 120원 | 100,000원 | 200원 | 40,000원 | 80원 | 60,000원 | 120원 |
| 비 고 | 일정 | 감소 | 비례 | 일정 | 체감 | 체감 | 체증 | 체증 |

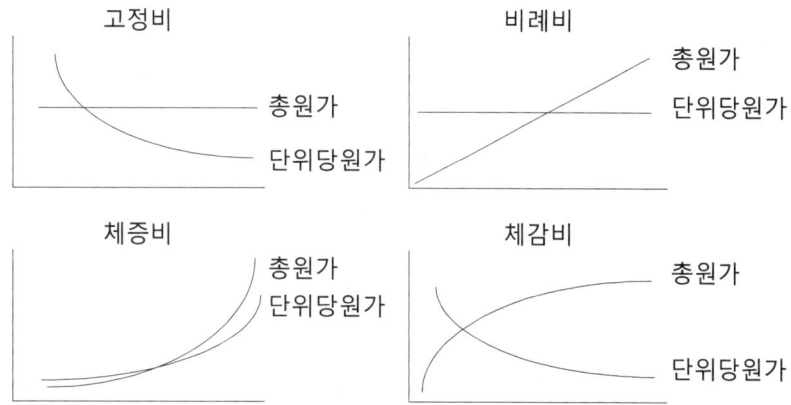

4. 제조 활동과의 관련성에 따른 분류
    (1) 제조원가
        제품을 생산·제조·가공하기 위하여 소비된 원가

        | 기초원가 (기본원가, 주원가) | 직접재료비 | |
        |---|---|---|
        | | 직접노무비 | 가공원가 (전환원가 또는 가공비) |
        | | 제조간접비 | |

    (2) 비제조원가
        제조 활동과 직접적인 관련이 없이 판매 및 기업의 관리 활동과 관련하여 발생한 원가

5. 제조형태에 따른 분류
    (1) 개별원가계산
        조선업, 건축업 등과 같이 개별생산형태(=소량주문생산형태)의 기업에서 채용되는 원가계산으로서, 제조하고자 하는 특정 제품에 따라 각각 제조지시서가 발행되며, 이 제조지시서에 따라 개별적으로 원가가 구분, 집계된다.

(2) 종합원가계산

제과업, 제지업, 제당업 등과 같이 종류나 규격이 같은 제품을 연속, 대량생산하고 있는 기업에서 채용되는 원가계산으로서, 일정기간에 생산된 같은 종류의 제품 전체에 대하여 총원가를 집계하고 이것을 그 기간의 총생산량으로 나누어 제품의 단위당 원가를 계산한다.

6. 원가 측정 방법에 따른 분류
   (1) 실제 원가계산
       모든 원가요소(재료비, 노무비, 제조간접비)를 실제 발생액을 기준으로 제품원가를 측정하는 방법
   (2) 정상원가계산(=예정원가계산)
       직접재료비와 직접노무비는 실제 발생액을 기준으로, 제조간접비는 예정배부액을 기준으로 제품원가를 측정하는 방법
   (3) 표준원가계산
       모든 원가요소를 표준원가를 기준으로 제품원가를 측정하는 방법

|         | 실제원가계산       | 정상원가계산       | 표준원가계산         |
|---------|------------------|------------------|--------------------|
| 직접재료비 | 실제수량×실제단가 | 실제수량×실제단가 | 표준허용수량×표준단가 |
| 직접노무비 | 실제시간×실제임률 | 실제시간×실제임률 | 표준허용시간×표준임률 |
| 제조간접비 | 실제배부기준×실제배부율 | 실제배부기준×예정배부율 | 표준허용시간×표준배부율 |

7. 원가계산 범위에 따른 분류
   (1) 전부원가계산(흡수원가계산)
       직접재료비, 직접노무비, 변동제조간접비뿐만 아니라 고정제조간접비를 모두 포함한 금액을 제품원가에 포함시키는 원가계산방법이다.
   (2) 변동원가계산(직접원가계산)
       직접재료비, 직접노무비, 변동제조간접비만 제품원가에 포함시키고 고정제조간접비는 기간비용으로 처리하는 방법이다.

[ 원가회계시스템의 종류]

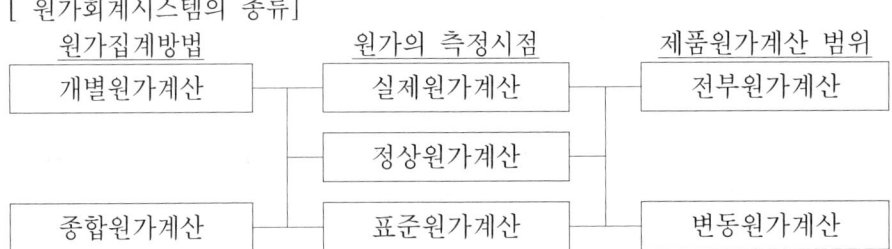

8. 의사 결정과의 관련성에 따른 분류
   (1) 기회원가(기회비용)
      재료, 노동, 설비 등의 자원을 최선의 용도가 아닌 차선의 용도에 사용한다면 얻을 수 있는 최대의 효익을 의미한다. 즉, 어떠한 자원을 여러 가지의 선택안 중 하나를 선택하여 사용함으로써 다른 대체안을 포기한 결과 상실하게 되는 최대수익을 화폐액으로 측정한 것이다.
   (2) 매몰원가
      이미 발생한 원가(=역사적 원가, 취득원가)를 말하는 것이며, 매몰원가는 이미 발생(확정)되어 의사결정에 영향을 받지 않으므로 의사결정시 고려할 필요가 없는 원가이다.
   (3) 차액원가
      여러 가지 대체안들을 비교하여 의사 결정을 하는 경우, 특정 대체안과 다른 대체안과의 총원가의 차이를 말한다.
   (4) 관련원가
      의사 결정을 위해서는 둘 이상의 대체안이 존재하게 되는데 이 경우에 둘 이상의 대체안 간에 차이가 나는 기대되는 미래원가를 말하는 것으로 직접적으로 관련이 있는 원가이다.
   (5) 현금지출원가
      특정 대안을 선택함으로 인하여 실제 현금 유출이 있는 원가를 말한다.
   (6) 회피가능원가
      특정의 선택안을 중단하거나 변경할 경우 더 이상 발생하지 않는 원가(대부분의 변동원가)를 말한다. 회피 불능 원가는 특정 선택안을 중단하여도 계속해서 발생하는 원가(대부분의 고정원가)를 말한다.

### 예제. 02  매몰원가와 기회비용(기회원가)

원가 1,000원의 제품이 파손되어 (1) 수리비용 100원을 들여 수리 후 1,300원에 판매하는 방안, (2) 수리하지 않고 900원에 판매하는 방안을 검토하고 있다.
 (1) 매몰원가는 얼마인가?
 (2) 수리 후 판매하는 경우의 기회원가는 얼마인가?
 (3) 수리하지 않고 판매하는 경우의 기회비용은 얼마인가?

[해설] (1) 1,000원(의사결정 이전에 이미 발생한 원가로서 현재의 의사결정에 영향을 받지 않는다)
       (2) 900원
       (3) 1,200원

## 제3편. 원가회계 –제1장 원가회계의 기초개념

**오쌤(OSSAM) 핵심예제**

문제1] 원가계산을 하는 목적으로서 가장 알맞은 것은?
① 원가비용을 줄이는 데 있다.
② 종업원의 생산능력을 측정하는 데 있다.
③ 경영능률을 측정하는 자료를 얻기 위해서이다.
④ 경영능률을 측정하는 자료와 판매가격의 결정을 위한 자료를 얻기 위해서이다.

문제2] 다음 중 비용인 동시에 원가인 것을 무엇이라 하는가?
① 목적비용　　　　　　　　　　② 중성비용
③ 부가원가　　　　　　　　　　④ 기초원가

문제3] 비원가항목이면서 동시에 중성비용으로만 묶인 것은?
① 기업업무추진비, 대손상각비　　② 재해손실, 투자자산처분손실
③ 배당금, 감가상각비　　　　　　④ 임차료, 경상개발비

문제4] 직접원가 및 간접원가에 관한 다음 설명 중 적절하지 않은 것은?
① 발생한 원가를 원가대상별로 추적할 수 있는가에 따라서 직접원가와 간접원가로 분류된다.
② 제품원가 계산 시 간접원가는 인과관계 등 합리적인 기준에 따라 제품에 배분된다.
③ 실질적으로 또는 경제적으로 특정 제품 등에 직접 관련시킬 수 있는 원가를 직접원가라고 한다.
④ 조업도의 변동에 따른 원가행태(cost behavior)에 근거하여 직접원가와 간접원가로 분류된다.

문제5] 조업도에 따른 원가의 분류 중 고정비에 대한 설명으로 옳은 것은?
① 조업도의 증감에 따라 비례적으로 증감한다.
② 고정비의 전형적인 예로는 직접재료비와 직접노무비가 있다.
③ 생산량이 증가하면 단위당 고정비는 감소한다.
④ 생산량과는 관계없이 단위당 고정비는 항상 일정하다.

문제6] 다음 중 고정비에 속하는 것은?
① 동력비　　　　　　　　　　② 주요재료비
③ 공장건물 감가상각비　　　　④ 할증임금

문제7] 관련범위 500톤~1,000톤 범위 내에서 원가함수는 선형이라고 가정할 경우 20X4년 600톤 생산시 변동비, 고정비와 관련된 자료가 다음과 같을 때 800톤을 생산할 경우 총원가(변동비 + 고정비)와 단위당 원가는?

| 변동비 총액 2,400원 | 고정비총액 3,000원 | 총원가 5,400원 |

|   | 총원가 | 단위당원가 |
|---|---|---|
| ① | 6,000원 | @7.50원 |
| ② | 6,200원 | @7.75원 |
| ③ | 6,400원 | @8.00원 |
| ④ | 7,200원 | @9.00원 |

문제8] 직접노무비가 다음 항목에 포함되는지를 모두 옳게 나타낸 것은?

|   | 기본원가 | 가공비 | 제품원가 | 기간비용 |
|---|---|---|---|---|
| ① | 예 | 아니오 | 예 | 아니오 |
| ② | 예 | 예 | 아니오 | 예 |
| ③ | 예 | 예 | 예 | 아니오 |
| ④ | 아니오 | 아니오 | 아니오 | 예 |

문제9] 다음 자료에 의하여 원가 구성도를 완성하고자 할 때 제조원가는?

- 직접재료비 150,000원
- 직접노무비 200,000원
- 직접제조경비 100,000원
- 판매가격 1,000,000원
- 판매비와 관리비는 판매원가의 20%이다.
- 판매가격에는 판매원가의 25% 이익이 가산되어 있다.

① 450,000원　　　　② 610,000원
③ 640,000원　　　　④ 650,000원

문제10] 다음 원가에 대한 설명으로 잘못된 것은?
① 관련원가 : 고려중인 대체안 간에 차이가 있는 미래의 원가로서 특정 의사결정과 관련이 있는 원가
② 매몰원가 : 과거 의사결정의 결과로 이미 발생된 원가로서 현재 또는 미래의 의사결정과 관련이 없는 원가
③ 변동원가 : 조업도가 변동함에 따라 총원가가 비례적으로 변동하는 원가
④ 준고정원가 : 조업도가 '0'인 경우에도 일정한 원가가 발생하고 조업도가 증가함에 따라 총원가가 비례적으로 증가하는 원가

# 제3편. 원가회계 -제1장 원가회계의 기초개념

문제11] S백화점은 6층 판매장의 임대 또는 직영에 대해 고려하고 있다. 만약 임대한다면 연간 20,000,000원의 임대료 수입이 있고 직영한다면 19,500,000원의 순이익이 예상된다. 이러한 경우에 이용되는 원가의 개념은?
① 기회원가
② 매몰원가
③ 현금지출원가
④ 대체원가

문제12] (주)진흥산업은 태풍으로 인하여 총제조원가 1,000,000원 상당액의 재고자산이 파손되었다. 이 재고자산을 200,000원을 들여 재작업을 하면 900,000원에 판매할 수 있고 재작업을 하지 않으면 500,000원에 판매할 수 있다. 만약 재작업을 한다고 가정하면 기회비용은 얼마인가?
① 200,000원
② 500,000원
③ 700,000원
④ 900,000원

| 번호 | 정답 | 해 설 |
|---|---|---|
| 1 | ④ | 원가계산의 목적은 경영능률을 측정하는 자료를 얻고 또한 판매가격을 결정하기 위한 자료를 얻기 위해서이다. |
| 2 | ① | ㉠ 원가와 비용 : 원가는 제품제조를 위하여 소비된 경제적 가치인 데 비하여 손익계산서상의 비용은 일정기간동안 수익을 창출하기 위해서 소비된 경제적 가치이다.<br>㉡ 중성비용 : 비용이지만 원가가 아닌 것으로 제품생산에 관련이 없는 비용으로 기부금, 유가증권평가손실, 재해손실 등이 이에 해당된다.<br>㉢ 목적비용 : 비용이면서 동시에 원가가 되는 것으로 대부분의 원가는 목적비용이 된다.<br>㉣ 기초원가 : 원가이면서 동시에 비용이 되는 것으로 직접재료비, 직접노무비 등이 해당된다.<br>㉤ 부가원가 : 원가이지만 비용이 될 수 없는 것으로 개인기업가의 보수, 무상으로 취득한 재료의 사용, 자기자본에 대한 이자, 장부상 감가상각이 끝난 자산의 사용 등이 있다. |
| 3 | ② | 재해손실, 투자자산처분손실은 영업외비용으로서 원가항목이 아니다. 배당금은 이익의 처분, 감가상각비는 고정비이다. |
| 4 | ④ | ④ 조업도의 변동에 따른 원가는 고정비와 변동비로 분류된다. |
| 5 | ③ | 고정비는 조업도의 증감에 관계없이 총원가는 일정하다. 따라서 단위당 원가는 조업도의 증가에 따라 감소한다. |

| | | |
|---|---|---|
| 6 | ③ | 감가상각비는 생산량과 관계없이 발생하는 고정비이다.<br>①은 체감비, ②는 비례비, ④는 체증비이다. |
| 7 | ② | 단위당 변동비 : 2,400원 ÷ 600톤=@4원<br>800톤 생산시 변동비 : 800톤 × @4원=3,200원<br>800톤 생산시 총원가 : 고정비 3,000원 + 변동비 3,200원 = 6,200원<br>단위당 원가 : 6,200원 ÷ 800톤 = @7.75원 |
| 8 | ③ | 기본원가 : 직접재료비 + 직접노무비    가공비 : 직접노무비 + 제조간접비<br>제품원가 : 직접재료비 + 직접노무비 + 제조간접비 |
| 9 | ③ | [원가의 구성도]<br><br>| | | | 판매이익<br>(200,000원) | |<br>| | | 판매비와관리비<br>(㉠ 160,000원) | | |<br>| | 제조간접비<br>( 190,000원 ) | | 판매원가<br>(=총원가)<br>(㉡ 800,000원) | 판 매 가 격<br>1,000,000원 |<br>| 직접 재료비<br>150,000원 | 직접원가<br>450,000원 | 제조원가<br>( 640,000원 ) | | |<br>| 직접 노무비<br>200,000원 | | | | |<br>| 직접 경비<br>100,000원 | | | | |<br><br>㉡ : 판매가격 1,000,000원 = 판매원가 χ + 0.25χ. χ = 800,000원<br>㉠ : 판매원가 800,000원 × 20% |
| 10 | ④ | ④ 조업도가 '0'인 경우에도 일정한 원가가 발생하고 조업도의 증가에 따라 총원가가 비례적으로 증가하는 원가는 혼합원가(준변동원가)이다. |
| 11 | ① | 기회원가는 여러 가지 선택가능한 대체안 중에서 특정대안을 선택함으로써 포기되는 차선의 대체안에 대한 경제적 효익을 의미한다. 직영의 경우 19,500,000원, 임대의 경우 20,000,000원의 수입이 있다면 임대가 유리하며, 따라서 포기되는 직영의 경우 19,500,000원이 기회원가이다. |
| 12 | ② | ㉠ 재작업을 하는 경우의 수입 : 700,000원(=900,000원-200,000원)<br>㉡ 재작업을 하지 않는 경우의 수입 : 500,000원<br>따라서 재작업 과정을 거치는 것이 유리하며, 포기되는 500,000원이 기회원가이다. |

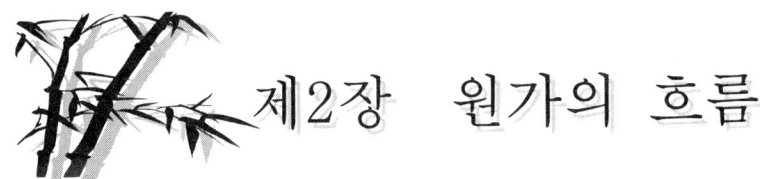

## 제2장 원가의 흐름

### 제1절 원가의 3요소

1. 재료원가

   제품을 생산하기 위해 투입된 재료비를 의미한다.

   | 재 | 료 | | |
   |---|---|---|---|
   | 월 초 재 고 액(전월이월) | ××× | 당 월 소 비 액 | ××× |
   | 당 월 매 입 액 | ××× | 월 말 재 고 액(차월이월) | ××× |

   ※ 당월 재료 소비액 = 월초재료재고액 + 당월재료매입액 − 월말재료재고액

2. 노무원가

   제품을 생산하기 위해 투입된 노동력에 대한 대가를 의미한다.

   | 임 | 금 (등) | | |
   |---|---|---|---|
   | 당 월 지 급 액 | ××× | 전월미지급액(전월이월) | ××× |
   | 당월미지급액(차월이월) | ××× | 당 월 소 비 액 | ××× |

   ※ 당월 임금(노무비) 소비액 = 당월임금지급액 + 당월임금미지급액 − 전월임금미지급액

3. 제조경비

   제품을 생산하기 위해 소비되는 재료비, 노무비 이외의 모든 원가요소를 의미한다.

   | 각 | 종 경 비 | | |
   |---|---|---|---|
   | 전 월 선 급 액(전월이월) | ××× | 당 월 소 비 액 | ××× |
   | 당 월 지 급 액 | ××× | 당 월 선 급 액(차월이월) | ××× |

   ※ 당월 경비 소비액 = 전월경비선급액 + 당월경비지급액 − 당월경비선급액

## 제2절 원가의 흐름

### 1. 재료원가

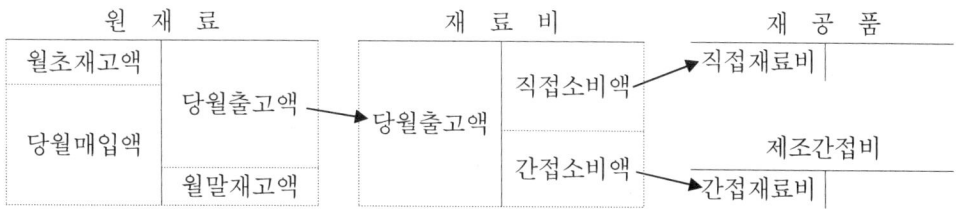

* 재료비 계정을 설정하지 않을 수도 있다.

&lt;재료비 소비액 대체 분개&gt;
재료 출고시
    (차) 재　　　료　　　비　×××　　　(대) 원　　　재　　　료　×××
재료 소비시
    (차) 재　　공　　품　×××　　　(대) 재　　　료　　　비　×××
    　　　제　조　간　접　비　×××
재료비계정 설정하지 않을 경우
    (차) 재　　공　　품　×××　　　(대) 원　　　재　　　료　×××
    　　　제　조　간　접　비　×××

### 2. 노무원가

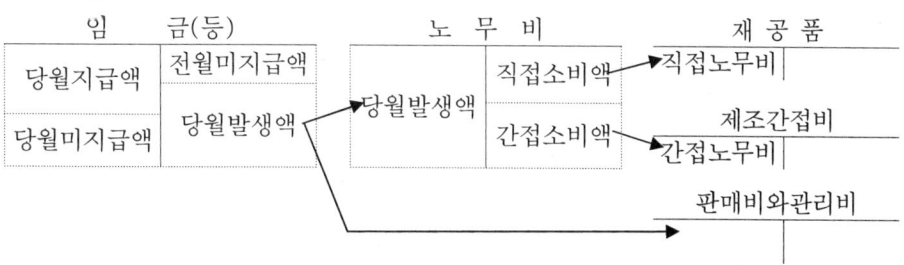

* 노무비 계정을 설정하지 않을 수도 있다.

&lt;노무비 소비액 대체 분개&gt;
임금(등) 발생시
    (차) 노　　　무　　　비　×××　　　(대) 임　　　금(등)　×××
    　　　판　매　비　와　관　리　비　×××
노무비 소비시
    (차) 재　　공　　품　×××　　　(대) 노　　　무　　　비　×××
    　　　제　조　간　접　비　×××
노무비계정 설정하지 않을 경우
    (차) 재　　공　　품　×××　　　(대) 임　　　금(등)　×××
    　　　제　조　간　접　비　×××
    　　　판　매　비　와　관　리　비　×××

3. 제조경비

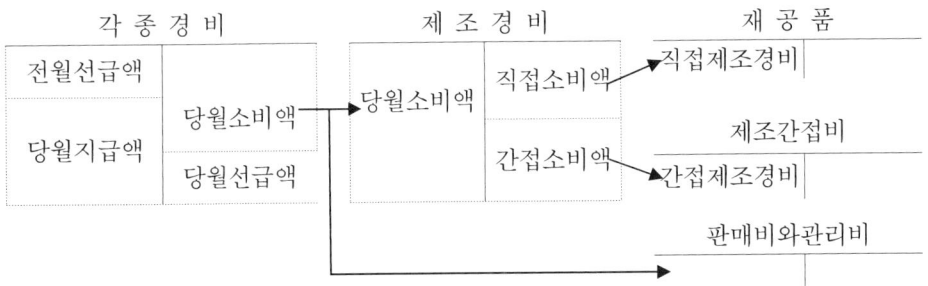

　　* 제조경비 계정을 설정하지 않을 수도 있다.

&lt;제조경비 소비액 대체 분개&gt;
각종경비 발생시
　　(차) 제 조 경 비 ×××　　(대) 각 종 경 비 ×××
　　　　판 매 비 와 관 리 비 ×××
제조경비 소비시
　　(차) 재 　 공 　 품 ×××　　(대) 제 조 경 비 ×××
　　　　제 조 간 접 비 ×××
제조경비계정 설정하지 않을 경우
　　(차) 재 　 공 　 품 ×××　　(대) 각 종 경 비 ×××
　　　　제 조 간 접 비 ×××
　　　　판 매 비 와 관 리 비 ×××


4. 제조간접비

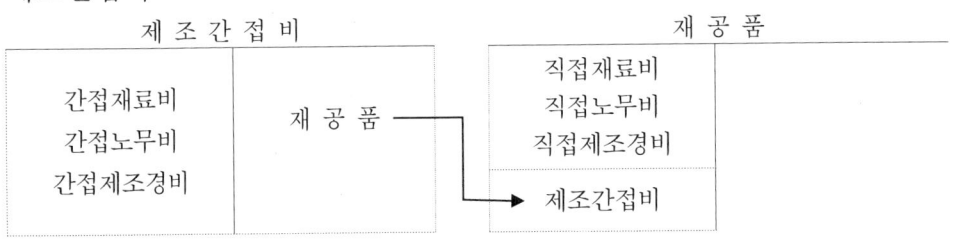

&lt;제조간접비 대체분개&gt;
　　제조간접비의 대체 : (차)재 공 품 ×××　(대)제 조 간 접 비 ×××

5. 재 공 품(자산)

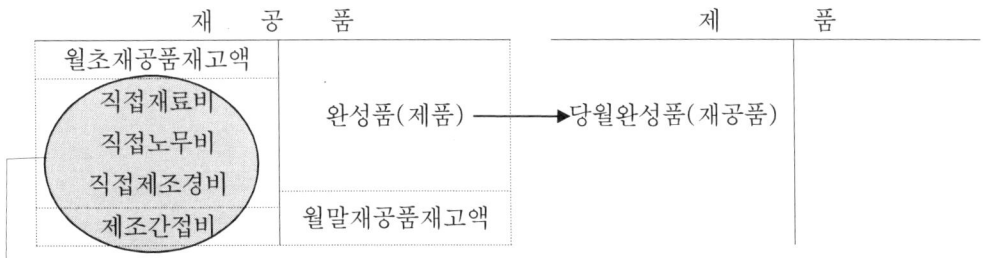

▶※ 직접재료비 + 직접노무비 + 직접경비 + 제조간접비 = 당기(당월)총제조비용
　※ 기초(월초)재공품 + 당기(당월)총제조비용 – 기말(월말)재공품 = 당기(월말)제품제조원가

　<당월 완성품 제조원가 대체분개>
　　당월 완성품의 대체 : (차)제　　　품　×××　(대)재　공　품　×××

6. 제　　품(자산)

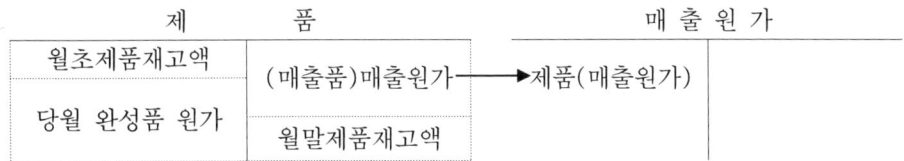

※ 기초(월초)제품재고액 + 당기(당월)제품제조원가 – 기말(월말)제품재고액 = 매출원가
　<당월 매출품 제조원가 대체분개>
　　당월 매출원가의 대체 : (차)매 출 원 가　×××　(대)제　　　품　×××

[원가의 흐름 도해]

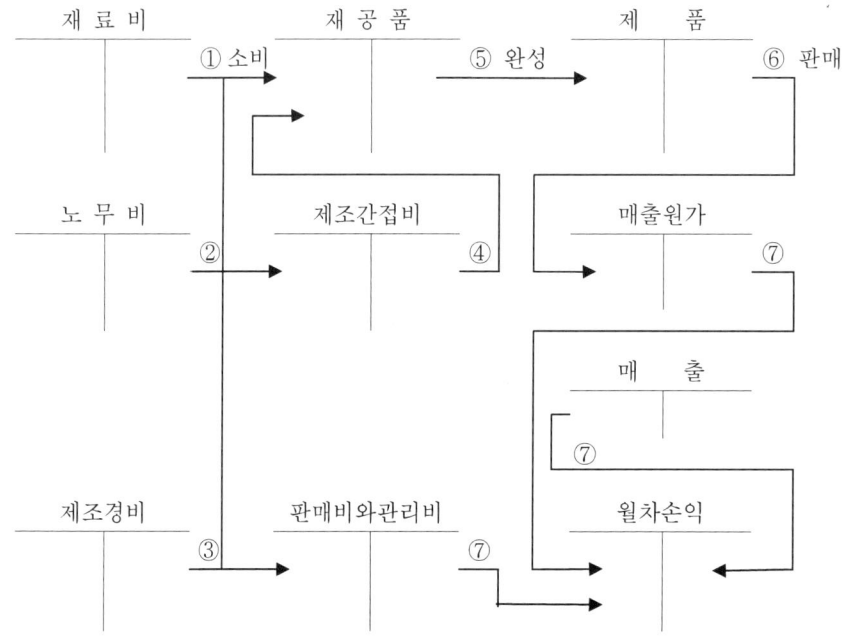

<소비액 대체분개>

1. (차) 재　　공　　품　×××　　　(대) 재　　료　　비　×××
　　　제 조 간 접 비　×××
2. (차) 재　　공　　품　×××　　　(대) 노　　무　　비　×××
　　　제 조 간 접 비　×××
　　　판 매 비 와 관 리 비　×××
3. (차) 재　　공　　품　×××　　　(대) 제　　조　　경　비　×××
　　　제 조 간 접 비　×××
　　　판 매 비 와 관 리 비　×××
4. (차) 재　　공　　품　×××　　　(대) 제 조 간 접 비　×××
5. (차) 제　　　　　품　×××　　　(대) 재　　공　　품　×××
6. (차) 매　출　원　가　×××　　　(대) 제　　　　　품　×××
　　　외 상 매 출 금　×××　　　　　매　　　　　출　×××
7. (차) 매　　　　　출　×××　　　(대) 월　차　손　익　×××
　　　월　차　손　익　×××　　　　　매　출　원　가　×××
　　　　　　　　　　　　　　　　　　　판 매 비 와 관 리 비　×××

7. 제조원가명세서

당기 제품의 제조원가가 집계되는 과정을 표시하고 그 내용을 명확히 나타내는 재무제표(손익계산서)의 필수적 부속명세서이다.

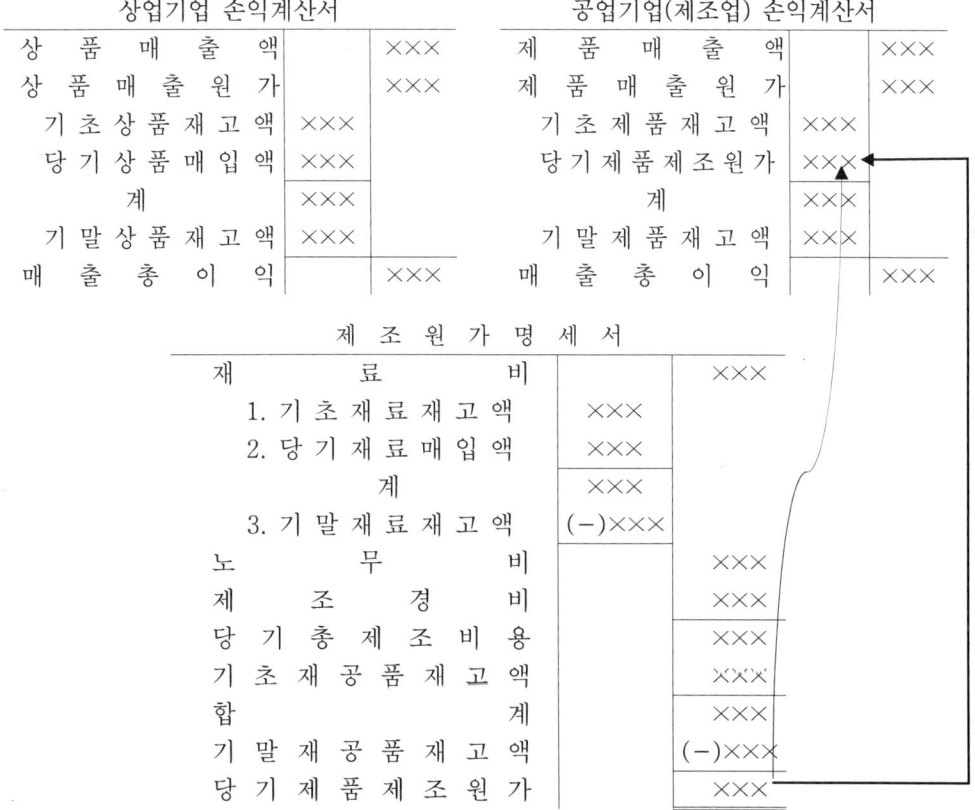

## 예제. 01  원가의 흐름

다음 자료를 통하여 당기 매출제품의 원가를 계산하라.

```
(1)                  20×1. 1. 1        20×1. 12. 31
    원 재 료        50,000원           60,000원
    재 공 품        70,000원           80,000원
    제   품         90,000원          100,000원
(2) 20×1년 중 발생한 원가
    원재료구입액   300,000원
    노 무 비       250,000원
    제조경비       330,000원
```

(해설)

재료비 : 50,000원 + 300,000원 − 60,000원 = 290,000원

당기총제조비용 : 290,000원 + 250,000원 + 330,000원 = 870,000원

당기제품제조원가 : 70,000원 + 870,000원 − 80,000원 = 860,000원

매출원가 : 90,000원 + 860,000원 − 100,000원 = 850,000원

T계정 이용법 −

| 재 공 품 | | | | 제 품 | | |
|---|---|---|---|---|---|---|
| 전 기 이 월 | 70,000 | 제   품 | 860,000 | 전 기 이 월 | 90,000 | 매 출 원 가 (850,000) |
| 재 료 비 | 290,000 | 차 기 이 월 | 80,000 | 재 공 품 | 860,000 | 차 기 이 월 100,000 |
| 노 무 비 | 250,000 | | | | 950,000 | 950,000 |
| 제 조 경 비 | 330,000 | | | | | |
| | 940,000 | | 940,000 | | | |

## 핵심예제

**문제1]** 2X14년 3월 (주)강원의 지급임금 총액은 900,000원이었으며, 이중에는 2월분 임금의 미지급액 200,000원이 포함되어 있다. 3월분 임금의 실제소비액은 직접노무원가 800,000원이고 간접노무원가 150,000원이었다. (주)강원의 2X14년 3월분 임금의 미지급액은 얼마인가?

① 50,000원  ② 150,000원
③ 200,000원  ④ 250,000원

**문제2]** 다음 자료에 의해 제품제조원가를 계산하면? (다만, 건물은 모두 공장분이며, 수도광열비는 공장과 영업부에 50%씩 사용하고 있다)

| | | | |
|---|---|---|---|
| • 재료소비액 | 200,000원 | • 공장임금 | 150,000원 |
| • 건물감가상각비 | 2,000원 | • 수도광열비 | 30,000원 |
| • 여비교통비 | 4,000원 | • 기계감가상각비 | 5,000원 |
| • 영업부 급여 | 150,000원 | | |

① 172,000원  ② 254,000원
③ 372,000원  ④ 420,000원

**문제3]** 다음은 (주)보성의 2X14년 12월 31일로 종료되는 회계연도의 제조원가와 관련된 자료이다. 기초재공품은 얼마인가?

| | | | |
|---|---|---|---|
| 직접재료비 | 50,000원 | 직접노무비 | 40,000원 |
| 제조간접비 | 30,000원 | 기말재공품 | 20,000원 |
| 당기제품제조원가 | 130,000원 | 제품제조단가 | 100 |

① 10,000원  ② 20,000원
③ 30,000원  ④ 40,000원

**문제4]** 다음 자료에 의하여 매출원가를 계산하면 얼마인가?

| | | | |
|---|---|---|---|
| 기초재공품 | 50,000원 | 직접재료비 | 45,000원 |
| 직접노무비 | 35,000원 | 제조간접비 | 26,000원 |
| 기말재공품 | 20,000원 | 기초제품 | 45,000원 |
| 기말제품 | 60,000원 | | |

① 136,000원  ② 126,000원
③ 121,000원  ④ 131,000원

문제5] 다음 자료와 재공품계정을 이용하여 당월에 완성된 제품의 단위당 원가를 계산하면?

| 월초제품수량 200개, | 월말제품수량 100개, | 당월제품판매수량 600개 |

재 공 품

| 전월이월 | 150,000 | ( ) | ( ) |
| 당월총제조비용 | ( ) | 차월이월 | 120,000 |
| | 470,000 | | 470,000 |

① @500    ② @600
③ @700    ④ @800

문제6] 다음 자료에 의하여 제조간접비 배부액을 계산하면?

| 직접재료비는 기초원가의 60% | 직접노무비 | 100,000원 |
| 기초재공품 | 50,000원 | 당기제품제조원가 | 300,000원 |
| 기말재공품 | 80,000원 | | |

① 50,000원    ② 60,000원
③ 70,000원    ④ 80,000원

| 번호 | 정답 | 해 설 |
|---|---|---|
| 1 | ④ | 임 금<br>총지급액　　　900,000　　　전월미지급액　　200,000<br>당월미지급액　　250,000　　　당월소비액　　　950,000<br>　　　　　　　1,150,000　　　　　　　　　　1,150,000 |
| 2 | ③ | 제품제조원가는 제조부(공장분)에 대한 것만 계산하고 영업부(본사분)는 판매비와 관리비로 처리한다.<br>재료소비액 200,000원 + 공장임금 150,000원 + 건물감가상각비 2,000원 + 수도광열비 15,000원(=30,000원×50%) + 기계감가상각비 5,000원 = 제품제조원가 372,000원<br>여비교통비와 영업부 급여는 판매비와 관리비이다. |
| 3 | ③ | 재　　공　　품<br>기초재공품　　30,000　　당기제품제조원가　130,000<br>직접재료비　　50,000　　기말재공품　　　　20,000<br>직접노무비　　40,000<br>제조간접비　　30,000<br>　　　　　　150,000　　　　　　　　　　　150,000 |
| 4 | ③ | 재 공 품 + 제　　품<br>기초재공품　　50,000　　매출원가　　　　121,000<br>기초제품　　　45,000　　기말재공품　　　 20,000<br>직접재료비　　45,000　　기말제품　　　　 60,000<br>직접노무비　　35,000<br>제조간접비　　26,000<br>　　　　　　201,000　　　　　　　　　　　201,000 |
| 5 | ③ | 완성품수량 : 월초제품 200개 + 완성수량 (　　개) - 월말수량 100개 = 판매수량 600개<br>　　　　　　완성수량 = 500개<br>재공품계정 대변에서 완성품제조원가를 계산하면 350,000원(=470,000원 -120,000원)이다.<br>따라서 완성품의 단위당원가는 @700(350,000원÷500개)이다. |
| 6 | ④ | 재　　공　　품<br>기초재공품　　 50,000　　제품제조원가　　300,000<br>직접재료비　　150,000*　기말재공품　　　 80,000<br>직접노무비　　100,000<br>제조간접비　　 80,000<br>　　　　　　380,000　　　　　　　　　　　380,000<br>* 직접재료비 : 기초원가(=직접재료비+직접노무비)의 60%이므로 직접노무비 100,000원은 기초원가의 40%에 해당된다. 따라서 기초원가는 250,000원(0.4χ =100,000원, χ = 250,000원)이고 직접재료비는 기초원가의 60%인 150,000 원이다. |

## 제1절 재료비의 의의 및 분류

1. 의의
   제품의 제조에 사용할 목적으로 외부로부터 구입한 물품을 재료라 하고, 제품의 제조과정에서 소비된 재료의 가치를 말한다.

2. 제조활동에 참가하는 형태에 따른 분류
   ① 주요재료비 : 제품의 제조에 주요한 부분을 차지하는 재료를 소비함으로써 발생하는 원가요소(예 : 가구제조업의 목재).
   ② 보조재료비 : 제품의 제조과정에서 보조적으로 사용되는 재료를 소비함으로써 발생하는 원가요소(예 : 가구제조업의 못, 의류제조업의 실과 단추).
   ③ 부 품 비 : 제품에 부착되어 그 제품의 일부를 이루는 물품을 소비함으로써 발생하는 원가요소(예 : 자동차제조업의 타이어, 기계제조업의 각종 표시기).
   ④ 소모공구기구비품비 : 제조기업에서 사용되는 망치, 드라이버 등과 같이 가액이 적은 물품을 소비함으로써 발생하는 원가요소.

3. 제품과의 관련성에 따른 분류
   ① 직접재료비(개별비) : 재료가 특정제품의 제조에만 재료를 소비하여 발생하는 원가요소(주요재료비와 부품비).
   ② 간접재료비(공통비) : 제품을 제조하기 위하여 각 종류의 제품에 공통적으로 재료를 소비하여 발생하는 원가요소(보조재료비와 소모공구기구비품비).

## 제2절 재료의 입고와 출고

1. 재료의 매입
   기업이 제조활동을 원활히 수행하기 위해서는 필요한 재료를 구입하여 보관하였다가, 재료 사용부서의 요구가 있을 때에는 즉시 출고하여야 한다.

재료의 외상매입시 :
(차) 주 요 재 료 ×××　　(대) 외 상 매 입 금 ×××
　　　보 조 재 료 ×××
　　　부 　분　 품 ×××
　　　소모공구기구비품 ×××

2. 재료의 출고

　재료의 출고는 모두 출고전표 또는 출고청구서에 의한다.

　재료를 출고한 경우 :
(차) 재　　료　　비 ×××　　(대) 주 요 재 료 ×××
　　　　　　　　　　　　　　　　　보 조 재 료 ×××
　　　　　　　　　　　　　　　　　부 　분 　품 ×××
　　　　　　　　　　　　　　　　　소모공구기구비품 ×××

　재료를 제조과정에 투입하는 경우 :
(차) 재 　공 　품 ×××　　(대) 재　　료　　비 ×××
　　　제 조 간 접 비 ×××
　＊ 재료비 계정을 설정하지 않을 수도 있다.

[재료의 입·출고와 장부]

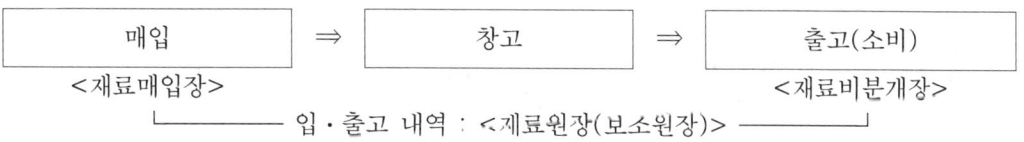

3. 재료감모손실

　보관중인 재료가 파손, 도난, 부패, 증발 등으로 인하여 실제재고량과 장부재고량이 서로 일치하지 않는 경우에 이 차액을 재료감모손실이라 한다.
　재료감모손실이 정상적이면 제조원가에 산입(제조간접비)하고 비정상적이면 영업외비용으로 처리한다.

## 제3절  재료비의 계산

재료는 일단 창고에서 출고되면 재료비라는 원가요소가 된다.

재료비 = 재료의 소비량 × 재료의 소비단가

# 제3편. 원가회계 —제3장 요소별 원가계산

1. 재료 소비량의 파악
   (1) 계속기록법
       재료가 출고될 때마다 그 수량을 기록하여 당기 소비량을 계산하는 방법

   > 당월소비량 = 장부상 출고란에 기록된 수량의 합계
   > 재고감모량 = 장부상의 재고량 – 창고의 실제 재고량

   (2) 실지재고조사법
       재료의 입고량만 기입하였다가 원가계산 기말(월말)에 실지재고조사에 의하여 당기의 재료소비량을 구하는 방법

   > 당월소비량 = (전월이월량 + 당월매입량) – 당월말 실제재고량

   (3) 역계산법
       제품 1단위당 재료의 표준소비량을 정해놓고 이것을 당월의 제품생산량에 곱하여 당월 재료소비량을 구하는 방법

   > 당월소비량 = 제품 1단위당 재료의 표준소비량 × 당월 제품생산량

### 예제. 01  재료의 소비액 계산

| | | | | |
|---|---|---|---|---|
| A재료 | 월초재고 300개 @200원 | | 당월매입 2,000개 @230원 | |
| | 월말재고 500개 | | | |
| B재료 | 제품생산량 400개 | | 1kg당 단위원가 @250원 | |
| | 제품 1단위당 표준소비량 5kg | | | |

(1) A재료의 소비량 결정방법은 실제재고조사법이며, 선입선출법을 적용하여 A재료의 소비액을 계산하면 얼마인가?
(2) B재료의 소비액을 역산법을 적용하여 계산하면 얼마인가?

(해설)
  재료소비액 계산
  A재료 : 300개 + 2,000개 – 500개 = 1,800개
    (300개 × @200원) + (1,500개 × @230원) = 405,000원
  B재료 : (400개 × 5kg) × @250원 = 500,000원

2. 재료 소비단가의 결정
   (1) 개별법
       동종의 재료라도 취득원가가 다른 것은 취득원가별로 정리·보관하였다가 출고시에 실제로 출고된 재료의 취득가격을 소비가격으로 결정하는 방법.
   (2) 선입선출법(FIFO)
       먼저 매입한 재료가 먼저 출고되는 것으로 가정하여 재료의 소비단가를 결정하는 방법

(3) 후입선출법(LIFO)
  나중에 매입한 재료가 먼저 출고되는 것으로 가정하여 재료의 소비단가를 결정하는 방법
(4) 이동평균법
  재료가 출고되는 시점에서 평균단가로 재료의 소비단가를 결정하는 방법
(5) 총평균법
  당월에 소비된 재료는 모두 동일한 단가에 의한 것이라는 가정 하에 재료의 소비단가를 결정하는 방법

## 제4절 노무비

1. 노무비의 뜻
  제품의 제조를 위하여 노동력을 소비함으로써 발생하는 원가.

2. 노무비의 분류
  (1) 지급형태에 따라
    ① 임    금 : 제조활동에 종사하는 공원에게 지급하는 보수.
    ② 급료(급여) : 공장장 등의 감독자와 공장사무원에게 지급하는 보수.
    ③ 잡    급 : 임시 고용된 공장노무사에게 지급되는 보수.
    ④ 종업원 상여수당 : 작업과는 직접적인 관계없는 공장종업원에게 정규적으로 지급하는 상여 및 수당.
  (2) 제품과의 관련성에 따라
    ① 직접노무비 : 공장의 작업현장에서 제품제조에 직접 종사하는 종업원의 임금이며 개별제품에 대하여 추적이 가능한 노무비.
    ② 간접노무비 : 공장의 수리공, 운반공 등과 같이 특정제품이 아닌 여러 제품에 노동력을 제공하거나, 공장장, 청소원 등과 같이 제품제조에 직접적으로 참가하지 않는 종업원의 임금으로 개별제품에 대하여 추적이 불가능한 노무비.

3. 노무비의 계산
  개인별 임금의 총액은 기본임금과 할증급, 그 밖의 수당으로 구성하고, 초과근무수당이나 가산금은 할증급으로 지급한다.

  ※ 개인별 지급임금 총액 = 기본임금 + 할증급 + 각종수당

(1) 시간급제

작업시간에 비례하여 기본임금을 결정하는 제도.

> ※ 기본임금 = 작업시간수 × 작업 1시간당 임률

① 작업시간의 계산 : 출근부나 현장의 작업시간보고서
② 임률의 결정 : 임률의 종류에는 개별임률과 평균임률이 있다.
    ㉠ 개별임률 : 각 개인의 근무연수, 숙련정도에 따라 다르게 결정되는 임률.
    ㉡ 평균임률 : 일정기간의 임금총액을 동기간의 총 작업시간으로 나누어 계산.

(2) 성과급제

작업량 보고서에 의하여 집계한 총작업량(생산량)에 비례하여 지급액을 계산하는 제도.

> ※ 기본임금 = 생산량 × 제품 1단위당 임률

① 생산량의 계산 : 종업원 개인별로 작업량 보고서를 작성.
② 임률의 결정 : 성과급에서의 임률은 시간급제와 같은 방법으로 계산한다.

4. 소비임금의 계산

개인별 실제임률을 소비임률로 하여 노무비를 계산하는 방법으로 연령, 성별, 숙련도, 근속연수 등이 다르기 때문에 각각 임률이 달라서 노무비의 계산이 복잡해지고 원가계산이 지연된다는 단점이 있다.

> ※ 소비임금 = 작업시간 수 × 작업 1시간당 소비임률

5. 임금지급장과 노무비분개장

임금 지급에 관한 내역을 임금지급장에, 임금 발생(소비)에 관한 내역을 노무비분개장(특수분개장)에 기입한다.

## 제5절 제조경비

1. 제조경비의 뜻

제품제조를 위하여 소비되는 재료비, 노무비 이외의 원가요소를 말하며 제조경비는 대부분 간접비로 처리된다.

2. 제조경비의 분류
    (1) 발생형태에 따라
        전력비, 가스수도료, 감가상각비, 소모품비, 세금과공과, 임차료, 보험료, 수선비 등
    (2) 제품과의 관련성에 따라
        ① 직접 제조경비(특별비) : 특허권사용료, 외주가공비, 특정제품설계비 등
        ② 간접 제조경비 : 특별비 이외의 대부분의 제조경비
    (3) 제조원가에 산입하는 방법에 따라
        월할제조경비, 측정제조경비, 지급제조경비, 발생제조경비 등

3. 제조경비의 계산
    (1) 월할제조경비
        임차료, 감가상각비, 특허권사용료, 보험료, 세금과공과 등과 같이 1년 또는 일정기간 분을 총괄하여 일시에 지급하는 제조경비(정기적이고 일정하게 발생, 배분).

        ※ 당월소비액 = 발생금액 ÷ 해당 개월 수

    (2) 측정제조경비
        수도요금, 전기요금(전력비), 가스요금 등과 같이 계량기에 의해 실제소비량을 측정할 수 있는 제조경비.

        ※ 당월소비액 = 당월사용량 × 단위당 가격

    (3) 지급제조경비
        외주가공비, 운반비, 수선비, 여비교통비, 잡비 등과 같이 매월 소비액을 그 달에 지급하는 제조경비(일정하지 않고 수시로 지급).

        ※ 당월소비액 =
            당월지급액 + (전월선급액 + 당월미지급액) - (전월미지급액 + 당월선급액)

        각종 경비

        | 전월 선급액 | 전월 미지급액 |
        |---|---|
        | 당월 지급액 | 당월 선급액 |
        | 당월 미지급액 | 당월 소비액 |

    (4) 발생제조경비
        재료감모손실, 반품차손비, 공손비와 같이 현금 지출이 없이 내부적으로 발생하는 제조경비.

4. 제조경비분개장
    제조경비의 소비액을 기입하는 특수분개장을 제조경비분개장이라고 한다.

## 제3편. 원가회계 – 제3장 요소별 원가계산

### 오쌤(OSSAM) 핵심예제

**문제1]** 당월 재료소비액은 얼마인가?

| ㉠ 전월이월액 | 100,000원 | ㉡ 당 기 매 입 액 | 700,000원 |
| ㉢ 매입제비용 | 30,000원 | ㉣ 매입에누리액 | 20,000원 |
| ㉤ 기말재고액 | 150,000원 | | |

① 580,000원  ② 620,000원
③ 660,000원  ④ 730,000원

**문제2]** 원재료 기초재고 150개, 당기매입 700개, 당기에 소비된 재료가 550개인 상황에서 기말재고에 대한 실지재고조사 결과 재고량이 200개로 파악되었다. 원재료 재고감모량은 몇 개인가?

① 50개  ② 100개
③ 150개  ④ 200개

**문제3]** 다음의 재료원장을 보고 5월의 재료소비액을 구하시오(단, 재료소비량의 계산방법은 계속기록법, 재료의 소비단가결정은 후입선출법에 의한다)

| 5/1 | 전기이월 | 갑상품 | 200개 | @100원 | 20,000원 |
| 5/7 | 입 고 | 갑상품 | 400개 | @110원 | 44,000원 |
| 5/10 | 출 고 | 갑상품 | 500개 | | |
| 5/18 | 입 고 | 갑상품 | 300개 | @120원 | 36,000원 |
| 5/27 | 출 고 | 갑상품 | 200개 | | |

① 74,000원  ② 76,000원
③ 78,000원  ④ 80,000원

**문제4]** 다음 자료에서 당기의 경비소비액은 얼마인가?

| ㉠ 전기선급경비 | 70,000원 | ㉡ 전기미지급경비 | 45,000원 |
| ㉢ 당기지급경비 | 435,000원 | ㉣ 당기미지급경비 | 85,000원 |
| ㉤ 당기선급경비 | 90,000원 | | |

① 550,000원  ② 415,000원
③ 445,000원  ④ 455,000원

문제5] 당기임금지급액이 210,000원, 전기임금미지급액이 20,000원, 당기미지급액이 30,000원일 경우 당기임금소액은 얼마인가?
① 250,000원　　　　　　　　② 220,000원
③ 210,000원　　　　　　　　④ 200,000원

문제6] 제조경비를 제조원가에의 산입 방법에 따라 분류할 경우 경비항목의 연결이 옳지 않은 것은?
① 지급제조경비 – 외주가공비, 복리후생비, 수선비
② 측정제조경비 – 전기료, 수도료, 가스료
③ 월할제조경비 – 특허권사용료, 임차료, 운반비
④ 발생제조경비 – 재료감모손실, 반품차손비, 공손비

문제7] 다음 중 직접경비는?
① 외주가공비　　　　　　　　② 감가상각비
③ 운　임　　　　　　　　　　④ 재고감모손실

문제8] 다음 자료에 의해 제품제조원가를 계산하면? (다만, 건물은 모두 공장분이며, 수도광열비는 공장과 영업부에 50%씩 사용하고 있다)

| | | | |
|---|---|---|---|
| · 재료소비액 | 200,000원 | · 공장임금 | 150,000원 |
| · 건물감가상각비 | 2,000원 | · 수도광열비 | 30,000원 |
| · 여비교통비 | 4,000원 | · 기계감가상각비 | 5,000원 |
| · 영업부 급여 | 150,000원 | | |

① 172,000원　　　　　　　　② 254,000원
③ 372,000원　　　　　　　　④ 420,000원

# 제3편. 원가회계 -제3장 요소별 원가계산

| 번호 | 정답 | 해 설 |
|---|---|---|
| 1 | ③ | ㉠ 순매입액 : 700,000원 + 30,000원 - 20,000원 = 710,000원<br>㉡ 재료소비액 : 100,000원 + 710,000원 - 150,000원 = 660,000원 |
| 2 | ② | 재고감모량 : 150개(기초) + 700개(매입) - 550개(소비) - 200개(실지재고) = 100개 |
| 3 | ③ | <table><tr><td colspan="2"></td><td colspan="3">입 고</td><td colspan="3">출 고</td><td colspan="3">재 고</td></tr><tr><td>5/1</td><td>전기이월</td><td>200개</td><td>100</td><td>20,000원</td><td></td><td></td><td></td><td>200개</td><td>100</td><td>20,000원</td></tr><tr><td>5/7</td><td>입 고</td><td>400개</td><td>110</td><td>44,000원</td><td></td><td></td><td></td><td>200개<br>400개</td><td>100<br>110</td><td>20,000원<br>44,000원</td></tr><tr><td>5/10</td><td>출 고</td><td></td><td></td><td></td><td>400개<br>100개</td><td>110<br>100</td><td>44,000원<br>10,000원</td><td>100개</td><td>100</td><td>10,000원</td></tr><tr><td>5/18</td><td>입 고</td><td>300개</td><td>120</td><td>36,000원</td><td></td><td></td><td></td><td>100개<br>300개</td><td>100<br>120</td><td>10,000원<br>36,000원</td></tr><tr><td>5/27</td><td>출 고</td><td></td><td></td><td></td><td>200개</td><td>120</td><td>24,000원</td><td>100개<br>100개</td><td>100<br>120</td><td>10,000원<br>12,000원</td></tr><tr><td colspan="2"></td><td colspan="3">총매입액 100,000원</td><td colspan="3">소비액 78,000원</td><td colspan="3">기말재고액 22,000원</td></tr></table> |
| 4 | ④ | 경 비<br>전 기 선 급 액 ×××  \| 전 기 미 지 급 액 ×××<br>당 기 지 급 액 ×××  \| 소 비 액 ×××<br>당 기 미 지 급 액 ×××  \| 당 기 선 급 액 ×××<br>∴ 경비소비액 : 70,000원 + 435,000원 + 85,000원 - 90,000원 - 45,000원<br>= 455,000원 |
| 5 | ② | 임 금<br>당 기 지 급 액 ×××  \| 전기미지급액 ×××<br>당기미지급액 ×××  \| 당 기 소 비 액 ×××<br>∴ 임금소비액 : 210,000원 + 30,000원 - 20,000원 = 220,000원 |
| 6 | ③ | 월할경비 : 특허권사용료, 보험료, 감가상각비, 임차료, 세금과 공과 등<br>측정경비 : 수도료, 전기료, 가스료 등<br>지급경비 : 외주가공비, 운반비, 수선비, 여비교통비, 복리후생비, 잡비 등<br>발생경비 : 재료감모손실, 반품차손비 등<br>③ 운반비는 지급경비이다. |
| 7 | ① | 직접경비는 외주가공비, 특허권사용료, 특정제품의 설계비 등이다.<br>②③④는 간접경비에 해당된다. |
| 8 | ③ | 제품제조원가는 제조부(공장분)에 대한 것만 계산하고 영업부(본사분)는 판매비와 관리비로 처리한다.<br>재료소비액 200,000원 + 공장임금 150,000원 + 건물감가상각비 2,000원 + 수도광열비 15,000원(=30,000원×50%) + 기계감가상각비 5,000원 = 제품제조원가 372,000원<br>여비교통비와 영업부 급여는 판매비와 관리비. |

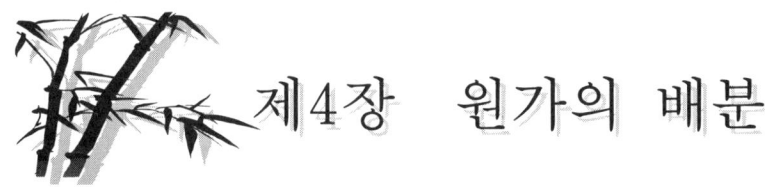

# 제4장 원가의 배분

## 제1절 원가배분

### 1. 원가배분의 의의

원가배분이란 공통원가를 일정한 배분기준에 따라 각 원가대상에 대응시키는 과정을 말한다. 여기서 원가대상이란 원가가 개별적으로 집계되는 단위를 말하는데 원가대상에는 부문과 제품이 있다. 원가회계에서 주로 다루는 원가대상과 공통원가는 다음과 같다.

| 원가대상 | 공통원가 | 원가배분의 내용 |
|---|---|---|
| 제 품 | 제조간접원가 | 제조간접원가를 각 제품에 배분한다. |
| 부 문 | 보조부문원가 | 보조부문의 원가를 제조부문에 배분한다. |

### 2. 원가배분의 목적

① 외부보고를 위해 재고자산을 평가하고 매출원가를 계산
② 경영자의 의사결정에 유용한 정보를 제공
③ 부문책임자나 종업원의 성과평가

### 3. 원가배분기준

① 인과관계기준 : 공통원가의 발생과 원가대상 사이에 추적가능한 명확한 인과관계가 존재하는 경우에 그 인과관계를 배분기준으로 하여 원가를 배분하는 가장 이상적인 원가배분방법이다.
② 수 혜 기 준 : 발생된 공통원가로 인하여 원가대상에 제공된 경제적 효익을 측정할 수 있는 경우에 제공된 경제적 효익의 비율에 따라 원가를 배분하는 기준이다. 예를 들어, 최고경영자 급여를 각 사업부의 영업이익에 근거해서 배분하는 것이 이에 해당한다.
③ 부담능력기준 : 원가대상이 원가를 부담할 수 있는 능력, 즉 이익창출능력에 따라 공통원가를 배부하는 기준이다.
④ 공정성과 공평성기준 : 공통원가를 배분할 때 공정하고 공평하게 해야 한다는 기준이다. 이 기준은 원가배분을 실행하기 위한 기준이라기보다는 그 자체가 원가배분을 통해서 달성하고자 하는 목표에 해당한다.

### 4. 원가배분기준의 세분화

공통원가를 원가대상에 배분하는데 우선적으로 공통원가와 원가대상 사이의 인과관계가 고려되어야 하며, 정확한 원가배분을 하기 위해서는 배부기준의 세분화가 이루어져야 하는데, 배부기준의 세분화의 의미는 원가집계대상과 배부기준수의 증가가 필수적이다. 이러한 배부기준의 증가는 원가정보 산출비용의 증가로 이루어지게 된다.

한편, 배분과정을 단순화하면 원가정보 산출비용은 적지만 정확성은 감소하게 된다. 따라서 회사는 원가정보의 산출비용과 원가정보의 효익을 고려하여 상황에 맞는 방법을 선택하는 것이 바람직할 것이다.

## 제2절 제조간접비

### 1. 제조간접비

특정 제품이 아닌 여러 제품을 제조하기 위하여 공통적으로 발생하는 원가요소를 말한다.

### 2. 제조간접비의 배부방법

(1) 실제배부법

원가계산기말에 실제로 발생한 제조간접비를 각 제품에 배부하는 방법

① 가액법 : 제품을 제조하기 위하여 소비된 직접재료비, 직접노무비, 직접원가를 기준으로 배부하는 방법이다.
- 제조간접비 배부율 = 제조간접비 합계 ÷ 배부기준 합계
- 특정제품의 제조간접비 배부액 = 특정제품의 배부기준 × 배부율

$$\text{특정제품의 제조간접비 배부액} = \text{제조간접비 합계} \times \frac{\text{특정제품의 배부기준}}{\text{배부기준* 합계}}$$

\* 직접재료비, 직접노무비, 직접원가

② 시간법 : 제품을 제조하기 위하여 소비된 직접노동시간 또는 기계작업시간을 기준으로 배부하는 방법이다.

$$\text{특정제품의 제조간접비 배부액} = \text{제조간접비 합계} \times \frac{\text{특정제품의 배부기준}}{\text{배부기준* 합계}}$$

\* 직접노동시간, 기계작업시간

(2) 예정배부법

제조간접비 예정배부율을 미리 계산하여 두었다가 제품이 완성되면 이를 이용하여 각 제품에 배부할 제조간접비를 구하는 방법을 말한다.

3. 제조간접비의 예정배부(정상원가계산, 평준화원가계산)
   (1) 예정배부의 의의
       제조간접비의 예정배부란 연초에 미리 그 해의 생산량을 고려하여 제조간접비 총액을 추산하고 그것을 각 제품에 배부하는 방법을 말한다. 이처럼 직접재료비와 직접노무비는 실제액으로 계산하는데 비해서 제조간접비는 예정배부액을 사용하여 원가를 계산하는 방법을 정상원가계산 또는 평준화원가계산이라고 한다. 제조간접비를 실제 배부하지 않고 예정배부하는 이유는 다음과 같다.
       ① 제품원가를 신속히 계산하기 위함이다.
           제조원가 중 제조직접비는 각 제품별로 소비와 동시에 집계되나, 제조간접비는 원가계산기말에 가야만 각 제품의 제조간접비 부담액이 계산된다. 그러므로 원가계산기간 중에 완성된 제품의 원가를 신속히 계산하기 위하여 제조간접비를 예정배부하게 된다.
       ② 제품원가의 안정성을 유지하기 위함이다.
           제조간접비 중 고정제조간접비는 생산량에 따라 제품단위당 원가가 다르게 산출된다. 그러므로 연초에 미리 그 해의 생산량을 예상하고 제조간접비총액을 추산하여 그것을 각 제품에 배부하게 되면 제품 단위당 제조간접비 부담액이 균등해지기 때문에 제품가격의 안정을 기할 수 있다.
       ③ 배부차이의 원인분석을 통한 원가관리를 하기 위함이다.
           미리 계산된 예정배부액과 실제발생액과의 차이가 발생한 원인을 분석하여 원가의 효율적인 관리와 통제를 할 수 있다.
   (2) 제조간접비 예정배부율 설정
       ① 제조간접비예산 : 예정조업도를 근거로 제조간접비예산을 추정한다.
       ② 예정조업도
           조업도란 원가의 발생과 밀접한 관계를 가진 원가유발요인으로서 직접노동시간, 기계가동시간 등이 대표적이다. 회사는 예정조업도를 과거 장기간의 평균조업도를 감안하여 추정하게 되는데, 이를 정상조업도(평준화조업도) 또는 기준조업도라 한다.
       ③ 예정배부율

           특정제품의 제조간접비 배부액 = 특정제품의 실제배부기준 × 예정배부율*

           $$* \ 제조간접비\ 예정배부율 = \frac{제조간접비\ 연간예상액}{배부기준\ 연간예상액(예정조업도)}$$

   (3) 제조간접비 배부차이의 조정
       ① 배부차이
           제조간접비를 예정배부하는 정상원가계산제도에서는 실제배분율과 예정배분율의 차이로 인하여 제조간접원가의 배부차이가 발생한다. 이러한 배부차이는 제조간접비계정에 나타나게 되며, 제조간접비 차변금액은 실제발생액이고, 대변금액은 예정배부액이다.

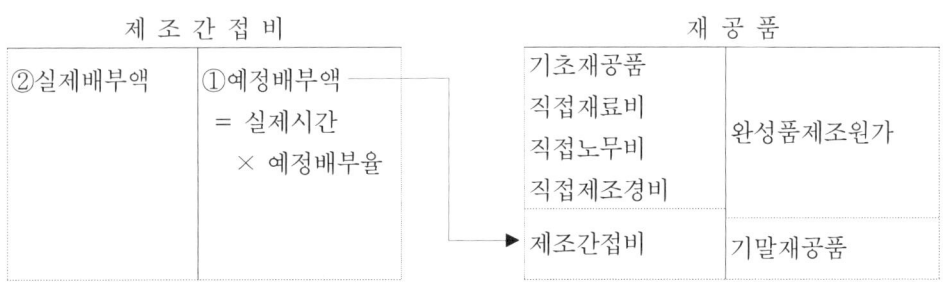

[제조간접비 배부차이]

  ② 제조간접비 배부차이(차액)의 회계처리 방법
    ㉠ 연간 재공품, 제품, 매출원가에 배분하는 방법 → 비례배분법
    ㉡ 전액 매출원가에 가감하는 방법
    ㉢ 전액 기타손익(영업외손익)으로 처리
(4) 제조간접비 예정 배부시 회계처리
  제조간접비 예정 배부시
      (차) 재 공 품 ×××  (대) 제 조 간 접 비 ×××
  제조간접비 실제 발생액
      (차) 제 조 간 접 비 ×××  (대) 재 료 비 ×××
                     노 무 비 ×××
                       제 조 경 비 ×××

  배부차이
    과소배부의 경우 (차) 제조간접비배부차이 ×××  (대) 제 조 간 접 비 ×××
    과대배부의 경우 (차) 제 조 간 접 비 ×××  (대) 제조간접비배부차이 ×××

### 예제. 01  제조간접비의 배부 – 원가기준

다음 자료에 의하여 제조지시서 #3의 제조간접비 배부율과 제조간접비 배부액, 제조원가를 각각의 방법에 따라 계산하라.

(1) 당월 원가 발생액
  재 료 비 : 제조직접비 1,800,000원   제조간접비  160,000원
  노 무 비 : 제조직접비 1,200,000원   제조간접비  400,000원
  제조경비 :                제조간접비  340,000원
(2) 제조지시서 #3의 직접비 : 재료비 400,000원  노무비 300,000원

(해설)

직접재료비법, 직접노무비법, 직접원가법

|  | 직접재료비법 | 직접노무비법 | 직접원가법 |
|---|---|---|---|
| 제조간접비배부율 | $\frac{900,000}{1,800,000} = 50\%$ | $\frac{900,000}{1,200,000} = 75\%$ | $\frac{900,000}{3,000,000} = 30\%$ |
| 제조지시서 #3의 제조간접비 배부액 | 400,000원 × 50% = 200,000원 | 300,000원 × 75% = 225,000원 | 700,000원 × 30% = 210,000원 |
| 제조지시서 #3의 제조원가 | 400,000원+300,000원 +200,000원 = 900,000원 | 400,000원+300,000원 +225,000원 = 925,000원 | 400,000원+300,000원 +210,000원 = 910,000원 |

### 예제. 02  제조간접비의 배부 - 조업도 기준

다음 자료에 의하여 ① 직접노동시간법과 ② 기계작업시간법에 의한 A제품의 제조간접비의 배부액을 계산하라. 단, 배부할 제조간접비 총액은 240,000원이다.

|  | A 제 품 | B 제 품 |
|---|---|---|
| 직 접 재 료 비 | 180,000원 | 120,000원 |
| 직 접 노 무 비 | 140,000원 | 60,000원 |
| 직 접 작 업 시 간 | 1,600시간 | 800시간 |
| 기 계 작 업 시 간 | 1,000시간 | 600시간 |

(해설)

A제품의 제조간접비 배부액

직접작업시간법 : $240,000원 \times \frac{1,600시간}{1,600시간 + 800시간} = 160,000원$

기계작업시간법 : $240,000원 \times \frac{1,000시간}{1,000시간 + 600시간} = 150,000원$

### 예제. 03  제조간접비의 예정배부

이룸공업사는 20×1년 말에 20×2년도 제조간접비 예산으로 6,000,000원, 직접작업시간 예산으로 5,000시간을 설정하였다. 20×2년도 1월과 2월의 원가자료가 다음과 같을 경우 제조간접비 과소/과대배부액을 구하시오.

|  | 1월 | 2월 |
|---|---|---|
| 직 접 작 업 시 간 | 400시간 | 400시간 |
| 실 제 발 생  제 조 간 접 비 | 470,000원 | 500,000원 |

(해설)
(1) 제조간접비 예정배부율 : 6,000,000원/5,000시간 = @1,200원
(2) 제조간접비 배부차이 계산

|  | 실제 제조간접비 | 제조간접비 예정배부액 | 배부차이 |
|---|---|---|---|
| 1월 | 470,000원 | 400시간 × @1,200원 = 480,000원 | 10,000원(과대) |
| 2월 | 500,000원 | 400시간 × @1,200원 = 480,000원 | 20,000원(과소) |

## 제3절 부문별 원가계산

### 1. 의 의
제조간접비를 각 제품에 정확하게 배부하기 위하여 그 발생장소인 부문별로 원가를 분류·집계하는 절차이다.

### 2. 부문별 원가계산의 목적
① 제조간접비의 정확한 배부
② 부문별 원가관리·통제
③ 반제품 등 중간제품의 원가산정

### 3. 원가부문의 분류

| 제조부문 | | 제품을 직접 제조하는 부문<br>(예) 주조부, 선반부, 조립부, 기계부 … |
|---|---|---|
| 보조부문 | 보조용역부문 | 제조활동에 직접 관여하지 않고 제조부문에 생산한 제품 또는 용역을 제공하는 부문<br>(예) 동력부, 용수부, 수선부, 운반부 … |
| | 공장관리부문 | 공장의 관리사무를 담당하는 부문<br>(예) 공구관리부, 공장사무관리부, 연구개발부 … |

### 4. 부문비 계산절차
① 1단계 : 부문직접비(부문개별비)의 부과
② 2단계 : 부문간접비(부문공통비)의 배부
③ 3단계 : 보조부문비를 제조부문에 배부
④ 4단계 : 제조부문비를 제품에 배부

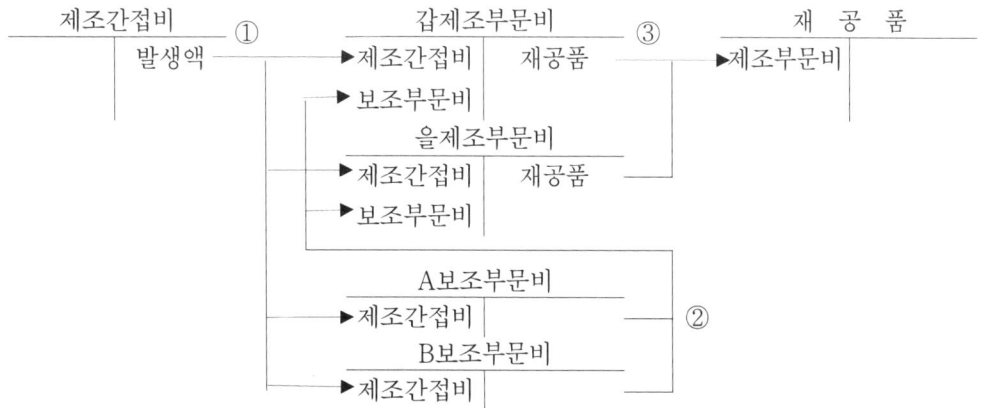

① 제조간접비(부문직접비, 부문간접비)를 각 부문에 부과 <부문비 배부표>
　（차）　갑제조부문비　×××　　　　（대）　제조간접비　×××
　　　　　을제조부문비　×××
　　　　　A보조부문비　×××
　　　　　B보조부문비　×××
② 보조부문비를 제조부문에 대체 <보조부문비 배부표>
　（차）　갑제조부문비　×××　　　　（대）　A보조부문비　×××
　　　　　을제조부문비　×××　　　　　　　 B보조부문비　×××
③ 제조부문비를 각 제품에 배부
　（차）　재 공 품　×××　　　　　　（대）　갑제조부문비　×××
　　　　　　　　　　　　　　　　　　　　　 을제조부문비　×××

## 5. 부문비의 배부

(1) 부문직접비의 부과

부문직접비(개별비)는 특정부문에서 개별적으로 발생하는 원가로서 그 부문(제조부문, 보조부문)에 직접 부과하는 원가요소이다.

(2) 부문간접비의 배부

부문간접비는 부문공통비라고도 하며, 각 부문별로 추적할 수 없는 제조간접비로서 일정한 배부기준에 따라 제조부문 및 보조부문에 배부한다.

[부문공통비 배부기준]

| 부문공통비 | 배부기준 |
|---|---|
| 기계비(감가상각비 등) | 기계가격 |
| 건물감가상각비, 건물보험료, 건물수선비 | 점유면적 |
| 건물임차료, 건물화재보험료 | 점유면적 |
| 전력비 | 기계마력 수 × 운전시간 |
| 통신비 | 전화기 대수 또는 통화횟수 |
| 운반비 | 운반횟수 또는 중량 |
| 복리후생비 | 종업원 수 또는 노무비 |

## 6. 보조부문비의 배부

보조부문비를 제조부문에 대체하는 방법에는 보조부문 상호간의 용역수수의 반영여부에 따라 다음의 세 가지가 있다.

(1) 직접배부법 → 가장 간편한 방법

보조부문 상호간의 용역수수를 완전 무시하고 보조부문비를 직접 제조부문에 배부(대체)하는 방법이다.

(2) 단계배부법

보조부문들 간에 일정한 배부순서를 정한다음, 그 배부순서에 따라 보조부문비를 단계적으로 제조부문과 다른 보조부문에 배부하는 방법이다.

[일반적인 배부기준]
① 타보조부문에 대한 용역제공비율이 큰 보조부문부터 배분하는 방법
② 용역을 제공하는 부문수가 많은 보조부문부터 배분하는 방법
③ 원가가 큰 보조부문부터 배분하는 방법

(3) 상호배부법 → 가장 합리적이고 정확한 방법

보조부문 상호간의 용역수수를 완전 고려하여 배부하는 방법이다.

| 총원가 = 자기부문 발생액 + 타부문으로부터 배부받은 금액 |

## 7. 제조부문비를 제품에 배부

(1) 제조부문비의 배부

제조부문에 집계된 제조부문비를 각 제품에 배부하는 것

제조부문비 배부　　(차) 재 공 품 ×××　　(대) 갑제조부문비 ×××
　　　　　　　　　　　　　　　　　　　　　　을제조부문비 ×××

(2) 제조부문비의 예정배부

> 제조부문별 제조간접비 연간총예상액
> 　= 자기부문의 연간예상액 + 보조부문비 연간예상액의 배부액
> 
> 제조부문별 예정배부율 = $\dfrac{\text{제조부문별 연간 총예상액}}{\text{제조부문별 배부기준의 연간예상액}}$
> 
> 제조부문비 예정배부액 = 배부기준의 실제발생액 × 예정배부율

## 예제. 04  보조부문비 배부표 - 직접배부법

다음 자료에 의하여 절단부문에 배부되는 부문비 합계액을 계산하라. 단, 보조부문비의 배부방법은 직접배부법에 의한다.

| 적 요 | 제 조 부 문 | | 보 조 부 문 | | 합 계 |
|---|---|---|---|---|---|
| | 절단부문 | 조립부문 | 동력부문 | 수선부문 | |
| 자기부문발생액 | 240,000 | 200,000 | 120,000 | 90,000 | 650,000 |
| 제공한 용역 | | | | | |
| 동력부문비(kw/h) | 2,000 | 1,000 | – | 1,000 | 4,000(kw/h) |
| 수선부문비(시간) | 400 | 200 | 100 | – | 700시간 |

(해설)

제조부문비 합계 = 자기부문 발생액 + 보조부문에서 대체(배부)된 금액

| 적 요 | 제 조 부 문 | | 보 조 부 문 | | 합 계 |
|---|---|---|---|---|---|
| | 절단부문 | 조립부문 | 동력부문 | 수선부문 | |
| 자기부문발생액 | 240,000 | 200,000 | 120,000 | 90,000 | 650,000 |
| 제공한 용역 | | | | | |
| 동력부문비(kw/h) | 2,000 | 1,000 | – | 1,000 | 4,000(kw/h) |
| 120,000 | 80,000[1] | 40,000 | | | |
| 수선부문비(시간) | 400 | 200 | 100 | – | 700시간 |
| 90,000 | 60,000[2] | 30,000 | | | |
| 보조부문비 계 | 140,000 | 70,000 | | | |
| 제조부문비 계 | 380,000 | 270,000 | | | |

1) 동력부문으로부터의 배부액 : 80,000원 ( = 120,000원 $\times \frac{2,000}{3,000}$ )

2) 수선부문으로부터의 배부액 : 60,000원 ( = 90,000원 $\times \frac{400}{600}$ )

※ 따라서 절단부문에 배부되는 부문비 합계액은 380,000원 이다.

## 예제. 05  보조부문비 배부표 – 단계배부법

다음 자료에 의하여 조립부문에 배부되는 부문비 합계액을 계산하라. 단 보조부문비의 배부방법은 단계배부법에 의한다. 단 동력부문을 먼저 배부한다.

| 적 요 | 제 조 부 문 | | 보 조 부 문 | | 합 계 |
|---|---|---|---|---|---|
| | 절단부문 | 조립부문 | 수선부문 | 동력부문 | |
| 자기부문발생액 | 500,000 | 420,000 | 180,000 | 200,000 | 1,300,000 |
| 제공한 용역 | | | | | |
|   동력부문비(kw/h) | 2,500 | 2,000 | 500 | – | 5,000(kw/h) |
|   수선부문비(시간) | 500 | 300 | – | 200 | 1,000시간 |

(해설) 제조부문비 합계 = 자기부문 발생액 + 보조부문에서 배부된 금액

| 적 요 | 제 조 부 문 | | 보 조 부 문 | | 합 계 |
|---|---|---|---|---|---|
| | 절단부문 | 조립부문 | 수선부문 | 동력부문 | |
| 자기부문발생액 | 500,000 | 420,000 | 180,000 | 200,000 | 1,300,000 |
| 제공한 용역 | | | | | |
|   동력부문비(kw/h) | 2,500 | 2,000 | 500 | – | 5,000(kw/h) |
| | 200,000 | 100,000 | 80,000[1] | 20,000 | |
|   수선부문비(시간) | 500 | 300 | – | 200 | 700시간 |
| | 200,000 | 125,000 | 75,000[2] | 200,000 | |
| 보조부문비 계 | 225,000 | 155,000 | | | |
| 제조부문비 계 | 725,000 | 575,000 | | | |

1) 동력부문에서의 배부액 : 80,000원 (200,000원 $\times \frac{2,000}{5,000}$)
2) 수선부문에서의 배부액 : 75,000원 (200,000원* $\times \frac{300}{800^{**}}$)

    * 180,000원 + (200,000원 $\times \frac{500}{5,000}$) = 200,000원

    ** 동력부문은 이미 배부완료 되었기 때문에 다시 배부하지 않는다.

※ 따라서 조립부문에 배부되는 부문비 합계액은 575,000원이다.

## 예제. 06  보보부문비 배부표 – 상호배부법

다음 자료에 의하여 조립부문에 배부될 부문비 합계액을 계산하라. 단 보조부문비의 배부방법은 연립방정식을 이용한 상호배부법에 의한다.

| 적 요 | 제 조 부 문 | | 보 조 부 문 | | 합 계 |
|---|---|---|---|---|---|
| | 조립부문 | 가공부문 | 동력부문 | 운반부문 | |
| 자기부문발생액 | 305,000 | 224,000 | 69,000 | 52,000 | 650,000 |
| 제공한 용역 | | | | | |
| 　동력부문비(kw/h) | 250(50%) | 150(30%) | – | 100(20%) | 500(kw/h) |
| 　운반부문비( t ) | 40(40%) | 30(30%) | 30(30%) | – | 100(t) |

(해설)

상호배부법은 보조부문 상호간의 용역수수를 완전 고려해야 하기 때문에 연립방정식을 이용하여 보조부문 상호간의 용역수수액을 계산해야 한다.

동력부문의 총원가를 x 라 하고, 운반부문의 총원가를 y 라 할 때

동력부문의 총원가 x = 69,000원 + 0.3y … ①

운반부문의 총원가 y = 52,000원 + 0.2x … ②

②를 ①에 대입하면

x = 69,000원 + 0.3(52,000원 + 0.2x)

x = 69,000원 + 15,600 + 0.06x

0.94x = 84,600

x = 90,000원

따라서 y = 52,000원 + (90,000원 × 0.2) = 70,000원

| 적 요 | 제 조 부 문 | | 보 조 부 문 | | 합 계 |
|---|---|---|---|---|---|
| | 조립부문 | 가공부문 | 동력부문 | 운반부문 | |
| 자기부문발생액 | 305,000 | 224,000 | 69,000 | 52,000 | 650,000 |
| 제공한 용역 | | | | | |
| 　동력부문비(kw/h) | 250(50%) | 150(30%) | – | 100(20%) | 500(kw/h) |
| 　90,000 | 45,000[1] | 27,000 | | 18,000 | |
| 　운반부문비(t) | 40(40%) | 30(30%) | 30(30%) | – | 100(t) |
| 　70,000 | 28,000[2] | 21,000 | 21,000 | | |
| 보조부문비 계 | 73,000 | 48,000 | (90,000) | (70,000) | |
| 제조부문비 계 | 378,000 | 272,000 | | | |

1) 동력부문에서의 배부액 : 45,000원 (= 90,000원 × 50%)
2) 운반부문에서의 배부액 : 28,000원 (= 70,000원 × 40%)

따라서 조립부문에 배부되는 부문비 합계는 378,000원이다.

## 핵심예제

**문제1]** 다음 자료에 의하여 제조간접비 배부액을 직접노동시간법으로 계산할 경우 제조지시서 #2의 제조원가는?

> 당 원가계산 기간의 제조간접비 총액 400,000원
> 동 기간의 직접노동시간수 200시간
> 제조지시서 #2의 직접재료비 1,200,000원, 직접노무비 1,800,000원, 직접노동시간은 150시간

① 3,000,000원  ② 3,100,000원
③ 3,200,000원  ④ 3,300,000원

**문제2]** (주)코아회계공업사의 다음 자료에 의하여 제조지시서 #1의 제조원가를 계산하면 얼마인가? (단, 제조간접비는 직접원가 배부법)

> 직접재료비 총액   1,360,000원    직접노무비 총액   640,000원
> 제조간접비 총액   160,000원      직접노동시간     5,000시간
> · 제조지시서 #1의 자료
>   직접재료비 85,000원   직접노무비 35,000원   직접노동시간 500시간

① 216,000원    ② 136,000원
③ 129,600원    ④ 2,160,000원

**문제3]** 당월 중에 완성된 제품의 제조간접비 예정배부액은 30,000원이었으나 월말에 밝혀진 제조간접비 실제 발생액은 32,000원이다. 과소배부액에 대한 회계처리로 옳은 분개는?
① (차) 제조간접비배부차이 2,000  (대) 제 조 간 접 비 2,000
② (차) 제 조 간 접 비 2,000      (대) 제조간접비배부차이 2,000
③ (차) 제   공   품 2,000        (대) 제 조 간 접 비 2,000
④ (차) 제 조 간 접 비 2,000      (대) 재   공   품 2,000

**문제4]** (주)코아회계는 기계운전시간법에 의하여 제조간접비를 예정배부하고 있다. (주)코아회계의 20X1년 5월 중 제조간접비 자료가 다음과 같을 때 제조간접비 배부차이를 계산하면 얼마인가?

> ㉠ 일정기간의 제조간접비 예정총액 1,200,000원
> ㉡ 동기간의 예정 총기계 운전시간 6,000시간
> ㉢ 20X1년 5월 중 기계 실제운전시간 1,000시간
> ㉣ 20X1년 5월 중 제조간접비 실제발생액
>   간접재료비 40,000원   간접노무비 70,000원   간접경비 120,000원

① 과소배부액 30,000원      ② 과대배부액 30,000원
③ 과소배부액 970,000원     ④ 과대배부액 970,000원

문제5] 제조간접원가에 대하여 예정배부를 하던 중 배부결과가 과소배부로 밝혀졌다. 잘못된 설명은?
① 재공품에 배부된 제조간접원가는 실제제조간접원가보다 적다.
② 예정배부율이 너무 낮게 설정된다.
③ 실제제조간접원가가 예정제조간접원가보다 많다.
④ 제조간접원가 배부차이를 조정하지 않으면 기말재공품이 과대계상된다.

문제6] (주)맑은하늘은 기계가동시간을 기준한 예정제조간접원가배부율을 적용한다. 이 회사의 정상 기계가동시간은 10,000시간, 예산제조간접원가는 300,000원이다. 만일 실제 기계가동시간이 11,000시간, 실제 제조간접원가 발생액이 325,000원일 경우, 제조간접원가 초과 또는 부족 배부액은 얼마인가?
① 30,000원 (초과)    ② 30,000원 (부족)
③ 5,000원 (초과)     ④ 5,000원 (부족)

문제7] 부문별 원가계산의 주된 목적은?
① 요소원가의 계산목적       ② 수익측정의 계산목적
③ 원가관리목적              ④ 작업공정의 합리화목적

문제8] 부문별 원가계산순서를 옳게 배열한 것은?

| ㉠ 부문공통비를 계산한다. | ㉡ 보조부문비를 제조부문에 배부한다. |
| ㉢ 부문직접비를 계산한다. | ㉣ 제품에 배부한다. |

① ㉠→㉡→㉢→㉣         ② ㉡→㉢→㉣→㉠
③ ㉢→㉠→㉡→㉣         ④ ㉣→㉡→㉢→㉠

문제9] 보조부문 상호간의 용역의 수수정도를 비교하여 가장 다수의 부문에 용역을 제공하는 보조부문으로부터 용역을 제공하는 상대가 적은 부조부문으로 순서를 정하여 순위가 높은 것부터 순차적으로 배부하는 방법은?
① 직접배부법               ② 상호배부법
③ 단계식 배부법            ④ 연립배부법

문제10] 보조부문비를 제조부문에 배부하는 방법 중 상호배부법에 대한 설명으로 타당한 것은?
① 보조부문 상호간의 용역수수를 상호간에 배부하는 방법이다.
② 보조부문 상호간의 용역수수를 무시하고 보조부문비를 직접 제조부문에만 배부하는 방법이다.
③ 보조부문비를 이를 일정한 배부율에 의하여 보조부문·제조부문에 배부하고, 다음에 각 보조부문이 다른 보조부문으로부터 받은 배부액을 집계하여 다시 다른 각 부문에 배부하는 방법이다.
④ 보조부문 상호간의 용역수수를 완벽하게 고려하여 보조부문 상호간에 배부하고 이를 제조부문에 배부하는 방법이다.

## 제3편. 원가회계 -제4장 원가의 배분

**문제11]** 보조부문원가를 직접배부법에 의해 제조부문에 배부할 경우 절단부문에 배부되는 보조부문원가의 합계는?

|  | 제조부문 | | 보조부문 | | 합계 |
|---|---|---|---|---|---|
|  | 절단부문 | 조립부문 | 동력부문 | 수선부문 |  |
| 자기부문발생액 | 80,000 | 50,000 | 30,000 | 40,000 | 200,000 |
| 동력사용량(kw) | 40 | 20 | - | 40 | 100 |
| 수선횟수(회) | 5 | 3 | 2 | - | 10 |

① 32,000원　　　　　　　　　② 37,000원
③ 40,000원　　　　　　　　　④ 45,000원

**문제12]** 다음 자료에서 단계배부법으로 보조부문비를 제조부문에 배부했을 때, 동력부문이 절단부문에 배부해야 할 금액은?(단, 배부순서는 수선부문을 먼저 배부하고 동력부문을 배부한다.)

| 적요 | 제조부문 | | 보조부문 | | 합계 |
|---|---|---|---|---|---|
|  | 절단부문 | 조립부문 | 동력부문 | 수선부문 |  |
| 자기부문 발생액 | 100,000 | 50,000 | 10,000 | 5,000 | 165,000 |
| 제공한 용역 |  |  |  |  |  |
| 동력부문(kW·h) | 12 | 20 |  | 8 | 40 kw/h |
| 수선부문(횟수) | 24 | 24 | 32 |  | 80회 |

① 3,000원　　　　　　　　　② 3,600원
③ 3,750원　　　　　　　　　④ 4,500원

**문제13]** 다음 자료에 의하여 A제조 부문비 합계액을 계산하면 얼마인가? (보조부문비 배부는 상호배부법에 의함)

|  | A제조부문 | B제조부문 | 동력부문 | 수선부문 |
|---|---|---|---|---|
| 자기부문발생액 | 140,000 | 80,000 | 47,000 | 40,000 |
| 동력부문비배분기준 | 40% | 40% | - | 20% |
| 수선부문비배부기준 | 50% | 25% | 25% | - |

① 174,200원　　　　　　　　　② 178,800원
③ 179,500원　　　　　　　　　④ 190,000원

| 번호 | 정답 | 해 설 |
|---|---|---|
| 1 | ④ | 제조지시서 #2의 제조간접비 : 400,000원 × (#2)150시간/200시간 = 300,000원<br>제조지시서 #2의 제조원가 : 1,200,000원 + 1,800,000원 + 300,000원<br>　　　　　　　　　　　= 3,300,000원 |
| 2 | ③ | 제조지시서 #1의 제조간접비 배부액 : 160,000원 × $\frac{120,000}{2,000,000}$ = 9,600<br>제조지시서 #1의 제조원가 : 85,000원 + 35,000원 + 9,600 = 129,600 |
| 3 | ① | 제조간접비계정 차변에는 실제배부액, 대변에는 예정배부액이 기입된다.<br>실제배부액 > 예정배부액<br>　　: (차) 제조간접비배부차이 ××× (대) 제조간접비 ×××<br>실제배부액 < 예정배부액<br>　　: (차) 제조간접비 ××× 　　(대) 제조간접비배부차이 ××× |
| 4 | ① | 예정배부율 : 1,200,000원÷6,000시간=200/시간<br>㉠ 예정배부액 : 200,000원(1,000시간×200)<br>㉡ 실제발생액 : 230,000원(=40,000원+70,000원+120,000원)<br>　배 부 차 이 : 　30,000원(과소배부) |
| 5 | ④ | ④ 과소배부된 제조간접비 배부차이를 재고자산에 배부하게 되면 재고자산이 증가하게 된다. 따라서 배부차이를 조정하지 않으면 재고자산은 과소계상된다. |
| 6 | ③ | 예정제조간접원가 : 실제기계시간 11,000시간 × 예정배부율 30(=300,000원/10,000시간) = 330,000원<br>제조간접원가 배부차이 : 실제 325,000원 < 예정 330,000원 = 5,000원 (초과) |
| 7 | ③ | 부문별 원가계산은 각 부문별로 원가를 집계하므로 책임중심점별로 원가관리 및 원가통제의 자료를 얻게 된다. |
| 8 | ③ | 부문별 원가계산 : 부문개별(직접)비의 부과 ⇒ 부문공통(간접)비의 배부 ⇒ 보조부문비를 제조부문에 대체 ⇒ 제품에 배부 |
| 9 | ③ | 단계식 배부법의 설명이다. |
| 10 | ④ | 상호배부법은 보조부문 상호간의 용역수수를 고려하여 보조부문 상호간에 배부하고 이를 다시 제조부문에 배부하는 방법이다.<br>②는 직접배부법의 설명이다. |
| 11 | ④ | 직접배부법이므로 보조부문 상호간의 용역수수를 무시한다.<br>절단부문에 배부될 보조부문원가<br>동력부문비 : 30,000원 × 40/60 = 20,000원<br>수선부문비 : 40,000원× 5/8 = 25,000원 |

| 12 | ④ | 보조부문비 배부표 |

| 비 목 | 배부기준 | 합 계 | 제 조 부 문 | | 보 조 부 문 | |
|---|---|---|---|---|---|---|
| | | | 절단부문 | 조립부문 | 동력부문 | 수선부문 |
| 자기부문발생액 | | 165,000 | 100,000 | 50,000 | 10,000 | 5,000 |
| 수선부문비 | 횟수 | 5,000 | 1,500㉠ | 1,500 | 2,000 | |
| 동력부문비 | kw/h | 12,000 | 4,500㉡ | 7,500 | 12,000 | |
| 보조부문비 합계 | | | 6,000 | 9,000 | | |
| 제조부문비 합계 | | 165,000 | 106,000 | 59,000 | | |

㉠ : 5,000원 × 24/80
㉡ : 12,000원 × 12/32(단계배부법에서는 동력부문이 수선부문에 배부된 용역은 제외되므로 12/40으로 계산하지 않음에 주의!)

| 13 | ④ |

보조부문비 총원가 : 자기부문발생액 + 타 부문에서의 대체액
동력부문비 총원가를 X, 수선부문비 총원가를 Y라 하면
동력부문비 총원가 X = 47,000원 + 0.25Y
수선부문비 총원가 Y = 40,000원 + 0.2X
  X = 47,000원 + 0.25(40,000원 + 0.2X)
  X = 47,000원 + 10,000원 + 0.05X
  0.95X = 57,000원    X = 60,000원
  Y = 52,000원(40,000원 + 60,000원 × 20%)
동력부문비 A제조부문비 배부액 : 60,000원 × 40% = 24,000원
수선부문비 A제조부문비 배부액 : 52,000원 × 50% = 26,000원
A제조부문비 합계액 : 140,000원 + 24,000원 + 26,000원 = 190,000원

# 제5장 제품별 원가계산

## 제1절 개별원가계산

1. 개별원가계산

   제품의 종류, 규격이 다른 개별생산형태(건설업, 조선업, 기계제작업 등의 소량주문생산형태)의 공업기업에서 작업별로 원가를 집계하여 제품별로 원가계산을 하는 방법.

2. 제조지시서와 원가계산표

   (1) 제조지시서

   고객이 주문한 특정제품의 제조를 작업현장에 지시하는 문서

   ① 특정제조지시서 : 특정수량의 제품제조를 위하여 개별적으로 발행하는 지시서

   ② 계속제조지시서 : 동일 종류의 제품을 반복하여 계속 생산하는 경우에 발행하는 지시서

   (2) 원가계산표

   원가계산표는 각 제품의 제조과정에서 소비된 원가를 집계하는 명세표이다.
   제조지시서별로 원가계산표를 철해 놓은 장부를 원가원장이라 한다.

3. 개별원가계산의 절차

   ① 요소별(재료비, 노무비, 제조경비) 원가계산
   ② 직접비와 간접비로 분류하여 직접비는 부과, 간접비는 배부
   ③ 원가계산표 작성, 마감
   ④ 재공품, 제품 계정에의 대체

4. 개별원가계산의 방법

   (1) 실제개별원가계산

   실제발생된 재료비, 노무비, 제조간접비를 이용하여 제품원가 산출

   $$* \text{제조간접비 배부율} : \frac{\text{제조간접비 실제발생액}}{\text{실제배부기준}}$$

   (2) 예정개별원가계산(정상원가계산)

   재료비와 노무비는 실제원가로, 제조간접비는 예정액을 사용하여 제품원가 산출

## 제3편. 원가회계 -제5장 제품별 원가계산

> \* 제조간접비 배부율 : $\dfrac{\text{제조간접비 연간예정액}}{\text{연간예정 배부기준}}$

### 예제. 01  개별원가계산

(주)한라는 5월중 작업번호 #501, #502 두 가지 작업을 시작하였다. 위의 두 가지 작업에 대한 5월의 제조원가 및 기타자료는 다음과 같다.

|  | #501 | #502 | 합 계 |
|---|---|---|---|
| 직접재료비 | 200,000원 | 500,000원 | 700,000원 |
| 직접노무비 | 400,000원 | 200,000원 | 600,000원 |
| 직접노동시간 | 1,000시간 | 400시간 | 1,400시간 |

5월중 제조간접비 발생액은 2,800,000원이었다.

1. 직접노동시간을 제조간접비 배분기준(조업도)을 설정하여 제조간접비 배분율을 구하시오.
2. 요구사항 1을 이용하여 제조간접비를 배분하고 작업별 제조원가를 구하시오.
3. 만약 작업번호 #501이 완성되었다면 기말재공품원가를 구하시오.

해설]
1. 제조간접비 배분율
   직접노동시간당 제조간접비 배분율 : 2,800,000원/1,400시간=@2,000원/직접노동시간
2. 제조간접비의 배분 및 작업별 제조원가

|  | #501 | #502 | 합계 |
|---|---|---|---|
| 직접재료비 | 200,000 | 500,000 | 700,000 |
| 직접노무비 | 400,000 | 200,000 | 600,000 |
| 제조간접비 | 2,000,000[*1] | 800,000[*2] | 2,800,000 |
| 제조원가 | 2,600,000 | 1,500,000 | 4,100,000 |

  \*1) 1,000시간 × @2,000원 = 2,000,000원
  \*2)  400시간 × @2,000원 = 800,000원

3. 작업번호 #501의 제조원가 2,600,000원은 당기제품제조원가이고, 작업번호 #502의 제조원가 1,500,000원이 기말재공품원가이다.

## 제2절 종합원가계산

1. 종합원가계산

   종합원가계산이란 동일공정에서 동일한 규격의 제품을 연속적으로 대량생산하는 업종에 적용되는 원가계산 형태로서, 1원가계산기간에 발생한 원가를 동기간의 완성품수량으로 나누어서 평균원가인 제품의 단위당 원가를 계산하는 방법이다.
   종합원가계산은 다음과 같은 특성을 지니고 있다.
   ① 동일공정의 제품은 동질적이라는 가정에 따르므로 제품의 단위당 원가가 평균화된다.
   ② 연속적 대량생산형태이므로 일정기간동안 공정별로 원가를 집계한다. 즉, 기간개념이 중요시된다.

   원가의 분류가 재료비와 가공비(노무비 + 제조간접비)로 단순화되어 있다. 여기에서 직접재료비는 일반적으로 투입시점에서 100% 소비되고, 가공비는 진척도에 비례해서 발생한다고 가정한다.

   | 개별원가계산 | 종합원가계산 |
   |---|---|
   | • 다품종 소량 주문생산<br>• 조선업, 건설업 등의 업종에 적합<br>• 각 개별작업별로 원가집계(제조지시서, 작업원가표)<br>• 원가계산이 상대적으로 정확하나, 개별제품별로 원가집계를 하므로 많은 비용과 노력이 소요된다.<br>• 제조간접비의 배부가 핵심절차 | • 동종제품의 연속대량생산<br>• 식료품, 화학공업, 정유업 등의 업종에 적합<br>• 각 공정별로 원가집계(제조원가보고서)<br>• 원가계산시 공정별로 집계방식을 사용하므로 간편하고 경제적(시간과 비용 절약)이나, 제품원가계산시 상대적으로 부정확하다.<br>• 완성품환산량 계산(기말재공품의 평가)이 핵심절차 |

2. 종합원가계산의 절차

   종합원가계산은 일정 기간 발생된 제조원가와 기초 재공품원가를 집계한 후 완성품과 기말재공품에 배분하는 방법이다. 이 때 직접재료비와 직접노무비는 공정별로 직접 추적하여 집계하며, 제조간접비는 합리적인 배부기준으로 각 공정에 배분하여 공정별 원가를 파악하게 된다.

## 제3절 기말재공품의 평가

1. 의의

    재공품이란 제품의 생산을 위하여 현재 가공중인 미완성품을 말하며, 재공품의 평가란 특정 원가계산기말에 완성품제조원가를 산정하기 위하여 가공 중에 있는 미완성품을 완성품으로 환산하는 것이다.

    > 완성품제조원가 = 기초재공품재고액 + 당기총제조비용 − 기말재공품재고액

2. 재공품의 평가 절차

    (1) 물량흐름의 파악 : 투입량과 산출량 파악

    재 공 품

    | 투입량 | 기초재공품수량 | 당기완성품수량 | 산출량 |
    |---|---|---|---|
    | | 당기착수수량 | 기말재공품수량 | |

    (2) 완성품 환산량의 계산

    완성품 환산량이란 생산 중에 있는 미완성품을 완성품으로 환산한 것이다.

    완성품 환산량 = (기초, 기말)재공품수량 × 완성도

    | 재료비 | 제조착수시 투입 | 기초, 기말수량×완성도 100% |
    |---|---|---|
    | | 제조진척시 투입 | 기초, 기말수량×완성도 |
    | 가공비 | 제조진척시 투입 | |

    종합원가계산에서 공정별로 집계된 원가를 완성품과 기말재공품으로 배분하기 위한 기준이 필요하며, 이러한 배분기준역할을 하는 것이 완성품환산량이다.

    > 완성품 환산량 = (기초, 기말)재공품수량 × 완성도%

    완성품환산량은 물량에 완성도를 곱하여 구해지며, 이는 해당 물량에 투입된 노력으로 처음부터 시작하여 100%까지 완성시킬 수 있는 수량을 말하는 것이다.

    ① 재료비 : 일반적으로 공정의 착수시점 또는 중간시점에 전량 투입한다고 가정한다. 따라서 투입시점을 통과한 재공품의 재료비완성도는 100%이다.

    ② 가공비 : 가공비는 전공정에 걸쳐서 균등하게 발생한다고 가정하므로, 공정의 진척도를 산출물의 완성도로 이용한다. 예를 들어 기말재공품의 가공비에 대한 완성도가 50%라면 기말재공품 1개의 가공비에 대한 완성품환산량은 0.5개가 될 것이다.

(3) 총원가의 집계

원가를 직접재료비와 가공비(직접노무비 + 제조간접비)로 나누어 집계한다.

(4) 완성품 환산량 단위원가 계산

완성품 환산량 단위원가 = 당기총제조비용 ÷ 완성품 환산량

(5) 완성품 원가와 기말재공품평가액 배분

기말재공품 = 기말재공품수량 × 완성품환산량 단위원가

3. 선입선출법

먼저 제조에 착수한 것이 먼저 완성된다는 가정 하에 기말재공품 원가와 완성품 원가를 계산하는 방법이다. 선입선출법은 평균법에 비해 기간별 성과평가에 유용하나 상대적으로 복잡하다.

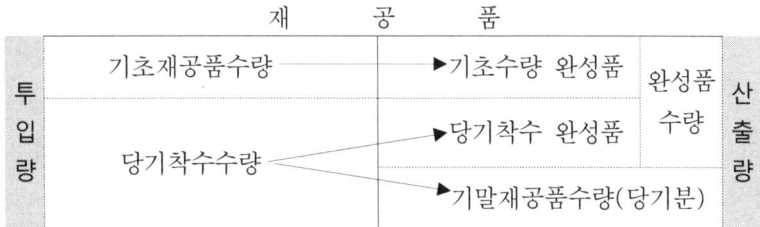

(공식)

$$당기총제조비용 \times \frac{기말재공품수량^*}{완성품수량 - 기초재공품수량^* + 기말재공품수량^*}$$

* 환산수량

4. 평 균 법

월초재공품 원가와 당월 투입원가를 별도로 구분하지 않고 이들을 합계한 총액을 평균하여 월말재공품의 원가를 계산하는 방법이다.

평균법은 선입선출법에 비해 간편하나 성과평가에 부적합하다.

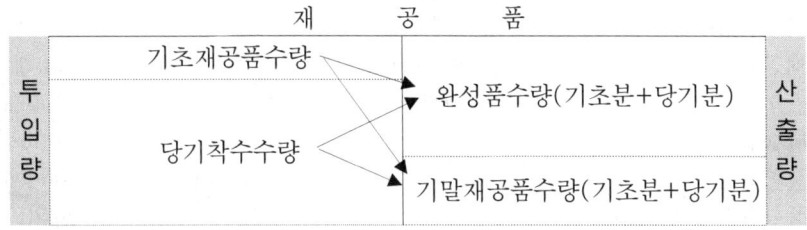

(공식)

$$(기초재공품재고액 + 당기총제조비용) \times \frac{기말재공품수량^*}{완성품수량 + 기말재공품수량^*}$$

* 환산수량

# 제3편. 원가회계 -제5장 제품별 원가계산

## 예제. 02  선입선출법과 평균법

(주)세무공업사는 종합원가계산제도를 사용하고 있다. 원가요소는 재료비와 가공비로 구분할 수 있다. 재료비는 공정초에 전액 발생하고, 가공비는 공정전반에 걸쳐 균등하게 발생한다. 물량의 내역은 다음과 같다.

| | |
|---|---|
| 기초재공품 | 500개(완성도 80%) |
| 당기착수수량 | 1,500개 |
| 완성수량 | 1,000개 |
| 기말재공품수량 | 1,000개(완성도 40%) |

기초재공품원가 및 당기발생원가의 내역은 다음과 같다.

| | 재료비 | 가공비 | 합계 |
|---|---|---|---|
| 기초재공품 | 10,500원 | 10,800원 | 21,300원 |
| 당기발생원가 | 37,500원 | 20,000원 | 57,500원 |
| 총원가 | 48,000원 | 30,800원 | 78,800원 |

원가흐름의 가정이 선입선출법과 평균법일 때 각각의 당기완성품원가와 기말재공품원가를 계산하시오.

[해설]
1. 선입선출법
(1) 물량흐름

재 공 품

| | | | |
|---|---|---|---|
| 기초재공품 | 500개 (80%) | 완성품 | 1,000개 |
| 당기착수수량 | 1,500개 | 기말재공품 | 1,000개 (40%) |
| 계 | 2,000개 | 계 | 2,000개 |

(2) 완성품환산량

| | 물량(완성도) | 재료비환산량 | 가공비환산량 |
|---|---|---|---|
| 기초재공품완성수량 | 500개(20%) | – | 100개 |
| 당기착수완성수량 | 500개 | 500개 | 500개 |
| 기말재공품 | 1,000개(40%) | 1,000개 | 400개 |
| 합계 | 2,000개 | 1,500개 | 1,000개 |
| 당기발생원가 | | 37,500 | 20,000원 |
| 완성품환산량 | | 1,500개 | 1,000개 |
| 완성품환산량 단위당원가 | | @25 | @20 |

(3) 원가의 배분

| | 기초재공품원가 | 재료비 | 가공비 | 합계 |
|---|---|---|---|---|
| 완성품원가 | 21,300원 + | 500×@25원 + | 600×@20원 = | 45,800원 |
| 기말재공품원가 | | 1,000×@25원 + | 400×@20원 = | 33,000원 |
| 합계 | | | | 78,800원 |

2. 평균법
(1) 물량흐름

|  | 재 공 품 |  |  |
|---|---|---|---|
| 기초재공품 | 500개 (80%) | 완성품 | 1,000개 |
| 당기착수수량 | 1,500개 | 기말재공품 | 1,000개 (40%) |
| 계 | 2,000개 | 계 | 2,000개 |

(2) 완성품환산량

|  | 물량(완성도) | 재료비환산량 | 가공비환산량 |
|---|---|---|---|
| 당기완성수량 | 1,000개(100%) | 1,000개 | 1,000개 |
| 기말재공품 | 1,000개(40%) | 1,000개 | 400개 |
| 합계 | 2,000개 | 2,000개 | 1,400개 |
| 기초재공품원가 |  | 10,500원 | 10,800원 |
| 당기발생원가 |  | 37,500원 | 20,000원 |
| 총원가 |  | 48,000원 | 30,800원 |
| 완성품환산량 |  | 2,000개 | 1,400개 |
| 완성품환산량 단위당원가 |  | @24원 | @22원 |

(3) 원가의 배분

|  | 재료비 |  | 가공비 |  | 합 계 |
|---|---|---|---|---|---|
| 완성품원가 | 1,000×@24원 | + | 1,000×@22원 | = | 46,000원 |
| 기말재공품원가 | 1,000×@24원 | + | 400×@22원 | = | 32,800원 |
| 합 계 |  |  |  |  | 78,800원 |

### 예제. 03  기말재공품 평가

다음 JJ공업사의 자료에 의하여 완성품과 기말재공품 원가를 계산하라. 단, 재료는 제조 착수시에 투입되고, 가공비는 제조 진척에 따라 투입된다.

|  | 수량(완성도) | 직접재료비 | 가공비 |
|---|---|---|---|
| 기초재공품 | 10,000개(40%) | 300,000원 | 252,000원 |
| 당기투입량 | 50,000개 | 600,000원 | 528,000원 |
| 당기완성량 | 40,000개 |  |  |
| 기말재공품 | 20,000개(60%) |  |  |

(해설)

1. 선입선출법

재료비 : $600,000원 \times \dfrac{20,000}{40,000 - 10,000 + 20,000} = 240,000원$

가공비 : $528,000원 \times \dfrac{12,000}{40,000 - 4,000 + 12,000} = 132,000원$

기말재공품 재고액 : 240,000원 + 132,000원 = 372,000원

완성품 제조원가 : 552,000원 + 1,128,000원 − 372,000원 = 1,308,000원

2. 평균법

재료비 : $(300{,}000원 + 600{,}000원) \times \dfrac{20{,}000}{40{,}000 + 20{,}000} = 300{,}000원$

가공비 : $(252{,}000원 + 528{,}000원) \times \dfrac{12{,}000}{40{,}000 + 12{,}000} = 180{,}000원$

기말재공품 재고액 : 300,000원 + 180,000원 = 480,000원

완성품 제조원가 : 552,000원 + 1,128,000원 − 480,000원 = 1,200,000원

## [참고] 원가계산의 종류

1. 개별원가계산
   제품의 종류, 규격이 다른 개별생산형태(=소량주문생산)의 공업기업에서 작업별로 원가를 집계하여 제품별로 원가계산을 하는 방법이다.
   예) 건설업, 조선업, 기계제작업, 인쇄업, 항공산업 등
2. 단일(=단순)종합원가계산
   단 하나의 공정만을 가지고 있는 단순한 제조형태를 가진 기업에서 사용하는 원가계산방법을 말한다.
   예) 제빙업, 제와업, 제염업
3. 조별(=반별)종합원가계산
   종류가 다른 제품을 연속적으로 대량생산하는 기업에서 제품의 종류별로 조 또는 반을 설정하여 각 조나 반별로 원가를 집계하는 방법을 조별종합원가계산이라 한다.
   예) 식료품제조업, 제과업, 직물업
4. 공정별종합원가계산
   제조공정을 2개 이상 가지고 있는 기업에서는 각 공정별로 종합원가계산을 하는데 이를 공정별 종합원가계산이라 한다.
   예) 화학공업, 제지업, 제당업 등
5. 등급별원가계산
   등급품이란 동일한 원재료가 투입되어 동일한 작업공정을 거쳐 생산되는 제품이지만 그 품질과 규격 등이 차이가 있는 제품을 말하며 등급품 전체에 대해서 발생한 원가를 각 등급품에 배분하기 위한 기준을 등가계수라 하며 이러한 제품에 대한 원가계산방식을 등급별 원가계산이라 한다.
   예) 제화업, 제분업, 철강업 등
6. 연산품 원가계산
   연산품이란 동일한 원재료가 투입되어 동일한 작업공정을 거쳐 생산되는 제품이지만 주산물과 부산물의 식별이 어려운 제품을 말하며 분리점까지 공통적으로 발생한 결합원가를 합리적인 배부기준에 따라 각 제품에 배분하여 제조원가를 계산하는 것을 연산품 원가계산이라 한다. 연산품 중 중요성이 큰 제품을 주산품이라 하며 중요성이 낮은 제품을 부산품이라 한다.
   예) 정유업(휘발유, 등유, 경유 등), 정육업(고기, 뼈, 가죽 등) 등

제4절 **결합원가계산**

1. 결합원가와 결합제품

   동일한 공정에서 동일한 종류의 원재료를 투입하여 서로 다른 2종 이상의 제품이 생산되는 경우가 있다. 이때 발생된 원가를 결합원가(joint cost)라 하며, 생산된 제품을 결합제품(joint product)이라 한다.

   [결합제품의 예]

   | 원 재 료 | 결 합 제 품 |
   |---|---|
   | 원유(석유) | 휘발유, 등유, 경유, 중유 등 |
   | 우 유 | 버터, 치즈 등 |
   | 원 두 | 두부, 순두부 등 |
   | 한 우 | 안심, 등심, 갈비 등 |

   (1) 등급별 종합원가계산

   동일한 공정에서 동일한 재료를 사용하여 계속적으로 생산되는 종류의 제품으로 품질, 모양, 크기, 무게 등이 서로 다른 제품을 등급품이라 하고, 전체의 결합원가를 집계한 후 일정한 기준에 따라 각 등급품에 배부하여 단위원가를 계산하는 것을 등급별 종합원가계산이라 한다.

   예) 제화업, 제분업, 제강업, 목재업 등

   (2) 연산품 원가계산

   연산품이란 동일한 원재료가 투입되어 동일한 작업공정을 거쳐 생산되는 제품이지만 주산물과 부산물의 식별이 어려운 제품을 말하며 분리점까지 공통적으로 발생한 결합원가를 합리적인 배부기준에 따라 각 제품에 배분하여 제조원가를 계산하는 것을 연산품 원가계산이라 한다. 연산품 중 중요성이 큰 제품을 주산품이라 하며 중요성이 낮은 제품을 부산품이라 한다.

   예) 정유업(휘발유, 등유, 경유 등), 정육업(고기, 뼈, 가죽 등)

2. 주산품과 부산품

   수종의 결합제품의 생산시 결합제품들간에 판매가치의 비중이 서로 중요하여 우열을 가리기 어려운 경우도 있고 상대적 판매가치에 큰 차이가 나는 경우도 있다. 이때 상대적 판매가치가 중요한 품목을 주산품 또는 연산품이라 하고, 판매가치가 미미한 품목을 부산품이라 한다. 예를 들면 콩을 가지고 두부를 생산하는 과정에서 두부와 비지가 생산됐다면, 두부는 주산품이고 비지는 부산품이다.

3. 분리점과 결합원가

   결합제품의 제조과정에서 각 제품의 물리적 식별이 가능한 시점을 분리점이라 하며, 결합원가는 분리점 이전까지 투입된 원가를 말한다. 분리점 이후에도 개별제품에 투입되는 원가가 있을 수 있으며, 이를 추가가공비라 한다.

## 4. 결합원가의 배분

결합원가는 복수의 제품에 배분하여야 하는 공통원가이다. 그러나 결합원가는 각 제품의 물리적인 실체가 확정되기 이전에 발생된 원가이므로, 개별제품과의 인과관계를 추적하는 것이 불가능하다. 따라서 결합원가는 부담능력기준을 중심으로 제품에 배부하고 있으며 결합원가를 연산품에 배분하는 방법으로는 ① 상대적 판매가치법, ② 순실현가치법, ③ 물량기준법 등이 있다.

(1) 상대적 판매가치법

상대적 판매가치란 분리점에서 개별제품을 시장에 판매한다면 획득될 수 있는 수익을 말하며, 상대적 판매가치법이란 결합원가를 상대적 판매가치를 기준으로 배분하는 것을 말한다.

(2) 순실현가치법

순실현가치법은 각 결합제품의 최종판매가치에서 추가가공원가와 판매비용을 차감한 순실현가치(net realizable value, NRV)를 기준으로 결합원가를 배분하는 방법이다. 현실적으로 분리점에서 판매가치가 존재하지 않는 경우가 많으며, 이 경우 결합제품(연산품)의 상대적 판매가치를 알 수 없으므로, 순실현가치법을 사용하여 결합원가를 배분하는 것이 일반적이다.

(3) 물량기준법

물량기준법은 결합제품의 중량, 부피 등을 기준으로 결합원가를 배분하는 방법이다. 이 방법은 수혜기준을 근거로 결합원가를 배분하는 방법으로, 원가대상인 결합제품의 결합공정이 제품의 중량이나 부피에 밀접한 관계가 있을 경우 적용된다.

### 예제. 04  결합원가계산

다음 자료에 의하여 판매가치법과 물량기준법에 의한 등급별 종합원가계산표를 작성하라. 단, 등급품의 결합원가는 2,250,000원이다.

| 등 급 | 생 산 량(개) | 판매단가(원) | 단위당 무게(g) |
|---|---|---|---|
| 1급제품 | 2,000 | 700 | 55 |
| 2급제품 | 3,000 | 500 | 30 |
| 3급제품 | 4,000 | 400 | 25 |

(해설) 판매가치법

| 등 급 | 판매단가 | 생산량 | 총판매가치 | 배부율 | 결합원가배부액 | 단위당원가 |
|---|---|---|---|---|---|---|
| 1급제품 | @700원 | 2,000개 | 1,400,000원 | 14/45 | 700,000원 | @350원 |
| 2급제품 | @500원 | 3,000개 | 1,500,000원 | 15/45 | 750,000원 | @250원 |
| 3급제품 | @400원 | 4,000개 | 1,600,000원 | 16/45 | 800,000원 | @200원 |
| 합 계 | | | 4,500,000원 | | 2,250,000원 | |

물량기준법

| 등 급 | 무 게 | 생산량 | 총무게(g) | 배부율 | 결합원가배부액 | 단위당원가 |
|---|---|---|---|---|---|---|
| 1급제품 | 55g | 2,000개 | 110,000 | 11/30 | 825,000원 | @412.50원 |
| 2급제품 | 30g | 3,000개 | 90,000 | 9/30 | 675,000원 | @225원 |
| 3급제품 | 25g | 4,000개 | 100,000 | 10/30 | 750,000원 | @187.50원 |
| 합 계 | | | 300,000 | | 2,250,000원 | |

## 예제. 05  결합원가계산 - 연산품원가계산

다음 자료에 의하여 연산품 원가계산표를 완성하라. 단, 연산품의 결합원가는 100,000원이며 순실현가치에 의하여 제품별로 배분한다.

| 제품 | 판매단가 | 생산량 | 정상판매가치 | 추가가공비 | 순실현가치 | 배부율 | 결합원가배부액 | 총제조원가 | 단위원가 |
|---|---|---|---|---|---|---|---|---|---|
| 갑 | 400원 | 300개 | | 24,000원 | | | | | |
| 을 | 210원 | 400개 | | 20,000원 | | | | | |
| 병 | 110원 | 500개 | | 15,000원 | | | | | |
| | | | | 59,000원 | | 100% | 100,000원 | | |

(해설)

| 제품 | 판매단가 | 생산량 | 정상판매가치 | 추가가공비 | 순실현가치 | 배부율 | 결합원가배부액 | 총제조원가 | 단위원가 |
|---|---|---|---|---|---|---|---|---|---|
| 갑 | 400 | 300개 | 120,000원 | 24,000원 | 96,000원 | 48% | 48,000원 | 72,000원 | @240원 |
| 을 | 210 | 400개 | 84,000원 | 20,000원 | 64,000원 | 32% | 32,000원 | 52,000원 | @130원 |
| 병 | 110 | 500개 | 55,000원 | 15,000원 | 40,000원 | 20% | 20,000원 | 35,000원 | @70원 |
| | | | 259,000원 | 59,000원 | 200,000원 | 100% | 100,000원 | 159,000원 | |

## 제5절 공손

### 1. 공손품

공손품은 생산과정에서 일부가 파손되거나, 표준규격·품질이 정상품에 미달되는 불합격품을 말한다.

작업폐물이란 제품의 제조과정에서 생기는 원재료의 부스러기 또는 잔폐물(가구제작업의 나무토막, 톱밥 등)을 말하는 것으로 공손과는 다르다.

(1) 정상공손

정상공손은 생산과정에서 불가피하게 발생하는 공손으로 회사는 사전에 발생수준을 파악할 수 있다. 이러한 정상공손원가는 생산활동에 기여한 것으로 보아 합격한 제품원가에 포함시킨다.

(2) 비정상공손

비정상공손은 원재료의 불량, 작업자의 부주의, 기계장치의 정비불량 등 생산공정의 비효율성으로 인하여 발생하는 공손으로 적절한 주의를 기울였다면 회피할 수 있는 공손을 말한다. 비정상공손원가는 생산활동에 기여하지 못한 것으로 보아 영업외비용으로 처리한다.

### 2. 정상공손원가의 회계처리

(1) 정상공손원가

정상공손원가는 검사시점을 통과한 모든 정상품의 원가에 배분한다.

| 구 분 | 공손원가의 배분대상 |
| --- | --- |
| 기말재공품이 검사시점을 통과한 경우 | 완성품과 기말재공품에 배분 |
| 기말재공품이 검사시점을 통과하지 못한 경우 | 완성품에만 배분 |

예를 들어 기말재공품의 완성도가 60%인 경우
① 진척도가 50%일 때 검사하는 경우에는 기말재공품이 검사시점을 통과하였기 때문에 공손원가를 완성품과 재공품에 배분한다.
② 완성시에 검사하는 경우에는 기말재공품이 검사시점을 통과하지 못하였기 때문에 공손원가를 완성품에만 배분한다.

(2) 공손품의 완성도(진척도)는 검사시점이다.

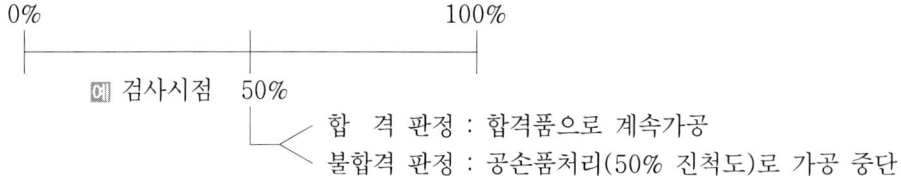

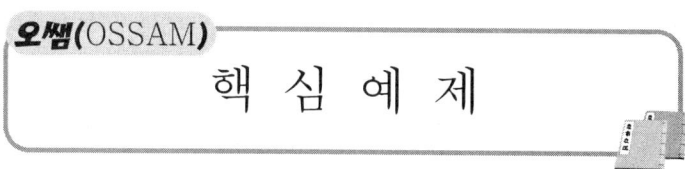

# 핵심예제

문제1] 개별원가계산이란?
① 다품종 주문생산형태의 기업에 주로 적용되는 원가계산방법이다.
② 단일 또는 복수의 표준화된 제품을 연속적으로 그리고 대량으로 생산하는 기업에 주로 적용되는 원가방법이다.
③ 부문별로 집계된 표준원가와 실제원가와의 차이분석을 통해서 원가관리에 기여하는 정보를 제공할 것을 주된 목적으로 한다.
④ 변동비만을 제품원가로 하여 원가계산을 한다.

문제2] 다음 중 개별원가계산제도를 채택하는 산업은?
① 섬유업                    ② 제분업
③ 화학공업                  ④ 조선업

문제3] 소금, 벽돌 등의 공정에서 이용되는 원가 계산 방법은?
① 단일종합원가계산          ② 공정별종합원가계산
③ 조별종합원가계산          ④ 개별원가계산

문제4] 동종유사품종의 제품을 계속 대량생산할 경우 원가의 집계방법으로서 가장 좋은 것은?
① 개별원가계산              ② 종합원가계산
③ 변동원가계산              ④ 표준원가계산

문제5] 작업#1의 제조원가는?(단, 제조간접비 실제발생액은 직접노무비 실제발생액을 기준으로 제품에 배부한다.

|       | 직접재료비 | 직접노무비 | 제조간접비 |
|-------|-----------|-----------|-----------|
| 작업#1 | 4,000원   | 8,000원   |           |
| 작업#2 | 2,000원   | 6,000원   |           |
| 계    | 6,000원   | 14,000원  | 8,400     |

① 15,600                    ② 15,800
③ 16,800                    ④ 20,400

**문제6]** 다음의 자료에 의하여 매출원가를 계산하면? (다만, #3은 미완성품이다)

| 비 목 | 제조지시서 #1 | 제조지시서 #2 | 제조지시서 #3 |
|---|---|---|---|
| 월초재공품 | 10,000원 | 20,000원 | |
| 직접재료비 | 14,000원 | 16,000원 | 10,000원 |
| 직접노무비 | 20,000원 | 25,000원 | 12,000원 |
| 제조간접비 | 8,000원 | 9,000원 | 7,000원 |
| 합 계 | 52,000원 | 70,000원 | 29,000원 |

제 품

전 월 이 월   20,000원

차 월 이 월   40,000원

① 102,000원　　　　　　　② 122,000원
③ 142,000원　　　　　　　④ 151,000원

**문제7]** (주)전북의 5월 생산 및 원가자료는 다음과 같다.

< 원 가 계 산 표 >

| 과목 | 제조지시서 #1 | 제조지시서 #2 |
|---|---|---|
| 월초재공품 | 180,000원 | - |
| 직접재료비 | 950,000원 | 380,000원 |
| 직접노무비 | 650,000원 | 200,000원 |
| 제조간접비 | 220,000원 | 100,000원 |
| 합계 | 2,000,000원 | 680,000원 |

월초제품재고액은 400,000원이고, 월말제품재고액은 500,00이다. 그리고 제조지시서 #1은 완성되었으나, 제조지시서 #2는 완성되지 못하였다. 손익계산서에 계상될 매출원가는 얼마인가?

① 1,800,000원　　　　　　② 1,900,000원
③ 2,000,000원　　　　　　④ 2,100,000원

**문제8]** 서울회사의 선입선출법에 따라 종합원가계산을 실시하고 있다. 원재료는 공정초에 100% 투입되며, 가공비는 전체공정에 걸쳐 균등하게 발생한다. 20X7년 서울회사의 생산활동과 관련된 자료는 다음과 같다.

| 기초재공품수량 | 400단위 (가공비 완성도 30%) |
|---|---|
| 당기 착수량 | 2,600단위 |
| 당기완성품 수량 | 2,500단위 |
| 기말재공품의 가공비 완성도 40% | |

서울회사의 재료비와 가공비의 완성품환산량으로 옳은 것은?

| | 재료비 완성품환산량 | 가공비 완성품환산량 |
|---|---|---|
| ① | 2,600단위 | 2,500단위 |
| ② | 2,600단위 | 2,580단위 |
| ③ | 2,500단위 | 2,580단위 |
| ④ | 2,500단위 | 2,620단위 |

문제9] 다음 자료에 의하여 평균법에 의한 월말재공품원가를 계산하면 얼마인가?(단, 재료는 제조착수시에 전부 투입되고, 가공비는 공정이 진행됨에 따라 균등하게 발생한다.)

| | |
|---|---|
| 월초재공품수량 | 12,000개 |
| 월초재공품원가 | 직접재료비 120,000원, 가공비 100,000원 |
| 당월착수수량 | 48,000개 |
| 당월완성품수량 | 50,000개 |
| 당월소비액 | 직접재료비 300,000원, 가공비 170,000원 |
| 월말재공품수량 | 10,000개(완성도 40%) |

① 20,000원　　　　　　　　　② 50,000원
③ 70,000원　　　　　　　　　④ 90,000원

문제10] 다음 중 어느 상황에서 제품제조원가가 평균법에 의한 것과 선입선출법에 의한 것이 같게 되는가?
① 월초재공품과 월말재공품의 완성도가 같을 때
② 월초재공품이 없을 때
③ 생산된 제품의 성격이 같을 때
④ 월말재공품이 없을 때

문제11] 회계기간중 재공품계정 기말재고액이 증가한다면?
① 당기총제조비용이 당기제품제조원가보다 더 적을 것이다.
② 제품제조원가가 매출원가보다 더 클 것이다.
③ 당기총제조비용이 당기제품제조원가보다 더 클 것이다
④ 매출원가가 제품제조원가보다 너 클 것이다.

문제12] 코아회계(주)는 단일공정으로 단일제품을 제조, 판매하고 있다. 이 회사는 공정별 원가계산제도를 채택하고 있다. 기말재공품에 대한 완성도가 실제보다 과소평가되어 있다면 다음 각각에 어떤 영향을 미치는가?

| | 완성품환산량 | 완성품환산량 단위당원가 | 완성품제조원가 |
|---|---|---|---|
| ① | 과소평가 | 과대평가 | 과대평가 |
| ② | 과소평가 | 과소평가 | 과대평가 |
| ③ | 과대평가 | 과대평가 | 과소평가 |
| ④ | 과대평가 | 과소평가 | 과소평가 |

문제13] 공정별 종합원가계산이란?
① 같은 종류의 제품을 계속하여 대량으로 생산하는 제조업의 모든 생산공정을 단일공정으로 간주하여 원가를 산정하는 방법이다.
② 제품을 수개의 공정에서 연속적으로 반복하여 생산하는 기업에서 일반적으로 적용되는 원가계산방법이다.
③ 제품원가계산을 함에 있어서 변동비만을 제품원가로 계상하고 고정비는 기간원가로 처

리하는 방법이다.
④ 동일한 재료를 사용하여 이종제품을 구분하여 연속적으로 생산하는 기업에서 적용하는 방법이다.

문제14] 등급별 종합원가계산에서 등급품의 결합원가는 28,000원이다. 아래 자료에서 판매가치법에 의한 1급품의 결합원가배부율과 단위당 원가를 구하면?

| 등 급 | 생산량 | 판매단가 | 무 게 |
|---|---|---|---|
| 1급 | 100개 | 100 | 18g |
| 2급 | 200개 | 70 | 10g |
| 3급 | 400개 | 40 | 8g |

① 20/100 − 35
② 10/40 − 70
③ 18/70 − 72
④ 10/21 − 40

문제15] 다음 중 등급별 종합원가계산이 가장 적합한 업종은?
① 제분업
② 조선업
③ 장기 건설공사업
④ 자동차 제조업

문제16] 주산물과 부산물을 명백히 구별할 수 없는 2종 이상의 제품을 생산하는 경우에 적용되는 원가계산방법은?
① 공정별 종합원가계산
② 개별원가계산
③ 등급별원가계산
④ 연산품원가계산

문제17] 연산품에 대한 결합원가배분의 목적에 사용되는 순실현가치는 무엇을 뜻하는가?
① 판매가격에서 정상매출총이익을 차감한 것
② 판매가격에서 정상매출총이익을 가산한 것
③ 판매가격에서 분리점 이후 추가가공비를 차감한 것
④ 분리시점의 총판매가치에서 결합원가를 차감한 것

문제18] 합격주식회사는 결합원가 800,000원을 투입하여 제품을 생산하고 있다. 결합원가를 순실현가치를 기준으로 배부할 경우, 제품 C의 단위당 원가는?

| 제품 | 생산량 | 추가가공비 | 판매단가 |
|---|---|---|---|
| A | 300 개 | 200,000원 | @2,000원 |
| B | 200 | − | 1,000원 |
| C | 500 | 100,000원 | 1,000원 |

① 640
② 840
③ 200
④ 800

| 번호 | 정답 | 해 설 |
|---|---|---|
| 1 | ① | 개별원가계산은 다품종 주문생산형태의 기업에 적용되며 ②는 종합원가계산이다. |
| 2 | ④ | ㉠ 개별원가계산 : 건설업, 조선업, 가구제조업 등<br>㉡ 종합원가계산 : 정유업, 제지업, 제분업 등 |
| 3 | ① | 제염업, 제와업, 제빙업 등에 이용되는 원가계산방법은 단일(단순)종합원가계산이다. |
| 4 | ② | 동종유사품종을 연속 대량생산할 경우에 적합한 원가계산방법은 종합원가계산이다. |
| 5 | ③ | 작업#1의 제조간접비 배부액 : 8,400 × 8,000원/14,000원 = 4,800<br>작업#1의 제조원가 : 4,000원 + 8,000원 + 4,800 = 16,800 |
| 6 | ① | 제조지시서 #1과 #2가 완성되었으므로 52,000원 + 70,000원 = 122,000원이 완성품제조원가이다.<br>재공품계정에서 제품제조원가를 산정하여 제품계정에 대체한 후, 매출원가를 계산한다.<br><br>재 공 품<br>전 기 이 월   30,000 │ 제   품   122,000<br>재 료 비      40,000 │ 차기이월   29,000<br>노 무 비      57,000 │<br>제조간접비   24,000 │<br>            151,000 │        151,000<br><br>제 품<br>전기이월   20,000 │ 매출원가  (102,000)<br>재 공 품  122,000 │ 차기이월   40,000<br>          142,000 │          142,000 |
| 7 | ② | 매출원가 : 월초제품재고액 400,000원 + 당월제품제조원가 2,000,000원(제조지시서 #1) - 월말제품재고액 500,000원 = 1,900,000원 |
| 8 | ② | 기말재공품수량 : 기초수량 400단위 + 당기착수량 2,600단위 - 완성수량 2,500단위 = 500단위<br>재료비 완성품환산량 : 2,500단위 - 400단위 + 500단위 = 2,600단위<br>가공비 완성품환산량 : 2,500단위 - (400단위×30%) + 500단위×40%)<br>= 2,580단위 |
| 9 | ④ | 월말재공품 재료비 : $\frac{120,000 + 300,000}{50,000개 + 10,000개}$ × 10,000개 = 70,000원<br>월말재공품 가공비 : $\frac{100,000 + 170,000}{50,000개 + 4,000개}$ × 4,000개 = 20,000원<br>월말재공품 재고액 : 70,000원 + 20,000원 = 90,000원 |
| 10 | ② | 평균법의 완성품환산량    : 완성품수량 + 월말재공품수량<br>선입선출법의 완성품환산량 : 완성품수량 - 월초재공품수량 + 월말재공품수량<br>따라서 월초재공품이 없다면 평균법과 선입선출법의 결과가 같다. |
| 11 | ③ | 기말재공품재고액이 증가한다는 것은 기초재공품보다 기말재공품이 더 크다는 것을 나타낸다. 따라서 당기제조비용이 제품제조원가보다 더 클 것이다. |
| 12 | ① | 기말재공품의 완성도 과소평가 → 기말재공품환산량 과소 → 완성품환산량 과소 → 완성품환산량 단위당원가 과대 → 완성품제조원가 과대 |
| 13 | ② | ① 단일종합원가계산, ③ 직접원가계산, ④ 조별 종합원가계산 |

# 제3편. 원가회계 –제5장 제품별 원가계산

| 14 | ② | 등급별 종합원가 계산표(판매가치법) |

| 등 급 | 판매단가 | 생산량 | 총판매가치 | 배부율 | 결합원가배부액 | 단위당원가 |
|---|---|---|---|---|---|---|
| 1급 | @100원 | 100개 | 10,000원 | 10/40 | 7,000원 | @70원 |
| 2급 | 70원 | 200개 | 14,000원 | 14/40 | 9,800원 | 49원 |
| 3급 | 40원 | 400개 | 16,000원 | 16/40 | 11,200원 | 28원 |
|  |  |  | 40,000원 |  | 28,000원 |  |

등급별 종합원가 계산표(물량기준법)

| 등 급 | 무 게 | 생산량 | 총 무 게 | 배부율 | 결합원가배부액 | 단위당원가 |
|---|---|---|---|---|---|---|
| 1급 | 18g | 100개 | 1,800g | 18/70 | 7,200원 | @72원 |
| 2급 | 10g | 200개 | 2,000g | 20/70 | 8,000원 | 40원 |
| 3급 | 8g | 400개 | 3,200g | 32/70 | 12,800원 | 32원 |
|  |  |  | 7,000g |  | 28,000원 |  |

| 15 | ① | 등급별 종합원가계산은 동일한 공정에서 동일한 재료를 사용하여 계속적으로 생산되는 동일한 종류의 제품으로 품질·모양·크기 등이 서로 다른 제품을 생산하는 제분업·화학공업·제화업·양조업 등에서 사용하는 원가계산방법이다. |

| 16 | ④ | 동일한 공정에서 동일한 재료를 사용하여 생산한 주산물과 부산물을 명백히 구별할 수 없는 2종 이상의 제품을 연산품이라고 한다. |

| 17 | ③ | 순실현가치 = 최종판매가격 – 추가가공비 |

| 18 | ② | |

| 제품 | 생산량 | 판매단가 | 총판매가치 | 추가가공비 | 순실현가치 | 결합원가 | 단위원가 |
|---|---|---|---|---|---|---|---|
| A | 300 | 2,000원 | 600,000원 | 200,000원 | 400,000원 |  |  |
| B | 200 | 1,000원 | 200,000원 | – | 200,000원 |  |  |
| C | 500 | 1,000원 | 500,000원 | 100,000원 | 400,000원 | 320,000원 | 840 |
| 계 |  |  | 1,300,000원 |  | 1,000,000원 | 800,000원 |  |

제품 C의 결합원가 배부액 : 800,000원×400,000원/1,000,000원=320,000원

# 제4편 부가가치세

제1장  부가가치세 총론
제2장  과세거래
제3장  영세율과 면세
제4장  과세표준 및 매출세액
제5장  거래징수와 세금계산서
제6장  세액의 계산, 신고·납부
제7장  간이과세

# 제4편. 부가가치세 —제1장 부가가치세 총론

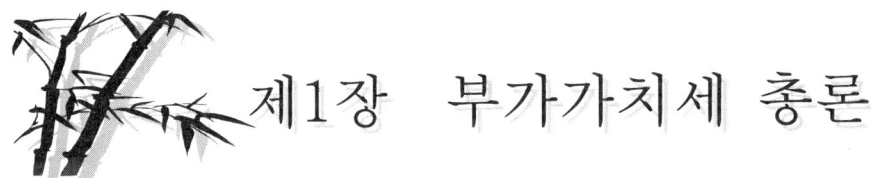

# 제1장 부가가치세 총론

## 제1절 조세의 기본개념

1. 조세의 정의

   조세란 과세주체인 국가나 지방자치단체가 경비충당을 위한 재정수입을 목적으로 법률에 규정된 과세요건을 충족한 모든 자에게 직접적 반대급부 없이 부과하는 금전급부를 말한다.

2. 조세의 분류

| 구 분 | | 내 용 |
|---|---|---|
| 조세부과 주체 | 국세 | 국가가 국민에게 부과하는 조세<br>(예 : 법인세, 소득세, 부가가치세 등) |
| | 지방세 | 지방자치단체가 국민에게 부과하는 조세<br>(예 : 취득세, 재산세 등) |
| 사용용도 지정 | 목적세 | 조세의 용도가 특별히 지정되어 있는 조세<br>(예 : 농어촌특별세, 교육세 등) |
| | 보통세 | 조세의 용도가 특별히 지정되어 있지 않는 조세<br>(예 : 대부분의 조세) |
| 담세자와 납세의무자가 동일한지 여부 | 직접세 | 조세를 부담하는 자와 납부하는 자가 동일한 조세<br>(예 : 법인세, 소득세, 상속세 등) |
| | 간접세 | 조세를 부담하는 자와 조세를 납부하는 자가 동일하지 아니한 조세<br>(예 : 부가가치세, 개별소비세, 주세 등) |
| 납세의무자의 인적사항 고려여부 | 인세 | 납세의무자의 담세능력(인적사항)을 고려하여 부과하는 조세<br>(예 : 법인세, 소득세, 상속세 등) |
| | 물세 | 납세의무자의 담세능력을 고려하지 않고 수익 또는 재산 그 자체에 대하여 부과하는 조세<br>(예 : 재산세, 자동차세, 부가가치세 등) |

3. 조세용어의 이해

   (1) 납세의무자

   세법에 의하여 조세를 납부할 의무가 있는 자를 말한다.

(2) 과세대상(세원)

국민에게 부과·징수하는 세금의 대상이 되는 소득·재산 등을 말한다.

소득세는 개인의 소득이, 법인세는 법인의 소득이, 부가가치세는 재화 또는 용역의 공급이 과세대상이 된다.

(3) 과세기간

과세표준을 계산하기 위한 시간적 단위를 말한다.

(4) 과세표준

세액산출의 기초가 되는 과세대상의 수량 또는 금액을 말한다.

(5) 세율

세금으로 부과·징수하기 위하여 세법에서 규정하고 있는 비율을 말하며, 과세표준에 세율을 곱하여 산출된 금액을 산출세액이라고 한다.

## 제2절 부가가치세 이론

### 1. 부가가치세의 정의

부가가치란 재화 또는 용역이 생산되거나 유통되는 각각의 거래단계에서 새롭게 창출된 가치의 증가분(임금+이자+지대+이윤)을 말한다. 이러한 부가가치를 과세대상으로 하는 조세를 부가가치세라 한다. 즉 기업의 매출액에서 매입액을 차감하면 그 기업의 부가가치가 된다.

부가가치 = 매출액 − 매입액
부가가치세 = 부가가치 × 세율

### 2. 부가가치세

부가가치를 과세대상으로 하는 조세를 부가가치세라 한다.

부가가치세 세율은 10% 단일세율로 규정되어 있으며, 예외적으로 0%도 있다.

| 부가가치세 | = 부가가치 × 10% | |
|---|---|---|
| | = (매출액 − 매입액) × 10% | → 전단계거래액공제법 |
| | = 매출액 × 10% − 매입액 × 10% | |
| | = 매출세액 − 매입세액 | → 전단계세액공제법 |

즉, 부가가치세는 매출세액에서 매입세액을 차감하여 계산한다.

우리나라는 전단계세액공제법을 채택하고 있으며, 매입세액은 매입시 교부받은 세금계산서 등에 의하여 확인되는 매입세액만을 공제해준다.

## 제4편. 부가가치세 — 제1장 부가가치세 총론

### 3. 부가가치세의 흐름

| | 사업자(납세의무자) ≠ 담세자 | | | |
|---|---|---|---|---|
| | 라면회사 | 도·소매상 (유통업자) | 분식점 | 소비자 |
| 부가가치 | 1,000 | 500 | 1,500 | 3,000 |
| 공급가액 | 1,000 | 1,500 | 3,000 | |
| 매출세액(A) | 100* | 150* | 300* | |
| 매입세액(B) | 0 | 100 | 150 | |
| 납부세액(A-B) | 100(납부) | 50(납부) | 150(납부) | 300(부담) |

\* 공급자가 공급받는 자로부터 거래징수하고 세금계산서를 교부

[도·소매상 회계처리]

| | 차 변 | | 대 변 | |
|---|---|---|---|---|
| 라면 구입시 | 상 품<br>부가가치세대급금<br>(=매입세액) | 1,000<br>100 | 현 금 | 1,100 |
| 라면 판매시 | 현 금 | 1,650 | 상 품 매 출<br>부가가치세예수금<br>(=매출세액) | 1,500<br>150 |
| 부가가치세 납부시 | 부가가치세예수금 | 150 | 부가가치세대급금<br>현 금 | 100<br>50 |

### 4. 부가가치세의 특징

| 특 징 | 내 용 |
|---|---|
| 국 세 | 부가가치세는 국가가 부담하는 조세이다(⇔ 지방세). |
| 간 접 세 | 납세의무자는 재화나 용역을 공급하는 사업자, 담세자는 최종소비자 |
| 일 반 소 비 세 | 부가가치세는 면세로 열거된 것을 제외한 모든 재화·용역의 소비행위에 대해서 과세하는 일반소비세이다(⇔ 개별소비세). |
| 다 단 계 거 래 세 | 재화·용역이 최종소비자에게 도달될 때까지의 모든 거래단계마다 과세 |
| 전 단 계 세 액 공 제 법 | 매출세액에서 매입세액을 차감(공제)하여 납부세액을 계산한다. |
| 물 세 | 부가가치세는 과세물건에 대하여 과세하는 조세이다((⇔ 인세). |
| 소 비 지 국 과 세 원 칙 | 외국으로 수출하는 경우에는 영세율(0의 세율)을 적용하여 수출국(생산지국)에서는 부가가치세를 과세하지 않고, 외국에서 수입하는 경우에는 내국산과 동일하게 세관장이 과세하도록 하여 수입국(소비지국)에서 과세 |
| 면 세 제 도 | 부가가치세의 역진성 완화 목적, 소비자의 세부담 경감 |
| 사 업 장 단 위 과 세 | 사업장단위 과세원칙(각 사업장 별도 부가가치세 신고납부)<br>예외적으로 주사업장총괄납부제도와 사업자단위과세제도 적용 |

제3절  **납세의무자**

1. 납세의무자의 개요
   부가가치세의 납세의무자는 사업자이고, 부가가치세의 부담은 최종소비자가 진다.

2. 사업자
   (1) 사업자의 개념
       부가가치세법상 납세의무자는 사업자이다. 즉 사업자란 영리목적의 유무에 불구(국가나 지방자치단체 등도 포함)하고 사업상 독립적으로 재화 또는 용역을 공급하는 자이다.
       ㉠ 계속 반복적으로 재화나 용역을 공급한다.
       ㉡ 사업이 독립성(인적, 물적)이 있어야 한다.
   (2) 사업자의 분류

| 유 형 | | 구분기준 | 부가가치세 계산구조 | 증빙 |
|---|---|---|---|---|
| 부가가치세법 | 일반과세자 | 법인사업자 | 매출세액 − 매입세액 | 세금계산서 |
| | | 개인사업자 | | |
| | 간이과세자 | 개인사업자로서 직전 1역년의 공급대가가 8,000만원에 미달하는 자 | 공급대가* × 업종별 부가가치율 × 10% | 영수증 4,800만원미만 사업자 |
| | | | | 세금계산서 |
| 소득세법 | 면세사업자 | 부가가치세법상 사업자가 아니고 소득세법(법인세법)상 사업자임 | 납세의무 없음 | 계산서 |

  * 공급대가 = 공급가액 + 부가가치세

제4절  **납세지(사업장별 과세원칙)**

1. 납세지
   납세지란 관할세무서를 결정하는 기준이 되는 장소를 말하며, 부가가치세법상 납세지는 사업장별로 판명한다. 사업자는 각 사업장별로 다음과 같은 납세의무의 이행을 하여야 한다.
   ① 사업자등록
   ② 세금계산서의 교부 및 수취
   ③ 과세표준 및 세액의 계산
   ④ 신고·납부·환급
   ⑤ 결정·경정 및 징수

## 2. 사업장

(1) 사업장의 범위

| 구분 | 사업장 |
|---|---|
| 제조업 | 최종제품을 완성하는 장소(제품포장 또는 용기충전만 하는 장소 제외) |
| 광 업 | 광업사무소의 소재지 |
| 건설업·운수업·부동산매매업 | · 사업자가 법인인 경우 : 그 법인의 등기부상의 소재지<br>· 사업자가 개인인 경우 : 그 업무를 총괄하는 장소 |
| 부동산임대업 | 그 부동산의 등기부상 소재지 |
| 무인자동판매기를 통하여 재화·용역을 공급하는 사업 | 그 사업에 관한 업무를 총괄하는 장소 |
| 비거주자·외국법인 | 국내사업장 |

(2) 특수한 경우의 사업장 여부

| 구분 | 내용 | 사업장 해당 여부 |
|---|---|---|
| 직매장 | 사업자가 자기의 사업과 관련하여 생산 또는 취득한 재화를 직접 판매하기 위하여 특별히 판매시설을 갖춘 장소 | 사업장으로 봄 |
| 하치장 | 사업자가 재화의 보관·관리시설만을 갖추고 판매행위가 이루어지지 않는 장소 | 사업장으로 보지 않음 |

## 3. 사업장별 과세원칙의 예외: 주사업장 총괄납부, 사업자단위과세제도

| 구 분 | 주사업장총괄납부 | 사업자단위과세 |
|---|---|---|
| 주사업장 또는 사업자단위과세사업장 | - 법인 : 본점 또는 지점<br>- 개인 : 주사무소 | - 법인 : 본점<br>- 개인 : 주사무소 |
| 효력 | - 총괄납부 | - 총괄신고·납부<br>- 사업자등록, 세금계산서발급, 결정 등 |
| | - 판매목적 타사업장 반출에 대한 공급의제 배제 | |
| 신청 및 포기 | - 계속사업자의 경우 과세기간 개시 20일 전 | |

## 제5절 과세기간

1. 과세기간

   과세기간이란 과세표준과 세액계산의 기초가 되는 일정기간을 말한다. 부가가치세법상 과세기간은 원칙적으로 제1기(1.1~6.30), 제2기(7.1~12.31)로 나누어져 있다.

   사업자는 과세기간 종료일(폐업하는 경우에는 폐업일이 속하는 달의 말일)로부터 25일 이내에 과세기간의 과세표준과 세액을 신고·납부해야 하는 데 이를 확정신고납부라고 한다.

   | 구 분 | 과 세 기 간 |
   |---|---|
   | 일반사업자 | 제1기 : 1월 1일부터 6월 30일까지<br>제2기 : 7월 1일부터 12월 31일까지 |
   | 신규사업자 | ① 신규사업자의 경우 : 사업개시일* ~ 당해 과세기간의 종료일<br>② 사업개시 전 등록의 경우 : 등록일(등록신청일) ~ 당해 과세기간의 종료일 |
   | 폐 업 자 | ① 폐업자의 경우 : 당해 과세기간의 개시일 ~ 폐업일(폐업일이 속하는 달의 다음달 25일까지 신고납부)<br>② 사업개시 전에 등록한 후 사업을 미개시한 경우 : 등록일(등록신청일) ~ 사업상 그 사업을 개시하지 아니하게 되는 날 |

   * 사업개시일 ┌ 제조업   제조장별로 재화의 제조를 개시하는 날
              ├ 광  업   사업장별로 광물의 채취채광을 개시하는 날
              └ 기  타   재화 또는 용역의 공급을 개시하는 날

2. 예정신고기간

   부가가치세법은 각 과세기간마다 예정신고기간을 설정하여 사업자에게 예정신고기간에 대한 과세표준과 세액을 예정신고기한이 종료되는 날부터 25일 이내에 신고·납부하도록 하여야 하는데 이를 예정신고납부라 한다.

   | 구 분 | 과 세 기 간 |
   |---|---|
   | 일반사업자 | 제1기 : 1월 1일부터 3월 31일까지<br>제2기 : 7월 1일부터 9월 30일까지 |
   | 신규사업자<br>(법인) | ① 신규사업자의 경우 : 사업개시일 ~ 예정신고기간의 종료일<br>② 사업개시 전 등록의 경우 : 등록일(등록신청일) ~ 예정신고기간의 종료일 |

   * 간이과세자는 과세기간을 1기(1.1~12.31)로 하여 익년도 1월 25일까지 신고납부하며, 1.1~6.30을 예정부과기간이라 하며, 직전 과세기간의 차감납부세액의 1/2을 예정고지하여 7월 25일까지 납부한다.

## 제6절 사업자등록

1. 사업자등록

    사업자등록이란 부가가치세법상 납세의무자에 해당하는 사업자 및 그에 관련되는 사업내용을 관할세무관서의 대장에 수록하는 것을 말한다. 이는 사업자의 인적사항 등 과세자료를 파악하는데 적합한 사항을 신고하면 대장에 등재되고 사업자등록번호를 부여받게 된다.

2. 사업자등록의 신청

    사업자등록을 하고자 하는 자는 사업장마다 사업개시일로부터 20일 이내에 사업자등록신청서에 다음의 서류를 첨부하여 사업장 관할세무서장에게 등록하여야 한다.

| 구 분 | 첨 부 서 류 | 예 외 |
|---|---|---|
| 법인 | 법인 등기부등본 | 사업개시 전 등록 : 법인설립등기 전에 등록시 발기인의 주민등록등본 |
| 법령에 의하여 허가를 받거나 등록 또는 신고를 하여야 하는 사업의 경우 | 사업허가증사본·사업등록증사본 또는 신고필사본 | 사업개시 전 등록 : 사업허가신청서사본, 사업등록신청서사본, 사업계획서 |
| 사업장을 임차한 경우 | 임대차계약서사본 | |

3. 사업자등록의 사후관리

    (1) 사업자등록증의 정정신고 및 재교부

        사업자가 다음에 해당하는 경우에는 지체없이 사업자등록정정신고서에 사업자등록증 및 임차한 상가건물의 해당 부분의 도면(임대차의 목적물 또는 그 면적의 변경이 있거나 상가건물의 일부분을 임차 갱신하는 경우에 한함)을 첨부하여 관할세무서장에게 제출하며, 사업자등록의 정정신고를 받은 세무서장은 법정기한 내에 경정내용을 확인하고 사업자등록증의 기재사항을 정정하여 등록증을 재교부한다.

| 재교부기한 | 등록정정사유 |
|---|---|
| 신청일에 교부 | ① 상호를 변경하는 때<br>② 통신판매업자가 사이버몰의 명칭 또는 인터넷 도메인이름 변경 |
| 신청일로부터 <u>2일 이내</u> | ① 법인 또는 고유번호를 받은 단체의 대표자를 변경하는 때<br>　(개인사업자의 대표자 변경 : 폐업사유)<br>② 상속(증여는 폐업사유임)으로 인하여 사업자의 명의가 변경되는 때<br>③ 사업장(사업자 단위 신고·납부의 경우에 종된사업장 포함)을 이전한 때(사업자의 주소변경은 정정사유가 아님에 주의)<br>④ 사업의 종류에 변경이 있는 때<br>⑤ 공동사업자의 구성원 또는 출자지분의 변경이 있는 때<br>⑥ 임대인, 임대차 목적물·그 면적, 보증금, 차임 또는 임대차기간의 변경이 있거나 새로 상가건물을 임차한 때<br>⑦ 사업자단위과세사업자가 사업자단위과세적용사업장을 변경하는 때<br>⑧ 사업자단위과세사업자가 종된 사업장을 신설·이전하는 때<br>⑨ 사업자단위과세사업자가 종된 사업장의 사업을 휴업·폐업하는 때 |

(2) 휴업·폐업 등의 신고

사업자가 휴업 또는 폐업하거나 사업개시 전에 등록한 자가 사실상 사업을 개시하지 아니하게 되는 때에는 휴업(폐업)신고서에 사업자등록증과 주무관청에 폐업신고를 한 사실을 확인할 수 있는 서류의 사본을 첨부하여 관할세무서장에게 제출한다.

# 제4편. 부가가치세 -제1장 부가가치세 총론

## 오쌤(OSSAM) 핵심예제

**1** 우리나라 부가가치세의 특징과 관련이 없는 것은?
① 국세
② 직접세
③ 소비지국과세원칙
④ 전단계세액공제법

**2** 다음 중 우리나라의 부가가치세법의 특징이 아닌 것은?
① 개별소비세
② 소비형 부가가치세
③ 간접세
④ 전단계세액공제법

**3** 다음 중 우리나라의 부가가치세의 특징으로 틀린 것은?
① 일반소비세
② 직접세
③ 전단계세액공제법
④ 소비지국과세원칙

**4** 다음 부가가치세에 대한 설명 중 틀린 것을 모두 고르면?

| 가. 소비지국 과세원칙 | 나. 전단계세액공제법 |
| 다. 직접세 | 라. 소비형부가가치세 |
| 마. 일반소비세 | 바. 단일비례세 |
| 사. 인세 | |

① 가. 사
② 나. 마
③ 라. 바
④ 다. 사

**5** 다음 중 현행 부가가치세법에 대한 설명으로 가장 틀린 것은?
① 부가가치세는 사업장마다 신고 및 납부하는 것이 원칙이다.
② 주사업장 총괄납부시 주사업장은 법인의 경우 지점도 가능하다.
③ 사업자 등록사항의 변동이 발생한 때에는 지체없이 등록정정신고를 하여야 한다.
④ 사업자단위과세사업자의 경우에도 사업자등록은 사업장별로 각각 하여야 한다.

**6** 도매업자, 소매업자, 최종소비자의 순으로 과세상품이 판매되었을 경우 부가가치세 납세의무자와 담세자의 관계가 바르게 연결된 것은?
① 납세의무자 - 소매업자, 담세자 - 도매업자
② 납세의무자 - 최종소비자, 담세자 - 도매업자
③ 납세의무자 - 도매업자, 담세자 - 소매업자
④ 납세의무자 - 소매업자, 담세자 - 최종소비자

**7** 다음 중 부가가치세의 납세의무자에 해당하지 않는 자는?
① 생산자　　　　　　　　② 도매업자
③ 소매업자　　　　　　　④ 최종소비자

**8** 부가가치세의 납세의무자에 대한 설명 중 틀린 것은?
① 사업성이 있어야 한다.
② 독립성이 있어야 한다.
③ 반드시 영리목적이 있어야 한다.
④ 과세대상인 재화와 용역을 공급하여야 한다.

**9** 부가가치 과세기간이 잘못된 것은?
① 계속사업자 - 제1기 1월 1일부터 6월 30일
② 신규사업자 - 제2기 사업개시일부터 12월 31일까지(단, 사업개시일은 10월 1일임)
③ 폐업일이 4월 1일인 경우 - 제1기는 1월 1일부터 4월 1일
④ 계속사업자 - 제2기 1월 1일부터 12월 31일

**10** 홍길동은 일반과세사업자로 2014년 9월 1일에 사업을 시작하여 당일 사업자등록 신청을 하였다. 홍길동의 부가가치세법상 2014년 제2기 과세기간은?
① 2014년 1월 1일 ~ 12월 31일　　② 2014년 9월 1일 ~ 12월 31일
③ 2014년 1월 1일 ~ 9월 1일　　　④ 2014년 7월 1일 ~ 12월 31일

**11** 다음은 부가가치세법상의 사업장의 범위에 대한 설명이다. 틀린 것은?
① 광업에 있어서는 광업사무소의 소재지
② 제조업에 있어서는 최종제품을 완성하는 장소
③ 건설업에 있어서는 사업자가 법인인 경우에는 그 법인의 등기부상의소재지
④ 부동산임대업에 있어서는 사업자가 법인인 경우에는 그 법인의 등기부상의 소재지

**12** 다음은 사업장의 범위를 업종별 기준으로 설명한 것이다. 다음 중 가장 틀린 것은?
① 무인자동판매기에 의한 사업 : 무인자동판매기의 설치장소
② 부동산매매업 : 법인은 법인의 등기부상 소재지
③ 사업장을 설치하지 않은 경우 : 사업자의 주소 또는 거소
④ 비거주자와 외국법인 : 국내사업장 소재지

**13** 다음 중 사업자등록의 정정사유가 아닌 것은?
① 상호를 변경하는 때　　　　　② 사업의 종류에 변경이 있는 때
③ 사업장을 이전한 때　　　　　④ 증여로 인하여 사업자의 명의가 변경되는 때

# 제4편. 부가가치세 −제1장 부가가치세 총론

| 번호 | 정답 | 해 설 |
|---|---|---|
| 1 | ② | 부가가치세의 납세의무자는 사업자 또는 재화를 수입하는 자이나, 실질적인 담세자는 최종소비자가 되는 간접세이다. |
| 2 | ① | 개별소비세가 아니라 일반소비세이다. |
| 3 | ② | 우리나라의 부가가치세는 간접세에 해당된다. |
| 4 | ④ | 부가가치세의 특징 : 국세, 보통세, 간접세, 일반소비세, 전단계세액공제법, 소비지국과세원칙, 10% 단일세율, 조세부담의 전가, 물세 |
| 5 | ④ | 사업자단위과세사업자의 경우에는 사업장별로 사업자등록을 하지 아니하고, 사업자의 본점 또는 주사무소에서 사업자등록을 한다.(부가가치세법 제8조 제3항) |
| 6 | ④ | 납세의무자 : 도매업자 및 소매업자<br>담 세 자 : 최종소비자 |
| 7 | ④ | 최종소비자는 담세자로서 실질적으로 세금을 부담하는 자이다.<br>납세의무자 : 도매업자 및 소매업자<br>담 세 자 : 최종소비자 |
| 8 | ③ | 사업자는 영리/비영리 목적과 관계없다. |
| 9 | ④ | 부가가치세의 과세기간은 원칙적으로 제1기 : 1월 1일 ~ 6월 30일, 제2기 : 7월 1일 ~ 12월 31일이다. |
| 10 | ② | 부가가치세법 제3조 ②항. 신규사업자의 최초 과세기간은 사업개시일로부터 당해 과세기간의 종료일까지이다. |
| 11 | ④ | 부동산임대업에 있어서는 그 부동산의 등기부상 소재지를 사업장으로 한다. |
| 12 | ① | 무인자동판매기에 의한 사업 : 그 사업에 관한 업무총괄장소 |
| 13 | ④ | 증여/상속으로 인하여 사업자의 명의가 변경되는 경우에는 정정사유가 아닌 폐업사유가 된다. |

# 제2장 과세거래

## 제1절 과세거래의 개념

부가가치세법상 과세대상, 즉 과세거래는 다음과 같이 규정하고 있다.

> ① 재화의 공급  ② 용역의 공급  ③ 재화의 수입

그러나 실제로 부가가치세법에서는 면세제도를 두고 있어 면세되는 재화·용역에 대해서는 부가가치세를 과세하지 않고 있다.

| 구분 | 납세의무자 | 과세·면세구분 | 부가가치세 과세여부 |
|---|---|---|---|
| 재화·용역의 공급 | 사업자 | 과세 재화·용역 | O |
| | | 면세 재화·용역 | × |
| 재화의 수입 | 사업자 또는 개인 | 과세 재화 | O |
| | | 면세 재화 | × |

## 제2절 재화의 공급

### 1. 재화의 개념

재화란 재산적 가치가 있는 모든 유체물과 무체물을 말한다. 다만, 유체물 중 그 자체가 소비의 대상이 되지 아니하는 수표·어음·주식·채권 등의 유가증권은 재화에 포함되지 아니한다.

| 구분 | 구체적 범위 |
|---|---|
| 유체물 | 원재료, 상품, 제품, 기계장치, 건물과 그 밖의 모든 유형적 물건을 포함한다. |
| 무체물 | 전기, 가스, 열, 기타 관리할 수 있는 자연력 및 특허권 등의 권리 등으로서 재산적 가치가 있는 유체물 이외의 모든 것을 포함한다. |

# 제4편. 부가가치세 - 제2장 과세거래

2. 공급의 범위

| 공급 | 실지공급(유상공급) | | |
|---|---|---|---|
| | 간주공급(무상공급) | 자가공급 | 면세전용<br>비영업용 소형승용차와 그 유지를 위한 재화<br>직매장 반출(판매목적 타사업장반출 포함) |
| | | 개인적 공급 | |
| | | 사업상 증여 | |
| | | 폐업시 잔존재화 | |

(1) 재화의 실질공급

| 매매계약에 의한 공급 | 현금판매, 외상판매, 할부판매, 장기할부판매, 조건부 및 기한부 판매, 위탁판매, 기타매매계약에 의하여 재화를 인도 또는 양도 하는 것 |
|---|---|
| 가공계약3)에 의한 공급 | 자기가 주요자재의 전부 또는 일부를 부담하고 상대방으로부터 인도받은 재화를 공작을 가하여 새로운 재화를 만들어 인도하는 것 |
| 교환계약에 의한 공급 | 재화의 인도 대가로서 다른 재화를 인도받거나 용역을 제공받는 것 |
| 기타 계약상·법률상 원인에 의한 공급 | 현물출자, 경매, 수용 기타 계약상 또는 법률상의 원인에 의하여 재화를 인도 또는 양도하는 것 |

(2) 재화의 공급으로 보지 아니하는 경우

① 담보제공

질권·저당권 또는 양도담보의 목적으로 동산·부동산·부동산상의 권리를 제공하는 것은 재화의 공급으로 보지 아니한다. 다만, 재화가 채무불이행 등의 사유로 사업용자산인 담보물이 인도되는 경우에는 재화의 공급으로 본다.

② 사업을 포괄적으로 양도하는 경우

사업장별로 그 사업에 관한 모든 권리와 의무를 포괄적으로 승계시키는 사업의 양도는 재화의 공급으로 보지 않는다.

(예) 갑이 을에게 개인사업체를 3억원(부가세 별도)에 포괄적 양도를 했을 경우
갑(사업양도자) : 매출세액 3,000만원 - 매입세액 0 = 납부세액 3,000만원
을(사업양수자) : 매출세액 0 - 매입세액 3,000만원 = 납부세액 △3,000만원
결국 거래징수의 실익도 없고 사업자의 편의 및 자금부담완화를 위해서 사업의 포괄적양도는 재화의 공급으로 보지 않는다.

---

3) 가공계약의 경우 다음과 같이 구분된다.
① 자기가 주요자재의 전부 또는 일부를 부담하고 상대방으로부터 인도받은 재화에 공작을 가하여 새로운 재화를 만드는 것은 재화의 공급으로 본다.
② 상대방으로부터 인도받은 재화에 자기가 주요자재를 전혀 부담하지 않고 단순히 가공만 하여 주는 것은 용역의 공급으로 구분된다. 단, 건설업에 있어서는 건설업자가 건설자재의 전부 또는 일부를 부담하는 경우에도 용역의 공급으로 본다.

③ 조세를 물납하는 경우

사업자가 사업용 자산을 상속세 및 증여세법, 지방세법 및 종합부동산세법의 규정에 의하여 물납을 하는 것은 재화의 공급으로 보지 않는다.

④ 공매 및 강제경매 하는 경우

국세징수법에 의한 공매, 민사집행법에 의한 강제경매에 의하여 재화를 인도 또는 양도하는 것은 재화의 공급으로 보지 않는다.

⑤ 수용시 받는 대가

도시 및 주거환경정비법, 공익사업을 위한 토지 등의 취득 및 보상에 관한 법률 등에 따른 수용절차에 있어서 수용대상인 재화의 소유자가 대가를 받는 경우에는 재화의 공급으로 보지 아니한다.

(3) 재화의 간주공급(무상공급)

간주 또는 의제란 본질이 다른 것을 일정한 법률적 취급에 있어 동일한 효과를 부여하는 것을 말한다. '간주한다', '의제한다', '본다'는 표현은 모두 같은 의미이다.

즉 간주공급이란 본래 재화의 공급에 해당하지 않는 일정한 사건들을 재화의 공급으로 의제하고 있다.

① 자가공급

㉠ 면세사업에 전용

과세사업과 관련하여 생산 또는 취득한 재화를 면세사업을 위하여 직접사용·소비하는 경우에는 재화의 공급으로 본다. 다만 처음부터 매입세액이 공제되지 않은 것은 과세되는 재화의 공급으로 보지 않는다.

[과세사업자와 면세사업자]

| 납부세액 | 매출세액 | 과세사업자 | 면세사업자 |
|---|---|---|---|
| | 매출세액 | 과세표준×10% | 납세의무가 없으므로 '0' |
| | (−) 세금계산서 수취시 매입세액 | 매입세액공제 | 매입세액불공제 |
| 거래증빙서류 발급 | | 세금계산서 | 계산서 |

* 계산서 : 면세사업자가 소득세법 또는 법인세법에 의해 면세 재화와 역무를 제공하고 상호간에 거래내역을 명확히 하기 위해 작성하는 서면을 말하는데, <u>공급가액만 있고 부가가치세액은 없다.</u>

(예) 면세전용
(주)씽씽고속 = 과세사업(우등고속버스) + 면세사업(시외버스) → 겸영사업자

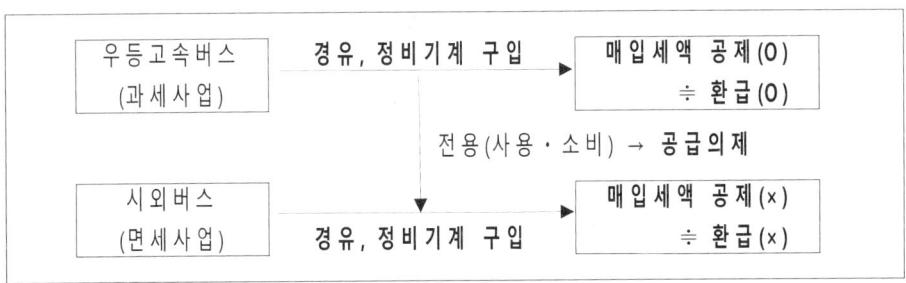

차량용 경유(공급가액 1,000원, 부가가치세 별도)를 매입하고 차량유지비로 처리했다고 가정하자.

| 회계처리 | 고속버스(과세사업) | 시외버스(면세사업) |
|---|---|---|
| | (차) 차량유지비 1,000<br>　　　부가세대급금 100<br>(대) 현　　금 1,100 | (차) 차량유지비 1,100<br>(대) 현　　금 1,100 |

ⓒ 비영업용 소형승용차 또는 그 유지에의 전용
　자기의 사업과 관련하여 생산·취득한 재화를 비영업용 소형승용자동차로 사용하거나 또는 그 유지에 사용·소비하는 것을 재화의 공급으로 본다. 다만, 당초 매입세액 불공제분은 제외한다.

ⓒ 직매장 반출(판매목적 타 사업장에의 반출 포함)
　둘 이상의 사업장이 있는 사업자가 자기 사업과 관련하여 생산·취득한 재화를 타인에게 직접 판매할 목적으로 자기의 다른 사업장으로 반출하는 것은 재화의 공급으로 본다. 다만 주사업장총괄납부 또는 사업자단위 과세의 경우 공급의제를 배제한다.

② 개인적 공급
　사업자가 자기의 사업과 관련하여 생산·취득한 재화(매입세액공제를 받은 재화)를 사업과 직접 관계없이 개인적인 목적 또는 기타의 목적을 위하여 사용·소비하는 경우에는 이를 재화의 공급으로 본다. 다만 다음의 경우에는 간주공급으로 보지 아니한다.
　ㄱ. 사용인에게 무상으로 공급하는 작업복·작업모·작업화
　ㄴ. 직장체육비·직장연예비와 관련된 재화
　ㄷ. 당초 매입세액이 불공제된 재화

③ 사업상 증여
　사업자가 자기의 사업과 관련하여 생산·취득한 재화를 자기의 고객이나 불특정 다수인에게 증여하는 경우에는 재화의 공급으로 본다. 다만 다음의 경우에는 간주공급으로 보지 아니한다.
　ㄱ. 사업을 위하여 대가를 받지 않고 사업자에게 인도하는 견본품·증정품
　ㄴ. 광고선전용으로 불특정 다수인에게 배포하는 광고선전물

ㄷ. 증여하는 재화의 대가가 주된 거래인 재화공급의 대가에 포함되는 것(=부수재화. 예: 책 속의 CD, 포장용기, 화장품 샘플 등)
ㄹ. 법에 따라 특별재난지역에 무상공급하는 물품에 대하여는 간주공급으로 보지 않는다.
ㅁ. 당초 매입세액 불공제된 재화

④ 폐업시 잔존재화
사업자가 사업을 폐지하는 때에 잔존하는 재화는 자기에게 공급하는 것으로 본다. 또한, 사업개시 전에 등록한 경우로서 사실상 사업을 개시하지 아니하게 되는 때에도 동일하다. 다만, 매입시 매입세액이 공제되지 아니한 재화는 제외한다.

## 제3절 용역의 공급

1. 용역의 개념
   용역이란 재화 이외의 재산적 가치가 있는 모든 역무 및 그 밖의 행위를 말한다.
   즉 재화는 '물건이나 권리 등'인데 반하여 용역은 '행위'인 것이다.

2. 공급의 범위
   (1) 용역의 실질공급
      ① 역무의 제공 : 인적용역을 제공하는 것으로서 개인서비스업 등이 있다.
      ② 재화·시설물을 사용하게 하는 것 : 물적용역의 공급으로서 부동산임대업(전·답, 과수원의 임대는 제외) 등이 있다.
      ③ 권리를 사용하게 하는 것 : 권리를 대여하는 것으로서 특허권 등의 대여가 있다.
   (2) 용역의 간주공급(무상공급)
      대가를 받지 않고 타인에게 용역을 공급하는 것은 용역의 공급으로 보지 않는다. 다만 특수관계자간 사업용 부동산 무상임대용역에 대해 과세한다.

## 제4절 재화의 수입

재화의 수입이란 다음의 물품을 우리나라에 반입하는 것(보세구역을 거치는 것은 보세구역에서 반입하는 것)을 말한다.
① 외국으로부터 우리나라에 들어온 물품(외국선박이 공해에서 채취되거나 잡힌 수산물을 포함)
② 수출신고가 수리된 물품. 다만 수출신고가 수리된 물품으로서 선(기)적되지 않은 물품을 보세구역에서 반입하는 경우는 제외한다.

# 제4편. 부가가치세 -제2장 과세거래

## 제5절 거래시기(=공급시기)

기업회계기준의 수익인식시점과 부가가치세법상 공급시기는 거의 일치한다.

### 1. 재화의 공급시기

(1) 원칙

| 구 분 | 공 급 시 기 |
|---|---|
| 재화의 이동이 필요한 경우 | 재화가 인도되는 때 |
| 재화의 이동이 필요하지 않은 경우 | 재화가 이용가능하게 되는 때 |
| 기타 | 재화의 공급이 확정되는 때 |

(2) 구체적 재화의 공급시기

| 구 분 | | 공 급 시 기 |
|---|---|---|
| 현금·외상·할부판매 | | 재화가 인도되거나 이용가능하게 되는 때 |
| 장기할부판매[1]·중간지급조건부판매[2]·완성도기준지급조건부 또는 전력의 공급 | | 대가의 각 부분을 받기로 한 때 |
| 반환조건부·동의조건부·기타조건부 및 기한부 판매 | | 조건이 성취되거나 판매가 확정되는 때 |
| 재화의 공급으로 보는 가공 | | 가공된 재화를 인도하는 때 |
| 자가공급 | 면세전용, 비영업용 승용차 | 재화가 사용 또는 소비하는 때 |
| | 직매장 반출 | 재화를 반출하는 때 |
| 개인적공급 | | 재화가 사용 또는 소비하는 때 |
| 사업상 증여 | | 재화를 증여하는 때 |
| 폐업시 잔존재화 | | 폐업하는 때 |
| 무인판매기에 의한 재화공급 | | 무인판매기에서 현금을 인취하는 때 |
| 위탁매매 | | 수탁자가 최종소비자에게 재화를 인도하는 때 |
| 기타의 경우 | | 재화가 인도되거나 인도가능한 때 |
| 수출 | ·국외반출 및 중계무역방식의 수출 | 수출재화의 선(기)적일 |
| | ·원양어업 및 위탁판매 수출 | 수출재화의 공급가액이 확정되는 때 |
| | ·위탁가공무역방식 수출 및 외국인도 수출 | 외국에서 해당 재화가 인도되는 때 |

*1 장기할부판매
　재화를 먼저 공급하고 그 대가를 할부로 받는 경우로서 2회 이상 분할하여 대가를 받고, 당해 재화의 인도일의 다음날부터 최종 할부금 지급기일까지 기간이 1년 이상인 것을 말한다.
*2 중간지급조건부판매
　재화가 인도되기 전에 계약금 이외의 대가를 2회 이상 분할하여 지급받고 계약금 지급일로부터 잔금지급일까지의 기간 6월 이상인 것을 말한다.

## 2. 용역의 공급시기

(1) 원칙

역무가 제공되거나 재화·시설물 또는 권리가 사용되는 때로 한다.

(2) 거래형태별 용역의 공급시기

| 구 분 | 공 급 시 기 |
|---|---|
| 통상적인 공급의 경우(할부판매 포함) | 역무의 제공이 완료되는 때 |
| 장기할부·완성도기준지급·중간지급 또는 기타조건부로 공급하는 경우 | 그 대가의 각 부분을 받기로 한 때 |
| 간주임대료* | 예정신고기간의 종료일 또는 과세기간의 종료일 |
| 2과세기간 이상에 거쳐 부동산임대용역을 공급하고 그 대가를 선불 또는 후불로 받는 경우에 월수로 안분한 임대료 | 예정신고기간 종료일 또는 과세기간 종료일 |
| 위 이외의 경우 | 역무의 제공이 완료되거나 그 공급가액이 확정되는 때 |

\* 간주임대료

부동산 또는 그 부동산상의 권리 등을 대여하고 보증금 등의 금액을 받은 경우에 일정한 이율(정기예금이자율)을 곱하여 계산한 금액을 말한다. 월정임대료만을 수령시 부가가치세가 과세되는데, 보증금만 수령하는 자는 부가가치세가 과세되지 않는 것을 감안하여 보증금에 대해서 부가가치세를 과세하여 세부담을 공평하게 하고자 하는 제도이다.

\* 간주임대료 과세표준 : 보증금 × 정기예금이자율 × 임대일수/365(366)일

## 3. 공급시기의 특례

| 구 분 | 공 급 시 기 |
|---|---|
| 폐업시 | 폐업 전에 공급한 용역의 공급시기가 폐업일 이후에 도래하는 경우에는 그 폐업일을 공급시기로 본다. |
| 세금계산서 선교부시 (선세금계산서) | 재화 또는 용역의 공급시기가 도래하기 전에 재화 또는 용역에 대한 대가의 전부 또는 일부를 받고 이와 동시에 당해 받은 대가에 대하여 세금계산서 또는 는 영수증을 교부하는 경우에는 그 교부하는 때를 공급시기로 한다.<br>공급시기가 도래하기 전에 대가를 받지 않고 세금계산서 또는 영수증을 교부하는 경우에도 그 교부하는 때를 재화 또는 용역의 공급시기로 본다.<br>① 장기할부판매<br>② 전력 기타 공급단위를 구획할 수 없는 재화 또는 용역을 계속적으로 공급하는 경우 |

# 제4편. 부가가치세 —제2장 과세거래

## 제6절 거래 장소(재화 또는 용역의 공급장소)

거래장소는 우리나라의 과세권이 미치는 거래인가의 여부에 관한 판정기준이다.
따라서 국외거래에 대해서는 원칙적으로 우리나라의 과세권이 미치지 않는다.

| 구 분 | | 공급장소 |
|---|---|---|
| 재화 | 재화의 이동이 필요한 경우 | 재화의 이동이 개시되는 장소 |
| | 재화의 이동이 필요하지 아니한 경우 | 재화의 공급시기에 재화가 소재하는 장소 |
| 용역 | 원칙 | 역무가 제공되거나 재화·시설물 또는 권리가 사용되는 장소 |
| | 국내외에 걸쳐 용역이 제공되는 국제운송(비거주자 또는 외국법인) | 여객이 탑승하거나 화물이 적재되는 장소 |

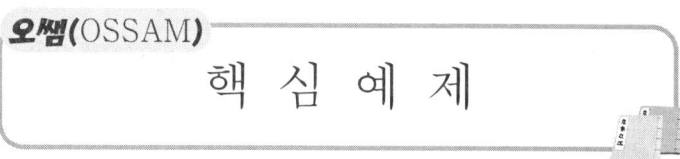

## 핵 심 예 제

**1** 다음 중 부가가치세법상 과세거래에 해당되는 것은?
① 용역을 무상으로 제공하는 경우　② 조세의 물납
③ 담보의 제공　④ 재화의 공급

**2** 다음 중 부가가치세 과세거래에 해당되는 것을 모두 고르면?

| 가. 재화의 수입 | 나. 용역의 수입 |
|---|---|
| 다. 용역의 무상공급 | 라. 고용관계에 의한 근로의 제공 |

① 가　② 가,나
③ 가,나,다　④ 가,나,다,라

**3** 다음 중 부가가치세법상 재화의 공급으로 보는 것은?
① 증여세를 건물로 물납하는 경우　② 사업의 포괄양수도
③ 차량을 담보목적으로 제공하는 경우　④ 폐업시 잔존재화

**4** 다음은 재화의 공급 범위에 대한 설명이다. 틀린 것은?
① 할부판매에 의하여 재화를 인도 또는 양도하는 것
② 민사집행법에 따른 강제경매에 따라 재화를 인도 또는 양도하는 것
③ 교환계약에 의하여 재화를 인도 또는 양도하는 것
④ 가공계약에 의하여 재화를 인도하는 것

**5** 부가가치세가 과세되는 거래에서 재화의 공급으로 보지 않는 것은?
① 개인적 공급　② 자가공급
③ 폐업시 잔존재화　④ 사업의 포괄적 양도

**6** 다음은 부가가치세법상 간주공급에 대한 설명이다. 가장 틀린 것은?
① 간주공급은 자가공급, 개인적공급, 사업상증여, 폐업시 잔존재화로 분류한다.
② 간주공급은 실질공급과 같이 세금계산서를 전부 발급하여야 한다.
③ 자가공급은 면세전용, 비영업용소형승용차의 구입과 유지를 위한 재화, 판매목적 타 사업장 반출로 분류한다.
④ 자가공급, 개인적공급, 사업상증여의 공급시기는 재화가 사용되거나 소비되는 때이다.

**7** 다음은 부가가치세법상의 재화와 용역의 거래시기에 대한 설명이다. 틀린 것은?

① 재화의 이동이 필요한 경우에는 재화가 인도되는 때

② 장기할부 판매의 경우 각 대가를 받기로 한 때

③ 재화의공급으로 보는 가공의 경우에는 재화의 가공이 완료된 때

④ 임대보증금에 대한 간주수입금액에 대해서는 예정신고기간 또는 과세기간의 종료일

**8** 부가가치세법상 부동산임대용역을 공급하는 경우에 전세금 또는 임대보증금에 대한 간주임대료의 공급시기는?

① 그 대가의 각 부분을 받기로 한 때    ② 용역의 공급이 완료된 때
③ 그 대가를 받은 때                  ④ 예정신고기간 또는 과세기간 종료일

**9** 현행 부가가치세법상 용역의 공급으로 과세하지 않는 경우는 어느 것인가?

① 건설업자가 건설자재의 전부 또는 일부를 부담하는 경우

② 상대방으로부터 인도받은 재화에 주요자재를 전혀 부담하지 아니하고 단순히 가공만 하여 주는 경우

③ 산업상, 상업상 또는 과학상의 지식, 경험 또는 숙련에 관한 정보를 제공하는 경우

④ 용역의 무상공급의 경우

**10** 다음 중 부가가치세법상 공급시기가 잘못된 것은?

① 외상판매의 경우 : 재화가 인도되거나 이용가능하게 되는 때

② 장기할부판매의 경우 : 대가의 각 부분을 받기로 한 때

③ 무인판매기로 재화를 공급하는 경우 : 무인판매기에서 현금을 인취하는 때

④ 폐업시 잔존재화의 경우 : 재화가 사용 또는 소비되는 때

| 번호 | 정답 | 해 설 |
|---|---|---|
| 1 | ④ | 재화의 공급, 용역의 공급(유상), 재화의 수입은 부가가치세법상 과세거래에 해당된다. |
| 2 | ① | 부가가치세 과세대상은 재화의 공급, 용역의 공급, 재화의 수입이다.<br>용역의 수입은 저장이 불가능하고 형체가 없으므로 과세대상에서 제외 |
| 3 | ④ | 부가가치세법 6조 4항. 사업자가 사업을 폐업하는 경우 남아 있는 재화(제17조 제2항 각 호에 따라 매입세액이 공제되지 아니한 재화는 제외한다)는 자기에게 공급하는 것으로 본다. |
| 4 | ② | 민사집행법에 따른 강제경매에 따라 재화를 인도 또는 양도하는 것은 재화의 공급으로 보지 않는다. |
| 5 | ④ | 담보의 제공, 사업의 포괄적 양도, 조세의 물납은 재화의 공급으로 보지 않는다. |
| 6 | ② | 간주공급은 세금계산서를 발급하지 않는 것이 원칙이다(판매목적 타사업장 반출은 제외). |
| 7 | ③ | 재화의 공급으로 보는 가공의 경우에는 가공된 재화를 인도하는 때는 재화의 공급시기로 한다. |
| 8 | ④ | 예정신고 때는 예정신고기간말, 확정신고 때는 과세기간종료일을 공급시기로 한다. |
| 9 | ④ | 용역의 무상공급의 경우는 현행 부가가치세법상 용역의 공급으로 보지 않는다. |
| 10 | ④ | 폐업시 잔존재화는 의제공급에 해당하는 것으로 공급시기는 폐업하는 때로 한다. |

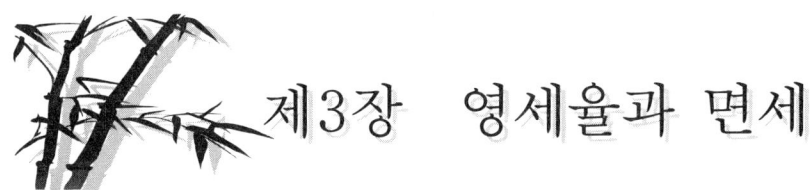

# 제3장 영세율과 면세

## 제1절 영세율

### 1. 영세율의 개념

영세율이란 일정한 재화 또는 용역의 공급에 대하여 영 '0'의 세율을 적용하는 제도이다. 이는 공급자에게 부가가치세의 부담이 완전 제거되고 거래 상대방은 부가가치세 부담이 없게 되므로 완전면세제도라고 한다.

(1) 이중과세의 방지(소비지국과세원칙)

수출 관련 재화나 용역의 공급에 영세율을 적용하여 국외의 소비자가 우리나라 부가가치세를 부담하지 않게 하여 소비지국과세원칙을 준수한다.

(2) 외화획득의 장려

국내거래라도 수출 등과 관련 있는 산업에 영세율을 미리 적용시켜 줌으로써 외화획득을 장려하고 있다.

### 2. 영세율의 적용대상자

(1) 과세사업자

부가가치세법상 과세사업자(간이과세자 포함)에 한하여 영세율을 적용한다.

(2) 상호면세주의

외국에서 대한민국의 거주자 또는 내국법인에게 동일한 면세를 하는 경우에 한하여 비거주자 또는 외국법인인 사업자에게 영의 세율을 적용한다.

### 3. 영세율의 적용대상

(1) 수출하는 재화

직수출, 내국신용장·구매확인서에 의한 공급, 한국국제협력단에 공급하는 재화 법정요건에 의하여 공급하는 수탁가공재화

① 직수출의 재화 범위

내국물품 외국 반출 : 수출업자가 자기 명의와 계산으로 내국물품을 외국으로 반출

② 내국신용장(Local L/C)·구매확인서 등에 의한 공급(간접수출 또는 국내수출)

국내거래이기 때문에 영세율세금계산서를 발행한다.

(2) 국외에서 제공하는 용역

국외에서 제공하는 용역이란 용역의 제공 장소가 국외인 용역을 말한다(예: 해외건설용역). 이 경우 영세율 적용과 관련하여 거래상대방, 대금결제 방법에 불구하고 영세율을 적용한다.

(3) 선박·항공기의 외국항행용역

국내에서 국외로, 국외에서 국내로 또는 국외에서 국외로 수송하는 것

(4) 기타 외화를 획득하는 재화 또는 용역

국내거래이지만 외화획득이 되는 거래

(5) 조세특례제한법상 영세율 적용대상 재화 또는 용역


## 제2절 면세

### 1. 면세의 개념

면세란 일정한 재화·용역의 공급에 대하여 부가가치세를 면제하는 제도를 말한다.

여기서 면세의 의미는 영세율과는 달리 부가가치세법상 과세대상거래가 아니며 당해 면세가 적용된 단계에서 부가가치에 대해 부가가치세가 없을 뿐 그 이전 단계에서 부담한 부가가치세는 환급받지 못하므로 불완전면세제도라고 한다.

[과세사업자(과세, 영세율)와 면세사업자]

| | | 과세사업자 | | 면세사업자 |
|---|---|---|---|---|
| | | 과세 | 영세율 | |
| 납부세액 | 매출세액 | 과세표준×10% | 과세표준×0% | 납세의무가 없으므로 '0' |
| | (-)세금계산서 수취시 매입세액 | 매입세액 공제 | | 매입세액 불공제 |
| 면세정도 | | - | 완전면세 | 불완전면세 |
| 거래증빙서류 | | 세금계산서 | 영세율세금계산서 | 계산서 |

### 2. 면세대상

(1) 면세대상의 범위

| 구분 | 내용 |
|---|---|
| 기초생활필수 재화와 용역 | ① 미가공식료품(식용에 공하는 농산물·축산물·수산물·임산물 포함) 국내산·외국산 불문<br>② 국내산 미가공 비식용 농·축·수·임산물<br>③ 수돗물 (생수는 과세) |

| | |
|---|---|
| 기초생활필수<br>재화와 용역 | ④ 우유(첨가우유는 과세)<br>⑤ 연탄과 무연탄(유연탄, 갈탄, 착화탄은 과세)<br>⑥ 여객운송용역 - 시내버스, 지하철, 마을버스, 시외버스, 고속버스(2015.4.1~2018.3.31 한) 등<br>(항공기, 우등고속버스, 전세버스, 택시, 특수자동차, 특정선박 및 고속철도 운송은 과세)<br>⑦ 여성용 생리처리 위생용품, 영유아용 기저귀 및 분유 |
| 국민후생관련<br>재화와 용역 | ① 의료보건용역(약사 일반의약품을 판매하는 것은 과세, 미용목적 성형수술, 수의사의 애완동물 진료용역은 과세)과 혈액<br>② 교육용역(무허가 및 무인가 교육용역은 과세, 교육내용불문, 운전면허학원은 과세)<br>③ 주택과 이에 부수되는 토지의 임대용역(겸용주택은 주택분 면적이 클 때) |
| 문화관련 재화와 용역 | ① 예술창작품·예술행사·문화행사와 비직업운동경기(골동품·모조품은 과세)<br>② 도서(전자출판물 및 도서대여용역 포함)·신문·잡지·관보·뉴스통신방송 등(광고는 과세)<br>③ 도서관·과학관·박물관·미술관·동물원 또는 식물원에의 입장(오락 및 유흥시설과 함께 있는 동·식물원 및 해양수족관은 과세) |
| 부가가치 구성요소 | ① 토지의 공급(토지의 임대는 과세)<br>② 저술가·작곡가 기타 일정한 자가 직업상 제공하는 인적용역(변호사·세무사 등의 전문직 사업자는 과세)<br>③ 금융·보험용역 |
| 기타의 재화와 용역 | ① 우표·인지·증지·복권과 공중전화(수집용 우표는 과세)<br>② 판매가격이 200원 이하인 제조담배와 특수제조용 담배<br>③ 종교·자선·학술·구호 기타 공익을 목적으로 하는 단체가 공급하는 재화 또는 용역<br>④ 국가·지방자치단체 또는 지방자치단체조합이 공급하는 재화 또는 용역(단, 다음의 것은 제외).<br>　㉠ 우정사업조직의 소포우편물 배달용역<br>　㉡ 고속철도에 의한 여객운송용역<br>　㉢ 부동산임대업, 도·소매업, 음식·숙박업, 골프장<br>⑤ 국가·지방자치단체·지방자치단체조합 또는 공익단체에 무상으로 공급하는 재화 또는 용역 등(유상공급은 과세) |

[참고] 미가공식료품에 포함되는 것

- 단순가공식료품 : 김치·단무지·장아찌·젓갈류·두부·메주·간장·된장·고추장
- 생산물의 본래 성질이 변하지 아니하는 정도로 1차 가공하는 과정에서 필수적으로 발생하는 부산물
- 미가공식료품을 단순히 혼합하는 것
- 쌀에 식품첨가물 등을 첨가 또는 코팅하거나 버섯균 등을 배양시킨 것

(2) 영세율과 면세의 비교

| 구분 | 영세율 | 면세 |
|---|---|---|
| 목적 | 국가간 이중과세 방지, 수출산업지원 및 육성 | 세부담의 역진성 완화 |
| 기본원리 | 일정 과세거래에 0% 세율 적용<br>① 매출세액 : 0<br>② 매입세액 : 전액환급 | 면세거래에 납세의무 면제<br>① 매출세액 : 징수 없음(결국 '0')<br>② 매입세액 : 환급되지 않음 |
| 면세정도 | 완전면세 | 부분면세(불완전면세) |
| 대상 | 수출 등 외화획득재화·용역의 공급 | 기초생활필수품 등 |
| 과세대상 여부 | 부가가치세 과세대상에 포함 | 부가가치세 과세대상에서 제외 |
| 사업자 여부 | 부가가치세법상 사업자임 | 부가가치세법상 사업자가 아님 |
| 의무이행 여부 | 영세율 사업자는 부가가치세법상 사업자이므로 부가가치세법상 제반의무를 이행해야 한다. | 부가가치세법상 각종 의무를 이행할 필요 없으나 매입처별계산서합계표 제출의무는 있다. |

[참고] 부동산의 공급·임대에 대한 부가가치세 과세여부

| 구분 | 공급 | 임대 |
|---|---|---|
| 건물 | 원칙 : 과세<br>국민주택 공급 : 면세 | 주택의 임대용역 : 면세<br>상가의 임대용역 : 과세 |
| 토지 | 면세 | 원칙 : 과세<br>주택부수토지 임대 : 면세 |

## 제4편. 부가가치세 —제3장 영세율과 면세

### 오쌤(OSSAM) 핵심예제

**1** 다음 중 부가가치세법상 영세율에 대한 설명으로 틀린 것은?
① 수출하는 재화에 적용된다.
② 내국신용장에 의할 경우 영세율세금계산서를 발행해야 한다.
③ 최종소비자에게 부가가치세의 부담을 경감시키기 위한 불완전면세제도이다.
④ 영세율적용대상자는 부가가치세법상 과세사업자이어야 한다.

**2** 다음 중 부가가치세법상 영세율에 대한 설명으로 가장 틀린 것은?
① 수출하는 재화뿐만 아니라 국외에서 제공하는 용역도 영세율이 적용된다.
② 영세율이 적용되는 모든 사업자는 세금계산서를 발급하지 않아도 된다.
③ 영세율이 적용되는 경우에는 조기환급을 받을 수 있다.
④ 영세율이 적용되는 사업자는 부가가치세법상 과세사업자이어야 한다.

**3** 다음 중 면세대상에 해당하는 것은 모두 몇 개인가?

| ⓐ 수돗물 | ⓑ 도서,신문 | ⓒ 가공식료품 |
| ⓓ 시내버스운송용역 | ⓔ 토지의공급 | ⓕ 교육용역(허가,인가받은 경우에 한함) |

① 3개  ② 4개
③ 5개  ④ 6개

**4** 다음 중 부가가치세가 면세되는 재화 또는 용역의 공급의 개수는?

| 1. 단순가공된 두부 | 2. 신문사광고 | 3. 연탄과 무연탄 |
| 4. 시내버스 운송용역 | 5. 의료보건용역 | 6. 금융・보험용역 |

① 3개  ② 4개
③ 5개  ④ 6개

**5** 다음 중 부가가치세 면세대상에 해당하지 않는 것은?
① 시내버스, 우등고속버스 등의 여객운송용역  ② 대통령령으로 정하고 있는 교육용역
③ 주택임대  ④ 미가공 식료품

**6** 부가가치세법에서 일정한 재화 또는 용역의 공급이나 재화의 수입에 대해서는 면세를 적용하고 있다. 면세 대상과 가장 거리가 먼 것은?
① 기초생활필수품 및 용역  ② 국민후생 관련 용역
③ 선박, 항공기의 외국 항행 용역  ④ 문화관련 재화 및 용역

**7** 다음 부가가치세법상 면세제도에 관한 설명으로 잘못된 것은?
① 부가가치세법상 면세사업자는 사업자가 아니다.
② 면세되는 사업과 관련된 재화 또는 용역의 매입세액은 공제되지 않는다.
③ 면세제도는 현행 부가가치세의 단점인 세부담의 역진성을 완화시키기 위한 제도이다.
④ 면세사업자는 재화나 용역 공급시 세금계산서를 발행·교부하여야 한다.

**8** 다음 중 부가가치세가 과세되는 것은?
① 토지의 공급  ② 국민주택의 공급
③ 상시주거용 주택과 부수토지의 임대  ④ 주택 외 상가건물의 임대

**9** 다음 중 부가가치세 과세표준 계산에 포함되지 않는 항목은?
① 과세재화의 공급가액  ② 장기할부판매의 경우 이자상당액
③ 대가의 일부로 받는 운반비  ④ 면세재화의 공급대가

| 번호 | 정답 | 해 설 |
|---|---|---|
| 1 | ③ | 영세율은 완전면세 제도이고 면세가 불완전면세 제도이다. |
| 2 | ② | 내국신용장 또는 구매확인서에 의하여 공급하는 재화 등은 세금계산서를 발급하여야 한다.(부가가치세법 시행령 제71조 제1항 제4호) |
| 3 | ③ | ⓒ 가공식료품은 과세에 해당한다. |
| 4 | ③ | [부가가치세법 ① 7] 광고는 면세에서 제외된다.<br>의료보건용역의 경우 일반적인 경우에는 면세가 적용되고, 미용목적의 성형수술과 수의사의 애완동물 관련 용역만 과세로 전환되었음에 유의한다. |
| 5 | ① | 우등고속버스는 면세대상에서 제외된다.(부가가치세법 12조 ①항) |
| 6 | ③ | 선박, 항공기의 외국항행 용역은 과세거래로 영세율이 적용된다. |
| 7 | ④ | 면세사업자는 세금계산서의 발급의무가 없으며, 계산서를 발행한다. |
| 8 | ④ | 토지의 공급, 국민주택의 공급, 주택의 임대는 부가가치세법상 면세 대상이다. |
| 9 | ④ | 면세 재화는 부가가치세 과세대상이 아니므로 과세표준에 포함되지 않는다. |

# 제4장 과세표준 및 매출세액

## 제1절 과세표준

과세표준이란 납세의무자가 납부해야 할 세액산출의 기초가 되는 과세대상의 수량 또는 가액을 말하는데, 부가가치세법상 과세사업자의 과세표준은 재화 또는 용역의 공급에 대한 공급가액으로 한다. 기업회계기준상의 매출액과 거의 일치한다.

### 1. 공급유형별 과세표준

(1) 기본원칙

부가가치세의 과세표준은 공급가액이라 하는데, 사업자는 여기에 10%의 세율을 적용하여 계산된 매출세액을 공급받는 자로부터 거래징수하여 정부에 납부하여야 한다.

| 구 분 | 과 세 표 준 |
|---|---|
| 원칙 | 시가 |
| 금전으로 대가를 받은 경우 | 그 대가(금전가액) |
| 금전 이외의 대가를 받은 경우 | 자신이 공급한 재화 또는 용역의 시가 |
| 특수관계자간 거래 | 자신이 공급한 재화 또는 용역의 시가 |

(2) 과세표준에 포함되는 것과 포함하지 않는 것

| 과세표준에 포함하는 것 | 과세표준에 포함하지 않는 것 |
|---|---|
| ① 할부판매 및 장기할부판매의 이자상당액<br>② 대가의 일부로 받는 운송보험료・산재보험료・운송비・포장비・하역비<br>③ 개별소비세, 교통・에너지・환경세, 주세가 과세되는 재화 또는 용역에 대해서는 당해 개별소비세, 교통・에너지・환경세, 주세, 교육세 및 농어촌특별세액상당액 | ① 매출에누리, 환입된 재화의 가액, 재화 또는 용역을 공급한 후의 그 공급가액에 대한 할인액<br>② 공급받는 자에게 도달하기 전에 파손・훼손 또는 멸실된 재화의 가액<br>③ 재화 또는 용역의 공급과 직접 관련되지 아니하는 국고보조금과 공공보조금<br>④ 계약 등에 의하여 확정된 대가의 지급지연으로 인하여 지급받는 연체이자<br>⑤ 반환조건부 용기대금과 포장비용<br>⑥ 대가와 구분 기재한 종업원의 봉사료<br>⑦ 공급받는 자가 부담하는 원재료 등의 가액<br>⑧ 임차인이 부담하여야 할 보험료・수도료・공공요금 등을 임대료와 구분하여 징수하는 경우 |

(3) 과세표준에서 공제하지 않는 것
    재화 또는 용역을 공급한 후에 그 공급가액에 대하여 다음에 해당하는 경우에는 과세표준에서 공제하지 않는다.
    ① 금전으로 지급하는 판매장려금
    ② 하자보증금
    ③ 어음 및 수표의 부도로 인하여 발생하는 대손금(대손세액공제 사항임)

2. 거래형태별 과세표준

| 구 분 | 과 세 표 준 |
|---|---|
| 현금판매·외상판매·할부판매의 경우 | 공급한 재화의 총가액 |
| 장기할부판매의 경우 | 계약에 따라 받기로 한 대가의 각 부분 |
| 완성도기준지급·중간지급조건부판매의 경우 | 계약에 따라 받기로 한 대가의 각 부분 |
| 간주공급의 경우 | 당해 재화의 시가<br>(단, 판매목적 타사업장 반출의 경우 : 취득원가) |
| 간주임대료 | 해당 기간의 임대보증금 × 정기예금 이자율 × $\frac{임대일수}{365(366)일}$ |
| 재화를 수입하는 경우 | 관세의 과세가격 + 관세 + 개별소비세·주세 + 교육세·농특세 + 교통·에너지·환경세 |
| 공급대가를 외화로 받은 경우 | - 공급시기 도래 전에 원화로 환가한 경우 : 그 환가한 금액<br>- 공급시기 이후에 외국통화 지급받는 경우 : 공급시기의 기준환율(재정환율)에 따라 계산한 금액 |

## 제2절 세율

부가가치세법상 세율을 10%로 하되, 영세율이 적용되는 재화 또는 용역의 공급에 대하여는 0%로 한다.
대부분의 재화·용역의 공급에 대해서는 부가가치세가 과세되지만, 예외적으로 부가가치세의 납세의무가 없는 면세제도와 소규모 특정 사업자에 대한 간이과세 제도도 운영되고 있다.

# 제4편. 부가가치세 －제4장 과세표준 및 매출세액

## 오쌤(OSSAM) 핵심예제

**1** 다음 중 부가가치세법상 공급대가란?
① 매입가액에 부가가치세를 포함시킨 것
② 공급가액에 부가가치세를 포함시킨 것
③ 매입가액에 부가가치세를 포함시키지 않은 것
④ 공급가액에 부가가치세를 포함시키지 않은 것

**2** 납세의무자가 납부해야 할 세액산출의 기초가 되는 과세대상의 수량 또는 가액을 무엇이라 하는가?
① 과세표준    ② 매입액
③ 납부세액    ④ 환 급

**3** 다음 중 부가가치세 과세표준에 포함하는 것은?
① 매출에누리와 환입    ② 개별소비세액
③ 국고보조금    ④ 공급대가의 지연지급으로 인한 연체이자

**4** 부가가치세법상 공급가액에 대한 설명 중 틀린 것은?
① 금전으로 대가를 받은 경우에는 그 대가
② 금전 이외의 대가를 받은 경우에는 자기가 공급한 재화 또는 용역의 원가
③ 폐업하는 재고재화의 경우에는 시가
④ 부가가치세가 표시되지 않거나 불분명한 경우에는 100/110에 해당하는 금액

**5** 다음 중 부가가치세법상 시가의 정의에 적합한 것은?
① 사업자가 특수관계에 있는 자와 해당 거래의 유사한 상황에서 계속적으로 거래한 가격 또는 제3자간에 일반적으로 거래된 가격
② 사업자가 특수관계에 있는 자 외의 자와 해당 거래와 다른 상황에서 계속적으로 거래한 가격 또는 제3자간에 일반적으로 거래된 가격
③ 사업자가 특수관계에 있는 자와 해당 거래와 유사한 상황에서 비반복적으로 거래한 가격 또는 제3자간에 일반적으로 거래된 가격
④ 사업자가 특수관계에 있는 자 외의 자와 해당 거래와 유사한 상황에서 계속적으로 거래한 가격 또는 제3자간에 일반적으로 거래된 가격

**6** (주)씨엘은 수출을 하고 그에 대한 대가를 외국통화 기타 외국환으로 수령하였다. 이 경우 공급가액으로 올바르지 않은 것은?
① 공급시기 이후 대가 수령 - 공급시기의 기준환율 또는 재정환율로 환산한 가액
② 공급시기 이전 수령하여 공급시기 도래 전 환가 - 공급시기의 기준환율 또는 재정환율로 환산한 가액
③ 공급시기 이전 수령하여 공급시기 도래 이후 환가 - 공급시기의 기준환율 또는 재정환율로 환산한 가액
④ 공급시기 이전 수령하여 공급시기 도래 이후 계속 외환 보유 - 공급시기의 기준환율 또는 는 재정환율로 환산한 가액

**7** 다음 중 부가가치세법상 과세표준의 산정방법이 옳지 않은 것은?
① 재화의 공급에 대하여 부당하게 낮은 대가를 받는 경우 : 자기가 공급한 재화의 시가
② 재화의 공급에 대하여 대가를 받지 아니한 경우 : 자기가 공급한 재화의 시가
③ 특수관계인에게 용역을 공급하고 부당하게 낮은 대가를 받는 경우 : 자기가 공급한 용역의 원가
④ 특수관계자에게 사업용 부동산을 무상으로 임대한 경우 : 자기가 공급한 용역의 시가

**8** 다음 중 부가가치세법상 과세표준에 포함되지 않는 것은?
① 할부판매시 이자상당액       ② 매출에누리·환입
③ 개별소비세                  ④ 관세

**9** 다음 자료에 의해 부가가치세 과세표준을 계산하면?

| ㉠ 총매출액 | 30,000,000원 | ㉢ 매출에누리액 | 5,000,000원 |
|---|---|---|---|
| ㉡ 매출할인 | 4,000,000원 | ㉣ 대 손 금 | 2,000,000원 |

① 21,000,000원             ② 25,000,000원
③ 29,000,000원             ④ 30,000,000원

**10** 다음 중 부가가치세의 과세표준에서 공제하지 않는 것은 어느 것인가?
① 대손금과 장려금           ② 환입된 재화의 가액
③ 매출할인                  ④ 에누리액

**11** 부가가치세법상 간주공급(해당 재화는 감가상각자산이 아님)에 대한 과세표준 산정시 공급가액을 시가로 계산해야 하는 사항이 아닌 것은?
① 판매목적 타사업장 반출     ② 개인적 공급
③ 사업상 증여               ④ 폐업시 잔존재화(재고재화)

## 제4편. 부가가치세 —제4장 과세표준 및 매출세액

**12** 다음 자료를 바탕으로 부가가치세 납부세액 계산시 매출세액에서 차감할 수 있는 대손세액은 얼마인가?(세부담 최소화를 가정한다)

| 내 역 | 공 급 가 액 |
|---|---|
| (가) 파산에 따른 매출채권 | 20,000,000원 |
| (나) 부도발생일로부터 6월이 경과한 부도수표 | 10,000,000원 |
| (다) 상법상 소멸시효가 완성된 매출채권 | 1,000,000원 |

① 2,000,000원  ② 2,100,000원
③ 3,000,000원  ④ 3,100,000원

**13** 일반과세사업자가 사무실용 컴퓨터를 외상으로 500,000원(부가가치세 별도)에 구입하였을 경우, 올바른 분개는?

① (차) 비        품  550,000원   (대) 미 지 급 금  500,000원
                                    부 가 세 예 수 금   50,000원

② (차) 비        품  500,000원   (대) 미 지 급 금  550,000원
     부 가 세 대 급 금   50,000원

③ (차) 비        품  550,000원   (대) 매 입 채 무  500,000원
                                    부 가 세 예 수 금   50,000원

④ (차) 비        품  500,000원   (대) 매 입 채 무  550,000원
     부 가 세 대 급 금   50,000원

**14** 상품 5,000,000원(부가가치세 별도)을 매입하고 대금은 부가가치세와 함께 어음을 발행하여 지급한 거래를 분개할 때 기입되지 않는 계정과목은?
① 매입(혹은 상품)     ② 부가세대급금
③ 지급어음           ④ 부가세예수금

**15** 다음 중 부가가치세 과세표준에 해당되는 금액은 얼마인가?

(가) 컴퓨터 판매가액 1,000,000원(시가 2,000,000원, 특수관계자와의 거래에 해당)
(나) 컴퓨터 수선관련 용역을 무상으로 공급(시가 500,000원)
(다) 시가 300,000원에 해당하는 모니터를 공급하고 시가 500,000원에 상당하는 책상을 제공받음

① 1,800,000원  ② 2,300,000원
③ 3,000,000원  ④ 2,500,000원

| 번호 | 정답 | 해 설 |
|---|---|---|
| 1 | ② | 공급대가란 공급가액에 부가가치세를 가산한 금액을 말한다. |
| 2 | ① | 세액을 계산하는데 있어 그 기초가 되는 과세대상의 수량 또는 가액을 과세표준이라고 하며, 부가가치세법상 일반과세자의 과세표준은 공급가액이다. |
| 3 | ② | 개별소비세가 과세되는 재화 또는 용역의 경우 해당 개별소비세 상당액은 과세표준에 포함한다. |
| 4 | ② | 금전 이외의 대가를 받은 경우에는 자기가 공급한 재화 또는 용역의 시가를 공급가액으로 한다. |
| 5 | ④ | 부가가치세법에서 시가라 함은 특수관계가 없는 제3자와 일반적으로 계속적으로 거래된 가격을 말한다. |
| 6 | ② | 1. 공급시기 도래 전에 원화로 환가한 경우에는 그 환가한 금액<br>2. 공급시기 이후에 외국통화 기타 외국환의 상태로 보유하거나 지급받는 경우에는 공급시기의 기준환율 또는 재정환율에 의하여 계산한 금액 |
| 7 | ③ | 자기가 공급한 용역의 시가를 과세표준으로 한다.<br>재화의 저가공급, 용역의 저가공급은 모두 시가로 과세된다. 용역의 무상공급은 예외적인 경우를 제외하고는 과세되지 않지만 특수관계자에 대한 용역의 저가공급은 과세된다는 점에 주의한다. |
| 8 | ② | 매출에누리와 환입, 매출할인액은 과세표준에 포함하지 않는다. |
| 9 | ① | 과세표준 : 30,000,000원 - 5,000,000원 - 4,000,000원 = 21,000,000원 |
| 10 | ① | 대손금과 판매장려금, 하자보증금은 과세표준에서 공제하지 않는 항목이다. |
| 11 | ① | 직매장 반출(=판매목적 타사업장 반출)시 과세표준은 취득가액을 원칙으로 한다. |
| 12 | ④ | 파산, 부도발생일로부터 6개월이 경과한 어음·수표, 소멸시효 완성은 모두 대손세액공제를 받을 수 있는 사유이다.<br>차감 대손세액 = 공급대가 × 10/110<br>　　　　　　= (22,000,000원+11,000,000원+1,100,000원) × 10/110 = 3,100,000원 |
| 13 | ② | 재화를 매입하면 매입세액이 발생하며, 이러한 매입세액 중 공제가능한 매입세액은 '부가세대급금'이라는 과목으로 하여 차변에 기재한다. |
| 14 | ④ | 부가세예수금은 상품 등의 판매시 나타나는 계정과목이다. 상품 등을 매입했을 경우 공제가능한 부가가치세는 '부가세대급금'의 과목으로 하여 차변에 기재한다.<br>　(차) 상　　　　품　5,000,000　　(대) 지　급　어　음　5,500,000<br>　　　　부 가 세 대 급 금　　500,000 |
| 15 | ② | 과세표준 : 2,000,000원 + 300,000원 = 2,300,000원<br>- 용역의 무상공급은 과세거래가 아니므로 (나)는 과세표준에서 제외된다.<br>- 금전 이외의 대가를받은 경우에는 자기가 공급한 재화의 시가를 과세표준으로 한다.<br>- 특수관계자와의 거래에 대해서는 시가를 과세표준으로 한다. |

# 제4편. 부가가치세 —제5장 거래징수와 세금계산서

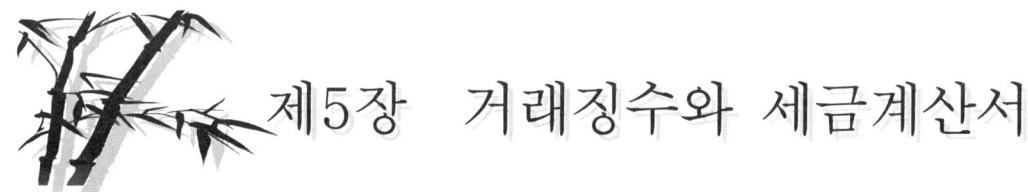

# 제5장 거래징수와 세금계산서

## 제1절 거래징수

사업자가 재화 또는 용역을 공급하는 때에는 과세표준에 세율을 적용하여 계산한 부가가치세를 그 재화 또는 용역을 공급받는 자로부터 징수하여야 하는데 이를 거래징수라 한다.

공급자가 부가가치세 과세 대상 재화·용역을 공급하기만 하면 공급받는 자가 비사업자, 면세사업자, 간이과세자인지를 불문하고 부가가치세를 거래징수하는 것이다.

이처럼 공급받는 자로부터 부가가치세를 거래징수한 경우 해당 거래징수에 대한 증명서류를 공급받는 자에게 발급해야 한다.

부가가치세 과세대상 재화·용역을 공급하는 자는 원칙적으로 '세금계산서'를 발급하여야 한다. 그러나 소매업 등을 영위하는 사업자는 세금계산서 대신 '영수증'을 발급할 수 있으며, 간이과세자는 신규사업자 및 직전연도 공급대가 합계액이 4,800만원 미만인 사업자 는 영수증만을 발급할 수 있다. 그 외 간이과세자에 대해서는 세금계산서 발급의무.

## 제2절 세금계산서

세금계산서란 과세사업자가 재화 또는 용역을 공급할 때 부가가치세를 거래징수하고 이를 증명하기 위하여 공급받는 자에게 발급하는 세금영수증이다.

### 1. 세금계산서의 종류

| 구분 | | 발급하는 자 |
|---|---|---|
| (정규)<br>세금계산서 | 세금계산서 | 사업자가 공급받는 자에게 발급<br>간이과세자 포함 |
| | 영세율세금계산서 | |
| | 수입세금계산서 | 세관장이 수입자에게 발급 |
| 영 수 증 | 신용카드매출전표<br>(직불카드, 선불카드 포함) | 주로 사업자가 아닌 자에게 재화·용역을 공급하는 사업자. (다만, 소매업·음식점업·숙박업 등은 공급받는 자가 요구하는 경우 세금계산서 발급의무) |
| | 현금영수증 | |
| | 간이영수증 | |

(1) 세금계산서
정규세금계산서는 공급하는 사업자가 공급자 보관용(매출세금계산서), 공급받는자 보관용(매입세금계산서)으로 각 각 2매를 작성하여 1매를 발급한다. 공급자는 발급한 세금계산서를 요약한 매출처별 세금계산서합계표를 정부에 제출하며, 공급받는 자는 발급받은 세금계산서를 요약한 매입처별 세금계산서합계표를 정부에 제출하여 매입세액공제를 받는다.
이렇게 발급하거나 발급받은 세금계산서는 5년간 보관해야 한다.

| 구분 | 기재사항 | 비고 |
|---|---|---|
| 필요적 기재사항 | • 공급하는 사업자의 등록번호와 성명 또는 명칭<br>• 공급받는 자의 사업자등록번호<br>• 공급가액과 부가가치세액<br>• 작성연월일 | 세금계산서의 필요적 기재사항 일부가 기재되지 않았거나 그 내용이 사실과 다른 경우에는 세금계산서로서의 효력이 인정되지 않는다. |
| 임의적 기재사항 | • 공급받는 자의 주소<br>• 공급받는 자의 상호·성명·주소<br>• 공급품목, 단가와 수량<br>• 공급연월일 등 | 세금계산서의 효력에 영향을 미치지 않는다. |

(2) 전자세금계산서
① 발급의무자 : 모든 법인사업자 및 <u>개인사업자</u>(직전년도 사업장별 과세 공급가액과 면세 공급가액의 합계액이 8천만원을 초과하는 경우)
② 발급기한 : 다음 달 10일까지 가능
③ 전송 : 해당 전자세금계산서 발급일의 다음날까지 세금계산서 발급명세를 국세청장에게 전송하여야 한다. 전자세금계산서 발급명세를 전송한 경우에는 매출·매입처별세금계산서합계표를 제출하지 않아도 되며, 5년간 세금계산서 보존의무가 면제된다.
④ 세액공제특례 : 개인사업자만 대상임
전자세금계산서(수정세금계산서 포함) 발급 및 전송에 따른 발급세액 공제 : 건당 200원(연간 한도 100만원) ❖2022년 세법: 전자계산서 발급세액 공제 연간 한도 100만원 추가

[참고] 매입자발행세금계산서
사업자가 재화 또는 용역을 공급하고 거래시기에 세금계산서를 발급하지 않는 경우(거래건당 공급대가 5만원 이상인 거래) 그 재화 또는 용역을 공급받은 자는 관할세무서장의 확인을 받아 세금계산서를 발행할 수 있는데 이것을 '매입자발행세금계산서'라고 한다.

(3) 영수증
세금계산서의 필요적 기재사항 중 공급받는 자의 등록번호와 부가가치세를 기재하지 않은 증빙서류를 영수증이라 한다.

이러한 영수증을 발급받더라도 매입세액공제를 받을 수 없으나 예외적으로 신용카드 매출전표, 현금영수증에 대해서는 매입세액공제가 허용된다.

2. 세금계산서의 발급시기
   (1) 일반적인 발급시기

| 구분 | 내 용 |
|---|---|
| 원칙 | 세금계산서는 재화 또는 용역의 공급시기에 발급해야 한다. |
| 발급시기의 특례(선교부) | 사업자가 재화 또는 용역의 공급시기가 되기 전에 대금의 전부 또는 일부를 받았거나, 세금계산서를 발급하고 그 세금계산서 발급일로부터 7일 이내에 대가를 지급받는 경우에는 정당한 세금계산서를 발급한 것으로 본다. |
| 발급시기의 특례(후교부) | 사업자가 다음 중 어느 하나에 해당하는 경우에는 재화 또는 용역의 공급일이 속하는 달의 다음 달 10일까지 세금계산서를 발급할 수 있다.<br>① 거래처별로 1역월의 공급가액을 합계하여 당해 월의 말일자를 발행일자로 하여 세금계산서를 교부하는 경우<br>② 거래처별로 1역월 이내에서 사업자가 임의로 정한 기간의 공급가액을 합계하여 그 기간의 종료일자를 발행일자로 하여 세금계산서를 교부하는 경우<br>③ 관계증명서류 등에 의하여 실제거래사실이 확인되는 경우로서 당해 거래일자를 발행일자로 하여 세금계산서를 교부하는 경우 |

   (2) 세금계산서의 수정발급(수정세금계산서)
      ① 당초 공급한 재화가 환입된 경우
         환입된 날을 작성일자로 하여 비고란에 당초 세금계산서 작성일자로 부기한 후 (-)표시를 하여 발급한다.
      ② 착오시
         세금계산서를 발급한 후 그 기재사항에 관하여 착오 또는 정정사유가 발생한 경우에는 부가가치세의 과세표준과 세액을 경정하여 통지하기 전까지 세금계산서를 수정하여 발행할 수 있다.
      ③ 공급가액의 증감시
         당초의 공급가액에 추가되는 금액 또는 차감되는 금액이 발생한 경우에는 그 증감사유가 발생한 날에 세금계산서를 수정하여 발행할 수 있다.

3. 세금계산서 발급의무 면제
   (1) 영수증 발급대상거래
      다음에 해당하는 경우에는 주로 최종소비자에게 재화나 용역을 공급하는 사업자이므로 세금계산서 교부로 인한 실익이 없기 때문에 세금계산서 대신 영수증을 교부하도록 하고 있다.

① 소매업
② 음식점업, 숙박업
③ 목욕·이발·미용업, 여객운송업, 입장권을 발행하여 영위하는 사업
④ 변호사, 공인회계사, 세무사 등 기타 이와 유사한 전문적 인적용역을 공급하는 사업(사업자에게 공급하는 것은 제외)
⑤ 우정사업조직이 소포우편물을 방문접수하여 배달하는 용역을 공급하는 사업
⑥ 임시사업장 개설 사업자가 그 임시사업장에서 사업자가 아닌 소비자에게 재화 또는 용역을 공급하는 경우
⑦ 전기사업자·도시가스사업자 및 지역난방공사가 산업용이 아닌 전력·도시가스 및 열을 공급하는 경우
⑧ 주로 사업자가 아닌 소비자에게 재화 또는 용역을 공급하는 사업자로서 세금계산서교부가 불가능하거나 현저히 곤란한 사업 등

(2) 세금계산서 및 영수증 발급의무의 면제

다음에 해당하는 경우에는 세금계산서 또는 영수증의 교부의무가 면제된다. 이는 영업의 성격상 세금계산서나 영수증의 교부가 부자연스럽거나 외국을 상대로 하는 거래 등에 해당하는 것이다.

① 택시운송사업자, 노점 또는 행상을 하는 사업자
② 무인자동판매기를 이용하여 재화 또는 용역을 공급하는 자
③ 소매업 또는 목욕·이발·미용업을 영위하는 자가 공급하는 재화 또는 용역
④ 자가공급(판매목적 타사업장 반출의 경우는 제외), 개인적공급, 사업상증여, 폐업시 잔존재화로서 공급의제 되는 재화
⑤ 영세율 적용대상이 되는 일정한 재화·용역. 다만 내국신용장(구매확인서)에 의한 공급재화는 영세율세금계산서를 발급하여야 한다.
⑥ 부동산임대용역 중 간주임대료에 해당하는 부분

## 4. 세금계산서합계표 등의 제출

(1) 세금계산서합계표의 제출

사업자가 세금계산서를 발급하였거나 발급받은 때에는 매출처별세금계산서 합계표와 매입처별세금계산서 합계표를 당해 예정신고 또는 확정신고서와 함께 제출하여야 한다. 다만, 전자세금계산서의 경우에는 제출의무가 면제된다.

(2) 현금매출명세서의 제출

사업서비스업 중 변호사, 공인회계사, 세무사, 건축사 등의 사업을 영위하는 사업자는 현금매출명세서를 예정신고 또는 확정신고와 함께 제출하여야 한다.

# 제4편. 부가가치세 −제5장 거래징수와 세금계산서

## 오쌤(OSSAM) 핵 심 예 제

**1** 다음 중 거래징수의 내용으로 틀린 것은?(공급하는 사업자는 과세사업자임)
① 공급받는 자는 부가가치세를 지급할 의무를 짐
② 공급자가 부가가치세를 거래상대방으로부터 징수하는 제도
③ 공급가액에 세율을 곱한 금액을 공급받는 자로부터 징수
④ 공급받는 자가 면세사업자이면 거래징수의무가 없음

**2** 다음 (       )안에 들어갈 용어로 올바른 것은?

> 부가가치세법 15조에 따르면 사업자가 재화 또는 용역을 공급하고 부가가치세법에 따른 과세표준에 세율을 적용하여 계산한 부가가치세를 그 공급받는 자로부터 징수하는 것을 (       )라 한다.

① 원천징수                        ② 거래징수
③ 납세징수                        ④ 통합징수

**3** 다음 중 세금계산서의 원칙적인 발급시기로서 옳은 것은?
① 재화 또는 용역의 공급시기
② 재화 또는 용역의 공급시기가 속하는 달의 말일까지
③ 재화 또는 용역의 공급시기가 속하는 달의 다음달 10일까지
④ 재화 또는 용역의 공급시기가 속하는 달의 다음달 15일까지

**4** 다음 자료에서 세금계산서의 필수적 기재사항을 모두 모은 것은?

> ㉮ 공급하는 사업자의 등록번호와 성명 또는 명칭    ㉯ 공급받는자의 등록번호
> ㉰ 공급가액과 부가가치세액        ㉱ 공급연월일        ㉲ 작성연월일

① ㉮-㉯-㉰                        ② ㉮-㉯-㉰-㉱
③ ㉮-㉯-㉰-㉲                    ④ ㉮-㉯-㉰-㉱-㉲

**5** 다음 중 세금계산서의 필요적 기재사항이 아닌 것은?
① 공급가액과 부가가치세액        ② 작성연월일
③ 공급받는 자의 등록번호          ④ 공급하는 자의 주소

**6** 부가가치세법상 세금계산서의 필요적 기재사항으로 올바르지 않은 것은?
① 공급연월일
② 공급자의 등록번호와 성명 또는 명칭
③ 공급받는 자의 등록번호
④ 공급가액과 부가가치세액

**7** 다음은 사업자 간의 거래내용이다. (주)용감이 전자세금계산서를 발행하고자 할 때, 다음 내용에 추가적으로 반드시 있어야 하는 필요적 기재사항은 무엇인가?

> (주)용감(사업자 등록번호:129-86-49875, 대표자:신보라)은 (주)강남스타일(사업자 등록번호:124-82-44582, 대표자:박재상)에게 소프트웨어 프로그램 2개를 10,000,000원(부가가치세 별도)에 공급하였다.

① 공급받는자의 사업장 주소
② 작성연월일
③ 업태 및 종목
④ 품목 및 수량

**8** 부가가치세법상 법인사업자가 전자세금계산서를 발급하는 경우 전자세금계산서 발급명세서를 언제까지 국세청장에게 전송하여야 하는가?
① 전자세금계산서 발급일의 다음 날
② 전자세금계산서 발급일의 일주일 이내
③ 전자세금계산서 발급일이 속하는 달의 다음 달 10일 이내
④ 전자세금계산서 발급일이 속하는 예정신고기한 또는 확정신고기한 이내

**9** 다음 중 세금계산서 발급의무가 면제되는 경우에 해당되지 않는 항목은?
① 내국신용장 또는 구매확인시에 의하여 공급하는 재화
② 판매목적타사업장 반출을 제외한 간주공급
③ 부동산임대용역 중 간주임대료
④ 택시운송 사업자가 제공하는 용역

**10** 다음 중 세금계산서 발급의무 면제대상으로 틀린 것은?
① 개인적공급
② 판매목적타사업장 반출
③ 간주임대료
④ 폐업시 잔존재화

**11** 다음 (    )안에 들어갈 말은 무엇인가?

> 부가가치세법상 사업자가 재화 또는 용역을 공급하고 세금계산서를 교부하지 아니한 경우 당해 재화 또는 용역을 공급받은 자는 관할세무서무장의 확인을 받아 (    )발행 세금계산서를 발행할 수 있다.

① 사업자
② 매입자
③ 중개인
④ 매출자

# 제4편. 부가가치세 —제5장 거래징수와 세금계산서

| 번호 | 정답 | 해 설 |
|---|---|---|
| 1 | ④ | 공급자는 공급받는 자가 과세사업자이건 면세사업자이건 거래징수의무를 진다. |
| 2 | ② | 거래징수(부가가치세법 제15조) |
| 3 | ① | 세금계산서의 원칙적인 발급시기는 재화 또는 용역의 공급시기이다. |
| 4 | ③ | 공급연월일은 임의적 기재사항 임.(부가가치세법 32조) |
| 5 | ④ | 부가가치세법 32조. 공급하는 자의 주소는 필요적 기재사항이 아니다. |
| 6 | ① | 부가가치세법 16조 공급연월일이 아니라 작성연월일이 필요적 기재사항이다. |
| 7 | ② | 작성연월일은 필요적 기재사항이다. |
| 8 | ① | 전자세금계산서 발급일의 다음 날까지(부가가치세법 32③, 동법 시행령 68⑥) |
| 9 | ① | 부가가치세법시행령 제57조 제1항 규정에 의거 내국신용장 또는 구매확인서에 의하여 공급하는 재화의 경우 세금계산서를 발급해야 함. |
| 10 | ② | 판매목적 사업장 반출은 세금계산서 발급대상 |
| 11 | ② | 부가가치세법 제16조 매입자발행 세금계산서에 기재된 부가가치세액은 공제받을 수 있다. |

# 제6장 세액의 계산, 신고·납부

## 제1절 납부세액의 계산

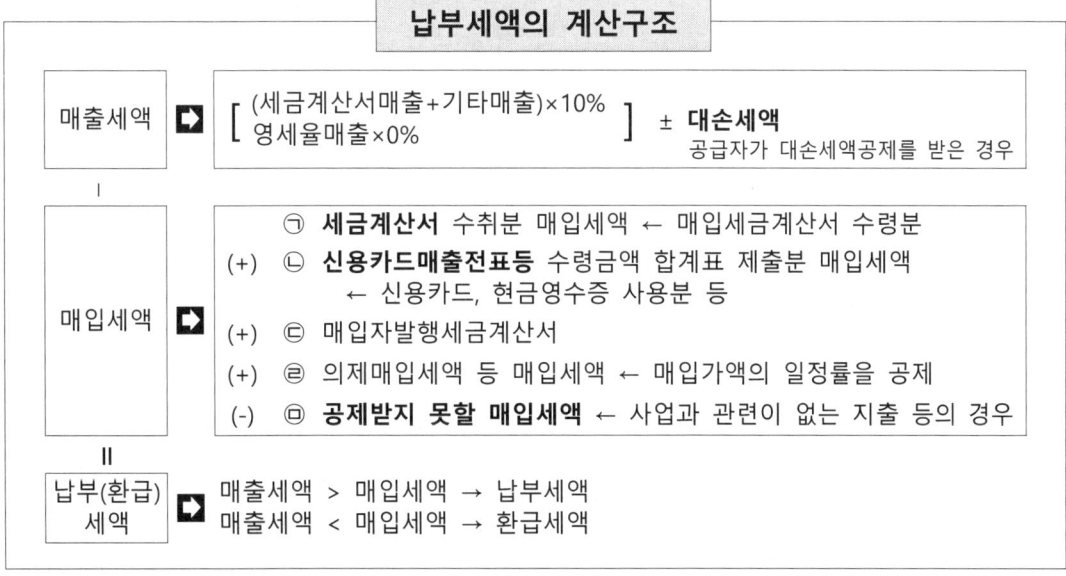

### 1. 대손세액공제

사업자가 과세재화·용역을 공급한 후 공급받는 자의 파산 등으로 인하여 부가가치세를 거래징수하지 못하는 경우에는 그 대손세액을 매출세액에서 차감할 수 있으며, 이 경우 공급받은 자는 그 세액을 매입세액에서 차감한다.

만약 외상매출금 등이 대손처리되는 경우 공급자는 거래징수하지 못한 부가가치세를 납부하는 불합리한 결과를 방지하기 위함이다.

대손세액을 대손이 확정된 날이 속하는 과세기간의 매출세액에서 차감한다. 또한 예정신고시에는 대손세액공제를 적용하지 않으며, 간이과세자는 대손세액공제를 적용받을 수 없다.

(1) 대손세액공제액

$$대손세액공제액 = 대손금액(부가가치세 포함) \times \frac{10}{110}$$

(2) 대손요건
① 채무자의 파산·강제집행·형의집행 또는 사업의 폐지
② 채무자의 사망·실종·행방불명
③ 상법, 수표법, 어음법 및 민법에 의한 소멸시효 완성(통상 공급일로부터 3년경과)
④ 부도발행일로부터 6개월 이상 지난 수표 또는 어음상의 채권과 중소기업의 외상매출금으로서 부도발생일 이전 발행한 외상매출금.(해당 사업자가 채무자의 재산에 대하여 저당권을 설정하고 있는 경우는 제외한다.)
⑤ 민사집행법에 의하여 채무자의 재산에 대한 경매가 취소된 압류채권
⑥ 중소기업의 외상매출금 및 미수금으로서 회수기일이 2년 이상 지난 채권(특수관계인과의 거래로 인하여 발행하 채권은 제외)
⑦ 회사정리법에 의한 정리계획인가의 결정 또는 화의법에 의한 화의인가의 결정으로 회수불능으로 확정된 채권
⑧ 회수기일이 6개월 이상 지난 30만원 이하의 채권(채무자별 채권가액의 합계액 기준)

2. 매입세액 공제

공제대상 매입세액은 자기의 사업을 위하여 사용되었거나 사용될 재화·용역의 공급 또는 재화의 수입에 대한 세액이다.

3. 매입세액 불공제

| 사 유 | | 상 세 내 역 |
|---|---|---|
| 협력의무 불 이 행 | ① 세금계산서 미수취·불명분 매입세액 | 발급받은 세금계산서의 필요적 기재사항의 전부 또는 일부가 누락된 경우 |
| | ② 매입처별 세금계산서합계표 미제출·불분명매입세액 | 미제출 및 필요적 기재사항이 사실과 다르게 기재된 경우 |
| | ③ 사업자등록 전 매입세액 | 공급시기가 속하는 과세기간이 끝난 후 20일 이내에 등록을 신청한 경우 등록신청일부터 공급시기가 속하는 과세기간 기산일까지 역산한 기간 내의 것은 제외한다. |
| 부가가치 미 창 출 | ④ 사업과 무관한 매입세액 | 사업과 직접 관련없는 자산 취득 관련 세액 |
| | ⑤ 영업외의 용도로 사용되는 개별소비세 과세대상 자동차의 구입·임차유지에 관한 매입세액 | 8인승 이하, 배기량 1,000cc 초과, 지프형승용차, 캠핑용자동차에 관련된 매입세액 |
| | ⑥ 기업업무추진비 등의 지출에 관련된 매입세액 | |
| | ⑦ 면세사업에 관련된 매입세액 | |
| | ⑧ 토지관련 매입세액 | 토지의 취득 및 조성 등에 관련된 매입세액 |

매입세액 공제 = 세금계산서 등에 의해 입증되는 총매입세액 - 불공제 매입세액

[예] 소형승용차를 10,000,000원(부가가치세 별도)에 현금구입한 경우

| 1,000cc이하 – 매입세액 공제 | 1,000cc초과 – 매입세액 불공제 |
|---|---|
| (차) 차 량 운 반 구    10,000,000<br>    부 가 세 대 급 금    1,000,000<br>(대) 현        금    11,000,000 | (차) 차 량 운 반 구    11,000,000<br>(불공제매입세액은 해당 본계정으로 처리)<br>(대) 현        금    11,000,000 |

4. 의제매입세액공제
   (1) 의제매입세액제도
       사업자가 면세농산물 등을 원재료로 하여 제조·가공한 재화 또는 창출한 용역의 공급이 과세되는 경우에는 그 면세농산물 등의 가액의 2/102 ~ 9/109에 상당하는 금액을 매입세액으로 공제할 수 있다.
   (2) 의제매입세액의 적용요건

| 구 분 | 비 고 |
|---|---|
| 일반과세자일 것 | 간이과세자는 원칙적으로 의제매입세액공제 대상이 아님. 그러나 음식업자의 경우에는 예외적으로 간이과세자라고 하더라도 의제매입세액공제를 받을 수 있다. |
| 농산물 등을 면세로 공급받을 것 | 농·축·수·임산물 등을 구입하여 원재료로 사용할 것 |
| 과세재화 및 용역을 창출할 것 | 농산물 등을 원재료로 하여 과세되는 재화를 공급할 것 |
| 관련 증빙을 수취할 것 | · 사업자로부터의 매입분은 계산서 혹은 신용카드영수증, 현금영수증 등을 받아 보관하여야 함.<br>· 단, 제조업의 경우 농어민으로부터의 직접 구입분은 영수증 수취분에 대해 의제매입세액공제 대상이 된다. |

   (3) 의제매입세액의 계산
       의제매입세액은 다음 산식에 의하여 계산한 금액으로 한다.

   > 면세농산물 등의 매입가액 × 공제율

| 구 분 | | 공제율 |
|---|---|---|
| 일반업종(제조업), 과세유흥장소 | | 2/102 |
| 제조업(조특법상 중소기업 및 개인사업자) | | 4/104 |
| 최종소비자대상 개인제조업<br>(과자점, 도정업, 제분업, 떡방앗간) | | 6/106 |
| 음식점업 | 법인 | 8/108 |
| | 개인과세자 | 9/109(과세표준 2억원 이하 일반과세자) |

(4) 의제매입세액의 공제시기

의제매입세액은 면세농산물 등을 공급받은 날(=구입시점)이 속하는 과세기간의 예정신고시 또는 확정신고시 공제한다.

## 제2절 신고와 납부

1. 예정신고와 납부
   (1) 예정신고·납부
      ① 규정
         사업자는 각 예정신고기간에 대한 과세표준과 납부세액(또는 환급세액)을 당해 예정신고기간 종료 후 25일 이내에 사업장 관할세무서장에게 신고·납부하여야 한다.
      ② 유의할 사항
         ㉠ 예정신고시 가산세는 적용하지 않지만 신용카드매출전표 발행세액공제와 전자세금계산서발급세액공제는 적용받을 수 있다.
         ㉡ 사업자가 신청에 의해 조기환급 받은 경우 기 신고 부분은 예정신고대상에서 제외한다.
   (2) 예정신고의무의 면제대상자
      개인사업자에 대해서는 예정신고의무를 면제하고 예정신고기간의 납부세액을 사업장 관할세무서장이 결정·고지(직전과세기간에 대한 납부세액의 50%)하여 징수한다.
      다만, 징수세액이 30만원 이하인 경우에는 이를 징수하지 아니한다.
      다만 다음에 해당하는 자는 각 예정신고기간에 대한 과세표준과 납부세액(또는 환급세액)을 신고할 수 있다.
      ① 휴업 또는 사업부진으로 인하여 각 예정신고기간의 공급가액 또는 납부세액이 직전 과세기간 공급가액 또는 납부세액의 1/3에 미달하는 자.
      ② 각 예정신고기간분에 대하여 조기환급을 받고자 하는 자.

2. 확정신고와 납부
   사업자는 각 과세기간에 대한 과세표준과 납부세액(또는 환급세액)을 그 과세기간 종료 후 25일 이내에 사업장 관할세무서장에게 신고·납부(환급세액의 경우에는 신고만 하면 됨)하여야 한다.
   ① 부가가치세 확정신고대상은 각 과세기간에 대한 과세표준과 납부세액 또는 환급세액으로 한다. 다만, 예정신고 및 조기환급 신고시 기 신고한 부분은 확정신고대상에서 제외한다.
   ② 확정신고시에는 가산세와 공제세액(신용카드매출전표 발행세액공제, 예정신고 미환급세액, 예정고지세액)이 모두 신고대상에 포함된다.

## 제3절 환급

환급이란 부가가치세 납부세액 계산시 매입세액이 매출세액을 초과하는 경우에 그 초과하는 세액(즉, 환급세액)을 사업자에게 되돌려주는 것을 말한다.

1. 일반환급

    일반환급이란 매출세액보다 매입세액이 많은 경우로서 각 과세기간별 해당 과세기간에 대한 환급세액을 확정신고기간 종료일로부터 25일 내에 신고하고, 그 확정신고기한 경과 후 30일 이내에 사업자에게 환급하는 것을 말한다. 일반환급의 경우 예정신고기간의 환급세액은 환급되지 아니하고(예정신고 미환급세액) 확정신고시 납부세액에서 차감한다.

2. 조기환급

    조기환급이란 각 과세기간별·예정신고기간별(3개월) 또는 조기환급기간별(매월 또는 매2월)로 환급세액을 확정신고기한·예정신고기한 또는 조기환급신고기한 경과 후 15일 이내에 환급하는 것을 말한다.

    (1) 조기환급 대상
        ① 영세율 규정이 적용되는 때
        ② 사업설비(감가상각자산)를 신설·취득·확장 또는 증축하는 때
        ③ 사업자가 재무구조개선 계획을 이행중인 때

    (2) 조기환급기간
        예정신고기간 중 또는 과세기간 최종 3월 중 매월 또는 매 2월

    (3) 조기환급신고와 환급
        조기환급기간 종료일로부터 25일 내에 조기환급기간에 대한 과세표준과 환급세액을 신고하여야 하고, 관할 세무서장은 조기환급 신고기한 경과 후 15일 이내에 사업자에게 환급하여야 한다.

# 제4편. 부가가치세 −제6장 세액의 계산, 신고•납부

## 오쌤(OSSAM) 핵심예제

**1** 도소매업을 영위하는 일반과세사업자 (주)하하의 다음 자료에 의하여 부가가치세 납부세액을 계산하면 얼마인가? (단, 자료의 금액은 공급가액이다)

| (1) 매출자료 | 세금계산서 발급분 | 200,000원 |
| | 현금매출분(증빙 없음) | 100,000원 |
| (2) 매입자료 | 현금매입분(증빙 없음) | 100,000원 |

① 50,000원  ② 30,000원
③ 20,000원  ④ 10,000원

**2** 다음 중 부가가치세 매입세액 공제가 가능한 경우는?
① 부동산매매업자가 토지의 취득에 관련된 매입세액
② 관광사업자가 비영업용소형승용자동차(5인승 2,000CC)의 취득에 따른 매입세액
③ 음식업자가 계산서를 받고 면세로 구입한 축산물의 의제매입세액
④ 소매업자가 사업과 관련하여 받은 영수증에 의한 매입세액

**3** 다음 부가가치세 매입세액 중 공제가능한 매입세액은?
① 공급시기가 속하는 과세기간이 지난 후 20일 이내에 등록 신청한 경우 등록 신청일부터 공급시기가 속하는 과세기간 기산일까지 역산할 기간 이내의 매입세액
② 업무와 관련된 기업업무추진비 및 이와 유사한 비용의 매입세액
③ 면세사업과 관련된 매입세액
④ 비영업용 소형승용차의 구입과 유지에 관한 매입세액

**4** 다음 자료에 의해 부가가치세 납부세액을 계산하면?(모든 거래금액은 부가가치세 별도이며, 세금계산서를 적법하게 수수함)

(가) 총매출액은 22,000,000원이다.
(나) 총매입액은 20,000,000원으로 기계장치 구입액 5,000,000원과 거래처 선물구입비 3,000,000이 포함되어 있다.

① 1,000,000원  ② 200,000원
③ 1,800,000원  ④ 500,000원

| 번호 | 정답 | 해 설 |
|---|---|---|
| 1 | ② | (1) 매출세액 : (200,000원 + 100,000원) × 10% = 30,000원<br>　(매출세액은 증빙이 없는 현금매출분도 포함해서 부가가치세를 계산해야 한다)<br>(2) 매입세액 : 0원(세금계산서 등의 증빙이 없는 경우에는 매입세액 불공제됨)<br>(3) 납부세액 : 30,000원 − 0원 = 30,000원 |
| 2 | ③ | 음식업자가 계산서로 구입한 축산물의 의제매입세액은 매입가액에 일정한 공제율을 곱한 금액을 공제한다. 토지의 취득과 관련된 매입세액, 비영업용소형승용자동차의 구입, 임차, 유지와 관련된 매입세액, 세금계산서 등에 의해 입증되지 않는 매입세액은 공제대상에서 제외된다. |
| 3 | ① | 기업업무추진비 관련 매입세액, 면세 관련 매입세액, 비영업용 소형승용차 관련 매입세액은 불공제 대상이다. |
| 4 | ④ | 납부세액 = 매출세액 − 매입세액 = (22,000,000원×10%)−(2,000,000원−300,000원) = 500,000원<br>* 거래처 선물구입비는 기업업무추진비이므로 기업업무추진비관련 매입세액 300,000원은 불공제한다. |

# 제7장 간이과세

## 제1절 간이과세의 개요

1. 간이과세자의 의의
    부가가치세법에서는 연간 거래금액이 일정 규모에 미달하는 개인사업자에 대해서는 세부담을 경감시키고 납세편의를 도모할 수 있는 제도를 두고 있는데, 이를 간이과세라고 한다.

2. 간이과세자의 범위
    (1) 간이과세적용 대상자 및 간이과세적용 배제업종
        ① 대상자
            직전 1역년의 재화와 용역의 공급대가의 합계액이 8,000만원부터 8천만원의 130퍼센트에 해당하는 금액(1억 400만원)까지의 범위에서 미달하는 개인사업자로 한다. 따라서 법인과 개인사업자 중 공급대가가 1억 400만원 이상인 개인사업자는 간이과세자가 될 수 없다.
        ② 간이과세 배제대상
            - 간이과세가 적용되지 아니하는 다른 사업장을 보유하고 있는 사업자
            - 소득세법상 복식부기의무자 : 매출액이 농·어업은 3억원 이상, 제조업은 1억 5천만원 이상, 부동산임대업은 7천 5백만원 이상인 사업자
        ③ 배제업종
            다음의 사업을 영위하는 자는 직전 1역년의 공급대가와 무관하게 간이과세를 적용받을 수 없다.
            - 광업
            - 제조업. 다만 자기가 공급하는 재화의 50% 이상을 최종소비자에게 직접 재화를 공급하는 과자점, 도정업, 제분업, 양복점, 양장점, 양화점은 간이과세 적용 가능
            - 도매업 및 상품중개업(재생용 재료수집 및 판매업은 제외)
            - 부동산매매업
            - 부동산임대업(특별시·광역시 지역에 소재하는 부동산임대사업장으로서 국세청장이 정하는 규모 이상의 부동산임대업에 한함)
            - 개별소비세법상 과세유흥장소를 영위하는 사업

- 변호사업, 변리사업, 법무사업, 공인회계사업, 세무사업, 경영지도사업, 평가인업, 통관업, 기술사업, 건축사업, 도선사업, 측량사업, 의사업, 한의사업, 약사업 등
- 전기·가스·증기·수도업
- 건설업(주로 최종소비자에게 직접 재화또는 용역을 공급하는 사업으로서 시행규칙으로 정하는 것(예: 도배.인테리어 공사업 등)은 제외
- 전문·과학·기술서비스업, 사업시설 관리·사업지원 및 임대 서비스업(주로 최종소비자에게 직접 용역을 공급하는 사업으로서 시행규칙으로 정하는 것(예: 인물사진.행사용영상 촬영업 등)은 제외
- 전자세금계산서 의무발급 개인사업자가 경영하는 사업
- 둘 이상의 사업장이 있는 사업자가 영위하는 사업으로서 그 둘 이상의 사업장의 공급대가 합계액이 4,800만원 이상인 경우 등

(2) 신규사업자의 간이과세 적용
① 신고서 제출시
신규로 사업을 개시하는 개인사업자는 사업을 개시한 날이 속하는 1역년에 있어서 공급대가의 합계액이 8,000만원에 미달될 것으로 예상되는 때에는 사업자등록신청시 간이과세적용신고서를 사업장관할세무서장에게 제출하여야 한다. 이 경우 해당 신고를 한 개인사업자는 최초의 과세기간에 있어서 간이과세자로 한다.
② 미등록 사업자
사업자등록을 하지 아니한 개인사업자로서 사업을 개시한 날이 속하는 1역년에 있어서 공급대가의 합계액이 8,000만원에 미달하는 경우에는 최초의 과세기간에 있어서 간이과세자로 한다.
다만, 간이과세가 적용되지 아니하는 다른 사업장을 보유하고 있는 사업자는 그러하지 아니하다.

## 제2절 간이과세자의 납부세액 계산구조

1. 납부세액(연매출 4,800만원 이하인 경우는 납부면제)

> 납부세액 = 과세표준 × 업종별 부가가치율 × 10%

(1) 과세표준
간이과세자는 부가가치세를 포함한 공급대가를 과세표준으로 한다.
(2) 업종별 부가가치율
부가가치율이란 직전 3년간 신고된 업종별 평균 부가가치율을 감안하여 시행령에 정한 부가가치율을 말한다.

| 업 종 | 부가가치율 |
|---|---|
| 소매업, 재생용 재료수집 및 판매업, 음식점업 | 15% |
| 제조업, 농업·임업 및 어업, 소화물 전문 운송업 | 20% |
| 숙박업 | 25% |
| 건설업, 그 밖의 운수업, 창고업, 정보통신업, 그 밖의 서비스업 | 30% |
| 금융 및 보험 관련 서비스업, 전문·과학 및 기술 서비스업(인물사진 및 행사용 영상 촬영업제외), 사업시설관리·사업지원 및 임대 서비스업, 부동산 관련 서비스업, 부동산임대업 | 40% |

2. 공제세액
   (1) 세금계산서 등 수취 세액공제
   　　간이과세자가 발급받은 세금계산서 또는 신용카드매출전표 등에 대한 매입처별세금계산서 합계표 또는 신용카드매출전표등 수령명세서를 사업장 관할세무서장에게 제출하는 경우에는 다음과 같이 매입세액공제를 받을 수 있다.

   $$\text{세금계산서등을 발급받은 매입액(공급대가)} \times 0.5\%$$

   (2) 의제매입세액공제
   　　음식점업을 영위하는 간이과세자가 부가가치세의 면제를 받아 공급받은 농산물 등을 원재료로 하여 제조 및 가공한 재화 또는 창출한 용역의 공급이 과세되는 경우에는 의제매입세액공제를 한다.
   (3) 신용카드매출전표 등 발급세액공제
   　　간이과세자에 대한 신용카드매출전표 등 발행공제는 1.3%로서 일반과세자와 동일하다. 다만, 음식점업과 숙박업을 영위하는 간이과세자는 2.6%로 한다.
   (4) 전자신고세액공제
   　　간이과세자도 전자신고를 하는 경우 일반과세자와 동일하게 1만원의 전자신고세액공제를 받을 수 있다.

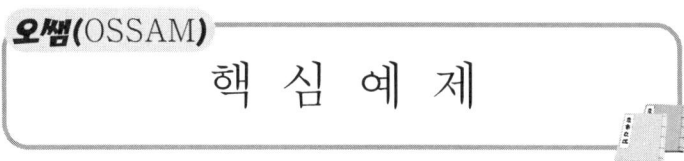

## 핵 심 예 제

**1** 부가가치세법상 간이과세 배제업종에 해당하지 않는 것은?
① 도매업
② 세무사업
③ 부동산매매업
④ 주로 최종소비자에게 직접 재화를 공급하는 과자점업

**2** 다음 중 부가가치세법상 간이과세 배제업종이 아닌 것은?
① 소매업　　　　　　　　　② 도매업
③ 세무사업　　　　　　　　④ 부동산매매업

**3** 다음은 부가가치세의 간이과세자에 대한 공급대가 기준금액은 얼마인가?
① 1,200만원　　　　　　　② 8,000만원
③ 6,000만원　　　　　　　④ 1억 2천만원

**4** 다음 중 간이과세자에 해당하지 않는 것은?
① 직전연도 공급대가가 1억 400만원 미만인 개인사업자
② 세율적용은 10%의 단일세율을 적용한다.
③ 원칙적으로 예정신고 의무가 없으며 예정고지 없이 확정신고·납부한다.
④ 세금계산서 교부할 의무가 없고 영수증 교부의무가 있다.

**5** 다음은 간이과세자와 일반과세자를 비교 설명한 것이다. 옳지 않은 것은?
① 일반과세자는 매입세액을 공제받을 수 있으나, 간이과세자는 매입세액의 30%만은 공제받을 수 있다.
② 일반과세자와 같이 간이과세자에게도 영세율이 적용될 수 있다.
③ 일반과세자가 간이과세자로 유형 전환되는 경우에는 재고납부세액을 납부세액에 가산하여 납부하여야 한다.
④ 일반과세자는 세금계산서를 교부하는 것이 원칙이나 간이과세자는 세금계산서를 교부할 수 없다.

| 번호 | 정답 | 해　　설 |
|---|---|---|
| 1 | ④ | 제조업이라 하더라도 주로 최종 소비자에게 직접 재화를 공급하는 과자점은 간이과세 배제 업종이 아니다. |
| 2 | ① | 소매업은 간이과세 배제업종이 아니다. |
| 3 | ② | 간이과세자의판정기준은 역산하여 1억년 공급대가가 8,000만원 미만인 경우이다. |
| 4 | ② | 간이과세자의 부가가치세율을 10%에 업종별부가가치율을 적용하여 계산한다. |
| 5 | ① | 간이과세자의 부가가치세율을 10%에 업종별부가가치율을 적용하여 계산한다. |

# 제5편 전산회계 실무

제1장   전산 프로그램 운용(1)
제2장   전산 프로그램 운용(2)

# 제1장 전산 프로그램 운용(1)

## 케이렙(KcLep) 프로그램 설치 및 실행

### 1. 케이렙 프로그램 설치하기

(1) 한국세무사회 자격시험 홈페이지(http://license.kacpta.or.kr)에서 수험용 프로그램을 다운받아 설치한다.

(2) 설치가 완료되면 바탕화면에 단축아이콘이 생성된다.

### 2. 케이렙 프로그램 실행하기

(1) 바탕화면의 단축아이콘을 더블클릭하여 프로그램을 실행한다.

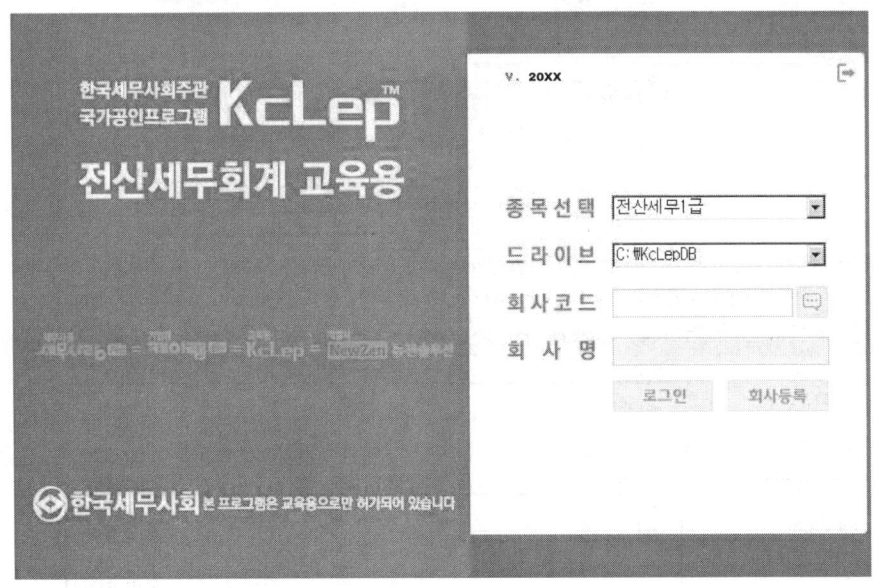

(2) 최초 설치 후 실습하는 경우
　① 프로그램을 처음 설치하고 사용하는 경우에는 회사등록 을 클릭하여 회사정보를 입력하고 실습해야 한다.
　② 정보를 입력한 회사코드를 회사코드 　　　　 입력하거나 　 클릭하여 입력되어 있는 회사코드를 선택한다.
(3) 백데이터를 다운받아 실습하는 경우
　① 나눔에이엔티 출판사(www.nanumant.com)에서 데이터를 다운 받는다.

**LG유플러스웹하드(www.webhard.co.kr)**

**아이디: ant6545 / 비밀번호: 1234**

　② 해당 급수의 해당 파일(수업자료 데이터) 다운로드

위 웹하드에서 다운받은 데이터를 이용한다.

　③ 다운받은 파일 압축풀기 후 실행파일 더블클릭

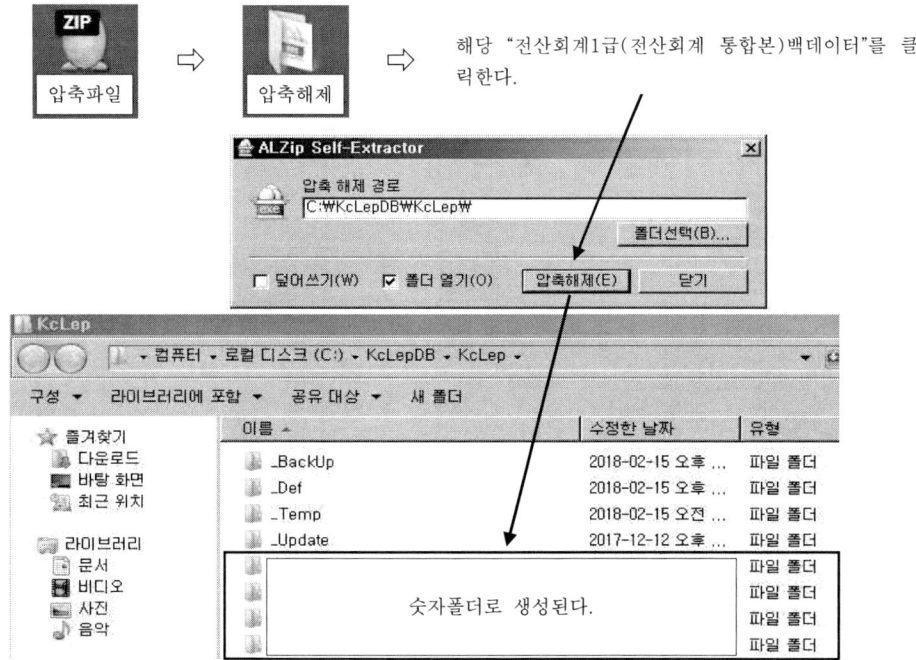

해당 "전산회계1급(전산회계 통합본)백데이터"를 클릭한다.

숫자폴더로 생성된다.

숫자로 된 폴더들이 다운로드 받은 수업자료, 기출문제, 모의고사 파일들이다. 작업하던 파일을 다른 컴퓨터에서 계속 연습하고자 하는 경우 이 폴더(해당 회사코드번호)를 복사하여 다른 컴퓨터에 붙여 넣고 케이렙 회사등록 에서 'F4.회사코드재생성'을 클릭하면 된다.

④ 다운로드 받은 파일을 케이렙에서 실행하려면 반드시 'F4.회사코드 재생성'을 클릭하여야 한다.

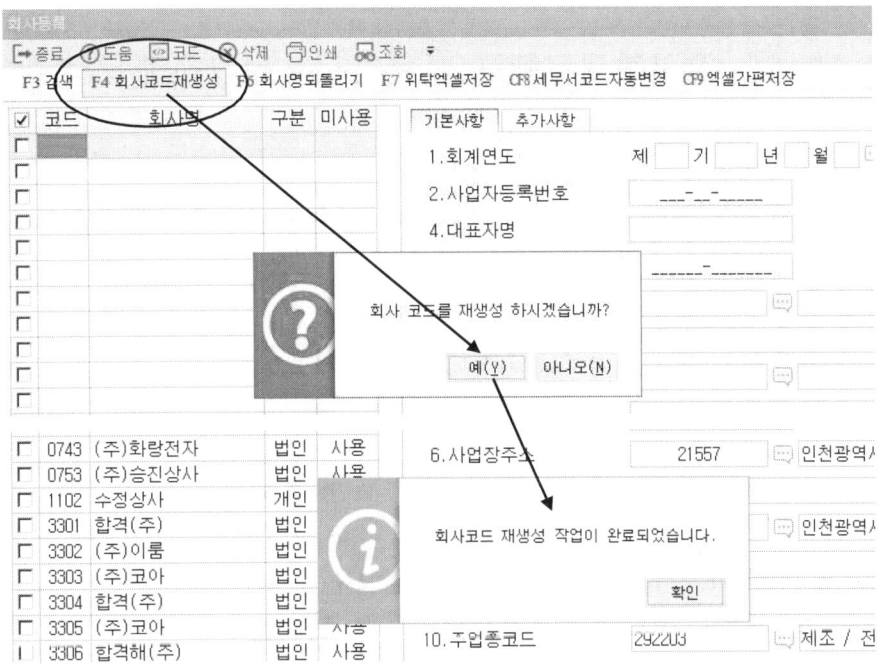

⑤ 연습하고자 하는 회사코드를 회사코드 [    ] 에 직접 입력하거나 'F2 또는 [ ]' 클릭하여 선택한다.

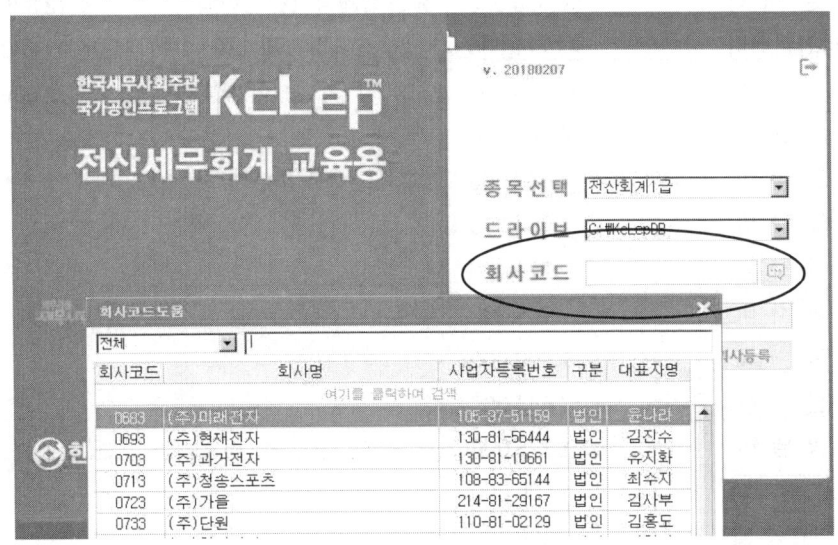

# 제5편. 전산회계실무 -제2장 전산프로그램 운용(2)

## 제2장 전산 프로그램 운용(2)

### 제1절 전기분재무제표의 수정(1) 전산회계 2급

1. 전기분손익계산서의 수정

[예제1] 다음은 "회사코드: 1501" 수정상사의 전기분손익계산서이다. 입력되어 있는 자료를 검토하여 오류부분은 정정하고 누락된 부분은 추가 입력하시오.

손 익 계 산 서

회사명 : 수정상사    제12기 전기 1.1 ~ 전기 12.31    (단위 : 원)

| 과 목 | 금 액 | 과 목 | 금 액 |
|---|---|---|---|
| Ⅰ 매 출 액 | 125,300,000 | Ⅴ 영 업 이 익 | 12,759,000 |
| 1.상 품 매 출 | 125,300,000 | Ⅵ 영 업 외 수 익 | 1,140,000 |
| Ⅱ 매 출 원 가 | 68,770,000 | 1.이 자 수 익 | 280,000 |
| 상 품 매출원가 | 68,770,000 | 2.수 수 료 수 익 | 860,000 |
| 1.기초상품재고액 | 21,070,000 | Ⅶ 영 업 외 비 용 | 1,050,000 |
| 2.당기상품매입액 | 60,200,000 | 1.이 자 비 용 | 900,000 |
| 3.기말상품재고액 | 12,500,000 | 2.유형자산처분손실 | 150,000 |
| Ⅲ 매 출 총 이 익 | 56,530,000 | Ⅷ소득세차감전순이익 | 12,849,000 |
| Ⅳ 판매비와관리비 | 43,771,000 | Ⅸ 소 득 세 등 | 249,000 |
| 1.급 여 | 28,600,000 | Ⅹ 당 기 순 이 익 | 12,600,000 |
| 2.복 리 후 생 비 | 6,500,000 | | |
| 3.여 비 교 통 비 | 1,400,000 | | |
| 4.접 대 비 | 904,000 | | |
| 5.대 손 상 각 비 | 270,000 | | |
| 6.감 가 상 각 비 | 745,000 | | |
| 7.임 차 료 | 1,300,000 | | |
| 8.통 신 비 | 647,000 | | |
| 9.수 도 광 열 비 | 1,125,000 | | |
| 10.소 모 품 비 | 1,600,000 | | |
| 11.세 금 과 공 과 | 680,000 | | |

[정답] 전기분재무상태표에 상품 12,500,000 입력

여비교통비 140,000 → 1,400,000

감가상각비 미기입 → 손익계산서에 감가상각비 745,000 추가 입력

이자수익 820,000을 280,000으로 수정 입력

소득세등 249,000 입력

2. 전기분재무상태표의 수정

[예제2] 다음은 [회사코드: 1501] 수정상사의 전기분재무상태표이다. 입력되어 있는 자료를 검토하여 오류부분은 정정하고 누락된 부분은 추가 입력하시오.

재 무 상 태 표

수정상사         제12기 전기 12.31현재         (단위 : 원)

| 과 목 | 금 | 액 | 과 목 | 금 | 액 |
|---|---|---|---|---|---|
| 현        금 | | 18,000,000 | 외 상 매 입 금 | | 23,000,000 |
| 당 좌 예 금 | | 68,400,000 | 지 급 어 음 | | 56,000,000 |
| 보 통 예 금 | | 25,000,000 | 미 지 급 금 | | 23,800,000 |
| 외 상 매 출 금 | 12,300,000 | | 예    수    금 | | 1,500,000 |
| 대 손 충 당 금 | 123,000 | 12,177,000 | 선    수    금 | | 7,000,000 |
| 받  을  어  음 | 6,500,000 | | 단 기 차 입 금 | | 25,000,000 |
| 대 손 충 당 금 | 65,000 | 6,435,000 | 자    본    금 | | 58,612,000 |
| 단 기 대 여 금 | | 15,000,000 | (당기순이익 | | |
| 미    수    금 | | 12,000,000 | 12,600,000) | | |
| 상        품 | | 12,500,000 | | | |
| 차 량 운 반 구 | 22,000,000 | | | | |
| 감가상각누계액 | 4,400,000 | 17,600,000 | | | |
| 비        품 | 10,000,000 | | | | |
| 감가상각누계액 | 2,200,000 | 7,800,000 | | | |
| 계 | | 194,912,000 | 계 | | 194,912,000 |

[정답] 당좌예금 64,800,000 → 68,400,000

받을어음 대손충당금 65,000 입력

비품 감가상각누계액 2,200,000 입력

미지급금 2,380,000 → 23,800,000

## 제2절 전기분재무제표의 수정(2) 전산회계 1급

1. 전기분재무제표의 순서

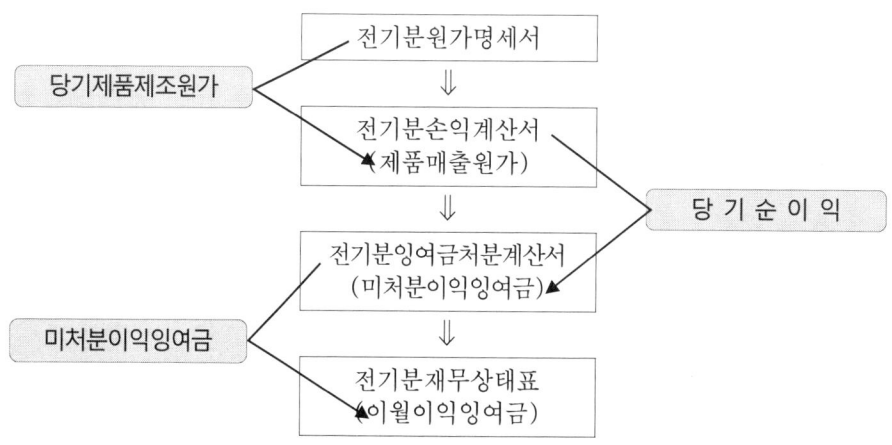

2. 기말재고액의 연관관계
   (1) 전기분재무상태표의 원재료와 재공품
       전기분원가명세서의 기말원재료와 기말재공품으로 반영

   (2) 전기분재무상태표의 제품(상품)
       전기분손익계산서의 제품(상품)매출원가란의 기말제품(상품)으로 반영

   (3) 전기분원가명세서
       기초재공품재고액과 타계정에서대체액 및 타계정으로대체액은 직접 입력

[예제3]  ㈜코아 "회사코드: 3303"의 전기분원가명세서를 확인한 결과 다음과 같은 오류가 있었다. 전기분원가명세서를 수정하고 관련되는 재무제표도 수정하시오.

| 계정과목 | 틀린금액 | 맞는금액 | 비고 |
|---|---|---|---|
| 가스수도료 | – | 1,500,000원 | 입력누락 |
| 차량유지비 | 2,000,000원 | 5,000,000원 | 입력오류 |

[해답]
1. 매출원가 및 경비선택(화면이 나오는 경우)

- 매출원가 및 경비선택 화면이 나타나는 경우에는 '선택(Tab)' → '0455.제품매출원가'사용여부 '1.여'를 선택하고 확인(Enter)

2. 전기분원가명세서

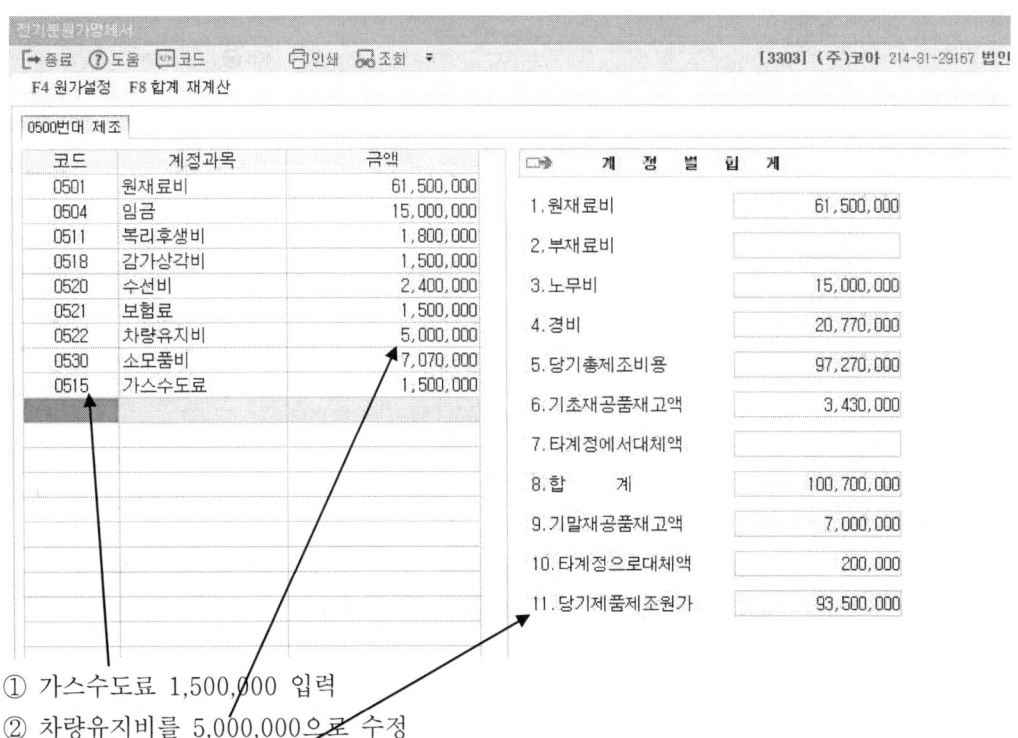

① 가스수도료 1,500,000 입력
② 차량유지비를 5,000,000으로 수정
③ 당기제품제조원가 93,500,000을 전기분손익계산서에 반영

3. 전기분손익계산서

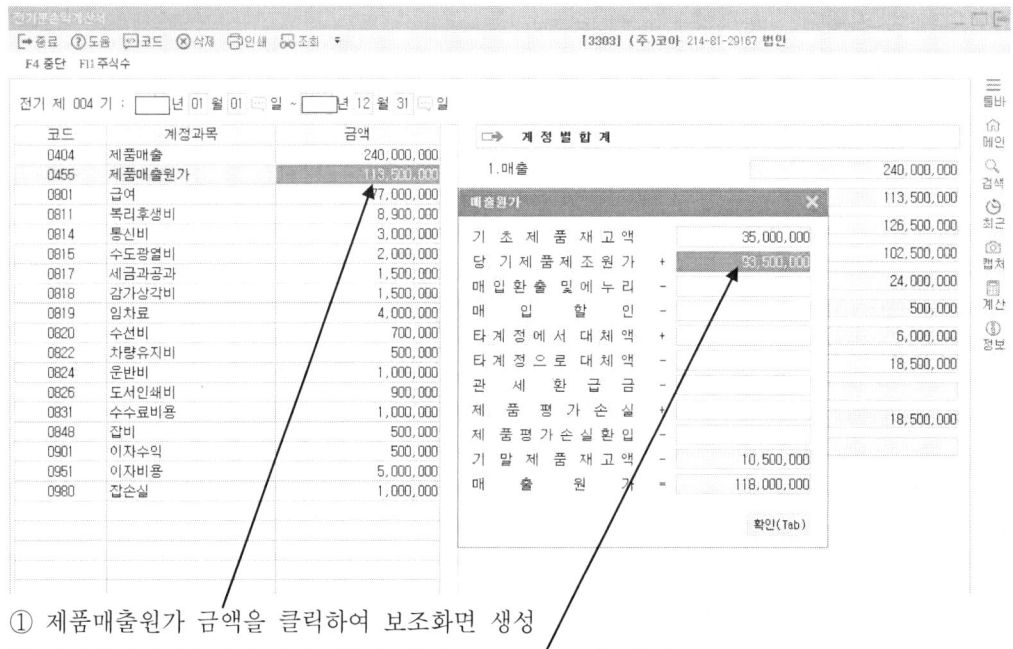

① 제품매출원가 금액을 클릭하여 보조화면 생성
② 전기분원가명세서의 당기제품제조원가 93,500,000을 입력

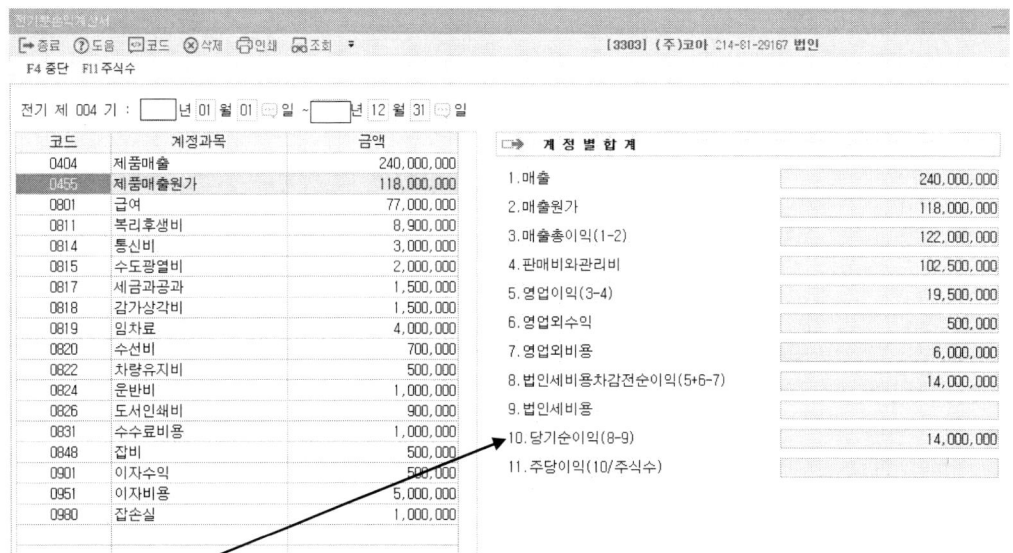

③ 당기순이익 14,000,000을 전기분잉여금처분계산서에 반영

4. 전기분잉여금처분계산서

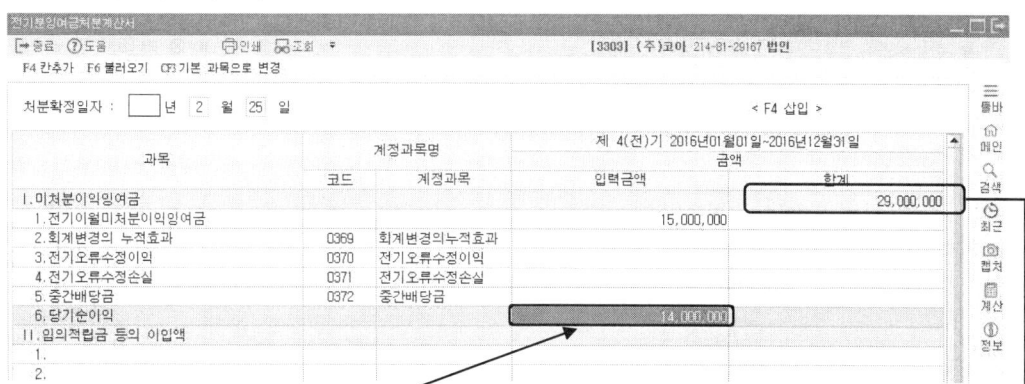

① 전기분손익계산서의 당기순이익 14,000,000을 미처분이익잉여금의 6.당기순이익에 입력
② 미처분이익잉여금 29,000,000을 전기분재무상태표에 반영

5. 전기분재무상태표

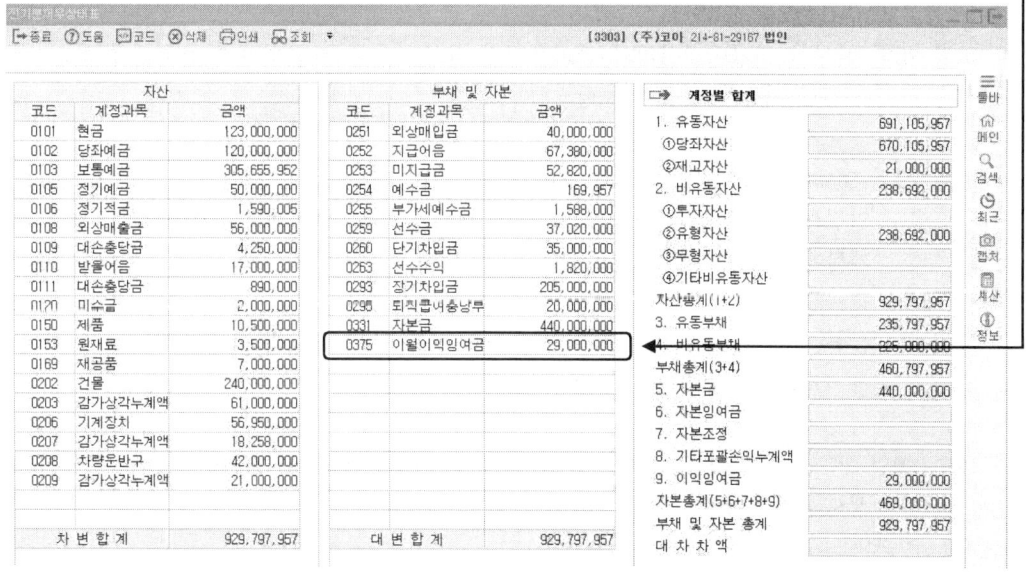

- 전기분잉여금처분계산서의 미처분이익잉여금 29,000,000을 전기분재무상태표 대변의 이월이익잉여금란에 입력

# 제5편. 전산회계실무 —제2장 전산프로그램 운용(2)

## 제3절 일반전표입력의 수정

[예제4] ㈜코아 "회사코드: 3303"의 일반전표에 입력된 내용을 확인하여 수정 또는 추가입력 하시오.

[1] 2월 6일 수선비 125,000원을 현금으로 지급한 것으로 처리되어 있으나 확인 결과 사무실 복사기 수선비 75,000원과 공장 기계장치 수선비 50,000원으로 판명되었다.

[2] 5월 28일 부영상사의 외상매출금 6,700,000원을 회수한 것으로 처리되어 있으나 확인 결과 으리으리의 외상매출금을 회수한 것이다.

[3] 7월 2일 건물을 구입하고 지급한 취득세 및 등록세를 세금과공과로 처리한 것이 확인되었다.

[4] 8월 25일 사무실 도난방지장치의 관리유지비 50,000원을 보안회사에 보통예금 통장으로 이체시켜 지급한 내용이 누락되다.

[5] 10월 29일 엘에이전자의 외상매출금 10,950,000원이 보통예입된 것으로 처리되어 있으나, 확인결과 외상매출금 10,000,000원과 상품매출에 대한 계약금 950,000원이 보통예금 계좌에 이체된 것이다.

[6] 11월 25일 차량유지비 52,000원은 확인 결과 영업용 차량 유류대 40,000원과 공장 난방기기용 가스대 12,000원을 현금으로 지급한 것이다.

[7] 12월 20일 (주)미성상사의 외상매출금 18,000,000원의 현금입금 거래는 확인 결과 (주)척척상사의 외상매출금이 당좌예금 계좌로 입금된 것이다.

[정답]
[1] 수선비 125,000 → (520)수선비 50,000, (820)수선비 75,000
[2] 부영상사 → 으리으리
[3] 세금과공과 → 차량운반구
[4] 8월 25일 일반전표입력 추가
    (차) 수수료비용 50,000원     (대) 보통예금 50,000원
[5] 외상매출금 10,950,000 → 외상매출금 10,000,000, 선수금 950,000
[6] 차량유지비 52,000 → (822)차량유지비 40,000, (515)가스수도료 12,000
[7] 수정전 (차) 현 금 2,000,000 (대)외상매출금(미성상사) 2,000,000의 입금전표를
    수정후 (차) 당좌예금 2,000,000 (대)외상매출금(척척상사) 2,000,000의 대체전표로 수정

## 제4절 매입매출전표입력의 수정

[예제5] ㈜코아 "회사코드: 3303"의 매입매출전표에 입력된 내용을 확인하여 수정 또는 추가 입력하시오.

[1] 1월 10일 (주)미성공업사에 제품을 외상으로 매출한 것으로 처리되었으나, 5,300,000원은 현금으로 받고 잔액을 외상으로 처리한 것으로 밝혀지다.

[2] 3월 29일 (주)다판다회로에서 외상으로 구입한 재료 80,000,000원(부가가치세 별도)은 다음과 같은 두 가지 품목이며, 종이세금계산서를 발급받은 거래이다.

| 품목 | 수량 | 단가 | 공급가액 | 세액 |
|---|---|---|---|---|
| X-500 | 200개 | 350,000원 | 70,000,000원 | 7,000,000원 |
| Y-380 | 100개 | 100,000원 | 10,000,000원 | 1,000,000원 |

[3] 7월 24일 동성주유소에서 구입한 주유상품권 300,000원(부가가치세 별도)은 화물운송용 화물차에 사용할 목적으로 구입한 것이다.

[4] 9월 10일 영업부 직원 체육대회와 관련하여 (주)권선종합상사에서 구매한 경품 2,000,000원(부가가치세 별도로 전자세금계산서 수취함)이 부가가치세를 포함하여 면세매입으로 회계처리되어 있다.

[5] 10월 6일 (주)미성공업사에 제품(수량 500개, 단가 @10,000원)을 매출하고 착한카드로 결제한 것을 외상매출로 회계처리한 것을 발견하였다. 단, 신용카드매출채권은 외상매출금계정을 사용하여 회계처리 한다.

[정답]
[1] 분개 유형 : '외상' → '혼합'
하단 분개 : '외상매출금 25,300,000' → '현금 5,300,000'과 '외상매출금 20,000,000'

[2] (1) F7.복수거래 활용하여 두 가지 품목 입력
(2) 전자 : '1.여' → '0.부'

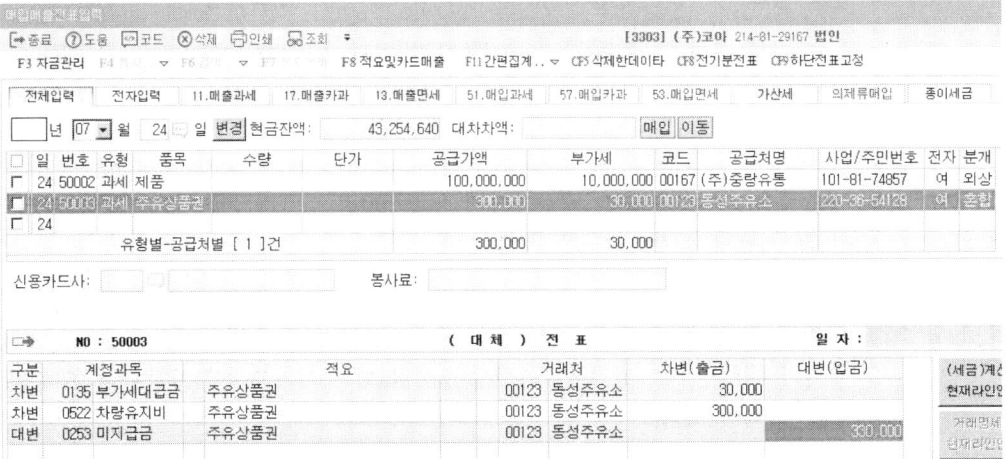

[3] 과세유형 : '불공' → '51.과세'로 바꾸고 분개를 수정.

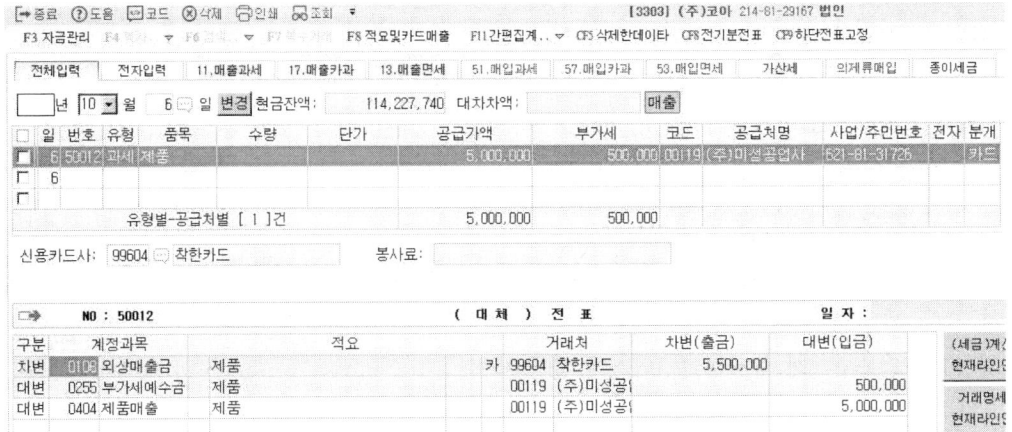

[4] 과세 유형 : '면세' → '과세'

하단 분개 : 복리후생비 2,200,000 → 복리후생비 2,000,000, 부가세대급금 200,000

[5] 과세 유형 : '외상' → '카드', 신용카드 : '착한카드' 입력

하단 분개 : 차변 '미수금' → '외상매출금'

## 제5절 결산정리사항(1) 수동결산

### 1. 손익의 정리

| 구 분 | | 차 변 | 대 변 | 비 고 |
|---|---|---|---|---|
| 비용 | 이연 | 선 급 비 용 ××× | 비용계정과목 ××× | 미경과액 |
| | 예상 | 비용계정과목 ××× | 미 지 급 비 용 ××× | |
| 수익 | 이연 | 수익계정과목 ××× | 선 수 수 익 ××× | 미경과액 |
| | 예상 | 미 수 수 익 ××× | 수익계정과목 ××× | |
| 소모품 | 비용처리법 | 소 모 품 ××× | 소 모 품 비 ××× | 미사용액 |
| | 자산처리법 | 소 모 품 비 ××× | 소 모 품 ××× | 사용액 |
| 선급비용(자산처리법) | | 비용계정과목 ××× | 선 급 비 용 ××× | 경과액 |
| 선수수익(부채처리법) | | 선 수 수 익 ××× | 수익계정과목 ××× | 경과액 |

### 2. 현금과부족의 정리

(1) 기중에 발견된 부족액/과잉액의 정리

| 구 분 | | 차 변 | 대 변 |
|---|---|---|---|
| 현금과부족 | 차변(부족) | 잡 손 실 ××× | 현 금 과 부 족 ××× |
| | 대변(과잉) | 현 금 과 부 족 ××× | 잡 이 익 ××× |

(2) 결산시 부족액/과잉액 발견시

| 구 분 | 차 변 | 대 변 |
|---|---|---|
| 부족액(장부>실지) 발견시 | 잡 손 실 ××× | 현 금 ××× |
| 과잉액(장부<실지) 발견시 | 현 금 ××× | 잡 이 익 ××× |

### 3. 가지급금/가수금의 정리

| 구 분 | 차 변 | 대 변 |
|---|---|---|
| 가지급금 정리 | 판 명 내 용 ××× | 가 지 급 금 ××× |
| 가 수 금 정리 | 가 수 금 ××× | 판 명 내 용 ××× |

## 제5편. 전산회계실무 －제2장 전산프로그램 운용(2)

4. 단기매매증권의 평가(공정가치법, 평가손익 : 영업외손익)

| 구 분 | | 차 변 | | 대 변 | |
|---|---|---|---|---|---|
| 공정가치 | 상승 | 단기매매증권 | ××× | 단기매매증권평가이익 | ××× |
| | 하락 | 단기매매증권평가손실 | ××× | 단기매매증권 | ××× |

5. 매도가능증권의 평가(공정가치법, 평가손익 : 기타포괄손익－자본)

| 구 분 | | 차 변 | | 대 변 | |
|---|---|---|---|---|---|
| 공정가치 | 상승 | 매도가능증권 | ××× | 매도가능증권평가이익 | ××× |
| | 하락 | 매도가능증권평가손실 | ××× | 매도가능증권 | ××× |

6. 재고자산감모손실(비정상)

    (차) 재고자산감모손실 ×××    (대) 재고자산(8.타계정대체) ×××

7. 장기성채무의 유동성대체

    (차) 장기차입금 ×××    (대) 유동성장기부채 ×××

8. 외화자산·부채의 평가

| 환율＼과목 | 외화자산 | | 외화부채 | |
|---|---|---|---|---|
| | 차 변 | 대 변 | 차 변 | 대 변 |
| 상 승 | 외화자산 ×× | 외화환산이익 ×× | 외화환산손실 ×× | 외화부채 ×× |
| 하 락 | 외화환산손실 ×× | 외화자산 ×× | 외화부채 ×× | 외화환산이익 ×× |

9. 부가가치세 계정의 정리

    (차) 부가세예수금 ×××    (대) 부가세대급금 ×××
                                                           미지급세금 ×××

[예제6] 합격(주) "회사코드: 3304"의 다음 결산정리사항을 분개하시오.

[01] 12월 31일 결산일에 단기차입금에 대한 미지급이자 120,000원을 계상하다.
  <분개> (차)                              (대)

[02] 12월 31일 당월분 급여 18,000,000에 대한 미지급액을 계상하다.
  <분개> (차)                              (대)

[03] 12월 31일 당 회계연도에 지급기일이 경과한 광고선전비 미지급액 3,500,000을 계상하다.
  <분개> (차)                              (대)

[04] 합격(주)는 영업부진으로 자금사정이 좋지 않아 3개월분 본사사무실 임차료 1,500,000원을 지급하지 못하였다. 결산일을 맞이하여 이에 대한 회계처리를 하다.
  <분개> (차)                              (대)

[05] 12월 31일 보험료 미경과액 300,000원을 계상하다.
  <분개> (차)                              (대)

[06] 12월 31일 임차료 1,200,000원 중 미경과액 300,000원을 계상하다.
  <분개> (차)                              (대)

[07] 12월 31일 임차료 1,200,000원 중 당기경과액은 900,000원이다.
  <분개> (차)                              (대)

[08] 12월 31일 10월에 지급한 차량 보험료 80,000원 중 60,000원은 차기 해당분이다.
  <분개> (차)                              (대)

[09] 12월 31일 10월 1일 현금으로 지급한 업무용 차량에 대한 1년분 보험료 1,200,000원에 대한 보험료 미경과액을 계상하시오.
  <분개> (차)                              (대)

[10] 당기에 지급한 자동차 보험료 1,200,000원 중 당기 경과분은 800,000원이다. 단, 보험료 지급시 자산으로 처리하였다.
  <분개> (차)                              (대)

[11] 당기에 지급한 자동차 보험료 1,200,000원 중 미경과분은 800,000원이다. 단, 보험료 지급시 자산으로 처리하였다.
  <분개> (차)                              (대)

[12] 장부상 임대료 3,600,000원 중 1,200,000원은 차기분이다.
  <분개> (차)                              (대)

[13] 6월 1일 임대료 1년분 2,400,000원을 현금으로 수취하였고, 결산시 이에 대한 수정분개를 표시하시오.
<분개> (차)                                              (대)

[14] 4월 1일에 받은 건물 임대료 2,400,000원 중 당기 경과액은 1,800,000원이었다. 단, 임대료 수입시 선수수익으로 처리하였다.
<분개> (차)                                              (대)

[15] 4월 1일에 받은 건물 임대료 2,400,000원 중 미경과액은 1,800,000원이었다. 단, 임대료 수입시 선수수익으로 처리하였다.
<분개> (차)                                              (대)

[16] 당기분 임대료 미수액 800,000원을 계상하다.
<분개> (차)                                              (대)

[17] 3월 1일부터 임대중인 매장에 대한 임대료 6개월분 1,800,000원을 현금으로 받았으나, 결산일 현재까지 나머지 기간에 대한 임대료를 받지 못하였다. 이에 대한 수정분개를 표시하시오.
<분개> (차)                                              (대)

[18] 거래은행인 대박은행에 예금된 정기예금에 대하여 당기분 경과이자를 인식하다.(예금금액 100,000,000원, 만기 3년, 가입연월일 20*1년 4월 1일, 연이자율 10%, 만기일 20*4년 3월 31일, 월할계산으로 할 것) 단, 당기를 20*3년으로 할 것.
<분개> (차)                                              (대)

[19] 소모품 미사용액은 80,000원이다.(구입 시 비용 처리 함)
<분개> (차)                                              (대)

[20] 사무용 문구류 120,000원을 구입하고 비용으로 처리하였다. 결산시 이에 대한 미사용액이 40,000원일 경우의 결산수정분개를 표시하시오.
<분개> (차)                                              (대)

[21] 사무용 문구류 120,000원을 구입하고 비용으로 처리하였다. 결산시 이에 대한 사용액이 40,000원일 경우의 결산수정분개를 표시하시오.
<분개> (차)                                              (대)

[22] 결산수정 전 합계잔액시산표에 소모품계정이 100,000원 기록되어 있다. 이에 대한 결산시 소모품 미사용분이 30,000원일 경우의 수정분개를 표시하라.
<분개> (차)                                              (대)

[23] 결산수정 전 합계잔액시산표에 소모품계정이 100,000원 기록되어 있다. 이에 대한 결산시 소모품 사용분이 30,000원일 경우의 수정분개를 표시하라.
<분개> (차)                                              (대)

[24] 장부상 현금보다 실제 현금이 부족하여 현금과부족으로 계상하였던 금액 50,000원에 대하여 결산일 현재에도 그 원인을 알 수 없어 당기 비용(영업외비용)으로 처리하다.
<분개> (차)                                              (대)

[25] 당사는 결산시 장부상 현금보다 실제현금이 부족하여 현금과부족계정으로 처리한 금액 400,000원 중 320,000원은 영업사원의 시내교통비 누락분으로 밝혀졌고 나머지 금액은 결산일까지 밝혀지지 않아 잡손실로 회계처리하기로 하였다.
<분개> (차)                                              (대)

[26] 장부상 현금잔액은 35,245,450원이나, 실제 보유하고 있는 현금잔액은 35,232,780원으로 현금부족액에 대한 원인이 밝혀지지 아니하였다. 영업외비용 중 적절한 계정과목에 의하여 회계처리 하시오.
<분개> (차)                                              (대)

[27] 결산일 현재 12월 19일자 가수금 3,000,000원의 내역이 다음과 같이 확인되었다.

- (주)대풍에 대한 거래로 제품매출을 위한 계약금을 받은 금액 : 500,000원
- (주)대풍에 대한 외상대금 중 일부를 회수한 금액 : 2,500,000원

<분개> (차)                                              (대)

[28] 기말재고조사 결과 제품재고 2,000,000원이 부족하여 확인한 결과 매출거래처에 기업업무추진비로 제공된 것이다.(적요 중 타계정으로 대체액을 사용할 것)
<분개> (차)                                              (대)

[29] 기말 현재 보유하고 있는 감가상각대상자산은 다음과 같다. 제시된 자료외 감가상각대상자산은 없다고 가정한다. (단위, 원)

| 계정과목 | 취득원가 | 잔존가치 | 전기말 감가상각누계액 | 취득연월일 | 상각방법 | 상각률 |
| --- | --- | --- | --- | --- | --- | --- |
| | | 내용연수 | | | | |
| 본사건물 | 100,000,000 | 0 | 7,500,000 | 2021.7.20 | 정액법 | 0.05 |
| | | 20년 | | | | |
| 공장기계장치 | 35,000,000 | 취득원가의 5% | 15,750,000 | 2022.1.4 | 정률법 | 0.451 |
| | | 5년 | | | | |

<분개> (차)                                              (대)

[30] 무형자산에 대한 당기 상각비는 다음과 같다. 무형자산 상각에 대한 회계처리를 하시오.
■ 개발비   3,000,000원        ■ 특허권   2,000,000원
<분개> (차)                                              (대)

[31] 기말 현재 당사가 단기매매차익을 목적으로 보유하고 있는 주식현황과 기말 현재 공정가치는 다음과 같다.

| 주 식 명 | 보유주식수 | 주당 취득원가 | 기말 공정가치 |
|---|---|---|---|
| (주)삼화 보통주 | 1,000주 | 15,000원 | 주당 16,000원 |
| (주)동성 보통주 | 500주 | 20,000원 | 주당 21,000원 |

<분개> (차)                                    (대)


[32] 기말 현재 당사가 보유하고 있는 주식현황과 기말 현재 공정가치는 다음과 같다.

| 주 식 명 | 구분 | 보유주식수 | 주당 취득원가 | 기말 공정가치 |
|---|---|---|---|---|
| (주)한성 보통주 | 단기매매증권 | 2,000주 | 10,000원 | 주당 12,000원 |
| (주)강화 보통주 | 단기매매증권 | 1,500주 | 8,000원 | 주당 10,000원 |
| (주)도전 보통주 | 매도가능증권 | 1,000주 | 15,000원 | 주당 12,000원 |

<분개> (차)                                    (대)


[33] 4년 전 국민은행으로부터 차입한 장기차입금 100,000,000원의 만기일이 4개월 후로 도래하였다. 동 차입금은 만기에 상환할 예정이다.
<분개> (차)                                    (대)

[34] Champ사의 단기대여금 중에는 외화대여금 15,000,000원(미화 $8,000)이 포함되어 있다. (보고기간 말일 현재 환율: 미화 1$당 1,200원)
<분개> (차)                                    (대)

[35] 단기차입금 중에는 Champ사의 단기차입금 12,000,000원(미화 $10,000)이 포함되어 있다.(결산일 현재 적용환율 : 미화 1$당 900원)
<분개> (차)                                    (대)

[36] 당기 '법인세등'을 2,520,000원으로 계상한다.(법인세 중간예납세액인 '선납세금'이 42,000원이 있다.)
<분개> (차)                                    (대)


[37] 12월 31일 부가가치세 신고에 대한 부가세예수금 10,706,000원과 부가세대급금 7,616,000원을 정리하고 납부세액은 미지급세금 계정으로 회계처리 한다. 당사의 관할 세무서는 서초세무서이다.
<분개> (차)                                    (대)

[38] 당사는 원활한 입출금거래를 위해 마이너스통장을 개설하여 사용하고 있으며, 결산일 현재 대박은행에 당사의 보통예금계좌의 잔고를 확인한 결과 마이너스(-) 4,500,000원인 것으로 나타나 이를 단기차입금으로 대체하고자 한다.
<분개> (차)　　　　　　　　　　　　　　　　(대)

[정답]

| 01 | (차) | 이 자 비 용 | 120,000 | (대) | 미 지 급 비 용 | 120,000 |
|---|---|---|---|---|---|---|
| 02 | (차) | 급　　　　여 | 18,000,000 | (대) | 미 지 급 비 용 | 18,000,000 |
| 03 | (차) | 광 고 선 전 비 | 3,500,000 | (대) | 미 지 급 금 (또는 미지급비용) | 3,500,000 |
| 04 | (차) | 임 차 료 | 1,500,000 | (대) | 미 지 급 금 (또는 미지급비용) | 1,500,000 |
| 05 | (차) | 선 급 비 용 | 300,000 | (대) | 보 험 료 | 300,000 |
| 06 | (차) | 선 급 비 용 | 300,000 | (대) | 임 차 료 | 300,000 |
| 07 | (차) | 선 급 비 용 | 300,000 | (대) | 임 차 료 | 300,000 |
| 08 | (차) | 선 급 비 용 | 60,000 | (대) | 보 험 료 | 60,000 |
| 09 | (차) | 선 급 비 용 | 900,000 | (대) | 보 험 료 | 900,000 |
| 10 | (차) | 보 험 료 | 800,000 | (대) | 선 급 비 용 | 800,000 |
| 11 | (차) | 보 험 료 | 400,000 | (대) | 선 급 비 용 | 400,000 |
| 12 | (차) | 임 대 료 | 1,200,000 | (대) | 선 수 수 익 | 1,200,000 |
| 13 | (차) | 임 대 료 | 1,000,000 | (대) | 선 수 수 익 | 1,000,000 |
| 14 | (차) | 선 수 수 익 | 1,800,000 | (대) | 임 대 료 | 1,800,000 |
| 15 | (차) | 선 수 수 익 | 600,000 | (대) | 임 대 료 | 600,000 |
| 16 | (차) | 미 수 수 익 | 800,000 | (대) | 임 대 료 | 800,000 |
| 17 | (차) | 미 수 수 익 | 1,200,000 | (대) | 임 대 료 | 1,200,000 |
| 18 | (차) | 미 수 수 익 | 7,500,000 | (대) | 이 자 수 익 | 7,500,000 |
|  |  | 경과이자 = 정기예금액 × 이자율 × 기간경과<br>　　　　 = 100,000,000원 × 10% × 9/12 = 7,500,000원 | | | | |
| 19 | (차) | 소 모 품 | 80,000 | (대) | 소 모 품 비 | 80,000 |
| 20 | (차) | 소 모 품 | 40,000 | (대) | 소 모 품 비 | 40,000 |

# 제5편. 전산회계실무 —제2장 전산프로그램 운용(2)

| | | | | | | | |
|---|---|---|---|---|---|---|---|
| 21 | (차) | 소 모 품 | 80,000 | (대) | 소 모 품 비 | 80,000 |
| 22 | (차) | 소 모 품 비 | 70,000 | (대) | 소 모 품 | 70,000 |
| 23 | (차) | 소 모 품 비 | 30,000 | (대) | 소 모 품 | 30,000 |
| 24 | (차) | 잡 손 실 | 50,000 | (대) | 현 금 과 부 족 | 50,000 |
| 25 | (차) | 여비교통비(판)<br>잡 손 실 | 320,000<br>80,000 | (대) | 현 금 과 부 족 | 400,000 |
| 26 | (차) | 잡 손 실 | 12,670 | (대) | 현 금 | 12,670 |
| 27 | (차) | 가 수 금 | 3,000,000 | (대) | 선 수 금 ( 대 풍 )<br>외상매출금(대풍) | 500,000<br>2,500,000 |
| 28 | (차) | 기업업무추진비(판) | 2,000,000 | (대) | 제품(8. 타계정 대체) | 2,000,000 |
| 29 | (차) | 감 가 상 각 비 ( 판 ) | 5,000,000 | (대) | 감 가 상 각 누 계 액 | 5,000,000 |

  * 감가상각비 : 100,000,000원 × 0.05(혹은 1/20) = 5,000,000원

| | | | | | | | |
|---|---|---|---|---|---|---|---|
| | (차) | 감 가 상 각 비 ( 제 ) | 8,681,750 | (대) | 감 가 상 각 누 계 액 | 8,681,750 |

  * 감가상각비 : (35,000,000원−15,750,000원)× 0.451 = 8,681,750원

| | | | | | | | |
|---|---|---|---|---|---|---|---|
| 30 | (차) | 무형고정자산상각 | 5,000,000 | (대) | 개 발 비<br>특 허 권 | 3,000,000<br>2,000,000 |
| 31 | (차) | 단 기 매 매 증 권 | 1,500,000 | (대) | 단기매매증권평가이익 | 1,500,000 |
| 32 | (차)<br>(차) | 단 기 매 매 증 권<br>매도가능증권평가손실 | 7,000,000<br>3,000,000 | (대)<br>(대) | 단기매매증권평가이익<br>매 도 가 능 증 권 | 7,000,000<br>3,000,000 |
| 33 | (차) | 장 기 차 입 금 ( 국 민 ) | 100,000,000 | (대) | 유동성장기부채(국민) | 100,000,000 |
| 34 | (차) | 외 화 환 산 손 실 | 5,400,000 | (대) | 단기대여금(Champ) | 5,400,000 |
| 35 | (차) | 단기차입금(Champ) | 3,000,000 | (대) | 외 화 환 산 이 익 | 3,000,000 |
| 36 | (차) | 법 인 세 등 | 2,520,000 | (대) | 선 납 세 금<br>미 지 급 세 금 | 42,000<br>2,478,000 |
| 37 | (차) | 부 가 세 예 수 금 | 10,706,000 | (대) | 부 가 세 대 급 금<br>미 지 급 세 금 | 7,616,000<br>3,090,000 |
| 38 | (차) | 보 통 예 금 | 4,500,000 | (대) | 단 기 차 입 금 ( 대 박 ) | 4,500,000 |

## 제6절 결산정리사항(2) 자동결산

[결산및재무제표]의 '결산자료입력'에서 기간은 '1월~12월'로 입력하고, '매출원가 및 경비선택' 창이 열릴 경우에는 제품매출원가의 사용여부를 편집(TAB)에서 '여'로 바꾼다.
'결산자료입력'의 해당 과목란에 금액을 입력하고 'F3.전표추가'를 클릭하여 결산에 반영(일반전표입력에 자동 반영)시킨다.

1. 재고자산의 기말재고액(비정상감모손실은 수동결산)
   (1) 감모손실이 없는 경우 → 제시된 기말재고액을 입력
   (2) 감모손실이 있는 경우

   | 정 상 적 | 실지재고액 입력 | 분개없음 |
   |---|---|---|
   | 비정상적 | 실지재고액 입력 | (차) 재고자산감모손실　　　×××<br>　　(대) 해당재고자산(8.타계정대체)　××× |

   (3) 평가손실이 있는 경우

   | 평가손실 | 장부재고액 입력 | (차) 재고자산평가손실(매출원가) ×××<br>　　(대) 재고자산평가충당금　　　　×××|
   |---|---|---|

2. 매출채권의 대손예상(환입은 수동결산)
   '결산자료입력'의 상단 메뉴 'F8.대손상각'에서 해당되지 않는 항목의 금액을 삭제(Space바 클릭)한 후 화면 하단의'결산반영' 클릭

   채권잔액 × 대손예상율 - 대손충당금 잔액 = 추가설정액(⊖면 환입)

   '대손예상액 < 대손충당금 잔액'일 경우(='F8.대손상각'화면에 '-'로 표시되는 경우)에는 환입시키고, 일반전표입력(12/31)에 수동으로 입력

   | 환　　입 | (차)　　　　　대손충당금　(대) 대손충당금환입　×××<br>××× | |
   |---|---|---|
   | 기타채권 | (차)　　　기타의대손상각비　(대) (단기대여금)대손충당금 ×××<br>××× | |

3. 유형자산의 감가상각 및 무형자산의 상각
   (1) 감가상각비가 주어진 경우 → 제시된 감가상각비를 해당란에 입력
   (2) 감가상각비가 주어지지 않은 경우
      ① 주어진 자료에서 감가상각비를 직접 계산하여 입력
      ② 고정자산등록에 입력한 후 결산반영을 요구하는 경우 고정자산등록 후 결산자료입력

'F7. 감가상각'에서 결산반영 클릭
  (3) 무형자산 상각비
    무형자산 상각비가 주어진 경우에는 상각비를 해당 무형자산란에 입력하고, 상각비가 주어지지 않았을 경우에는 주어진 자료에서 상각비를 직접 계산하여 해당란에 입력

4. 퇴직급여충당부채의 설정
  (1) 설정액이 주어진 경우 → 설정액을 해당란에 입력
  (2) 추계액이 주어진 경우 → 추계액을 상단메뉴 '퇴직충당'에 입력하거나 추가설정액을 계산하여 해당란에 입력
    * 추계액 - 기설정 퇴직급여충당부채 잔액 = 추가설정액

5. 법인세 등
  (1) 선납세금 란이 있을 경우 결산반영란에 선납세금을 입력한 후 '추산액 - 선납세금'을 추가계상란에 입력
  (2) 선납세금 란이 없을 경우 추가계상액란에 '추산액 - 선납세금'을 입력

※ 전산회계 2급은 기말재고액, 대손, 감가상각만 해당됨.

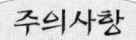
1. 순서는 반드시 '수동결산 ⇨ 자동결산'
2. 자동결산 완료 후엔 반드시 'F3' 전표추가!!!

[예제7] ㈜코아 "회사코드: 3305"의 다음 자료를 이용하여 자동결산항목을 결산자료입력에 입력하시오.

1. 기말재고자산 내역은 다음과 같다.

|  | 장부재고액 | 실지재고액 | 비 고 |
|---|---|---|---|
| 원 재 료 | 1,000,000원 | 900,000원 | 정상적 |
| 재 공 품 | 8,500,000원 | 8,500,000원 |  |
| 제 품 | 18,000,000원 | 16,500,000원 | 비정상적 |

2. 매출채권과 단기대여금에 대하여 1% 대손을 예상하다.

3. 유형자산의 감가상각비를 다음과 같이 계상하다.

| 계 정 과 목 | 관 련 부 서 | 금 액 |
|---|---|---|
| 건 물 | 공장 건물<br>본사 건물 | 2,500,000원<br>3,000,000원 |
| 기 계 장 치 | 제 조 부 | 4,500,000원 |
| 차 량 운 반 구 | 공장 트럭<br>영업부 승용차 | 1,200,000원<br>800,000원 |
| 비 품 | 영 업 부 | 1,800,000원 |

4. 당기 중 취득한 특허권 10,000,000원을 5년 균등상각하기로 하였다.

5. 당사는 퇴직급여충당부채를 설정하고 있다. 다음의 자료를 이용하여 해당 란에 반영하시오.

| 부 서 | 퇴직급여추계액 | 설정전 퇴직급여충당부채 잔액 |
|---|---|---|
| 제 조 부 | 18,000,000원 | 12,000,000원 |
| 영 업 부 | 12,000,000원 | 8,000,000원 |

6. 법인세등으로 계상할 금액은 22,000,000원이다.(기납부한 중간예납세액 및 원천징수세액이 계상 되어 있다.)

[해답]
1. 기말재고자산
   (1) 일반전표입력(12/31)
   　　(차) 재고자산감모손실　1,500,000　　　(대) 제품(8.타계정대체액)　1,500,000

   (2) 기말 원재료

   | 0455 | 제품매출원가 | | |
   |---|---|---|---|
   | | 1)원재료비 | | 690,229,000 |
   | 0501 | 원재료비 | | 690,229,000 |
   | 0153 | ① 기초 원재료 재고액 | 3,500,000 | |
   | 0153 | ② 당기 원재료 매입액 | 687,029,000 | |
   | 0153 | ⑥ 타계정으로 대체액 | 300,000 | |
   | 0153 | ⑩ 기말 원재료 재고액 | | 900,000 |

   (3) 기말재공품, 기말제품

   | 0455 | 8)당기 총제조비용 | | 836,053,670 |
   |---|---|---|---|
   | 0169 | ① 기초 재공품 재고액 | 7,000,000 | |
   | 0169 | ⑩ 기말 재공품 재고액 | | 8,500,000 |
   | 0150 | 9)당기완성품제조원가 | | 843,053,670 |
   | 0150 | ① 기초 제품 재고액 | 10,500,000 | |
   | 0150 | ⑩ 기말 제품 재고액 | | 16,500,000 |

2. 대손상각

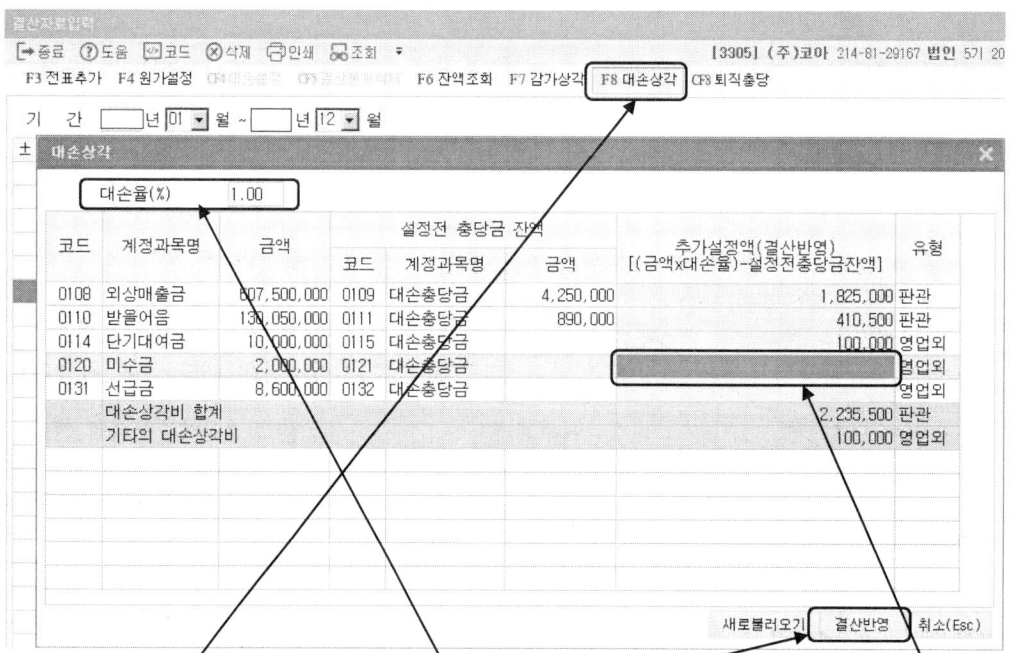

- 상단 메뉴 'F8.대손상각' 클릭한 후 '대손율'을 확인하여 문제에서 요구하는 추정률로 설정
- 문제에서 요구하지 않은 계정과목(본 문제의 경우 미수금)의 추가설정액란은 삭제(스페이스바 클릭)하고 하단 '결산반영' 클릭

## 3. 감가상각

| 0518 | 2). 일반감가상각비 | | | 8,200,000 |
|---|---|---|---|---|
| 0202 | 건물 | | | 2,500,000 |
| 0206 | 기계장치 | | | 4,500,000 |
| 0208 | 차량운반구 | | | 1,200,000 |
| 0212 | 비품 | | | |
| | 4. 판매비와 일반관리비 | | 157,600,940 | 7,835,500 |
| | 1). 급여 외 | | 67,700,000 | |
| 0801 | 급여 | | 67,700,000 | |
| 0806 | 2). 퇴직급여(전입액) | | | |
| 0850 | 3). 퇴직연금충당금전입액 | | | |
| 0818 | 4). 감가상각비 | | | 5,600,000 |
| 0202 | 건물 | | | 3,000,000 |
| 0206 | 기계장치 | | | |
| 0208 | 차량운반구 | | | 800,000 |
| 0212 | 비품 | | | 1,800,000 |

공장(제조부)

본사(영업부)

- 고정자산 등록메뉴에 등록한 후 결산에 반영할 경우에는 상단메뉴 'F7.감가상각' 클릭 후 결산반영을 클릭하면 자동으로 반영된다.

## 4. 무형자산 상각

| 0840 | 6). 무형자산상각비 | | | 2,000,000 |
|---|---|---|---|---|
| 0219 | 특허권 | | | 2,000,000 |

* 무형자산(특허권) 상각비 : 10,000,000 / 5년 = 2,000,000원

## 5. 퇴직급여충당부채

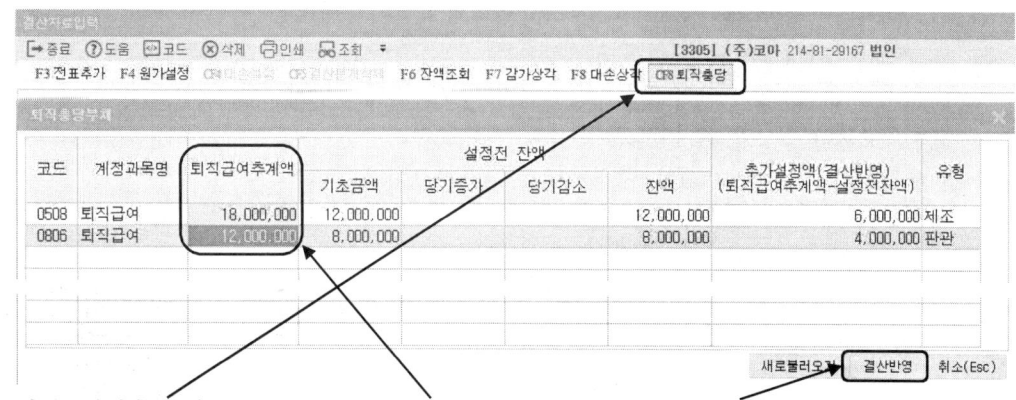

- 상단 '퇴직충당'메뉴를 클릭하고 퇴직급여추계액을 입력하고 결산반영을 클릭한다.

## 6. 법인세

| 0998 | 9. 법인세등 | | | 22,000,000 |
|---|---|---|---|---|
| 0136 | 1). 선납세금 | | 3,000,000 | 3,000,000 |
| 0998 | 2). 추가계상액 | | | 19,000,000 |

- 선납세금 옆에 3,000,000 입력하고 추가계상액란에 '추산액 - 선납세금'을 입력한다.

※ 자동결산항목을 모두 입력한 후 반드시 상단 'F3.전표추가'를 클릭하여 결산분개를 일반전표입력에 반영한다.

## 제5절  재무제표의 결산진행

1. 재무제표의 결산진행
   잉여금의 처분내역이 주어지는 경우에 재무제표의 결산을 진행한다.

2. 재무제표의 결산진행 순서

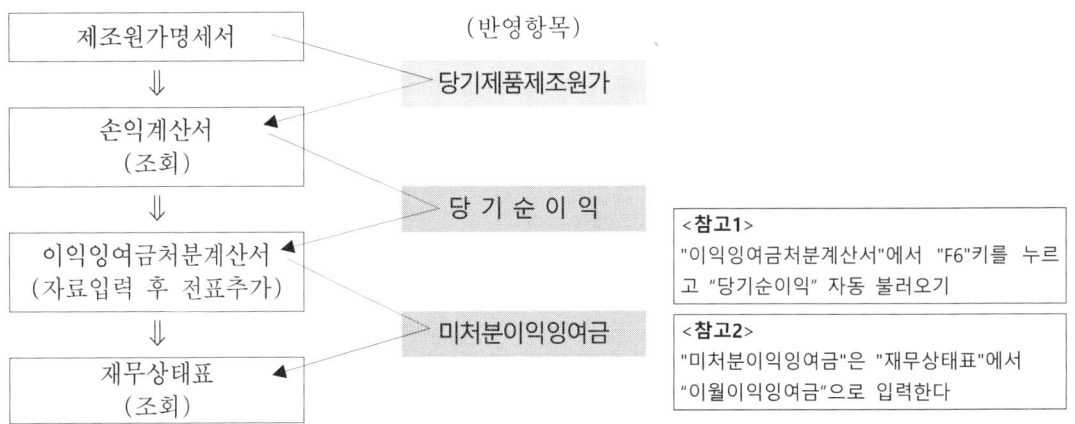

<참고1>
"이익잉여금처분계산서"에서 "F6"키를 누르고 "당기순이익" 자동 불러오기

<참고2>
"미처분이익잉여금"은 "재무상태표"에서 "이월이익잉여금"으로 입력한다

[예제8] ㈜코아 "회사코드: 3305"의 다음 이익잉여금처분내역을 결산에 반영하고 해당 재무제표를 작성하시오.
  ① 당기 처분확정일 : 차기 2월 25일, 전기 처분확정일 : 당기 2월 25일
  ② 이익준비금 : 상법 최저한도
  ③ 현금배당 : 50,000,000원, 주식배당 : 50,000,000원

[해답]

| 이익잉여금처분계산서 | | | | |
|---|---|---|---|---|
| III. 이익잉여금처분액 | | | | 105,000,000 |
| 1. 이익준비금 | 0351 | 이익준비금 | 5,000,000 | |
| 2. 재무구조개선적립금 | 0354 | 재무구조개선적립금 | | |
| 3. 주식할인발행차금상각액 | 0381 | 주식할인발행차금 | | |
| 4. 배당금 | | | 100,000,000 | |
| 가. 현금배당 | 0265 | 미지급배당금 | 50,000,000 | |
| 주당배당금(률) | | 보통주 | | |
| | | 우선주 | | |
| 나. 주식배당 | 0387 | 미교부주식배당금 | 50,000,000 | |
| 주당배당금(률) | | 보통주 | | |
| | | 우선주 | | |

(F6 전표추가 / 현금배당금 × 1/10)

- 처분확정일 입력하고 현금배당과 주식배당을 입력, 그리고 이익준비금을 계산(최저한도 : 현금배당금의 1/10)하여 입력한 후 '전표추가'하여 결산에 반영한다.

## 제6절 제장부 조회

장부 조회시 다음 내용을 참고하여 조회한다.

| 번호 | 요 구 사 항 | 조회할 장부 |
|---|---|---|
| 1 | (1) 특정 월별잔액 및 현금거래 또는 대체거래액은?<br>　　ex. 3월에, 4월 ~ 6월에~<br>(2) 특정 월의 판매비와관리비/제조경비는?<br>　　ex. 7월의 판매비와관리비는?<br>(3) 현금으로 지급된 ~~<br>　　ex. 10월 중 현금으로 지급된 복리후생비는? | 일계표/월계표 |
| 2 | 특정 계정과목의 월별 잔액/내역<br>　　ex. 9월의 당좌예금 잔액은? | 계정별원장 |
| 3 | (1) 가장 큰/적은 달은?<br>　　ex. 1월에서 6월까지 복리후생비가 가장 큰 달은?<br>(2) 특정 계정과목의 월별 잔액 및 증감 비교문제<br>　　ex. 상반기 중 보통예금이 전월 대비 가장 많이 증가/감<br>　　　　소한 달은? | 총계정원장 |
| 4 | 특정 거래처별 내역<br>　　ex. 6월 말 현재 외상매출금 잔액이 가장 큰 거래처는?<br>　　ex. 거래처 ○○상사의 3월 말 현재 잔액은? | 거래처원장 |
| 5 | 현금외 입/출금 내역 | 현금출납장 |
| 6 | 전기와 비교 시 | 재무상태표/손익계산서 |
| 7 | 통합계정 / 장부가액 / 자산·부채 분류<br>ex. 3월 말 현재 현금및현금성자산 금액은?<br>ex. 6월 말 현재 유형자산의 장부금액은?<br>ex. 9월 말 현재 유동부채는 전기말과 ~ | 재무상태표 |
| 8 | ~~세액/과세표준<br>　　ex. 매출세액, 매입세액, 납부세액, 불공제매입세액 등<br>　　ex. 1기 확정신고기간의 과세표준 | 부가가치세 신고서 |
| 9 | 세금계산서 관련(전자세금계산서 등)<br>　　ex. 공급가액 및 건수<br>　　ex. 거래처 관련 공급가액 및 건수 | 세금계산서(계산서)현황/세금계산서합계표 |
| 10 | 매입매출전표 과세유형별 집계<br>　　ex. 영세율매출, 카드매출, 현금영수증 매입 등 | 매입매출장 |

## <장부조회 기본 예제>

[예제9] 합격해(주) "회사코드: 3306"의 장부를 조회하여 다음 물음에 답하시오.

[01] 1년 중 복리후생비(판) 지출액이 가장 큰 달은 몇 월이며, 금액은 얼마인가?

[02] 상반기(1월~6월)의 복리후생비(판) 금액이 가장 큰 달과 가장 적은 달의 차액은 얼마인가?

[03] 당기 12월말 현재 (주)써니유통에 대한 외상매출금 잔액은 얼마인가?

[04] 4월 30일 현재 외상매입액이 가장 많은 거래처는 어디이며, 금액은 얼마인가?

[05] 5월 중 당사가 발행한 약속어음 발행총액은 얼마인가?

[06] 상반기(1월~6월)의 판매비와관리비 지출액 중 두 번째로 많았던 계정과목코드와 금액은?

[07] 1월부터 6월까지의 임차료(판) 중 현금지출액은 얼마인가?

[08] 5월 중 현금 지출액은 얼마인가?

[09] 6월 30일 현재 유동부채는 전기말 대비 얼마가 증가되었는가?

[10] 3월 31일 현재 전기말과 대비해서 당좌자산 증가액은 얼마인가?

[11] 6월말 현재 전기말과 대비해서 외상매입금 증가액은 얼마인가?

[12] 5월말 현재 받을어음의 장부가액은 얼마인가?

[13] 6월말 현재 외상매출금의 평가성충당금을 반영한 장부가액은 얼마인가?

[14] 제1기 확정신고기간(4월~6월)의 부가가치세 매출세액은 얼마인가?

[15] 제2기 예정신고기간의 고정자산매입으로 인한 매입세액공제액과 부가가치세 납부(환급)세액은 각각 얼마인가?

[16] 제1기 부가가치세 확정신고기간(4월~6월)의 부가가치세 매입세액 중 공제받지 못할 매입세액은 얼마인가?

[17] 제1기 확정 부가가치세신고서상 예정누락분에 대한 매입세액은 얼마인가?

[18] 1월부터 3월까지 매출세금계산서 매수가 가장 많은 거래처를 조회하면?

[19] 제1기 예정신고기간 중 일반신용카드 사용에 따른 매입세액공제액은 얼마인가?

[20] 제2기 부가가치세 예정신고기간(7월~9월) 중 계산서를 수취하여 매입한 금액은 얼마인가?

## 제5편. 전산회계실무 -제2장 전산프로그램 운용(2)

해설] 키워드 및 정답
[01] 키워드 : 가장 큰 달
→ 총계정원장 1/1~12/31 복리후생비 조회 ⇨ 8월, 2,719,000원

[02] 키워드 : 가장 큰 달과 가장 적은 달
→ 총계정원장 1/1~6/30 복리후생비 조회 ⇨ 637,000 - 80,000 = 557,000원

[03] 키워드 : (주)써니유통
→ 거래처원장 1/1~12/31 외상매출금 조회 ⇨ 484,000원

[04] 키워드 : 거래처
→ 거래처원장 1/1~4/30 외상매입금 조회 ⇨ 엑스터디(주), 124,500,000원

[05] 키워드 : 5월 중, 약속어음 발행
→ 계정별원장 또는 일/월계표 5/1~5/31 지급어음 조회 ⇨ 25,000,000원

[06] 키워드 : 상반기(1월~6월)
→ 일/월계표 1/1~5/31 조회하여 판매비와 관리비 지출액 비교
⇨ 기업업무추진비, 34,739,500원

## 제5편. 전산회계실무 -제2장 전산프로그램 운용(2)

[07] 키워드 : 1월부터 6월까지
→ 일/월계표 1/1~6/30 임차료(판매비와 관리비) 중 현금란의 금액 조회
⇨ 1,750,000원

| | | | | | |
|---|---|---|---|---|---|
| 94,330,690 | 7,917,000 | 86,413,690 | 6.판 매 비및일반관리비 | | |
| 37,900,000 | | 37,900,000 | 급 여 | | |
| 1,397,000 | 195,000 | 1,202,000 | 복 리 후 생 비 | | |
| 212,000 | | 212,000 | 여 비 교 통 비 | | |
| 34,739,500 | 120,000 | 34,619,500 | 접 대 비 | | |
| 654,090 | | 654,090 | 통 신 비 | | |
| 291,400 | | 291,400 | 수 도 광 열 비 | | |
| 138,000 | | 138,000 | 세 금 과 공 과 | | |
| 2,000,000 | 250,000 | 1,750,000 | 임 차 료 | | |
| 306,000 | | 306,000 | 수 선 비 | | |
| 836,000 | | 836,000 | 보 험 료 | | |
| 1,338,000 | 352,000 | 986,000 | 차 량 유 지 비 | | |

[08] 키워드 : 현금 지출액
→ 현금출납장 5/1~5/31 조회 ⇨ 86,224,890원

[09] 키워드 : 유동부채는 전기말 대비
→ 재무상태표 6월 조회하여 유동부채의 당기분과 전기분 비교
⇨ 유동부채 증가액 : 656,997,594 − 235,797,957 = 421,199,637원

[10] 키워드 : 전기말과 대비해서
→ 재무상태표 3월 조회하여 당좌자산의 당기분과 전기분 비교
⇨ 당좌자산 증가액 : 933,543,657 − 670,105,957 = 263,437,700원

[11] 키워드 : 전기말과 대비
→ 재무상태표 6월 조회하여 외상매입금의 당기분과 전기분 비교
⇨ 외상매입금 증가액 : 337,291,537 − 40,000,000 = 297,291,537원

[12] 키워드 : 장부가액
→ 재무상태표 5월 조회하여 '받을어음−대손충당금' 조회 ⇨ 60,610,000원

[13] 키워드 : 장부가액
→ 재무상태표 6/30 조회하여 '외상매출금 − 대손충당금' 조회 ⇨ 298,900,000원

# 제5편. 전산회계실무 -제2장 전산프로그램 운용(2)

[14] 키워드 : 매출세액
→ 부가가치세신고서 4/1~6/30 조회하여 9번 줄 확인
⇨ 9번줄 30,273,600원

[15] 키워드 : 매입세액공제액과 부가가치세 납부(환급)세액
→ 부가가치세신고서 7/1~9/30 조회하여 11번 줄과 17번 줄 아래 납부(환급)세액 확인
⇨ (1) 고정자산 매입세액 공제액 : 11번 줄 － 5,000,000원
　　(2) 부가가치세 납부세액 : 17번 줄 － 12,946,100원

[16] 키워드 : 매입세액은
→ 부가가치세신고서 4/1~6/30 조회하여 16번 줄 확인 ⇨ 3,030,000원

[17] 키워드 : 매입세액은
→ 부가가치세신고서 4/1~6/30 조회하여 12-37,38번 줄 확인
⇨ 예정누락 매입세액 : 1,000,000원

[18] 키워드 : 매출세금계산서 매수가 가장 많은 거래처
→ 세금계산서합계표 또는 세금계산서현황 1/1~3/31 조회
⇨ (주)다판다회로, 6매

[19] 키워드 : 매입세액공제액
→ 매입매출장 1/1~3/31 조회하여 구분: 매입, 유형: 카과 확인
⇨ 매입카과 공제세액 : 3,850,000원

| 유형 | 일자 | 품목 | 공급가액 | 부가세 | 합계 | 예정신고 | 코드 | 거래처 |
|---|---|---|---|---|---|---|---|---|
| 카과 | -02-24 | 비품 | 35,000,000 | 3,500,000 | 38,500,000 | | 00167 | (주)중랑유통 |
| 월 | 계 [ | 1건-매수 1매] | 35,000,000 | 3,500,000 | 38,500,000 | | | |
| 누 | 계 [ | 1건-매수 1매] | 35,000,000 | 3,500,000 | 38,500,000 | | | |
| 카과 | -03-31 | 재료외 | 3,500,000 | 350,000 | 3,850,000 | | 00138 | 강원전자 |
| 월 | 계 [ | 1건-매수 1매] | 3,500,000 | 350,000 | 3,850,000 | | | |
| 분 기 누 계 [ | | 2건-매수 2매] | 38,500,000 | 3,850,000 | 42,350,000 | | | |
| 누 | 계 [ | 2건-매수 2매] | 38,500,000 | 3,850,000 | 42,350,000 | | | |

[20] 키워드 : 계산서를 수취하여 매입한 금액

→ 매입매출장 7/1~9/30 조회하여 구분: 매입, 유형: 면세 확인 ⇨ 2,200,000원

| 유형 | 일자 | 품목 | 공급가액 | 부가세 | 합계 | 예정신고 | 코드 | 거래처 |
|---|---|---|---|---|---|---|---|---|
| 면세 | -09-10 | 경품 | 2,200,000 | | 2,200,000 | | 00148 | (주)권선종합상사 |
| 월 | 계 [ | 1건-매수 1매] | 2,200,000 | | 2,200,000 | | | |
| 분 기 누 계 [ | | 1건-매수 1매] | 2,200,000 | | 2,200,000 | | | |
| 누 | 계 [ | 1건-매수 1매] | 2,200,000 | | 2,200,000 | | | |

 MEMO

**노력은 수단이 아니라 그 자체가 목적이다.**
노력은 수단이 아니라 그 자체가 목적이다.
노력하는 것 자체에 보람을 느낀다면
누구든지 인생의 마지막 시점에서
미소를 지을 수 있을 것이다.
-톨스토이

# 제6편
## 전산회계2급 이론(90)모의고사

이론(90) 모의고사 ·············································································· 359
이론(90) 모의고사 해답 ····································································· 376

# 전산회계2급 이론(90)모의고사

1. 다음 중 거래 결합관계에서 성립할 수 없는 것은?
   ① (차변) 부채의 증가  (대변) 부채의 감소
   ② (차변) 자산의 증가  (대변) 자본의 증가
   ③ (차변) 자산의 증가  (대변) 수익의 발생
   ④ (차변) 비용의 발생  (대변) 자산의 감소

2. 다음 재무 자료에 대한 설명으로 옳지 않은 것은?

   | · 기초자산 : 90,000원 | · 기초부채 : 40,000원 |
   |---|---|
   | · 기말자산 : 110,000원 | · 기말부채 : 50,000원 |

   ① 기초자본은 50,000원이다.
   ② 당기순이익은 10,000원이다.
   ③ 당기 부채보다 자산이 더 많이 증가했다.
   ④ 기말자본은 50,000원이다.

3. 다음 중 재무상태표에 사용되는 계정과목과 그 예시로 가장 적절하지 않은 것은?
   ① 현금 및 현금성 자산 – 통화 및 타인발행수표 등 통화대용증권
   ② 선급금 – 상품이나 원재료를 구입조건으로 미리 지급하는 계약금
   ③ 임대보증금 – 추후 임대인으로부터 반환받아야 하는 전세 또는 월세보증금
   ④ 미지급비용 – 당기에 귀속되는 비용 중 약정기일이 도래하지 않아 지급하지 못한 비용

4. 결산시 미수이자에 대한 분개를 누락한 경우 기말 재무제표에 어떤 영향을 미치는가?
   ① 비용이 과소 계상된다.
   ② 부채가 과소 계상된다.
   ③ 자산이 과소 계상된다.
   ④ 수익이 과대 계상된다.

5. 다음 중 받을어음계정이 대변에 기록되는 거래에 해당하는 것은?
   ① 상품매출 7,000,000원을 하고 매출처 발행 약속어음을 받다.
   ② 상품매출을 하고 수취한 약속어음 7,000,000원을 외상매입금 지급을 위해 배서양도하다.
   ③ 외상매출금 7,000,000원을 매출처 발행 약속어음으로 받다.
   ④ 매입처에 발행한 약속어음 7,000,000원이 만기가 되어 현금으로 지급하다.

6. 다음 중 비유동부채에 해당하는 것은 무엇인가?
   ① 미지급금      ② 예수금      ③ 사채      ④ 선수금

7. 다음 거래에 대한 기말 분개로 가장 옳은 것은?

> 12월 31일 결산시 외상매출금 잔액 30,000,000원에 대해 2%의 대손을 예상하였다.
> 단, 당사는 보충법을 사용하고 있으며 기말 분개 전 대손충당금 잔액은 100,000원이 계상되어 있다.

① (차) 대손충당금 500,000원  (대) 대손상각비 500,000원
② (차) 대손상각비 500,000원  (대) 대손충당금 500,000원
③ (차) 대손상각비 500,000원  (대) 외상매출금 500,000원
④ (차) 대손상각비 600,000원  (대) 대손충당금 600,000원

8. 다음 설명에 해당하는 재무제표로 옳은 것은?

> 이것은 일정 기간 동안 기업의 경영성과에 대한 정보를 제공하는 재무보고서이다.

① 자본변동표　　② 재무상태표　　③ 손익계산서　　④ 현금흐름표

9. 물가가 지속적으로 하락하는 경우에 재고자산의 수량이 일정하게 유지된다면 매출원가가 가장 작게 나타나는 재고자산 평가방법은?
① 개별법　　② 총평균법　　③ 선입선출법　　④ 후입선출법

10. 다음의 유형자산과 관련된 지출금액 중 유형자산의 취득원가에 포함할 수 없는 것은?
① 취득시 발생한 설치비
② 사용가능 후에 발생하는 소액수선비
③ 유형자산을 본래 의도하는 방식으로 가동하는 데 필요한 시운전비
④ 유형자산을 본래 의도하는 장소로 이동하기 위한 운반비

11. 회사의 매출과 관련한 다음의 분개에서 (　) 안에 들어올 수 없는 항목은?

> (차) (　　) 10,000원　　　　(대) 상품매출 10,000원

① 현금　　② 예수금　　③ 당좌예금　　④ 외상매출금

12. 다음 중 재무제표 구성요소 중 부채에 대한 설명이 틀린 것은?
① 부채는 1년을 기준으로 유동부채와 비유동부채로 분류한다.
② 부채란 과거의 거래나 사건의 결과로 현재 기업실체가 부담하고 있고 미래에 자원의 유출 또는 사용이 예상되는 의무이다.
③ 단기차입금은 보고기간종료일부터 1년 이내에 결제되어야 하므로 영업주기와 관계없이 유동부채로 분류 한다.
④ 비유동부채 중에서 보고기간종료일로부터 1년 이내에 자원의 유출이 예상되는 부분은 유동부채로 분류 할수 없다.

**13. 다음 자료에 의하여 판매비와 관리비를 계산하면 얼마인가?**

| · 이자비용 : 110,000원 | · 복리후생비 : 120,000원 | · 통 신 비 : 80,000원 |
| · 개 발 비 : 220,000원 | · 임 차 료 : 210,000원 | · 기 부 금 : 100,000원 |

① 410,000원　　　② 630,000원　　　③ 730,000원　　　④ 840,000원

**14. 다음 중 유형자산에 대한 설명으로 틀린 것은?**
① 유형자산은 재화의 생산이나 타인에 대한 임대, 또는 자체적으로 사용할 목적으로 보유한다.
② 물리적 형태가 있는 비화폐성 자산이다.
③ 감가상각을 하지 않는 토지는 유형자산이 아니다.
④ 토지, 설비자산, 건설중인자산 등으로 구분할 수 있다.

**15. 다음 중 회사의 당기순이익을 증가시키는 거래는?**
① 회사 화장실의 거울이 파손되어 교체하였다.
② 직원의 경조사가 발생하여 경조사비를 지급하였다.
③ 명절이 되어 선물세트를 구입하여 거래처에 나누어 주었다.
④ 회사의 보통예금에 결산이자가 발생하여 입금되었다.

**16. 다음 중 유동자산에 해당하지 않는 것은 무엇인가?**
① 보통예금　　　② 임차보증금　　　③ 재고자산　　　④ 단기매매증권

**17. 다음 자료에서 거래의 8요소 중 차변요소와 대변요소의 구분으로 올바른 것은?**

| 가. 부채의 증가 | 나. 자본의 감소 | 다. 수익의 발생 |

① 가. 대변,　나. 대변,　다. 대변
② 가. 대변,　나. 대변,　다. 차변
③ 가. 차변,　나. 차변,　다. 대변
④ 가. 대변,　나. 차변,　다. 대변

**18. 다음 중 재무상태표 작성에 관한 설명으로 옳지 않은 것은?**
① 단기매매 목적으로 보유하는 자산은 유동자산으로 분류한다.
② 자산과 부채는 유동성이 낮은 항목부터 배열하는 것을 원칙으로 한다.
③ 자산과 부채는 원칙적으로 상계하여 표시하지 않는다.
④ 보고기간 종료일로부터 1년 이내에 상환되어야 하는 단기차입금 등의 부채는 유동부채로 분류한다.

19. 다음 자료에 의하여 상품의 당기총매입액은 얼마인가?

| ・기초상품재고액 : 80,000원 | ・기말상품재고액 : 45,000원 |
| ・당기매출원가 : 160,000원 | ・매입에누리 : 20,000원 |

① 145,000원  ② 120,000원  ③ 115,000원  ④ 110,000원

20. 현금으로 지급되었으나 계정과목과 금액을 확정할 수 없을 때 일시적으로 처리하는 계정으로 올바른 것은?

① 미수금  ② 외상매입금  ③ 선급금  ④ 가지급금

21. 다음 중 계정잔액의 표시로 옳지 않은 것은?

①　　　　예수금
　　　　　　│ 100,000원

②　　　　토지
　　　　　　│ 100,000원

③　　　　보통예금
　　　　100,000원 │

④　　　　외상매입금
　　　　　　│ 100,000원

22. 당기에 발생한 비용 중 차기분을 이연하는 이유로 올바른 것은?
① 현금주의 인식
② 당기순이익의 과대공시
③ 수익과 비용의 대응
④ 차기순이익의 과소공시

23. 다음 거래를 회계처리 하였을 때, 차변 또는 대변에 기록하는 계정과목이 아닌 것은?

・3월  2일 : ㈜송파로부터 상품 2,000,000원을 주문받고 계약금 400,000원을 현금으로 받다.
・3월 26일 : 3월 2일에 주문받았던 상품을 인도하고 계약금 400,000원을 제외한 1,600,000원은 약속어음으로 받다.

① 선수금  ② 예수금  ③ 현금  ④ 받을어음

24. 다음 중 회계상의 거래에 해당하는 것은?
① 화재로 인해 상품의 일부가 파손되다.
② 신입사원 김사랑씨를 채용하다.
③ 신규 거래처로 ㈜희망상사를 선정하다.
④ 사업 확장을 위해 새로운 건물을 임차하기로 결정하다.

25. 내용연수 경과에 따른 감가상각비 변화를 나타낸 그래프와 관련 없는 감가상각방법은?

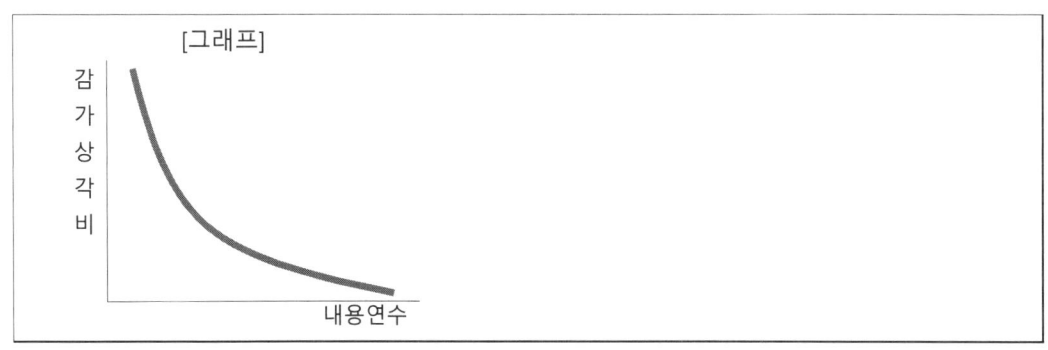

| A. 정률법 | B. 연수합계법 | C. 이중체감법 | D. 정액법 |

① A, B, C, D   ② B, C, D   ③ C, D   ④ D

26. 다음 중 비유동부채에 해당하는 것은 무엇인가?
① 퇴직급여충당부채   ② 유동성장기부채   ③ 미지급세금   ④ 선수금

27. 다음 제시된 자료에 의하여 제2기 기말자본금을 계산하면 얼마인가?(자본거래는 없음)

| 구분 | 기초자본금 | 기말자본금 | 총수익 | 총비용 | 순이익 |
|---|---|---|---|---|---|
| 1기 | 300,000원 | (     ) | 100,000원 | (     ) | 30,000원 |
| 2기 | (     ) | (     ) | 400,000원 | 330,000원 | (     ) |

① 200,000원   ② 330,000원   ③ 400,000원   ④ 500,000원

28. 손익계산서상의 계정과목 중 영업외비용에 해당하는 항목은?
① 급여   ② 복리후생비   ③ 이자비용   ④ 기업업무추진비

29. 아래의 거래내용과 관련이 없는 계정과목은?

업무에 사용 중인 토지를 20,000,000원(취득가액은 10,000,000원)에 처분하였다. 대금 중 5,000,000원은 보통예금으로 이체받고, 나머지는 만기가 3개월 후인 어음으로 받았다.

① 보통예금   ② 감가상각누계액   ③ 미수금   ④ 유형자산처분이익

30. 다음 중 경영성과에 영향을 미치는 거래는?
① 예수금을 보통예금으로 지급하다.
② 미수금을 현금으로 지급받다.
③ 통신비를 현금으로 지급하다.
④ 차입금을 현금으로 상환하다.

**31. 다음 중 회계상 거래가 아닌 것은?**
① 사무실 임대차계약을 체결하고 임차보증금 3,000만원을 현금으로 지급하다.
② 창고에 화재가 발생하여 원가 500만원의 마스크가 소실되다.
③ 마스크 8만장을 800만원에 구입하겠다고 상품의 주문서를 메일로 발송하다.
④ 카드대금 50만원이 통장에서 이체되다.

**32. 다음의 계정 중 성격이 다른 것은?**
① 미수금  ② 선수금  ③ 차량운반구  ④ 당좌예금

**33. 다음 중 현금 및 현금성자산에 포함되지 않는 것은?**
① 당좌예금  ② 통화대용증권  ③ 우편환증서  ④ 받을어음

**34. 다음 자료를 활용하여 총수익을 바르게 계산한 것은? 단, 주어진 자료만 고려한다.**

| · 기초자산 : 800,000원 | · 기초자본 : 640,000원 |
| · 기말자산 : 1,200,000원 | · 기말부채 : 300,000원 |
| · 총 비 용 : 100,000원 | |

① 160,000원  ② 260,000원  ③ 360,000원  ④ 960,000원

**35. 다음의 내용과 관련한 예시 중 성격이 다른 것은?**

> 유형자산의 내용연수를 연장시키거나 가치를 실질적으로 증가시키는 지출은 자본적지출로 하고, 당해 유형 자산의 원상을 회복시키거나 능률유지를 위한 지출은 수익적 지출로 한다.

① 건물의 피난시설 설치
② 파손된 건물유리의 교체
③ 건물의 엘리베이터의 설치
④ 건물의 용도를 변경하기 위한 개조

**36. 다음 중 영업이익에 영향을 미치지 않는 거래는?**
① 영업부 직원들의 야근식대 100,000원을 현금으로 지급하다.
② 거래처에 상품을 판매하고 배송비 5,000원을 현금으로 지급하다.
③ 광고용 전단지 인쇄대금 30,000원을 보통예금 통장에서 이체하여 주다.
④ ㈜소망상사에게 단기차입금 10,000,000원에 대한 이자 100,000원을 현금으로 지급하다.

37. 아래 분개의 내용을 계정별 원장에 전기한 것으로 가장 적절한 것은?

| ·12월 1일 : (차) 기업업무추진비 1,000,000원　　(대) 현금 1,000,000원 |

　　　　　　　　　현금　　　　　　　　　　　　　　　　현금
① 12/1　기업업무추진비 1,000,000　　　　　② 　　　　　　　　12/1 기업업무추진비1,000,000

　　　　　　　　기업업무추진비　　　　　　　　　　　　기업업무추진비
③ 12/1　기업업무추진비 1,000,000　　　　　④ 　　　　　　　　12/1 현금　　1,000,000

38. 다음 중 거래의 8요소와 그 예시로 가장 적절하지 않은 것은?
① 자산증가/자본증가 - 자기자본 50,000,000원을 대표자 명의 통장에서 출자하다.
② 자산증가/자산감소 - 기계장치 7,000,000원을 보통예금에서 지급하여 구입하다.
③ 자산증가/부채증가 - 금융기관에서 100,000,000원을 1년 만기로 차입하고 현금으로 지급받다.
④ 부채증가/자산감소 - 약속어음을 3,000,000원을 발행하여 외상매입금을 지급하다.

39. 아래의 설명에서 (　　)안의 적절한 단어는 무엇인가?

| (　　)는 제품, 상품 등의 매출액에 대응되는 원가로서 판매된 제품이나 상품 등에 대한 제조원가 또는 매입원가이다. (　　)의 산출과정은 손익계산서 본문에 표시하거나 주석으로 기재한다. |

① 판매촉진비　　② 매출원가　　③ 판매비와관리비　　④ 광고선전비

40. 다음 중 감가상각을 하지 않는 유형자산은?
① 건물　　② 비품　　③ 기계장치　　④ 건설중인자산

41. 다음 자료를 참고하여 기말자산을 바르게 계산한 것은? 단, 부채총액은 기초와 기말이 동일하며 주어진 자료만 고려한다.

| 1. 1월 1일(기초)<br>　·자본총액 : 550,000원　　·부채총액 : 800,000원<br><br>2. 12월 31일(기말)<br>　·수익총액 : 480,000원　　·비용총액 : 720,000원 |

① 240,000원　　② 310,000원　　③ 1,110,000원　　④ 1,350,000원

42. 물리적 실체가 없지만 미래의 경제적 효익을 갖는 비화폐성자산과 관련한 계정으로 올바른 것은?
① 기계장치　　② 특허권　　③ 급여　　④ 지급임차료

43. 상품매출에 대한 계약금을 거래처로부터 현금으로 받고 대변에 "상품매출"계정으로 분개하였다. 이로 인해 재무상태표와 손익계산서에 미치는 영향으로 옳은 것은?
   ① 자산이 과소계상되고, 수익이 과소계상된다.
   ② 자산이 과대계상되고, 수익이 과소계상된다.
   ③ 부채가 과대계상되고, 수익이 과대계상된다.
   ④ 부채가 과소계상되고, 수익이 과대계상된다.

44. 다음 중 자산, 부채, 자본의 개념에 대한 설명으로 틀린 것은?
   ① 자산은 미래의 경제적 효익으로 미래 현금흐름 창출에 기여하는 잠재력을 말한다.
   ② 자본은 자산 총액에서 부채 총액을 차감한 잔여 액 또는 순자산으로서 자산에 대한 소유주의 잔여청구권이다.
   ③ 부채는 과거의 거래나 사건의 결과로 미래에 자원의 유입이 예상되는 의무이다.
   ④ 복식부기를 적용 시 대차평균의 원리가 사용된다.

45. 다음 자료를 이용하여 매출총이익을 계산하면 얼마인가?

   | ・매출액 : 100,000,000원 | ・매출환입 : 1,500,000원 | ・매출에누리 : 1,500,000원 |
   | ・매출원가 : 70,000,000원 | ・급    여 : 1,500,000원 | ・접 대 비 : 3,000,000원 |

   ① 24,500,000원   ② 27,000,000원   ③ 28,500,000원   ④ 30,000,000원

46. 다음 중 재무제표에 사용되는 계정과목에 대한 설명으로 가장 잘못된 것은?
   ① 현금 : 통화(주화, 지폐), 타인발행수표, 우편환증서 등
   ② 매도가능증권 : 시장성이 있는 유가증권으로서 단기간 내의 매매차익을 얻을 목적으로 취득하고, 매수와 매도가 적극적이고 빈번하게 이루어지는 주식, 국채, 공채, 사채
   ③ 미수금 : 일반적인 상거래 외의 거래에서 발생된 채권
   ④ 상품 : 판매를 목적으로 구입한 완제품

47. 차기 회계연도로 잔액이 이월되지 않는 계정과목은?
   ① 이익잉여금   ② 소모품비   ③ 미지급비용   ④ 선수수익

48. 다음 중 손익계산서상의 판매비와 일반관리비에 속하지 않는 항목은?
   ① 영업사원 여비교통비   ② 영업사원 급여
   ③ 영업용승용차 감가상각비   ④ 영업용승용차 처분손실

**49. 다음 거래에 대한 결산시 (A), (B)의 회계처리로 맞는 것은?**

(A) 당기 발생하였으나 아직 지급되지 않은 사무실임차료 400,000원
(B) 당기 지급된 비용 중 차기로 이월되는 보험료 100,000원

① (A) (차) 임차료 400,000원 (대) 미지급비용 400,000원
　(B) (차) 선급비용 100,000원 (대) 보험료 100,000원

② (A) (차) 미지급비용 400,000원 (대) 임차료 400,000원
　(B) (차) 보험료 100,000원 (대) 선급비용 100,000원

③ (A) (차) 임차료 400,000원 (대) 선급비용 400,000원
　(B) (차) 미지급비용 100,000원 (대) 보험료 100,000원

④ (A) (차) 선급비용 400,000원 (대) 임차료 400,000원
　(B) (차) 보험료 100,000원 (대) 미지급비용 100,000원

**50. 다음 중 거래의 결합관계 종류가 다른 하나는?**

① 현금 100,000원을 당좌예금 계좌에 입금하다.
② 비품 50,000원을 구입하고, 대금은 외상으로 하다.
③ 단기차입금에 대한 이자 50,000원을 현금으로 지급하다.
④ 상품 100,000원을 구입하고, 그 대금과 운반비 5,000원은 나중에 지급하기로 하다.

**51. 다음 자료에 따라 유형자산처분이익(손실)을 계산하면 얼마인가?**

· 유형자산 기초 자산가액　10,000,000원　· 유형자산 처분금액　6,000,000원
· 당기중 자본적 지출금액　2,000,000원　· 감가상각누계액　5,000,000원

① 처분손실 6,000,000원　② 처분손실 4,000,000원
③ 처분손실 1,000,000원　④ 처분이익 1,000,000원

**52. 다음 중 비유동부채에 해당하는 계정과목은?**

① 매입채무　② 선수금　③ 미지급비용　④ 장기차입금

**53. 다음 중 받을어음 계정이 차변에 기재되는 거래에 해당하는 것은?**

① 상품을 30,000원에 매입하고 대금으로 소지하고 있던 거래처 발행 약속어음으로 지급하다.
② 상품을 50,000원에 매출하고 그 대금으로 동점 발행 약속어음으로 받다.
③ 비품을 30,000원에 매입하고 대금으로 2개월 만기 약속어음을 발행하여 지급하다.
④ 비품을 50,000원(장부금액 50,000원)에 매각하고 그 대금으로 동점 발행 약속어음으로 받다.

## 제6편. 전산회계2급 -이론(90)모의고사

**54. 다음 자료에서 부채 금액은 얼마인가?**

| • 외상매입금 : 3,000,000원 | • 미지급비용 : 700,000원 | • 선수금 : 1,000,000원 |
| • 단기차입금 : 2,000,000원 | • 임차보증금 : 1,000,000원 | • 예수금 : 300,000원 |

① 8,000,000원　　② 7,000,000원　　③ 6,700,000원　　④ 6,300,000원

**55. 아래의 거래내용과 가장 관련이 없는 계정과목은?**

업무에 사용하기 위하여 업무용 노트북을 1,500,000원(배송비 2,500원 별도)에 구매하고 현금으로 택배기사에게 지급한 배송비를 제외한 나머지를 카드로 결제하였다.

① 비품　　② 현금　　③ 복리후생비　　④ 미지급금

**56. 기말자본금이 1,200,000원일 때, 다음 자료에서 알 수 있는 기초자본금은 얼마인가?**

| • 인출금 : 150,000원 | • 추가출자액 : 250,000원 | • 총수익 : 700,000원 |
| • 총비용 : 580,000원 | | |

① 980,000원　　② 1,080,000원　　③ 1,130,000원　　④ 1,380,000원

**57. 기초상품재고액이 5,300,000원, 기말상품재고액이 7,600,000원, 당기상품매입액이 67,000,000원, 매출총이익이 4,700,000원이라면 상품매출액은?**

① 60,000,000원　　② 69,400,000원　　③ 75,200,000원　　④ 79,900,000원

**58. 당기 기말재무상태표에 계상되어 있는 미지급임차료는 20,000원이고, 당기 손익계산서에 계상되는 임차료는 120,000원인 경우 당기에 지급한 임차료는 얼마인가?(단, 전기이월 미지급임차료는 없음)**

① 20,000원　　② 80,000원　　③ 100,000원　　④ 120,000원

**59. 재고자산과 관련된 지출 금액 중 취득원가에서 차감되는 것은?**

① 매입운임　　② 매출운반비　　③ 매입할인　　④ 매입수수료비용

**60. 아래의 결산회계처리가 재무상태표상 자산과 손익계산서에 미치는 영향으로 가장 적절한 것은?**

> 결산과정에서 당초 현금과부족으로 처리했던 현금부족액 100만원의 원인이 판명되지 않아서 잡손실 계정으로 처리하였다.

① 재무상태표상 자산 – 영향 없음,   손익계산서 – 영향 없음
② 재무상태표상 자산 – 영향 없음,   손익계산서 – 당기순이익 증가
③ 재무상태표상 자산 – 자산 증가,   손익계산서 – 당기순이익 증가
④ 재무상태표상 자산 – 자산 감소,   손익계산서 – 당기순이익 감소

**61. 다음 중 회계상 거래가 아닌 것은?**
① 종합소득세와 개인지방소득세 5백만원을 보통예금으로 납부하였다.
② 회사의 영업력을 강화하기 위하여 영업이사를 연봉 1억원에 스카우트하기로 구두계약 하였다.
③ 커피전문점을 창업하고자 상가를 임대하기로 하고 계약금 1천만원을 현금으로 지급하였다.
④ 사업 운영자금 목적으로 은행에서 2천만원을 현금으로 차입하였다.

**62. 다음 중 일정 시점의 재무상태를 나타내는 재무보고서의 계정과목으로만 짝지어진 것이 아닌 것은?**
① 미수금, 미지급금
② 선급비용, 선수수익
③ 미수수익, 미지급비용
④ 상여금, 기부금

**63. 다음 중 유동자산이 아닌 것은?**
① 당좌예금   ② 받을어음   ③ 예수금   ④ 상품

**64. 다음의 거래를 거래의 8요소로 분석한 것으로 옳은 것은?**

> 차입금 1,000,000원과 이자 60,000원을 현금으로 지급하였다

① (차) 비용의 발생             (대) 자산의 감소와 수익의 발생
② (차) 자산의 증가             (대) 자산의 감소와 수익의 발생
③ (차) 부채의 감소와 비용의 발생   (대) 자산의 감소
④ (차) 자산의 증가와 비용의 발생   (대) 자산의 감소

65. 다음 자료를 통해 알 수 있는 외상매출금 기말잔액은 얼마인가?

| · 외상매출금 기초잔액 | 80,000원 | · 당기 외상 매출액 | 400,000원 |
| · 외상매출금 중 매출할인액 | 20,000원 | · 외상매출금 당기 회수액 | 240,000원 |
| · 당기 외상 매입액 | 200,000원 | | |

① 180,000원　　② 200,000원　　③ 220,000원　　④ 240,000원

66. 다음 중 매출원가의 계산에 영향을 미치지 않는 것은?
① 상품 매입운반비
② 매출환입 및 에누리
③ 매입환출 및 에누리
④ 당기 상품 외상 매입액

67. 다음 중 재고자산에 대한 설명으로 가장 틀린 것은?
① 정상적인 영업 과정에서 판매를 위하여 보유하거나 생산과정에 있는 자산을 말한다.
② 자동차대리점에서 보유하고 있는 판매용 차량은 재고자산에 해당한다.
③ 재고자산은 감가상각을 통하여 비용으로 인식한다.
④ 재고자산의 단가결정방법에는 개별법, 선입선출법, 후입선출법, 평균법 등이 있다.

68. 다음 중 유형자산에 해당하지 않는 것은?
① 본사 사옥으로 사용하기 위한 현재 완공 전의 건설중인자산
② 공장에서 사용하는 기계장치
③ 사무실에서 사용하는 비품
④ 투자 목적으로 구입한 건물

69. 다음 중 손익계산서의 영업이익에 영향을 미치는 것은?
① 단기매매증권을 장부가액보다 낮게 처분하여 발생한 손실 금액
② 차입금에 대한 이자 지급 금액
③ 판매촉진 목적으로 광고, 홍보, 선전 등을 위하여 지급한 금액
④ 유형자산을 장부가액보다 낮은 가격으로 처분하여 발생한 손실 금액

70. 다음 중 비용에 속하지 않는 것은?
① 판매원 급여　　② 미지급비용　　③ 법인세비용　　④ 외환차손

**71.** 다음 자료를 이용하여 영업이익을 계산하면 얼마인가?

| • 매출총이익 1,200,000원 | • 급여 100,000원 | • 이자수익 80,000원 |
| • 복리후생비 130,000원 | • 기부금 50,000원 | • 대손상각비 110,000원 |

① 800,000원　　② 860,000원　　③ 950,000원　　④ 1,120,000원

**72.** 다음 중 회계의 8요소 간 결합이 불가능한 것은?
① 자산 증가 : 자산 감소
② 자산 증가 : 부채 증가
③ 자산 증가 : 자본 감소
④ 부채 감소 : 자산 감소

**73.** 다음 중 개인기업의 자본금계정에 영향을 미치는 거래가 아닌 것은?
① 영업용 비품을 1,000,000원에 구입하고 대금은 현금으로 지급하다.
② 당기 중에 현금 5,000,000원을 추가 출자하다.
③ 기말 결산 시 인출금 3,000,000원을 자본금으로 대체하다.
④ 기말 결산 시 당기순이익 300,000원을 자본금계정으로 대체하다.

**74.** 다음 중 아래의 빈칸에 각각 들어갈 내용으로 적합한 것은?

선급비용이 ( ㉠ )되어 있다면 당기순이익은 과대계상된다
미수수익이 ( ㉡ )되어 있다면 당기순이익은 과대계상된다.

|   | ㉠ | ㉡ |
|---|---|---|
| ① | 과대계상 | 과소계상 |
| ② | 과소계상 | 과소계상 |
| ③ | 과소계상 | 과대계상 |
| ④ | 과대계상 | 과대계상 |

75. 다음은 ㈜공유(회계기간 : 1월 1일 ~ 12월 31일)의 계정별원장 일부이다. 다음의 자료를 토대로 당기 이자비용의 거래내역을 바르게 설명한 것은?

<table>
<tr><td colspan="4">이자비용</td></tr>
<tr><td>10/31 보통예금</td><td>300,000원</td><td>12/31 집합손익</td><td>500,000원</td></tr>
<tr><td>12/31 미지급비용</td><td>200,000원</td><td></td><td></td></tr>
<tr><td></td><td>500,000원</td><td></td><td>500,000원</td></tr>
</table>

① 당기에 현금으로 지급한 이자금액은 300,000원이다.
② 당기에 발생한 이자비용이지만 아직 지급하지 않은 금액은 500,000원이다.
③ 당기분 이자비용은 500,000원이다.
④ 차기로 이월되는 이자비용은 500,000원이다.

76. 다음 중 거래내용에 대해 거래요소의 결합관계를 바르게 표시한 것은?

| | 거래내용 | 거래요소의 결합관계 |
|---|---|---|
| ① | 현금 1,000,000원을 출자하여 영업을 개시하다. | 자산의 증가 - 자산의 증가 |
| ② | 외상매입금 2,000,000원을 현금으로 지급하다. | 부채의 증가 - 자산의 감소 |
| ③ | 예금이자 300,000원을 보통예금통장으로 받다. | 자산의 증가 - 수익의 발생 |
| ④ | 비품 500,000원을 사고 대금은 미지급하다. | 자산의 증가 - 수익의 발생 |

77. 다음 중 일정기간 동안 기업의 경영성과를 나타내는 재무보고서의 계정과목으로만 짝지어진 것은?
① 매출원가, 미지급비용  ② 매출액, 미수수익  ③ 매출원가, 기부금  ④ 상품, 기부금

78. 다음 중 재무상태표상 유동자산으로 분류되는 계정과목에 해당하지 않는 것은?
① 외상매출금  ② 선급비용  ③ 차량운반구  ④ 상품

79. 다음 중 계정별원장의 잔액이 항상 대변에 나타나는 것은?
① 미수금  ② 선수수익  ③ 선급비용  ④ 미수수익

80. 다음 중 손익계산서에 관한 설명으로 옳지 않은 것은?
① 손익계산서는 일정 기간 동안 기업의 경영성과에 대한 정보를 제공하는 재무보고서이다.
② 손익계산서에 보고되는 비용은 수익을 창출하기 위해 희생된 경제적 효익의 감소분을 뜻한다.
③ 손익계산서에 보고되는 수익은 한 회계기간 동안에 발생한 경제적 효익의 증가액을 뜻한다.
④ 손익계산서에 보고되는 당기순이익은 현금주의에 의해 작성될 때보다 항상 크게 보고되는 특징이 있다.

81. 다음 중 손익계산서상 계정과목에 대한 설명으로 가장 적절하지 않은 것은?
① 통신비 : 업무에 관련되는 전화요금, 휴대폰요금, 인터넷요금, 등기우편요금 등
② 수도광열비 : 업무와 관련된 가스요금, 전기요금, 수도요금, 난방비
③ 기업업무추진비 : 상품 등의 판매촉진을 위하여 불특정다수인에게 선전하는 데에 소요되는 비용
④ 임차료 : 업무와 관련된 토지, 건물, 기계장치, 차량운반구 등을 빌리고 지급하는 사용료

82. 다음 자료를 이용하여 상품의 매출원가를 계산하면 얼마인가?

| · 상품 전기이월액 350,000원 | · 당기매입액 770,000원 | · 매출채권 500,000원 |
| · 매출액 1,200,000원 | · 기말재고액 370,000원 | · 매입채무 300,000원 |

① 700,000원   ② 750,000원   ③ 830,000원   ④ 900,000원

83. 20X1년 1월 1일에 취득한 기계장치(취득가액 20,000,000원, 정액법, 내용연수 5년, 잔존가액 500,000원)를 20X2년 1월 1일에 처분하고 유형자산처분손실 300,000원을 인식하였다. 동 기계장치의 처분금액은 얼마인가? (해당 유형자산은 결산 시에 정액법으로 감가상각한다.)
① 15,400,000원   ② 15,800,000원   ③ 16,100,000원   ④ 16,400,000원

84. 다음의 자료에서 설명하고 있는 ( ㉠ ), ( ㉡ ), ( ㉢ )에 각각 들어갈 계정과목으로 바르게 연결된 것은?

| 판매용 건물은 ( ㉠ ), 본사 건물로 사용할 영업용 건물은 ( ㉡ ), 투자 목적으로 보유하고 있는 건물은 ( ㉢ )(으)로 각각 회계 처리한다. |

|   | ( ㉠ ) | ( ㉡ ) | ( ㉢ ) |
|---|---|---|---|
| ① | 건물 | 건물 | 투자부동산 |
| ② | 상품 | 건물 | 투자부동산 |
| ③ | 상품 | 투자부동산 | 토지 |
| ④ | 투자부동산 | 건물 | 건물 |

85. 다음 중 그 성격이 다른 계정과목은 무엇인가?
① 이자비용　　② 외환차손　　③ 감가상각비　　④ 기타의 대손상각비

86. 다음 중 아래의 자료에서 설명하고 있는 성격의 자산으로 분류할 수 없는 것은?

- 보고기간종료일로부터 1년 이상 장기간 사용 가능한 자산
- 물리적 형태가 있는 자산
- 타인에 대한 임대 또는 자체적으로 사용할 목적의 자산

① 화장품을 판매하는 회사의 영업장 건물
② 휴대폰을 판매하는 회사가 보유하고 있는 판매용 휴대폰
③ 가구를 판매하는 회사가 사용하고 있는 운반용 차량운반구
④ 자동차 판매회사가 보유하고 있는 영업용 토지

87. 다음 중 유형자산을 처분하고 대금을 미회수했을 경우 처리하는 계정과목으로 올바른 것은?
① 미수수익　　② 선수수익　　③ 미수금　　④ 매출채권

88. 다음 중 외상매입금을 조기 지급함에 따라 매입할인을 받고 이를 영업외수익으로 회계처리 하였을 경우 손익계산서에 미치는 영향으로 옳지 않은 것은?
① 매출원가 과대계상　　　　② 매출총이익 과소계상
③ 영업이익 과소계상　　　　④ 당기순이익 과소계상

**89. 아래에 제시된 전표의 분개 내용을 계정별원장에 전기한 것으로 적절한 것은?**

| 거래일 | 계정과목 | 차변 | 대변 |
|---|---|---|---|
| 12월 31일 | 소모품비 | 1,000,000원 | |
| | 미지급금 | | 500,000원 |
| | 현금 | | 500,000원 |
| | 소계 | 1,000,000원 | 1,000,000원 |

① _____현금_____
   12/31 소모품비 500,000 |

② _____미지급금_____
                        | 12/31 현금 500,000

③ _____미지급금_____
   12/31 소모품비 500,000 |

④ _____미지급금_____
                        | 12/31 소모품비 500,000

**90. 다음의 자료에 의한 기초자본, 기말자본, 기말부채는 얼마인가?**

- 기초자산 : 500,000원
- 기말자산 : 800,000원
- 기초부채 : 300,000원
- 총수익 : 1,000,000원
- 총비용 : 800,000원

| | 기초자본 | 기말자본 | 기말부채 |
|---|---|---|---|
| ① | 400,000원 | 200,000원 | 400,000원 |
| ② | 200,000원 | 600,000원 | 300,000원 |
| ③ | 200,000원 | 400,000원 | 400,000원 |
| ④ | 600,000원 | 300,000원 | 200,000원 |

# 전산회계2급 이론(90)모의고사 답안

1.
[답] ① [(차변) 부채의 감소    (대변) 부채의 증가]로 성립할 수 있다.

2.
[답] ④
　　　기초자산(90,000원) - 기초부채(40,000원) = 기초자본(50,000원)
　　　기말자산(110,000원) - 기말부채(50,000원) = 기말자본(60,000원)
　　　기말자본(60,000원) - 기초자본(50,000원) = 당기순이익(10,000원)
　　　기말자산(110,000원) - 기초자산(90,000원) > 기말부채(50,000원) - 기초부채(40,000원)

3.
[답] ③ 임차보증금에 대한 설명이다. 임대보증금은 추후 임차인에게 반환해야 하는 채무이다.

4.
[답] ③ 기말분개: (차)미수이자(자산)    (대)이자수익(수익)을 누락하면 자산이 감소되고 수익도 감소된다.

5.
[답] ② 받을어음의 할인, 회수, 배서양도는 받을어음 계정 대변에 회계 처리한다.
① (차) 받을어음　　7,000,000원　　(대) 상품매출　　7,000,000원
② (차) 외상매입금　7,000,000원　　(대) 받을어음　　7,000,000원
③ (차) 받을어음　　7,000,000원　　(대) 외상매출금　7,000,000원
④ (차) 지급어음　　7,000,000원　　(대) 현금　　　　7,000,000원

6.
[답] ③ 사채는 비유동부채이며, 나머지는 유동부채에 해당된다.

7.
[답] ② 결산일 대손추산액 : 외상매출금 30,000,000원 × 대손율 2% = 600,000원
　　　대손 추산액 600,000원 - 대손충당금 100,000원 = 500,000원(추가설정)

8.
[답] ③ 손익계산서에 대한 설명이다.

9.
[답] ④ 후입선출법은 기말재고자산가액이 가장 오래전에 매입한 상품으로 구성되어 있으므로 물가가 하락하고 재고자산 수량이 일정하게 유지된다고 가정할 때, 후입선출법에서 기말재고자산가액이 가장 크게 나타난다. 기말재고자산가액이 크면 매출원가는 가장 작게 나타난다.

10.
[답] ② 유형자산의 취득원가는 구입원가 또는 제작원가 및 경영진이 의도하는 방식으로 자산을 가동하는 데 필요한 장소와 상태에 이르게 하는데 직접 관련되는 지출로 구성된다. 따라서 유형자산을 사업에 사용한 후에 발생하는 수리비의 경우 취득원가에 포함되지 않는다.(일반기업회계기준서 제10장 유형자산 중 취득원가 10.8)

11.
[답] ② 예수금은 부채계정으로 상품매출과 직접적인 관련이 없다.

12.
[답] ④ 비유동부채 중 보고기간종료일로부터 1년 이내에 자원의 유출이 예상되는 부분은 유동부채로 분류한다. [문단 2.23]

13.
[답] ① 판매비와관리비 = 복리후생비 + 통신비 + 임차료
          410,000원 = 120,000원 + 80,000원 + 210,000원

14.
[답] ③ 토지는 유형자산에 포함된다. [문단 2.32]

15.
[답] ④ 회사의 이자수익은 당기순이익을 증가시킨다. 나머지는 영향이 없거나 감소시킨다.

16.
[답] ② 임차보증금은 비유동자산에 해당한다.

17.
[답] ④ 부채의 증가: 대변, 자본의 감소: 차변, 수익의 발생: 대변

18.
[답] ② 자산과 부채는 유동성이 높은 항목부터 배열하는 것을 원칙으로 한다.

19.
[답] ① 당기총매입액 = 매출원가+기말재고-기초상품+매입에누리
       (145,000원 = 160,000원 + 45,000원 - 80,000원 + 20,000원)

20.
[답] ④ 가지급금에 대한 설명이다.

21.
[답] ② 토지, 보통예금은 자산계정으로서 잔액이 차변에 남고, 예수금, 외상매입금은 부채계정으로서 잔액이 대변에 남는다.

22.
[답] ③ 당기에 발생하였으나 차기와 관련한 비용을 이연하여 수익과 비용을 정확하게 대응하기 위함이다.

23.
[답] ②
3월 2일  (차) 현금  400,000원  (대) 선수금  400,000원
3월 26일 (차) 받을어음 1,600,000원  (대) 상품매출 2,000,000원
           선수금    400,000원

24.
[답] ① 화재로 인해 상품의 일부가 파손되었기 때문에 자산에 변동이 생겨 이는 회계상의 거래에 해당한다.
     ②, ③, ④는 자산, 자본, 부채, 수익, 비용의 변동이 없기 때문에 회계상의 거래로 볼 수 없다.

25.
[답] ④ 가속상각법의 내용연수 경과에 따른 감가상각비 추세를 나타내는 그래프이다. 가속상각법이 아닌 것은 정액법이다.

26.
[답] ① 퇴직급여충당부채는 비유동부채이며, 나머지는 유동부채에 해당된다.(일반기업회계기준서 제2장 재무제표의 작성과 표시 중 비유동부채 분류 항목 실2.43)

27.
[답] ③ 1기에서 기초자본금과 1기 순이익을 합산하면 1기 기말자본금은 330,000원이다. 1기 기말자본금은 2기 기초자본금으로 반영되고, 2기 순이익 70,000원과 기초자본금 330,000원을 합산하면 2기 기말자본금은 400,000원으로 집계된다.

28.
[답] ③ 급여, 복리후생비, 기업업무추진비는 영업 관련 비용이다.

29.
[답] ② 토지이므로 감가상각누계액은 계상되지 않는다.
(차) 보통예금 5,000,000원   (대) 토지         10,000,000원
    미수금  15,000,000원       유형자산처분이익 10,000,000원

30.
[답] ③ 손익거래(통신비)
　　①, ②, ④는 교환거래이다.

31.
[답] ③ 일상생활 거래 해당하므로 순자산 변동은 없음

32.
[답] ② 선수금은 부채 관련 계정이고, 나머지는 자산과 관련한 계정이다.

33.
[답] ④ 매출채권(받을어음, 외상매출금)으로 분류한다.(현금 및 현금성자산은 일반기업회계기준 제2장 재무제표의 작성과 표시 재무상태표 2.35에 따른 통화 및 타인발행수표 등 통화대용증권과 당좌예금, 보통예금 및 큰 거래비용 없이 현금으로 전환이 용이하고 이자율 변동에 따른 가치변동의 위험이 경미한 금융상품으로서 취득 당시 만기일(또는 상환일)이 3개월 이내인 것을 말한다.)

34.
[답] ③
- 기말자산(1,200,000원)-기말부채(300,000원)=기말자본(900,000원)
- 기말자본(900,000원)-기초자본(640,000원)=당기순이익(260,000원)
- 당기순이익(260,000원)+총비용(100,000원)=총수익(360,000원)

35.
[답] ② 파손된 유리의 교체는 수익적 지출이며, 나머지는 자본적 지출에 해당된다.

36.
[답] ④
①, ②, ③은 복리후생비, 운반비, 광고선전비로 회계처리하며 이는 판매비와관리비에 해당하므로 영업이익에 영향을 미친다. ④는 이자비용으로 회계처리하며 이자비용은 영업외비용이므로 영업이익에 영향을 미치지 않는다.

37.
[답] ② (차) 기업업무추진비 (비용 발생) 1,000,000　　(대) 현금 (자산 감소) 1,000,000

| 현금(자산) | |
| --- | --- |
| (증가) | 12/1 기업업무추진비 1,000,000 (감소) |

| 기업업무추진비(비용) | |
| --- | --- |
| 12/1 현금 1,000,000 (발생) | (취소) |

## 제6편. 전산회계2급 −이론(90)모의고사

38.
[답] ④ (차) 외상매입금 3,000,000원(부채감소)    (대) 지급어음 3,000,000원(부채증가)

39.
[답] ② 매출원가에 대한 정의이다.(일반기업회계기준 제2장 재무제표의작성과표시 손익계산서 2.48)

40.
[답] ④ 건설중인 자산은 아직 건설이 완료되지 않은 것이므로 감가상각을 하지 않는다. 건설이 완료되어 건물 등 해당 계정으로 대체되면 그때부터 감가상각이 시작된다.

41.
[답] ③
- 총비용(720,000원) - 총수익(480,000원) = 당기순손실(240,000원)
- 기초자본(550,000원) - 당기순손실(240,000원) = 기말자본(310,000원)
- 기말부채(800,000원) + 기말자본(310,000원) = 기말자산(1,110,000원)

42.
[답] ② 무형자산에 대한 설명이며, 특허권은 무형자산에 해당한다.

43.
[답] ④ 정상적 처리된 분개는 "(차) 현 금 ×××   (대) 선 수 금 ×××"
      잘못 처리된 분개는  "(차) 현 금 ×××   (대) 상품매출 ×××"
      부채가 과소계상 되고, 수익이 과대계상 되게 된다.

44.
[답] ③ 일반기업회계기준 재무회계개념체계, 부채는 과거의 거래나 사건의 결과로 현재 기업실체가 부담하고 있고 미래에 자원의 유출 또는 사용이 예상되는 의무이다.

45.
[답] ② (순)매출액 - 매출원가 = 매출총이익
      * 97,000,000원-70,000,000원=27,000,000원
      (순)매출액:100,000,000원(매출액)-1,500,000원(매출환입)-1,500,000원(매출에누리)=97,000,000원

46.
[답] ② 단기매매증권에 대한 설명이다. 매도가능증권이란 만기보유증권이나 단기매매증권으로 분류되지 않는 주식, 국채, 공채, 사채이다.

47.
[답] ② 수익과 비용 계정은 임시계정으로 차기 연도로 이월시키지 않고 영구계정인 자산, 부채, 자본 계정만 이월시킨다. 이익잉여금(자본), 미지급비용(부채), 선수수익(부채)은 영구계정이다.

48.
[답] ④ 유형자산처분손실은 영업외비용에 속한다.

49.
[답] ① 미지급비용은 결산시 손익의 정리에서 비용의 예상이다.
　　　선급비용은 결산시 손익의 정리에서 비용의 이연이다.

50.
[답] ③ 손익거래
①, ②, ④는 교환거래이다. (④의 운반비는 상품 매입원가에 포함하므로 교환거래에 해당함)

51.
[답] ③ 처분금액 6,000,000원 - 장부가액 7,000,000원=( - )1,000,000원 ∴ 처분손실 1,000,000원
・장부가액 : 기초 자산가액 10,000,000원 + 자본적지출 2,000,000원 - 감가상각누계액 5,000,000원

52.
[답] ④ 재무상태표의 부채는 유동부채와 비유동부채로 분류하여 공시하며 분류기준은 결산일로부터 1년 이내에 상환 또는 지급 여부이다. 장기차입금은 비유동부채에 해당한다

53.
[답] ② (차) 받을어음 50,000원　　(대) 상품매출 50,000원
① (차) 상　　품 30,000원　　(대) 받을어음 30,000원
③ (차) 비　　품 30,000원　　(대) 미지급금 30,000원
④ (차) 미 수 금 50,000원　　(대) 비　　품 50,000원 : 상품 거래에만 받을어음을 사용할 수 있다.

54.
[답] ② 7,000,000원 = 3,000,000원 + 700,000원 + 1,000,000원 + 2,000,000원 + 300,000원
・임차보증금은 자산계정이다.

55.
[답] ③ 복리후생비와 관련된 내용은 제시되지 않았다.
(차) 비품　　　　　　　1,502,500원　　　(대) 미지급금　　　1,500,000원
　　　　　　　　　　　　　　　　　　　　　　현금　　　　　　2,500원

56.
[답] ① 980,000원
・기초자본금 - 인출금 + 추가출자액 + (총수익 - 총비용) = 기말자본금

## 57.
[답] ② 69,400,000원
= 매출총이익 4,700,000원 + 매출원가 64,700,000원
· 매출총이익은 「매출액 - 매출원가」이다.
· 매출원가 :   기초상품재고액   5,300,000원 + 당기상품매입액   67,000,000원 - 기말상품재고액 7,600,000원
= 64,700,000원

## 58.
[답] ③ 100,000원  = 발생된 임차료 120,000원 - 미지급된 임차료 20,000원
(차) 임차료          20,000원     (대) 미지급임차료    20,000원
(차) 임차료         100,000원     (대) 현금           100,000원
· 미지급임차료는 당기 발생된 것으로 결산시까지 지급되지 않았음을 나타낸다.

## 59.
[답] ③ 매입할인은 재고자산의 취득원가에서 차감한다.
· 상품 매출 시 운반비는 자산으로 처리하지 않고 비용(운반비)으로 처리한다.

## 60.
[답] ④ 손익계산서 비용 증가 → 당기순이익 감소/재무상태표 자산감소

· 현금부족액 처리시 :          (차) 현금과부족    1,000,000원    (대) 현금           1,000,000원
· 결산시 현금출금 원인 확인 :  (차) 잡손실       1,000,000원    (대) 현금과부족      1,000,000원
                                   (비용 발생)                        (자산 감소)

## 61.
[답] ② 회계상 거래란 기업의 재무상태와 경영성과에 영향을 줄 뿐만 아니라 그 영향이 화폐단위로 측정이 가능하여 재무제표에 공식적으로 기록될 수 있는 거래를 말한다. 영업이사를 스카우트하기로 한 구두계약만으로는 회사에 어떠한 권리나 의무가 발생하지 않으므로 이로 인한 회사의 자산 또는 부채의 증감을 신뢰성 있게 측정할 수 없다.

## 62.
[답] ④ 일정 시점 현재 기업이 보유하고 있는 경제적 자원인 자산과 경제적 의무인 부채, 그리고 자본에 대한 정보를 제공하는 재무보고서는 재무상태표로, 상여금과 기부금은 손익계산서 계정과목이다. 나머지 계정은 재무상태표 계정과목이다.

## 63.
[답] ③ 예수금은 부채이다.

64.
[답] ③ 차변에 차입금이라는 부채의 감소와 더불어 이자비용이라는 비용의 발생이 이루어졌고 대변에 현금이라는 자산의 감소가 이루어졌다.

(차) 차입금      1,000,000원      (대) 현금      1,060,000원
     이자비용     60,000원

65.
[답] ③ 220,000원
= 기초 외상매출금 80,000원 + 당기 외상매출 400,000원 - 매출할인 20,000원 - 당기 회수 240,000원

66.
[답] ② 매출환입 및 에누리는 순매출액 계산 시 사용한다.

67.
[답] ③ 유형자산에 대한 설명이다. 재고자산은 판매된 부분에 대하여 수량(계속기록법, 실지재고조사법 등)과 단가(개별법, 선입선출법, 후입선출법, 평균법 등)를 산정하여 매출원가로 인식한다.

68.
[답] ④ 투자 목적으로 구입한 건물은 투자부동산으로 이는 투자자산에 해당한다.
· 건설중인자산, 기계장치, 비품은 모두 유형자산에 해당한다.

69.
[답] ③ 판매촉진 목적으로 광고, 홍보, 선전 등을 위하여 지급한 금액은 광고선전비로 판매비와관리비에 해당하며, 영업이익을 감소시킨다. 단기매매증권처분손실, 이자비용, 유형자산처분손실은 영업외비용에 해당한다.

70.
[답] ② 미지급비용은 부채항목이다.

71.
[답] ② 860,000원
= 매출총이익 1,200,000원 - 판매비와관리비 340,000원
· 판매비와관리비 : 급여 100,000원 + 복리후생비 130,000원 + 대손상각비 110,000원 = 340,000원

72.
[답] ③ 자산의 증가와 자본의 감소는 모두 재무상태표의 차변에 작성되므로 결합될 수 없다.

# 제6편. 전산회계2급 −이론(90)모의고사

**73.**

[답] ① (차) 비품　　　1,000,000원　（대) 현금　　　1,000,000원

② (차) 현금　　　5,000,000원　（대) 자본금　　5,000,000원
③ (차) 자본금　　3,000,000원　（대) 인출금　　3,000,000원
④ (차) 손익　　　　300,000원　（대) 자본금　　　300,000원

**74.**
[답] ④ 선급비용이 과대계상되면 당기의 비용이 과소계상되어 당기순이익이 과대계상된다.
미수수익이 과대계상되면 당기의 수익이 과대계상되어 당기순이익이 과대계상된다.

**75.**
[답] ③

10.31. 이자비용 지급시　　　　　　(차) 이자비용　300,000원　(대) 보통예금　300,000원
12.31. 결산이자비용 미지급액 계상　(차) 이자비용　200,000원　(대) 미지급비용　200,000원
12.31. 당기분 이자비용 손익계정 대체　(차) 집합손익　500,000원　(대) 이자비용　500,000원

**76.**
[답] ③

① (차) 현금　　　　1,000,000원 (자산 증가)　(대) 자본금　　1,000,000원 (자본 증가)
② (차) 외상매입금　2,000,000원 (부채 감소)　(대) 현금　　　2,000,000원 (자산 감소)
③ (차) 보통예금　　　300,000원 (자산 증가)　(대) 이자수익　　300,000원 (수익 발생)
④ (차) 비품　　　　　500,000원 (자산 증가)　(대) 미지급금　5,000,000원 (부채 증가)

**77.**
[답] ③ 일정 기간 동안 기업의 경영성과에 대한 정보를 제공하는 재무보고서는 손익계산서로, 매출원가는 비용항목으로 매출액에서 차감하고, 기부금은 영업외비용 계정과목으로 자본을 감소시킨다.

**78.**
[답] ③ 차량운반구는 비유동자산(유형자산)에 해당한다.

**79.**
[답] ② 부채와 자본은 잔액이 항상 대변에 남는다.
・미수금, 선급비용, 미수수익은 자산, 선수수익은 부채이다.

**80.**
[답] ④ 손익계산서의 당기순이익은 발생주의에 의해 작성되므로 금액의 크기는 현금주의에 의해 작성되는 금액의 크기와 무관하다.

**81.**
[답] ③ 상품 등의 판매촉진을 위하여 불특정다수인에게 선전하는 데에 소요되는 비용은 광고선전비이다. 기업업무추진비란 거래관계의 활성화 또는 판매증대를 목적으로 지출하는 비용으로 교제비, 기밀비, 사례금 등이 있다.

**82.**
[답] ② 750,000원
= 상품 전기이월액 350,000원 + 당기매입액 770,000원 - 기말재고액 370,000원

**83.**
[답] ② 15,800,000원
= 취득가액 20,000,000원 - 감가상각누계액 3,900,000원 - 유형자산처분손실 300,000원
· 감가상각누계액 : (취득가액 20,000,000원 - 잔존가액 500,000원)×1/5 = 3,900,000원
· 회계처리

| 2024.01.01. | (차) 현금 등 | 15,800,000원 | (대) 기계장치 | 20,000,000원 |
|---|---|---|---|---|
| | 감가상각누계액 | 3,900,000원 | | |
| | 유형자산처분손실 | 300,000원 | | |

**84.**
[답] ②

**85.**
[답] ③ 감가상각비는 판매비와관리비에 해당한다.
· 이자비용, 외환차손, 기타의 대손상각비는 영업외비용이다.

**86.**
[답] ② 휴대폰 판매회사가 보유하고 있는 판매용 휴대폰은 재고자산(상품)이다.
· 유형자산은 재화의 생산, 용역의 제공, 타인에 대한 임대 또는 자체적으로 사용할 목적으로 보유하는 물리적 형체가 있는 자산으로서, 1년을 초과하여 사용할 것이 예상되는 자산을 말한다.

**87.**
[답] ③ 상품 이외의 자산 매각으로 발생한 미수액은 미수금으로 처리한다.
· 정상적인 영업활동(일반적인 상거래)에서 발생한 판매대금의 미수액 : 매출채권
· 일반적인 상거래 이외에서 발생했으나 아직 기록(회수)되지 않은 수익 : 미수수익
· 수익 중 차기 이후에 속하는 금액이지만 그 대가를 미리 받은 경우 : 선수수익

88.
[답] ④ 매입할인액은 재고자산의 취득원가에서 차감하여야 하는 것이나 이를 당기매입액에서 차감하지 않고 영업외수익으로 회계처리 하였을 경우 당기매입액이 과대계상되어 매출원가 과대계상, 매출총이익 과소계상을 초래한다.
· 매출총이익 - 판매비와관리비 = 영업이익 과소계상
· 영업이익 + 영업외수익 - 영업외비용 = 당기순이익 불변

89.
[답] ④
· 회계처리 (차) 소모품비 (비용 발생)　　　1,000,000원 (대) 미지급금 (부채 증가)　　500,000원
　　　　　　　　　　　　　　　　　　　　　　　　　　　　현금 (자산 감소)　　　　500,000원

90.
[답] ③
· 기초자본 : 기초자산 500,000원 - 기초부채 300,000원 = 200,000원
· 당기순이익 : 총수익 1,000,000원 - 총비용 800,000원 = 200,000원
· 기말자본 : 기초자본 200,000원 + 당기순이익 200,000원 = 400,000원
· 기말부채 : 기말자산 800,000원 - 기말자본 400,000원 = 400,000원

# 제7편
# 전산회계2급 실기모의고사

1회  실기모의고사 및 해답(코드 2001) ················································  388
2회  실기모의고사 및 해답(코드 2002) ················································  397
3회  실기모의고사 및 해답(코드 2003) ················································  406

# 제7편. 전산회계2급 −실기모의고사

## 1회 실기모의고사
(회계 2급)

우성상사(코드번호:2001)는 문구 및 잡화를 판매하는 개인기업이다. 당기(제12기) 회계기간은 2025.1.1.~2025.12.31.이다. 전산세무회계 수험용 프로그램을 이용하여 다음 물음에 답하시오.

**문제1** 다음은 우성상사의 사업자등록증이다. [회사등록] 메뉴에 입력된 내용을 검토하여 누락분은 추가입력하고 잘못된 부분은 정정하시오(주소입력 시 우편번호는 입력하지 않아도 무방함).

---

## 사 업 자 등 록 증

(일반과세자)

등록번호 210-21-98692

상 호 명 : 우성상사
대 표 자 명 : 손우성
개 업 연 월 일 : 2014. 3. 9.
사 업 장 소 재 지 : 충청남도 홍성군 홍북읍 청사로174번길 9
사 업 자 의 종 류 : 업태 도소매    종목 문구 및 잡화
교 부 사 유 : 신규

사업자 단위 과세 적용사업자 여부 : 여( ) 부(✔)
전자세금계산서 전용 전자우편주소 :

2014년 3월 9일

홍성세무서장

NTS 국세청

**문제2** 다음은 우성상사의 전기분 재무상태표이다. 입력되어 있는 자료를 검토하여 오류 부분은 정정하고 누락된 부분은 추가 입력하시오.

재 무 상 태 표

회사명 : 우성상사  제11기 2024.12.31. 현재  (단위 : 원)

| 과 목 | 금 | 액 | 과 목 | 금 | 액 |
|---|---|---|---|---|---|
| 현 금 | | 43,000,000 | 외 상 매 입 금 | | 59,000,000 |
| 당 좌 예 금 | | 30,000,000 | 지 급 어 음 | | 100,000,000 |
| 보 통 예 금 | | 25,000,000 | 단 기 차 입 금 | | 80,000,000 |
| 외 상 매 출 금 | 40,000,000 | | 자 본 금 | | 171,800,000 |
| 대 손 충 당 금 | 400,000 | 39,600,000 | (당기순이익 : | | |
| 받 을 어 음 | 80,000,000 | | 10,800,000) | | |
| 대 손 충 당 금 | 800,000 | 79,200,000 | | | |
| 상 품 | | 100,000,000 | | | |
| 차 량 운 반 구 | 60,000,000 | | | | |
| 감가상각누계액 | 14,000,000 | 46,000,000 | | | |
| 비 품 | 50,000,000 | | | | |
| 감가상각누계액 | 2,000,000 | 48,000,000 | | | |
| 자 산 총 계 | | 410,800,000 | 부채와자본총계 | | 410,800,000 |

**문제3** 다음 자료를 이용하여 입력하시오.

[1] 다음 자료를 이용하여 [기초정보관리]의 [거래처등록] 메뉴에서 거래처(신용카드)를 추가로 등록하시오(단, 주어진 자료 외의 다른 항목은 입력할 필요 없음). (3점)

- 거래처코드 : 99811
- 거래처명 : 나라카드
- 유형 : 매입
- 카드번호 : 1000-2000-3000-4000
- 카드종류 : 3.사업용카드

## 제7편. 전산회계2급 −실기모의고사

[2] 우성상사의 거래처별 초기이월 채권과 채무의 잔액은 다음과 같다. 입력된 자료를 검토하여 잘못된 부분은 삭제 또는 수정, 추가 입력하여 자료에 맞게 정정하시오(거래처코드를 사용할 것).

| 계정과목 | 거래처 | 잔액 | 계 |
|---|---|---|---|
| 외상매출금 | 유통상사 | 10,000,000원 | 40,000,000원 |
|  | 브런치상사 | 20,000,000원 |  |
|  | 하이상사 | 10,000,000원 |  |
| 외상매입금 | 순임상사 | 20,000,000원 | 59,000,000원 |
|  | ㈜다온유통 | 39,000,000원 |  |

### 문제4  다음의 거래 자료를 [일반전표입력] 메뉴를 이용하여 입력하시오.

< 입력 시 유의사항 >
- 적요의 입력은 생략한다.
- 부가가치세는 고려하지 않는다.
- 채권·채무와 관련된 거래는 별도의 요구가 없는 한 반드시 기등록된 거래처코드를 선택하는 방법으로 거래처명을 입력한다.
- 회계처리 시 계정과목은 별도의 제시가 없는 한 등록된 계정과목 중 가장 적절한 과목으로 한다.

[1] 07월 09일 영업부에서 사용할 차량 15,000,000원을 구입하고 당좌수표를 발행하여 지급하다.

[2] 08월 01일 영업부가 사용하는 본사 사무실의 관리비 300,000원을 보통예금에서 이체하였다.

[3] 08월 04일 본사의 주민세 사업소분 62,500원을 현금으로 납부하였다.

[4] 08월 12일 회사대표 손우성씨의 명함을 디자인명함에서 인쇄 제작하였다. 대금은 현금으로 지급하고, 현금영수증을 다음과 같이 수취하였다.

|  | 디자인명함 |  |  |
|---|---|---|---|
| 107-36-25785 |  | 박한준 |  |
| 서울특별시 영등포구 여의도동 44-3 |  | TEL : 1566-5580 |  |
| 홈페이지 http://www.dhan.com |  |  |  |
| 현금(지출증빙) |  |  |  |
| 구매 2025/08/12/15:35 | 거래번호 : 20250812-010 |  |  |
| 상품명 | 수량 | 단가 | 금액 |
| 명함제작 | 1 | 20,000 | 20,000 |
| 202508121535010 |  |  |  |
|  |  | 합  계 | 20,000 |
|  |  | 받은금액 | 20,000 |

[5] 08월 18일 단기운용목적으로 ㈜우리의 발행주식 1,000주(1주당 액면금액 5,000원)를 1주당 6,000원에 취득하였다. 대금은 취득 시 발생한 별도의 수수료 130,000원을 포함하여 보통예금에서 지급하였다.

[6] 09월 03일 수원문구에 상품을 공급하기로 하고 7월 25일 체결한 계약에 따라 상품을 공급하면서 아래의 거래명세서를 발급하였다. 계약금을 제외한 나머지 대금은 외상으로 하다.

| 권 | | 호 | | 거래명세표(거래용) | | | |
|---|---|---|---|---|---|---|---|
| 2025년 9월 3일 | | | 공급자 | 사업자등록번호 | 210-21-98692 | | |
| 수원문구 귀하 | | | | 상 호 | 우성상사 | 성 명 | 손우성 ㊞ |
| | | | | 사업장소재지 | 충청남도 홍성군 홍북읍 청사로174번길 9 | | |
| 아래와 같이 계산합니다. | | | | 업 태 | 도소매 | 종 목 | 문구 및 잡화 |
| 합계금액 | | | | 오백만 원정 ( ₩ 5,000,000 ) | | | |
| 월일 | 품 목 | 규 격 | | 수 량 | 단 가 | 공 급 대 가 | |
| 9월 3일 | 문구 | | | 1,000개 | 5,000원 | 5,000,000원 | |
| | 계 | | | | | 5,000,000원 | |
| 전잔금 | 없음 | | | 합 | 계 | 5,000,000원 | |
| 입 금 | 500,000원 | 잔 금 | | 4,500,000원 | 인수자 | 정현용 ㊞ | |
| 비 고 | 입금 500,000원은 계약금으로, 7월 25일 공급대가의 10%를 현금으로 수령한 것임 | | | | | | |

[7] 10월 18일 본사 영업부 사무실 건물의 유리창을 교체하고 수리비는 신용카드로 결제하였다.

| 카드매출전표 |
|---|
| 카드종류 : 현대카드 |
| 카드번호 : 5856-4512-20**-9965 |
| 거래일시 : 2025.10.18. 09:30:51 |
| 거래유형 : 신용승인 |
| 금    액 : 150,000원 |
| 결제방법 : 일시불 |
| 승인번호 : 10005539 |
| 은행확인 : 국민은행 |
| 가맹점명 : 수리창호 |
| - 이 하 생 략 - |

[8] 11월 24일 서울시에서 주관하는 나눔천사 기부릴레이에 참여하여 서대문구청에 현금 1,000,000원을 기부하다.

## 제7편. 전산회계2급 －실기모의고사

**문제5** [일반전표입력] 메뉴에 입력된 내용 중 다음의 오류가 발견되었다. 입력된 내용을 검토하고 삭제, 수정 또는 추가 입력하여 올바르게 정정하시오.

─── < 입력 시 유의사항 > ───
- 적요의 입력은 생략한다.
- 부가가치세는 고려하지 않는다.
- 채권·채무와 관련된 거래는 별도의 요구가 없는 한 반드시 기등록된 거래처코드를 선택하는 방법으로 거래처명을 입력한다.
- 회계처리 시 계정과목은 별도의 제시가 없는 한 등록된 계정과목 중 가장 적절한 과목으로 한다.

[1] 09월 14일 영업부에서 사용하기 위한 업무용차량을 구입하면서 현금으로 지출한 취득세 130,000원을 세금과공과(판)으로 회계처리하였다.

[2] 11월 21일 당사가 현금으로 지급한 축의금 100,000원은 매출거래처 직원이 아니라 당사 영업부 직원의 결혼축의금으로 판명되었다.


**문제6** 다음의 결산정리사항을 입력하여 결산을 완료하시오.

─── < 입력 시 유의사항 > ───
- 적요의 입력은 생략한다.
- 부가가치세는 고려하지 않는다.
- 채권·채무와 관련된 거래는 별도의 요구가 없는 한 반드시 기등록된 거래처코드를 선택하는 방법으로 거래처명을 입력한다.
- 회계처리 시 계정과목은 별도의 제시가 없는 한 등록된 계정과목 중 가장 적절한 과목으로 한다.

[1] 결산일 현재 송우상사의 단기대여금에 대하여 당기 기간경과분에 대한 이자 미수액 60,000원을 계상하다.

[2] 결산일 현재 기말 가지급금 계정 잔액 150,000원은 거래처 ㈜홍상사에 대한 외상매입금 지급액으로 확인되었다.

[3] 마이너스 통장인 행복은행의 보통예금 기말잔액이 －900,000원이다(기말잔액이 음수가 되지 않도록 적절한 계정으로 대체하되, 음수로 입력하지 말 것).

[4] 당기 기말상품재고액은 7,000,000원이다.

**문제7** 다음 사항을 조회하여 알맞은 답안을 메뉴에 입력하시오.

[1] 2/4분기(4월~6월) 중 현금으로 지급한 수수료비용(판매비및관리비)은 얼마인가?

[2] 상반기(1월~6월) 중 복리후생비(판매비및관리비)를 가장 많이 지출한 달(月)과 가장 적게 지출한 달(月)의 금액간 차이는 얼마인가?(단, 음수로 입력하지 말 것)

[3] 6월 말 현재 거래처 인천상사에 대한 선급금 잔액은 얼마인가?

## 1회 실기모의고사 답안

### 문제1

[답]
[회사등록] > ・과세유형 수정 : 2.간이과세자 → 1.일반과세자
・대표자명 수정 : 손희정 → 손우성
・업태 수정 : 서비스 → 도소매

### 문제2

[답]
[전기분재무상태표] > ・현금 수정 : 3,000,000원 → 43,000,000원
・대손충당금(외상매출금) 추가입력 : 400,000원
・감가상각누계액(차량운반구) 수정 : 1,200,000원 → 14,000,000원

### 문제3

1. [답]
[거래처등록] > [신용카드] 탭 > ・코드 : 99811
 ・거래처명 : 나라카드
 ・유형 : 2.매입
 ・카드번호(매입) : 1000-2000-3000-4000
 ・카드종류(매입) : 3.사업용카드

2. [답]
1. 외상매출금 > ・유통상사 9,000,000원 → 10,000,000원으로 수정
 ・브런치상사 21,000,000원 → 20,000,000원으로 수정
2. 외상매입금 > ・순임상사 20,000,000원 추가입력

## 문제4

1. [답] 일반전표입력
07.09.   (차) 차량운반구    15,000,000원    (대) 당좌예금    15,000,000원

2. [답] 일반전표입력
08.01.   (차) 건물관리비(판)    300,000원    (대) 보통예금    300,000원

3. [답] 일반전표입력
08.04.   (차) 세금과공과(판)    62,500원    (대) 현금    62,500원
         또는 출금전표    세금과공과(판)    62,500원

4. [답] 일반전표입력
08.12.   (차) 도서인쇄비(판)    20,000원    (대) 현금    20,000원
         또는 출금전표    도서인쇄비(판)    20,000원

5. [답] 일반전표입력
08.18.   (차) 단기매매증권    6,000,000원    (대) 보통예금    6,130,000원
         수수료비용(영업외비용)    130,000원

6. [답] 일반전표입력
09.03.   (차) 선수금(수원문구)    500,000원    (대) 상품매출    5,000,000원
         외상매출금(수원문구)    4,500,000원

7. [답] 일반전표입력
10.18.   (차) 수선비(판)    150,000원    (대) 미지급금(현대카드)    150,000원
                                              또는 미지급비용(현대카드)

8. [답] 일반전표입력
11.24.   (차) 기부금    1,000,000원    (대) 현금    1,000,000원
         또는 출금전표    기부금    1,000,000원

## 문제5

1. [답] 일반전표입력
수정 전 : 09.14.    (차) 세금과공과(판)    130,000원    (대) 현금    130,000원
수정 후 : 09.14.    (차) 차량운반구    130,000원    (대) 현금    130,000원
                   또는 출금전표    차량운반구    130,000원

2. [답] 11월 21일 일반전표입력
수정 전 : 11.21.    (차) 기업업무추진비(판)   100,000원   (대) 현금   100,000원
수정 후 : 11.21.    (차) 복리후생비(판)       100,000원   (대) 현금   100,000원
                   또는 출금전표      복리후생비(판)   100,000원

### 문제6

1. [답] 일반전표입력
12.31.    (차) 미수수익        60,000원    (대) 이자수익      60,000원

2. [답] 일반전표입력
12.31.    (차) 외상매입금(㈜홍상사)  150,000원   (대) 가지급금   150,000원

3. [답] 일반전표입력
12.31.    (차) 보통예금        900,000원   (대) 단기차입금(행복은행)   900,000원

4. [답]
1. [결산자료입력] > 2. 매출원가 > ⑩ 기말 상품 재고액 > 결산반영금액 7,000,000원 입력 > F3 전표추가
2. 또는 일반전표입력
12.31.    (결차) 상품매출원가   222,920,000원   (결대) 상품   222,920,000원
· 상품매출원가 : 합계잔액시산표(또는 계정별원장 또는 총계정원장) 상품 차변 합계액 229,920,000원 - 기말상품재고액 7,000,000원 = 222,920,000원

### 문제7

1. [답] 600,000원
[일계표(월계표)] > 조회기간 : 4월~6월 > 5.판매비및관리비 : 수수료비용 > 차변 현금

2. [답] 1,500,000원
= 2월 1,800,000원 - 5월 300,000원
[총계정원장] > 조회기간 : 1월~6월 > 계정과목 : 복리후생비(판)

3. [답] 5,200,000원
[거래처별계정과목별원장] > 조회기간 : 1월~6월 > 계정과목 : 선급금 > 거래처 : 인천상사

# 2회 실기모의고사

유리상사(코드번호:2002)는 사무기기를 판매하는 개인기업이다. 당기(제13기)의 회계기간은 2025.1.1.~2025.12.31.이다. 전산세무회계 수험용 프로그램을 이용하여 다음 물음에 답하시오.

**문제1** 다음은 유리상사의 사업자등록증이다. [회사등록] 메뉴에 입력된 내용을 검토하여 누락분은 추가입력하고 잘못된 부분은 정정하시오(주소입력 시 우편번호는 입력하지 않아도 무방함).

## 사업자등록증

(일반과세자)

등록번호 106 - 25 - 12340

상    호    명 : 유리상사
대  표  자  명 : 양안나
개 업 연 월 일 : 2013. 05. 09
사업장소재지 : 광주광역시 남구 봉선중앙로123번길 1(수펄동)
사업자의 종류 : 업태 도소매    종목 사무기기
교  부  사  유 : 신규

사업자 단위 과세 적용사업자 여부 : 여(  ) 부(✔)
전자세금계산서 전용 전자우편주소 :

2013년 5월 9일

광주세무서장

 국세청

## 문제2

다음은 유리상사의 전기분 재무상태표이다. 입력되어 있는 자료를 검토하여 오류 부분은 정정하고 누락된 부분은 추가 입력하시오.

재 무 상 태 표

회사명 : 유리상사       제12기 2024.12.31. 현재       (단위 : 원)

| 과 목 | 금 | 액 | 과 목 | 금 | 액 |
|---|---|---|---|---|---|
| 현         금 | | 50,000,000 | 외 상 매 입 금 | | 23,200,000 |
| 당 좌 예 금 | | 20,000,000 | 지 급 어 음 | | 18,020,000 |
| 보 통 예 금 | | 9,500,000 | 미 지 급 금 | | 22,000,000 |
| 외 상 매 출 금 | 68,000,000 | | 단 기 차 입 금 | | 24,460,000 |
| 대 손 충 당 금 | 680,000 | 67,320,000 | 자 본 금 | | 104,740,000 |
| 받 을 어 음 | 10,000,000 | | | | |
| 대 손 충 당 금 | 100,000 | 9,900,000 | | | |
| 단 기 대 여 금 | | 2,000,000 | | | |
| 미 수 금 | | 1,000,000 | | | |
| 상         품 | | 6,000,000 | | | |
| 차 량 운 반 구 | 35,000,000 | | | | |
| 감 가 상 각 누 계 액 | 15,000,000 | 20,000,000 | | | |
| 비         품 | 7,000,000 | | | | |
| 감 가 상 각 누 계 액 | 300,000 | 6,700,000 | | | |
| 자 산 총 계 | | 192,420,000 | 부채와 자본 총계 | | 192,420,000 |

## 문제3

다음 자료를 이용하여 입력하시오.

[1] 유리상사의 외상매출금과 외상매입금에 대한 거래처별 초기이월 잔액은 다음과 같다. 입력된 자료를 검토하여 잘못된 부분은 삭제 또는 수정, 추가 입력하여 주어진 자료에 맞게 정정하시오. (3점)

| 계정과목 | 거래처 | 잔액 | 합계 |
|---|---|---|---|
| 외상매출금 | 참푸른상사 | 15,000,000원 | 68,000,000원 |
| | ㈜오늘상회 | 53,000,000원 | |
| 외상매입금 | 해송상회 | 13,200,000원 | 23,200,000원 |
| | ㈜부일 | 10,000,000원 | |

[2] 다음 자료를 이용하여 [기초정보관리]의 [거래처등록] 메뉴에서 거래처를 추가로 등록하시오 (단, 주어진 자료 외의 다른 항목은 입력할 필요 없음).

- 거래처코드 : 01000
- 거래처명 : 잘먹고잘살자
- 사업자등록번호 : 214-13-84536
- 대표자성명 : 김영석
- 거래처유형 : 매입
- 업태/종목 : 서비스/한식

## 문제4 다음의 거래 자료를 [일반전표입력] 메뉴를 이용하여 입력하시오.

< 입력 시 유의사항 >
- 적요의 입력은 생략한다.
- 부가가치세는 고려하지 않는다.
- 채권·채무와 관련된 거래는 별도의 요구가 없는 한 반드시 기등록된 거래처코드를 선택하는 방법으로 거래처명을 입력한다.
- 회계처리 시 계정과목은 별도의 제시가 없는 한 등록된 계정과목 중 가장 적절한 과목으로 한다.

[1] 07월 06일 영업부 직원들의 직무역량 강화 교육을 위한 학원 수강료 100,000원을 보통예금 계좌에서 이체하여 지급하다.

[2] 08월 02일 강남상사로부터 임차하여 영업점으로 사용하던 건물의 임대차 계약이 만료되어 보증금 100,000,000원을 보통예금 계좌로 돌려받았다(단, 보증금의 거래처를 기재할것).

[3] 08월 29일 거래처의 신규 매장 개설을 축하하기 위하여 영업부에서 거래처 선물용 화분 300,000원을 구입하고 사업용 카드(비씨카드)로 결제하였다.

```
              카드매출전표
상호 : 나이뻐화원        사업자번호 : 130-52-12349
대표자 : 임꺽정          전화번호 : 041-630-0000
[상품명]    [단가]     [수량]     [금액]
 화분     300,000원     1       300,000원
                    합 계 액    300,000원
                    받 은 금 액  300,000원

신용카드전표(고객용)
카드번호 : 1111-2222-3333-4444
카 드 사 : 비씨카드
거래일시 : 2025.08.29. 10:30:51
거래유형 : 신용승인
승인금액 : 300,000원
결제방법 : 일시불
승인번호 : 9461464
           이용해주셔서 감사합니다.
    교환/환불은 영수증을 지참하여 일주일 이내 가능합니다.
```

[4] 09월 06일 희정은행의 정기예금에 가입하고, 보통예금 계좌에서 10,000,000원을 이체하였다.

[5] 09월 20일 부산상사로부터 상품 1,000,000원을 매입하고 대금 중 600,000원은 당좌수표를 발행하여 지급하고 나머지는 현금으로 지급하다.

[6] 09월 30일 9월 중 입사한 영업부 신입사원 김하나의 9월분 급여를 다음과 같이 보통예금으로 지급하다.

| 유리상사 당해연도 9월 급여명세서 |||||
|---|---|---|---|---|
| 이 름 | 김 하 나 | 지 급 일 | 2025.09.30. ||
| 기 본 급 여 | 750,000원 | 소 득 세 | 0원 ||
| 직 책 수 당 | 0원 | 지 방 소 득 세 | 0원 ||
| 상 여 금 | 0원 | 고 용 보 험 | 6,000원 ||
| 특 별 수 당 | 0원 | 국 민 연 금 | 0원 ||
| 자가운전보조금 | 0원 | 건 강 보 험 | 0원 ||
| 교 육 지 원 수 당 | 0원 | 기 타 공 제 | 0원 ||
| 급 여 계 | 750,000원 | 공 제 합 계 | 6,000원 ||
| 귀하의 노고에 감사드립니다. || 차 인 지 급 액 | 744,000원 ||

[7] 10월 11일 사업장 건물의 피난시설 설치공사를 실시하고 공사대금 3,000,000원은 보통예금으로 지급하였다(피난시설 설치공사는 건물의 자본적지출로 처리할 것).

[8] 10월 13일 미림전자의 파산으로 인하여 미림전자에 대한 외상매출금 2,600,000원을 전액 대손처리하기로 하다(대손 처리 시점의 외상매출금에 대한 대손충당금 잔액은 300,000원이다).

**문제5** [일반전표입력] 메뉴에 입력된 내용 중 다음의 오류가 발견되었다. 입력된 내용을 검토하고 수정 또는 삭제, 추가 입력하여 올바르게 정정하시오. (6점)

─── < 입력 시 유의사항 > ───
• 적요의 입력은 생략한다.
• 부가가치세는 고려하지 않는다.
• 채권·채무와 관련된 거래는 별도의 요구가 없는 한 반드시 기등록된 거래처코드를 선택하는 방법으로 거래처명을 입력한다.
• 회계처리 시 계정과목은 별도의 제시가 없는 한 등록된 계정과목 중 가장 적절한 과목으로 한다.

[1] 07월 09일 인천시청에 기부한 현금 200,000원이 세금과공과(판)로 회계처리 되었음을 확인하였다.

[2] 10월 12일 거래처 영랑문구의 외상매출금 5,000,000원을 보통예금 계좌로 이체받은 것으로 회계처리를 하였으나 실제로는 영랑문구에 대한 단기대여금 5,000,000원이 회수된 것으로 확인되었다.

**문제6** 다음의 결산정리사항을 입력하여 결산을 완료하시오.

─── < 입력 시 유의사항 > ───
• 적요의 입력은 생략한다.
• 부가가치세는 고려하지 않는다.
• 채권·채무와 관련된 거래는 별도의 요구가 없는 한 반드시 기등록된 거래처코드를 선택하는 방법으로 거래처명을 입력한다.
• 회계처리 시 계정과목은 별도의 제시가 없는 한 등록된 계정과목 중 가장 적절한 과목으로 한다.

[1] 결산일 현재까지 현금과부족 계정으로 처리한 현금부족액 100,000원에 대한 원인이 밝혀지지 않았다.

[2] 기말 현재 가수금 계정의 잔액 500,000원은 차기 매출과 관련하여 거래처 인천상사로부터 수령한 계약금으로 확인되었다(계약금은 선수금으로 처리할 것).

[3] 농협은행으로부터 연 이자율 6%로 10,000,000원을 12개월간 차입 (차입기간 : 2025.9.1. ~ 2026.8.31.) 하고, 이자는 12개월 후 차입금 상환 시점에 일시 지급하기로 하였다. 결산분개를 하시오(단, 이자는 월할 계산할 것).

[4] 2023년 1월 1일에 영업부에서 구매하였던 차량운반구의 당기분 감가상각비를 계상하다(취득원가 60,000,000원, 잔존가액 4,000,000원, 내용연수 8년, 정액법).

## 문제7  다음 사항을 조회하여 알맞은 답안을 메뉴에 입력하시오.

[1] 6월 30일 현재 가지급금 잔액은 얼마인가?

[2] 1월부터 6월까지의 기업업무추진비(판)를 가장 많이 지출한 달(月)과 가장 적게 지출한 달(月)의 차이 금액은 얼마인가? (단, 음수로 입력하지 말 것)

[3] 6월 말 현재 미지급금 잔액이 가장 많은 거래처의 상호와 미지급금 잔액은 얼마인가?

## 2회 실기모의고사 답안

### 문제1

[답]
[회사등록] > ・과세유형 수정 : 2.간이과세자 → 1.일반과세자
・사업장소재지 수정 : 광주광역시 남구 봉선중앙로 153번길
→ 광주광역시 남구 봉선중앙로123번길 1(주월동)
・개업연월일 수정 : 2013.05.19. → 2013.05.09.

### 문제2

[답]
[전기분재무상태표] > ・보통예금 수정 : 5,900,000원 → 9,500,000원
・미수금 추가입력 : 1,000,000원
・단기차입금 수정 : 23,000,000원 → 24,460,000원

### 문제3

1. [답]
[거래처별초기이월] > ・외상매출금 : 침푸른싱사 8,500,000원 → 15,000,000원으로 수정
・외상매입금 : ㈜부일 6,000,000원 → 10,000,000원으로 수정

2. [답]
[거래처등록] > [일반거래처] 탭 > ・코드 : 01000
 ・거래처명 : 잘먹고잘살자
 ・거래처유형 : 2.매입
 ・사업자등록번호 : 214-13-84536
 ・대표자성명 : 김영석
 ・업태 : 서비스
 ・종목 : 한식

## 제7편. 전산회계2급 -실기모의고사

### 문제4

1. [답] 일반전표입력
07.06. (차) 교육훈련비(판) 100,000원 (대) 보통예금 100,000원

2. [답] 일반전표입력
08.02. (차) 보통예금 100,000,000원 (대) 임차보증금(강남상사) 100,000,000원

3. [답] 일반전표입력
08.29. (차) 기업업무추진비(판) 300,000원 (대) 미지급금(비씨카드) 300,000원
또는 미지급비용(비씨카드)

4. [답] 일반전표입력
09.06. (차) 정기예금 10,000,000원 (대) 보통예금 10,000,000원

5. [답] 일반전표입력
09.20. (차) 상품 1,000,000원 (대) 당좌예금 600,000원
현금 400,000원

6. [답] 일반전표입력
09.30. (차) 급여(판) 750,000원 (대) 예수금 6,000원
보통예금 744,000원

7. [답] 일반전표 입력
10.11. (차) 건물 3,000,000원 (대) 보통예금 3,000,000원

8. [답] 일반전표입력
10.13. (차) 대손충당금(109.외상매출금) 300,000원 (대) 외상매출금(미림전자) 2,600,000원
대손상각비 2,300,000원

### 문제5

1. [답] 일반전표입력
• 수정 전 : 07.09. (차) 세금과공과(판) 200,000원 (대) 현금 200,000원
• 수정 후 : 07.09. (차) 기부금 200,000원 (대) 현금 200,000원
또는 출금전표 기부금 200,000원

2. [답] 일반전표입력
- 수정 전 : 10.12.    (차) 보통예금    5,000,000원    (대) 외상매출금(영랑문구)    5,000,000원
- 수정 후 : 10.12.    (차) 보통예금    5,000,000원    (대) 단기대여금(영랑문구)    5,000,000원

## 문제6

1. [답] 일반전표입력
12.31.    (차) 잡손실    100,000원    (대) 현금과부족    100,000원

2. [답] 일반전표입력
12.31.    (차) 가수금    500,000원    (대) 선수금(인천상사)    500,000원

3. [답] 일반전표입력
12.31.    (차) 이자비용    200,000원    (대) 미지급비용    200,000원
- 기간경과분 미지급이자 : 10,000,000원×6%×4개월/12개월 = 200,000원

4. [답]
1. 결산자료입력 > 4) 감가상각비 > 차량운반구 > 결산반영금액 7,000,000원 입력 > F3 전표추가
2. 또는 일반전표입력
12.31.    (차) 감가상각비(판)    7,000,000원    (대) 감가상각누계액(차량운반구)    7,000,000원
- 감가상각비 : (취득가액 60,000,000원 - 잔존가치 4,000,000원)÷8년 = 7,000,000원

## 문제7

1. [답] 44,000원
[계정별원장] 또는 [총계정원장] > 조회기간 : 1월 1일~6월 30일 > 계정과목 : 가지급금(134) 조회

2. [답] 1,400,000원
= 2월 2,000,000원 - 5월 600,000원
[총계정원장] > 조회기간 : 1월 1일~6월 30일 > 계정과목 : 기업업무추진비(판)(813) 조회

3. [답] 타이거상사, 540,000원
[거래처원장] > 조회기간 : 1월 1일~6월 30일 > 계정과목 : 미지급금(253) 조회

# 제7편. 전산회계2급 —실기모의고사

## 회계 2급 / 3회 실기모의고사

충정물산(코드번호:2003)은 전자제품을 판매하는 개인기업이다. 당기(제8기)의 회계기간은 2025.1.1.~2025.12.31.이다. 전산세무회계 수험용 프로그램을 이용하여 다음 물음에 답하시오.

**문제1** 다음은 충정물산의 사업자등록증이다. [회사등록] 메뉴에 입력된 내용을 검토하여 누락분은 추가입력하고 잘못된 부분은 정정하시오(주소입력 시 우편번호는 입력하지 않아도 무방함).

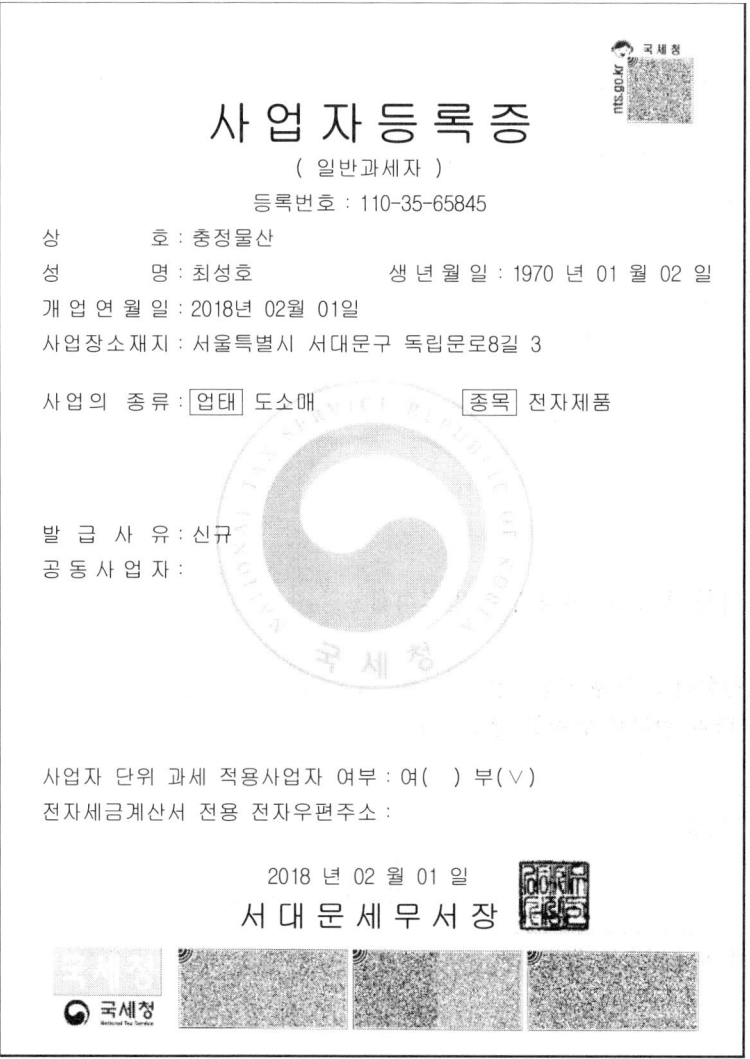

**문제2** 다음은 충정물산의 전기분 손익계산서이다. 입력되어 있는 자료를 검토하여 오류 부분은 정정하고 누락된 부분은 추가 입력하시오.

손익계산서

회사명 : 충정물산 　　제7기 2024.1.1. ~ 2024.12.31.　　(단위 : 원)

| 과　　　　　　목 | 금　　액 | 과　　　　　　목 | 금　　액 |
|---|---:|---|---:|
| Ⅰ 매　　출　　액 | 137,000,000 | Ⅴ 영　업　이　익 | 12,200,000 |
| 　상　품　매　출 | 137,000,000 | Ⅵ 영　업　외　수　익 | 2,000,000 |
| Ⅱ 매　출　원　가 | 107,000,000 | 　이　자　수　익 | 500,000 |
| 　상 품 매 출 원 가 | 107,000,000 | 　잡　　이　　익 | 1,500,000 |
| 　기 초 상 품 재 고 액 | 9,000,000 | Ⅶ 영　업　외　비　용 | 50,000 |
| 　당 기 상 품 매 입 액 | 115,000,000 | 　잡　　손　　실 | 50,000 |
| 　기 말 상 품 재 고 액 | 17,000,000 | Ⅷ 소득세차감전순이익 | |
| Ⅲ 매　출　총　이　익 | 30,000,000 | Ⅸ 소　득　세　등 | 0 |
| Ⅳ 판 매 비 와 관 리 비 | 17,800,000 | Ⅹ 당　기　순　이　익 | 14,150,000 |
| 　급　　　　　　여 | 12,400,000 | | |
| 　복　리　후　생　비 | 1,400,000 | | |
| 　기 업 업 무 추 진 비 | 3,320,000 | | |
| 　감　가　상　각　비 | 170,000 | | |
| 　보　　험　　료 | 220,000 | | |
| 　차　량　유　지　비 | 100,000 | | |
| 　소　모　품　비 | 190,000 | | |

**문제3** 다음 자료를 이용하여 입력하시오.

[1] 다음은 충정물산의 신규거래처이다. [거래처등록] 메뉴에서 거래처를 추가로 등록하시오(주어진 자료 외의 다른 항목은 입력할 필요 없음).

- 상호 : 영랑실업
- 대표자명 : 김화랑
- 업태 : 도소매
- 유형 : 매출
- 거래처코드 : 0330
- 사업자등록번호 : 227 - 32 - 25868
- 종목 : 전자제품
- 사업장 소재지 : 강원도 속초시 영랑로5길 3(영랑동)

※ 주소입력 시 우편번호는 입력하지 않아도 무방함.

[2] 다음 자료를 이용하여 [계정과목및적요등록] 메뉴에서 판매비및일반관리비 항목의 복리후생비 계정에 적요를 추가로 등록하시오.

| 대체적요 3. 직원회식비 신용카드 결제 |
| --- |

## 문제4 다음의 거래 자료를 [일반전표입력] 메뉴를 이용하여 입력하시오.

< 입력 시 유의사항 >
- 적요의 입력은 생략한다.
- 부가가치세는 고려하지 않는다.
- 채권·채무와 관련된 거래는 별도의 요구가 없는 한 반드시 기등록된 거래처코드를 선택하는 방법으로 거래처명을 입력한다.
- 회계처리 시 계정과목은 별도의 제시가 없는 한 등록된 계정과목 중 가장 적절한 과목으로 한다.

[1] 07월 21일 거래처 영우상회로부터 회수한 외상매출금 중 2,000,000원은 현금으로 수령하고, 나머지 8,000,000원은 보통예금 계좌로 입금되었다.

[2] 08월 05일 매장을 신축하기 위하여 토지를 20,000,000원에 취득하고 대금은 당좌수표를 발행하여 지급하였다. 토지 취득 시 취득세 400,000원은 현금으로 지급하였다.

[3] 08월 26일 영업부 직원들의 국민연금보험료 회사부담분 90,000원과 직원부담분 90,000원이 보통예금 계좌에서 지급하였다(단, 회사부담분은 세금과공과 계정을 사용하시오).

[4] 09월 08일 영업사원의 식사비를 서울식당에서 사업용 카드로 결제하였다.

```
            카드매출전표
카 드 종 류 : 우리카드
회 원 번 호 : 2245-1223-****-1534
거 래 일 시 : 2025.9.8. 12:53:54
거 래 유 형 : 신용승인
매   출   액 : 200,000원
합   계   액 : 200,000원
결 제 방 법 : 일시불
승 인 번 호 : 6354887765
은 행 확 인 : 우리은행
가 맹 점 명 : 서울식당
          - 이 하 생 략 -
```

[5] 09월 20일 거래처가 사용할 KF94 마스크를 100,000원에 현금 구입하고 현금영수증을 받았다.

**서대문상회**

110-36-62151　　　　　　　　　이중재
서울특별시 서대문구 충정로 44　　TEL : 1566-4451
홈페이지 http://www.kacpta.or.kr

**현금영수증(지출증빙용)**

구매 2025/09/20/14:45　　거래번호 : 20250920-0105

| 상품명 | 수량 | 단가 | 금액 |
|---|---|---|---|
| KF94마스크 | 200 | 500 | 100,000원 |
| 202509200105 | 물 품 가 액 | | 100,000원 |
| | 합　　　계 | | 100,000원 |
| | 받 은 금 액 | | 100,000원 |

[6] 10월 05일 선진상사로부터 사무실 비품 2,500,000원을 구입하고, 대금은 외상으로 하였다(단, 부가가치세는 무시한다).

**거래명세표**(보관용)

| 권 | 호 | | | |
|---|---|---|---|---|
| 2025년 10월 5일 | | | | |

공급자
| 사업자등록번호 | 378-62-00158 | | |
|---|---|---|---|
| 상　　　호 | 선진상사 | 성　　명 | 나사장 ㊞ |
| 사업장소재지 | 부산광역시 동래구 미남로 116번길 98, 1층 | | |
| 업　　　태 | 도소매 | 종　　목 | 전자제품 |

충정물산 귀하
아래와 같이 계산합니다.

합계금액　　이백오십만 원정 ( ₩ 2,500,000　　　　　)

| 월일 | 품　목 | 규격 | 수량 | 단가 | 공급대가 |
|---|---|---|---|---|---|
| 10월 5일 | 전자제품 AF-1 | | 1 | 2,500,000원 | 2,500,000원 |
| | 계 | | | | 2,500,000원 |

| 전잔금 | 없음 | | 합　계 | 2,500,000원 |
|---|---|---|---|---|
| 입금 | | 잔금 2,500,000원 | 인수자 | 김길동 ㊞ |
| 비고 | | | | |

[7] 11월 30일 ㈜한성과 사무실 임대차 계약을 하고, 즉시 보증금 50,000,000원을 보통예금 계좌에서 이체하여 지급하였다(단, 임대차계약 기간은 보증금 지급 즉시 시작한다).

[8] 12월 09일 대한은행으로부터 5,000,000원을 4개월간 차입하기로 하고, 선이자 125,000원을 제외한 잔액이 당사 보통예금 계좌에 입금되었다(선이자는 이자비용으로 회계처리하고, 하나의 전표로 입력할 것).

## 제7편. 전산회계2급 −실기모의고사

**문제5** [일반전표입력] 메뉴에 입력된 내용 중 다음의 오류가 발견되었다. 입력된 내용을 검토하고 수정 또는 삭제, 추가 입력하여 올바르게 정정하시오.

─── < 입력 시 유의사항 > ───
• 적요의 입력은 생략한다.
• 부가가치세는 고려하지 않는다.
• 채권·채무와 관련된 거래는 별도의 요구가 없는 한 반드시 기등록된 거래처코드를 선택하는 방법으로 거래처명을 입력한다.
• 회계처리 시 계정과목은 별도의 제시가 없는 한 등록된 계정과목 중 가장 적절한 과목으로 한다.

[1] 10월 01일 보통예금 계좌에서 출금된 101,000원을 모두 순천상사에 대한 외상매입금 지급으로 처리하였으나, 이 중 1,000원은 계좌이체 수수료로 확인되었다.

[2] 11월 26일 거래처 순천상사로부터 보통예금 계좌에 입금된 400,000원을 가수금으로 처리하였으나 순천상사의 외상매출금 400,000원이 회수된 것이다.

**문제6** 다음의 결산정리사항을 입력하여 결산을 완료하시오.

─── < 입력 시 유의사항 > ───
• 적요의 입력은 생략한다.
• 부가가치세는 고려하지 않는다.
• 채권·채무와 관련된 거래는 별도의 요구가 없는 한 반드시 기등록된 거래처코드를 선택하는 방법으로 거래처명을 입력한다.
• 회계처리 시 계정과목은 별도의 제시가 없는 한 등록된 계정과목 중 가장 적절한 과목으로 한다.

[1] 05월 01일 영업부의 업무용 자동차 보험료(보험기간 : 2025.5.1.~2026.4.30.) 900,000원을 지급하고 전액 보험료로 비용처리 하였다. 기말수정분개를 하시오(단, 월할계산하고 음수로 입력하지 말 것).

[2] 가지급금 잔액 44,000원은 영업부 직원의 시외교통비 지급액으로 판명되었다.

[3] 기말 현재 인출금 계정 잔액 500,000원을 자본금으로 정리하다.

[4] 영업부에서 사용할 소모품을 구입하고 비용으로 처리한 금액 중 기말 현재 미사용한 금액은 200,000원이다.

**문제7** 다음 사항을 조회하여 알맞은 답안을 메뉴에 입력하시오.

[1] 6월 30일 현재 유동부채는 얼마인가?

[2] 상반기 중 상품매출이 가장 많이 발생한 달(月)과 그 금액은 얼마인가?

[3] 4월 30일 거래처 오렌지유통의 외상매출금 잔액은 얼마인가?

# 3회 실기모의고사 답안

### 문제1

[답]
- 기초정보관리 > 회사등록 > ・대표자명 수정 : 최기수 → 최성호
- 업태 수정 : 제조 → 도소매
- 개업연월일 수정 : 2020.02.01. → 2018.02.01.

### 문제2

[답]
[전기분손익계산서] > ・급여 수정 : 21,400,000원 → 12,400,000원
- 소모품비(830) 190,000원 추가입력
- 영업외비용 수정 : 기부금(953) 50,000원 → 잡손실(980) 50,000원

### 문제3

1. [답]
[거래처등록] > [일반거래처] 탭 > ・거래처코드 : 0330
- 거래처명 : 영랑실업
- 유형 : 1.매출
- 사업자등록번호 : 227 - 32 - 25868
- 대표자성명 : 김화랑
- 업태 : 도소매
- 종목 : 전자제품
- 주소 : 강원도 속초시 영랑로5길 3(영랑동)

2. [답]
[계정과목및적요등록] > 복리후생비(811) > 대체적요 : 적요NO. 3, 직원회식비 신용카드 결제

## 문제4

1. [답] 일반전표입력

| 07월 21일 | (차) | 현금 | 2,000,000원 | (대) | 외상매출금(영우상회) | 10,000,000원 |
| | | 보통예금 | 8,000,000원 | | | |

또는 (차) 보통예금 8,000,000원 (대) 외상매출금(영우상회) 8,000,000원
　　　입금전표 　외상매출금(영우상회) 2,000,000원

2. [답] 일반전표입력

| 08월 05일 | (차) | 토지 | 20,400,000원 | (대) | 당좌예금 | 20,000,000원 |
| | | | | | 현금 | 400,000원 |

또는 (차) 토지 20,000,000원 (대) 당좌예금 20,000,000원
　　　출금전표 　토지 400,000원

3. [답] 일반전표입력

| 08월 26일 | (차) | 예수금 | 90,000원 | (대) | 보통예금 | 180,000원 |
| | | 세금과공과(판) | 90,000원 | | | |

4. [답] 일반전표입력

| 09월 08일 | (차) | 복리후생비(판) | 200,000원 | (대) | 미지급금(우리카드) | 200,000원 |
| | | | | | 또는 미지급비용 | |

5. [답] 일반전표입력

| 09월 20일 | (차) | 기업업무추진비(판) | 100,000원 | (대) | 현금 | 100,000원 |

또는 출금전표 기업업무추진비(판) 100,000원

6. [답] 일반전표입력

| 10월 05일 | (차) | 비품 | 2,500,000원 | (대) | 미지급금(선진상사) | 2,500,000원 |

7. [답] 일반전표입력

| 11월 30일 | (차) | 임차보증금(㈜한성) | 50,000,000원 | (대) | 보통예금 | 50,000,000원 |

8. [답] 일반전표입력

| 12월 09일 | (차) | 보통예금 | 4,875,000원 | (대) | 단기차입금(대한은행) | 5,000,000원 |
| | | 이자비용 | 125,000원 | | | |

# 제7편. 전산회계2급 -실기모의고사

## 문제5

1. [답] 일반전표 수정
   - 수정 전 : 10월 01일　(차) 외상매입금(순천상사)　101,000원　　(대) 보통예금　101,000원
   - 수정 후 : 10월 01일　(차) 외상매입금(순천상사)　100,000원　　(대) 보통예금　101,000원
   　　　　　　　　　　　　수수료비용(판)　　　　　　1,000원

2. [답] 일반전표 수정
   - 수정 전 : 11월 26일　(차) 보통예금　　400,000원　　(대) 가수금(순천상사)　400,000원
   - 수정 후 : 11월 26일　(차) 보통예금　　400,000원　　(대) 외상매출금(순천상사)　400,000원

## 문제6

1. [답] 일반전표입력
   12월 31일　(차) 선급비용　　300,000원　　(대) 보험료(판)　　300,000원
   - 선급비용 : 900,000원×4개월/12개월 = 300,000원

2. [답] 일반전표입력
   12월 31일　(차) 여비교통비(판)　　44,000원　　(대) 가지급금　　44,000원

3. [답] 일반전표입력
   12월 31일　(차) 자본금　　500,000원　　(대) 인출금　　500,000원

4. [답] 일반전표입력
   12월 31일　(차) 소모품　　200,000원　　(대) 소모품비(판)　　200,000원

## 문제7

1. [답] 95,000,000원
   - [재무상태표] > 기간 : 6월 조회 > 유동부채 금액 확인

2. [답] 5월, 60,000,000원
   - [총계정원장] > 기간 : 1월 1일~6월 30일 > 계정과목 : 상품매출(401) 조회

3. [답] 3,200,000원
   - [거래처원장] > 기간 : 1월 1일~4월 30일 > 계정과목 : 외상매출금(108) > 거래처 : 오렌지유통 조회

# 제8편
# 전산회계2급 집중심화

1회 집중심화 및 해답(코드 2021) ·········································· 416
2회 집중심화 및 해답(코드 2022) ·········································· 432
3회 집중심화 및 해답(코드 2023) ·········································· 447
4회 집중심화 및 해답(코드 2024) ·········································· 462
5회 집중심화 및 해답(코드 2025) ·········································· 477

# 1회 집중심화

**회계 2급**

## ✱ 이론시험 ✱

다음 문제를 보고 알맞은 것을 골라 이론문제 답안작성 메뉴에 입력하시오.(객관식 문항당 2점)

1. 다음 중 일반기업회계기준상 회계의 목적에 대한 설명으로 가장 거리가 먼 것은?
   ① 미래 자금흐름 예측에 유용한 회계 외 비화폐적 정보의 제공
   ② 경영자의 수탁책임 평가에 유용한 정보의 제공
   ③ 투자 및 신용의사결정에 유용한 정보의 제공
   ④ 재무상태, 경영성과, 현금흐름 및 자본변동에 관한 정보의 제공

2. 다음 중 보기의 거래에 대한 분개로 틀린 것은?
   ① 차용증서를 발행하고 현금 1,000,000원을 단기차입하다.
   　　(차) 현금　　1,000,000원　　(대) 단기차입금　　1,000,000원

   ② 비품 1,000,000원을 외상으로 구입하다.
   　　(차) 비품　　1,000,000원　　(대) 외상매입금　　1,000,000원

   ③ 상품매출 계약금으로 현금 1,000,000원을 수령하다.
   　　(차) 현금　　1,000,000원　　(대) 선수금　　1,000,000원

   ④ 직원부담분 건강보험료와 국민연금 1,000,000원을 현금으로 납부하다.
   　　(차) 예수금　　1,000,000원　　(대) 현금　　1,000,000원

3. 다음 중 일정기간 동안 기업의 경영성과를 나타내는 재무보고서의 계정과목으로만 짝 지어진 것은?
   ① 매출원가, 외상매입금　　② 매출액, 미수수익　　③ 매출원가, 기부금　　④ 선급비용, 기부금

**4. 다음 중 거래의 8요소와 그 예시가 적절한 것을 모두 고른 것은?**

가. 자산증가/자산감소 : 기계장치 100,000원을 구입하고, 대금은 보통예금으로 지급하다.
나. 자산증가/자본증가 : 현금 100,000원을 출자하여 회사를 설립하다.
다. 자산증가/부채증가 : 은행으로부터 100,000원을 차입하고 즉시 보통예금으로 수령하다.
라. 부채감소/자산감소 : 외상매입금 100,000원을 현금으로 지급하다.

① 가, 나    ② 가, 나, 다    ③ 가, 다, 라    ④ 가, 나, 다, 라

**5. 다음의 잔액시산표에서 (가), (나)에 각각 들어갈 금액으로 옳은 것은?**

잔액시산표
안산㈜    2024.12.31.    단위 : 원

| 차변 | 계정과목 | 대변 |
|---|---|---|
| 100,000 | 현　　　금 | |
| 700,000 | 건　　　물 | |
| | 외상매입금 | 90,000 |
| | 자　본　금 | ( 나 ) |
| | 이 자 수 익 | 40,000 |
| 50,000 | 급　　　여 | |
| ( 가 ) | | ( 가 ) |

|   | (가) | (나) |
|---|---|---|
| ① | 140,000원 | 740,000원 |
| ② | 850,000원 | 740,000원 |
| ③ | 140,000원 | 720,000원 |
| ④ | 850,000원 | 720,000원 |

**6. 다음 중 결산 시 손익으로 계정을 마감하는 계정과목에 해당하는 것은?**

① 이자수익    ② 자본금    ③ 미지급금    ④ 외상매출금

## 7. 다음과 같은 특징을 가진 자산이 아닌 것은?

- 보고기간 종료일로부터 1년 이상 장기간 사용 가능한 자산
- 타인에 대한 임대 또는 자체적으로 사용할 목적의 자산
- 물리적 형태가 있는 자산

① 상품 판매 및 전시를 위한 상가
② 상품 판매를 위한 재고자산
③ 상품 운반을 위한 차량운반구
④ 상품 판매를 위한 상가에 설치한 시스템에어컨

## 8. 다음은 ㈜무릉의 재무제표 정보이다. 이를 이용하여 2024 회계연도 말 부채합계를 구하면 얼마인가?

| 구분 | 2023년 12월 31일 | 2024년 12월 31일 |
| --- | --- | --- |
| 자산합계 | 8,500,000원 | 11,000,000원 |
| 부채합계 | 4,000,000원 | ? |
| 2024 회계연도 중 자본변동내역 | 당기순이익 800,000원 | |

① 3,700,000원   ② 4,700,000원   ③ 5,700,000원   ④ 6,200,000원

## 9. 다음 중 재고자산과 관련된 지출 금액으로서 재고자산의 취득원가에서 차감하는 것은?

① 매입운임   ② 매출운반비   ③ 매입할인   ④ 급여

## 10. 2024년 1월 1일 취득한 건물(내용연수 10년)을 정액법에 의하여 기말에 감가상각한 결과, 당기 감가상각비는 9,000원이었다. 건물의 잔존가치가 5,000원이라고 할 때 취득원가는 얼마인가?

① 100,000원   ② 95,000원   ③ 90,000원   ④ 85,000원

## 11. 다음 중 유동자산에 속하지 않는 것은?

① 외상매출금   ② 선급비용   ③ 기계장치   ④ 상품

**12. 다음 자료에서 당기 기말손익계산서에 계상되는 임대료는 얼마인가?**

- 당기 임대료로 3,600,000원을 현금으로 받다.
- 당기에 받은 임대료 중 차기에 속하는 금액은 900,000원이다.

① 900,000원  ② 2,700,000원  ③ 3,600,000원  ④ 4,500,000원

**13. 급여 지급 시 총급여 300,000원 중 근로소득세 10,000원을 차감하고 290,000원을 현금으로 지급하였다. 이 거래에서 나타날 유동부채 계정으로 적합한 것은?**

① 예수금  ② 미수금  ③ 가수금  ④ 선수금

**14. 다음의 결산일 현재 계정별원장 중 자본금 원장에 대한 설명으로 옳지 않은 것은?**

| 자본금 | | | |
|---|---|---|---|
| 12/31 차기이월 | 2,900,000원 | 01/01 전기이월 | 2,000,000원 |
| | | 12/31 손익 | 900,000원 |

① 기초자본금은 2,000,000원이다.
② 당기순이익 900,000원이 발생되었다.
③ 차기의 기초자본금은 2,900,000원이다.
④ 결산일 자본금 원장은 손익 2,000,000원으로 마감되었다

**15. 다음 중 세금과공과 계정을 사용하여 회계처리하는 거래는 무엇인가?**

① 본사 업무용 건물의 재산세를 현금으로 납부하다.
② 급여 지급 시 근로소득세를 원천징수 후 잔액을 현금으로 지급하다.
③ 차량운반구를 취득하면서 취득세를 현금으로 지급하다.
④ 회사 대표자의 소득세를 현금으로 납부하다.

# 제8편. 전산회계2급 －집중심화

> ✱ **실무시험** ✱
>
> · 문제에서 한국채택국제회계기준을 적용하도록 하는 전제조건이 없는 경우, 일반기업회계기준을 적용하여 회계처리 한다.
> · 문제의 풀이와 답안작성은 제시된 문제의 순서대로 진행한다.

백제상사(코드번호: 2021)는 사무용품을 판매하는 개인기업이다. 당기(제11기)의 회계기간은 2025.1.1.~2025.12.31.이다. 전산세무회계 수험용 프로그램을 이용하여 다음 물음에 답하시오.

**문제1** 다음은 백제상사의 사업자등록증이다. [회사등록] 메뉴에 입력된 내용을 검토하여 누락분은 추가입력하고 잘못된 부분은 정정하시오(주소 입력 시 우편번호는 입력하지 않아도 무방함). (6점)

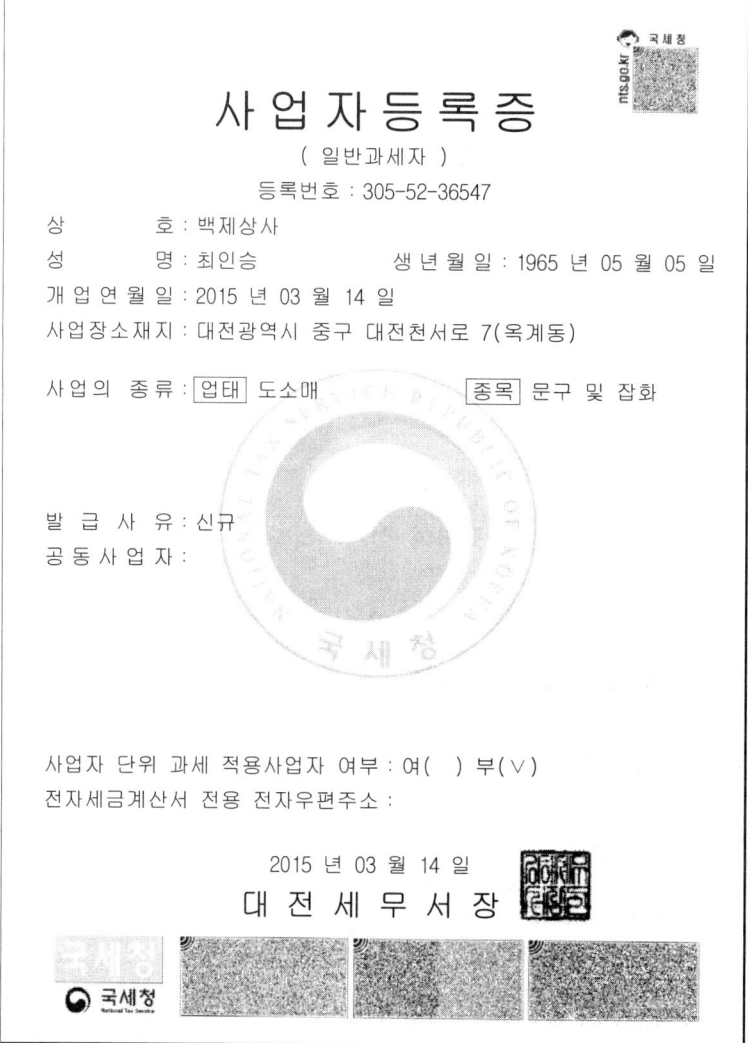

## 문제2

다음은 백제상사의 [전기분재무상태표]이다. 입력되어 있는 자료를 검토하여 오류 부분은 정정하고 누락된 부분은 추가 입력하시오. (6점)

### 재 무 상 태 표

회사명 : 백제상사         제10기 2024.12.31. 현재         (단위 : 원)

| 과 목 | 금 | 액 | 과 목 | 금 | 액 |
|---|---:|---:|---|---:|---:|
| 현      금 |  | 45,000,000 | 외 상 매 입 금 |  | 58,000,000 |
| 당 좌 예 금 |  | 30,000,000 | 지 급 어 음 |  | 70,000,000 |
| 보 통 예 금 |  | 23,000,000 | 미 지 급 금 |  | 49,000,000 |
| 외 상 매 출 금 | 40,000,000 |  | 단 기 차 입 금 |  | 80,000,000 |
| 대 손 충 당 금 | 400,000 | 39,600,000 | 장 기 차 입 금 |  | 17,500,000 |
| 받 을 어 음 | 60,000,000 |  | 자 본 금 |  | 418,871,290 |
| 대 손 충 당 금 | 520,000 | 59,480,000 | (당기순이익 : |  |  |
| 단 기 대 여 금 |  | 10,000,000 | 10,000,000) |  |  |
| 상      품 |  | 90,000,000 |  |  |  |
| 토      지 |  | 274,791,290 |  |  |  |
| 건      물 | 30,000,000 |  |  |  |  |
| 감 가 상 각 누 계 액 | 2,500,000 | 27,500,000 |  |  |  |
| 차 량 운 반 구 | 50,000,000 |  |  |  |  |
| 감 가 상 각 누 계 액 | 14,000,000 | 36,000,000 |  |  |  |
| 비      품 | 60,000,000 |  |  |  |  |
| 감 가 상 각 누 계 액 | 2,000,000 | 58,000,000 |  |  |  |
| 자 산 총 계 |  | 693,371,290 | 부채와자본총계 |  | 693,371,290 |

## 문제3

다음 자료를 이용하여 입력하시오. (6점)

**[1]** 거래처의 사업자등록증이 다음과 같이 정정되었다. 확인하여 변경하시오. (3점)

| 고구려상사<br>(코드 : 01111) | • 대표자명 : 이재천      • 사업자등록번호 : 365-35-12574<br>• 업태 : 도소매         • 종목 : 잡화         • 유형 : 동시<br>• 사업장소재지 : 경기도 남양주시 진접읍 장현로 83 |
|---|---|

[2] 백제상사의 거래처별 초기이월 자료는 다음과 같다. 주어진 자료를 검토하여 잘못된 부분은 오류를 정정하고, 누락된 부분은 추가하여 입력하시오. (3점)

| 계정과목 | 거래처명 | 금액(원) | 계정과목 | 거래처명 | 금액(원) |
|---|---|---|---|---|---|
| 외상매출금 | 고려상사 | 18,000,000원 | 외상매입금 | 조선상사 | 22,000,000원 |
|  | 부여상사 | 9,000,000원 |  | 신라상사 | 17,000,000원 |
|  | 발해상사 | 13,000,000원 |  | 가야상사 | 19,000,000원 |

### 문제4 다음의 거래 자료를 [일반전표입력] 메뉴를 이용하여 입력하시오. (24점)

― < 입력 시 유의사항 > ―
· 적요의 입력은 생략한다.
· 부가가치세는 고려하지 않는다.
· 채권·채무와 관련된 거래는 별도의 요구가 없는 한 반드시 기등록된 거래처코드를 선택하는 방법으로 거래처명을 입력한다.
· 회계처리 시 계정과목은 별도의 제시가 없는 한 등록된 계정과목 중 가장 적절한 과목으로 한다.

[1] 07월 09일 영업부에서 사용할 차량 45,000,000원을 구입하고 당좌수표를 발행하여 지급하다. (3점)

[2] 07월 10일 진영상사로부터 상품 1,000,000원(1,000개, 1개당 1,000원)을 매입하기로 계약하고, 계약금으로 상품 대금의 10%를 보통예금 계좌에서 이체하여 지급하다. (3점)

[3] 07월 25일 광주상사에 대한 상품 외상매입금 900,000원을 약정기일보다 빠르게 현금 지급하고, 외상매입금의 1%를 할인받다(단, 할인금액은 매입할인으로 처리한다). (3점)

[4] 08월 25일 보유하고 있던 건물(취득원가 30,000,000원)을 하나상사에 29,000,000원에 매각하다. 대금 중 10,000,000원은 보통예금 계좌로 받고, 잔액은 다음 달 10일에 수령하기로 하다. 단, 8월 25일까지 해당 건물의 감가상각누계액은 2,500,000원이다. (3점)

[5] 10월 13일 발해상사에 상품을 2,300,000원에 판매하고 대금 중 1,200,000원은 동점 발행 약속어음을 수령하였으며, 잔액은 2개월 후에 받기로 하다. (3점)

[6] 10월 30일 직원의 결혼식에 보내기 위한 축하화환을 멜리꽃집에서 주문하고 대금은 현금으로 지급하면서 아래와 같은 현금영수증을 수령하다. (3점)

| 현금영수증 | | |
|---|---|---|
| 승인번호 | 구매자 발행번호 | 발행방법 |
| G54782245 | 305-52-36547 | 지출증빙 |
| 신청구분 | 발행일자 | 취소일자 |
| 사업자번호 | 2025.10.30. | - |
| 상품명 | | |
| 축하3단화환 | | |
| 구분 | 주문번호 | 상품주문번호 |
| 일반상품 | 2024103054897 | 2025103085414 |

| 판매자 정보 | |
|---|---|
| 판매자상호 | 대표자명 |
| 멜리꽃집 | 김나리 |
| 사업자등록번호 | 판매자전화번호 |
| 201-17-45670 | 032-459-8751 |
| 판매자사업장주소 | |
| 인천시 계양구 방축로 106, 75-3 | |

| 금액 | | |
|---|---|---|
| 공급가액 | | 100,000 |
| 부가세액 | | |
| 봉사료 | | |
| 승인금액 | | 100,000 |

[7] 10월 31일 거래처 가야상사 직원인 정가야 씨의 결혼식 모바일 청첩장을 문자메시지로 받고 축의금 200,000원을 보통예금 계좌에서 지급하다. (3점)

김금관 ♥ 정가야
결혼식에 초대합니다.

2025년 11월 6일 오후 13시
경북 대가야웨딩홀 3층

마음 전하실 곳
가야저축은행 100-200-300 정가야

## 제8편. 전산회계2급 -집중심화

[8] 11월 10일 회사의 사내 게시판에 부착할 사진을 우주사진관에서 현상하고, 대금은 현대카드로 결제하다. (3점)

```
          카드매출전표
카드종류 : 현대카드
카드번호 : 1234-4512-20**-9965
거래일시 : 2025.11.10. 09:30:51
거래유형 : 신용승인
금    액 : 30,000원
결제방법 : 일시불
승인번호 : 12345539
은행확인 : 신한은행

가맹점명 : 우주사진관
         - 이하생략 -
```

### 문제5

[일반전표입력] 메뉴에 입력된 내용 중 다음의 오류가 발견되었다. 입력된 내용을 검토하고 수정 또는 삭제, 추가 입력하여 올바르게 정정하시오. (6점)

―――――― < 입력 시 유의사항 > ――――――
- 적요의 입력은 생략한다.
- 부가가치세는 고려하지 않는다.
- 채권·채무와 관련된 거래는 별도의 요구가 없는 한 반드시 기등록된 거래처코드를 선택하는 방법으로 거래처명을 입력한다.
- 회계처리 시 계정과목은 별도의 제시가 없는 한 등록된 계정과목 중 가장 적절한 과목으로 한다.

[1] 09월 08일 거래처 신라상사의 단기차입금 25,000,000원을 보통예금 계좌에서 이체하여 상환한 것으로 회계처리하였으나 실제로는 거래처 조선상사에 대한 외상매입금 25,000,000원을 보통예금 계좌에서 이체하여 지급한 것으로 확인되었다. (3점)

[2] 11월 21일 당사가 현금으로 지급한 축의금 200,000원은 매출거래처 직원의 축의금이 아니라 대표자 개인이 부담해야 할 대표자 동창의 결혼축의금으로 판명되었다. (3점)

## 문제6  다음의 결산정리사항을 입력하여 결산을 완료하시오. (12점)

― < 입력 시 유의사항 > ―
- 적요의 입력은 생략한다.
- 부가가치세는 고려하지 않는다.
- 채권·채무와 관련된 거래는 별도의 요구가 없는 한 반드시 기등록된 거래처코드를 선택하는 방법으로 거래처명을 입력한다.
- 회계처리 시 계정과목은 별도의 제시가 없는 한 등록된 계정과목 중 가장 적절한 과목으로 한다.

[1] 기말 외상매입금 중에는 미국 ABC사의 외상매입금 11,000,000원(미화 $10,000)이 포함되어 있는데, 결산일 현재의 적용환율은 미화 1$당 1,250원이다. (3점)

[2] 결산일 현재 실제 현금 보관액이 장부가액보다 66,000원 많음을 발견하였으나, 그 원인을 알 수 없다. (3점)

[3] 기말 현재 단기차입금에 대한 이자 미지급액 125,000원을 계상하다. (3점)

[4] 당기분 비품 감가상각비는 250,000원, 차량운반구 감가상각비는 1,200,000원이다. 모두 영업부서에서 사용한다. (3점)


## 문제7  다음 사항을 조회하여 알맞은 답안을 메뉴에 입력하시오. (10점)

[1] 6월 말 현재 외상매출금 잔액이 가장 많은 거래처와 금액은 얼마인가? (4점)

[2] 1월부터 3월까지의 판매비와관리비 중 소모품비 지출액이 가장 많은 월의 금액과 가장 적은 월의 금액을 합산하면 얼마인가? (3점)

[3] 6월 말 현재 받을어음의 회수가능금액은 얼마인가? (3점)

*참고: 회수가능금액은 받을어음의 장부가액(받을어음 잔액-감가상각누계액)을 말한다.

## 📝 1회 이론시험 답안

| A형 | <1> | <2> | <3> | <4> | <5> | <6> | <7> | <8> | <9> | <10> | <11> | <12> | <13> | <14> | <15> |
|---|---|---|---|---|---|---|---|---|---|---|---|---|---|---|---|
| | ① | ② | ③ | ④ | ④ | ① | ② | ③ | ③ | ② | ③ | ② | ① | ④ | ① |

1.
[답] ① [일반기업회계기준 재무회계개념체계 제2장 재무보고의 목적]
· 투자 및 신용의사결정에 유용한 정보의 제공
· 미래 현금흐름 예측에 유용한 (화폐적)정보의 제공
· 재무상태, 경영성과, 현금흐름 및 자본변동에 관한 정보의 제공
· 경영자의 수탁책임 평가에 유용한 정보의 제공

2.
[답] ② 주된 영업활동(상품 매매 등)이 아닌 비품을 외상으로 구입한 경우에는 미지급금 계정을 사용한다.

3.
[답] ③ 일정기간 동안 기업의 경영성과에 대한 정보를 제공하는 재무보고서는 손익계산서로, 매출원가는 영업비용이고, 기부금은 영업외비용이다.

4.
[답] ④ 모두 옳다.

5.
[답] ④ 잔액시산표 등식에 따라 기말자산과 총비용은 차변에 기말부채, 기초자본, 총수익은 대변에 잔액을 기재한다.

6.
[답] ① 결산 시 비용 계정과 수익 계정은 손익 계정으로 마감한다.

7.
[답] ② 회사가 판매를 위하여 보유하고 있는 자산은 재고자산(상품)이다.
· 유형자산은 재화의 생산, 용역의 제공, 타인에 대한 임대 또는 자체적으로 사용할 목적으로 보유하는 물리적 형체가 있는 자산으로서, 1년을 초과하여 사용할 것이 예상되는 자산을 말한다.

8.
[답] ③ 5,700,000원
= 기말자산 11,000,000원 - 기말자본 5,300,000원
· 기초자본 : 기초자산 8,500,000원 - 기초부채 4,000,000원 = 4,500,000원
· 기말자본 : 기초자본 4,500,000원 + 증자 - 감자 + 당기순이익 800,000원 - 배당 = 5,300,000원

9.
[답] ③ 매입할인은 재고자산의 취득원가에서 차감한다.

10.
[답] ② 95,000원
= (감가상각 9,000원 × 내용연수 10년) + 잔존가치 5,000원

11.
[답] ③ 기계장치는 비유동자산인 유형자산에 속한다.

12.
[답] ② 2,700,000원
= 임대료 수령액 3,600,000원 - 차기분 임대료 900,000원
· 수령시점 : (차) 현금        3,600,000원     (대) 임대료      3,600,000원
· 기말결산 : (차) 임대료       900,000원      (대) 선수수익      900,000원

13.
[답] ① 급여 지급 시 종업원이 부담해야 할 소득세 등을 회사가 일시적으로 받아두는 경우 예수금 계정을 사용한다.

14.
[답] ④ 결산일 자본금 원장의 손익은 900,000원이며, 마감되는 차기이월액은 2,900,000원이다.

15.
[답] ①

# 1회 실무시험 답안

### 문제1

[답]
[회사등록] > ・사업장주소 : 대전광역시 서구 둔산동 86 → 대전광역시 중구 대전천서로 7(옥계동)
・사업자등록번호 정정 : 350-22-28322 → 305-52-36547
・종목 정정 : 의류 → 문구 및 잡화

### 문제2

[답]
[전기분재무상태표] > ・외상매출금 : 4,000,000원 → 40,000,000원
・감가상각누계액(213) : 200,000원 → 2,000,000원
・토지 : 추가 입력 274,791,290원

### 문제3

1.
[답]
[거래처등록] > [일반거래처] 탭 > ・유형 수정 : 매출→동시
・종목 수정 : 전자제품 → 잡화
・주소 수정 : 서울 마포구 마포대로 33(도화동)
→ 경기도 남양주시 진접읍 장현로 83

2.
[답]
[거래처별초기이월] > ・외상매출금 > ・발해상사 10,000,000원 → 13,000,000원
・외상매입금 > ・신라상사 7,000,000원 → 17,000,000원
・가야상사 5,000,000원 → 19,000,000원

### 문제4

1.
[답] 일반전표입력
07.09.　　　(차) 차량운반구　　45,000,000원　　　(대) 당좌예금　　45,000,000원

2.
[답] 일반전표입력
07.10.    (차) 선급금(진영상사)   100,000원    (대) 보통예금   100,000원

3.
[답] 일반전표입력
07.25.    (차) 외상매입금(광주상사)   900,000원    (대) 현금   891,000원
                                                    매입할인(148)   9,000원

     또는  (차) 외상매입금(광주상사)   9,000원    (대) 매입할인(148)   9,000원
           출금전표   외상매입금(광주상사)   891,000원

4.
[답] 일반전표입력
08.25.    (차) 감가상각누계액(203)   2,500,000원   (대) 건물   30,000,000원
           보통예금   10,000,000원         유형자산처분이익   1,500,000원
           미수금(하나상사)   19,000,000원

5.
[답] 일반전표입력
10.13.    (차) 받을어음(발해상사)   1,200,000원    (대) 상품매출   2,300,000원
           외상매출금(발해상사)   1,100,000원

6.
[답] 일반전표입력
10.30.    (차) 복리후생비(판)   100,000원    (대) 현금   100,000원
     또는 출금전표   복리후생비(판)   100,000원

7.
[답] 일반전표입력
10.31.    (차) 기업업무추진비(판)   200,000원    (대) 보통예금   200,000원

8.
[답] 일반전표입력
11.10.    (차) 도서인쇄비(판)   30,000원    (대) 미지급금(현대카드)   30,000원
                                              (또는 미지급비용)

## 문제5

**1.**
[답] 일반전표입력
수정 전 : 09.08.　　(차) 단기차입금(신라상사)　25,000,000원　(대) 보통예금　25,000,000원
수정 후 : 09.08.　　(차) 외상매입금(조선상사)　25,000,000원　(대) 보통예금　25,000,000원

**2.**
[답] 일반전표입력
• 수정 전 : 11.21.　　(차) 기업업무추진비(판) 200,000 원　(대) 현금　200,000원
• 수정 후 : 11.21.　　(차) 인출금　　　　　　　200,000원　(대) 현금　200,000원
　　　　　　　　　　　　　(또는 자본금)
　　　　　　또는 출금전표　　인출금　　200,000원
　　　　　　　　　　　　　　　(또는 자본금)

## 문제6

**1.**
[답] 일반전표입력
12.31.　　(차) 외화환산손실　1,500,000원　(대) 외상매입금(미국 ABC사)　1,500,000원
• 외화환산손실 : (1,250원×$10,000) - 11,000,000원 = 1,500,000원

**2.**
[답] 일반전표입력
12.31.　　(차) 현금　66,000원　(대) 잡이익　66,000원
　　　　또는 입금전표　잡이익　66,000원

**3.**
[답] 일반전표입력
12.31.　　(차) 이자비용　125,000원　(대) 미지급비용　125,000원

**4.**
[답]
1. [결산자료입력] > 4.판매비와일반관리
　> 4).감가상각비 > •차량운반구 결산반영금액란 1,200,000원 입력 > F3 전표추가
• 비품 결산반영금액란 250,000원 입력
2. 또는 일반전표입력
12.31.　　(차) 감가상각비(판)　1,450,000원　(대) 감가상각누계액(209)　1,200,000원
　　　　　　　　　　　　　　　　　　　　　　감가상각누계액(213)　　250,000원

## 문제7

1.
[답] 우리상사, 35,500,000원
• [거래처원장] > 기간 : 1월 1일~6월 30일 > 계정과목 : 외상매출금(108) > 조회 후 거래처별 잔액 비교

2.
[답] 361,650원
= 1월 316,650원 + 2월 45,000원
• [총계정원장] > 기간 : 1월 1일~3월 31일 > 계정과목 : 소모품비(830) 조회

3.
[답] 72,880,000원
= 받을어음 73,400,000원 - 대손충당금 520,000원
• [재무상태표] > 기간 : 6월 > 받을어음 73,400,000원에서 받을어음 대손충당금 520,000원 차감

## 2회 집중심화

**✽ 이론시험 ✽**

다음 문제를 보고 알맞은 것을 골라 이론문제 답안작성 메뉴에 입력하시오.(객관식 문항당 2점)

1. 다음 중 회계상 거래에 해당하는 것은?
① 판매점 확장을 위하여 직원을 채용하고 근로계약서를 작성하다.
② 사업확장을 위하여 은행에서 운영자금을 차입하기로 결정하다.
③ 재고 부족이 예상되어 판매용 상품을 추가로 주문하다.
④ 당사 데이터센터의 화재로 인하여 서버용 PC가 소실되다.

2. 다음 중 거래요소의 결합 관계가 잘못 짝지어진 것은?
① (차) 자본의 감소    (대) 자산의 증가
② (차) 수익의 소멸    (대) 자산의 감소
③ (차) 비용의 발생    (대) 부채의 증가
④ (차) 부채의 감소    (대) 자본의 증가

3. 다음의 거래 중 비용이 발생하지 않는 것은?
① 업무용 자동차에 대한 당기분 자동차세 100,000원을 현금으로 납부하다.
② 적십자회비 100,000원을 현금으로 납부하다.
③ 상공회의소 회비 100,000원을 현금으로 납부하다.
④ 전월에 급여 지급 시 원천징수한 근로소득세를 현금으로 납부하다.

4. 다음 계정과목 중 증가 시 재무상태표상 대변 항목이 아닌 것은?
① 자본금        ② 선수이자        ③ 선급금        ④ 외상매입금

5. 다음의 자료에서 당좌자산의 합계액은 얼마인가?

| ・현금 300,000원 ・보통예금 800,000원 ・외상매입금 400,000원 |
| ・외상매출금 200,000원 ・단기매매증권 500,000원 |

① 1,700,000원　　　② 1,800,000원　　　③ 2,000,000원　　　④ 2,200,000원

6. 다음 자료에서 설명하는 계정과목으로 옳은 것은?

| 상품 판매대금을 조기에 수취함에 따른 계약상 약정에 의한 일정 대금의 할인 |

① 매출채권처분손실　　② 매출환입　　③ 매출할인　　④ 매출에누리

7. 다음 중 일반적인 상거래에서 발생한 것으로 아직 회수되지 않은 경우의 회계처리 시 계정과목으로 올바른 것은?

① 미수수익　　　② 선수수익　　　③ 미수금　　　④ 외상매출금

8. 다음 자료에서 기말자본은 얼마인가?

| ・기초자본 1,000,000원 ・총비용 5,000,000원 ・총수익 8,000,000원 |

① 2,000,000원　　　② 3,000,000원　　　③ 4,000,000원　　　④ 8,000,000원

9. 다음은 당기 손익계산서의 일부를 발췌한 자료이다. 당기 매출액을 구하시오.

| 매출액 | 기초상품재고액 | 당기총매입액 | 기말상품재고액 | 매출총이익 |
| --- | --- | --- | --- | --- |
| ? 원 | 25,000,000원 | 168,000,000원 | 15,000,000원 | 172,000,000원 |

① 350,000,000원　　② 370,000,000원　　③ 372,000,000원　　④ 382,000,000원

10. 다음 자료의 ( ) 안에 들어갈 계정과목으로 가장 적절한 것은?

| (　　)은 기업의 주된 영업활동인 상품 등을 판매하고 이에 대한 대금으로 상대방으로부터 수취한 어음이다. |

① 지급어음　　　② 받을어음　　　③ 외상매출금　　　④ 선수금

## 제8편. 전산회계2급 -집중심화

**11. 다음은 차량운반구의 처분과 관련된 자료이다. 차량운반구의 처분가액은 얼마인가?**

| • 취득가액 : 16,000,000원  • 감가상각누계액 : 9,000,000원  • 유형자산처분손실 : 1,000,000원 |

① 6,000,000원  ② 7,000,000원  ③ 8,000,000원  ④ 14,000,000원

**12. 다음 중 일정 시점의 재무상태를 나타내는 재무보고서의 계정과목으로만 짝지어진 것이 아닌 것은?**

① 외상매입금, 선수금
② 임대료, 이자비용
③ 선급금, 외상매출금
④ 선수금, 보통예금

**13. 다음 중 아래의 빈칸에 들어갈 내용으로 적절한 것은?**

| 현금및현금성자산은 통화 및 타인발행수표 등 통화대용증권과 당좌예금, 보통예금 및 큰 거래비용 없이 현금으로 전환이 용이하고, 이자율 변동에 따른 가치변동의 위험이 경미한 금융상품으로서 취득 당시 만기일 또는 상환일이 (      ) 이내인 것을 말한다. |

① 1개월  ② 2개월  ③ 3개월  ④ 6개월

**14. 재고자산의 단가 결정방법 중 아래의 자료에서 설명하는 특징을 가진 것은?**

| • 실제 물량 흐름과 유사하다.
• 현행수익에 과거원가가 대응된다.
• 기말재고가 가장 최근에 매입한 상품의 단가로 계상된다. |

① 선입선출법  ② 후입선출법  ③ 총평균법  ④ 개별법

**15. 다음 중 영업외수익에 해당하는 항목으로 적절한 것은?**

① 미수수익  ② 경상개발비  ③ 외환차손  ④ 이자수익

## ✻ 실무시험 ✻

문제에서 한국채택국제회계기준을 적용하도록 하는 전제조건이 없는 경우, 일반기업회계기준을 적용하여 회계처리 한다.

태형상사(코드번호 : 2022)는 사무기기를 판매하는 개인기업으로 당기(제9기) 회계기간은 2025.1.1.~2025.12.31.이다. 전산세무회계 수험용 프로그램을 이용하여 다음 물음에 답하시오.

**문제1** 다음은 태형상사의 사업자등록증이다. [회사등록] 메뉴에 입력된 내용을 검토하여 누락분은 추가입력하고 잘못된 부분은 정정하시오(주소 입력 시 우편번호는 입력하지 않아도 무방함). (6점)

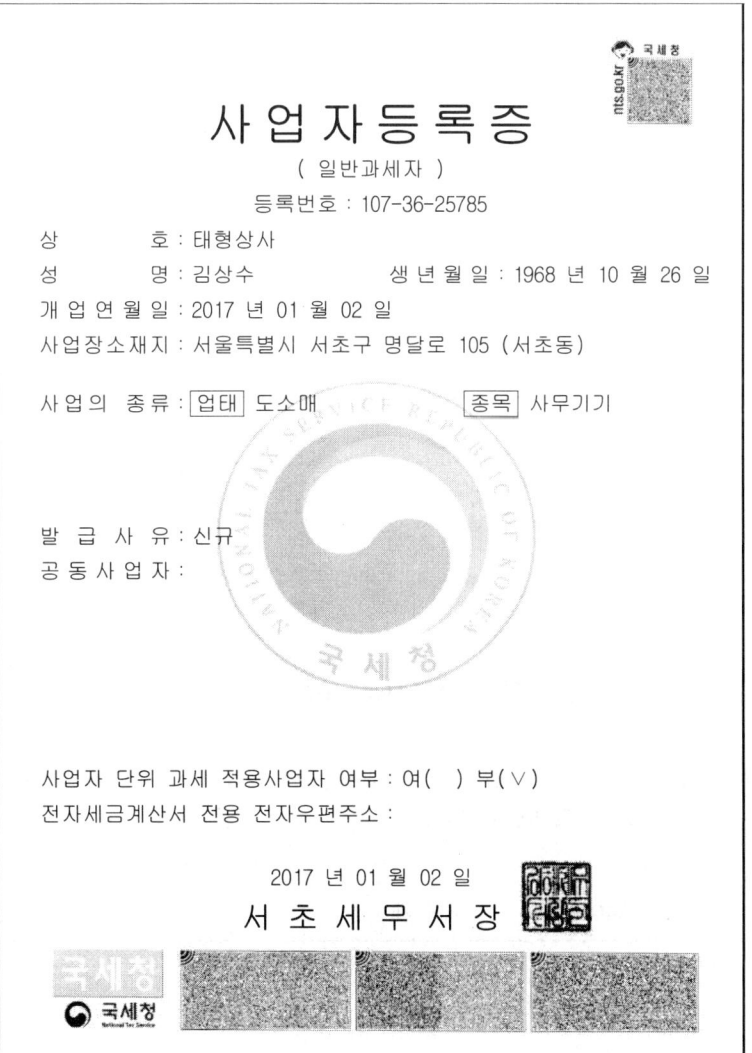

## 제8편. 전산회계2급 -집중심화

**문제2** 다음은 태형상사의 전기분 재무상태표이다. 입력되어 있는 자료를 검토하여 오류부분은 정정하고 누락된 부분은 추가 입력하시오. (6점)

재 무 상 태 표

회사명 : 태형상사　　　　제8기 2024.12.31. 현재　　　　(단위 : 원)

| 과　　　목 | 금　　　　　액 | | 과　　　목 | 금　　　　　액 | |
|---|---|---|---|---|---|
| 현　　　　금 | | 10,000,000 | 외 상 매 입 금 | | 8,000,000 |
| 당 좌 예 금 | | 3,000,000 | 지 급 어 음 | | 6,500,000 |
| 보 통 예 금 | | 10,500,000 | 미 지 급 금 | | 3,700,000 |
| 외 상 매 출 금 | 5,400,000 | | 예 수 금 | | 700,000 |
| 대 손 충 당 금 | 100,000 | 5,300,000 | 단 기 차 입 금 | | 10,000,000 |
| 받 을 어 음 | 9,000,000 | | 자 본 금 | | 49,950,000 |
| 대 손 충 당 금 | 50,000 | 8,950,000 | | | |
| 미 　 수 　 금 | | 4,500,000 | | | |
| 상　　　　품 | | 12,000,000 | | | |
| 차 량 운 반 구 | 22,000,000 | | | | |
| 감가상각누계액 | 12,000,000 | 10,000,000 | | | |
| 비　　　　품 | 7,000,000 | | | | |
| 감가상각누계액 | 2,400,000 | 4,600,000 | | | |
| 임 차 보 증 금 | | 10,000,000 | | | |
| 자 산 총 계 | | 78,850,000 | 부채및자본총계 | | 78,850,000 |

**문제3** 다음 자료를 이용하여 입력하시오. (6점)

**[1].** 다음 자료를 이용하여 [기초정보관리]의 [거래처등록] 메뉴에서 거래처(금융기관)를 추가 등록하시오(단, 주어진 자료 외의 다른 항목은 입력할 필요 없음). (3점)

- 거래처코드 : 98005
- 거래처명 : 신한은행
- 사업용 계좌 : 여
- 계좌번호 : 110-081-834009
- 계좌개설일 : 2025.01.01
- 유형 : 보통예금

[2]. 태형상사의 거래처별 초기이월 자료는 다음과 같다. 주어진 자료를 검토하여 잘못된 부분은 오류를 정정하고, 누락된 부분은 추가 입력하시오. (3점)

| 계정과목 | 거래처 | 금액 | 합계 |
|---|---|---|---|
| 받을어음 | 기우상사 | 3,500,000원 | 9,000,000원 |
| | 하우스컴 | 5,500,000원 | |
| 지급어음 | 모두피씨 | 4,000,000원 | 6,500,000원 |
| | 하나로컴퓨터 | 2,500,000원 | |

### 문제4  다음의 거래 자료를 [일반전표입력] 메뉴를 이용하여 입력하시오. (24점)

< 입력 시 유의사항 >
- 적요의 입력은 생략한다.
- 부가가치세는 고려하지 않는다.
- 채권·채무와 관련된 거래는 별도의 요구가 없는 한 반드시 기등록된 거래처코드를 선택하는 방법으로 거래처명을 입력한다.
- 회계처리 시 계정과목은 별도의 제시가 없는 한 등록된 계정과목 중 가장 적절한 과목으로 한다.

[1] 07월 05일 세무은행으로부터 10,000,000원을 3개월간 차입하고, 선이자 300,000원을 제외한 잔액이 당사 보통예금 계좌에 입금되었다(단, 선이자는 이자비용으로 처리하고, 하나의 전표로 입력할 것). (3점)

[2] 07월 07일 다음은 상품을 매입하고 받은 거래명세표이다. 대금은 전액 외상으로 하였다. (3점)

| 권 | 호 | 거래명세표(공급받는자 보관용) | | | | | |
|---|---|---|---|---|---|---|---|
| 2025년 7월 7일 | | | | | | | |
| 태형상사 귀하 | | 사업자등록번호 | 105-21-32549 | | | | |
| | 공급자 | 상 호 | 대림전자 | 성 명 | 김포스 ㊞ | | |
| | | 사업장소재지 | 서울특별시 강남구 강남대로160길 25 (신사동) | | | | |
| 아래와 같이 계산합니다. | | 업 태 | 도소매 | 종 목 | 사무기기 | | |
| 합계금액 | 삼백구십육만 원정 ( ₩ 3,960,000 ) | | | | | | |
| 월 일 | 품 목 | 규 격 | 수 량 | 단 가 | 공 급 대 가 | | |
| 7월 7일 | 사무기기 | 270mm | 120개 | 33,000원 | 3,960,000원 | | |
| 전잔금 | 없음 | | | 합 계 | 3,960,000원 | | |
| 입 금 | 0원 | 잔 금 | 3,960,000원 | 인수자 | 김상수 ㊞ | | |
| 비 고 | | | | | | | |

[3] 08월 03일 국제전자의 외상매출금 20,000,000원 중 15,000,000원은 보통예금 계좌로 입금되고 잔액은 국제전자가 발행한 어음으로 수취하였다. (3점)

[4] 08월 10일 취약계층의 코로나19 치료 지원을 위하여 한국복지협의회에 현금 1,000,000원을 기부하다. (3점)

[5] 09월 01일 영업부에서 매출거래처의 대표자 결혼식을 축하하기 위하여 화환을 구입하고 현금으로 결제하였다. (3점)

| NO. | 영수증(공급받는자용) | | |
|---|---|---|---|
| | 태형상사 귀하 | | |
| 공급자 | 사업자등록번호 | 109-92-21345 | |
| | 상　　호 | 해피해피꽃 | 성　명 　김남길 |
| | 사업장소재지 | 서울시 강동구 천호대로 1037 (천호동) | |
| | 업　　태 | 도소매 | 종　목 　꽃 |
| 작성일자 | 금액합계 | 비고 |
| 2025.09.01. | 49,000원 | |
| 공급내역 | | | |
| 월/일 | 품명 | 수량 | 단가 | 금액 |
| 9/1 | 축하3단화환 | 1 | 49,000원 | 49,000원 |
| 합계 | ₩ | 49,000 |
| 위 금액을 영수함 | | |

[6] 09월 10일 영업부 사원의 급여 지급 시 공제한 근로자부담분 국민연금보험료 150,000원과 회사부담분 국민연금보험료 150,000원을 보통예금 계좌에서 이체하여 납부하다(단, 하나의 전표로 처리하고, 회사부담분 국민연금보험료는 세금과공과로 처리한다). (3점)

[7] 10월 11일 매출처 미래전산에 판매용 PC를 4,800,000원에 판매하기로 계약하고, 판매대금의 20%를 현금으로 미리 수령하였다. (3점)

[8] 11월 25일 전월분(10월 1일~10월 31일) 비씨카드 사용대금 500,000원을 보통예금 계좌에서 이체하여 지급하다(단, 미지급금 계정을 사용할 것). (3점)

### 문제5

[일반전표입력] 메뉴에 입력된 내용 중 다음의 오류가 발견되었다. 입력된 내용을 검토하고 수정 또는 삭제, 추가 입력하여 올바르게 정정하시오. (6점)

< 입력 시 유의사항 >
- 적요의 입력은 생략한다.
- 부가가치세는 고려하지 않는다.
- 채권·채무와 관련된 거래는 별도의 요구가 없는 한 반드시 기등록된 거래처코드를 선택하는 방법으로 거래처명을 입력한다.
- 회계처리 시 계정과목은 별도의 제시가 없는 한 등록된 계정과목 중 가장 적절한 과목으로 한다.

[1] 07월 29일 자본적지출로 처리해야 할 본사 건물 엘리베이터 설치대금 30,000,000원을 보통예금으로 지급하면서 수익적지출로 잘못 처리하였다. (3점)

[2] 11월 23일 대표자 개인 소유 주택의 에어컨 설치 비용 1,500,000원을 회사 보통예금 계좌에서 이체하여 지급하고 비품으로 계상하였다. (3점)

# 제8편. 전산회계2급 -집중심화

**문제6** 다음의 결산정리사항을 입력하여 결산을 완료하시오. (12점)

< 입력 시 유의사항 >
- 적요의 입력은 생략한다.
- 부가가치세는 고려하지 않는다.
- 채권·채무와 관련된 거래는 별도의 요구가 없는 한 반드시 기등록된 거래처코드를 선택하는 방법으로 거래처명을 입력한다.
- 회계처리 시 계정과목은 별도의 제시가 없는 한 등록된 계정과목 중 가장 적절한 과목으로 한다.

[1] 영업부에서 소모품 구입 시 당기 비용(소모품비)으로 처리한 금액 중 기말 현재 미사용한 금액은 30,000원이다. (3점)

[2] 단기투자목적으로 1개월 전에 ㈜동수텔레콤의 주식 50주(주당 액면금액 5,000원)를 주당 10,000원에 취득했는데, 기말 현재 이 주식의 공정가치는 주당 12,000원이다. (3점)

[3] 보험기간이 만료된 자동차보험을 10월 1일 갱신하고, 보험료 360,000원(보험기간 : 2025년 10월 1일 ~2026년 9월 30일)을 보통예금 계좌에서 이체하여 납부하고 전액 비용으로 처리하였다(단, 보험료는 월할 계산한다). (3점)

[4] 단기차입금에 대한 이자비용 미지급액 중 2024년 귀속분은 600,000원이다. (3점)

**문제7** 다음 사항을 조회하여 알맞은 답안을 메뉴에 입력하시오. (10점)

[1] 상반기(1월~6월) 동안 지출한 기업업무추진비(판) 금액은 얼마인가? (3점)

[2] 1월 말의 미수금 장부가액은 전기 말에 대비하여 얼마나 증가하였는가? (3점)

[3] 5월 말 현재 외상매출금 잔액이 가장 많은 거래처의 거래처코드와 잔액은 얼마인가? (4점)

# 2회 이론시험 답안

| A형 | <1> | <2> | <3> | <4> | <5> | <6> | <7> | <8> | <9> | <10> | <11> | <12> | <13> | <14> | <15> |
|---|---|---|---|---|---|---|---|---|---|---|---|---|---|---|---|
| | ④ | ① | ④ | ③ | ② | ③ | ④ | ③ | ① | ② | ① | ② | ③ | ① | ④ |

1.
[답] ④ 재산 증감의 변화가 없는 계약, 의사결정, 주문 등은 회계상 거래에 해당하지 않는다.

2.
[답] ① 거래의 8요소 중 자산의 증가는 차변에 기록하는 항목이다.

3.
[답] ④ 급여 지급 시 전월에 원천징수한 근로소득세는 예수금 계정으로 처리한다.

4.
[답] ③ 재무상태표상의 대변 항목은 부채와 자본으로, 선급금은 자산항목이다.

5.
[답] ② 1,800,000원
= 현금 300,000원 + 보통예금 800,000원 + 외상매출금 200,000원 + 단기매매증권 500,000원

6.
[답] ③ 매출할인

7.
[답] ④ 외상매출금
· 정상적인 영업활동(일반적인 상거래)에서 발생한 판매대금의 미수액 : 외상매출금
· 유형자산을 처분하고 대금을 미회수했을 경우 : 미수금
· 수익 중 차기 이후에 속하는 금액이지만 그 대가를 미리 받은 경우 : 선수수익

8.
[답] ③ 4,000,000원
= 기초자본 1,000,000원 + 당기순이익 3,000,000원
· 당기순이익 : 총수익 8,000,000원 - 총비용 5,000,000원 = 3,000,000원

9.
[답] ① 350,000,000원
= 매출총이익 172,000,000원 + 매출원가 178,000,000원
· 매출원가 : 기초상품재고액     25,000,000원 + 당기총매입액     168,000,000원 - 기말상품재고액 15,000,000원 = 178,000,000원

10.
[답] ② 받을어음에 대한 설명이다.

11.
[답] ① 6,000,000원
=장부가액 7,000,000원 - 유형자산처분손실 1,000,000원
• 장부가액 : 취득가액 16,000,000원 - 감가상각누계액 9,000,000원 = 7,000,000원

12.
[답] ② 일정 시점 현재 기업이 보유하고 있는 경제적 자원인 자산과 경제적 의무인 부채, 그리고 자본에 대한 정보를 제공하는 재무보고서는 재무상태표로, 임대료과 이자비용은 손익계산서 계정과목이다. 나머지 계정은 재무상태표 계정과목이다.

13.
[답] ③ 3개월

14.
[답] ① 선입선출법에 대한 설명이다.

15.
[답] ④ 이자수익은 영업외수익에 해당한다.
• 미수수익 : 자산
• 경상개발비 : 판매비와관리비
• 외환차손 : 영업외비용

## 2회 실무시험 답안

### 문제1

[답]
[회사등록] > [기본사항] 탭 > •사업자등록번호 정정 : 107-35-25785 → 107-36-25785
•과세유형 수정 : 2.간이과세 → 1.일반과세
•업태 수정 : 제조 → 도소매

### 문제2

[답]
[전기분재무상태표] > •대손충당금(109) 추가 : 100,000원
•감가상각누계액(213) 수정 : 6,000,000원 → 2,400,000원
•외상매입금 수정 : 11,000,000원 → 8,000,000원

### 문제3

1. [답]
[기초정보관리] > [거래처등록] > [금융기관] 탭 > •거래처코드 : 98005
•거래처명 : 신한은행
•유형 : 1.보통예금
•계좌번호 : 110-081-834009
•계좌개설일 : 2025-01-01
•사업용 계좌 : 1.여

2. [답]
[전기분재무제표] > [거래처별초기이월] > •받을어음 > 하우스컴 5,500,000원 추가 입력
•지급어음 > 모두피씨 2,500,000원 → 4,000,000원 수정
하나로컴퓨터 6,500,000원 → 2,500,000원 수정

# 문제4

**1.**
[답] 일반전표입력
07.05.　　(차) 보통예금　　9,700,000원　　(대) 단기차입금(세무은행)　　10,000,000원
　　　　　　　이자비용　　300,000원

**2.**
[답] 일반전표입력
07.07.　　(차) 상품　　3,960,000원　　(대) 외상매입금(대림전자)　　3,960,000원

**3.**
[답] 일반전표입력
08.03.　　(차) 보통예금　　15,000,000원　　(대) 외상매출금(국제전자)　　20,000,000원
　　　　　　　받을어음(국제전자)　　5,000,000원

**4.**
[답] 일반전표입력
08.10.　　(차) 기부금　　1,000,000원　　(대) 현금　　1,000,000원
　　　또는 출금전표　　기부금　　1,000,000원

**5.**
[답] 일반전표입력
09.01.　　(차) 기업업무추진비(판)　　49,000원　　(대) 현금　　49,000원
　　　또는 출금전표　기업업무추진비(판)　49,000원

**6.**
[답] 일반전표입력
09.10.　　(차) 예수금　　150,000원　　(대) 보통예금　　300,000원
　　　　　　　세금과공과(판)　　150,000원

**7.**
[답] 일반전표입력
10.11.　　(차) 현금　　960,000원　　(대) 선수금(미래전산)　　960,000원
　　　또는 입금전표　　선수금(미래전산)　　960,000원

**8.**
[답] 일반전표입력
11.25.　　(차) 미지급금(비씨카드)　　500,000원　　(대) 보통예금　　500,000원

## 문제5

1.
[답] 일반전표입력
- 수정 전 : (차) 수선비(판)   30,000,000원   (대) 보통예금   30,000,000원
- 수정 후 : (차) 건물          30,000,000원   (대) 보통예금   30,000,000원

2.
[답] 일반전표입력
- 수정 전 : (차) 비품    1,500,000원   (대) 보통예금   1,500,000원
- 수정 후 : (차) 인출금  1,500,000원   (대) 보통예금   1,500,000원
           (또는 자본금)

## 문제6

1.
[답] 일반전표입력
12.31.    (차) 소모품   30,000원   (대) 소모품비(판)   30,000원

2.
[답] 일반전표입력
12.31.    (차) 단기매매증권   100,000원   (대) 단기매매증권평가이익   100,000원

3.
[답] 일반전표입력
12.31.    (차) 선급비용   270,000원   (대) 보험료(판)   270,000원
- 당기분 보험료 : 360,000원×3/12 = 90,000원
- 차기분 보험료 : 360,000원×9/12 = 270,000원

4.
[답] 일반전표입력
12.31.    (차) 이자비용   600,000원   (대) 미지급비용   600,000원

# 제8편. 전산회계2급 －집중심화

## 문제7

1.
[답] 6,500,000원
・[총계정원장] > 기간 : 1월 1일~6월 30일 > 계정과목 : 기업업무추진비(판) > 합계금액 확인

2.
[답] 550,000원
= 2025년 1월 5,050,000원 - 전기 말 4,500,000원
・[재무상태표] > 기간 : 1월 > 미수금 금액 확인

3.
[답] 거래처코드 : 00112(또는 112), 금액 : 36,500,000원
・[거래처원장] > 기간 : 1월 1일~5월 31일 > 계정과목 : 외상매출금 > 거래처별 잔액 및 거래처코드 확인

# 3회 집중심화

## ✽ 이론시험 ✽

다음 문제를 보고 알맞은 것을 골라 이론문제 답안작성 메뉴에 입력하시오.(객관식 문항당 2점)

1. 다음 중 일정기간의 회계정보를 제공하는 재무제표가 아닌 것은?
   ① 현금흐름표　　　② 손익계산서　　　③ 재무상태표　　　④ 자본변동표

2. 다음 중 계정의 잔액 표시가 잘못된 것을 고르시오.

   ① 받을어음　1,500,000원
   ② 미지급금　1,500,000원
   ③ 자본금　1,500,000원
   ④ 임대료　1,500,000원

3. 다음은 당기의 재고자산 관련 자료이다. 당기의 상품 매출원가는 얼마인가?

   · 기초상품재고액  10,000원　　· 당기상품매입액  30,000원
   · 상품매입에누리  1,000원　　· 기말상품재고액  5,000원

   ① 34,000원　　② 35,000원　　③ 39,000원　　④ 40,000원

4. 12월 말 결산법인의 당기 취득 기계장치 관련 자료가 다음과 같다. 이를 바탕으로 당기 손익계산서에 반영될 당기의 감가상각비는 얼마인가?

   · 7월 1일 기계장치를 1,000,000원에 취득하였다.
   · 7월 1일 기계장치 취득 즉시 수익적지출 100,000원이 발생하였다.
   · 위 기계장치의 잔존가치는 0원, 내용연수는 5년, 상각방법은 정액법이다. 단, 월할상각할 것.

   ① 100,000원　　② 110,000원　　③ 200,000원　　④ 220,000원

# 제8편. 전산회계2급 -집중심화

**5.** 다음 자료에서 당기말 재무제표에 계상될 보험료는 얼마인가? 단, 회계연도는 매년 1월 1일부터 12월 31일까지이다.

- 11월 1일 화재보험에 가입하고, 보험료 600,000원을 현금으로 지급하였다.
- 보험기간은 가입시점부터 1년이며, 기간계산은 월할로 한다.
- 이외 보험료는 없는 것으로 한다.

① 50,000원  ② 100,000원  ③ 300,000원  ④ 600,000원

**6.** 다음 중 재무상태표에 표시되는 매입채무 계정에 해당하는 것으로만 짝지어진 것은?
① 미수금, 미지급금
② 가수금, 가지급금
③ 외상매출금, 받을어음
④ 외상매입금, 지급어음

**7.** 다음 중 계정과목의 분류가 올바른 것은?
① 유동자산 : 차량운반구
② 비유동자산 : 당좌예금
③ 유동부채 : 단기차입금
④ 비유동부채 : 선수수익

**8.** 다음 중 현금및현금성자산에 포함되지 않는 것은?
① 우편환증서  ② 배당금지급통지서  ③ 당좌차월  ④ 자기앞수표

**9.** 다음 중 상품 매입계약에 따른 계약금을 미리 지급한 경우에 사용하는 계정과목으로 옳은 것은?
① 가지급금  ② 선급금  ③ 미지급금  ④ 지급어음

**10.** 다음 자료에서 부채의 합계액은 얼마인가?

| · 외상매입금 3,000,000원 | · 선수수익 500,000원 | · 단기대여금 4,000,000원 |
| · 미지급비용 2,000,000원 | · 선급비용 1,500,000원 | · 미수수익 1,000,000원 |

① 5,500,000원  ② 6,000,000원  ③ 6,500,000원  ④ 12,000,000원

11. 다음 중 아래 빈칸에 들어갈 내용으로 적절한 것은?

> 유동자산은 보고기간종료일로부터 (　)년 이내에 현금화 또는 실현될 것으로 예상되는 자산을 의미한다.

① 1　　　　　　② 2　　　　　　③ 3　　　　　　④ 5


12. 다음 자료에서 당기 외상매출금 기말잔액은 얼마인가?

| | |
|---|---|
| • 외상매출금 기초잔액 | 3,000,000원 |
| • 외상매출금 당기 발생액 | 7,000,000원 |
| • 외상매출금 당기 회수액 | 1,000,000원 |

① 0원　　　② 3,000,000원　　　③ 5,000,000원　　　④ 9,000,000원


13. 다음 중 재고자산에 대한 설명으로 적절하지 않은 것은?
① 재고자산은 정상적인 영업과정에서 판매를 위하여 보유하거나 생산과정에 있는 자산 및 생산 또는 서비스 제공과정에 투입될 원재료나 소모품의 형태로 존재하는 자산을 말한다.
② 재고자산의 취득원가는 취득과 직접적으로 관련되어 있으며 정상적으로 발생되는 기타원가를 포함한다.
③ 선입선출법은 먼저 구입한 상품이 먼저 판매된다는 가정하에 매출원가 및 기말재고액을 구하는 방법이다.
④ 개별법은 상호 교환될 수 있는 재고자산 항목인 경우에만 사용 가능하다.


14. 다음 중 수익의 이연에 해당하는 계정과목으로 옳은 것은?
① 선급비용　　② 미지급비용　　③ 선수수익　　④ 미수수익


15. 다음 중 기말재고자산을 과대평가하였을 때 나타나는 현상으로 옳은 것은?

| | 매출원가 | 당기순이익 |
|---|---|---|
| ① | 과대계상 | 과소계상 |
| ② | 과소계상 | 과대계상 |
| ③ | 과대계상 | 과대계상 |
| ④ | 과소계상 | 과소계상 |

# 제8편. 전산회계2급 －집중심화

> ✱ **실무시험** ✱
>
> 문제에서 한국채택국제회계기준을 적용하도록 하는 전제조건이 없는 경우, 일반기업회계기준을 적용하여 회계처리 한다.

지우상사(코드번호: 2023)는 사무기기를 판매하는 개인기업으로 당기(제13기) 회계기간은 2025.1.1.~2025.12.31.이다. 전산세무회계 수험용 프로그램을 이용하여 다음 물음에 답하시오.

**문제1** 다음은 지우상사의 사업자등록증이다. [회사등록] 메뉴에 입력된 내용을 검토하여 누락분은 추가입력하고 잘못된 부분은 정정하시오(주소 입력 시 우편번호는 입력하지 않아도 무방함). (6점)

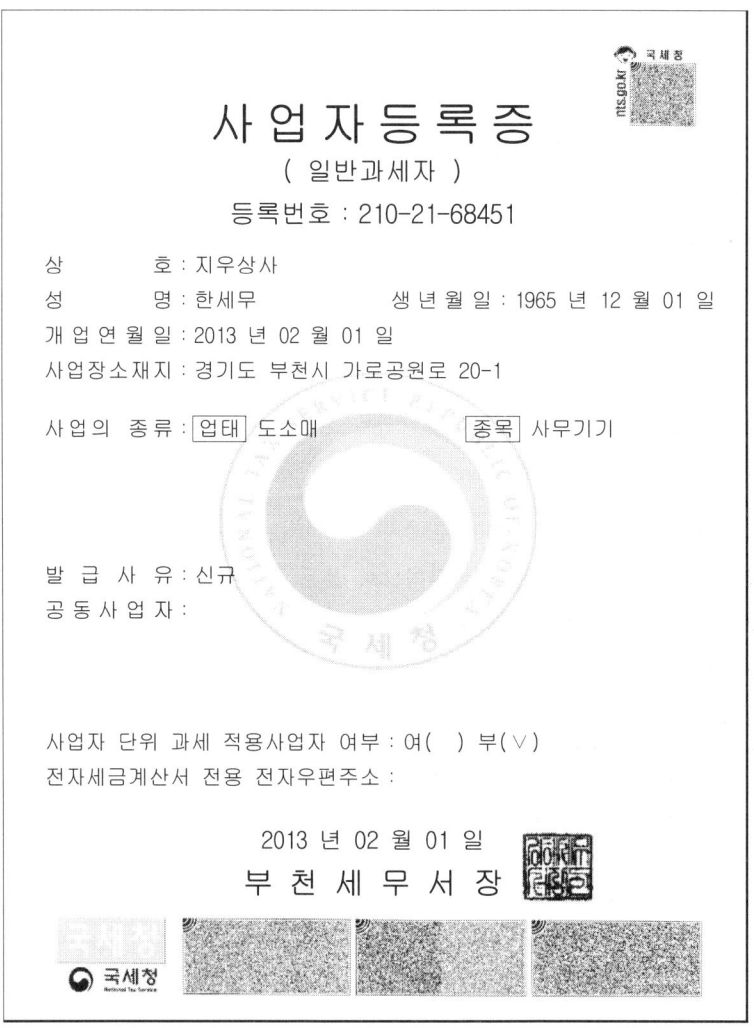

**문제2** 지우상사의 전기분 손익계산서는 다음과 같다. 입력되어 있는 자료를 검토하여 오류부분은 정정하고 누락된 부분은 추가 입력하시오. (6점)

손 익 계 산 서

회사명 : 지우상사　　　제12기 2024년 1월 1일부터 2024년 12월 31일까지　　　(단위 : 원)

| 과　　　　　　목 | 금　　액 | 과　　　　　　목 | 금　　액 |
|---|---|---|---|
| Ⅰ. 매출액 | 125,500,000 | Ⅴ. 영업이익 | 11,850,000 |
| 　1. 상품매출 | 125,500,000 | Ⅵ. 영업외수익 | 500,000 |
| Ⅱ. 매출원가 | 88,800,000 | 　1. 이자수익 | 500,000 |
| 　상품매출원가 | 88,800,000 | Ⅶ. 영업외비용 | 1,200,000 |
| 　1. 기초상품재고액 | 12,300,000 | 　1. 이자비용 | 1,200,000 |
| 　2. 당기상품매입액 | 79,000,000 | Ⅷ. 소득세차감전이익 | 11,150,000 |
| 　3. 기말상품재고액 | 2,500,000 | Ⅸ. 소득세등 | 0 |
| Ⅲ. 매출총이익 | 36,700,000 | Ⅹ. 당기순이익 | 11,150,000 |
| Ⅳ. 판매비와관리비 | 24,850,000 | | |
| 　1. 급여 | 14,500,000 | | |
| 　2. 복리후생비 | 1,200,000 | | |
| 　3. 여비교통비 | 800,000 | | |
| 　4. 기업업무추진비 | 750,000 | | |
| 　5. 수도광열비 | 1,100,000 | | |
| 　6. 감가상각비 | 3,950,000 | | |
| 　7. 임차료 | 1,200,000 | | |
| 　8. 차량유지비 | 550,000 | | |
| 　9. 수수료비용 | 300,000 | | |
| 　10. 광고선전비 | 500,000 | | |

# 제8편. 전산회계2급 -집중심화

**문제3** 다음 자료를 이용하여 입력하시오. (6점)

[1] 다음 자료를 이용하여 [계정과목및적요등록] 메뉴에서 판매비및일반관리비 항목의 여비교통비 계정과목에 적요를 추가로 등록하시오. (3점)

| 대체적요 NO. 3 : 직원의 국내출장비 예금 인출 |
|---|

[2] [거래처별초기이월] 메뉴의 계정과목별 잔액은 다음과 같다. 주어진 자료를 검토하여 잘못된 부분은 오류를 정정하고, 누락된 부분은 추가 입력하시오. (3점)

| 계정과목 | 거래처명 | 금액 |
|---|---|---|
| 외상매입금 | 라라무역 | 23,200,000원 |
|  | 양산상사 | 35,800,000원 |
| 단기차입금 | ㈜굿맨 | 36,000,000원 |

**문제4** [일반전표입력] 메뉴를 이용하여 다음의 거래 자료를 입력하시오. (24점)

< 입력 시 유의사항 >
· 적요의 입력은 생략한다.
· 부가가치세는 고려하지 않는다.
· 채권·채무와 관련된 거래는 별도의 요구가 없는 한 반드시 기등록된 거래처코드를 선택하는 방법으로 거래처명을 입력한다.
· 회계처리 시 계정과목은 별도의 제시가 없는 한 등록된 계정과목 중 가장 적절한 과목으로 한다.

[1] 07월 15일 태영상사에 상품을 4,000,000원에 판매하고 판매대금 중 20%는 태영상사가 발행한 6개월 만기 약속어음으로 받았으며, 나머지 판매대금은 8월 말에 받기로 하였다. (3점)

[2] 08월 25일 큰손은행으로부터 아래와 같이 사업확장을 위한 자금을 차입하고 보통예금 계좌로 송금받았다. (3점)

| 차입금액 | 자금용도 | 연이자율 | 차입기간 | 이자 지급 방법 |
|---|---|---|---|---|
| 15,000,000원 | 시설자금 | 7% | 3년 | 만기 일시 지급 |

[3] 09월 05일 영업부 사무실의 8월분 인터넷이용료 50,000원과 수도요금 40,000원을 삼성카드로 결제하였다. (3점)

[4] 10월 05일 명절을 맞이하여 과일세트 30박스를 싱싱과일에서 구입하여 매출거래처에 선물하였고, 아래와 같이 영수증을 받았다. (3점)

```
           영수증
  싱싱과일         105-91-3*****
  대표자              김민정
  경기도 부천시 중동 *** 1층

  품목    수량   단가    금액
  과일세트  30   10,000  300,000

  합계금액         ₩   300,000
  결제구분           금액
  현     금          300,000원
  받 은 금 액        300,000원
  미  수  금            -
       ***감사합니다***
```

[5] 10월 24일 새로운 창고를 건축하기 위하여 토지를 50,000,000원에 취득하면서 취득세 2,300,000원을 포함한 총 52,300,000원을 현금으로 지급하였다. (3점)

[6] 11월 02일 온나라상사의 파산으로 인하여 외상매출금을 회수할 수 없게 됨에 따라 온나라상사의 외상매출금 3,000,000원 전액을 대손처리하기로 하다. 11월 2일 현재 대손충당금 잔액은 900,000원이다. (3점)

# 제8편. 전산회계2급 -집중심화

[7] 11월 30일 영업부 대리 김민정의 11월분 급여를 보통예금 계좌에서 이체하여 지급하였다(단, 하나의 전표로 처리하되, 공제항목은 구분하지 않고 하나의 계정과목으로 처리할 것). (3점)

**2025년 11월분 급여명세서**

| 사 원 명 : 김민정 | | 부 서 : 영업부 | |
|---|---|---|---|
| 입 사 일 : 2024.10.01. | | 직 급 : 대리 | |
| 지 급 내 역 | 지 급 액 | 공 제 내 역 | 공 제 액 |
| 기 본 급 여 | 4,200,000원 | 국 민 연 금 | 189,000원 |
| 직 책 수 당 | 0원 | 건 강 보 험 | 146,790원 |
| 상 여 금 | 0원 | 고 용 보 험 | 37,800원 |
| 특 별 수 당 | 0원 | 소 득 세 | 237,660원 |
| 자 가 운 전 보 조 금 | 0원 | 지 방 소 득 세 | 23,760원 |
| 교 육 지 원 수 당 | 0원 | 기 타 공 제 | 0원 |
| 지 급 액 계 | 4,200,000원 | 공 제 액 계 | 635,010원 |
| 귀하의 노고에 감사드립니다. | | 차 인 지 급 액 | 3,564,990원 |

[8] 12월 15일 대한상사의 외상매입금 7,000,000원 중 2,000,000원은 현금으로 지급하고 잔액은 보통예금 계좌에서 이체하였다. (3점)

### 문제5

[일반전표입력] 메뉴에 입력된 내용 중 다음의 오류가 발견되었다. 입력된 내용을 검토하고 수정 또는 삭제, 추가 입력하여 올바르게 정정하시오. (6점)

―――――― < 입력 시 유의사항 > ――――――
· 적요의 입력은 생략한다.
· 부가가치세는 고려하지 않는다.
· 채권·채무와 관련된 거래는 별도의 요구가 없는 한 반드시 기등록된 거래처코드를 선택하는 방법으로 거래처명을 입력한다.
· 회계처리 시 계정과목은 별도의 제시가 없는 한 등록된 계정과목 중 가장 적절한 과목으로 한다.

[1] 08월 20일 두리상사에서 상품을 35,000,000원에 매입하기로 계약하고 현금으로 지급한 계약금 3,500,000원을 선수금으로 입금 처리하였음이 확인된다. (3점)

[2] 09월 16일 보통예금 계좌에서 나라은행으로 이체한 4,000,000원은 이자비용을 지급한 것이 아니라 단기차입금을 상환한 것이다. (3점)

## 문제6  다음의 결산정리사항을 입력하여 결산을 완료하시오. (12점)

< 입력 시 유의사항 >
- 적요의 입력은 생략한다.
- 부가가치세는 고려하지 않는다.
- 채권·채무와 관련된 거래는 별도의 요구가 없는 한 반드시 기등록된 거래처코드를 선택하는 방법으로 거래처명을 입력한다.
- 회계처리 시 계정과목은 별도의 제시가 없는 한 등록된 계정과목 중 가장 적절한 과목으로 한다.

[1] 2025년 4월 1일에 하나은행으로부터 30,000,000원을 12개월간 차입하고, 이자는 차입금 상환 시점에 원금과 함께 일시 지급하기로 하였다. 적용이율은 연 5%이며, 차입기간은 2025.04.01.~2026.03.31.이다. 관련된 결산분개를 하시오(단 이자는 월할계산할 것). (3점)

[2] 결산일 현재 예금에 대한 기간경과분 발생이자는 15,000원이다. (3점)

[3] 기말 현재 영업부의 비품에 대한 2025년 당기분 감가상각비는 1,700,000원이다. (3점)

[4] 결산을 위하여 창고의 재고자산을 실사한 결과 기말상품재고액은 6,500,000원이다. (3점)

## 문제7  다음 사항을 조회하여 알맞은 답안을 메뉴에 입력하시오. (10점)

[1] 2분기(4월~6월)에 수석상사에 발행하여 교부한 지급어음의 총 합계액은 얼마인가? (단, 전기이월 금액은 제외할 것) (3점)

[2] 상반기(1월~6월)의 보통예금 입금액은 총 얼마인가? (단, 전기이월 금액은 제외할 것) (3점)

[3] 상반기(1월~6월) 중 기업업무추진비(판매비와일반관리비)를 가장 적게 지출한 월(月)과 그 금액은 얼마인가? (4점)

## 3회 이론시험 답안

| A형 | <1> | <2> | <3> | <4> | <5> | <6> | <7> | <8> | <9> | <10> | <11> | <12> | <13> | <14> | <15> |
|---|---|---|---|---|---|---|---|---|---|---|---|---|---|---|---|
| | ③ | ④ | ① | ① | ② | ④ | ③ | ③ | ② | ① | ① | ④ | ④ | ③ | ② |

1.
[답] ③ 재무상태표는 일정시점의 재무상태를 나타내는 재무제표이다.

2.
[답] ④ 자산 항목과 비용 항목은 잔액이 차변에 발생하고, 부채 항목 및 자본 항목과 수익 항목의 잔액은 대변에 기록된다. 임대료는 수익 계정이므로 잔액이 대변에 발생한다.

3.
[답] ① 매출원가 34,000원
 = 기초상품재고 10,000원 + 당기순매입액 29,000원 - 기말상품재고 5,000원
• 당기순매입액 : 당기매입액 30,000원 - 매입에누리 1,000원 = 29,000원

4.
[답] ① 100,000원
$= 취득원가\ 1,000,000원 \times \dfrac{1년}{5년} \times \dfrac{6월}{12월}$
• 수익적지출은 감가상각대상금액이 아니다.

5.
[답] ② 100,000원
$= 600,000원 \times \dfrac{2월}{12월}$

6.
[답] ④ 매입채무는 외상매입금과 지급어음의 통합계정이다.

7.
[답] ③
• 업무에 사용하기 위한 차량운반구는 유형자산으로 비유동자산에 해당한다.
• 당좌예금은 당좌자산으로 유동자산에 해당한다.
• 선수수익은 유동부채에 해당한다.

8.
[답] ③ 당좌차월은 단기차입금 계정과목이다.

9.
[답] ② 선급금

10.
[답] ① 5,500,000원
= 외상매입금 3,000,000원 + 선수수익 500,000원 + 미지급비용 2,000,000원

11.
[답] ① 보고기간종료일로부터 1년 이내에 현금화 또는 실현될 것으로 예상되는 자산을 유동자산으로 분류한다.

12.
[답] ④ 9,000,000원
= 기초 외상매출금 3,000,000원 + 당기 발생 외상매출금 7,000,000원 - 당기 회수 외상매출금 1,000,000원

13.
[답] ④ 개별법은 통상적으로 상호 교환될 수 없는 재고자산 항목의 원가를 계산할 때 사용한다.

14.
[답] ③ [일반기업회계기준 제2장 재무제표의 작성과 표시] 선수수익은 수익의 이연, 미수수익은 수익의 계상, 선급비용은 비용의 이연, 미지급비용은 비용의 계상에 해당한다.

15.
[답] ② 기말재고자산을 과대평가할 경우, 매출원가는 과소계상되고 당기순이익은 과대계상된다.
· 매출원가 = 기초재고 + 당기매입 - 기말재고

## 3회 실무시험 답안

### 문제1

[답]
[회사등록] > [기본사항] 탭 > ・업태 수정입력 : 제조 → 도소매
・종목 수정입력 : 의약품 → 사무기기
・사업장관할세무서 수정입력 : 621.금정 → 130.부천

### 문제2

[답]
[전기분손익계산서] > ・기업업무추진비 수정입력 : 800,000원 → 750,000원
・819.임차료 1,200,000원 추가입력
・951.이자비용 1,200,000원 추가입력

### 문제3

[1]
[답]
[계정과목및적요등록] > 812.여비교통비 > ・적요NO. 3
・대체적요 : 직원의 국내출장비 예금 인출

[2]
[답]
[거래처별초기이월] > ・외상매입금 : 라라무역 2,320,000원 → 23,200,000원으로 수정입력
・외상매입금 : 양산상사 35,800,000원 추가입력
・단기차입금 : ㈜굿맨 36,000,000원 추가입력

### 문제4

[1]
[답] 일반전표입력
07.15.     (차) 받을어음(태영상사)      800,000원     (대) 상품매출      4,000,000원
                외상매출금(태영상사)   3,200,000원

[2]
[답] 일반전표입력
08.25.  (차) 보통예금  15,000,000원  (대) 장기차입금(큰손은행)  15,000,000원

[3]
[답] 일반전표입력
09.05.  (차) 통신비(판)  50,000원  (대) 미지급금(삼성카드)  90,000원
        수도광열비(판)  40,000원       (또는 미지급비용)

[4]
[답] 일반전표입력
10.05.  (차) 기업업무추진비(판)  300,000원  (대) 현금  300,000원
또는 출금전표  기업업무추진비(판)  300,000원

[5]
[답] 일반전표입력
10.24.  (차) 토지  52,300,000원  (대) 현금  52,300,000원
또는 출금전표  토지  52,300,000원

[6]
[답] 일반전표입력
11.02.  (차) 대손충당금(109)  900,000원  (대) 외상매출금(온나라상사)  3,000,000원
        대손상각비  2,100,000원

[7]
[답] 일반전표입력
11.30.  (차) 급여(판)  4,200,000원  (대) 예수금  635,010원
                                       보통예금  3,564,990원

[8]
[답] 일반전표입력
12.15.  (차) 외상매입금(대한상사)  7,000,000원  (대) 보통예금  5,000,000원
                                                  현금  2,000,000원

## 제8편. 전산회계2급 -집중심화

### 문제5

[1]
[답] 일반전표입력

| 수정 전 : 08.20. | (차) 현금 | 3,500,000원 | (대) 선수금(두리상사) | 3,500,000원 |
| 수정 후 : 08.20. | (차) 선급금(두리상사) | 3,500,000원 | (대) 현금 | 3,500,000원 |
|  | 또는 출금전표  선급금(두리상사) | 3,500,000원 | | |

[2]
[답] 일반전표입력

수정 전 : 09.16.　　(차) 이자비용　　　　　　4,000,000원　(대) 보통예금　　4,000,000원
수정 후 : 09.16.　　(차) 단기차입금(나라은행)　4,000,000원　(대) 보통예금　　4,000,000원

### 문제6

[1]
[답] 일반전표입력

12.31.　　(차) 이자비용　　1,125,000원　　(대) 미지급비용　　1,125,000원

- 이자비용 : $30,000,000원 \times 5\% \times \dfrac{9개월}{12개월} = 1,125,000원$

[2]
[답] 일반전표입력

12.31.　　(차) 미수수익  15,000원　　(대) 이자수익　　15,000원

[3]
[답]
1. [결산자료입력] > 기간 : 01월~12월
   > 4. 판매비와 일반관리비
   > 4). 감가상각비
   > 비품 결산반영금액란 1,700,000원 입력 > F3 전표추가
2. 또는 일반전표입력

12.31.　　(차) 감가상각비(판)　1,700,000원　(대) 감가상각누계액(213)　1,700,000원

[4]
[답]
1. [결산자료입력] > 기간 : 01월~12월
 > 2. 매출원가
 > ⑩ 기말 상품 재고액 결산반영금액란 6,500,000원 입력 > F3 전표추가
2. 또는 일반전표입력
12.31.    (결차) 상품매출원가    187,920,000원    (결대) 상품    187,920,000원
・매출원가 : 기초상품재고액 2,500,000원 + 당기상품매입액 191,920,000원 - 기말상품재고액 6,500,000원
 = 187,920,000원

## 문제7

[1]
[답] 30,000,000원
・거래처원장 > 기간 : 4월 1일~6월 30일 > 계정과목 : 252.지급어음 > 수석상사 대변 합계액

[2]
[답] 86,562,000원
・총계정원장(또는 계정별원장) > 기간 : 1월 1일~6월 30일
> 계정과목 : 103.보통예금
> 차변 합계액 - 전기이월 35,000,000원

[3]
[답] 3월, 272,000원
・총계정원장 > 기간 : 1월 1일~6월 30일 > 계정과목 : 813.기업업무추진비 조회

## 4회 집중심화

**✱ 이론시험 ✱**

다음 문제를 보고 알맞은 것을 골라 이론문제 답안작성 메뉴에 입력하시오.(객관식 문항당 2점)

1. 다음 중 거래의 종류와 해당 거래의 연결이 올바르지 않은 것은?
① 교환거래 : 상품 1,000,000원을 매출하기로 계약하고 매출대금의 10%를 현금으로 받다.
② 손익거래 : 당월분 사무실 전화요금 50,000원과 전기요금 100,000원이 보통예금 계좌에서 자동으로 이체되다.
③ 손익거래 : 사무실을 임대하고 1년치 임대료 600,000원을 보통예금 계좌로 입금받아 수익 계정으로 처리하다.
④ 혼합거래 : 단기차입금 1,000,000원과 장기차입금 2,000,000원을 보통예금 계좌에서 이체하여 상환하다.

2. 다음 중 결산 시 대손상각 처리를 할 수 있는 계정과목에 해당하지 않는 것은?
① 받을어음　　　　② 미수금　　　　③ 외상매출금　　　　④ 단기차입금

3. 다음 중 현금 계정으로 처리할 수 없는 것은?
① 자기앞수표　　② 당사 발행 당좌수표　　③ 우편환증서　　④ 배당금지급통지표

4. 다음 자료에서 상품의 순매입액은 얼마인가?

| · 당기상품매입액 50,000원 | · 상품매입할인 3,000원 |
| · 상품매입과 관련된 취득부대비용 2,000원 | · 상품매출에누리 5,000원 |

① 44,000원　　　　② 47,000원　　　　③ 49,000원　　　　④ 52,000원

5. 다음의 거래요소 중 차변에 올 수 있는 거래요소는 무엇인가?
① 수익의 발생　　② 비용의 발생　　③ 자산의 감소　　④ 부채의 증가

6. 다음 중 외상매출금 계정이 대변에 기입될 수 있는 거래를 모두 찾으시오.

가. 상품을 매출하고 대금을 한 달 후에 지급받기로 했을 때
나. 외상매출금이 보통예금으로 입금되었을 때
다. 외상매출금을 현금으로 지급받았을 때
라. 외상매입한 상품 대금을 한 달 후에 보통예금으로 지급했을 때

① 가, 나　　　　② 나, 다　　　　③ 다, 라　　　　④ 가, 라

7. 다음 중 재무상태표상 기말재고자산이 50,000원 과대계상 되었을 때 나타날 수 없는 것은?
① 당기순이익 50,000원 과소계상
② 매출원가 50,000원 과소계상
③ 영업이익 50,000원 과대계상
④ 차기이월되는 재고자산 50,000원 과대계상

8. 다음 자료를 이용하여 영업이익을 계산하면 얼마인가?

| ・매출액 | 20,000,000원 | ・복리후생비 | 300,000원 |
| ・매출원가 | 14,000,000원 | ・유형자산처분손실 | 600,000원 |
| ・이자비용 | 300,000원 | ・급여 | 2,000,000원 |

① 2,800,000원　　② 3,100,000원　　③ 3,700,000원　　④ 4,000,000원

9. 다음 자료에 의한 기말 현재 대손충당금 잔액은 얼마인가?

・기말 매출채권 : 20,000,000원
・기말 매출채권 잔액에 대하여 1%의 대손충당금을 설정하기로 한다.

① 200,000원　　② 218,000원　　③ 250,000원　　④ 320,000원

10. 다음 중 일반기업회계기준상 유형자산의 감가상각방법으로 인정되지 않는 것은?
① 선입선출법　　② 정률법　　③ 연수합계법　　④ 생산량비례법

## 제8편. 전산회계2급 -집중심화

**11.** 다음의 지출내역 중 판매비와관리비에 해당하는 것을 모두 고른 것은?

| 가. 출장 여비교통비 | 나. 거래처 대표자의 결혼식 화환 구입비 |
| 다. 차입금 이자 | 라. 유형자산처분이익 |

① 가, 나　　　　② 나, 다　　　　③ 가, 라　　　　④ 다, 라

**12.** 다음 중 자본잉여금에 해당하지 않는 것은?
① 주식발행초과금　　② 감자차익　　③ 자기주식처분이익　　④ 임의적립금

**13.** 다음 중 유동부채에 해당하는 항목의 합계금액으로 적절한 것은?

| ・유동성장기부채 | 4,000,000원 | ・장기차입금 | 5,000,000원 |
| ・미지급비용 | 1,400,000원 | ・선급비용 | 2,500,000원 |
| ・예수금 | 500,000원 | ・외상매입금 | 3,300,000원 |

① 5,200,000원　　② 9,200,000원　　③ 11,700,000원　　④ 16,700,000원

**14.** 다음 중 당좌자산에 해당하지 않는 항목은?
① 매출채권　　　　② 현금　　　　③ 선급비용　　　　④ 건설중인자산

**15.** 다음 중 유형자산에 대한 추가적인 지출이 발생했을 때 당기 비용으로 처리할 수 있는 거래를 고르시오.
① 건물의 피난시설을 설치하기 위한 지출
② 내용연수를 연장시키는 지출
③ 건물 내부의 조명기구를 교체하는 지출
④ 상당한 품질향상을 가져오는 지출

## ✽ 실무시험 ✽

문제에서 한국채택국제회계기준을 적용하도록 하는 전제조건이 없는 경우, 일반기업회계기준을 적용하여 회계처리 한다.

정금상사(코드번호: 2024)는 신발을 판매하는 개인기업으로 당기(제14기)의 회계기간은 2025.1.1.~2025.12.31.이다. 전산세무회계 수험용 프로그램을 이용하여 다음 물음에 답하시오.

**문제1** 다음은 정금상사의 사업자등록증이다. [회사등록] 메뉴에 입력된 내용을 검토하여 누락분은 추가입력하고 잘못된 부분을 정정하시오(주소 입력 시 우편번호는 입력하지 않아도 무방함). (6점)

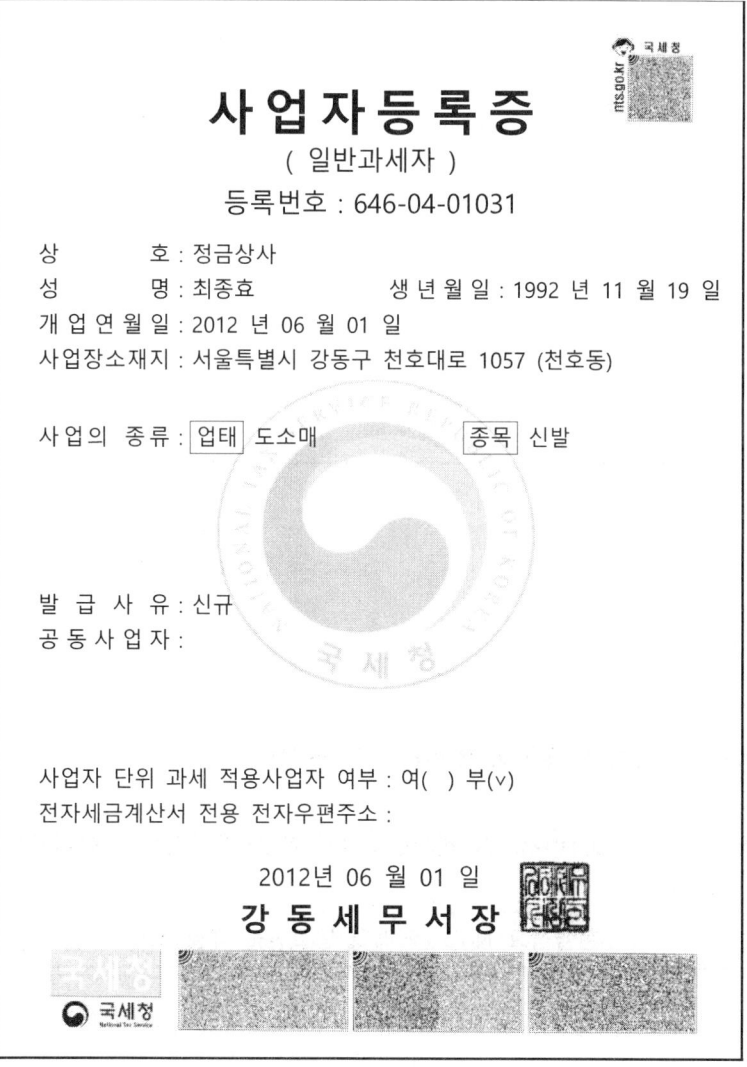

# 제8편. 전산회계2급 -집중심화

**문제2** 다음은 정금상사의 전기분 손익계산서이다. 입력되어 있는 자료를 검토하여 오류부분을 정정하고 누락된 부분을 추가 입력하시오. (6점)

### 손 익 계 산 서

회사명 : 정금상사    제13기 2024.1.1.~2024.12.31.    (단위 : 원)

| 과 목 | 금 액 | 과 목 | 금 액 |
|---|---|---|---|
| Ⅰ. 매　　출　　액 | 120,000,000 | Ⅴ. 영　업　이　익 | 4,900,000 |
| 　　상　품　매　출 | 120,000,000 | Ⅵ. 영　업　외　수　익 | 800,000 |
| Ⅱ. 매　출　원　가 | 90,000,000 | 　　이　자　수　익 | 800,000 |
| 　　상 품 매 출 원 가 | 90,000,000 | Ⅶ. 영　업　외　비　용 | 600,000 |
| 　　기 초 상 품 재 고 액 | 30,000,000 | 　　이　자　비　용 | 600,000 |
| 　　당 기 상 품 매 입 액 | 80,000,000 | Ⅷ. 소득세차감전순이익 | 5,100,000 |
| 　　기 말 상 품 재 고 액 | 20,000,000 | Ⅸ. 소　득　세　등 | 0 |
| Ⅲ. 매　출　총　이　익 | 30,000,000 | Ⅹ. 당　기　순　이　익 | 5,100,000 |
| Ⅳ. 판 매 비 와 관 리 비 | 25,100,000 | | |
| 　　급　　　　　여 | 18,000,000 | | |
| 　　복　리　후　생　비 | 5,000,000 | | |
| 　　여　비　교　통　비 | 600,000 | | |
| 　　기 업 업 무 추 진 비 | 300,000 | | |
| 　　소　모　품　비 | 500,000 | | |
| 　　광　고　선　전　비 | 700,000 | | |

**문제3** 다음 자료를 이용하여 입력하시오. (6점)

[1] [계정과목및적요등록] 메뉴에서 판매비와관리비의 기업업무추진비 계정에 다음 내용의 적요를 등록하시오. (3점)

| 현금적요 No.5 : 거래처 명절선물 대금 지급 |
|---|

[2] 정금상사의 외상매출금과 단기대여금에 대한 거래처별 초기이월 잔액은 다음과 같다. 입력된 자료를 검토하여 잘못된 부분은 수정 또는 삭제, 추가 입력하여 주어진 자료에 맞게 정정하시오. (3점)

| 계정과목 | 거래처 | 잔액 | 합계 |
|---|---|---|---|
| 외상매출금 | ㈜사이버나라 | 45,000,000원 | 68,000,000원 |
| | 세계상회 | 23,000,000원 | |
| 단기대여금 | ㈜해일 | 10,000,000원 | 13,000,000원 |
| | 부림상사 | 3,000,000원 | |

## 문제4 [일반전표입력] 메뉴를 이용하여 다음의 거래 자료를 입력하시오. (24점)

< 입력 시 유의사항 >

- 적요의 입력은 생략한다.
- 부가가치세는 고려하지 않는다.
- 채권·채무와 관련된 거래는 별도의 요구가 없는 한 반드시 기등록된 거래처코드를 선택하는 방법으로 거래처명을 입력한다.
- 회계처리 시 계정과목은 별도의 제시가 없는 한 등록된 계정과목 중 가장 적절한 과목으로 한다.

[1] 08월 01일 단기매매목적으로 ㈜바이오의 발행주식 10주를 1주당 200,000원에 취득하였다. 대금은 취득과정에서 발생한 별도의 증권거래수수료 12,000원을 포함하여 보통예금 계좌에서 전액을 지급하였다. ㈜바이오의 발행주식 1주당 액면가액은 1,000원이다.(3점)

[2] 09월 02일 푸름상회에서 판매용 신발을 매입하고 대금 중 5,000,000원은 푸름상회에 대한 외상매출금과 상계하여 처리하고 잔액은 외상으로 하다. (3점)

| 권 | | 호 | | 거래명세표(거래용) | | | | |
|---|---|---|---|---|---|---|---|---|
| 2025년 09월 02일 | | | | | | | | |
| 정금상사 귀하 | | | 공급자 | 사업자등록번호 | 109-02-57411 | | | |
| | | | | 상 호 | 푸름상회 | 성 명 | 나푸름 ㊞ | |
| | | | | 사업장소재지 | 서울특별시 서초구 명달로 105 | | | |
| 아래와 같이 계산합니다. | | | | 업 태 | 도소매 | 종 목 | 신발 | |
| 합계금액 | | | | 구백육십만 원정 ( ₩ 9,600,000 ) | | | | |
| 월일 | 품 목 | 규 격 | 수 량 | 단 가 | | 공 급 대 가 | | |
| 09월 02일 | 레인부츠 | | 12 | 800,000원 | | 9,600,000원 | | |
| | 계 | | | | | 9,600,000원 | | |
| 전잔금 | 없음 | | | 합 계 | | 9,600,000원 | | |
| 입 금 | 5,000,000원 | 잔 금 | 4,600,000원 | 인수자 | 최종효 | | ㊞ | |
| 비 고 | 판매대금 5,000,000원은 외상대금과 상계처리하기로 함. | | | | | | | |

[3] 10월 05일 업무용 모니터(비품)를 구입하고 현금 550,000원을 다음과 같이 지급하다. (3점)

| 현금영수증(지출증빙용) CASH RECEIPT | |
|---|---|
| 사업자등록번호 | 108-81-11116 |
| 현금영수증가맹점명 | ㈜성실산업 |
| 대표자 | 김성실 |
| 주소 | 서울 관악 봉천 458 |
| 전화번호 | 02 - 220 - 2223 |
| 품명 모니터 승인번호 | 12345 |
| 거래일시 2025.10.5 취소일자 | |
| 단위 백 천 원 | |
| 금액 AMOUNT | 5 5 0 0 0 0 |
| 봉사료 TIPS | |
| 합계 TOTAL | 5 5 0 0 0 0 |

[4] 10월 20일 영업부 직원의 건강보험료 회사부담분 220,000원과 직원부담분 220,000원을 보통예금 계좌에서 이체하여 납부하다(단, 하나의 전표로 처리하고, 회사부담분 건강보험료는 복리후생비 계정을 사용할 것). (3점)

[5] 11월 01일 광고 선전을 목적으로 불특정 다수에게 배포할 판촉물을 제작하고 제작대금 990,000원은 당좌수표를 발행하여 지급하다. (3점)

[6] 11월 30일 좋은은행에 예치한 1년 만기 정기예금의 만기가 도래하여 원금 10,000,000원과 이자 500,000원이 보통예금 계좌로 입금되다. (3점)

[7] 12월 05일 본사 영업부에 비치된 에어컨을 수리하고 수리비 330,000원을 신용카드(하나카드)로 결제하다. (3점)

[8] 12월 15일 에스파파상사로부터 상품을 25,000,000원에 매입하기로 계약하고, 계약금 1,000,000원을 보통예금 계좌에서 이체하여 지급하다. (3점)

**문제5**  [일반전표입력] 메뉴에 입력된 내용 중 다음의 오류가 발견되었다. 입력된 내용을 검토하고 수정 또는 삭제, 추가 입력하여 올바르게 정정하시오. (6점)

―――――――――― < 입력 시 유의사항 > ――――――――――
- 적요의 입력은 생략한다.
- 부가가치세는 고려하지 않는다.
- 채권·채무와 관련된 거래는 별도의 요구가 없는 한 반드시 기등록된 거래처코드를 선택하는 방법으로 거래처명을 입력한다.
- 회계처리 시 계정과목은 별도의 제시가 없는 한 등록된 계정과목 중 가장 적절한 과목으로 한다.

[1] 10월 27일 기업주가 사업 확장을 위하여 좋은은행에서 만기 1년 이내의 대출 10,000,000원을 단기차입하여 보통예금 계좌에 입금하였으나 이를 자본금으로 처리하였음을 확인하다. (3점)

[2] 11월 16일 보통예금 계좌에서 지급한 198,000원은 거래처에 선물하기 위해 구입한 신발이 아니라 판매를 목적으로 구입한 신발의 매입대금이었음이 확인되었다. (3점)

**문제6**  다음의 결산정리사항을 입력하여 결산을 완료하시오. (12점)

―――――――――― < 입력 시 유의사항 > ――――――――――
- 적요의 입력은 생략한다.
- 부가가치세는 고려하지 않는다.
- 채권·채무와 관련된 거래는 별도의 요구가 없는 한 반드시 기등록된 거래처코드를 선택하는 방법으로 거래처명을 입력한다.
- 회계처리 시 계정과목은 별도의 제시가 없는 한 등록된 계정과목 중 가장 적절한 과목으로 한다.

[1] 구입 시 자산으로 처리한 소모품 중 결산일 현재 사용한 소모품비는 550,000원이다. (3점)

[2] 2025년 7월 1일에 영업부의 1년치 보증보험료(보험기간:2025.07.01.~2026.06.30.) 1,200,000원을 보통예금 계좌에서 이체하면서 전액 비용계정인 보험료로 처리하였다. 기말수정분개를 하시오(단, 월할계산할 것). (3점)

[3] 현금과부족 계정으로 처리한 현금초과액 50,000원에 대한 원인이 결산일 현재까지 밝혀지지 않았다. (3점)

[4] 외상매출금 및 받을어음 잔액에 대하여만 1%의 대손충당금을 보충법으로 설정하시오(단, 기타 채권에 대하여는 대손충당금을 설정하지 않도록 한다). (3점)

## 문제7  다음 사항을 조회하여 알맞은 답안을 메뉴에 입력하시오. (10점)

[1] 상반기(1월~6월) 중 현금의 지출이 가장 많은 월(月)은 몇 월(月)이며, 그 금액은 얼마인가? (4점)

[2] 6월 30일 현재 유동부채의 금액은 얼마인가? (3점)

[3] 상반기(1월~6월) 중 복리후생비(판)의 지출이 가장 많은 월(月)과 적은 월(月)의 차액은 얼마인가? (단, 반드시 양수로 입력할 것) (3점)

## 📝 4회 이론시험 답안

| A형 | <1> | <2> | <3> | <4> | <5> | <6> | <7> | <8> | <9> | <10> | <11> | <12> | <13> | <14> | <15> |
|---|---|---|---|---|---|---|---|---|---|---|---|---|---|---|---|
| | ④ | ④ | ② | ③ | ② | ② | ① | ③ | ① | ① | ① | ④ | ② | ④ | ③ |

1.
[답] ④ 교환거래에 해당하고 회계처리는 아래와 같다.
(차) 단기차입금(부채의 감소) 1,000,000원　　(대) 보통예금(자산의 감소) 3,000,000원
　　　장기차입금(부채의 감소) 2,000,000원
・혼합거래는 하나의 거래에서 교환거래와 손익거래가 동시에 발생하는 거래이다.

2.
[답] ④ 결산 시 대손상각 처리가 가능한 계정과목은 채권에 해당하는 계정과목이다. 단기차입금 계정은 채무에 해당하는 계정과목이므로 대손처리가 불가능한 계정이다.

3.
[답] ② 당사 발행 당좌수표는 당좌예금 계정으로 처리한다.

4.
[답] ③ 순매입액 49,000원
= 당기매입액 50,000원 + 취득부대비용 2,000원 - 매입할인 3,000원

5.
[답] ② 자산의 증가, 부채의 감소, 비용의 발생 등은 차변항목이다.

6.
[답] ② 외상매출금이 대변에 기입되는 거래는 외상매출금을 현금이나 보통예금 등으로 회수한 때이다.

7.
[답] ① 기말재고자산이 과대계상되면 매출원가가 과소계상되고 당기순이익은 과대계상된다.

8.
[답] ③ 3,700,000원
= 매출액 20,000,000원 - 매출원가 14,000,000원 - 급여 2,000,000원 - 복리후생비 300,000원
※ 이자비용과 유형자산처분손실은 영업외비용이므로 영업이익을 계산할 때 반영하지 않는다.

9.
[답] ① 200,000원
= 기말 매출채권 20,000,000원 × 1%

# 제8편. 전산회계2급 -집중심화

10.
[답] ① [일반기업회계기준 문단 10.40] 유형자산의 감가상각방법에는 정액법, 체감잔액법(예를 들면, 정률법 등), 연수합계법, 생산량비례법 등이 있다.

11.
[답] ① 출장 여비교통비와 거래처 대표자의 결혼식 화환 구입비(기업업무추진비)가 판매비와관리비에 해당한다.
· 지급이자 : 영업외비용
· 유형자산처분이익 : 영업외수익

12.
[답] ④ 임의적립금은 이익잉여금에 해당한다.

13.
[답] ② 9,200,000원
＝유동성장기부채 4,000,000원 + 미지급비용 1,400,000원 + 예수금 500,000원 + 외상매입금 3,300,000원
· 선급비용은 당좌자산에 해당하고, 장기차입금은 비유동부채에 해당한다.

14.
[답] ④ 건설중인자산은 유형자산에 해당한다.

15.
[답] ③ 건물 내부의 조명기구를 교체하는 지출은 수선유지를 위한 수익적지출에 해당하며 이는 자본적지출에 해당하지 않으므로 발생한 기간의 비용으로 인식한다.

## 4회 실무시험 답안

### 문제1

[답] [기초정보관리] > [회사등록] > [기본사항] 탭 > ・사업자등록번호 : 646-40-01031→646-04-01031
・종목 : 식료품→신발
・사업장관할세무서 : 508.안동→212.강동

### 문제2

[답] [전기분손익계산서] > ・여비교통비 500,000원→600,000원으로 수정
・광고선전비 600,000원→700,000원으로 수정
・기부금 600,000원→이자비용 600,000원으로 수정

### 문제3

[1]
[답] [계정과목및적요등록] > 판매비및일반관리비 > 기업업무추진비(판) > 현금적요 No.5 : 거래처 명절선물 대금 지급

[2]
[답] [거래처별초기이월] > ・외상매출금 > ・㈜사이버나라 20,000,000원→45,000,000원으로 수정
・단기대여금 > ・㈜해일 20,000,000원→10,000,000원으로 수정
・부림상사 30,000,000원→3,000,000원으로 수정

### 문제4

[1]
[답] 일반전표입력
08.01.　　　(차) 단기매매증권　　2,000,000원　　(대) 보통예금　　2,012,000원
　　　　　　　　수수료비용(984)　　12,000원

[2]
[답] 일반전표입력
09.02.   (차) 상품         9,600,000원   (대) 외상매출금(푸름상회)   5,000,000원
                                              외상매입금(푸름상회)   4,600,000원

[3]
[답] 일반전표입력
10.05.   (차) 비품         550,000원    (대) 현금              550,000원
또는 출금전표   비품         550,000원

[4]
[답] 일반전표입력
10.20.   (차) 예수금        220,000원    (대) 보통예금          440,000원
         복리후생비(판)    220,000원

[5]
[답] 일반전표입력
11.01.   (차) 광고선전비(판) 990,000원    (대) 당좌예금          990,000원

[6]
[답] 일반전표입력
11.30.   (차) 보통예금      10,500,000원  (대) 정기예금         10,000,000원
                                              이자수익           500,000원

[7]
[답] 일반전표입력
12.05.   (차) 수선비(판)    330,000원    (대) 미지급금(하나카드)  330,000원
                                              (또는 미지급비용)

[8]
[답] 일반전표입력
12.15.   (차) 선급금(에스파파상사) 1,000,000원  (대) 보통예금        1,000,000원

## 문제5

[1]
[답] 일반전표입력
- 수정 전 : 10.27.    (차) 보통예금    10,000,000원    (대) 자본금                    10,000,000원
- 수정 후 : 10.27.    (차) 보통예금    10,000,000원    (대) 단기차입금(좋은은행)    10,000,000원

[2]
[답] 일반전표입력
- 수정 전 : 11.16.    (차) 기업업무추진비(판) 198,000원    (대) 보통예금    198,000원
- 수정 후 : 11.16.    (차) 상품                198,000원    (대) 보통예금    198,000원

## 문제6

[1]
[답] 일반전표입력
12.31.    (차) 소모품비(판)    550,000원    (대) 소모품    550,000원

[2]
[답] 일반전표입력
12.31.    (차) 선급비용    600,000원    (대) 보험료(판)    600,000원
- 선급비용 : 1,200,000원×6개월/12개월 = 600,000원

[3]
[답] 일반전표입력
12.31.    (차) 현금과부족    50,000원    (대) 잡이익    50,000원

[4]
[답]
1. [결산자료입력] > F8 대손상각
  > 추가설정액
  > ・108.외상매출금 : 1,281,200원 입력
  ・110.받을어음 : 467,000원 입력
  > 결산반영
  > F3전표추가
2. 또는 [결산자료입력] > 4. 판매비와 일반관리비
  > 5). 대손상각
  > ・외상매출금 1,281,200원 입력
  ・받을어음 467,000원 입력
  > F3전표추가
3. 또는 일반전표입력
12.31.      (차) 대손상각비(판)    1,748,200원     (대) 대손충당금(109)   1,281,200원
                                                   대손충당금(111)    467,000원
・대손충당금(109) : 외상매출금 128,120,000원×1% = 1,281,200원
・대손충당금(111) : 받을어음 46,700,000원×1% = 467,000원

## 문제7

[1]
[답] 4월, 24,150,000원
・[총계정원장] > 기간 : 1월 1일~6월 30일 > 계정과목 : 101.현금 조회

[2]
[답] 158,800,000원
・[재무상태표] > 기간 : 6월 > 유동부채 잔액 확인

[3]
[답] 1,320,000원
= 2월 1,825,000원 - 6월 505,000원
・[총계정원장] > 기간 : 1월 1일~6월 30일 > 계정과목 : 811.복리후생비 조회

## 회계 2급 / 5회 집중심화

### ✳ 이론시험 ✳

다음 문제를 보고 알맞은 것을 골라 이론문제 답안작성 메뉴에 입력하시오.(객관식 문항당 2점)

**1. 다음 중 아래의 거래 요소가 나타나는 거래로 옳은 것은?**

| 비용의 발생 - 자산의 감소 |
|---|

① 임대차 계약을 맺고, 당월분 임대료 500,000원을 현금으로 받다.
② 상품 400,000원을 매입하고 대금은 외상으로 하다.
③ 단기차입금에 대한 이자 80,000원을 현금으로 지급하다.
④ 토지 80,000,000원을 구입하고 대금은 보통예금 계좌로 이체하다.

**2. 다음 중 유동부채에 해당하지 않는 것은?**
① 유동성장기부채    ② 선급비용    ③ 단기차입금    ④ 예수금

**3. 다음 중 아래의 (가)와 (나)에 각각 들어갈 내용으로 옳은 것은?**

단기매매증권을 취득하면서 발생한 수수료는 ___(가)___ (으)로 처리하고, 차량운반구를 취득하면서 발생한 취득세는 ___(나)___ (으)로 처리한다.

|   | (가) | (나) |
|---|---|---|
| ① | 수수료비용 | 차량운반구 |
| ② | 단기매매증권 | 차량운반구 |
| ③ | 수수료비용 | 세금과공과 |
| ④ | 단기매매증권 | 수수료비용 |

## 제9편. 전산회계2급 - 최근기출문제

4. 다음 계정별원장에 기입된 거래를 보고 ( A ) 안에 들어갈 수 있는 계정과목으로 가장 적절한 것은?

|  | ( A ) |  |  |
|---|---|---|---|
| 09/15 | 200,000원 | 기초 | 1,500,000원 |
| 기말 | 1,600,000원 | 09/10 | 300,000원 |

① 받을어음　　② 외상매입금　　③ 광고선전비　　④ 미수금

5. 다음 중 유형자산의 취득원가를 구성하는 항목이 아닌 것은?
① 재산세　　② 취득세　　③ 설치비　　④ 정상적인 사용을 위한 시운전비

6. 다음 중 당좌자산에 해당하지 않는 것은?
① 현금및현금성자산　　② 매출채권　　③ 단기투자자산　　④ 당좌차월

7. 다음은 인출금 계정과목의 특징에 대한 설명이다. 다음 중 아래의 (가)~(다)에 각각 관련 설명으로 모두 옳은 것은?

- 주로 기업주(사업주)의 (가)의 지출을 의미한다.
- (나)에서 사용되며 임시계정에 해당한다.
- (다)에 대한 평가계정으로 보고기간 말에 (다)으로 대체되어 마감한다.

|  | (가) | (나) | (다) |
|---|---|---|---|
| ① | 개인적 용도 | 개인기업 | 자본금 계정 |
| ② | 사업적 용도 | 법인기업 | 자본금 계정 |
| ③ | 개인적 용도 | 법인기업 | 자산 계정 |
| ④ | 사업적 용도 | 개인기업 | 자산 계정 |

8. 다음 중 손익계산서와 관련된 계정과목이 아닌 것은?
① 임차료　　② 선급비용　　③ 임대료　　④ 유형자산처분이익

9. 다음 중 미지급비용에 대한 설명으로 가장 적절한 것은?
① 당기의 수익에 대응되는 지급된 비용
② 당기의 수익에 대응되는 미지급된 비용
③ 당기의 수익에 대응되지 않지만 지급된 비용
④ 당기의 수익에 대응되지 않지만 미지급된 비용

10. 12월 말 결산일 현재 손익계산서상 당기순이익은 300,000원이었으나, 아래의 사항이 반영되어 있지 않음을 확인하였다. 아래 사항을 반영한 후의 당기순이익은 얼마인가?

| 손익계산서에 보험료 120,000원이 계상되어 있으나 해당 보험료 중 선급보험료 해당액은 30,000원으로 확인되었다. |

① 210,000원  ② 270,000원  ③ 330,000원  ④ 390,000원

11. 다음 지출내역 중 영업외비용의 합계액은 얼마인가?

- 영업용 자동차 보험료 : 5,000원
- 대손이 확정된 외상매출금의 대손상각비 : 2,000원
- 10년 만기 은행 차입금의 이자 : 3,000원
- 사랑의열매 기부금 : 1,000원

① 1,000원  ② 3,000원  ③ 4,000원  ④ 6,000원

12. 다음 중 판매비와관리비에 해당하는 계정과목이 아닌 것은?
① 기업업무추진비  ② 세금과공과  ③ 광고선전비  ④ 기타의대손상각비

# 제9편. 전산회계2급 -최근기출문제

**13.** 다음은 회계의 순환과정을 나타낸 것이다. 아래의 (가)에 들어갈 용어로 옳은 것은?

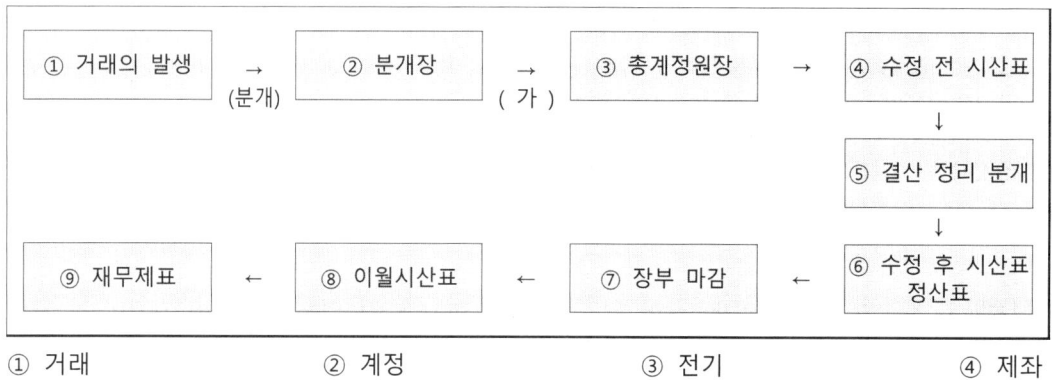

① 거래　　　　　　② 계정　　　　　　③ 전기　　　　　　④ 제좌


**14.** 다음 자료에서 설명하고 있는 (A)와 (B)에 각각 들어갈 용어로 바르게 짝지은 것은 무엇인가?

| 일정 시점의 기업의 (A) 을(를) 나타낸 표를 재무상태표라 하고, 일정 기간의 기업의 (B) 을(를) 나타낸 표를 손익계산서라 한다. |
|---|

|  | (A) | (B) |
|---|---|---|
| ① | 재무상태 | 경영성과 |
| ② | 경영성과 | 재무상태 |
| ③ | 거래의 이중성 | 대차평균의 원리 |
| ④ | 대차평균의 원리 | 거래의 이중성 |


**15.** 다음 중 상품에 대한 재고자산의 원가를 결정하는 방법에 해당하지 않는 것은?
① 개별법　　　　② 총평균법　　　　③ 선입선출법　　　　④ 연수합계법

## ✱ 실무시험 ✱

문제에서 한국채택국제회계기준을 적용하도록 하는 전제조건이 없는 경우, 일반기업회계기준을 적용하여 회계처리 한다.

수호상사(코드번호 : 2025)는 전자제품을 판매하는 개인기업으로 당기(제14기)의 회계기간은 2025.1.1.~2025.12.31.이다. 전산세무회계 수험용 프로그램을 이용하여 다음 물음에 답하시오.

**문제1** 다음은 수호상사의 사업자등록증이다. [회사등록] 메뉴에 입력된 내용을 검토하여 누락분은 추가입력하고 잘못된 부분은 정정하시오(주소 입력 시 우편번호는 입력하지 않아도 무방함). (6점)

---

국세청

# 사업자등록증
( 일반과세자 )

등록번호 : 417-26-00528

상　　　호 : 수호상사
성　　　명 : 김선호　　　생 년 월 일 : 1969 년 09 월 13 일
개 업 연 월 일 : 2012 년 09 월 14 일
사업장소재지 : 대전광역시 동구 대전로 987(삼성동)

사 업 의 종 류 : 업태 도소매　　　종목 전자제품

발 급 사 유 : 신규
공 동 사 업 자 :

사업자 단위 과세 적용사업자 여부 : 여( ) 부(v)
전자세금계산서 전용 전자우편주소 :

2012년 09 월 14 일
대 전 세 무 서 장

국세청
National Tax Service

## 문제2
다음은 수호상사의 전기분 손익계산서이다. 입력되어 있는 자료를 검토하여 오류부분은 정정하고 누락된 부분은 추가 입력하시오. (6점)

손익계산서

회사명 : 수호상사    제13기 2024.1.1. ~ 2024.12.31.    (단위 : 원)

| 과목 | 금액 | 과목 | 금액 |
|---|---|---|---|
| Ⅰ 매 출 액 | 257,000,000 | Ⅴ 영 업 이 익 | 18,210,000 |
| 　　상 품 매 출 | 257,000,000 | Ⅵ 영 업 외 수 익 | 3,200,000 |
| Ⅱ 매 출 원 가 | 205,000,000 | 　　이 자 수 익 | 200,000 |
| 　　상 품 매 출 원 가 | 205,000,000 | 　　임 대 료 | 3,000,000 |
| 　　기 초 상 품 재 고 액 | 20,000,000 | Ⅶ 영 업 외 비 용 | 850,000 |
| 　　당 기 상 품 매 입 액 | 198,000,000 | 　　이 자 비 용 | 850,000 |
| 　　기 말 상 품 재 고 액 | 13,000,000 | Ⅷ 소득세차감전순이익 | 20,560,000 |
| Ⅲ 매 출 총 이 익 | 52,000,000 | Ⅸ 소 득 세 등 | 0 |
| Ⅳ 판 매 비 와 관 리 비 | 33,790,000 | Ⅹ 당 기 순 이 익 | 20,560,000 |
| 　　급 여 | 24,000,000 | | |
| 　　복 리 후 생 비 | 1,100,000 | | |
| 　　기 업 업 무 추 진 비 | 4,300,000 | | |
| 　　감 가 상 각 비 | 500,000 | | |
| 　　보 험 료 | 700,000 | | |
| 　　차 량 유 지 비 | 2,300,000 | | |
| 　　소 모 품 비 | 890,000 | | |

## 문제3
다음 자료를 이용하여 입력하시오. (6점)

[1] 다음 자료를 이용하여 기초정보관리의 [거래처등록] 메뉴에서 거래처(금융기관)를 추가로 등록하시오. (단, 주어진 자료 외의 다른 항목은 입력할 필요 없음.) (3점)

- 거래처코드 : 98006
- 거래처명 : 한경은행
- 유형 : 보통예금
- 계좌번호 : 1203-4562-49735
- 사업용 계좌 : 여

[2] 수호상사의 외상매출금과 외상매입금의 거래처별 초기이월 채권과 채무잔액은 다음과 같다. 입력된 자료를 검토하여 잘못된 부분은 수정 또는 삭제, 추가 입력하여 주어진 자료에 맞게 정정하시오. (3점)

| 계정과목 | 거래처 | 잔액 | 계 |
|---|---|---|---|
| 외상매출금 | 믿음전자 | 20,000,000원 | 35,000,000원 |
| | 우진전자 | 10,000,000원 | |
| | ㈜형제 | 5,000,000원 | |
| 외상매입금 | 중소상사 | 12,000,000원 | 28,000,000원 |
| | 숭실상회 | 10,000,000원 | |
| | 국보상사 | 6,000,000원 | |

## 문제4

[일반전표입력] 메뉴를 이용하여 다음의 거래 자료를 입력하시오. (24점)

─── < 입력 시 유의사항 > ───

· 적요의 입력은 생략한다.
· 부가가치세는 고려하지 않는다.
· 채권·채무와 관련된 거래는 별도의 요구가 없는 한 반드시 기등록된 거래처코드를 선택하는 방법으로 거래처명을 입력한다.
· 회계처리 시 계정과목은 별도의 제시가 없는 한 등록된 계정과목 중 가장 적절한 과목으로 한다.

[1] 07월 16일 우와상사에 상품 3,000,000원을 판매하기로 계약하고, 계약금 600,000원을 보통예금 계좌로 입금받았다. (3점)

# 제9편. 전산회계2급 -최근기출문제

[2] 08월 04일 당사의 영업부에서 장기간 사용할 목적으로 비품을 구입하고 대금은 BC카드(신용카드)로 결제하였다(단, 미지급금 계정을 사용하여 회계처리할 것). (3점)

[3] 08월 25일 영업용 차량운반구에 대한 자동차세 120,000원을 현금으로 납부하다. (3점)

[4] 09월 06일 거래처 수분상사의 외상매출금 중 1,800,000원이 예정일보다 빠르게 회수되어 할인금액 2%를 제외한 금액을 당좌예금 계좌로 입금받았다(단, 매출할인 계정을 사용할 것). (3점)

[5] 09월 20일 영업부 직원들을 위한 간식을 현금으로 구매하고 아래의 현금영수증을 수취하였다. (3점)

```
[고객용]
           현금 매출 전표
간식천국              378-62-00158
이재철              TEL : 1577-0000
대구광역시 동구 안심로 15
2025/09/20  11:53:48     NO : 18542
노나머거본파이      5      50,000
에너지파워드링크   30     150,000
합계수량/금액      35     200,000

받을금액                  200,000
현    금                  200,000
        현금영수증(지출증빙)
거 래 자 번 호 : 417-26-00528
승 인 번 호 : G141080158
전 화 번 호 : 현금영수증문의☎126-1-1
홈 페 이 지 : https://hometax.go.kr
```

[6] 10월 05일 당사의 상품을 홍보할 목적으로 홍보용 포스트잇을 제작하고 사업용카드(삼성카드)로 결제하였다. (3점)

```
홍보물닷컴
500,000원

카드종류      신용카드
카드번호      8504-1245-4545-0506
거래일자      2025.10.05. 15:29:45
일시불/할부    일시불
승인번호      28516480

    [상품명]              [금액]
   홍보용 포스트잇       500,000원
            합 계 액     500,000원
            받은금액     500,000원

가맹점정보
가맹점명       홍보물닷컴
사업자등록번호  305-35-65424
가맹점번호     23721275
대표자명       엄하진
전화번호       051-651-0000

        이용해주셔서 감사합니다.
   교환/환불은 영수증을 지참하여 일주일 이내 가능합니다.
                              삼성카드
```

# 제9편. 전산회계2급 -최근기출문제

[7] 10월 13일 대전시 동구청에 태풍 피해 이재민 돕기 성금으로 현금 500,000원을 기부하였다. (3점)

[8] 11월 01일 영업부 직원의 국민건강보험료 회사부담분 190,000원과 직원부담분 190,000원을 보통예금 계좌에서 이체하여 납부하였다(단, 회사부담분은 복리후생비 계정을 사용할 것). (3점)

## 문제5

[일반전표입력] 메뉴에 입력된 내용 중 다음의 오류가 발견되었다. 입력된 내용을 검토하고 수정 또는 삭제, 추가 입력하여 올바르게 정정하시오. (6점)

< 입력 시 유의사항 >
- 적요의 입력은 생략한다.
- 부가가치세는 고려하지 않는다.
- 채권·채무와 관련된 거래는 별도의 요구가 없는 한 반드시 기등록된 거래처코드를 선택하는 방법으로 거래처명을 입력한다.
- 회계처리 시 계정과목은 별도의 제시가 없는 한 등록된 계정과목 중 가장 적절한 과목으로 한다.

[1] 08월 16일 운반비로 계상한 50,000원은 무선상사로부터 상품 매입 시 당사 부담의 운반비를 지급한 것이다. (3점)

[2] 09월 30일 농협은행에서 차입한 장기차입금을 상환하기 위하여 보통예금 계좌에서 11,000,000원을 지급하고 이를 모두 차입금 원금을 상환한 것으로 회계처리 하였으나 이 중 차입금 원금은 10,000,000원이고, 나머지 1,000,000원은 차입금에 대한 이자로 확인되었다. (3점)

## 문제6  다음의 결산정리사항을 입력하여 결산을 완료하시오. (12점)

― < 입력 시 유의사항 > ―
- 적요의 입력은 생략한다.
- 부가가치세는 고려하지 않는다.
- 채권·채무와 관련된 거래는 별도의 요구가 없는 한 반드시 기등록된 거래처코드를 선택하는 방법으로 거래처명을 입력한다.
- 회계처리 시 계정과목은 별도의 제시가 없는 한 등록된 계정과목 중 가장 적절한 과목으로 한다.

[1] 영업부에서 사용하기 위하여 소모품을 구입하고 자산으로 처리한 금액 중 당기 중에 사용한 금액은 70,000원이다. (3점)

[2] 기말 현재 가수금 잔액 200,000원은 강원상사의 외상매출금 회수액으로 판명되었다. (3점)

[3] 결산일까지 현금과부족 100,000원의 원인이 판명되지 않았다. (3점)

[4] 당기분 차량운반구에 대한 감가상각비 600,000원과 비품에 대한 감가상각비 500,000원을 계상하다. (3점)


## 문제7  다음 사항을 조회하여 알맞은 답안을 메뉴에 입력하시오. (10점)

[1] 6월 말 현재 외상매출금 잔액이 가장 적은 거래처의 상호와 그 외상매출금 잔액은 얼마인가? (3점)

[2] 상반기(1~6월) 중 복리후생비(판) 지출액이 가장 많은 달의 지출액은 얼마인가? (3점)

[3] 6월 말 현재 차량운반구의 장부가액은 얼마인가? (4점)

## 5회 이론시험 답안

| A형 | <1> | <2> | <3> | <4> | <5> | <6> | <7> | <8> | <9> | <10> | <11> | <12> | <13> | <14> | <15> |
|---|---|---|---|---|---|---|---|---|---|---|---|---|---|---|---|
| | ③ | ② | ① | ② | ① | ④ | ① | ② | ② | ③ | ③ | ④ | ③ | ① | ④ |

1.
[답] ③ (차) 이자비용(비용의 발생)   80,000원   (대) 현금(자산의 감소)   80,000원
① (차) 현금(자산의 증가)   500,000원   (대) 임대료수익(수익의 발생) 500,000원
② (차) 상품(자산의 증가)   400,000원   (대) 외상매입금(부채의 발생) 400,000원
④ (차) 토지(자산의 증가) 80,000,000원  (대) 보통예금(자산의 감소) 80,000,000원

2.
[답] ② 선급비용은 유동자산에 해당한다.

3.
[답] ① 단기매매증권 취득 시 발생한 수수료는 별도의 비용으로 처리하고, 차량운반구 취득 시 발생한 취득세는 차량운반구의 원가에 포함한다.

4.
[답] ② 기초잔액이 대변에 기록되는 항목은 부채 또는 자본 항목이다. 보기 중 외상매입금만 부채 항목이다.
• 자산 : 받을어음, 미수금
• 비용 : 광고선전비

5.
[답] ① 재산세는 유형자산의 보유기간 중 발생하는 지출로써 취득원가를 구성하지 않고 지출 즉시 비용으로 처리한다.

6.
[답] ④ 당좌차월은 단기차입금으로 유동부채에 해당한다. 당좌차월, 단기차입금 및 유동성장기차입금 등은 보고기간 종료일로부터 1년 이내에 결제되어야 하므로 영업주기와 관계없이 유동부채로 분류한다. 또한 비유동부채 중 보고기간 종료일로부터 1년 이내에 자원의 유출이 예상되는 부분은 유동부채로 분류한다.

7.
[답] ① 인출금 계정은 개인기업의 사업주가 개인적 용도로 지출한 금액을 처리하는 임시계정으로 결산기일에 자본금 계정으로 대체하여 마감한다.

8.
[답] ② 선급비용은 자산에 해당하므로 재무상태표상 계정과목에 해당한다.

9.
[답] ② 미지급비용이란 당기의 수익에 대응되는 비용으로서 아직 지급되지 않은 비용을 말한다.

10.
[답] ③ 330,000원
= 수정 전 당기순이익 300,000원 + 차기분 보험료 30,000원
(차) 선급보험료(자산증가)   30,000원   (대) 보험료(비용감소)   30,000원

11.
[답] ③ 4,000원
= 10년 만기 은행 차입금 이자 3,000원 + 사랑의열매 기부금 1,000원

12.
[답] ④ 기타의대손상각비는 영업외비용에 해당한다.

13.
[답] ③ 전기란 분개장의 거래 기록을 해당 계정의 원장에 옮겨 적는 것을 말한다.

14.
[답] ①
· 재무상태표 : 일정 시점 현재 기업의 재무상태(자산, 부채, 사본)를 나타내는 보고서
· 손익계산서 : 일정 기간 동안의 기업의 경영성과(수익, 비용)를 나타내는 보고서
· 거래의 이중성 : 회계상 거래를 장부에 기록할 때 거래내용을 차변 요소와 대변 요소로 구분하여 각각 기록해야 한다는 것
· 대차평균의 원리 : 거래의 이중성에 따라 기록된 모든 회계상 거래는 차변과 대변의 금액이 항상 일치해야 한다는 것

15.
[답] ④ [일반기업회계기준 문단 10.40] 연수합계법은 유형자산의 감가상각방법의 종류이다. 재고자산의 원가결정방법으로는 개별법, 선입선출법, 후입선출법, 이동평균법, 총평균법이 있다.

## 5회 실무시험 답안

### 문제1

[답] [회사등록] > ·종목 : 문구및잡화 → 전자제품
·개업연월일 : 2012-01-05 → 2012-09-14
·사업장관할세무서 : 145.관악 → 305.대전

### 문제2

[답] [전기분손익계산서] > ·급여(801) : 20,000,000원 → 24,000,000원
·복리후생비(811) : 1,500,000원 → 1,100,000원
·잡이익(930) 3,000,000원 삭제 → 임대료(904) 3,000,000원 추가입력

### 문제3

[1]
[답] [거래처등록] > [금융기관] 탭 > ·거래처코드 : 98006
·거래처명 : 한경은행
·유형 : 1.보통예금
·계좌번호 : 1203-4562-49735
·사업용 계좌 : 1.여

[2]
[답] [거래처별초기이월] > ·외상매출금 > ·믿음전자 : 15,000,000원 → 20,000,000원
·리트상사 5,000,000원 삭제 → ㈜형제 5,000,000원 추가입력
·외상매입금 > ·중소상사 : 1,000,000원 → 12,000,000원

# 문제4

[1]
[답] 일반전표입력
07.16.　　　(차) 보통예금　　　　　600,000원　　　(대) 선수금(우와상사)　600,000원

[2]
[답] 일반전표입력
08.04.　　　(차) 비품　　　　　15,000,000원　　　(대) 미지급금(BC카드)　15,000,000원

[3]
[답] 일반전표입력
08.25.　　　(차) 세금과공과(판)　　120,000원　　　(대) 현금　　　　　　120,000원
　　　　또는 출금전표　세금과공과(판)　120,000원

[4]
[답] 일반전표입력
09.06.　　　(차) 당좌예금　　　　1,764,000원　　　(대) 외상매출금(수분상사)　1,800,000원
　　　　　　　매출할인(403)　　　36,000원

[5]
[답] 일반전표입력
09.20.　　　(차) 복리후생비(판)　　200,000원　　　(대) 현금　　　　　　200,000원
　　　　또는 출금전표　복리후생비(판)　200,000원

[6]
[답] 일반전표입력
10.05.　　　(차) 광고선전비(판)　　500,000원　　　(대) 미지급금(삼성카드)　500,000원
　　　　　　　　　　　　　　　　　　　　　　　(또는 미지급비용)

[7]
[답] 일반전표입력
10.13.　　　(차) 기부금　　　　　500,000원　　　(대) 현금　　　　　　500,000원
　　　　또는 출금전표　기부금　　500,000원

[8]
[답] 일반전표입력
11.01.　　　(차) 예수금　　　　　190,000원　　　(대) 보통예금　　　　380,000원
　　　　　　　복리후생비(판)　　190,000원

## 문제5

[1]
[답] 일반전표입력 수정
- 수정 전 : 08.16.  (차) 운반비  50,000원  (대) 현금  50,000원
- 수정 후 : 08.16.  (차) 상품  50,000원  (대) 현금  50,000원
  또는 출금전표  상품  50,000원

※ 상품 매입 시 발생한 당사 부담 운반비는 상품계정으로 처리한다.

[2]
[답] 일반전표입력 수정
- 수정 전 : 09.30.  (차) 장기차입금(농협은행)  11,000,000원  (대) 보통예금  11,000,000원
- 수정 후 : 09.30.  (차) 장기차입금(농협은행)  10,000,000원  (대) 보통예금  11,000,000원
  이자비용  1,000,000원

## 문제6

[1]
[답] 일반전표입력
12.31.  (차) 소모품비(판)  70,000원  (대) 소모품  70,000원

[2]
[답] 일반전표입력
12.31.  (차) 가수금  200,000원  (대) 외상매출금(강원상사)  200,000원

[3]
[답] 일반전표입력
12.31.  (차) 현금과부족  100,000원  (대) 잡이익  100,000원

[4]
[답]
1. [결산자료입력] > 4.판매비와일반관리비 > 4).감가상각비 > ・차량운반구 결산반영금액란 600,000원 입력
 ・비품 결산반영금액란 500,000원 입력
 > F3전표추가
2. 또는 일반전표입력
12.31.  (차) 감가상각비  1,100,000원  (대) 감가상각누계액(209)  600,000원
  감가상각누계액(213)  500,000원

## 문제7

[1]
[답] 드림상사, 4,200,000원
· [거래처원장] > 기간 : 01월 01일~06월 30일 > 계정과목 : 108.외상매출금

[2]
[답] 2,524,000원
· [총계정원장] > [월별] 탭 > 기간 : 01월 01일~06월 30일 > 계정과목 : 811.복리후생비

[3]
[답] 16,000,000원
= 차량운반구 22,000,000원 - 차량운반구 감가상각누계액 6,000,000원
· [재무상태표] > 기간 : 06월

# 제9편
# 전산회계2급 기출문제

| | |
|---|---|
| 제113회 기출문제 및 해답(코드 2113) | 495 |
| 제114회 기출문제 및 해답(코드 2114) | 511 |
| 제115회 기출문제 및 해답(코드 2115) | 526 |
| 제116회 기출문제 및 해답(코드 2116) | 542 |
| 제117회 기출문제 및 해답(코드 2117) | 557 |

## 제 113회 기출문제

**회계 2급**

### ✽ 이론시험 ✽

다음 문제를 보고 알맞은 것을 골라 이론문제 답안작성 메뉴에 입력하시오.(객관식 문항당 2점)

1. 다음의 거래 내용을 보고 결합관계를 적절하게 나타낸 것은?

   전화요금 50,000원이 보통예금 계좌에서 자동이체되다.

   |   | 차변 | 대변 |
   |---|------|------|
   | ① | 자산의 증가 | 자산의 감소 |
   | ② | 부채의 감소 | 수익의 발생 |
   | ③ | 자본의 감소 | 부채의 증가 |
   | ④ | 비용의 발생 | 자산의 감소 |

2. 다음 중 총계정원장의 잔액이 항상 대변에 나타나는 계정과목은 무엇인가?

   ① 임대료수입　　② 보통예금　　③ 수수료비용　　④ 외상매출금

3. 다음 중 기말상품재고액 30,000원을 50,000원으로 잘못 회계처리한 경우 재무제표에 미치는 영향으로 옳은 것은?

   ① 재고자산이 과소 계상된다.
   ② 매출원가가 과소 계상된다.
   ③ 매출총이익이 과소 계상된다.
   ④ 당기순이익이 과소 계상된다.

4. 다음 중 유동성배열법에 의하여 나열할 경우 재무상태표상 가장 위쪽(상단)에 표시되는 계정과목은 무엇인가?

   ① 영업권　　② 장기대여금　　③ 단기대여금　　④ 영업활동에 사용하는 건물

5. 다음 중 감가상각을 해야 하는 자산으로만 짝지은 것은 무엇인가?
① 건물, 토지
② 차량운반구, 기계장치
③ 단기매매증권, 구축물
④ 재고자산, 건설중인자산

6. 회사의 재산 상태가 다음과 같은 경우 순자산(자본)은 얼마인가?

| · 현금   300,000원 | · 선급금   200,000원 | · 매입채무  100,000원 |
|---|---|---|
| · 대여금  100,000원 | · 재고자산  800,000원 | · 사채    300,000원 |

① 1,000,000원    ② 1,100,000원    ③ 1,200,000원    ④ 1,600,000원

7. 다음 중 일정 시점의 재무상태를 나타내는 재무보고서의 계정과목으로만 연결된 것은?
① 선급비용, 급여
② 현금, 선급비용
③ 매출원가, 선수금
④ 매출채권, 이자비용

8. 다음 중 현금및현금성자산 계정과목으로 처리할 수 없는 것은?
① 보통예금    ② 우편환증서    ③ 자기앞수표    ④ 우표

9. 다음 자료에 의한 매출채권의 기말 대손충당금 잔액은 얼마인가?

- 기초 매출채권 : 500,000원
- 당기 매출액 : 2,000,000원 (판매시점에 전액 외상으로 판매함)
- 당기 중 회수한 매출채권 : 1,500,000원
- 기말 매출채권 잔액에 대하여 1%의 대손충당금을 설정하기로 한다.

① 0원    ② 5,000원    ③ 10,000원    ④ 15,000원

10. 다음 자료에서 부채의 합계액은 얼마인가?

- 직원에게 빌려준 금전 : 150,000원
- 선급비용 : 50,000원
- 선지급금 : 120,000원
- 선수수익 : 30,000원
- 선수금 : 70,000원

① 100,000원    ② 120,000원    ③ 150,000원    ④ 180,000원

**11.** 다음 자료는 회계의 순환과정의 일부이다. (가), (나), (다)의 순서로 옳은 것은?

> 거래 발생 → ( 가 ) → 전기 → 수정 전 시산표 작성 → ( 나 ) → 수정 후 시산표 작성
> → ( 다 ) → 결산보고서 작성

| | ( 가 ) | ( 나 ) | ( 다 ) |
|---|---|---|---|
| ① | 분개 | 각종 장부 마감 | 결산 정리 분개 |
| ② | 분개 | 결산 정리 분개 | 각종 장부 마감 |
| ③ | 각종 장부 마감 | 분개 | 결산 정리 분개 |
| ④ | 결산 정리 분개 | 각종 장부 마감 | 분개 |

**12.** 다음 중 재고자산의 취득원가를 구할 때 차감하는 계정과목이 아닌 것은?
① 매입할인    ② 매입환출    ③ 매입에누리    ④ 매입부대비용

**13.** 다음 중 영업외비용에 해당하지 않는 것은?
① 보험료    ② 기부금    ③ 이자비용    ④ 유형자산처분손실

**14.** 다음 재고자산의 단가결정방법 중 선입선출법에 대한 설명으로 적절하지 않은 것은?
① 물가상승 시 이익이 과대계상된다.
② 물량흐름과 원가흐름이 대체로 일치한다.
③ 물가상승 시 기말재고자산이 과소평가된다.
④ 기말재고자산이 현행원가에 가깝게 표시된다.

**15.** 다음과 같이 사업에 사용할 토지를 무상으로 취득한 경우, 토지의 취득가액은 얼마인가?

> • 무상으로 취득한 토지의 공정가치 : 1,000,000원
> • 토지 취득 시 발생한 취득세 : 40,000원

① 0원    ② 40,000원    ③ 1,000,000원    ④ 1,040,000원

# 제9편. 전산회계2급 −최근기출문제

> ✱ **실무시험** ✱
>
> 문제에서 한국채택국제회계기준을 적용하도록 하는 전제조건이 없는 경우, 일반기업회계기준을 적용하여 회계처리 한다.

엔시상사(회사코드:2113)는 문구 및 잡화를 판매하는 개인기업으로 당기(제7기) 회계기간은 2025.1.1.~2025.12.31.이다. 전산세무회계 수험용 프로그램을 이용하여 다음 물음에 답하시오.

**문제1** 다음은 엔시상사의 사업자등록증이다. [회사등록] 메뉴에 입력된 내용을 검토하여 누락분은 추가입력하고 잘못된 부분은 정정하시오(단, 우편번호 입력은 생략할 것). (6점)

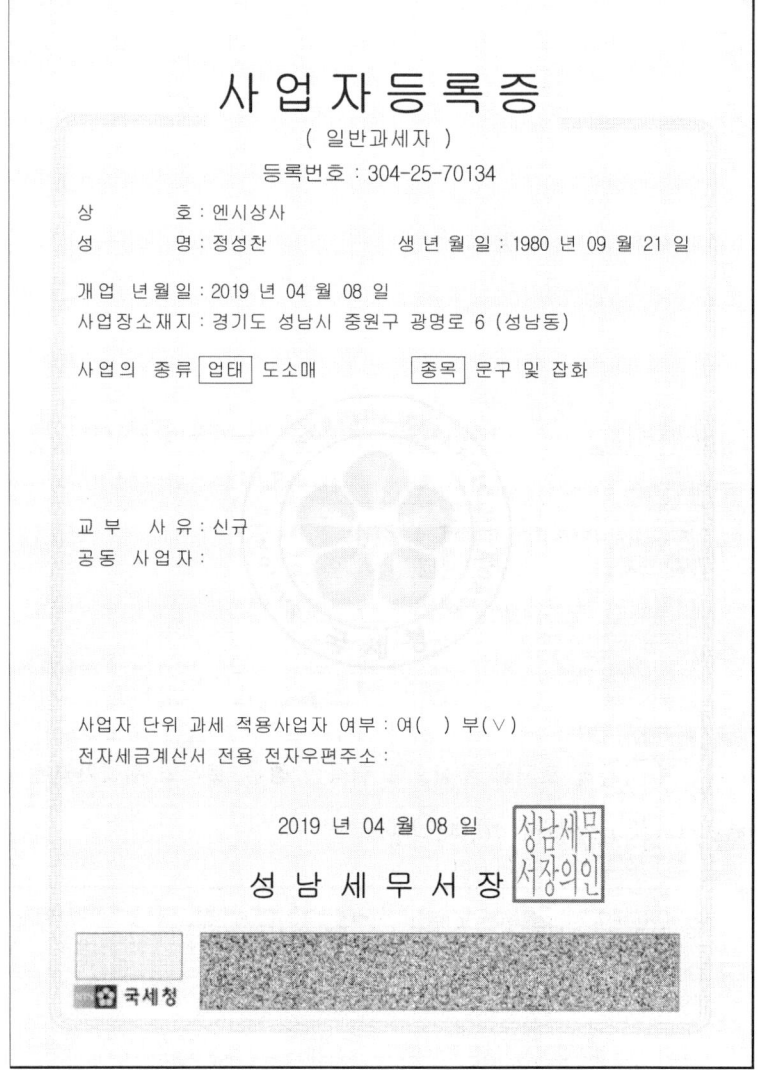

문제2    다음은 엔시상사의 전기분 손익계산서이다. 입력되어 있는 자료를 검토하여 오류 부분은 정정하고 누락된 부분은 추가 입력하시오. (6점)

## 손 익 계 산 서

회사명 : 엔시상사      제6기 2024.1.1.~2024.12.31.      (단위 : 원)

| 과 목 | 금 액 | 과 목 | 금 액 |
|---|---|---|---|
| Ⅰ. 매 출 액 | 100,000,000 | Ⅴ. 영 업 이 익 | 10,890,000 |
| 　　상 품 매 출 | 100,000,000 | Ⅵ. 영 업 외 수 익 | 610,000 |
| Ⅱ. 매 출 원 가 | 60,210,000 | 　　이 자 수 익 | 610,000 |
| 　　상 품 매 출 원 가 | 60,210,000 | Ⅶ. 영 업 외 비 용 | 2,000,000 |
| 　　기 초 상 품 재 고 액 | 26,000,000 | 　　이 자 비 용 | 2,000,000 |
| 　　당 기 상 품 매 입 액 | 38,210,000 | Ⅷ. 소득세차감전순이익 | 9,500,000 |
| 　　기 말 상 품 재 고 액 | 4,000,000 | Ⅸ. 소 득 세 등 | 0 |
| Ⅲ. 매 출 총 이 익 | 39,790,000 | Ⅹ. 당 기 순 이 익 | 9,500,000 |
| Ⅳ. 판 매 비 와 관 리 비 | 28,900,000 | | |
| 　　급　　　　　　여 | 20,000,000 | | |
| 　　복 리 후 생 비 | 4,900,000 | | |
| 　　여 비 교 통 비 | 1,000,000 | | |
| 　　임 　 차 　 료 | 2,300,000 | | |
| 　　운 　 반 　 비 | 400,000 | | |
| 　　소 모 품 비 | 300,000 | | |

문제3    다음 자료를 이용하여 입력하시오. (6점)

[1] 다음 자료를 이용하여 [계정과목및적요등록] 메뉴에서 재고자산 항목의 상품 계정에 적요를 추가로 등록하시오. (3점)

| 현금적요 3. 수출용 상품 매입 |
|---|

## 제9편. 전산회계2급 -최근기출문제

**[2]** 외상매입금과 지급어음에 대한 거래처별 초기이월 자료는 다음과 같다. 주어진 자료를 검토하여 누락된 부분을 수정 및 추가 입력하시오. (3점)

| 계정과목 | 거래처 | 잔액 |
|---|---|---|
| 외상매입금 | 엘리상사 | 3,000,000원 |
|  | 동오상사 | 10,000,000원 |
| 지급어음 | 디오상사 | 3,500,000원 |
|  | 망도상사 | 3,000,000원 |

### 문제4  [일반전표입력] 메뉴를 이용하여 다음의 거래 자료를 입력하시오. (24점)

─── < 입력 시 유의사항 > ───
- 적요의 입력은 생략한다.
- 부가가치세는 고려하지 않는다.
- 채권·채무와 관련된 거래는 별도의 요구가 없는 한 반드시 기등록된 거래처코드를 선택하는 방법으로 거래처명을 입력한다.
- 회계처리 시 계정과목은 별도의 제시가 없는 한 등록된 계정과목 중 가장 적절한 과목으로 한다.

**[1]** 08월 10일 매출거래처 수민상회에 대한 외상매출금을 현금으로 회수하고, 아래의 입금표를 발행하여 교부하였다. (3점)

<br>

**입 금 표**
(공급자 보관용)

작성일 : 2025년 08월 10일    지급일 : 2025년 08월 10일

| 공급자<br>(수령인) | 상 호 | 엔시상사 | 대 표 자 명 | 정성찬 |
|---|---|---|---|---|
|  | 사업자등록번호 | 304-25-70134 | | |
|  | 사업장소재지 | 경기도 성남시 중원구 광명로 6 | | |
| 공급받는자<br>(지급인) | 상 호 | 수민상회 | 대 표 자 명 | 이수민 |
|  | 사업자등록번호 | 307-02-67153 | | |
|  | 사업장소재지 | 대구광역시 북구 칠성시장로7길 17-18 | | |

| 금액 | 십 | 억 | 천 | 백 | 십 | 만 | 천 | 백 | 십 | 일 |
|---|---|---|---|---|---|---|---|---|---|---|
|  |  |  | 2 | 4 | 0 | 0 | 0 | 0 | 0 | 0 |

(내용)
외상매출금 현금 입금

위 금액을 정히 영수합니다.

[2] 08월 25일 거래처 대표로부터 아래와 같은 모바일 청첩장을 받고, 축의금 200,000원을 현금으로 지급하였다. (3점)

[3] 09월 02일 영업부 직원의 고용보험료 220,000원을 보통예금 계좌에서 납부하였다. 납부한 금액 중 100,000원은 직원부담분이고, 나머지는 회사부담분으로 직원부담분은 직원의 8월 귀속 급여에서 공제한 상태이다(단, 하나의 전표로 처리하고 회사부담분은 복리후생비 계정으로 처리할 것). (3점)

[4] 09월 20일 유형자산인 토지에 대한 재산세 500,000원을 현금으로 납부하였다. (3점)

| 납세자보관용 | 2025년09월(토지분) | 재산세 도시지역분 지방교육세 | 고지서 |

| 전자납부번호 | 구 분 | 납기 내 금액 | 납기 후 금액 |
| --- | --- | --- | --- |
| 11500-1-12452-124234 | 합 계 | 500,000 | 515,000 |
| 납 세 자  엔시상사 | 납부기한 | 2025.09.30.까지 | 2025.10.31.까지 |
| 주 소 지  경기도 성남시 중원구 광명로 6 | ※이 영수증은 과세증명서로 사용 가능 | | |
| 과세대상  경기도 성남시 중원구 성남동 1357 | 위의 금액을 납부하시기 바랍니다. 2024년 9월 10일 | | |

[5] 09월 25일 상품 매입대금으로 가은상사에 발행하여 지급한 약속어음 3,500,000원의 만기가 도래하여 보통예금 계좌에서 이체하여 상환하다. (3점)

[6] 10월 05일 다음과 같이 상품을 판매하고 대금 중 4,000,000원은 자기앞수표로 받고 잔액은 외상으로 하였다. (3점)

| 5권 | | 10호 | | **거래명세표**(보관용) | | | |
|---|---|---|---|---|---|---|---|
| 2025년 10월 05일 | | | 공급자 | 사업자등록번호 | 304-25-70134 | | |
| 한능협 귀하 | | | | 상호 | 엔시상사 | 성명 | 정성찬 ⑩ |
| | | | | 사업장소재지 | 경기도 성남시 중원구 광명로 6 | | |
| 아래와 같이 계산합니다. | | | | 업태 | 도소매 | 종목 | 문구및잡화 |
| 합계금액 | | | 일천만 원정 ( ₩ 10,000,000 ) | | | | |
| 월일 | 품목 | 규격 | 수량 | 단가 | | 공급대가 | |
| 10/05 | 만년필 | | 4 | 2,500,000원 | | 10,000,000원 | |
| | 계 | | | | | 10,000,000원 | |
| 전잔금 | 없음 | | | 합계 | | 10,000,000원 | |
| 입금 | 4,000,000원 | | 잔금 | 6,000,000원 | 인수자 | 강아영 | ⑩ |
| 비고 | | | | | | | |

[7] 10월 20일 영업부 사무실의 10월분 수도요금 30,000원과 소모품비 100,000원을 삼성카드로 결제하였다. (3점)

[8] 11월 10일 정기예금 이자 100,000원이 발생하여 원천징수세액을 차감한 금액이 보통예금으로 입금되었으며, 다음과 같이 원천징수영수증을 받았다(단, 원천징수세액은 선납세금 계정을 이용하고 하나의 전표로 입력할 것). (3점)

| ※관리번호 | | | 이자소득 원천징수영수증 | | ✓소득자 보관용<br>□발행자 보관용<br>□발행자 보고용 | | |
|---|---|---|---|---|---|---|---|
| 징수의무자 | 법인명(상호) | 농협은행 | | | | | |
| 소득자 | 성명(상호) | | 사업자등록번호 | | 계좌번호 | | |
| | 정성찬(엔시상사) | | 304-25-70134 | | 904-480-511166 | | |
| | 주소 | 경기도 성남시 중원구 광명로 6 | | | | | |
| 지급일 | 이자율 | 지급액<br>(소득금액) | 세율 | 원천징수세액 | | | |
| | | | | 소득세 | 지방소득세 | 계 | |
| 2025/11/10 | 1% | 100,000원 | 14% | 14,000원 | 1,400원 | 15,400원 | |

위의 원천징수세액(수입금액)을 정히 영수(지급)합니다.
2025년 11월 10일
징수(보고)의무자 농협은행

## 문제5

[일반전표입력] 메뉴에 입력된 내용 중 다음의 오류가 발견되었다. 입력된 내용을 검토하고 수정 또는 삭제, 추가 입력하여 올바르게 정정하시오. (6점)

───── < 입력 시 유의사항 > ─────
• 적요의 입력은 생략한다.
• 부가가치세는 고려하지 않는다.
• 채권·채무와 관련된 거래는 별도의 요구가 없는 한 반드시 기등록된 거래처코드를 선택하는 방법으로 거래처명을 입력한다.
• 회계처리 시 계정과목은 별도의 제시가 없는 한 등록된 계정과목 중 가장 적절한 과목으로 한다.

[1] 08월 06일 보통예금 계좌에서 이체한 6,000,000원은 사업용카드 중 신한카드의 미지급금을 결제한 것으로 회계처리 하였으나 하나카드의 미지급금을 결제한 것으로 확인되었다. (3점)

[2] 10월 25일 구매부 직원의 10월분 급여 지급액에 대한 회계처리 시 공제 항목에 대한 회계처리를 하지 않고 급여액 총액을 보통예금 계좌에서 이체하여 지급한 것으로 잘못 회계처리 하였다(단, 하나의 전표로 처리하되, 공제 항목은 항목별로 구분하지 않는다). (3점)

| 2025년 10월분 급여명세서 | | | |
|---|---|---|---|
| 사 원 명 : 박민정<br>입 사 일 : 2021.10.25. | | 부　　서 : 구매부<br>직　　급 : 대리 | |
| 지 급 내 역 | 지 급 액 | 공 제 내 역 | 공 제 액 |
| 기 본 급 여 | 4,200,000원 | 국 민 연 금 | 189,000원 |
| 직 책 수 당 | 0원 | 건 강 보 험 | 146,790원 |
| 상 여 금 | 0원 | 고 용 보 험 | 37,800원 |
| 특 별 수 당 | 0원 | 소 득 세 | 237,660원 |
| 자 가 운 전 보 조 금 | 0원 | 지 방 소 득 세 | 23,760원 |
| 교 육 지 원 수 당 | 0원 | 기 타 공 제 | 0원 |
| 지 급 액 계 | 4,200,000원 | 공 제 액 계 | 635,010원 |
| 귀하의 노고에 감사드립니다. | | 차 인 지 급 액 | 3,564,990원 |

# 제9편. 전산회계2급 —최근기출문제

**문제6** 다음의 결산정리사항을 입력하여 결산을 완료하시오. (12점)

— < 입력 시 유의사항 > —
- 적요의 입력은 생략한다.
- 부가가치세는 고려하지 않는다.
- 채권·채무와 관련된 거래는 별도의 요구가 없는 한 반드시 기등록된 거래처코드를 선택하는 방법으로 거래처명을 입력한다.
- 회계처리 시 계정과목은 별도의 제시가 없는 한 등록된 계정과목 중 가장 적절한 과목으로 한다.

[1] 4월 1일에 영업부 사무실의 12개월분 임차료(임차기간 : 2025.4.1.~2026.3.31.) 24,000,000원을 보통예금 계좌에서 이체하여 지급하고 전액 자산계정인 선급비용으로 회계처리하였다. 기말수정분개를 하시오(단, 월할 계산할 것). (3점)

[2] 기말 외상매출금 중 미국 BRIZ사의 외상매출금 20,000,000원(미화 $20,000)이 포함되어 있다. 결산일 현재 기준환율은 1$당 1,100원이다. (3점)

[3] 기말 현재 현금과부족 중 15,000원은 판매 관련 등록면허세를 현금으로 납부한 것으로 밝혀졌다. (3점)

[4] 결산을 위하여 창고의 재고자산을 실사한 결과, 기말상품재고액은 4,500,000원이다. (3점)

**문제7** 다음 사항을 조회하여 알맞은 답안을 메뉴에 입력하시오. (10점)

[1] 상반기(1월~6월) 중 어룡상사에 대한 외상매입금 지급액은 얼마인가? (3점)

[2] 상반기(1월~6월) 동안 지출한 복리후생비(판) 금액은 모두 얼마인가? (3점)

[3] 6월 말 현재 유동자산과 유동부채의 차액은 얼마인가? (4점)

## 📝 113회 이론시험 답안

| A형 | <1> | <2> | <3> | <4> | <5> | <6> | <7> | <8> | <9> | <10> | <11> | <12> | <13> | <14> | <15> |
|---|---|---|---|---|---|---|---|---|---|---|---|---|---|---|---|
| | ④ | ① | ② | ③ | ② | ① | ② | ④ | ③ | ① | ② | ④ | ① | ③ | ④ |

1.

[답] ④ (차) 통신비   50,000원(비용의 발생)   (대) 보통예금   50,000원(자산의 감소)

2.

[답] ① 대변에 잔액이 남는 계정은 부채계정, 자본계정, 수익계정이다.

3.

[답] ② 기말상품재고액이 과대계상이므로 매출원가는 과소 계상된다.
- 매출원가 = 기초상품재고액 + 당기상품순매입액 - 기말상품재고액
- 기말상품재고액은 차기이월 상품이므로 재고자산은 과대계상 된다.
- 매출원가가 과소계상이면 매출총이익(매출액 - 매출원가)은 과대계상 된다.
- 매출총이익이 과대이므로 당기순이익도 과대계상된다.

4.

[답] ③ 단기대여금은 유동자산 중 당좌자산에 해당한다.
- 유동성배열법에 의하여 재무상태표를 작성할 경우, 유동성이 높은 자산부터 나열하므로 비유동자산인 영업권(무형자산), 장기대여금(투자자산), 건물(유형자산)은 유동자산(당좌자산)인 단기대여금보다 아래에 나타난다.

5.

[답] ② 유형자산 중 토지와 건설중인자산을 제외한 모든 유형자산은 감가상각을 해야 한다.

6.

[답] ① 1,000,000원
          = 자산 1,400,000원 - 부채 400,000원
- 자산 : 현금 300,000원 + 대여금 100,000원 + 선급금 200,000원 + 재고자산 800,000원 = 1,400,000원
- 부채 : 매입채무 100,000원 + 사채 300,000원 = 400,000원

재무상태표

| 현   금 | 300,000 | 매 입 채 무 | 100,000 |
|---|---|---|---|
| 대 여 금 | 100,000 | 사     채 | 300,000 |
| 선 급 금 | 200,000 | 자 본 금 | 1,000,000 |
| 재 고 자 산 | 800,000 | | |
| | 1,400,000 | | 1,400,000 |

**7.**
[답] ② 일정 시점의 기업이 보유하고 있는 자산, 부채, 자본에 대한 정보를 제공하는 재무보고서는 재무상태표이다. 보기 중 매출원가, 이자비용, 급여는 일정 기간 동안의 기업 경영 성과에 대한 정보를 제공하는 손익계산서를 구성하는 계정과목이다.

**8.**
[답] ④ 우표는 비용에 해당하며, 통신비 계정으로 처리한다.

**9.**
[답] ③ 10,000원
= 기말 매출채권 1,000,000원×1%
· 기말 매출채권 : 기초 매출채권 500,000원 + 당기 매출액 2,000,000원 - 당기 회수액 1,500,000원
= 1,000,000원

**10.**
[답] ① 100,000원
= 선수금 70,000원 + 선수수익 30,000원
· 선수금과 선수수익이 부채계정에 해당하고 그 외 계정은 자산계정에 해당한다.

**11.**
[답] ② 거래 발생 → 분개 → 전기 → 수정 전 시산표 작성 → 결산 정리 분개 → 수정 후 시산표 작성→ 각종 장부 마감 → 결산보고서 작성

**12.**
[답] ④ 매입부대비용은 재고자산 취득원가에 가산하는 계정으로 차감하는 계정이 아니다.

**13.**
[답] ① 보험료는 판매비와관리비로 영업외비용에 해당하지 않는다.

**14.**
[답] ③ 후입선출법에 대한 설명이다.

**15.**
[답] ④ 1,040,000원
= 토지 1,000,000원 + 취득세 40,000원
· 무상으로 취득한 자산의 취득가액은 공정가치로 하며, 취득 과정에서 발생한 취득세, 수수료 등은 취득원가에 가산한다.

## 📝 113회 실무시험 답안

### 문제1

[답] [회사등록] > ・대표자명 : 최연제→정성찬 수정
　　　　　　　　・종목 : 스포츠 용품→문구 및 잡화 수정
　　　　　　　　・개업연월일 : 2018-07-14→2018-04-08 수정

### 문제2

[답] [전기분손익계산서] > ・급여 10,000,000원 → 20,000,000원으로 수정
　　　　　　　　　　　　・임차료 2,100,000원 → 2,300,000원으로 수정
　　　　　　　　　　　　・통신비 400,000원 → 운반비 400,000원으로 수정

### 문제3

**[1]**
[답] [계정과목및적요등록] > 146.상품 > 현금적요 > ・적요No : 3
　　　　　　　　　　　　　　　　　　　　　　　・적요 : 수출용 상품 매입

**[2]**
[답] [거래처별 초기이월] > ・외상매입금 > 동오상사 10,000,000원 추가 입력
　　　　　　　　　　　　・지급어음 > ・디오상사 3,000,000원 → 3,500,000원으로 수정
　　　　　　　　　　　　　　　　　　・망도상사 3,000,000원 추가 입력

### 문제4

**[1]**
[답] 일반전표입력
(차) 현금　　2,400,000원　　　(대) 외상매출금(수민상회)　　2,400,000원
또는 입금전표 외상매출금(수민상회) 2,400,000원

**[2]**
[답] 일반전표입력
(차) 기업업무추진비(판)　　200,000원　　　(대) 현금　　200,000원
또는 출금전표　기업업무추진비(판)　200,000원

[3]

[답] 일반전표입력

(차) 예수금　　　　　　100,000원　　　(대) 보통예금　　　220,000원
　　복리후생비(판)　　　120,000원

[4]

[답] 일반전표입력

(차) 세금과공과(판)　　　500,000원　　　(대) 현금　　　　　500,000원

또는 출금전표 세금과공과(판) 500,000원

[5]

[답] 일반전표입력

(차) 지급어음(가은상사)　3,500,000원　　(대) 보통예금　　　3,500,000원

[6]

[답] 일반전표입력

(차) 현금　　　　　　　4,000,000원　　(대) 상품매출　　　10,000,000원
　　외상매출금(한능협)　6,000,000원

[7]

[답] 일반전표입력

(차) 수도광열비(판)　　　30,000원　　　(대) 미지급금(삼성카드)　130,000원
　　소모품비(판)　　　　100,000원　　　　(또는 미지급비용)

[8]

[답] 일반전표입력

(차) 선납세금　　　15,400원　　　(대) 이자수익　　　100,000원
　　보통예금　　　84,600원

## 문제5

[1]
[답] 일반전표입력
- 수정 전 : 08.06.  (차) 미지급금(신한카드)  6,000,000원   (대) 보통예금   6,000,000원
- 수정 후 : 08.06.  (차) 미지급금(하나카드)  6,000,000원   (대) 보통예금   6,000,000원

[2]
[답] 일반전표입력
- 수정 전 : 10.25.  (차) 급여   4,200,000원   (대) 보통예금   4,200,000원
- 수정 후 : 10.25.  (차) 급여   4,200,000원   (대) 예수금     635,010원
                                                         보통예금  3,564,990원

## 문제6

[1]
[답] 일반전표입력
(차) 임차료(판)   18,000,000원   (대) 선급비용   18,000,000원
- 24,000,000원 × 9/12 = 18,000,000원

[2]
[답] 일반전표입력
(차) 외상매출금(미국 BRIZ사) 2,000,000원   (대) 외화환산이익 2,000,000원
- 외화환산이익 : (1,100원 × $20,000) - 20,000,000원 = 2,000,000원

[3]
[답] 일반전표입력
(차) 세금과공과(판)   15,000원   (대) 현금과부족   15,000원

[4]
[답]
1. [결산자료입력] > 기간 : 01월~12월
                > 2. 매출원가
                > ⑩ 기말 상품 재고액 결산반영금액란 4,500,000원 입력 > F3 전표추가
2. 또는 일반전표입력
   (결차) 상품매출원가   129,100,000원   (결대) 상품   129,100,000원
   - 매출원가 : 기초상품재고액 4,000,000원 + 당기상품매입액 129,600,000원 - 기말상품재고액 4,500,000원
              = 129,100,000원

### 문제7

[1]

[답] 4,060,000원
- [거래처원장] > 기간 : 1월 1일~6월 30일
  > 계정과목 : 0251.외상매입금
  > 거래처 : 00120.어룡상사 차변 합계

[2]

[답] 4,984,300원
- [총계정원장] > [월별] 탭
  > 기간 : 01월 01일~06월 30일
  > 계정과목 : 0811.복리후생비(판) 차변 합계

[3]

[답] 86,188,000원
  = 유동자산 280,188,000원 - 유동부채 194,000,000원
- [재무상태표] > 기간 : 06월 조회

# 제 114회 기출문제

**회계 2급**

### ✱ 이론시험 ✱

다음 문제를 보고 알맞은 것을 골라 이론문제 답안작성 메뉴에 입력하시오.(객관식 문항당 2점)

1. 다음은 계정의 기록 방법에 대한 설명이다. 아래의 (가)와 (나)에 각각 들어갈 내용으로 옳게 짝 지어진 것은?

   · 부채의 감소는 ( 가 )에 기록한다.
   · 수익의 증가는 ( 나 )에 기록한다.

   |   | (가) | (나) |
   |---|------|------|
   | ① | 대변 | 대변 |
   | ② | 차변 | 차변 |
   | ③ | 차변 | 대변 |
   | ④ | 대변 | 차변 |

2. 다음은 한국상점(회계기간 : 매년 1월 1일~12월 31일)의 현금 관련 자료이다. 아래의 ( 가 )에 들어갈 계정과목으로 옳은 것은?

   · 01월 30일 - 장부상 현금 잔액 400,000원
              - 실제 현금 잔액 500,000원
   · 12월 31일 - 결산 시까지 현금과부족 계정 잔액의 원인이 밝혀지지 않음.

   현금과부족

   | 7/1 | 이자수익 | 70,000원 | 1/30 | 현금 | 100,000원 |
   |-----|----------|----------|------|------|-----------|
   |     | ( 가 )   | 30,000원 |      |      |           |
   |     |          | 100,000원|      |      | 100,000원 |

   ① 잡손실    ② 잡이익    ③ 현금과부족    ④ 현금

3. 다음 중 거래의 결과로 인식할 비용의 분류가 나머지와 다른 것은?
   ① 영업부 사원의 당월분 급여 2,000,000원을 현금으로 지급하다.
   ② 화재로 인하여 창고에 보관하던 상품 500,000원이 소실되다.
   ③ 영업부 사무실 건물에 대한 월세 200,000원을 현금으로 지급하다.
   ④ 종업원의 단합을 위해 체육대회행사비 50,000원을 현금으로 지급하다.

4. 다음의 자료를 이용하여 계산한 당기 중 외상으로 매출한 금액(에누리하기 전의 금액)은 얼마인가?

- 외상매출금 기초잔액 : 400,000원
- 외상매출금 중 에누리액 : 100,000원
- 외상매출금 당기 회수액 : 600,000원
- 외상매출금 기말잔액 : 300,000원

① 300,000원　② 400,000원　③ 500,000원　④ 600,000원

5. 다음 중 아래의 자료에서 설명하는 특징을 가진 재고자산의 단가 결정방법으로 옳은 것은?

- 실제 재고자산의 물량 흐름과 괴리가 발생하는 경우가 많다.
- 일반적으로 기말재고액이 과소 계상되는 특징이 있다.

① 개별법　② 가중평균법　③ 선입선출법　④ 후입선출법

6. 다음은 한국제조가 당기 중 처분한 기계장치 관련 자료이다. 기계장치의 취득가액은 얼마인가?

- 유형자산처분이익 : 7,000,000원　• 처분가액 : 12,000,000원　• 감가상각누계액 : 5,000,000원

① 7,000,000원　② 8,000,000원　③ 9,000,000원　④ 10,000,000원

7. 다음의 자료를 참고하여 기말자본을 구하시오.

- 당기총수익 2,000,000원
- 당기총비용 1,500,000원
- 기초자산 1,700,000원
- 기초자본 1,300,000원

① 1,200,000원　② 1,500,000원　③ 1,800,000원　④ 2,000,000원

8. 다음 중 손익의 이연을 처리하기 위해 사용하는 계정과목을 모두 고른 것은?

| 가. 선급비용 | 나. 선수수익 | 다. 대손충당금 | 라. 잡손실 |

① 가, 나　② 가, 다　③ 나, 다　④ 다, 라

9. 다음 중 재고자산의 종류에 해당하지 않는 것은?
① 상품　　　　② 재공품　　　　③ 반제품　　　　④ 비품

10. 다음 중 아래의 (가)와 (나)에 각각 들어갈 부채 항목의 계정과목으로 옳게 짝지어진 것은?

- 현금 등 대가를 미리 받았으나 수익이 실현되는 시점이 차기 이후에 속하는 경우 ( 가 )(으)로 처리한다.
- 일반적인 상거래 외의 거래와 관련하여 발생한 현금 수령액 중 임시로 보관하였다가 곧 제3자에게 다시 지급해야 하는 경우 ( 나 )(으)로 처리한다.

|   | (가) | (나) |
|---|------|------|
| ① | 선급금 | 예수금 |
| ② | 선수수익 | 예수금 |
| ③ | 선수수익 | 미수수익 |
| ④ | 선급금 | 미수수익 |

11. 다음 중 회계상 거래에 해당하는 것은?
① 직원 1명을 신규 채용하고 근로계약서를 작성했다.
② 매장 임차료를 종전 대비 5% 인상하기로 임대인과 구두 협의했다.
③ 제품 100개를 주문한 고객으로부터 제품 50개 추가 주문을 받았다.
④ 사업자금으로 차입한 대출금에 대한 1개월분 대출이자가 발생하였다.

12. 다음 중 아래의 회계처리에 대한 설명으로 가장 적절한 것은?

| (차) 현금 | 10,000원 | (대) 외상매출금 | 10,000원 |
|---|---|---|---|

① 상품을 판매하고 현금 10,000원을 수령하였다.
② 지난달에 판매한 상품이 환불되어 현금 10,000원을 환불하였다.
③ 지난달에 판매한 상품에 대한 대금 10,000원을 수령하였다.
④ 상품을 판매하고 대금 10,000원을 다음달에 받기로 하였다.

13. 다음 중 일반기업회계기준에서 규정하고 있는 재무제표의 종류로 올바르지 않은 것은?

① 시산표　　　② 손익계산서　　　③ 자본변동표　　　④ 현금흐름표

14. ㈜서울은 직접 판매와 수탁자를 통한 위탁판매도 하고 있다. 기말 현재 재고자산의 현황이 아래와 같을 때, 기말 재고자산 가액은 얼마인가?

- ㈜서울의 창고에 보관 중인 재고자산 가액 : 500,000원
- 수탁자에게 위탁판매를 요청하여 수탁자 창고에 보관 중인 재고자산 가액 : 100,000원
- 수탁자의 당기 위탁판매 실적에 따라 ㈜서울에 청구한 위탁판매수수료 : 30,000원

① 400,000원　　② 470,000원　　③ 570,000원　　④ 600,000원

15. 다음 자료를 이용하여 당기 매출총이익을 구하시오.

- 기초 재고자산 : 200,000원
- 재고자산 당기 매입액 : 1,000,000원
- 기말 재고자산 : 300,000원
- 당기 매출액 : 2,000,000원
- 판매 사원에 대한 당기 급여 총지급액 : 400,000원

① 600,000원　　② 700,000원　　③ 1,000,000원　　④ 1,100,000원

## ✱ 실무시험 ✱

문제에서 한국채택국제회계기준을 적용하도록 하는 전제조건이 없는 경우, 일반기업회계기준을 적용하여 회계처리 한다.

두일상사(회사코드:2114)는 사무용가구를 판매하는 개인기업으로 당기(제11기) 회계기간은 2025.1.1.~2025.12.31.이다. 전산세무회계 수험용 프로그램을 이용하여 다음 물음에 답하시오.

**문제1** 다음은 두일상사의 사업자등록증이다. [회사등록] 메뉴에 입력된 내용을 검토하여 누락분은 추가입력하고 잘못된 부분은 정정하시오(단, 우편번호 입력은 생략할 것). (6점)

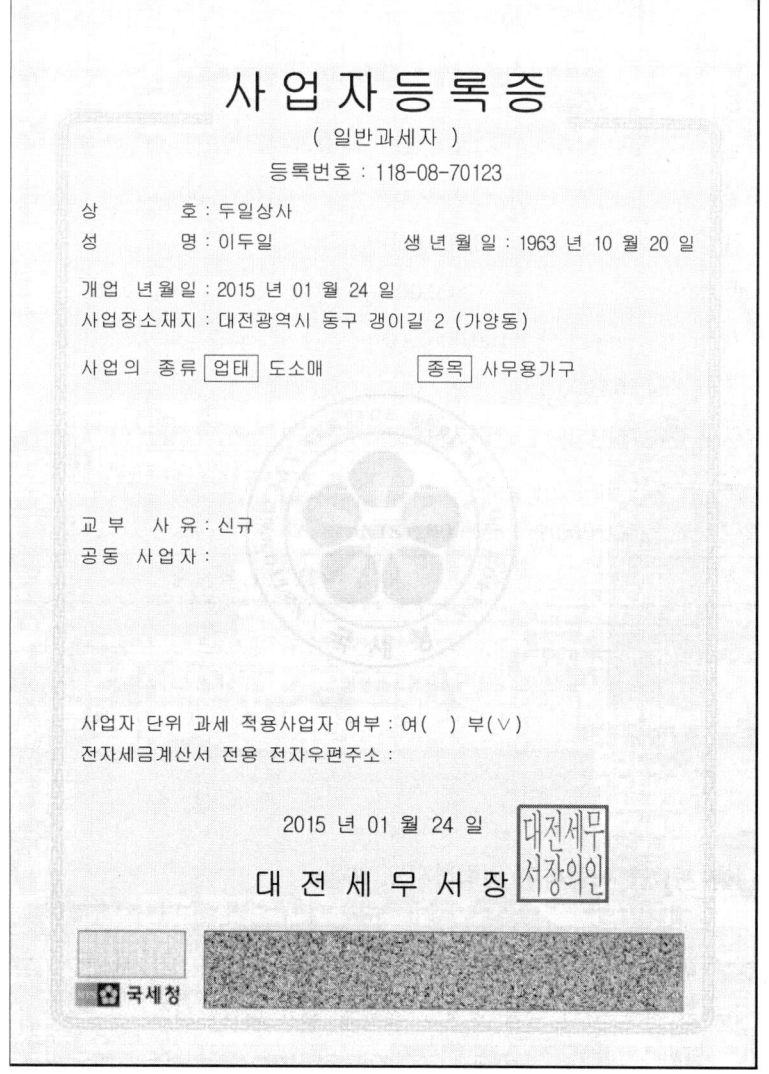

## 제9편. 전산회계2급 -최근기출문제

**문제2** 다음은 두일상사의 전기분 재무상태표이다. 입력되어 있는 자료를 검토하여 오류 부분은 정정하고 누락된 부분은 추가 입력하시오. (6점)

### 재 무 상 태 표

회사명 : 두일상사　　　제10기 2024.12.31. 현재　　　(단위 : 원)

| 과　　　목 | 금　　　　　액 | 과　　　목 | 금　　　　　액 |
|---|---|---|---|
| 현　　　　　금 | | 60,000,000 | 외 상 매 입 금 | | 55,400,000 |
| 당 좌 예 금 | | 45,000,000 | 지 급 어 음 | | 90,000,000 |
| 보 통 예 금 | | 53,000,000 | 미 지 급 금 | | 78,500,000 |
| 외 상 매 출 금 | 90,000,000 | | 단 기 차 입 금 | | 45,000,000 |
| 대 손 충 당 금 | 900,000 | 89,100,000 | 장 기 차 입 금 | | 116,350,000 |
| 받 을 어 음 | 65,000,000 | | 자 본 금 | | 156,950,000 |
| 대 손 충 당 금 | 650,000 | 64,350,000 | (당기순이익 : | | |
| 단 기 대 여 금 | | 50,000,000 | 46,600,000) | | |
| 상　　　　　품 | | 3,000,000 | | | |
| 소 모 품 | | 500,000 | | | |
| 토　　　　　지 | | 100,000,000 | | | |
| 차 량 운 반 구 | 64,500,000 | | | | |
| 감가상각누계액 | 10,750,000 | 53,750,000 | | | |
| 비　　　　　품 | 29,500,000 | | | | |
| 감가상각누계액 | 6,000,000 | 23,500,000 | | | |
| 자 산 총 계 | | 542,200,000 | 부채와자본총계 | | 542,200,000 |

**문제3** 다음 자료를 이용하여 입력하시오. (6점)

[1] 다음의 자료를 이용하여 기초정보관리의 [거래처등록] 메뉴를 거래처(금융기관)를 추가로 등록하시오(단, 주어진 자료 외의 다른 항목은 입력할 필요 없음). (3점)

- 코드 : 98100
- 거래처명 : 케이뱅크 적금
- 유형 : 정기적금
- 계좌번호 : 1234-5678-1234
- 계좌개설은행 : 케이뱅크
- 계좌개설일 : 2025년 7월 1일

[2] 외상매출금과 단기차입금의 거래처별 초기이월 채권과 채무의 잔액은 다음과 같다. 입력된 자료를 검토하여 잘못된 부분은 수정 또는 삭제, 추가 입력하여 주어진 자료에 맞게 정정하시오. (3점)

| 계정과목 | 거래처명 | 잔액 | 계 |
|---|---|---|---|
| 외상매출금 | 태양마트 | 34,000,000원 | 90,000,000원 |
| | ㈜애옹전자 | 56,000,000원 | |
| 단기차입금 | 은산상사 | 20,000,000원 | 45,000,000원 |
| | 세연상사 | 22,000,000원 | |
| | 일류상사 | 3,000,000원 | |

## 문제4

[일반전표입력] 메뉴를 이용하여 다음의 거래 자료를 입력하시오. (24점)

───── < 입력 시 유의사항 > ─────
· 적요의 입력은 생략한다.
· 부가가치세는 고려하지 않는다.
· 채권·채무와 관련된 거래는 별도의 요구가 없는 한 반드시 기등록된 거래처코드를 선택하는 방법으로 거래처명을 입력한다.
· 회계처리 시 계정과목은 별도의 제시가 없는 한 등록된 계정과목 중 가장 적절한 과목으로 한다.

[1] 07월 03일 거래처 대전상사로부터 차입한 단기차입금 8,000,000원의 상환기일이 도래하여 당좌수표를 발행하여 상환하다. (3점)

[2] 07월 10일 관리부 직원들이 시내 출장용으로 사용하는 교통카드를 충전하고, 대금은 현금으로 지급하였다. (3점)

```
            Seoul Metro
              서울메트로
          [교통카드 충전영수증]

역  사  명 : 평촌역
장 비 번 호 : 163
카 드 번 호 : 5089-3466-5253-6694
결 제 방 식 : 현금
충 전 일 시 : 2025.07.10.
─────────────────────────────
충전전잔액 :          500원
충 전 금 액 :       50,000원
충전후잔액 :       50,500원
─────────────────────────────
대표자명    이춘덕
사업자번호  108-12-16395
주소        서울특별시 서초구 반포대로 21
```

[3] 08월 05일 능곡가구의 파산으로 인하여 외상매출금 5,000,000원이 회수할 수 없는 것으로 판명되어 대손처리하기로 하였다. 단, 8월 5일 현재 대손충당금 잔액은 900,000원이다. (3점)

[4] 08월 13일 사업용 부지로 사용하기 위한 토지를 매입하면서 발생한 부동산중개수수료를 현금으로 지급하고 아래의 현금영수증을 발급받았다. (3점)

| 유성부동산 | | | |
|---|---|---|---|
| 305-42-23567 | | | 김유성 |
| 대전광역시 유성구 노은동로 104 | | | TEL : 1577-0000 |
| 현금영수증(지출증빙용) | | | |
| 구매 2025/08/13 | | 거래번호 : 12341234-123 | |
| 상품명 | 수량 | 단가 | 금액 |
| 중개수수료 | | 1,000,000원 | 1,000,000원 |
| | | | |
| 공 급 대 가 | | | 1,000,000원 |
| 합 계 | | | 1,000,000원 |
| 받 은 금 액 | | | 1,000,000원 |

[5] 09월 25일 임대인에게 800,000원(영업부 사무실 임차료 750,000원 및 건물관리비 50,000원)을 보통예금 계좌에서 이체하여 지급하였다(단, 하나의 전표로 입력할 것). (3점)

[6] 10월 24일 정풍상사에 판매하기 위한 상품의 상차작업을 위해 일용직 근로자를 고용하고 일당 100,000원을 현금으로 지급하였다. (3점)

[7] 11월 15일 아린상사에서 상품을 45,000,000원에 매입하기로 계약하고, 계약금은 당좌수표를 발행하여 지급하였다. 계약금은 매입 금액의 10%이다. (3점)

[8] 11월 23일 영업부에서 사용할 차량을 구입하고, 대금은 국민카드(신용카드)로 결제하였다. (3점)

## 문제5

[일반전표입력] 메뉴에 입력된 내용 중 다음의 오류가 발견되었다. 입력된 내용을 검토하고 수정 또는 삭제, 추가 입력하여 올바르게 정정하시오. (6점)

─────── < 입력 시 유의사항 > ───────
· 적요의 입력은 생략한다.
· 부가가치세는 고려하지 않는다.
· 채권·채무와 관련된 거래는 별도의 요구가 없는 한 반드시 기등록된 거래처코드를 선택하는 방법으로 거래처명을 입력한다.
· 회계처리 시 계정과목은 별도의 제시가 없는 한 등록된 계정과목 중 가장 적절한 과목으로 한다.

[1] 08월 16일 보통예금 계좌에서 출금된 1,000,000원은 임차료(판)가 아닌 경의상사에 지급한 임차보증금으로 확인되었다. (3점)

[2] 09월 30일 사업용 토지에 부과된 재산세 300,000원을 보통예금 계좌에서 이체하여 납부하고, 이를 토지의 취득가액으로 회계처리한 것으로 확인되었다. (3점)

## 문제6  다음의 결산정리사항을 입력하여 결산을 완료하시오. (12점)

— < 입력 시 유의사항 > —
- 적요의 입력은 생략한다.
- 부가가치세는 고려하지 않는다.
- 채권·채무와 관련된 거래는 별도의 요구가 없는 한 반드시 기등록된 거래처코드를 선택하는 방법으로 거래처명을 입력한다.
- 회계처리 시 계정과목은 별도의 제시가 없는 한 등록된 계정과목 중 가장 적절한 과목으로 한다.

[1] 포스상사로부터 차입한 단기차입금에 대한 기간경과분 당기 발생 이자는 360,000원이다. 필요한 회계처리를 하시오. (3점)

[2] 기말 현재 가지급금 잔액 500,000원은 ㈜디자인가구의 외상매입금 지급액으로 판명되었다. (3점)

[3] 영업부의 당기 소모품 내역이 다음과 같다. 결산일에 필요한 회계처리를 하시오(단, 소모품 구입 시 전액 자산으로 처리하였다). (3점)

| 소모품 기초잔액 | 소모품 당기구입액 | 소모품 기말잔액 |
|---|---|---|
| 500,000원 | 200,000원 | 300,000원 |

[4] 매출채권(외상매출금 및 받을어음) 잔액에 대하여만 2%의 대손충당금을 보충법으로 설정하시오(단, 기타 채권에 대하여는 대손충당금을 설정하지 않는다). (3점)

## 문제7  다음 사항을 조회하여 알맞은 답안을 메뉴에 입력하시오. (10점)

[1] 4월 말 현재 지급어음 잔액은 얼마인가? (3점)

[2] 5월 1일부터 5월 31일까지 기간의 외상매출금 회수액은 모두 얼마인가? (3점)

[3] 상반기(1월~6월) 중 복리후생비(판)의 지출이 가장 적은 월(月)과 그 월(月)의 복리후생비(판) 금액은 얼마인가? (4점)

# 📝 114회 이론시험 답안

| A형 | <1> | <2> | <3> | <4> | <5> | <6> | <7> | <8> | <9> | <10> | <11> | <12> | <13> | <14> | <15> |
|---|---|---|---|---|---|---|---|---|---|---|---|---|---|---|---|
| | ③ | ② | ② | ④ | ④ | ④ | ③ | ① | ④ | ② | ④ | ③ | ① | ④ | ④ |

## 1.
[답] ③ 부채의 감소는 차변, 수익의 증가는 대변에 기록한다.

## 2.
[답] ② 잡이익
- 01월 30일 : (차) 현금　　　　　　　100,000원　　(대) 현금과부족　　100,000원
- 07월 01일 : (차) 현금과부족　　　　70,000원　　(대) 이자수익　　　　70,000원
- 12월 31일 : (차) 현금과부족　　　　30,000원　　(대) 잡이익　　　　　30,000원

## 3.
[답] ② 화재나 사고로 손실이 발생한 경우 영업외비용 항목인 재해손실 계정으로 처리한다.
- 급여(①), 임차료(③), 복리후생비(④)는 모두 판매비와관리비 항목에 해당한다.

## 4.
[답] ④ 600,000원
　　　 = 당기 회수액 600,000원 + 기말잔액 300,000원 + 에누리액 100,000원 - 기초잔액 400,000원

| 외상매출금 | | | |
|---|---|---|---|
| 기 초 잔 액 | 100,000원 | 당기회수액 | 600,000원 |
| 당기발생액 | 600,000원 | 에 누 리 액 | 100,000원 |
| | | 기 말 잔 액 | 300,000원 |

## 5.
[답] ④ 후입선출법의 특징을 설명한 자료들이다.

## 6.
[답] ④ 10,000,000원
　　　 = 처분가액 12,000,000원 - 유형자산처분이익 7,000,000원 + 감가상각누계액 5,000,000원
- 유형자산분이익 : 처분가액 12,000,000원 - (취득가액 10,000,000원 - 감가상각누계액 5,000,000원)
　　　　　　　　 = 7,000,000원

## 7. .
[답] ③ 1,800,000원
　　　 = 기초자본 1,300,000원 + 당기총수익 2,000,000원 - 당기총비용 1,500,000원

## 8.
[답] ① 손익을 이연하기 위한 계정과목은 선급비용과 선수수익이 있다.

## 9.
[답] ④ 비품은 유형자산에 해당한다.

## 10.
[답] ② (가) 선수수익, (나) 예수금

## 11.
[답] ④ 이자비용 발생에 해당하며 영업외비용으로 인식한다.

## 12.
[답] ③ 현금이 증가하고 외상매출금이 감소하는 분개로서 매출대금을 판매 즉시 수령하지 않고 외상으로 처리한 후, 현금을 수령한 시점에 발생한 분개이다.

## 13.
[답] ① 시산표는 결산을 확정하기 전에 분개장으로부터 총계정원장의 각 계정으로 정확하게 전기되었는지를 확인하기 위해서 대차평균의 원리를 이용하여 작성하는 집계표이다.

## 14.
[답] ④ 600,000원
= 창고 보관 재고액 500,000원 + 위탁 재고자산 100,000원
- 수탁자에게 보내고 판매 후 남은 적송품도 회사의 재고자산이며, 위수탁판매 수수료는 판매관리비에 해당한다.

## 15.
[답] ④ 1,100,000원
= 매출액 2,000,000원 - 매출원가 900,000원
- 매출원가 : 200,000원 + 1,000,000원 - 300,000원 = 900,000원
- 매출총이익 : 2,000,000원 - 900,000원 = 1,100,000원
- 판매사원에 대한 급여는 판매관리비로 분류한다.

# 114회 실무시험 답안

## 문제1

[답] [회사등록] > · 대표자명 정정 : 안병남 → 이두일
· 개업연월일 수정 : 2017년 10월 05일 → 2015년 01월 24일
· 관할세무서 수정 : 508.안동 → 305.대전

## 문제2

[답]
[전기분재무상태표] > · 받을어음 : 69,300,000원 → 65,000,000원으로 수정
· 감가상각누계액(209) : 11,750,000원 → 10,750,000원으로 수정
· 장기차입금 116,350,000원 추가 입력

## 문제3

[1]

[답] [거래처등록] > [금융기관] 탭 > · 코드 : 98100
· 거래처명 : 케이뱅크 적금
· 유형 : 3.정기적금
· 계좌번호 : 1234-5678-1234
· 계좌개설은행 : 089.케이뱅크
· 계좌개설일 : 2024-07-01

[2]

[답] [거래처별초기이월] > 외상매출금 > · 태양마트 : 15,000,000원 → 34,000,000원으로 수정
> 단기차입금 > · 은산상사 : 35,000,000원 → 20,000,000원으로 수정
· 종로상사 5,000,000원 삭제 → 일류상사 3,000,000원 추가

## 문제4

[1]
[답] 일반전표입력
(차) 단기차입금(대전상사)    8,000,000원    (대) 당좌예금    8,000,000원

[2]
[답] 일반전표입력
(차) 여비교통비(판)    50,000원    (대) 현금    50,000원
또는   출금전표   여비교통비(판)   50,000원

[3]
[답] 일반전표입력
(차) 대손충당금(109)    900,000원    (대) 외상매출금(능곡가구)    5,000,000원
    대손상각비    4,100,000원

[4]
[답] 일반전표입력
(차) 토지    1,000,000원    (대) 현금    1,000,000원
또는    출금전표    토지    1,000,000원

[5]
[답] 일반전표입력
(차) 임차료(판)    750,000원    (대) 보통예금    800,000원
    건물관리비(판)    50,000원

[6]
[답] 일반전표입력
(차) 잡급(판)    100,000원    (대) 현금    100,000원
또는    출금전표    잡급(판)    100,000원

[7]
[답] 일반전표입력
(차) 선급금(아린상사)    4,500,000원    (대) 당좌예금    4,500,000원

[8]
[답] 일반전표입력
(차) 차량운반구    20,000,000원    (대) 미지급금(국민카드)    20,000,000원

## 문제5

[1]
[답] 일반전표입력
· 수정 전 : 08.16.    (차) 임차료(판)    1,000,000원    (대) 보통예금    1,000,000원
· 수정 후 : 08.16.    (차) 임차보증금(경의상사) 1,000,000원    (대) 보통예금    1,000,000원

[2]
[답] 일반전표입력
· 수정 전 : 09.30.    (차) 토지    300,000원    (대) 보통예금    300,000원
· 수정 후 : 09.30.    (차) 세금과공과(판)    300,000원    (대) 보통예금    300,000원

## 문제6

**[1]**
[답] 일반전표입력
(차) 이자비용    360,000원    (대) 미지급비용    360,000원

**[2]**
[답] 일반전표입력
(차) 외상매입금(㈜디자인가구)  500,000원    (대) 가지급금    500,000원

**[3]**
[답] 일반전표입력
(차) 소모품비(판)    400,000원    (대) 소모품    400,000원

**[4]**
[답]
1. [결산자료입력] > F8대손상각 > 추가설정액 > ・108.외상매출금 3,081,400원 입력 > 결산반영 > F3전표추가
   ・110.받을어음 : 1,350,000원 입력
2. 또는 [결산자료입력] > 4.판매비와일반관리비 > 5).대손상각 > ・외상매출금 3,081,400원 입력 > F3전표추가
   ・받을어음 1,350,000원 입력
3. 또는 일반전표입력
   (차) 대손상각비(판)    4,431,400원    (대) 대손충당금(109)    3,081,400원
                                              대손충당금(111)    1,350,000원
   ・대손충당금(109) : 외상매출금 154,070,000원×2% - 0원 = 3,081,400원
   ・대손충당금(111) : 받을어음 100,000,000원×2% - 650,000원 = 1,350,000원

## 문제7

**[1]**
[답] 130,000,000원
・[재무상태표] > 기간 : 04월 > 계정과목 : 252.지급어음 금액 확인

**[2]**
[답]
・[일계표] > 기간 : 5월1일~5월31일 > 계정과목 : 108.외상매출금 대변 조회

**[3]**
[답] 5월, 300,000원
・[총계정원장] > 기간 : 1월 1일~6월 30일 > 계정과목 : 복리후생비(811) > 월별 차변 금액 확인

# 제 115회 기출문제

## ✴ 이론시험 ✴

다음 문제를 보고 알맞은 것을 골라 이론문제 답안작성 메뉴에 입력하시오.(객관식 문항당 2점)

1. 다음 자료에 의하여 기말결산 시 재무상태표상에 현금및현금성자산으로 표시될 장부금액은 얼마인가?

   - 서울은행에서 발행한 자기앞수표 30,000원
   - 당좌개설보증금 50,000원
   - 취득 당시 만기가 3개월 이내에 도래하는 금융상품 70,000원

   ① 50,000원　　② 80,000원　　③ 100,000원　　④ 120,000원

2. 다음 자료는 회계의 순환과정의 일부이다. (가), (나), (다)에 들어갈 순환과정의 순서로 옳은 것은?

   거래 발생 → ( 가 ) → 전기 → 수정 전 시산표 작성 → ( 나 ) → 수정 후 시산표 작성 → ( 다 ) → 결산보고서 작성

   |   | ( 가 ) | ( 나 ) | ( 다 ) |
   |---|---|---|---|
   | ① | 분개 | 각종 장부 마감 | 결산 정리 분개 |
   | ② | 분개 | 결산 정리 분개 | 각종 장부 마감 |
   | ③ | 각종 장부 마감 | 분개 | 결산 정리 분개 |
   | ④ | 결산 정리 분개 | 각종 장부 마감 | 분개 |

3. 다음은 개인기업인 서울상점의 손익 계정이다. 이를 통해 알 수 있는 내용이 아닌 것은?

   | 손익 | | | | | |
   |---|---|---|---|---|---|
   | 12/31 | 상품매출원가 | 120,000원 | 12/31 | 상품매출 | 260,000원 |
   |  | 급여 | 40,000원 |  | 이자수익 | 10,000원 |
   |  | 보험료 | 30,000원 |  |  |  |
   |  | 자본금 | 80,000원 |  |  |  |
   |  |  | 270,000원 |  |  | 270,000원 |

   ① 당기분 보험료는 30,000원이다.
   ② 당기분 이자수익은 10,000원이다.
   ③ 당기의 매출총이익은 140,000원이다.
   ④ 당기의 기말 자본금은 80,000원이다.

**4. 다음 중 재무상태표의 계정과목으로만 짝지어진 것은?**
① 미지급금, 미지급비용
② 외상매출금, 상품매출
③ 감가상각누계액, 감가상각비
④ 대손충당금, 대손상각비


**5. 다음 중 결산 시 차기이월로 계정을 마감하는 계정과목에 해당하는 것은?**
① 이자수익　　　　② 임차료　　　　③ 통신비　　　　④ 미수금


**6. 다음 중 일반적으로 유형자산의 취득원가에 포함시킬 수 없는 것은?**
① 설치비　　　　　　　　　　　② 취득세
③ 취득 시 발생한 운송비　　　　④ 보유 중에 발생한 수선유지비


**7. 다음 중 판매비와관리비에 해당하는 것을 모두 고른 것은?**

| 가. 이자비용 | 나. 유형자산처분손실 |
|---|---|
| 다. 복리후생비 | 라. 소모품비 |

① 가, 나　　　　② 가, 다　　　　③ 나, 다　　　　④ 다, 라


**8. 다음 중 계정의 잔액 표시가 올바른 것은?**

| ① 선수금 | ② 선급금 |
|---|---|
| 2,000,000원 | 2,000,000원 |
| ③ 미수금 | ④ 미지급금 |
| 　　　　2,000,000원 | 　　　　2,000,000원 |


**9. 다음 중 일반기업회계기준상 재고자산의 평가 방법으로 인정되지 않는 것은?**
① 개별법　　　② 선입선출법　　　③ 가중평균법　　　④ 연수합계법


**10. 상품 매출에 대한 계약을 하고 계약금 100,000원을 받아 아래와 같이 회계처리 할 때, 다음 빈 칸에 들어갈 계정과목으로 가장 옳은 것은?**

| (차) 현금　　100,000원 | (대) (　　)　　100,000원 |
|---|---|

① 선수금　　　　② 선급금　　　　③ 상품매출　　　　④ 외상매출금

11. 다음은 재무제표의 종류에 대한 설명이다. 아래의 보기 중 (가), (나)에서 각각 설명하는 재무제표의 종류로 모두 옳은 것은?

- (가) : 일정 시점 현재 기업이 보유하고 있는 자산, 부채, 자본에 대한 정보를 제공하는 재무보고서
- (나) : 일정 기간 동안 기업의 경영성과에 대한 정보를 제공하는 재무보고서

|  | (가) | (나) |
|---|---|---|
| ① | 재무상태표 | 손익계산서 |
| ② | 잔액시산표 | 손익계산서 |
| ③ | 재무상태표 | 현금흐름표 |
| ④ | 잔액시산표 | 현금흐름표 |

12. 다음 중 원칙적으로 감가상각을 하지 않는 유형자산은?
① 기계장치　　② 차량운반구　　③ 건설중인자산　　④ 건물

13. 다음 자료를 이용하여 상품의 당기 순매입액을 계산하면 얼마인가?

- 당기에 상품 50,000원을 외상으로 매입하였다.
- 매입할인을 8,000원 받았다.

① 42,000원　　② 47,000원　　③ 50,000원　　④ 52,000원

14. 다음의 자료를 이용하여 기말자본을 계산하면 얼마인가?

- 기초자본 300,000원　　• 당기순이익 160,000원　　• 기말자본 (　?　)원

① 140,000원　　② 230,000원　　③ 300,000원　　④ 460,000원

15. 다음 중 수익과 비용에 대한 설명으로 옳지 않은 것은?
① 급여는 영업비용에 해당한다.
② 소득세는 영업외비용에 해당한다.
③ 유형자산의 감가상각비는 영업비용에 해당한다.
④ 이자수익은 영업외수익에 해당한다.

## ✱ 실무시험 ✱

문제에서 한국채택국제회계기준을 적용하도록 하는 전제조건이 없는 경우, 일반기업회계기준을 적용하여 회계처리 한다.

슈리상사(회사코드:2115)는 신발을 판매하는 개인기업으로서 당기(제15기)의 회계기간은 2025.1.1.~2025.12.31.이다. 전산세무회계 수험용 프로그램을 이용하여 다음 물음에 답하시오.

**문제1** 다음은 슈리상사의 사업자등록증이다. [회사등록] 메뉴에 입력된 내용을 검토하여 누락분은 추가입력하고 잘못된 부분은 정정하시오(단, 우편번호 입력은 생략할 것). (6점)

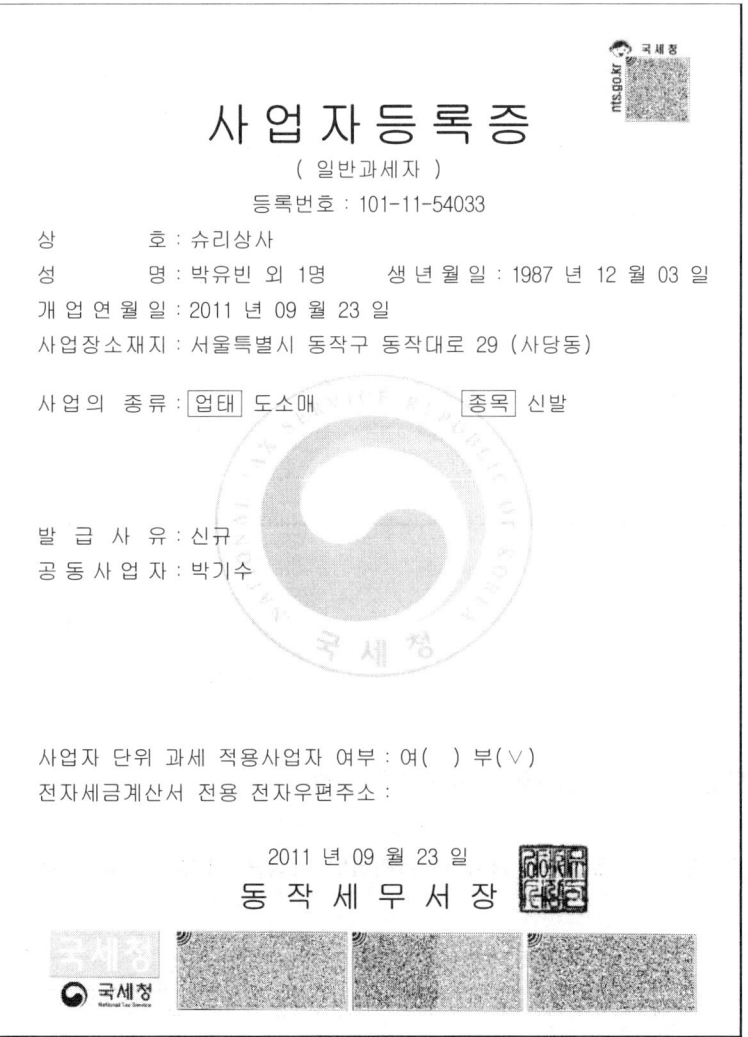

## 문제2

다음은 슈리상사의 전기분 손익계산서이다. 입력되어 있는 자료를 검토하여 오류 부분은 정정하고 누락된 부분은 추가 입력하시오. (6점)

손 익 계 산 서

회사명 : 슈리상사　　　　제14기 2024.1.1.~2024.12.31.　　　　(단위 : 원)

| 과　　　　목 | 금　　액 | 과　　　　목 | 금　　액 |
|---|---|---|---|
| 매　　출　　액 | 350,000,000 | 영　업　이　익 | 94,500,000 |
| 　상　품　매　출 | 350,000,000 | 영　업　외　수　익 | 2,300,000 |
| 매　　출　　원　　가 | 150,000,000 | 　이　자　수　익 | 700,000 |
| 　상 품 매 출 원 가 | 150,000,000 | 　잡　　이　　익 | 1,600,000 |
| 　기 초 상 품 재 고 액 | 10,000,000 | 영　업　외　비　용 | 6,800,000 |
| 　당 기 상 품 매 입 액 | 190,000,000 | 　이　자　비　용 | 6,500,000 |
| 　기 말 상 품 재 고 액 | 50,000,000 | 　잡　　손　　실 | 300,000 |
| 매　출　총　이　익 | 200,000,000 | 소득세차감전순이익 | 90,000,000 |
| 판 매 비 와 관 리 비 | 105,500,000 | 소　득　세　등 | 0 |
| 　급　　　　　　　여 | 80,000,000 | 당　기　순　이　익 | 90,000,000 |
| 　복　리　후　생　비 | 6,300,000 | | |
| 　여　비　교　통　비 | 2,400,000 | | |
| 　임　　차　　료 | 12,000,000 | | |
| 　수　　선　　비 | 1,200,000 | | |
| 　수　수　료　비　용 | 2,700,000 | | |
| 　광　고　선　전　비 | 900,000 | | |

## 문제3

다음 자료를 이용하여 입력하시오. (6점)

[1] [계정과목및적요등록] 메뉴에서 판매비와관리비의 상여금 계정에 다음 내용의 적요를 등록하시오. (3점)

| 현금적요 No.2 : 명절 특별 상여금 지급 |
|---|

[2] 슈리상사의 거래처별 초기이월 채권과 채무잔액은 다음과 같다. 자료에 맞게 추가입력이나 정정 및 삭제하시오. (3점)

| 계정과목 | 거래처 | 잔액 | 계 |
|---|---|---|---|
| 외상매출금 | 희은상사 | 6,000,000원 | 34,800,000원 |
| | 폴로전자 | 15,800,000원 | |
| | 예진상회 | 13,000,000원 | |
| 지급어음 | 슬기상회 | 6,000,000원 | 17,000,000원 |
| | 효은유통 | 7,600,000원 | |
| | 주언상사 | 3,400,000원 | |

## 문제4 [일반전표입력] 메뉴를 이용하여 다음의 거래 자료를 입력하시오. (24점)

―― < 입력 시 유의사항 > ――
· 적요의 입력은 생략한다.
· 부가가치세는 고려하지 않는다.
· 채권·채무와 관련된 거래는 별도의 요구가 없는 한 반드시 기등록된 거래처코드를 선택하는 방법으로 거래처명을 입력한다.
· 회계처리 시 계정과목은 별도의 제시가 없는 한 등록된 계정과목 중 가장 적절한 과목으로 한다.

[1] 07월 29일 사무실에서 사용하는 노트북을 수리하고 대금은 국민카드로 결제하였다(단, 해당 지출은 수익적 지출에 해당함). (3점)

```
         카드매출전표
카드종류 : 국민카드
카드번호 : 1234-5678-11**-2222
거래일시 : 2025.07.29. 11:11:12
거래유형 : 신용승인
금    액 : 150,000원
결제방법 : 일시불
승인번호 : 12341234
은행확인 : 신한은행

가맹점명 : 규은전자
        - 이하생략 -
```

[2] 08월 18일 농협은행으로부터 차입한 금액에 대한 이자 900,000원을 보통예금 계좌에서 지급하였다. (3점)

[3] 08월 31일 당사에서 보관 중이던 섬미상사 발행 당좌수표로 넥사상사의 외상매입금 3,000,000원을 지급하였다. (3점)

[4] 09월 20일 청소년의 날을 맞아 소년소녀가장을 돕기 위해 현금 500,000원을 방송국에 기부하였다. (3점)

[5] 10월 15일 사무실로 이용 중인 동작빌딩 임대차계약을 아래와 같이 임차보증금만 인상하는 것으로 재계약하고, 인상된 임차보증금을 보통예금 계좌에서 이체하여 지급하였다. 종전 임대차계약의 임차보증금은 170,000,000원이며, 갱신 후 임대차계약서는 아래와 같다. (3점)

### 부동산 임대차(월세) 계약서

본 부동산에 대하여 임대인과 임차인 쌍방은 다음과 같이 합의하여 임대차(월세)계약을 체결한다.

**1. 부동산의 표시**

| 소 재 지 | 서울특별시 동작구 동작대로 29 (사당동) | | | | |
|---|---|---|---|---|---|
| 건 물 | 구조 | 철근콘크리트 | 용도 | 사무실 | 면적 | 100㎡ |
| 임 대 부 분 | 상동 소재지 전부 | | | | |

**2. 계약내용**

제 1 조  위 부동산의 임대차계약에 있어 임차인은 보증금 및 차임을 아래와 같이 지불하기로 한다.

| 보증금 | 일금 일억팔천만 원정 (₩ 180,000,000) |
|---|---|
| 차 임 | 일금 육십만 원정 (₩ 600,000)은 매월 말일에 지불한다. |

제 2 조  임대인은 위 부동산을 임대차 목적대로 사용·수익할 수 있는 상태로 하여 2025년 10월 15일까지 임차인에게 인도하며, 임대차기간은 인도일로부터 24개월로 한다.

…중략…

임대인 : 동작빌딩 대표     이주인    (인)
임차인 : 슈리상사 대표 박유빈 외 1명  (인)

[6] 11월 04일 보유하고 있던 기계장치(취득원가 20,000,000원)를 광운상사에 10,000,000원에 매각하고 그 대금은 보통예금 계좌로 입금받았다(단, 11월 4일까지 해당 기계장치의 감가상각누계액은 10,000,000원이다). (3점)

[7] 12월 01일 영업부 출장용 자동차를 30,000,000원에 구입하면서 동시에 아래와 같이 취득세를 납부하였다. 차량운반구 구매액과 취득세는 모두 보통예금 계좌에서 지출하였다(단, 하나의 전표로 입력할 것). (3점)

| 대전광역시 | 차량취득세납부영수증 | | | 납부(납입)서 | | 납세자보관용 영수증 | |
|---|---|---|---|---|---|---|---|
| 납세자 | 슈리상사 | | | | | | |
| 주소 | 서울특별시 동작구 동작대로 29 (사당동) | | | | | | |
| 납세번호 | 기관번호 1234567 | | 세목 10101501 | | 납세년월기 202512 | 과세번호 0124751 | |
| 과세내역 | 차번 | 222머8888 | | 년식 | 2025 | 과 세 표 준 액 | |
| | 목적 | 신규등록(일반등록) | | 특례 | 세율특례없음 | | 30,000,000 |
| | 차명 | 에쿠스 | | | | | |
| | 차종 | 승용자동차 | | 세율 | 70/1000 | | |
| 세목 | 납부세액 | | 납부할 세액 합계 | | | 전용계좌로도 편리하게 납부!! | |
| 취득세 | 2,100,000 | | | | | 우리은행 | 1620-441829-64-125 |
| 가산세 | 0 | | 2,100,000원 | | | 신한은행 | 5563-04433-245814 |
| 지방교육세 | 0 | | 신고납부기한 | | | 하나은행 | 1317-865254-74125 |
| 농어촌특별세 | 0 | | | | | 국민은행 | 44205-84-28179245 |
| 합계세액 | 2,100,000 | | 2025. 12. 31. 까지 | | | 기업은행 | 5528-774145-58-247 |
| 지방세법 제6조~22조, 제30조의 규정에 의하여 위와 같이 신고하고 납부합니다. | | | | | | ■전용계좌 납부안내(뒷면참조) | |
| 담당자 | | | 위의 금액을 영수합니다. | | | | |
| 한대교 | 납부장소 : 전국은행(한국은행제외) 우체국 농협 | | | | | 2025년 12월 01일 | 수납인 |

[8] 12월 10일 거래처 직원의 결혼식에 보내기 위한 축하 화환을 주문하고 대금은 현금으로 지급하면서 아래와 같은 현금영수증을 수령하였다. (3점)

**현금영수증**

| 승인번호 | 구매자 발행번호 | 발행방법 |
|---|---|---|
| G54782245 | 101-11-54033 | 지출증빙 |
| 신청구분 | 발행일자 | 취소일자 |
| 사업자번호 | 2025.12.10. | - |
| 상품명 | | |
| 축하3단화환 | | |
| 구분 | 주문번호 | 상품주문번호 |
| 일반상품 | 2025121054897 | 2025121085414 |

**판매자 정보**

| 판매자상호 | 대표자명 |
|---|---|
| 스마일꽃집 | 김다림 |
| 사업자등록번호 | 판매자전화번호 |
| 201-91-41674 | 032-459-8751 |
| 판매자사업장주소 | |
| 인천시 계양구 방축로 106 | |

**금액**

| 공급가액 | 1 | 0 | 0 | 0 | 0 | 0 |
|---|---|---|---|---|---|---|
| 부가세액 | | | | | | |
| 봉사료 | | | | | | |
| 승인금액 | 1 | 0 | 0 | 0 | 0 | 0 |

# 제9편. 전산회계2급 -최근기출문제

**문제5** [일반전표입력] 메뉴에 입력된 내용 중 다음의 오류가 발견되었다. 입력된 내용을 검토하고 수정 또는 삭제, 추가 입력하여 올바르게 정정하시오. (6점)

―――――― < 입력 시 유의사항 > ――――――
- 적요의 입력은 생략한다.
- 부가가치세는 고려하지 않는다.
- 채권·채무와 관련된 거래는 별도의 요구가 없는 한 반드시 기등록된 거래처코드를 선택하는 방법으로 거래처명을 입력한다.
- 회계처리 시 계정과목은 별도의 제시가 없는 한 등록된 계정과목 중 가장 적절한 과목으로 한다.

[1] 10월 25일 본사 건물의 외벽 방수 공사비 5,000,000원을 수익적 지출로 처리해야 하나, 자본적 지출로 잘못 처리하였다. (3점)

[2] 11월 10일 보통예금 계좌에서 신한은행으로 이체한 1,000,000원은 장기차입금을 상환한 것이 아니라 이자비용을 지급한 것이다. (3점)

**문제6** 다음의 결산정리사항을 입력하여 결산을 완료하시오. (12점)

―――――― < 입력 시 유의사항 > ――――――
- 적요의 입력은 생략한다.
- 부가가치세는 고려하지 않는다.
- 채권·채무와 관련된 거래는 별도의 요구가 없는 한 반드시 기등록된 거래처코드를 선택하는 방법으로 거래처명을 입력한다.
- 회계처리 시 계정과목은 별도의 제시가 없는 한 등록된 계정과목 중 가장 적절한 과목으로 한다.

[1] 결산일 현재 임대료(영업외수익) 미수분 300,000원을 결산정리분개 하였다. (3점)

[2] 단기투자목적으로 2개월 전에 ㈜자유로의 주식 100주를 주당 6,000원에 취득하였다. 기말 현재 이 주식의 공정가치는 주당 4,000원이다. (3점)

[3] 2025년 10월 1일에 영업부 출장용 차량의 보험료(보험기간 : 2025.10.01.~2026.09.30.) 600,000원을 현금으로 지급하면서 전액 보험료로 처리하였다. 기말수정분개를 하시오(단, 월할 계산할 것). (3점)

[4] 12월 31일 당기분 차량운반구에 대한 감가상각비 600,000원과 비품에 대한 감가상각비 500,000원을 계상하였다. (3점)

## 문제7 다음 사항을 조회하여 알맞은 답안을 메뉴에 입력하시오. (10점)

[1] 6월 30일 현재 당좌자산의 금액은 얼마인가? (3점)

[2] 상반기(1~6월) 중 광고선전비(판) 지출액이 가장 적은 달의 지출액은 얼마인가? (3점)

[3] 6월 말 현재 거래처 유화산업의 ①외상매출금과 ②받을어음의 잔액을 각각 순서대로 적으시오. (4점)

# 115회 이론시험 답안

| A형 | <1> | <2> | <3> | <4> | <5> | <6> | <7> | <8> | <9> | <10> | <11> | <12> | <13> | <14> | <15> |
|---|---|---|---|---|---|---|---|---|---|---|---|---|---|---|---|
| | ③ | ② | ④ | ① | ④ | ④ | ④ | ② | ④ | ① | ① | ③ | ① | ④ | ② |

**1.**
[답] ③ 100,000원
- 현금및현금성자산
  - 통화(주화, 지폐), 통화대용증권(자기앞수표 등)
  - 요구불예금(당좌예금, 보통예금 등)
  - 취득 당시 만기가 3개월 이내에 도래하는 금융상품
- 당좌개설보증금은 사용이 제한된 예금으로서 단기투자자산이다.

**2.**
[답] ② 거래 발생 → 분개 → 전기 → 수정 전 시산표 작성 → 결산 정리 분개 → 수정 후 시산표 작성→ 각종 장부 마감 → 결산보고서 작성

**3.**
[답] ④
- 매출총이익 : 매출액 260,000원 - 상품매출원가 120,000원 = 140,000원
- 손익 계정의 자본금 80,000원은 당기순이익이다.

**4.**
[답] ① 미지급금, 미지급비용 모두 부채에 해당한다.

**5.**
[답] ④ 자산, 부채, 자본 항목에 속하는 계정과목은 차기이월로 마감한다.

**6.**
[답] ④ 보유 중에 발생한 수선유지비는 당기 비용인 수선비로 처리한다.
- 유형자산의 취득원가를 구성하는 항목은 다음과 같다.
  (1) 설치장소 준비를 위한 지출
  (2) 외부 운송 및 취급비
  (3) 설치비
  (4) 설계와 관련하여 전문가에게 지급하는 수수료
  (5) 유형자산의 취득과 관련하여 국·공채 등을 불가피하게 매입하는 경우 당해 채권의 매입금액과 일반기업회계기준에 따라 평가한 현재가치와의 차액
  (6) 자본화대상인 차입원가
  (7) 취득세, 등록세 등 유형자산의 취득과 직접 관련된 제세공과금
  (8) 해당 유형자산의 경제적 사용이 종료된 후에 원상회복을 위하여 그 자산을 제거, 해체하거나 또는 부지를 복원하는 데 소요될 것으로 추정되는 원가가 충당부채의 인식요건을 충족

하는 경우 그 지출의 현재가치(이하 '복구원가'라 한다.)
(9) 유형자산이 정상적으로 작동되는지 여부를 시험하는 과정에서 발생하는 원가. 단, 시험과정에서 생산된 재화(예 : 장비의 시험과정에서 생산된 시제품)의 순매각금액(매각금액에서 매각부대원가를 뺀 금액)은 당해 원가에서 차감한다.

## 7.
[답] ④ 다, 라
- 이자비용과 유형자산처분손실은 영업외비용에 해당한다.

## 8.
[답] ② 자산 항목의 잔액은 차변에 기록하고, 부채 항목의 잔액은 대변에 기록한다. 선급금은 자산 항목이므로 차변에 기록되는 것이 올바르다.

## 9.
[답] ④ 연수합계법
- [일반기업회계기준 문단 7.12] 통상적으로 상호 교환될 수 없는 재고항목이나 특정 프로젝트별로 생산되는 제품 또는 서비스의 원가는 개별법을 사용하여 결정한다.
- [일반기업회계기준 문단 7.13] 문단 7.12가 적용되지 않는 재고자산의 단위원가는 선입선출법이나 가중평균법 또는 후입선출법을 사용하여 결정한다.

## 10.
[답] ① 상품 판매에 대한 의무의 이행 없이 계약금을 먼저 받은 것은 부채에 해당한다.

## 11.
[답] ① (가) 재무상태표, (나) 손익계산서에 대한 설명이다.

## 12.
[답] ③ 건설중인자산은 원칙적으로 감가상각을 하지 않는다.

## 13.
[답] ① 42,000원
= 당기 상품매입액 50,000원 - 매입할인 8,000원

## 14.
[답] ④ 460,000원
= 기초자본 300,000원 + 당기순이익 160,000원

## 15.
[답] ② 소득세는 영업외비용에 해당하지 않는다.

# 📝 115회 실무시험 답안

## 문제1

[답]
- [회사등록] > [기본사항] 탭 >
  - 업태 수정입력 : 제조 → 도소매
  - 종목 수정입력 : 금속제품 → 신발
  - 개업연월일 : 2016년 9월 23일 → 2011년 9월 23일

## 문제2

[답]
- [전기분손익계산서] >
  - 매출원가 > 당기상품매입액 : 180,000,000원 → 190,000,000원으로 수정
  - 판매비와관리비 > 수수료비용 : 2,000,000원 → 2,700,000원으로 수정
  - 영업외비용 > 잡손실 : 300,000원 추가 입력

## 문제3

[1]
[답]
- [계정과목및적요등록] > 판매비및일반관리비 > 803.상여금 > 현금적요 No.2 : 명절 특별 상여금 지급

[2]
[답]
- [거래처별초기이월] > 108.외상매출금 >
  - 폴로전자 : 4,200,000원 → 15,800,000원으로 수정
  - 예진상회 : 2,200,000원 → 13,000,000원으로 수정
- > 252.지급어음 >
  - 주언상사 : 3,400,000원 추가 입력

## 문제4

[1]
[답] 일반전표입력
(차) 수선비(판)　　　　150,000원　　(대) 미지급금(국민카드)　150,000원
　　　　　　　　　　　　　　　　　　　　　(또는 미지급비용)

[2]
[답] 일반전표입력
(차) 이자비용　　　　　900,000원　　　(대) 보통예금　　　　　900,000원

[3]
[답] 일반전표입력
(차) 외상매입금(넥사상사)　　3,000,000원　　(대) 현금　　　3,000,000원
또는 출금전표 외상매입금(넥사상사) 3,000,000원

[4]
[답] 일반전표입력
(차) 기부금　　　　500,000원　　　(대) 현금　　　　500,000원
또는 출금전표 기부금 500,000원

[5]
[답] 일반전표입력
(차) 임차보증금(동작빌딩)　　10,000,000원　　(대) 보통예금　　10,000,000원

[6]
[답] 일반전표입력
(차) 감가상각누계액(207)　　10,000,000원　　(대) 기계장치　　20,000,000원
　　　보통예금　　　　　　10,000,000원

[7]
[답] 일반전표입력
(차) 차량운반구　　32,100,000원　　(대) 보통예금　　32,100,000원

[8]
[답] 일반전표입력
(차) 기업업무추진비(판)　　100,000원　　(대) 현금　　　100,000원
또는 출금전표 기업업무추진비(판) 100,000원

## 문제5

[1]
[답] 일반전표입력
· 수정 전 : 10.25.　　(차) 건물　　　5,000,000원　　(대) 현금　　5,000,000원
· 수정 후 : 10.25.　　(차) 수선비(판)　5,000,000원　　(대) 현금　　5,000,000원
　　　　　　　　　　또는 출금전표 수선비(판) 5,000,000원

[2]
[답] 일반전표입력
- 수정 전 : 11.10.  (차) 장기차입금(신한은행)  1,000,000원  (대) 보통예금  1,000,000원
- 수정 후 : 11.10.  (차) 이자비용  1,000,000원  (대) 보통예금  1,000,000원

### 문제6

[1]
[답] 일반전표입력
(차) 미수수익    300,000원    (대) 임대료    300,000원

[2]
[답] 일반전표입력
(차) 단기매매증권평가손실  200,000원  (대) 단기매매증권  200,000원
- 단기매매증권평가손실 : (6,000원 - 4,000원) × 100주 = 200,000원

[3]
[답] 일반전표입력
(차) 선급비용    450,000원    (대) 보험료(판)    450,000원
- 선급비용 : 600,000원 × 9개월/12개월 = 450,000원

[4]
[답]
1. 일반전표입력
(차) 감가상각비(판) 1,100,000원  (대) 감가상각누계액(209)  600,000원
                                    감가상각누계액(213)  500,000원

2. 또는 [결산자료입력]
> 기간 : 01월 ~ 12월
> 4.판매비와 일반관리비 > 4). 감가상각비    > 차량운반구 600,000원 입력
                                            > 비품 500,000원 입력
> F3 전표추가

## 문제7

**[1]**

[답] 247,210,500원

- [재무상태표] > 기간 : 6월 > 당좌자산 잔액 확인
- 상품은 재고자산이므로 포함하지 아니한다.

**[2]**

[답] 1,650,000원

- [총계정원장] > 기간 : 1월 1일 ~ 6월 30일 > 계정과목 : 광고선전비(833) 조회

**[3]**

[답] ① 10,500,000원, ② 500,000원

- [거래처별계정과목별원장] > 기간 : 1월 1일 ~ 6월 30일
  > 계정과목 : 전체조회(101~999)
  > 거래처 : 유화산업(00111)
  > 계정과목별 잔액 확인

또는

- [거래처원장] > [총괄잔액] 탭 > 기간 : 1월 1일 ~ 6월 30일
  > 계정과목 : 전체조회(101~999)
  > 거래처 : 유화산업(00111)
  > 계정과목별 잔액 확인

# 제 116회 기출문제

## ✱ 이론시험 ✱

다음 문제를 보고 알맞은 것을 골라 이론문제 답안작성 메뉴에 입력하시오.(객관식 문항당 2점)

1. 다음 중 혼합거래에 해당하는 것으로 옳은 것은?
   ① 임대차 계약을 맺고, 당월 분 임대료 500,000원을 현금으로 받았다.
   ② 단기대여금 회수금액 300,000원과 그 이자 3,000원을 현금으로 받았다.
   ③ 단기차입금에 대한 이자 80,000원을 현금으로 지급하였다.
   ④ 상품 400,000원을 매입하고 대금 중 100,000원은 현금으로, 나머지 잔액은 외상으로 하였다.

2. 다음 중 재고자산의 원가를 결정하는 방법에 해당하는 것은?
   ① 선입선출법   ② 정률법   ③ 생산량비례법   ④ 정액법

3. 다음 중 결산 재무상태표에 표시할 수 없는 계정과목은 무엇인가?
   ① 단기차입금   ② 인출금   ③ 임차보증금   ④ 선급비용

4. 다음의 자료를 바탕으로 유형자산 처분손익을 계산하면 얼마인가?

   · 취득가액 : 10,000,000원
   · 처분 시까지의 감가상각누계액 : 8,000,000원
   · 처분가액 : 5,000,000원

   ① 처분이익 2,000,000원   ② 처분이익 3,000,000원
   ③ 처분손실 3,000,000원   ④ 처분손실 5,000,000원

5. 개인기업인 신나라상사의 기초자본금이 200,000원일 때, 다음 자료를 통해 알 수 있는 당기순이익은 얼마인가?

   · 기업 경영주의 소득세를 납부 : 50,000원
   · 추가 출자금 : 40,000원
   · 기말자본금 : 350,000원

   ① 150,000원   ② 160,000원   ③ 210,000원   ④ 290,000원

6. 다음 본오물산의 거래내역을 설명하는 계정과목으로 가장 바르게 짝지어진 것은?

| (가) 공장 부지로 사용하기 위한 토지의 구입 시 발생한 취득세 |
| (나) 본오물산 직원 급여 지급 시 발생한 소득세 원천징수액 |

|   | (가) | (나) |
|---|------|------|
| ① | 세금과공과 | 예수금 |
| ② | 토지 | 예수금 |
| ③ | 세금과공과 | 세금과공과 |
| ④ | 토지 | 세금과공과 |

7. 다음 중 판매비와관리비에 해당하지 않는 것은?
① 이자비용
② 차량유지비
③ 통신비
④ 기업업무추진비

8. 다음 중 정상적인 영업 과정에서 판매를 목적으로 보유하는 재고자산에 대한 예시로 옳은 것은?
① 홍보 목적 전단지
② 접대 목적 선물세트
③ 제품과 상품
④ 기부 목적 쌀

9. 다음은 자본적 지출과 수익적 지출의 예시이다. 각 빈칸에 들어갈 말로 바르게 짝지어진 것은?

| • 태풍에 파손된 유리 창문을 교체한 것은 ( ㉠ )적 지출 |
| • 자동차 엔진오일의 교체는 ( ㉡ )적 지출 |

① ㉠ 자본, ㉡ 수익
② ㉠ 자본, ㉡ 자본
③ ㉠ 수익, ㉡ 자본
④ ㉠ 수익, ㉡ 수익

10. 다음과 같은 결합으로 이루어진 거래로 가장 옳은 것은?

| (차) 부채의 감소　　(대) 자산의 감소 |
|---|

① 외상매입금 4,000,000원을 보통예금 계좌에서 지급한다.
② 사무실의 전기요금 300,000원을 현금으로 지급한다.
③ 거래처 대표의 자녀 결혼으로 100,000원의 화환을 보낸다.
④ 사무실에서 사용하던 냉장고를 200,000원에 처분한다.

11. 다음 중 계정과목의 분류가 다른 것은?
① 예수금　　　　② 미지급비용　　　　③ 선급비용　　　　④ 선수금

12. 기간 경과 분 이자수익이 당기에 입금되지 않았다. 기말 결산 시 해당 내용을 회계처리 하지 않았을 때 당기 재무제표에 미치는 영향으로 가장 옳은 것은?
① 자산의 과소계상　　② 부채의 과대계상　　③ 수익의 과대계상　　④ 비용의 과소계상

13. 다음의 자료를 이용하여 순매출액을 계산하면 얼마인가?

| • 당기 상품 매출액 : 300,000원<br>• 상품매출과 관련된 부대비용 : 5,000원<br>• 상품매출 환입액 : 10,000원 |
|---|

① 290,000원　　　② 295,000원　　　③ 305,000원　　　④ 319,000원

14. 다음의 내용이 설명하는 계정과목으로 올바른 것은?

| 기간이 경과되어 보험료, 이자, 임차료 등의 비용이 발생하였으나 약정된 지급일이 되지 않아 지급하지 아니한 금액에 사용하는 계정과목이다. |
|---|

① 가지급금　　　　② 예수금　　　　③ 미지급비용　　　　④ 선급금

15. 다음의 자료를 바탕으로 현금및현금성자산의 금액을 계산하면 얼마인가?

| • 보통예금 : 500,000원<br>• 당좌예금 : 700,000원<br>• 1년 만기 정기예금 : 1,000,000원<br>• 단기매매증권 : 500,000원 |
|---|

① 1,200,000원　　　② 1,500,000원　　　③ 1,700,000원　　　④ 2,200,000원

## ✹ 실무시험 ✹

문제에서 한국채택국제회계기준을 적용하도록 하는 전제조건이 없는 경우, 일반기업회계기준을 적용하여 회계처리 한다.

하늘상사(회사코드:2116)는 유아용 의류를 판매하는 개인기업으로 당기(제9기)의 회계기간은 2025.1.1.~2025.12.31.이다. 전산세무회계 수험용 프로그램을 이용하여 다음 물음에 답하시오.

**문제1** 다음은 하늘상사의 사업자등록증이다. [회사등록] 메뉴에 입력된 내용을 검토하여 누락분은 추가 입력하고 잘못된 부분을 정정하시오(단, 주소 입력 시 우편번호는 입력하지 않아도 무방함). (6점)

---

# 사업자등록증
### ( 일반과세자 )
### 등록번호 : 628-26-01035

상　　　호 : 하늘상사
성　　　명 : 최은우　　　　　생 년 월 일 : 1988 년 10 월 17 일
개 업 연 월 일 : 2017 년 03 월 01 일
사업장소재지 : 서울특별시 강남구 논현로 56 (개포동 1228-4)

사 업 의 종 류 : 업태  도소매    종목  유아용 의류

발 급 사 유 : 신규
공 동 사 업 자 :

사업자 단위 과세 적용사업자 여부 : 여(　) 부(v)
전자세금계산서 전용 전자우편주소 :

2023년 03 월 01 일
## 삼 성 세 무 서 장

## 문제2

다음은 하늘상사의 전기분 손익계산서이다. 입력되어 있는 자료를 검토하여 오류 부분은 정정하고 누락된 부분은 추가 입력하시오. (6점)

### 손익계산서

회사명 : 하늘상사  제8기 : 2024.1.1. ~ 2024.12.31.  (단위 : 원)

| 과목 | 금액 | 과목 | 금액 |
|---|---|---|---|
| Ⅰ 매 출 액 | 665,000,000 | Ⅴ 영 업 이 익 | 129,500,000 |
| 상 품 매 출 | 665,000,000 | Ⅵ 영 업 외 수 익 | 240,000 |
| Ⅱ 매 출 원 가 | 475,000,000 | 이 자 수 익 | 210,000 |
| 상품매출원가 | 475,000,000 | 잡 이 익 | 30,000 |
| 기초상품재고액 | 19,000,000 | Ⅶ 영 업 외 비 용 | 3,000,000 |
| 당기상품매입액 | 472,000,000 | 기 부 금 | 3,000,000 |
| 기말상품재고액 | 16,000,000 | Ⅷ 소득세차감전순이익 | 126,740,000 |
| Ⅲ 매 출 총 이 익 | 190,000,000 | Ⅸ 소 득 세 등 | 0 |
| Ⅳ 판매비와관리비 | 60,500,000 | Ⅹ 당 기 순 이 익 | 126,740,000 |
| 급 여 | 30,000,000 | | |
| 복 리 후 생 비 | 2,500,000 | | |
| 기업업무추진비 | 8,300,000 | | |
| 통 신 비 | 420,000 | | |
| 감 가 상 각 비 | 5,200,000 | | |
| 임 차 료 | 12,000,000 | | |
| 차 량 유 지 비 | 1,250,000 | | |
| 소 모 품 비 | 830,000 | | |

## 문제3

다음 자료를 이용하여 입력하시오. (6점)

[1] 다음의 신규 거래처를 [거래처등록] 메뉴에서 추가 입력하시오(단, 우편번호 입력은 생략함). (3점)

| 코드 | 거래처명 | 대표자명 | 사업자등록번호 | 유형 | 사업장소재지 | 업태 | 종목 |
|---|---|---|---|---|---|---|---|
| 00308 | 뉴발상사 | 최은비 | 113-09-67896 | 동시 | 서울 송파구 법원로11길 11 | 도매및소매업 | 신발 도매업 |

[2] 거래처별 초기이월의 올바른 채권과 채무 잔액은 다음과 같다. [거래처별초기이월] 메뉴의 자료를 검토하여 오류가 있으면 올바르게 삭제 또는 수정, 추가 입력을 하시오. (3점)

| 계정과목 | 거래처명 | 금액 |
| --- | --- | --- |
| 외상매출금 | 스마일상사 | 20,000,000원 |
| 미수금 | 슈프림상사 | 10,000,000원 |
| 단기차입금 | 다온상사 | 23,000,000원 |

문제4 [일반전표입력] 메뉴를 이용하여 다음의 거래 자료를 입력하시오. (24점)

─── < 입력 시 유의사항 > ───
· 적요의 입력은 생략한다.
· 부가가치세는 고려하지 않는다.
· 채권·채무와 관련된 거래는 별도의 요구가 없는 한 반드시 기등록된 거래처코드를 선택하는 방법으로 거래처명을 입력한다.
· 회계처리 시 계정과목은 별도의 제시가 없는 한 등록된 계정과목 중 가장 적절한 과목으로 한다.

[1] 07월 25일 경리부 직원 류선재로부터 아래의 청첩장을 받고 축의금 300,000원을 사규에 따라 현금으로 지급하였다. (3점)

[2] 08월 04일 영동상사로부터 상품 4,000,000원을 매입하고 대금 중 800,000원은 당좌수표로 지급하고, 잔액은 어음을 발행하여 지급하였다. (3점)

# 제9편. 전산회계2급 -최근기출문제

[3] 08월 25일 하나상사에 상품 1,500,000원을 판매하는 계약을 하고, 계약금으로 상품 대금의 20%가 보통예금 계좌에 입금되었다. (3점)

[4] 10월 01일 운영자금을 확보하기 위하여 기업은행으로부터 50,000,000원을 5년 후에 상환하는 조건으로 차입하고, 차입금은 보통예금 계좌로 이체받았다. (3점)

[5] 10월 31일 영업부 과장 송해나의 10월분 급여를 보통예금 계좌에서 이체하여 지급하였다(단, 하나의 전표로 처리하되, 공제 항목은 구분하지 않고 하나의 계정과목으로 처리할 것). (3점)

### 급 여 명 세 서

귀속연월 : 2025년 10월    지급연월 : 2025년 10월 31일

| 성명 | 송 해 나 |
|---|---|

| 세부 내역 ||||
|---|---|---|---|
| 지 급 || 공 제 ||
| 급여 항목 | 지급액(원) | 공제 항목 | 공제액(원) |
| 기본급 | 2,717,000 | 소득세 | 49,100 |
|  |  | 지방소득세 | 4,910 |
|  |  | 국민연금 | 122,260 |
|  |  | 건강보험 | 96,310 |
|  |  | 장기요양보험 | 12,470 |
|  |  | 고용보험 | 24,450 |
|  |  | 공제액 계 | 309,500 |
| 지급액 계 | 2,717,000 | 실지급액 | 2,407,500 |

| 계산 방법 |||
|---|---|---|
| 구분 | 산출식 또는 산출방법 | 지급금액(원) |
| 기본급 | 209시간×13,000원/시간 | 2,717,000 |

[6] 11월 13일 가나상사에 상품을 판매하고 받은 어음 2,000,000원을 즉시 할인하여 은행으로부터 보통예금 계좌로 입금받았다(단, 매각거래이며, 할인율은 5%로 한다). (3점)

[7] 11월 22일 거래처 한올상사에서 상품 4,000,000원을 외상으로 매입하고 인수 운임 150,000원 (당사 부담)은 현금으로 지급하였다(단, 하나의 전표로 입력할 것). (3점)

[8] 12월 15일 다음과 같이 우리컨설팅에서 영업부 서비스교육을 진행하고 교육훈련비 대금 중 500,000원은 보통예금 계좌에서 이체하여 지급하고 잔액은 외상으로 하였다. 단, 원천징수세액은 고려하지 않는다. (3점)

| 권 | 호 | | | 거래명세표(거래용) | | | |
|---|---|---|---|---|---|---|---|
| 2025년 12월 15일 | | 공급자 | 사업자등록번호 | 109-02-***** | | | |
| 하늘상사 귀하 | | | 상 호 | 우리컨설팅 | 성 명 | 김우리 | ㊞ |
| | | | 사업장소재지 | 서울특별시 양천구 신정중앙로 86 | | | |
| 아래와 같이 계산합니다. | | | 업 태 | 서비스 | 종 목 | 컨설팅,강의 | |
| 합계금액 | | | 일백만 원정 ( ₩ 1,000,000 ) | | | | |
| 월일 | 품 목 | 규격 | 수량 | 단 가 | | 공 급 대 가 | |
| 12월 15일 | 영업부 서비스 교육 | | 1 | 1,000,000원 | | 1,000,000원 | |
| | 계 | | | | | 1,000,000원 | |
| 전잔금 | 없음 | | 합 | | 계 | 1,000,000원 | |
| 입 금 | 500,000원 | 잔 금 | 500,000원 | | | | |
| 비 고 | | | | | | | |

## 문제5

[일반전표입력] 메뉴에 입력된 내용 중 다음의 오류가 발견되었다. 입력된 내용을 검토하고 수정 또는 삭제, 추가 입력하여 올바르게 정정하시오. (6점)

─── < 입력 시 유의사항 > ───
• 적요의 입력은 생략한다.
• 부가가치세는 고려하지 않는다.
• 채권·채무와 관련된 거래는 별도의 요구가 없는 한 반드시 기등록된 거래처코드를 선택하는 방법으로 거래처명을 입력한다.
• 회계처리 시 계정과목은 별도의 제시가 없는 한 등록된 계정과목 중 가장 적절한 과목으로 한다.

[1] 08월 22일 만중상사로부터 보통예금 4,000,000원이 입금되어 선수금으로 처리한 내용은 전기에 대손 처리하였던 만중상사의 외상매출금 4,000,000원이 회수된 것이다. (3점)

[2] 09월 15일 광고선전비로 계상한 130,000원은 거래처의 창립기념일 축하를 위한 화환 대금이다. (3점)

## 문제6  다음의 결산정리사항을 입력하여 결산을 완료하시오. (12점)

— < 입력 시 유의사항 > —
- 적요의 입력은 생략한다.
- 부가가치세는 고려하지 않는다.
- 채권·채무와 관련된 거래는 별도의 요구가 없는 한 반드시 기등록된 거래처코드를 선택하는 방법으로 거래처명을 입력한다.
- 회계처리 시 계정과목은 별도의 제시가 없는 한 등록된 계정과목 중 가장 적절한 과목으로 한다.

[1] 회사의 자금 사정으로 인하여 영업부의 12월분 전기요금 1,000,000원을 다음 달에 납부하기로 하였다. (3점)

[2] 기말 현재 현금과부족 30,000원은 영업부 컴퓨터 수리비를 지급한 것으로 밝혀졌다. (3점)

[3] 12월 1일에 국민은행으로부터 100,000,000원을 연 이자율 12%로 차입하였다(차입기간 : 2025.12.01.~ 2030.11.30.). 매월 이자는 다음 달 5일에 지급하기로 하고, 원금은 만기 시에 상환한다. 기말수정분개를 하시오(단, 월할 계산할 것). (3점)

[4] 결산을 위해 재고자산을 실사한 결과 기말상품재고액은 15,000,000원이었다. (3점)

## 문제7  다음 사항을 조회하여 알맞은 답안을 메뉴에 입력하시오. (10점)

[1] 상반기(1월~6월) 중 기업업무추진비(판매비와일반관리비)를 가장 많이 지출한 월(月)과 그 금액은 얼마인가? (3점)

[2] 5월까지의 직원급여 총 지급액은 얼마인가? (3점)

[3] 6월 말 현재 외상매출금 잔액이 가장 많은 거래처의 상호와 그 외상매출금 잔액은 얼마인가? (4점)

# 116회 이론시험 답안

| A형 | <1> | <2> | <3> | <4> | <5> | <6> | <7> | <8> | <9> | <10> | <11> | <12> | <13> | <14> | <15> |
|---|---|---|---|---|---|---|---|---|---|---|---|---|---|---|---|
|  | ② | ① | ② | ② | ② | ② | ① | ③ | ④ | ① | ③ | ① | ① | ③ | ① |

**1.**
[답] ② 혼합거래는 같은 변에 재무상태표의 계정과 손익계산서의 계정이 동시에 발생한다. 대변에 자산의 감소와 수익의 발생이 동시에 나타나는 거래이므로 혼합거래에 해당한다.

**2.**
[답] ① 정률법, 생산량비례법, 정액법은 유형자산의 감가상각방법이다.

**3.**
[답] ② 결산 재무상태표에서는 미결산항목인 가수금, 가지급금, 현금과부족, 인출금을 다른 계정과목으로 처리한다.

**4.**
[답] ② 처분이익 3,000,000원
- 취득가액 10,000,000원 - 감가상각누계액 8,000,000원 = 장부가액 2,000,000원
- 처분가액 5,000,000원 - 장부가액 2,000,000원 = 처분이익 3,000,000원

**5.**
[답] ② 160,000원
- 기초자본금 200,000원 + 당기순이익 - 인출금 50,000원 + 추가 출자금 40,000원 = 기말자본금 350,000원
  ∴ 당기순이익 = 160,000원

**6.**
[답] ② 토지 구입 시 발생한 취득세는 토지의 취득원가에 포함시키고, 급여 지급 시 발생한 소득세 원천징수액은 예수금으로 처리한다.

**7.**
[답] ① 이자비용은 영업외비용에 해당한다.

**8.**
[답] ③ 제품과 상품
- 재고자산이란 정상적인 영업 과정에서 판매를 위하여 보유하는 상품과 제품 등이다.

**9.**
[답] ④ 파손된 유리의 대체, 자동차 엔진오일의 교체는 수익적 지출에 해당한다.

**10.**
[답] ① (차) 외상매입금 4,000,000원 (대) 보통예금 4,000,000원으로 회계처리 한다.

**11.**
[답] ③ 선급비용
• 선급비용은 당좌자산에 해당한다.
• 예수금, 미지급비용, 선수금은 유동부채에 해당한다.

**12.**
[답] ① 회계처리를 안 했을 때의 영향은 수익의 과소계상과 자산의 과소계상이다.

**13.**
[답] ① 290,000원
• 순매출액은 총매출액에서 매출환입 및 에누리, 할인을 차감한 금액이다. 매출할 때 발생한 부대비용은 별도의 계정으로 처리한다.

**14.**
[답] ③ 미지급비용에 대한 설명이다.

**15.**
[답] ① 1,200,000원
• 정기예금은 단기금융상품으로 분류되며, 단기매매증권은 단기투자증권으로 분류된다.

# 📝 116회 실무시험 답안

## 문제1

[답]

- [회사등록] > [기본사항] 탭 > • 사업자등록번호 : 628-26-01132 → 628-26-01035
  - 종목 : 컴퓨터 부품 → 유아용 의류
  - 사업장관할세무서 : 212.강동 → 120.삼성

## 문제2

[답]

- [전기분손익계산서] > • 상품매출 : 656,000,000원 → 665,000,000원으로 수정
  - 기업업무추진비 : 8,100,000원 → 8,300,000원으로 수정
  - 임차료 : 12,000,000원 추가 입력

## 문제3

[1]
[답]

- [기초정보관리] > 거래처등록 > 일반거래처 > • 거래처코드 : 00308
  - 거래처명 : 뉴발상사
  - 등록번호 : 113-09-67896
  - 유형 : 3.동시
  - 대표자 : 최은비
  - 업태 : 도매및소매업
  - 종목 : 신발 도매업
  - 사업장주소 : 서울 송파구 법원로11길 11

[2]
[답]

- [거래처별초기이월] > 외상매출금 > • 온컴상사 → 스마일상사로 거래처명 수정
  (※ 또는 온컴상사를 삭제하고 스마일상사 20,000,000원 추가)
  > 미수금 > • 슈프림상사 : 1,000,000원 → 10,000,000원으로 금액 수정
  > 단기차입금 > • 다온상사 : 23,000,000원 추가 입력

# 제9편. 전산회계2급 －최근기출문제

### 문제4

**[1]**
[답] 일반전표입력
(차) 복리후생비(판)　　　300,000원　(대) 현금　　　　300,000원
　　 또는 (출금) 복리후생비(판) 300,000원

**[2]**
[답] 일반전표입력
(차) 상품　　　　　　4,000,000원　(대) 당좌예금　　　　　　800,000원
　　　　　　　　　　　　　　　　　　지급어음(영동상사)　3,200,000원

**[3]**
[답] 일반전표입력
(차) 보통예금　　　　　300,000원　(대) 선수금(하나상사)　　300,000원

**[4]**
[답] 일반전표입력
(차) 보통예금　　　 50,000,000원　(대) 장기차입금(기업은행)　50,000,000원

**[5]**
[답] 일반전표입력
(차) 급여(판)　　　　2,717,000원　(대) 예수금　　　　　　　309,500원
　　　　　　　　　　　　　　　　　　보통예금　　　　　　2,407,500원

**[6]**
[답] 일반전표입력
(차) 보통예금　　　　1,900,000원　(대) 받을어음(가나상사)　2,000,000원
　　 매출채권처분손실　100,000원

**[7]**
[답] 일반전표입력
(차) 상품　　　　　　4,150,000원　(대) 외상매입금(한올상사)　4,000,000원
　　　　　　　　　　　　　　　　　　현금　　　　　　　　　150,000원

**[8]**
[답] 일반전표입력
(차) 교육훈련비(판)　1,000,000원　(대) 보통예금　　　　　　500,000원
　　　　　　　　　　　　　　　　　　미지급금(우리컨설팅)　500,000원
　　　　　　　　　　　　　　　　　　(또는 미지급비용(우리컨설팅))

## 문제5

**[1]**
[답] 일반전표입력
- 수정 전 : 08.22.　(차) 보통예금　　4,000,000원　(대) 선수금(만중상사)　4,000,000원
- 수정 후 : 08.22.　(차) 보통예금　　4,000,000원　(대) 대손충당금(109)　4,000,000원

**[2]**
[답] 일반전표입력
- 수정 전 : .09.15.　(차) 광고선전비(판)　130,000원　(대) 보통예금　130,000원
- 수정 후 : 09.15.　(차) 기업업무추진비(판)　130,000원　(대) 보통예금　130,000원

## 문제6

**[1]**
[답] 일반전표입력
(차) 수도광열비(판)　1,000,000원　(대) 미지급비용　1,000,000원
　　　　　　　　　　　　　　　　또는 미지급금

**[2]**
[답] 일반전표입력
(차) 수선비(판)　30,000원　(대) 현금과부족　30,000원

**[3]**
[답] 일반전표입력
(차) 이자비용　1,000,000원　(대) 미지급비용　1,000,000원
- 100,000,000원 × 12% ÷ 12개월 = 1,000,000원

**[4]**
[답]
1. [결산자료입력]
> 기간 : 1월 ~ 12월
> 2.매출원가　> 상품매출원가 > ⑩ 기말 상품 재고액 15,000,000원 입력
> F3 전표추가

2. 또는 일반전표입력
(결차) 상품매출원가　180,950,000원　(결대) 상품　180,950,000원

## 문제7

**[1]**
[답] 2월, 1,520,000원
• 총계정원장 > 기간 : 1월 1일 ~ 6월 30일 > 계정과목 : 813.기업업무추진비 조회

**[2]**
[답] 27,000,000원
• [손익계산서] > 기간 : 05월 > 계정과목 : 801.급여

**[3]**
[답] 다주상사, 46,300,000원
• [거래처원장] > 기간 : 1월 1일 ~ 6월 30일 > 계정과목 : 108.외상매출금

# 제 117회 기출문제

## ✱ 이론시험 ✱

다음 문제를 보고 알맞은 것을 골라 이론문제 답안작성 메뉴에 입력하시오.(객관식 문항당 2점)

1. 다음 중 결산 시 총계정원장의 마감에 대한 설명으로 옳지 않은 것은?
① 결산 예비절차에 속한다.
② 손익계산서 계정은 모두 손익으로 마감한다.
③ 부채계정은 차변에 차기이월로 마감한다.
④ 재무상태표 계정은 모두 차기이월로 마감한다.

2. 다음의 내용과 관련하여 재무상태표와 손익계산서에 미치는 영향으로 옳은 것은?

건물 내부 조명기구 교체 비용을 수익적 지출로 처리하여야 하나, 자본적 지출로 처리하였다.

① 자산의 과소계상
② 비용의 과대계상
③ 수익의 과대계상
④ 당기순이익의 과대계상

3. 다음 중 당좌자산에 대한 설명으로 옳지 않은 것은?
① 유동성이 가장 높은 자산이다.
② 보고기간 종료일로부터 1년 이내에 현금화되는 자산이다.
③ 매출채권 및 선급비용, 미수수익이 포함된다.
④ 우편환증서, 자기앞수표, 송금수표, 당좌차월도 이에 포함된다.

4. 다음 중 판매관리비에 해당하지 않는 항목은 무엇인가?
① 급여   ② 외환차손   ③ 매출채권에 대한 대손상각비   ④ 여비교통비

5. 다음의 계산식 중 옳지 않은 것은?
① 매출액 - 매출원가 = 매출총이익
② 영업이익 - 영업외비용 - 영업외수익 = 법인세비용차감전순이익
③ 매출총이익 - 판매비와관리비 = 영업이익
④ 법인세비용차감전순이익 - 법인세비용 = 당기순이익

## 제9편. 전산회계2급 -최근기출문제

**6. 다음의 자료를 이용하여 재고자산의 취득원가를 계산하면 얼마인가?**

- 재고의 매입원가 : 10,000원
- 재고수입 시 발생한 통관 비용 : 5,000원
- 판매장소 임차료 : 3,000원

① 10,000원　　② 13,000원　　③ 15,000원　　④ 18,000원


**7. 기초자본금 150,000원, 총수익 130,000원, 총비용 100,000원일 때, 회사의 기말자본금은 얼마인가?**

① 50,000원　　② 150,000원　　③ 180,000원　　④ 230,000원


**8. 다음은 당기 말 부채계정 잔액의 일부이다. 재무상태표상 매입채무는 얼마인가?**

- 미지급임차료 : 30,000원　　• 단기차입금 : 20,000원　　• 외상매입금 : 10,000원
- 선수금 : 40,000원　　• 지급어음 : 60,000원　　• 가수금 : 40,000원

① 30,000원　　② 50,000원　　③ 60,000원　　④ 70,000원


**9. 다음 중 재무상태표에서 해당 자산이나 부채의 차감적인 평가항목들로 짝지어진 것을 고르시오.**

- 대손충당금　　• 감가상각누계액　　• 미지급금　　• 퇴직급여충당부채　　• 선수금

① 대손충당금, 선수금
② 감가상각누계액, 퇴직급여충당부채
③ 미지급금, 선수금
④ 대손충당금, 감가상각누계액


**10. 다음 중 영업이익에 영향을 미치는 것으로 옳은 것은?**
① 잡이익　　② 광고선전비
③ 이자비용　　④ 기부금


**11. 다음 중 일정 기간 동안 기업의 경영성과에 대한 정보를 제공하는 재무보고서의 계정과목으로 옳지 않은 것은?**
① 임대료수입　　② 미지급비용
③ 잡손실　　④ 기부금

**12. 다음의 자료를 이용하여 유형자산의 취득원가를 계산하면 얼마인가?**

| • 취득세 : 50,000원 | • 유형자산 매입대금 : 1,500,000원 |
| • 재산세 : 30,000원 | • 사용 중에 발생된 수익적 지출 : 20,000원 |

① 1,500,000원　　② 1,550,000원　　③ 1,570,000원　　④ 1,580,000원

**13. 다음의 내용이 설명하는 것으로 옳은 것은?**

재화의 생산, 용역의 제공, 타인에 대한 임대, 관리에 사용할 목적으로 기업이 보유하고 있으며, 물리적 실체는 없지만 식별할 수 있고, 통제하고 있으며, 미래 경제적 효익이 있는 비화폐성자산을 말한다.

① 유형자산　　② 투자자산
③ 무형자산　　④ 유동부채

**14. 다음의 거래를 분개할 경우, 차변에 오는 계정과목으로 옳은 것은?**

결산일 현재 현금시재액이 장부가액보다 30,000원이 부족함을 발견했다.

① 현금　　② 잡손실　　③ 잡이익　　④ 현금과부족

**15. 다음의 자료를 참고로 하여 재무상태표를 작성할 경우, 유동성 배열에 따라 두 번째로 나열해야 할 것으로 옳은 것은?**

| 현금, 산업재산권, 상품, 투자부동산, 기계장치 |

① 현금　　② 기계장치　　③ 상품　　④ 투자부동산

## ✽ 실무시험 ✽

문제에서 한국채택국제회계기준을 적용하도록 하는 전제조건이 없는 경우, 일반기업회계기준을 적용하여 회계처리 한다.

이현상사(회사코드 : 2117)는 신발을 판매하는 개인기업으로 당기(제8기)의 회계기간은 2025.1. 1.~2025.12.31.이다. 전산세무회계 수험용 프로그램을 이용하여 다음 물음에 답하시오.

**문제1** 다음은 이현상사의 사업자등록증이다. [회사등록] 메뉴에 입력된 내용을 검토하여 누락분은 추가 입력하고 잘못된 부분은 정정하시오(주소 입력 시 우편번호는 입력하지 않아도 무방함). (6점)

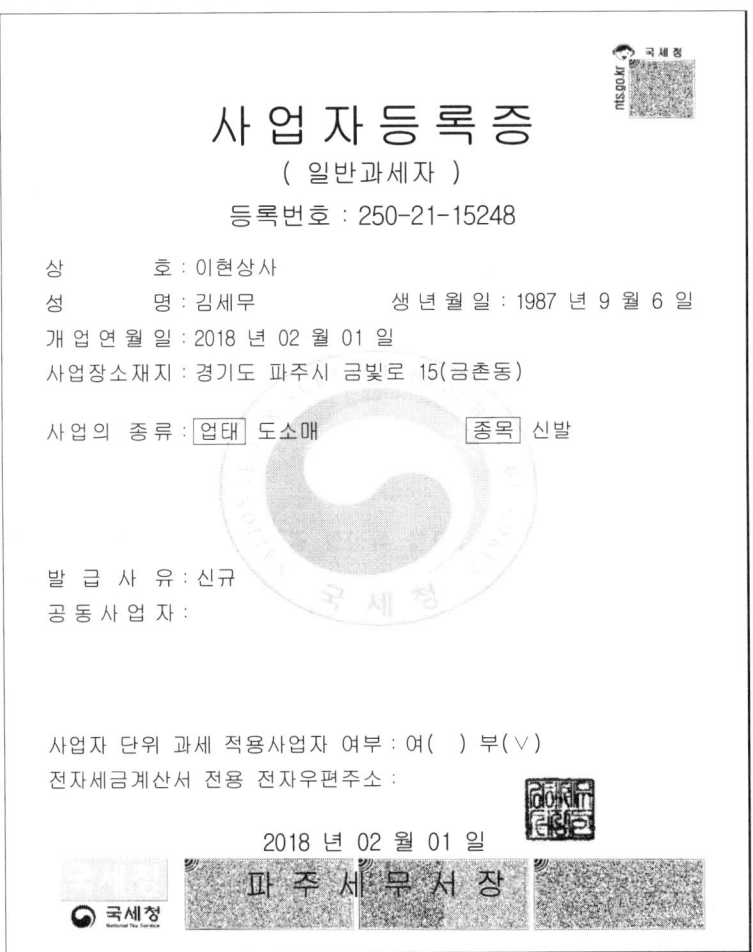

## 문제2

다음은 이현상사의 전기분 재무상태표이다. 입력되어 있는 자료를 검토하여 오류부분은 정정하고 누락된 부분은 추가 입력하시오. (6점)

**재 무 상 태 표**

회사명 : 이현상사  　　　제7기 2024.12.31. 현재  　　　(단위 : 원)

| 과 목 | 금 | 액 | 과 목 | 금 | 액 |
|---|---:|---:|---|---:|---:|
| 현 금 | | 10,000,000 | 외 상 매 입 금 | | 18,000,000 |
| 당 좌 예 금 | | 3,000,000 | 지 급 어 음 | | 60,000,000 |
| 보 통 예 금 | | 23,000,000 | 미 지 급 금 | | 31,700,000 |
| 외 상 매 출 금 | 32,000,000 | | 단 기 차 입 금 | | 48,000,000 |
| 대 손 충 당 금 | 320,000 | 31,680,000 | 장 기 차 입 금 | | 40,000,000 |
| 받 을 어 음 | 52,000,000 | | 자 본 금 | | 45,980,000 |
| 대 손 충 당 금 | 520,000 | 51,480,000 | (당기순이익 : | | |
| 상 품 | | 50,000,000 | 10,000,000) | | |
| 장 기 대 여 금 | | 20,000,000 | | | |
| 건 물 | 47,920,000 | | | | |
| 감가상각누계액 | 4,000,000 | 43,920,000 | | | |
| 차 량 운 반 구 | 20,000,000 | | | | |
| 감가상각누계액 | 14,000,000 | 6,000,000 | | | |
| 비 품 | 7,000,000 | | | | |
| 감가상각누계액 | 2,400,000 | 4,600,000 | | | |
| 자 산 총 계 | | 243,680,000 | 부채와자본총계 | | 243,680,000 |

## 문제3

다음 자료를 이용하여 입력하시오. (6점)

**[1]** [계정과목및적요등록] 메뉴를 이용하여 판매비와관리비의 기업업무추진비 계정에 다음 내용의 적요를 등록하시오. (3점)

| 대체적요 No.5 : 거래처 현물접대 |
|---|

[2] [거래처별초기이월] 메뉴의 계정과목별 잔액은 다음과 같다. 주어진 자료를 검토하여 잘못된 부분은 오류를 정정하고, 누락된 부분은 추가 입력하시오. (3점)

| 계정과목 | 거래처명 | 금액 |
|---|---|---|
| 외상매출금 | 베베인터내셔널 | 9,500,000원 |
| | 코코무역 | 15,300,000원 |
| | 호호상사 | 7,200,000원 |
| 외상매입금 | 모닝상사 | 2,200,000원 |
| | 미라클상사 | 3,000,000원 |
| | 나비장식 | 12,800,000원 |

## 문제4 [일반전표입력] 메뉴를 이용하여 다음의 거래 자료를 입력하시오. (24점)

— < 입력 시 유의사항 > —

- 적요의 입력은 생략한다.
- 부가가치세는 고려하지 않는다.
- 채권·채무와 관련된 거래는 별도의 요구가 없는 한 반드시 기등록된 거래처코드를 선택하는 방법으로 거래처명을 입력한다.
- 회계처리 시 계정과목은 별도의 제시가 없는 한 등록된 계정과목 중 가장 적절한 과목으로 한다.

[1] 07월 23일 대표자 개인의 거주용 주택으로 임대차계약을 하고 임차보증금 5,000,000원을 현금으로 지급하였다. (3점)

[2] 08월 16일 상품을 판매하고 거래명세표를 다음과 같이 발급하였다. 대금 중 2,000,000원은 현금으로 받고, 잔액은 외상으로 하였다. (3점)

| 권 | | 호 | | | 거래명세표(거래용) | | | | |
|---|---|---|---|---|---|---|---|---|---|
| 2025년 08월 16일 | | | | | | | | | |
| 백호상사 귀하 | | | 공급자 | 사업자등록번호 | | 250-21-15248 | | | |
| | | | | 상호 | | 이현상사 | 성명 | 김세무 | ㊞ |
| | | | | 사업장소재지 | | 경기도 파주시 금빛로 15(금촌동) | | | |
| 아래와 같이 계산합니다. | | | | 업태 | | 도소매 | 종목 | 신발 | |
| 합계금액 | | | | 육백만 원정 ( ₩ | | 6,000,000 | | | ) |
| 월일 | 품목 | | 규격 | 수량 | | 단가 | 공급대가 | | |
| 08월 16일 | 사무용복합기 | | | 5 | | 1,200,000 | 6,000,000원 | | |
| | 계 | | | | | | 6,000,000원 | | |
| 전잔금 | 없음 | | | 합 | | 계 | 6,000,000원 | | |
| 입금 | 2,000,000원 | | 잔금 | 4,000,000원 | | 인수자 | 임우혁 | | ㊞ |
| 비고 | | | | | | | | | |

[3] 08월 27일 영업부에서 운반비 30,000원을 현금으로 지급하고, 아래의 영수증을 받았다. (3점)

```
              영수증
  OK퀵서비스      217-09-8*****
  대표자              김하늘
  서울시 중구 충무로3가  ***
  ─────────────────────────
  출발지        도착지
  필동          충현동
  ─────────────────────────
  합계요금
                      30,000 원
  2 0 2 5 년   8 월   2 7 일
         ***감사합니다***
```

[4] 09월 18일 회사로부터 300,000원을 가지급 받아 출장을 갔던 영업부 직원 이미도가 출장에서 돌아왔다. 회사는 다음과 같이 출장비 명세서를 보고 받고 초과하는 금액은 현금으로 지급하였다(단, 하나의 전표로 입력하고 가지급금의 거래처를 입력할 것). (3점)

| 사용내역 | 금액 |
|---|---|
| 숙박비 | 250,000원 |
| 교통비 | 170,000원 |
| 합계 | 420,000원 |

[5] 10월 16일 한세상사에 외상매입금을 지급하기 위하여 송금수수료 1,000원이 포함된 5,001,000원을 보통예금 계좌에서 이체하였다(단, 송금수수료는 판매및관리비 계정을 사용함). (3점)

[6] 11월 11일 시원상사의 파산으로 인하여 외상매출금을 회수할 수 없게 되어 시원상사의 외상매출금 200,000원 전액을 대손처리 하였다. 11월 11일 현재 외상매출금의 대손충당금 잔액은 320,000원이다. (3점)

[7] 12월 05일 하나은행의 장기차입금 원금 상환 및 이자와 관련된 보통예금 출금액 1,000,000원의 상세 내역은 다음과 같다(단, 하나의 전표로 입력할 것). (3점)

대출거래내역조회

· 조회기간 : 2025.12.05. ~ 2025.12.05.
· 총건수 : 1건

| 거래일자 | 거래내용 | 이자종류 | 거래금액 (원금+이자)(원) | 원금(원) | 이자(원) | 대출잔액(원) | 이율 |
|---|---|---|---|---|---|---|---|
| 2025.12.05. | 대출금 상환 | | 1,000,000 | 800,000 | 0 | 19,200,000 | 0% |
| 2025.12.05. | | 약정이자 | 0 | 0 | 200,000 | 0 | 2.63% |

[8] 12월 23일 당사의 영업부에서 장기간 사용할 목적으로 냉장고를 구입하고 대금은 국민카드(신용카드)로 결제하였다(단, 미지급금 계정을 사용하여 회계처리 할 것). (3점)

신용카드매출전표

2025.12.23.(월) 14:30:42

**3,000,000원**

정상승인 | 일시불

**결제정보**

| | |
|---|---|
| 카드 | 국민카드(1002-3025-4252-5239) |
| 거래유형 | 신용승인 |
| 승인번호 | 41254785 |
| 이용구분 | 일시불 |
| 은행확인 | KB국민은행 |

**가맹점 정보**

| | |
|---|---|
| 가맹점명 | 성수㈜ |
| 사업자등록번호 | 117-85-52797 |
| 대표자명 | 이성수 |

본 매출표는 신용카드 이용에 따른 증빙용으로 국민카드 사에서 발급한 것임을 확인합니다.

## 문제5

[일반전표입력] 메뉴에 입력된 내용 중 다음의 오류가 발견되었다. 입력된 내용을 검토하고 수정 또는 삭제, 추가 입력하여 올바르게 정정하시오. (6점)

― < 입력 시 유의사항 > ―
- 적요의 입력은 생략한다.
- 부가가치세는 고려하지 않는다.
- 채권·채무와 관련된 거래는 별도의 요구가 없는 한 반드시 기등록된 거래처코드를 선택하는 방법으로 거래처명을 입력한다.
- 회계처리 시 계정과목은 별도의 제시가 없는 한 등록된 계정과목 중 가장 적절한 과목으로 한다.

[1] 08월 20일 한세상사에 상품을 50,000,000원에 납품하기로 계약하고 보통예금 계좌로 입금받은 계약금 5,000,000원을 외상매출금의 회수로 회계처리한 것을 확인하였다. (3점)

[2] 11월 05일 부산은행으로부터 받은 대출 20,000,000원의 상환기일은 2027년 11월 5일이다. (3점)

## 문제6

다음의 결산정리사항을 입력하여 결산을 완료하시오. (12점)

― < 입력 시 유의사항 > ―
- 적요의 입력은 생략한다.
- 부가가치세는 고려하지 않는다.
- 채권·채무와 관련된 거래는 별도의 요구가 없는 한 반드시 기등록된 거래처코드를 선택하는 방법으로 거래처명을 입력한다.
- 회계처리 시 계정과목은 별도의 제시가 없는 한 등록된 계정과목 중 가장 적절한 과목으로 한다.

[1] 영업부 서류 정리를 위한 단기계약직 직원(계약기간 : 2025년 12월 1일 ~ 2026년 1월 31일)을 채용하였다. 매월 급여는 1,500,000원이며 다음 달 5일에 지급하기로 하였다(단, 급여 관련 공제는 없는 것으로 하고, 지급해야 하는 금액은 미지급비용 계정을 사용할 것). (3점)

[2] 기말 현재 가지급금 잔액 500,000원은 대구상사의 외상매입금 지급액으로 판명되었다. (3점)

[3] 기말 현재 장기대여금에 대해 미수이자 3,270,000원이 발생하였으나 회계처리가 되어있지 않았다. (3점)

[4] 보유 중인 비품에 대한 당기분 감가상각비를 계상하였다. (3점)

| 취득원가 | 잔존가액 | 취득일 | 상각방법 | 내용년수 |
|---|---|---|---|---|
| 5,000,000원 | 500,000원 | 2023년 1월 1일 | 정액법 | 10년 |

### 문제7  다음 사항을 조회하여 알맞은 답안을 메뉴에 입력하시오. (10점)

[1] 상반기(1월~6월) 동안 지출한 이자비용은 모두 얼마인가? (3점)

[2] 6월 말 현재 거래처 성지상사에 대한 선급금 잔액은 얼마인가? (3점)

[3] 6월 말 현재 전기 말과 비교하여 유동자산의 증감액은 얼마인가? (단, 감소 시 ( - )로 기재할 것.) (4점)

## 117회 이론시험 답안

| A형 | <1> | <2> | <3> | <4> | <5> | <6> | <7> | <8> | <9> | <10> | <11> | <12> | <13> | <14> | <15> |
|---|---|---|---|---|---|---|---|---|---|---|---|---|---|---|---|
| | ① | ④ | ④ | ② | ② | ③ | ③ | ④ | ④ | ② | ② | ② | ③ | ② | ③ |

**1.**
[답] ① 총계정원장의 마감은 결산 본절차에 속한다.

**2.**
[답] ④ 수선비(비용)로 처리해야 할 내용의 회계처리를 건물(자산)로 처리하였으므로 수익에는 영향이 없다. 비용의 과소계상, 자산의 과대계상, 당기순이익의 과대계상이 재무상태표와 손익계산서에 미치는 영향이다.

**3.**
[답] ④ 당좌차월은 유동부채에 속한다.

**4.**
[답] ② 외환차손은 영업외비용에 해당한다.

**5.**
[답] ② 법인세비용차감전순이익 – 영업이익 = 영업외수익 - 영업외비용

**6.**
[답] ③ 15,000원
・취득원가 : 매입원가 10,000원 + 재고수입 시 발생한 통관 비용 5,000원 = 15,000원

**7.**
[답] ③ 180,000원
・기말자본금 : 기초자본금 150,000원 + 당기순이익 30,000원 = 180,000원

**8.**
[답] ④ 70,000원
・매입채무 : 외상매입금 10,000원 + 지급어음 60,000원 = 70,000원

**9.**
[답] ④ 대손충당금은 채권의 차감계정, 감가상각누계액은 유형자산의 차감계정으로 기록되며, 미지급금, 선수금, 퇴직급여충당부채는 개별부채로 인식된다.

**10.**
[답] ② 광고선전비
· 잡이익은 영업외수익, 이자비용, 기부금은 영업외비용에 해당한다.

**11.**
[답] ② 미지급비용은 재무상태표를 구성하는 계정과목이다.
· 일정 기간 동안 기업의 경영성과에 대한 정보를 제공하는 재무보고서는 손익계산서이다.

**12.**
[답] ② 1,550,000원
· 취득원가 : 취득세 50,000원 + 유형자산 매입대금 1,500,000원
· 재산세는 보유기간 중 발생하는 지출로서 즉시 비용 처리하고, 사용 중에 발생된 수익적 지출은 당기 비용 처리한다.

**13.**
[답] ③ 무형자산에 대한 설명이다.

**14.**
[답] ② 잡손실
· 결산일에 현금의 시재액과 장부가액의 차이가 발견된 경우 현금과부족을 사용할 수 없으며 잡손실 또는 잡이익으로 처리한다. 현금과부족으로 처리할 경우 항상 현금시재액을 기준으로 장부가액을 먼저 조정한 후 발생 시점에 따라 반대 변의 계정과목을 결정한다.

**15.**
[답] ③ 재무상태표 작성 시 유동성 배열에 따라 현금→상품→투자부동산→기계장치→산업재산권 순으로 나열한다.

# 📝 117회 실무시험 답안

## 문제1

[답]

- [회사등록] > [기본사항] 탭 > • 업태 : 제조 → 도소매
  - 종목 : 사무기기 → 신발
  - 사업장관할세무서 : 128.고양 → 141.파주

## 문제2

[답]

- [전기분재무상태표] > • 보통예금 : 2,300,000원 → 23,000,000원으로 수정
  - 받을어음에 대한 대손충당금 : 520,000원 추가 입력
  - 단기차입금 : 48,000,000원 추가 입력

## 문제3

**[1]**

[답]

- [계정과목및적요등록] > 판매비및일반관리비 > 기업업무추진비(판) > 대체적요  No.5 : 거래처  현물접대

**[2]**

[답]

- [거래처별초기이월] > 외상매출금   > • 코코무역 10,000,000원 → 15,300,000원으로 금액 수정
  - > 외상매출금   > • 호호상사 7,200,000원 추가입력
  - > 외상매입금   > • 나비장식 12,800,000원 추가입력

# 제9편. 전산회계2급 -최근기출문제

## 문제4

**[1]**
[답] 일반전표입력
(차) 인출금　　　　5,000,000원　(대) 현금　　　　5,000,000원
　　 (또는 자본금)
또는 출금전표 인출금 또는 자본금 5,000,000원

**[2]**
[답] 일반전표입력
(차) 현금　　　　　　2,000,000원　(대) 상품매출　　6,000,000원
　　 외상매출금(백호상사)　4,000,000원

**[3]**
[답] 일반전표입력
(차) 운반비(판)　　　　30,000원　(대) 현금　　　　　30,000원
　　 또는 출금전표 운반비(판) 30,000원

**[4]**
[답] 일반전표입력
(차) 여비교통비(판)　　420,000원　(대) 가지급금(이미도)　300,000원
　　　　　　　　　　　　　　　　　　현금　　　　　　120,000원

**[5]**
[답] 일반전표입력
(차) 외상매입금(한세상사)　5,000,000원　(대) 보통예금　　5,001,000원
　　 수수료비용(판)　　　1,000원

**[6]**
[답] 일반전표입력
(차) 대손충당금(109)　200,000원　(대) 외상매출금(시원상사)　200,000원

**[7]**
[답] 일반전표입력
(차) 장기차입금(하나은행)　800,000원　(대) 보통예금　　1,000,000원
　　 이자비용　　　　　200,000원

**[8]**
[답] 일반전표입력
(차) 비품　　　　　3,000,000원　(대) 미지급금(국민카드)　3,000,000원

## 문제5

**[1]**
[답] 일반전표입력
- 수정 전 : 08.20.    (차) 보통예금    5,000,000원    (대) 외상매출금(한세상사)    5,000,000원
- 수정 후 : 08.20.    (차) 보통예금    5,000,000원    (대) 선수금(한세상사)    5,000,000원

**[2]**
[답] 일반전표입력
- 수정 전 : 11.05.    (차) 보통예금    20,000,000원    (대) 단기차입금(부산은행)    20,000,000원
- 수정 후 : 11.05.    (차) 보통예금    20,000,000원    (대) 장기차입금(부산은행)    20,000,000원

## 문제6

**[1]**
[답] 일반전표입력
(차) 급여(판)    1,500,000원    (대) 미지급비용    1,500,000원
     (또는 잡급)

**[2]**
[답] 일반전표입력
(차) 외상매입금(대구상사)    500,000원    (대) 가지급금    500,000원

**[3]**
[답] 일반전표입력
(차) 미수수익    3,270,000원    (대) 이자수익    3,270,000원

**[4]**
[답]
1. [결산자료입력]
> 기간 : 1월 ~ 12월
> 4.판매비와관리비 > 4).감가상각비 > 비품 결산반영금액란 450,000원 입력
> F3 전표추가

또는,
2. 일반전표입력
12.31.    (차) 감가상각비    450,000원    (대) 감가상각누계액(213)    450,000원
- 감가상각비 : (5,000,000원 - 500,000원)/10 = 450,000원

## 문제7

**[1]**
[답] 1,650,000원
• [총계정원장] > [월별] 탭
> 기간 : 1월 1일 ~ 6월 30일
> 계정과목 : 951.이자비용 차변 합계

**[2]**
[답] 2,600,000원
• [거래처원장]
> 기간 : 1월 1일 ~ 6월 30일
> 계정과목 : 131.선급금 > 거래처 : 1010.성지상사 > 잔액 확인

**[3]**
[답] 302,091,000원
• [기말 재무상태표] >
> 기간 : 6월 30일
> 계정과목 : 유동자산의 비교(471,251,000원 - 169,160,000원)
> 계정과목별 잔액 확인

# 제10편
# 전산회계1급 이론(90)모의고사

| | |
|---|---|
| 이론(90) 모의고사(재무.원가.세무회계) ················································· | 574 |
| 이론(90) 모의고사(재무.원가.세무회계) 해답 ········································· | 593 |

# 전산회계1급 이론(90)모의고사

## ✱ 재무회계 ✱

1. 다음 중 기말 결산 과정에서 가장 먼저 수행해야 할 절차는 무엇인가?
   ① 재무제표의 작성        ② 수정전시산표의 작성
   ③ 기말수정분개          ④ 수익·비용계정의 마감

2. 다음 자료에 의하여 결산시 재무상태표에 표시되는 현금 및 현금성자산금액은 얼마인가?

   | ·국세환급통지서 : 200,000원 | ·선일자수표 : 300,000원 |
   |---|---|
   | ·우편환증서 : 10,000원 | ·직원가불금 : 100,000원 |
   | ·자기앞수표 : 30,000원 | |
   | ·취득당시에 만기가 3개월 이내에 도래하는 정기적금 : 500,000원 | |

   ① 540,000원  ② 640,000원  ③ 740,000원  ④ 1,140,000원

3. 다음 자료에 의하여 다음 빈칸에 들어갈 금액은 얼마인가?

   대손충당금
   (단위:원)

   | 4/30 외상매출금 | xxx | 1/1 전기이월 | 50,000 |
   |---|---|---|---|
   | 12/31 차기이월 | 70,000 | 12/31 대손상각비 | ( ) |
   | | xxx | | xxx |

   · 당기 중 회수가 불가능한 것으로 판명되어 대손처리된 외상매출금은 5,000원이다.

   ① 10,000원  ② 15,000원  ③ 20,000원  ④ 25,000원

4. 다음 중 기업회계기준에서 자산을 타인에게 사용하게 함으로써 발생하는 수익의 유형으로 옳지 않은 것은?
   ① 이자수익    ② 배당금수익    ③ 로열티수익    ④ 상품판매수익

5. 다음 중 유형자산의 감가상각비를 계산하기 위한 필수요소가 아닌 것은? (감가상각방법은 정액법으로 가정함)
① 생산량　　　② 취득원가　　　③ 내용연수　　　④ 잔존가치

6. 다음 중 무형자산과 관련된 설명으로 옳지 않은 것은?
① 무형자산은 회사가 사용할 목적으로 보유하는 물리적 실체가 없는 비화폐성 자산이다
② 개발비는 개발단계에서 발생하여 미래 경제적 효익을 창출할 것이 기대되는 자산이다.
③ 내부적으로 창출한 브랜드, 고객목록과 이와 실질이 유사한 항목은 무형자산으로 인식할 수 있다.
④ 연구단계와 개발단계에 따라 무형자산이나 비용으로 구분할 수 없는 경우 발생한 지출은 모두 연구단계에서 발생한 것으로 본다.

7. 다음 자료를 바탕으로 자본조정의 금액을 계산하면 얼마인가? (단, 각 계정과목은 독립적이라고 가정함)

| ・감자차손 : 200,000원　　・주식발행초과금 : 600,000원 |
| ・자기주식처분이익 : 300,000원　　・자기주식 : 400,000원 |

① 600,000원　　② 900,000원　　③ 950,000원　　④ 1,000,000원

8. 다음 중 전자제품 도소매업을 영위하는 ㈜세무의 당기 손익계산서상 영업이익에 영향을 미치는 거래로 볼 수 있는 것은?
① 노후화된 업무용 차량을 중고차매매상사에 판매하고 유형자산처분손실을 계상하였다.
② 사업 운영자금에 관한 대출이자를 지급하고 이자비용으로 계상하였다.
③ 상품을 홍보하기 위해 광고물을 제작하고 광고선전비로 계상하였다.
④ 기말 결산 시 외화예금에 대해 외화환산손실을 계상하였다.

9. 「재무정보가 정보이용자의 의사결정에 유용하기 위해서는 신뢰할 수 있는 정보이어야 한다」는 내용과 가장 거리가 먼 항목은?
① 중립성　　　② 비교가능성　　　③ 검증가능성　　　④ 표현의 충실성

10. 당기말 결산을 위한 장부마감 전에 다음과 같은 오류사항이 발견되었다. 오류 정리시 당기순이익에 영향을 미치는 항목은?
① 전기 주식할인발행차금 미상각　　② 매도가능증권평가손실 미계상
③ 단기매매증권평가이익 미계상　　④ 당기의 기타대손상각비를 대손상각비로 계상

11. 다음 중 일반기업회계기준에 따른 재고자산의 회계처리에 대한 설명으로 옳지 않은 것은?
① 재고자산은 이를 판매하여 수익을 인식한 기간에 매출원가로 인식한다.
② 재고자산의 시가가 장부금액 이하로 하락하여 발생한 평가손실은 재고자산의 장부금액에서 직접 차감한다.
③ 재고자산의 장부상 수량과 실제 수량과의 차이에서 발생하는 감모손실의 경우 정상적으로 발생한 감모손실은 매출원가에 가산한다.
④ 재고자산의 장부상 수량과 실제 수량과의 차이에서 발생하는 감모손실의 경우 비정상적으로 발생한 감모손실은 영업외비용으로 분류한다.

12. 다음 중 유형자산의 취득원가에 포함되는 부대비용을 모두 고른 것은?

| a. 설치장소 준비를 위한 지출 | b. 종합부동산세 | c. 자본화 대상인 차입원가 |
| d. 재산세 | | e. 유형자산의 취득과 직접 관련된 취득세 |

① a, e
② c, d
③ b, c, d
④ a, c, e

13. 일반기업회계기준에 따르면 무형자산의 창출과정은 연구단계와 개발단계로 구분할 수 있다. 다음 중 개발단계에 속하는 활동의 일반적인 예로 적절하지 않은 것은?
① 새로운 지식을 얻고자 하는 활동
② 생산 전 또는 사용 전의 시작품과 모형을 설계, 제작 및 시험하는 활동
③ 새로운 기술과 관련된 공구, 금형, 주형 등을 설계하는 활동
④ 상업적 생산목적이 아닌 소규모의 시험공장을 설계, 건설 및 가동하는 활동

14. 다음은 ㈜은혜상사가 당기에 구입하여 보유하고 있는 단기매매증권이다. 다음 자료에 따라 당기 말 재무제표에 표시될 단기매매증권 및 영업외손익은 얼마인가?

- 4월 1일 : ㈜장현테크가 발행한 보통주 200주를 주당 10,000원에 취득하였다.
- 8월 31일 : ㈜장현테크로부터 중간배당금(주당 1,000원)을 수령하였다.
- 12월 31일 : ㈜장현테크의 보통주 시가는 주당 12,000원으로 평가된다.

|   | 단기매매증권 | 영업외수익 |   | 단기매매증권 | 영업외수익 |
|---|---|---|---|---|---|
| ① | 2,400,000원 | 200,000원 | ② | 2,400,000원 | 600,000원 |
| ③ | 2,000,000원 | 200,000원 | ④ | 2,000,000원 | 600,000원 |

**15. 다음 ( )안에 들어갈 용어와 해당계정이 올바르게 짝지어진 항목은?**

자본항목에서, (    )이란 자본거래에 해당하지만 자본금이나 자본잉여금으로 분류할 수 없는 항목을 말한다.

① 자본조정 – 매도가능증권평가손실
② 자본조정 – 자기주식처분손실
③ 기타포괄손익누계액 – 감자차손
④ 기타포괄손익누계액 - 자기주식처분손실

**16. 다음 중 재화의 판매로 인한 수익 인식 요건이 아닌 것은?**
① 재화의 소유에 따른 유의적인 위험과 보상이 구매자에게 이전된다.
② 판매자는 판매한 재화에 대하여, 소유권이 있을 때 통상적으로 행사하는 정도의 관리나 효과적인 통제를 할 수 있다.
③ 수익금액을 신뢰성 있게 측정할 수 있다.
④ 경제적 효익의 유입 가능성이 매우 높다.

**17. 다음 중 분개의 구조 상 차변 요소가 아닌 것은?**
① 자본의 감소    ② 자산의 감소    ③ 비용의 발생    ④ 부채의 감소

**18. 다음 중 재무상태표에 유동부채로 분류되는 것은?**
① 예수금    ② 장기차입금    ③ 사채    ④ 임대보증금

**19. 다음은 ㈜세무이 당기 결산일 현재 기준 보유 자산의 잔액이다. 결산을 통해 재무상태표에 현금 및 현금성자산으로 표시될 금액은?**

· 통화 : 303,000원          · 매출채권 : 22,000원
· 단기금융상품(취득일부터 만기가 3개월 이내임) : 150,000원
· 우편환 : 6,000원          · 단기매매증권 : 40,000원

① 459,000원    ② 449,000원    ③ 475,000원    ④ 453,000원

**20. 다음 자료를 정률법으로 감가상각할 경우 1차 회계연도(당기 1월 1일 ~ 당기 12월 31일)에 재무상태표에 계상될 감가상각누계액은 얼마인가?**

· 취득원가 : 3,750,000원(취득일 : 당기 1월 1일)    · 내용연수 : 5년    · 상각률 : 0.451

① 1,691,250원    ② 660,000원    ③ 1,100,000원    ④ 1,320,000원

## 21. 다음 중 무형자산에 해당하지 않은 것을 모두 고른 것은?

a. 특허권　　　　b. 내부적으로 창출된 영업권　　　　c. 광업권
d. 전세권　　　　e. 저작권

① a, e　　　② b, e　　　③ b, d　　　④ c, e

## 22. 다음 중 충당부채를 부채로 인식하기 위한 요건에 대한 설명으로 가장 옳지 않은 것은?
① 과거사건이나 거래의 결과로 현재의무가 존재한다.
② 그 의무의 이행에 소요되는 금액을 신뢰성 있게 추정할 수 있다.
③ 우발부채도 충당부채에 포함되므로 재무상태표에 부채로 인식하여야 한다.
④ 당해 의무를 이행하기 위하여 자원이 유출될 가능성이 매우 높다.

## 23. 회사가 증자할 때 발행가액이 액면가액을 초과하여 발행한 경우 그 차액은 어느 것에 해당되는가?
① 이익준비금　　　② 이익잉여금　　　③ 자본잉여금　　　④ 자본조정

## 24. ㈜무릉의 재무상태가 다음과 같을 때, 기말자산은 얼마인가?

| 기초 | | 기말 | | 총수익 | 총비용 |
|---|---|---|---|---|---|
| 부채 | 자본 | 자산 | 부채 | | |
| 400,000원 | 160,000원 | ( ? ) | 450,000원 | 300,000원 | 240,000원 |

① 110,000원　　　② 170,000원　　　③ 540,000원　　　④ 670,000원

## 25. 다음은 재무회계 개념체계에 대한 설명이다. 회계정보의 질적 특성 중 목적적합성과 관련이 없는 것은?
① 적시성　　　② 중립성　　　③ 예측가치　　　④ 피드백가치

## 26. 다음 중 현금 및 현금성자산 금액을 모두 합하면 얼마인가?

- 선일자수표 : 500,000원
- 타인발행 당좌수표 : 400,000원
- 당좌예금 : 500,000원
- 차용증서 : 800,000원
- 취득 당시 만기가 2개월인 양도성예금증서 : 600,000원

① 800,000원　　　② 1,100,000원　　　③ 1,200,000원　　　④ 1,500,000원

27. 부산의 5월초 상품재고액은 500,000원이며, 5월의 상품 매입액은 350,000원, 5월의 매출액은 600,000원이다. 매출총이익률은 매출액의 20%라고 한다면, 5월말 상품재고액은 얼마인가?
① 250,000원　　② 370,000원　　③ 480,000원　　④ 620,000원

28. 결산마감시 당기분 감가상각누계액으로 4,000,000원을 계상하였다. 재무제표에 미치는 영향을 바르게 설명한 것은?
① 자본이 4,000,000원 감소한다.　　② 자산이 4,000,000원 증가한다.
③ 당기순이익이 4,000,000원 증가한다.　　④ 부채가 4,000,000원 증가한다.

29. 다음 중 무형자산의 인식 및 최초측정에 대한 설명으로 가장 틀린 것은?
① 무형자산을 최초로 인식할 때에는 원가로 측정한다.
② 다른 종류의 무형자산이나 다른 자산과의 교환으로 무형자산을 취득하는 경우에는 무형자산의 원가를 교환으로 제공한 자산의 공정가치로 측정한다.
③ 무형자산을 창출하기 위한 내부 프로젝트를 연구단계와 개발단계로 구분할 수 없는 경우에는 그 프로젝트에서 발생한 지출은 모두 개발단계에서 발생한 것으로 본다.
④ 내부적으로 창출한 무형자산의 원가는 그 자산의 창출, 제조, 사용준비에 직접 관련된 지출과 합리적이고 일관성있게 배분된 간접 지출을 모두 포함한다.

30. 다음 중 유가증권의 분류에 대한 설명으로 가장 틀린 것은?
① 유가증권은 취득한 후에 만기보유증권, 단기매매증권, 그리고 매도가능증권 중의 하나로 분류한다.
② 만기가 확정된 채무증권으로서 상환금액이 확정되었거나 확정이 가능한 채무증권을 만기까지 보유할 적극적인 의도와 능력이 있는 경우에는 매노가능승권으로 분류한다.
③ 지분증권과 만기보유증권으로 분류되지 아니하는 채무증권은 단기매매증권과 매도가능증권 중의 하나로 분류한다.
④ 단기매매증권은 주로 단기간 내의 매매차익을 목적으로 취득한 유가증권으로서 매수와 매도가 적극적이고 빈번하게 이루어지는 것을 말한다.

31. 다음은 충당부채와 우발부채에 대한 설명이다. 일반기업회계기준으로 판단했을 때 적합한 설명이 아닌 것은?
① 퇴직급여충당부채는 충당부채에 해당한다.
② 우발부채는 일반기업회계기준상 재무제표에 부채로 인식하여야 한다.
③ 충당부채는 당해 의무를 이행하기 위한 자원유출 가능성이 매우 높아야 한다.
④ 충당부채는 그 의무 이행에 소요되는 금액을 신뢰성 있게 추정할 수 있어야 한다.

## 32. 다음 중 일반기업회계기준에 의한 수익인식기준으로 맞는 것은?
① 상품권 판매 : 상품권을 판매한 시점
② 할부판매 : 고객이 매입의사표시를 한 시점
③ 위탁판매 : 수탁자가 제3자에게 판매한 시점
④ 시용판매 : 상품 인도시점

## 33. 다음 중 손익계산서 작성 시 따라야 할 원칙이 아닌 것은?
① 발생주의   ② 순액주의   ③ 수익과 비용의 대응   ④ 구분계산의 원칙

## 34. 다음 중 유가증권에 대한 설명으로 옳지 않은 것은?
① 단기매매증권의 미실현보유손익은 당기손익으로 처리한다.
② 매도가능증권에 대한 미실현보유손익은 기타포괄손익누계액으로 처리한다.
③ 만기보유증권은 공정가치로 평가하여 재무상태표에 표시한다.
④ 단기매매증권은 유동자산으로 분류한다.

## 35. 다음 중 재고자산으로 분류되는 경우는?
① 도매업을 영위하는 회사가 판매 목적으로 보유하는 상품
② 제조업을 영위하는 회사가 공장 이전을 위하여 보유 중인 토지
③ 부동산매매업을 영위하는 회사가 단기 시세차익을 목적으로 보유하는 유가증권
④ 서비스업을 영위하는 회사가 사옥 이전 목적으로 보유 중인 건물

## 36. 다음 중 아래의 빈칸에 공통으로 들어갈 내용으로 가장 적합한 것은?

> 다른 종류의 자산과의 교환으로 취득한 유형자산의 취득원가는 교환을 위하여 제공한 자산의 (    )로/으로 측정한다. 다만, 교환을 위하여 제공한 자산의 (    )이/가 불확실한 경우에는 교환으로 취득한 자산의 (    )을/를 취득원가로 할 수 있다.

① 공정가치   ② 취득가액   ③ 장부가액   ④ 미래가치

37. 다음은 ㈜서울의 재고자산 관련 자료이다. 선입선출법과 총평균법에 따른 각 기말재고자산 금액으로 옳은 것은?

| 일 자 | 적 요 | 수 량 | 단 가 |
|---|---|---|---|
| 01월 01일 | 기초재고 | 10개 | 100,000원 |
| 03월 14일 | 매입 | 30개 | 120,000원 |
| 09월 29일 | 매출 | 20개 | 140,000원 |
| 10월 17일 | 매입 | 10개 | 110,000원 |

|   | 선입선출법 | 총평균법 |
|---|---|---|
| ① | 2,500,000원 | 2,420,000원 |
| ② | 2,500,000원 | 2,820,000원 |
| ③ | 3,500,000원 | 3,420,000원 |
| ④ | 3,500,000원 | 3,820,000원 |

38. ㈜한국은 20X1년 6월 1일 대한은행으로부터 50,000,000원(상환기간 2년, 이자율 연 12%)을 차입하여 단기투자를 목적으로 삼한전자의 주식을 매입하였다. 20X1년 10월 10일 주가가 상승하여 이 중 일부를 처분하였다. 이와 관련하여 ㈜한국의 20X1년 재무제표에 나타나지 않는 계정과목은 무엇인가?

① 이자비용   ② 단기매매증권   ③ 단기차입금   ④ 단기매매증권처분이익

39. 기말 외상매출금 잔액 50,000,000원에 대하여 1%의 대손충당금을 설정하려 한다. 기초 대손충당금이 300,000원이 있었으며, 당기 중 회수가 불가능한 것으로 판명된 매출채권 150,000원을 대손 처리하였다. 보충법에 의한 기말 대손충당금 설정 분개로 올바른 것은?

| | | | | | | |
|---|---|---|---|---|---|---|
| ① | (차) | 대손상각비 | 500,000원 | (대) | 대손충당금 | 500,000원 |
| ② | (차) | 대손상각비 | 350,000원 | (대) | 대손충당금 | 350,000원 |
| ③ | (차) | 대손상각비 | 300,000원 | (대) | 대손충당금 | 300,000원 |
| ④ | (차) | 대손상각비 | 150,000원 | (대) | 대손충당금 | 150,000원 |

40. 다음 중 자본잉여금 항목이 아닌 것은?

① 주식발행초과금   ② 자기주식처분이익   ③ 감자차익   ④ 재평가차익

**41. 다음 중 재무제표를 통해 제공되는 정보에 대한 설명으로 틀린 것은?**
① 재무제표는 추정에 의한 측정치를 포함하지 않는다.
② 재무제표는 특정 기업실체에 관한 정보를 제공한다.
③ 재무제표는 화폐단위로 측정된 정보를 주로 제공한다.
④ 재무제표는 산업 또는 경제 전반에 관한 정보를 제공하지 않는다.

**42. 다음의 회계처리로 인하여 재무제표에 미치는 영향을 바르게 설명한 것은?**

| 비품 7,000,000원을 소모품비로 회계처리 하였다. |
|---|

① 수익이 7,000,000원 과대 계상된다.
② 자산이 7,000,000원 과소 계상된다.
③ 비용이 7,000,000원 과소 계상된다.
④ 순이익이 7,000,000원 과대 계상된다.

**43. 다음은 ㈜상무물산의 제1기(1.1.~12.31.) 재고자산에 대한 내역이다. 선입선출법에 의한 기말재고자산 금액은 얼마인가?**

| 일자 | 적요 | 수량 | 단가 |
|---|---|---|---|
| 01.23 | 매입 | 3,000개 | 300원 |
| 04.30 | 매출 | 500개 | 500원 |
| 05.31 | 매출 | 1,500개 | 600원 |
| 08.15 | 매입 | 2,000개 | 400원 |
| 12.25 | 매출 | 500개 | 500원 |

① 750,000원   ② 850,000원   ③ 916,666원   ④ 950,000원

**44. 다음 중 무형자산으로 인식되기 위한 인식기준이 아닌 것은?**
① 식별가능성   ② 통제가능성   ③ 미래 경제적 효익   ④ 판매가능성

45. 다음은 ㈜대한이 당기 중 취득하여 기말 현재 보유하고 있는 유가증권 관련 자료이다. 기말 회계처리로 적절한 것은 무엇인가?

- 취득원가 2,000,000원인 ㈜미국의 주식은 단기보유목적으로 취득하였으며, 동 주식의 기말공정가치는 2,400,000원이다.
- 취득원가 1,800,000원인 ㈜중국의 시장성 있는 주식을 장기투자목적으로 취득하였고, 동 주식의 기말공정가치는 1,700,000원이다.

① (차) 유가증권　　　　　　　　300,000원　　(대) 유가증권평가이익　　　300,000원
② (차) 단기매매증권　　　　　　400,000원　　(대) 단기매매증권평가이익　400,000원
③ (차) 단기매매증권　　　　　　400,000원　　(대) 단기매매증권평가이익　400,000원
　　(차) 만기보유증권평가손실　100,000원　　(대) 만기보유증권　　　　　100,000원
④ (차) 단기매매증권　　　　　　400,000원　　(대) 단기매매증권평가이익　400,000원
　　(차) 매도가능증권평가손실　100,000원　　(대) 매도가능증권　　　　　100,000원

46. 다음은 기계장치에 대한 감가상각 관련 자료이다. 연수합계법에 의한 1차연도의 감가상각비는 얼마인가?

- 취득원가 : 60,000,000원(1월 1일 취득)　・잔존가치 : 취득원가의 10%　・내용연수 : 3년

① 9,000,000원　② 15,000,000원　③ 18,000,000원　④ 27,000,000원

47. 다음 중 유형자산에 대한 특징이 아닌 것은?
① 물리적 형태가 있는 자산이다.
② 판매를 목적으로 취득한 자산이다.
③ 비화폐성 자산이다.
④ 여러 회계기간에 걸쳐 경제적 효익을 제공해주는 자산이다.

48. 다음의 자료를 이용하여 매출원가를 구하시오.

- 기초상품재고액 5,000,000원　　・매입운임 200,000원
- 당기매입액 2,000,000원　　　　・기말상품재고액 2,000,000원
- 매입할인 100,000원

① 4,900,000원　② 5,000,000원　③ 5,100,000원　④ 5,200,000원

## ❋ 원가회계 ❋

1. 다음 중 원가에 대한 설명으로 가장 옳지 않은 것은?
① 제조원가는 직접재료원가, 직접노무원가, 제조간접원가를 말한다.
② 직접재료원가는 기초원재료재고액과 당기원재료매입액의 합계에서 기말원재료재고액을 차감한 금액을 말한다.
③ 제품생산량이 증가하여도 관련 범위 내에서 제품 단위당 고정원가는 일정하다.
④ 혼합원가는 조업도의 증감에 관계없이 발생하는 고정비와 조업도의 변화에 따라 일정 비율로 증가하는 변동비로 구성된 원가이다.

2. 회사는 제조간접비를 직접노무시간을 기준으로 배부하고 있다. 당기말 현재 실제제조간접비 발생액은 70,000원이고, 실제직접노무시간은 700시간이며, 예정배부율은 시간당 95원일 경우 배부차이는 얼마인가?
① 3,500원 과대배부  ② 3,500원 과소배부  ③ 7,000원 과대배부  ④ 7,000원 과소배부

3. 다음 중 보조부문원가의 배부 방법 중 가장 정확한 배부법은 무엇인가?
① 직접배부법  ② 간접배부법  ③ 상호배부법  ④ 단계배부법

4. 다음 자료를 이용하여 평균법에 의한 가공비 완성품 환산량을 계산하시오.(재료비는 공정 초기에 전량 투입되며, 가공비는 공정 전반에 걸쳐 균등하게 발생함)

| ·기초재공품수량 : 500개(완성도 30%) | ·당기완성품수량 : 1,000개 |
|---|---|
| ·당기착수량 : 600개 | ·기말재공품수량 : 100개(완성도 50%) |

① 500개  ② 550개  ③ 1,000개  ④ 1,050개

5. 다음 원가관리회계에 관한 설명 중 가장 거리가 먼 항목은?
① 제품원가계산을 위한 원가정보를 제공한다.
② 경영계획수립과 통제를 위한 원가정보를 제공한다.
③ 예산과 실제 간의 차이분석을 위한 원가정보를 제공한다.
④ 외부 이해관계자들에게 기업분석을 위한 원가정보를 제공한다.

6. 다음의 자료를 근거로 매출원가를 계산하면 얼마인가?

   - 기초 재공품재고액 : 100,000원
   - 기말 재공품재고액 : 130,000원
   - 기말 제품재고액 : 280,000원
   - 당기 총제조원가 : 350,000원
   - 기초 제품재고액 : 300,000원

   ① 160,000원　　② 220,000원　　③ 290,000원　　④ 340,000원


7. 다음 중 보조부문의 원가를 배부하는 방법과 관련된 내용으로 틀린 것은?
   ① 직접배부법은 보조부문 상호 간의 용역제공관계를 무시하므로 계산이 가장 간단한 방법이다.
   ② 단계배부법과 상호배부법은 보조부문 상호 간의 용역제공관계를 고려한다.
   ③ 원가계산의 정확성은 상호배부법 > 단계배부법 > 직접배부법 순이다.
   ④ 단일배부율법은 보조부문원가를 변동원가와 고정원가로 구분하여 각각 다른 배부기준을 적용하여 배분한다.


8. 다음 중 종합원가계산의 특징으로 옳지 않은 것은?
   ① 다양한 종류의 제품을 소량 생산하는 경우에 적합한 방법이다.
   ② 일반적으로 직접원가와 간접원가로 나누어 계산하지 않는다.
   ③ 기말시점에는 공정별로 재공품이 존재한다.
   ④ 개별원가계산에 비해 상대적으로 적은 운영비용이 소요된다.


9. 다음의 원가분류 중 추적가능성에 따른 분류가 아닌 항목은?
   ① 직접재료비　　② 간접재료비　　③ 직접노무비　　④ 제조경비


10. 다음의 원가자료에서 '기초원가 – 가공원가 – (당기총)제조원가'의 금액의 순으로 옳게 연결된 항목은?

    - 원재료매입액 : 350,000원
    - 직접노무비 : 250,000원
    - 직접재료비 : 400,000원
    - 공장전력비 : 150,000원
    - 간접재료비 : 50,000원
    - 공장건물 임차료 : 50,000원

    ① 400,000원 – 250,000원 – 900,000원　　② 400,000원 – 500,000원 – 900,000원
    ③ 650,000원 – 500,000원 – 900,000원　　④ 650,000원 – 500,000원 – 1,250,000원

## 제10편. 전산회계1급 -이론(90)모의고사

**11. 다음 중 개별원가계산에 관한 설명으로 옳지 않은 것은?**
① 직접비와 제조간접비의 구분이 중요하다.
② 건설업, 조선업 등 다품종소량생산 업종에서 주로 사용되는 원가계산 방법이다.
③ 제품별로 원가계산을 하게 되므로 원가를 직접비와 간접비로 구분하여 공통원가인 간접비는 합리적인 방법에 의하여 제품별로 배부한다.
④ 완성품환산량의 계산이 원가계산의 핵심과제이다.

**12. 기초재공품 20,000개(완성도 30%), 당기완성품 수량은 130,000개, 기말재공품은 50,000개(완성도 10%)이다. 평균법하에서 가공비에 대한 완성품 환산량은 얼마인가? (단, 재료는 공정초에 전량 투입되고, 가공비는 공정 전반에 걸쳐 균등하게 투입됨)**
① 110,000개　　② 129,000개　　③ 135,000개　　④ 180,000개

**13. 다음 중 종합원가계산의 특징으로 가장 옳은 것은?**
① 직접원가와 간접원가로 나누어 계산한다.
② 단일 종류의 제품을 연속적으로 대량 생산하는 경우에 적용한다.
③ 고객의 주문이나 고객이 원하는 형태의 제품을 생산할 때 사용되는 방법이다.
④ 제조간접원가는 원가대상에 직접 추적할 수 없으므로 배부기준을 정하여 배부율을 계산하여야 한다.

**14. 다음은 당기에 영업을 시작한 ㈜합격의 자료이다. 다음의 자료를 이용하여 재료비와 가공비의 완성품환산량을 계산하면 각각 얼마인가?(단, 원재료는 초기에 전량 투입되고 가공비는 공정 전체에 걸쳐 균등하게 발생함)**

| ・당기착수량 : 500개 | ・당기완성품 수량 : 300개 | ・기말재공품 수량 : 200개(완성도 50%) |
|---|---|---|

|  | 재료비 | 가공비 |
|---|---|---|
| ① | 300 | 300 |
| ② | 300 | 400 |
| ③ | 500 | 300 |
| ④ | 500 | 400 |

**15.** 다음은 원가의 행태에 대한 그래프이다. 변동비와 관계있는 도표로 알맞게 짝지어진 것은?

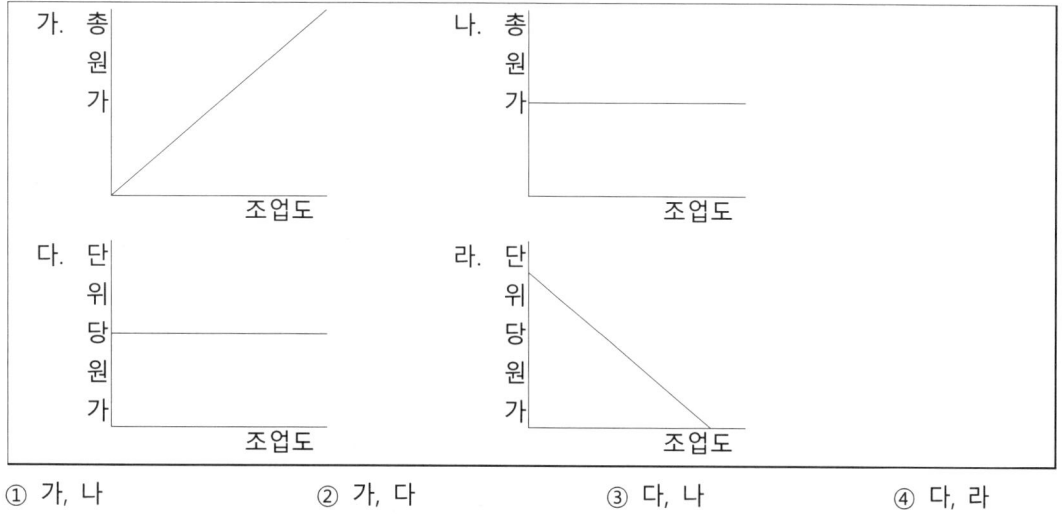

① 가, 나　　② 가, 다　　③ 다, 나　　④ 다, 라

**16.** 다음 중 보조부문원가 배분방법에 대한 설명으로 가장 옳은 것은?
① 단계배분법은 보조부문의 배분 순서와 상관없이 원가를 계산한다.
② 상호배분법은 보조부문간의 용역수수관계를 고려하는 배분방법이다.
③ 직접배분법은 정확한 계산 방법이지만, 계산이 매우 복잡하다.
④ 단계배분법은 각 보조부문에서 발생한 원가를 제조부문에 직접배분하는 방법이다.

**17.** 다음은 제조원가와 관련된 자료이다. 당기제품제조원가는 얼마인가?

| · 직접재료비 | 1,000,000원 | · 직접노무비 | 500,000원 |
| · 제조간접비 | 700,000원 | · 기초재공품 | 300,000원 |
| · 기말재공품 | 600,000원 | · 기초제품 | 800,000원 |

① 1,100,000원　　② 1,900,000원　　③ 2,500,000원　　④ 2,700,000원

**18.** ㈜한국전자는 제조간접원가를 배부할 때 직접노무시간을 기준으로 배부하고 있다. 당기 제조간접원가 배부차이는 100,000원 과대배부이다. 당기말 실제 제조간접원가 발생액은 400,000원이고, 실제 직접노무시간이 2,000시간일 경우 직접노무시간당 제조간접원가 예정배부율은 얼마인가?
① 200원/직접노무시간
② 250원/직접노무시간
③ 300원/직접노무시간
④ 350원/직접노무시간

**19. 다음 중 제조원가명세서를 작성하기 위하여 필요하지 않은 것은?**
① 당기 직접노무원가 발생액
② 당기 직접재료 구입액
③ 당기 기말제품 재고액
④ 당기 직접재료 사용액

**20. 다음은 의사결정과 관련된 원가의 분류 중 하나에 대한 설명이다. 가장 밀접한 관련이 있는 것은?**

| 과거의 의사결정과 관련하여 이미 발생한 원가로 현재나 미래의 의사결정과는 관련이 없는 원가 |
|---|

① 매몰원가    ② 차액원가    ③ 기회비용    ④ 회피가능원가

**21. 다음 중 보조부문원가의 배분방법에 대한 설명으로 옳지 않은 것은?**
① 상호배분법은 가장 정확성이 높은 배분방법이다.
② 직접배분법은 배분순위를 고려하지 않는 가장 단순한 방법이다.
③ 직접배분법은 단계배분법에 비해 순이익을 높게 계상하는 배분방법이다.
④ 보조부문원가 배분방법 중 배분순위를 고려하여 배분하는 것은 단계배분법이다.

**22. 다음 자료를 이용하여 5월 노무비 발생액을 계산하면 얼마인가?**

| • 노무비 전월 선급액 : 500,000원    • 노무비 당월 지급액 : 200,000원 |
| • 당월 선급액과 당월 미지급액은 없다. |

① 100,000원    ② 300,000원    ③ 400,000원    ④ 700,000원

**23. 다음 중 개별원가계산과 종합원가계산에 대한 설명으로 옳은 것은?**
① 개별원가계산은 표준화된 제품을 연속적이며 대량으로 생산하는 기업에 적합하다.
② 종합원가계산은 직접재료비와 직접노무비의 실제로 발생한 원가를 각 제품별로 대응시킨다.
③ 개별원가계산은 종합원가계산에 비해 각 제품별 정확한 원가계산이 가능하다.
④ 종합원가계산은 특정제조지시서를 사용한다.

**24. 직접재료원가와 직접노무원가는 실제원가로, 제조간접원가는 예정배부율로 계산하는 방법인 정상개별원가계산에 의하여 제조간접비를 예정배부하는 경우 예정배부액 계산식으로 옳은 것은?**
① 배부기준의 예정조업도 × 예정배부율
② 배부기준의 실제조업도 × 실제배부율
③ 배부기준의 예정조업도 × 실제배부율
④ 배부기준의 실제조업도 × 예정배부율

## ✽ 세무회계 ✽

1. 다음 중 현행 부가가치세법에 대한 설명으로 틀린 것은?
① 부가가치세는 사업장마다 신고 및 납부하는 것이 원칙이다
② 부가가치세 부담은 전적으로 최종소비자가 하는 것이 원칙이다.
③ 사업상 독립적으로 재화를 공급하는 자는 영리를 목적으로 하는 경우에만 납세의무가 있다.
④ 부가가치세의 납세의무자는 과세대상인 재화 또는 용역을 공급하는 사업자와 재화를 수입하는 자이다.


2. 다음 중 부가가치세법상 재화의 공급으로 간주되어 과세대상이 되는 항목은?(아래 항목은 전부 매입세액 공제받음)
① 직장 연예 및 직장 문화와 관련된 재화를 제공하는 경우
② 사업을 위해 착용하는 작업복, 작업모 및 작업화를 제공하는 경우
③ 사용인 1인당 연간 10만원 이내의 경조사와 관련된 재화 제공
④ 사업자가 자기생산·취득재화를 자기의 고객이나 불특정 다수에게 증여하는 경우


3. 다음 중 세금계산서의 필요적 기재사항이 아닌 것은?
① 공급가액          ② 부가가치세액          ③ 공급품목          ④ 작성연월일


4. 부가가치세법상 재화의 공급시기로 옳지 않은 것은?
① 현금판매, 외상판매의 경우 : 재화가 인도되거나 이용가능하게 되는 때
② 무인판매기에 의한 공급 : 무인판매기에서 현금을 인취하는 때
③ 반환조건부 판매, 동의조건부 판매, 그 밖의 조건부 판매의 경우 : 그 조건이 성취되거나 기한이 지나 판매가 확정되는 때
④ 장기할부판매, 완성도기준지급 또는 중간지급조건부로 재화를 공급하는 경우 : 대가의 전부를 실제 받았을 때

5. 다음 중 그 공급이 부가가치세 면세대상에 해당하지 않는 것은?
① 토지          ② 복권          ③ 신문광고          ④ 수돗물

6. 다음 중 부가가치세법상 세금계산서 제도와 관련한 설명 중 틀린 것은?
① 공급시기가 도래하기 전에 세금계산서를 발급하고 발급일로부터 7일 이내에 대가를 지급받는 경우에는 적법한 세금계산서를 발급한 것으로 본다.
② 세금계산서의 필요적 기재사항의 일부가 기재되지 않은 경우에도 그 효력이 인정된다.
③ 월합계 세금계산서등의 경우에는 재화 또는 용역의 공급일이 속하는 달의 다음달 10일까지 발급가능하다.
④ 법인사업자는 전자세금계산서 의무발급대상자이다.

7. 우리나라 부가가치세법에 대한 설명 중 가장 거리가 먼 항목은?
① 세부담의 역진성을 완화하기 위해 면세제도를 두고 있다.
② 소비지국 과세원칙에 따라 수입하는 재화에는 부가가치세가 과세된다.
③ 사업자가 아닌 자가 일시적으로 재화를 공급하는 경우, 부가가치세 납부의무가 없다.
④ 부가가치세의 과세대상은 크게 재화와 용역의 공급 그리고 재화와 용역의 수입으로 구분된다.

8. 부가가치세법상 재화의 공급으로 보지 아니하는 거래를 모두 고른 것은?

> a. 저당권 등 담보 목적으로 부동산을 제공하는 것
> b. 사업장별로 그 사업에 관한 모든 권리와 의무를 포괄적으로 승계시키는 사업의 양도
> c. 매매계약에 의한 재화의 인도
> d. 폐업시 잔존재화(해당 재화의 매입 당시 매입세액공제 받음)
> e. 상속세를 물납하기 위해 부동산을 제공하는 것

① a, d
② b, c, e
③ a, b, e
④ a, b, d, e

9. 다음 중 부가가치세법상 대손세액공제에 관한 설명 중 틀린 것은?
① 부가가치세가 과세되는 재화 또는 용역의 공급과 관련된 채권이어야 한다.
② 부도발생일로부터 3개월 이상 지난 수표·어음·중소기업의 외상매출금은 대손세액공제 대상이다.
③ 확정신고와 함께 대손금액이 발생한 사실을 증명하는 서류를 제출하여야 한다.
④ 대손이 확정되면 공급자는 대손이 확정된 날이 속하는 과세기간의 매출세액에서 대손세액을 차감한다.

10. 우리나라 부가가치세의 특징과 가장 관련이 없는 것은?
① 국세
② 간접세
③ 개별소비세
④ 소비지국 과세원칙

11. 다음은 부가가치세법상 면세포기와 관련된 설명이다. 맞게 설명한 것은?
① 면세포기는 관할세무서장의 승인을 얻어야 한다.
② 면세사업자는 면세포기 신고일로부터 3년간은 부가가치세를 면제받지 못한다.
③ 면세사업자는 모든 재화, 용역에 대하여 면세포기가 가능하다.
④ 면세사업자가 면세를 포기해도 매입세액공제가 불가능하다.

12. 다음은 ㈜한국의 과세자료이다. 부가가치세 과세표준은 얼마인가? 단, 거래금액에는 부가가치세가 포함되어 있지 않다.

- 외상판매액 : 2,000,000원
- 대표이사 개인목적으로 사용한 제품(원가 80,000원, 시가 120,000원) : 80,000원
- 비영업용 소형승용차(2,000CC) 매각대금 : 100,000원
- 화재로 인하여 소실된 제품 : 200,000원

① 2,080,000원    ② 2,120,000원    ③ 2,220,000원    ④ 2,380,000원

13. 다음 중 부가가치세 면세대상이 아닌 것은?
① 항공기에 의한 여객운송 용역
② 도서, 신문, 잡지, 관보
③ 연탄과 무연탄
④ 우표, 인지, 증지, 복권

14. 다음 중 부가가치세 과세표준에 대한 설명으로 옳지 않은 것은?
① 대손금은 과세표준에서 공제하지 않는다.
② 공급에 대한 대가의 지급이 지체되었음을 이유로 받는 연체이자는 공급가액에 포함한다.
③ 금전 이외의 대가를 받는 경우 자기가 공급한 재화 또는 용역의 시가를 과세표준으로 한다.
④ 외화로 대가를 받은 후 공급시기가 되기 전에 환가한 경우 환가한 금액을 과세표준으로 한다.

15. 다음 중 부가가치세법상 사업자등록에 대한 설명으로 옳은 것은?
① 사업자는 사업장마다 사업개시일부터 20일 이내에 사업자등록을 신청하는 것이 원칙이다.
② 신규 사업자는 사업개시일 이전이라면 사업자등록 신청이 불가능하다.
③ 일반과세자가 3월 25일에 사업자등록을 신청하고 실제 사업개시일은 4월 1일인 경우 4월 1일부터 6월 30일까지가 최초 과세기간이 된다.
④ 사업자등록의 신청은 사업장 관할세무서장이 아닌 다른 세무서장에게는 불가능하다.

**16. 다음 중 부가가치세법상 영세율에 대한 설명으로 틀린 것은?**
① 영세율은 부분면세제도이다.
② 영세율의 목적은 소비지국 과세원칙의 구현이다.
③ 영세율의 목적은 국제적 이중과세 방지를 위한 것이다.
④ 영세율이 적용되는 경우에도 세금계산서를 발급하는 경우가 있다.

**17. 다음 중 부가가치세법상 용역의 공급으로 과세하지 않는 것은?**
① 고용관계에 의하여 근로를 제공하는 경우
② 사업자가 특수관계 있는 자에게 사업용 부동산의 임대용역을 무상공급하는 경우
③ 자기가 주요 자재를 전혀 부담하지 아니하고 상대방으로부터 인도받은 재화를 단순히 가공만 하는 경우
④ 건설사업자가 건설자재의 전부 또는 일부를 부담하고 공급하는 용역의 경우

**18. 다음 중 부가가치세법상 세금계산서에 대한 설명으로 가장 옳지 않은 것은?**
① 법인사업자 및 개인사업자는 반드시 전자세금계산서를 발급하여야 한다.
② 세금계산서는 사업자가 원칙적으로 재화 또는 용역의 공급시기에 재화 또는 용역을 공급받는 자에게 발급하여야 한다.
③ 전자세금계산서를 발급하였을 때에는 발급일의 다음 날까지 전자세금계산서 발급명세를 국세청장에게 전송하여야 한다.
④ 세관장은 수입되는 재화에 대하여 부가가치세를 징수할 때에는 수입된 재화에 대한 수입세금계산서를 수입하는 자에게 발급하여야 한다.

# 전산회계1급 이론(90)모의고사 답안

## ❋ 재무회계 답안지 ❋

1.
[답] ② 기말 결산을 위해 가장 먼저 수정전시산표를 작성한다.

2
[답] ③ 200,000 + 10,000 + 30,000 + 500,000 = 740,000원

3.
[답] ④ 대손충당금 차변합계 (5,000원 + 70,000원)에서 전기이월 (50,000원)을 차감하면 12월 31일 대손상각비는 25,000원임.

4.
[답] ④ 이자수익, 배당금수익, 로열티수익은 자산을 타인에게 사용하게 함으로써 발생하는 수익의 유형에 해당하나(일반기업회계기준 문단 16.4), 상품판매수익은 재화를 구매자에게 이전함에 따라 발생하는 수익에 해당한다.

5.
[답] ① 정액법으로 상각하는 경우 생산량은 감가상각비를 계산하기 위한 요소가 아니다.

6.
[답] ③ 내부적으로 창출한 브랜드, 고객목록과 이와 실질이 유사한 항목은 무형자산으로 인식할 수 없다.[일반기업회계기준 11장 무형자산 11]

7.
[답] ① 자본조정 항목은 감자차손과 자기주식이다.
200,000 + 400,000 = 600,000원

8.
[답] ③ 광고선전비는 판매비와 관리비에 해당하여 영업이익에 영향을 미치지만, 유형자산처분손실, 이자비용, 외화환산손실은 영업외비용에 해당하므로 영업이익에는 영향을 미치지 않는다.

9.
[답] ② [일반기업회계기준 제3장 회계정보의 질적특성 46] 회계정보의 질적특성중 신뢰성에 대한 질문이다. 비교가능성은 신뢰성에 해당하지 않는다.

10.

[답] ③ 전기의 주식할인발행차금 미상각 → 자본조정 항목
　　　매도가능증권평가손실 미계상 → 기타포괄손익누계액 항목
　　　당기의 기타대손상각비를 판매비와관리비로 계산 → 당기순이익 계산에는 영향없음

11.
[답] ② 재고자산의 시가가 장부금액 이하로 하락하여 발생한 평가손실은 재고자산의 차감계정으로 표시하고 매출원가에 가산한다. (일반기업회계기준 제7장 재고자산 20)

12.
[답] ④ 종합부동산세와 재산세는 유형자산의 보유 단계에서 발생하는 비용이므로 발생기간의 비용으로 인식하여야 한다.

13.
[답] ① 새로운 지식을 얻고자 하는 활동은 연구단계에 속하는 활동의 일반적인 예에 해당한다(일반기업회계기준 실무지침 11.13).

14.
[답] ② 단기매매증권 200주 × 12,000원 = 2,400,000원
　　　단기매매증권평가이익 200주 × (12,000원 - 10,000원) = 400,000원
　　　배당금수익 200주 × 1,000원 = 200,000원

15.
[답] ② [일반기업회계기준 2.31~2.32]

16.
[답] ② 판매자는 판매한 재화에 대하여, 소유권이 있을 때 통상적으로 행사하는 정도의 관리나 효과적인 통제를 할 수 없다. (일반기업회계기준 제16장 수익 10)

17.
[답] ② 자산의 감소는 대변 요소이다.

18.
[답] ① 예수금은 유동부채이며, 나머지는 모두 비유동부채이다.

19.
[답] ① 통화(303,000원) + 단기금융상품(150,000원) + 우편환(6,000원) = 459,000원

20.
[답] ① 3,750,000원×0.451 = 1,691,250원

21.
[답] ③ 내부적으로 창출된 영업권은 무형자산으로 인식할 수 없으며, 전세권은 기타비유동자산에 해당한다.

22.
[답] ③ 우발부채는 부채로 인식하지 아니한다.

23.
[답] ③ 주식발행초과금은 자본잉여금에 해당한다.

24.
[답] ④ 당기순이익(60,000원) = 총수익(300,000원) - 총비용(240,000원)
당기순이익(60,000원) = 기말자본(?) - 기초자본(160,000원)에서 기말자본은 220,000원
기말자산(?) = 기말부채(450,000원) + 기말자본(220,000원) = 670,000원

25.
[답] ② 중립성은 회계정보의 질적 특성 중 신뢰성과 관련이 있다.

26.
[답] ④ 400,000원 + 500,000원 + 600,000원 = 1,500,000원
• 타인발행 당좌수표, 당좌예금, 취득 당시 만기가 2개월인 양도성예금증서는 현금 및 현금성자산이다. 선일자수표는 받을어음, 차용증서는 대여금으로 분류한다.

27.
[답] ②
매출총이익 : 600,000원 × 0.2 = 120,000원
매출원가 : 600,000원 - 120,000원 = 480,000원
기말상품재고액 : 500,000원 + 350,000원 - 480,000원 = 370,000원

28.
[답] ① 비용 계상 → 이익 감소, 자본 감소, 자산 감소

29.
[답] ③ 무형자산을 창출하기 위한 내부 프로젝트를 연구단계와 개발단계로 구분할 수 없는 경우에는 그 프로젝트에서 발생한 지출은 모두 연구단계에서 발생한 것으로 본다.

30.
[답] ② 만기가 확정된 채무증권으로서 상환금액이 확정되었거나 확정이 가능한 채무증권을 만기까지 보유할 적극적인 의도와 능력이 있는 경우에는 만기보유증권으로 분류한다.

31.
[답] ② 우발부채는 일반기업회계기준상 부채의 인식기준을 충족하지 못하여 재무제표에 부채로 인식하지 아니하고 주석에 기재한다. [일반기업회계기준 제14장 14.5]

32.
[답] ③
　　① 상품권 판매 : 상품 등을 제공 또는 판매하여 상품권을 회수한 시점
　　② 할부판매 : 재화를 고객에게 판매하는 시점
　　④ 시용판매 : 소비자가 매입의사를 표시하는 시점

33.
[답] ② [일반기업회계기준 제2장 2.57] 수익과 비용은 각각 총액으로 보고하는 것을 원칙으로 한다. 다만, 다른 장에서 수익과 비용을 상계하도록 요구하는 경우에는 상계하여 표시하고, 허용하는 경우에는 상계하여 표시할 수 있다.

34.
[답] ③ 만기보유증권은 상각후원가로 평가하여 재무상태표에 표시한다.

35.
[답] ① 도매업을 운영하는 회사가 판매 목적으로 보유하는 상품은 재고자산에 해당한다.
・제조업을 영위하는 회사가 공장 이전을 위하여 보유하는 토지 및 서비스업을 영위하는 회사가 사옥 이전을 목적으로 보유하는 건물은 모두 유형자산에 해당한다.
・부동산매매업을 영위하는 회사가 단기 시세차익을 목적으로 보유하는 유가증권은 투자자산에 해당한다.

36.
[답] ① 다른 종류의 자산과의 교환으로 취득한 유형자산의 취득원가는 원칙적으로 교환을 위하여 제공한 자산의 공정가치로 측정한다. 다만, 교환을 위하여 제공한 자산의 공정가치가 불확실한 경우에는 교환으로 취득한 자산의 공정가치를 취득원가로 할 수 있다.

37.
[답] ③
・선입선출법 : (20개×120,000원) + (10개×110,000원) = 3,500,000원
・총평균법 : (30개×114,000원*1) = 3,420,000원
*1 총평균법 단가 : [(10개×100,000원) + (30개×120,000원) + (10개×110,000원)] ÷ 50개 = 114,000원

38.
[답] ③ 상환기간이 2년이므로 장기차입금으로 인식하여야 한다.

39.
[답] ②
- 대손충당금 잔액 : 기초 대손충당금 300,000원 - 당기 대손상각액 150,000원 = 150,000원
- 기말 대손충당금 : 기말 외상매출금 잔액 50,000,000원×1% = 500,000원
- 당기 대손충당금 설정액 : 기말 대손충당금 500,000원 - 대손충당금 잔액 150,000원 = 350,000원

40.
[답] ④ 재평가차익은 기타포괄손익누계액 항목이다.

41.
[답] ① [일반기업회계기준 재무회계개념체계 문단 138] 어떤 항목이 신뢰성 있게 측정되기 위해서 그 측정속성의 금액이 반드시 확정되어 있다는 것을 의미하지는 않으며, 추정에 의한 측정치도 합리적인 근거가 있을 경우 당해 항목의 인식에 이용될 수 있다. 예를 들어, 제품의 보증수리에 소요될 비용을 과거의 보증수리 실적을 토대로 추정하는 것은 합리적 추정치가 될 수 있다.

42.
[답] ② 자산을 비용으로 처리하면 자산 과소계상, 비용 과대계상, 순이익 과소계상을 초래하지만 수익에는 영향을 미치지 않는다.

43.
[답] ④ 950,000원
= (500개×300원) + (2,000개×400원)

44.
[답] ④ 영업활동에서 사용되는 자산은 유형자산이며, 판매 목적의 자산은 재고자산으로 분류하여야 한다.

45.
[답] ④ [일반기업회계기준 6.30] 단기매매증권과 매도가능증권은 공정가치로 평가한다. 다만, 매도가능증권 중 시장성이 없는 지분증권의 공정가치를 신뢰성 있게 측정할 수 없는 경우에는 취득원가로 평가한다.

46.
[답] ④ 27,000,000원
= (취득원가 60,000,000원 - 잔존가치 6,000,000원)×3/6

47.
[답] ② 판매를 목적으로 취득하는 자산은 재고자산이다.

48.
[답] ③ 5,100,000원
= 기초상품 5,000,000원 + (당기매입 2,000,000원 - 매입할인 100,000원) + 매입운임 200,000원
- 기말상품 2,000,000원

## ❋ 원가회계 답안지 ❋

1.
[답] ③ 제품 생산량이 증가함에 따라 제품 단위당 고정원가는 감소한다.

2.
[답] ② 예정배부액 = 700시간 × 95원 = 66,500원
배부차이 = 예정배부액(66,500원) - 실제발생액(70,000원) = 3,500원(과소배부)

3.
[답] ③ 상호배부법은 둘 이상의 보조부문이 있을 경우 보조부문 간의 용역 수수관계를 완전히 반영하기 때문에 보조부문원가의 배부 방법 중 가장 정확하다.

4.
[답] ④ 기말재공품 환산량 = 100개 × 50% = 50개
평균법에 의한 가공비 완성품 환산량 = 1,000개(당기완성품수량) + 50개(기말재공품 환산량) = 1,050개

5.
[답] ④

6.
[답] ④ 당기 제품제조원가 : 기초 재공품재고액(100,000원) + 당기 총제조원가(350,000원) - 기말 재공품재고액(130,000원) = 320,000원
매출원가 : 기초 제품재고액(300,000원) + 당기 제품제조원가(320,000원) - 기말 제품재고액(280,000원) = 340,000원

7.
[답] ④ 보조부문원가를 변동원가와 고정원가로 구분하여 각각 다른 배부기준을 적용하여 배부하는 방법은 이중배부율법이다

8.
[답] ① 종합원가계산은 단일 종류의 제품을 연속적으로 대량 생산하는 경우에 적용하는 방법이다.
9.

[답] ④ 제조경비는 생산요소별 분류로 직접비와 간접비 모두를 포함한다.

10.
[답] ③
기초원가 = 직접재료비 + 직접노무비
가공원가 = 직접노무비 + 제조간접비
(당기총)제조원가 = 직접재료비 + 직접노무비 + 제조간접비

11.
[답] ④ 종합원가계산에 대한 설명이다.

12.
[답] ③ 평균법에 의한 가공비 완성품 환산량 130,000개 + 50,000개 × 10% = 135,000개

13.
[답] ②
①, ③, ④는 개별원가계산에 관한 설명이다.

14.
[답] ④
재료비 = 300 + (200×100%) = 500개
가공비 = 300 + (200×50%) = 400개

15.
[답] ② 변동비 그래프는 가, 다 이며, 고정비 그래프는 나, 라 이다.

16.
[답] ②
① 단계배분법은 보조부문의 배분 순서에 따라 원가를 계산한다.
③ 직접배분법은 정확한 원가배분을 하지 못하나, 계산이 간편하다.
④ 각 보조부문에서 발생한 원가를 제조부문에 직접배분하는 방법은 직접배분법이다.

17.
[답] ② 1,900,000원
= 기초재공품 300,000원 + 당기총제조원가 2,200,000원 - 기말재공품 600,000원
・당기총제조원가 : 직접재료비 1,000,000원 + 직접노무비 500,000원 + 제조간접비 700,000원 = 2,200,000원

18.
[답] ② 250원/직접노무시간
= 예정배부액 500,000원÷실제 직접노무시간 2,000시간
• 예정배부액 - 실제발생액 400,000원 = 100,000원(과대배부)
∴ 예정배부액 = 500,000원
• 예정배부액 : 실제 직접노무시간 2,000시간 × 예정배부율 = 500,000원
∴ 예정배부율 = 250원/시간

19.
[답] ③ 당기 기말제품 재고액은 손익계산서에서 매출원가를 산출하는데 필요한 자료이므로 제조원가명세서와는 상관없는 자료이다.

20.
[답] ① 매몰원가에 대한 설명이다.

21.
[답] ③ 보조부문원가의 배분방법 중 어떤 방법을 선택해도 순이익은 동일하다.

22.
[답] ④ 700,000원
= 전월 선급액 500,000원 + 당월 지급액 200,000원

23.
[답] ③ 개별원가계산은 다품종 소량생산하는 기업에 적합하며, 특정제조지시서를 사용하고, 종합원가에 비해 각 제품별 정확한 원가계산이 가능하다. 종합원가계산은 동일한 종류의 제품을 연속적으로 대량생산하는 기업에 적합하며, 계속제조지시서를 사용한다.

24.
[답] ④ 배부기준의 실제조업도 × 예정배부율


# ❋ 세무회계 답안지 ❋

1.
[답] ③ 영리목적이 없는 경우에도 사업상 독립적으로 재화를 공급하면 납세의무가 있다.

2.

[답] ④ 부가가치세법 시행령 제19조2 및 부가가치세법 제10조
①,②,③은 실비변상적이거나 복리후생적인 목적으로 제공해 재화의 공급으로 보지 않는 경우에 해당하며 ④는 재화의 공급으로 간주하는 경우에 해당한다,

3.
[답] ③ 공급품목은 임의적 기재사항이다(부가가치세법 제32조 제1항 제5호 및 같은 법 시행령 제67조 제2항 제4호).

4.
[답] ④ 대가의 각 부분을 받기로 한 때

5.
[답] ③ 신문을 공급하는 경우에는 부가가치세가 면제되지만, 신문광고에 대해서는 부가가치세가 과세된다.(부가가치세법 제26조 제1항 제8호).

6.
[답] ② 세금계산서의 필요적 기재사항이 일부라도 기재되지 않은 경우 그 효력이 인정되지 않는다.

7.
[답] ④ 부가가치세의 과세대상은 크게 재화와 용역의 공급 그리고 재화의 수입으로 구분된다.

8.
[답] ③ c는 재화의 실질공급, d는 재화의 간주공급에 해당한다.

9.
[답] ② 부도발생일로부터 6개월 이상 지난 수표·어음·중소기업의 외상매출금은 대손세액공제 대상이다.

10.
[답] ③ 부가가치세는 개별소비세가 아니라 일반소비세 이다.

11.
[답] ② 부가가치세법 제28조 제2항, 면세의 포기를 신고한 사업자는 신고한 날부터 3년간 부가가치세를 면제받지 못한다.
① 면세포기절차는 승인을 요하지 않는다.
③ 면세포기는 영세율 적용의 대상이 되는 재화, 용역등에 가능하다.
④ 면세포기를 신고하면 거래징수당한 매입세액을 공제받을 수 있게 된다.

## 12.
[답] ③ 제품을 재해로 인하여 소실한 경우에는 재화의 공급으로 보지 아니하며, 재화공급의 특례(간주공급)에 해당하는 경우에는 시가를 기준으로 과세한다.
∴ 2,220,000원 = 2,000,000원(외상판매액) + 120,000원(시가, 개인적공급) + 100,000원(비영업용승용차 매각대금)

## 13.
[답] ① 부가가치세법 제26조 제1항, 항공법에 따른 항공기에 의한 여객운송 용역은 부가가치세를 면세하는 여객운송 용역에서 제외한다. 따라서 항공기에 의한 여객운송 용역은 부가가치세 과세대상이다.

## 14.
[답] ② 부가가치세법 제29조 제5항 5호, 공급에 대한 대가의 지급이 지체되었음을 이유로 받는 연체이자는 공급가액에 포함하지 않는다.

## 15.
[답] ① 부가가치세법 제8조 제1항
・신규로 사업을 시작하려는 자는 사업개시일 이전이라도 사업자등록 신청할 수 있다.
・사업개시일 이전에 사업자등록을 신청한 경우에는 그 신청한 날부터 그 신청일이 속하는 과세기간의 종료일까지로 한다.
・사업자등록의 신청은 사업장 관할세무서장이 아닌 다른 세무서장에게도 가능하다.

## 16.
[답] ① 영세율은 완전면세제도이다.

## 17.
[답] ① 부가가치세법 제12조, 고용관계에 따라 근로를 제공하는 것은 용역의 공급으로 보지 아니한다. 사업자가 대가를 받지 아니하고 타인에게 용역을 공급하는 것은 용역의 공급으로 보지 아니한다. 다만, 사업자가 특수관계인에게 사업용 부동산의 임대용역 등을 공급하는 것은 용역의 공급으로 본다.

## 18.
[답] ① 부가가치세법 제32조 제2항, 법인사업자와 직전 연도의 사업장별 재화 및 용역의 공급가액(면세공급가액을 포함)의 합계액이 3억원 이상인 개인사업자는 세금계산서를 발급하려면 전자적 방법으로 세금계산서를 발급하여야 한다.

# 제11편
# 전산회계1급 실기모의고사

1회 실기모의고사 및 해답(코드 1001) ·················································· 604
2회 실기모의고사 및 해답(코드 1002) ·················································· 615
3회 실기모의고사 및 해답(코드 1003) ·················································· 625

# 1회 실기모의고사

회계 1급

㈜동진상사(회사코드:1001)는 스포츠의류를 제조하여 판매하는 중소기업으로 당기(제7기)의 회계기간은 2025.1.1.~2025.12.31.이다. 전산세무회계 수험용 프로그램을 이용하여 다음 물음에 답하시오.

### 문제1

다음은 [기초정보관리] 및 [전기분재무제표]에 대한 자료이다. 각각의 요구사항에 대하여 답하시오. (10점)

[1] 제품 매출을 위해 소망카드와 신용카드가맹점 계약을 하였다. 다음의 자료를 이용하여 [거래처등록] 메뉴에서 거래처를 등록하시오(단, 주어진 자료 외의 다른 항목은 입력할 필요 없음). (3점)

· 코드 : 99605　　· 거래처명 : 소망카드　　· 가맹점번호 : 654800341　　· 유형 : 매출

[2] 다음 자료를 이용하여 [계정과목및적요등록] 메뉴에서 계정과목을 등록하시오. (3점)

· 코드 : 855　　　　　　　　· 계정과목 : 인적용역비
· 성격 : 경비　　　　　　　　· 대체적요 : 1. 사업소득자 용역비 지급

[3] ㈜동진상사의 기초 채권 및 채무의 올바른 잔액은 다음과 같다. [거래처별초기이월] 자료를 검토하고 오류가 있으면 삭제 또는 수정, 추가 입력하여 올바르게 정정하시오. (4점)

| 계정과목 | 거래처 | 금액 | 재무상태표 금액 |
|---|---|---|---|
| 외상매출금 | ㈜부산무역 | 49,000,000원 | 82,000,000원 |
| | ㈜영월상사 | 33,000,000원 | |
| 외상매입금 | ㈜여주기업 | 51,000,000원 | 75,800,000원 |
| | ㈜부여산업 | 24,800,000원 | |

## 문제2

다음의 거래 자료를 [일반전표입력] 메뉴를 이용하여 입력하시오(일반전표입력의 모든 거래는 부가가치세를 고려하지 말 것). (18점)

**< 입력 시 유의사항 >**
- 일반적인 적요의 입력은 생략하지만, 타계정 대체거래는 적요번호를 선택하여 입력한다.
- 채권·채무와 관련된 거래는 별도의 요구가 없는 한 반드시 기 등록되어 있는 거래처코드를 선택하는 방법으로 거래처명을 입력한다.
- 제조경비는 500번대 계정코드를, 판매비와 관리비는 800번대 계정코드를 사용한다.
- 회계처리시 계정과목은 별도제시가 없는 한 등록되어 있는 계정과목 중 가장 적절한 과목으로 한다.

[1] 09월 18일 ㈜강남에 지급하여야 하는 외상매입금 2,500,000원 중 1,300,000원은 3개월 만기 약속어음을 발행하여 지급하고, 나머지는 면제받았다. (3점)

[2] 10월 13일 제품 3,000,000원을 거래처 일만상사에 판매하기로 계약하고, 계약금으로 공급대가의 20%를 일만상사 발행 당좌수표로 받다. (3점)

[3] 10월 15일 추석 명절을 맞아 다음과 같이 직원 상여금을 보통예금 계좌에서 지급하였다. (3점)

| 성명 | 부서 | 상여금(원) | 공제액(원) | | | 차인지급액(원) |
| --- | --- | --- | --- | --- | --- | --- |
| | | | 근로소득세 | 지방소득세 | 공제합계 | |
| 김세무 | 영업부 | 500,000 | 50,000 | 5,000 | 55,000 | 445,000 |
| 이회계 | 생산부 | 900,000 | 90,000 | 9,000 | 99,000 | 801,000 |
| 계 | | 1,400,000 | 140,000 | 14,000 | 154,000 | 1,246,000 |

[4] 11월 11일 9월 30일에 열린 주주총회에서 결의했던 금전 중간배당금 2,000,000원을 보통예금으로 지급하였다(단, 9월 30일의 회계처리는 적정하게 이루어졌으며, 원천징수는 없는 것으로 가정한다). (3점)

[5] 12월 28일 사무실에서 사용할 비품으로 공기청정기를 구입하고 구입대금은 신용카드로 결제하였다(카드대금은 미지급금 계정을 사용할 것). (3점)

㈜윤서전자
사업자번호 106-81-20225   이윤서
경기도 부천시 경인옛로 111   TEL : 3385-8085
홈페이지 http://www.ys.com

카드 매출전표
구매 2025/12/28/10:46   거래번호 : 0006-0007

| 상품명 | 수량 | 공급대가 |
| --- | --- | --- |
| 공기청정기(25평형) 2543655000009 | 1 | 3,000,000원 |
| 합 계 | | 3,000,000원 |
| 받은금액 | | 3,000,000원 |

************************* 결 제 카 드 *************************
씨티카드 5540-80**-****-**97
승인번호 : 00098867

[6] 12월 30일 ㈜동진상사는 영업부 임직원의 퇴직금에 대하여 확정급여형(DB형) 퇴직연금에 가입하고 있으며, 12월분 퇴직연금 납입액 5,500,000원을 당사 보통예금 계좌에서 이체하였다. 단, 납입액 5,500,000원 중 2%는 금융기관에 지급하는 수수료이다. (3점)

### 문제3  다음의 거래 자료를 [매입매출전표입력] 메뉴를 이용하여 입력하시오. (18점)

< 입력 시 유의사항 >
· 일반적인 적요의 입력은 생략하지만, 타계정 대체거래는 적요번호를 선택하여 입력한다.
· 별도의 요구가 없는 한 반드시 기 등록되어 있는 거래처코드를 선택하는 방법으로 거래처명을 입력한다.
· 제조경비는 500번대 계정코드를, 판매비와 관리비는 800번대 계정코드를 사용한다.
· 회계처리시 계정과목은 별도제시가 없는 한 등록되어 있는 계정과목 중 가장 적절한 과목으로 한다.
· 입력화면 하단의 분개까지 처리하고, 전자세금계산서 및 전자계산서는 전자입력으로 반영한다.

[1] 07월 25일 수출 관련 구매확인서에 근거하여 제품 10,000,000원(공급가액)을 ㈜정남에 공급하고 영세율전자세금계산서를 발급하였다. 7월 15일에 기수령한 계약금 2,000,000원을 제외한 대금은 외상으로 하였다(서류번호는 입력하지 않음). (3점)

[2] 09월 20일 주경상사에서 원재료를 매입하고 다음의 전자세금계산서를 발급받았다. (3점)

| 전자세금계산서 | | | | | | 승인번호 | | 20250920-1000000-00009329 | | |
|---|---|---|---|---|---|---|---|---|---|---|
| 공급자 | 사업자등록번호 | 109-53-56618 | 종사업장번호 | | 공급받는자 | 사업자등록번호 | 136-81-29187 | 종사업장번호 | | |
| | 상호(법인명) | 주경상사 | 성명(대표자) | 한수진 | | 상호(법인명) | ㈜동진상사 | 성명(대표자) | 김동진 | |
| | 사업장 주소 | 경기도 의정부시 망월로 11 | | | | 사업장 주소 | 경기도 안산시 단원구 별망로 178 | | | |
| | 업태 | 도소매 | 종목 | 의류 | | 업태 | 제조·도소매 | 종목 | 스포츠의류 | |
| | 이메일 | | | | | 이메일 | | | | |
| 작성일자 | | 공급가액 | | 세액 | | | 수정사유 | | | |
| 2025.09.20. | | 1,300,000원 | | 130,000원 | | | 해당 없음 | | | |
| 비고 | | | | | | | | | | |
| 월 | 일 | 품목 | 규격 | 수량 | 단가 | | 공급가액 | 세액 | 비고 | |
| 9 | 20 | 원단 | | 100 | 13,000원 | | 1,300,000원 | 130,000원 | | |
| 합계금액 | | 현금 | 수표 | | 어음 | | 외상미수금 | 이 금액을 | 영수 / 청구 | 함 |
| 1,430,000원 | | 1,000,000원 | | | | | 430,000원 | | | |

[3] 10월 26일 영업사원을 대상으로 직장 내 성희롱 예방교육을 실시하고, ㈜예인으로부터 전자계산서를 발급받았다. 대금 1,650,000원은 보통예금에서 이체하였다. (3점)

[4] 11월 11일 독일 왓츠자동차로부터 5인승 업무용 승용차(3,000cc)를 수입하면서 인천세관장으로부터 수입전자세금계산서를 다음과 같이 수취하고, 부가가치세는 당좌수표를 발행하여 즉시 납부하다(부가가치세만 회계처리할 것). (3점)

| 수입전자세금계산서 | | | | | | 승인번호 | | 20251111-1000000-00009329 | | |
|---|---|---|---|---|---|---|---|---|---|---|
| 공급자 | 사업자등록번호 | 128-88-12345 | 종사업장번호 | | 공급받는자 | 사업자등록번호 | 136-81-29187 | 종사업장번호 | | |
| | 세관명 | 인천세관 | 성명(대표자) | 인천세관장 | | 상호(법인명) | ㈜동진상사 | 성명(대표자) | 김동진 | |
| | 세관 주소 | 인천광역시 남동구 구월남로 129 | | | | 사업장 주소 | 경기도 안산시 단원구 별망로 178 | | | |
| | 수입신고번호 또는 일괄발급기간(총건) | | | | | 업태 | 제조·도소매 | 종목 | 스포츠의류 | |
| | | | | | | 이메일 | | | | |
| 작성일자 | | 과세표준 | | 세액 | | | 수정사유 | | | |
| 2025.11.11. | | 88,000,000원 | | 8,800,000원 | | | 해당 없음 | | | |
| 비고 | | | | | | | | | | |
| 월 | 일 | 품목 | 규격 | 수량 | 단가 | | 과세표준 | 세액 | 비고 | |
| 11 | 11 | 승용차(3000cc) | | | | | 88,000,000원 | 8,800,000원 | | |
| 합계금액 | | 96,800,000원 | | | | | | | | |

[5] 12월 07일 영업부에서 회식을 하고 법인체크카드(하나카드)로 결제하자마자 바로 보통예금에서 인출되었다. (3점)

| 단말기번호 | 전표번호 |
|---|---|
| 502252251 | 120724128234 |

카드종류
하나카드                    신용승인
카드번호
9451-1122-1314-1235
판매일자
2025/12/07 11:12:36

| 거래구분 | 금액 | 400,000원 |
|---|---|---|
| 일시불 | 세금 | 40,000원 |
| 은행확인 | 봉사료 | 0원 |
| 하나카드 | 합계 | 440,000원 |

판매자
대표자                      이성수
사업자등록번호              875-03-00273
가맹점명                    명량
가맹점주소
경기도 화성시 마도면 마도로620번길 79

서명
㈜동진상사

[6] 12월 30일 개인사업자인 미래회계학원에 제품을 현금으로 판매하고 다음과 같은 현금영수증을 발급하였다(단, 거래처를 입력할 것). (3점)

㈜동진상사
사업자번호 136-81-29187        김동진
경기도 안산시 단원구 별망로 178   TEL : 031-3289-8085

**현금(지출증빙)**

구매 2025/12/30/10:46        거래번호 : 0026-0107

| 상품명 | 수량 | 금액 |
|---|---|---|
| 패딩셋트 | 3set | 6,600,000원 |
| | 과세물품가액 | 6,000,000원 |
| | 부 가 세 | 600,000원 |
| | **합   계** | **6,600,000원** |
| | 승 인 금 액 | 6,600,000원 |

## 문제4

[일반전표입력] 및 [매입매출전표입력] 메뉴에 입력된 내용 중 다음과 같은 오류가 발견되었다. 입력된 내용을 확인하여 삭제, 수정 또는 추가 입력하여 오류를 정정하시오. (6점)

[1] 12월 10일 공장의 창문이 파손되어 유리창을 교체하면서 800,000원(부가가치세 별도)을 ㈜글라스에 자기앞수표로 지급하고 전자세금계산서를 수령하였다. 이는 수익적지출에 해당하나 자본적 지출로 잘못 회계처리 하였다. (3점)

[2] 12월 18일 영업부 사무실의 수도광열비 74,500원을 현금으로 지급한 것으로 회계처리하였으나, 이는 제품 제조공장에서 발생한 전기요금으로 확인되었다. (3점)

## 문제5

결산정리사항은 다음과 같다. 해당 메뉴에 입력하시오. (9점)

[1] 결산일 현재 현금과부족에 대한 원인을 확인한 결과 영입부 직원의 출장경비 영수증이 누락된 것으로 판명되어 해당 직원으로부터 아래의 영수증을 제출받았다(출장경비는 여비교통비 계정을 사용할 것). (3점)

**지방모텔**
사업자번호 106-28-20180    이지안
강원도 삼척시 세멘로 24    TEL : 3285-8083

### 영수증

| 상품명 | 수량 | 금액 |
|---|---|---|
| 일반실 | 2 | 140,000원 |
| 합 계 | | 140,000원 |
| 받은금액 | | 140,000원 |

**이지방맛집**
사업자번호 106-11-10175    이지방
강원도 삼척시 동굴로 33    TEL : 3285-3085

### 영수증

| 상품명 | 수량 | 금액 |
|---|---|---|
| 송이전골 | 3 | 90,000원 |
| 합 계 | | 90,000원 |
| 받은금액 | | 90,000원 |

[2] 11월 25일 미국 K사로부터 차입한 외화장기차입금 36,000,000원($30,000)에 대하여 결산일 현재의 기준환율 1,150원/$을 적용하여 평가하다. (3점)

[3] 12월 31일 결산일 현재 재고자산의 기말재고액은 다음과 같다(단, 전표입력의 구분은 5:결산차변 또는 6:결산대변으로 입력할 것). (3점)

- 원재료 : 4,400,000원    · 재공품 : 5,000,000원    · 제품 : 5,600,000원

### 문제6  다음 사항을 조회하여 답안을 메뉴에 입력하시오. (9점)

[1] 제1기 부가가치세 예정신고에 반영된 내용 중 3월 현금영수증 발행분 매출의 공급가액은 얼마인가? (3점)

[2] 상반기(1월~6월) 중 외상매출금이 가장 많이 감소한 거래처와 그 금액은 얼마인가? (3점)

[3] 4월 중 현금으로 지급한 도서인쇄비(판매비및일반관리비)의 금액은 얼마인가? (3점)

# 1회 실기모의고사 답안

## 문제1

1.
[답]
[거래처등록] > [신용카드] 탭 > ・코드 : 99605
・거래처명 : 소망카드
・유형 : 1.매출
・가맹점번호 : 654800341

2.
[답]
[계정과목및적요등록] > 코드 : 0855 > ・계정과목 : 인적용역비
・성격 : 3.경비
・대체적요 : 적요NO 1, 사업소득자 용역비 지급

3.
[답]
[거래처별초기이월] > ・외상매출금 > ・㈜부산무역 23,000,000원 → 49,000,000원으로 수정
・㈜영월상사 13,000,000원 → 33,000,000원으로 수정
・외상매입금 > ・㈜여주기업 50,000,000원 → 51,000,000원으로 수정
・㈜부여산업 24,800,000원 추가입력

## 문제2

1.
[답] 일반전표입력
09.18.　　　(차) 외상매입금(㈜강남)　2,500,000원　　(대) 지급어음(㈜강남)　1,300,000 원
　　　　　　　　　　　　　　　　　　　　　　　　채무면제이익　　　　1,200,000 원

2.
[답] 일반전표입력
10.13.　　　(차) 현금　600,000원　　(대) 선수금(일만상사)　600,000원
　　　또는 입금전표　　선수금(일만상사)　600,000원

3.
[답] 일반전표입력
10.15.　　　(차) 상여금(판)　500,000원　　(대) 예수금　　154,000원
　　　　　　　　상여금(제)　900,000원　　　　보통예금　1,246,000원

4.
[답] 일반전표입력
11.11.     (차) 미지급배당금     2,000,000원     (대) 보통예금     2,000,000원

5.
[답] 일반전표입력
12.28.     (차) 비품     3,000,000원     (대) 미지급금(씨티카드)     3,000,000원

6.
[답] 일반전표입력
12.30.     (차) 퇴직연금운용자산     5,390,000원     (대) 보통예금     5,500,000원
                수수료비용(판)     110,000원

## 문제3

1.
[답] 매입매출전표입력
유형: 12.영세     공급가액: 10,000,000원     부가세: 0원     거래처:㈜정남     전자: 여     분개: 혼합
영세율구분 : 3.내국신용장·구매확인서에 의하여 공급하는 재화
07.25.     (차) 외상매출금(㈜정남)     8,000,000원     (대) 제품매출     10,000,000원
                선수금(㈜정남)     2,000,000원

2.
[답] 매입매출전표입력
유형: 51.과세     공급가액: 1,300,000원     부가세: 130,000원     거래처:주경상사     전자: 여     분개: 혼합
09.20.     (차) 원재료     1,300,000원     (대) 현금     1,000,000원
                부가세대급금     130,000원         지급어음(주경상사)     430,000원

3.
[답] 매입매출전표입력
유형: 53.면세     공급가액: 1,650,000원     거래처:㈜예인     전자: 여     분개: 혼합
10.26.     (차) 교육훈련비(판)     1,650,000원     (대) 보통예금     1,650,000원

4.
[답] 매입매출전표입력
유형: 54.불공     공급가액: 88,000,000원     부가세: 8,800,000원     거래처:인천세관     전자: 여     분개: 혼합
불공제사유 : 3.비영업용 소형승용자동차 구입·유지 및 임차
11.11.     (차) 차량운반구     8,800,000원     (대) 당좌예금     8,800,000원

5.
[답] 매입매출전표입력
유형: 57.카과   공급가액: 400,000원   부가세: 40,000원   거래처:명량   분개: 혼합 또는 카드
신용카드사 : 하나카드
12.07.   (차) 복리후생비(판)   400,000원   (대) 보통예금   440,000원
              부가세대급금       40,000원


6.
[답] 12월 30일 매입매출전표입력
유형: 22.현과   공급가액: 6,000,000원   부가세:600,000원   거래처:미래회계학원   분개: 혼합 또는 현금
12.30.   (차) 현금   6,600,000원   (대) 제품매출       6,000,000원
                                    부가세예수금      600,000원


## 문제4

1.
[답] 매입매출전표입력
• 수정
전 : 유형: 51.과세   공급가액: 800,000원   부가세: 80,000원   거래처:㈜글라스   전자: 여   분개: 혼합(현금)
12.10.   (차) 건물            800,000원   (대) 현금   880,000원
              부가세대급금      80,000원

• 수정
후 : 유형: 51.과세   공급가액: 800,000원   부가세: 80,000원   거래처:㈜글라스   전자: 여   분개: 혼합(현금)
12.10.   (차) 수선비(제)      800,000원   (대) 현금   880,000원
              부가세대급금      80,000원


2.
[답] 일반전표입력
• 수정 전 : 12.18.   출금전표   수도광열비(판)   74,500원
• 수정 후 : 12.18.   (차) 전력비(제)         74,500원   (대) 현금   74,500원
                 또는 출금전표   전력비(제)   74,500원

## 문제5

**1.**
[답] 일반전표입력

| 12.31. | (차) 여비교통비(판) | 230,000원 | (대) 현금과부족 | 230,000원 |
|---|---|---|---|---|
| 또는 | (차) 여비교통비(판) | 140,000원 | (대) 현금과부족 | 230,000원 |
| | 여비교통비(판) | 90,000원 | | |
| 또는 | (차) 여비교통비(판) | 140,000원 | (대) 현금과부족 | 140,000원 |
| | (차) 여비교통비(판) | 90,000원 | (대) 현금과부족 | 90,000원 |
| 또는 | (차) 여비교통비(판) | 230,000원 | (대) 현금과부족 | 140,000원 |
| | | | 현금과부족 | 90,000원 |

**2.**
[답] 일반전표입력

12.31. (차) 외화장기차입금(미국 K사) 1,500,000원 (대) 외화환산이익 1,500,000원

· 외화장기차입금 평가금액 : $30,000×1,150원 = 34,500,000원
· 외화환산이익 : 외화장기차입금 장부금액 36,000,000원 - 외화장기차입금 평가금액 34,500,000원
  = 1,500,000원

**3.**
[답]
[결산자료입력] > 제품매출원가 > · 원재료비 : 기말원재료재고액 4,400,000원 입력 > F3 전표추가
· 당기총제조비용 : 기말재공품재고액 5,000,000원 입력
· 당기완성품제조원가 : 기말제품재고액 5,600,000원 입력


## 문제6

**1.**
[답] 700,000원
[매입매출장] > 조회기간 : 3월 1일~3월 31일 > 구분 : 2.매출 > 유형 : 22.현과

**2.**
[답] 삼선상회, 20,800,000원
[거래처원장] > 기간 : 1월 1일~6월 30일 > 계정과목 : 외상매출금 > 대변 금액 비교

**3.**
[답] 25,000원
[일계표(월계표)] > 조회기간 : 4월 1일~4월 30일 > 5.판매비및일반관리비 > 도서인쇄비 > 차변 현금

# 2회 실기모의고사

회계 1급

㈜금왕전자(회사코드:1002)는 전자제품을 제조하여 판매하는 중소기업으로, 당기(제8기)의 회계기간은 2025.1.1.~2025.12.31.이다. 전산세무회계 수험용 프로그램을 이용하여 다음 물음에 답하시오.

### 문제1
다음은 [기초정보관리] 및 [전기분재무제표]에 대한 자료이다. 각각의 요구사항에 대하여 답하시오. (10점)

[1] 다음의 자료를 이용하여 [거래처등록] 메뉴에서 신규거래처를 등록하시오(단, 주어진 자료 외의 다른 항목은 입력할 필요 없음). (3점)

- 거래처코드 : 7171
- 거래처명 : ㈜천천상사
- 대표자성명 : 이부천
- 유형 : 매출
- 사업자등록번호 : 129 - 86 - 78690
- 업태 : 도매
- 종목 : 전자제품
- 사업장 주소 : 인천광역시 계양구 경명대로 1077 로얄프라자 201호(계산동)
  (단, 주소 입력 시 우편번호 입력은 생략함.)

[2] ㈜금왕전자의 기초 채권 및 채무의 올바른 잔액은 다음과 같다. [거래처별초기이월] 자료를 검토하여 오류가 있으면 삭제 또는 수정, 추가 입력하여 올바르게 정정하시오. (3점)

| 계정과목 | 거래처 | 금액 |
|---|---|---|
| 외상매출금 | ㈜대전전자 | 3,000,000원 |
| | ㈜목포전자 | 2,000,000원 |
| 외상매입금 | 손오공상사 | 1,500,000원 |
| | 사오정산업 | 800,000원 |
| 받을어음 | ㈜대구전자 | 300,000원 |

[3] 전기분 손익계산서를 검토한 결과 다음과 같은 오류가 발견되었다. [전기분재무상태표], [전기분손익계산서], [전기분원가명세서], [전기분잉여금처분계산서] 중 관련된 부분을 수정하시오. (4점)

| 계정과목 | 틀린 내용 | 올바른 내용 |
|---|---|---|
| 소모품비 | 판매비와관리비로 2,000,000원을 과다계상함 | 제조원가로 2,000,000원을 추가 반영할 것 |

## 문제2

다음의 거래 자료를 [일반전표입력] 메뉴를 이용하여 입력하시오(일반전표입력의 모든 거래는 부가가치세를 고려하지 말 것). (18점)

─── < 입력 시 유의사항 > ───
· 일반적인 적요의 입력은 생략하지만, 타계정 대체거래는 적요번호를 선택하여 입력한다.
· 채권·채무와 관련된 거래는 별도의 요구가 없는 한 반드시 기 등록되어 있는 거래처코드를 선택하는 방법으로 거래처명을 입력한다.
· 제조경비는 500번대 계정코드를, 판매비와 관리비는 800번대 계정코드를 사용한다.
· 회계처리시 계정과목은 별도제시가 없는 한 등록되어 있는 계정과목 중 가장 적절한 과목으로 한다.

[1] 07월 20일 회사가 보유하고 있던 매도가능증권(투자자산)을 다음과 같은 조건으로 처분하고 대금은 보통예금으로 회수하였다(단, 전기의 기말평가는 일반기업회계기준에 따라 처리하였다). (3점)

| 취득가액 | 2023년 말 공정가치 | 처분가액 | 비고 |
|---|---|---|---|
| 24,000,000원 | 28,000,000원 | 29,000,000원 | 시장성이 있다. |

[2] 09월 26일 창고에 보관 중인 원재료 550,000원(원가)을 공장에서 사용 중인 기계장치의 수리를 위하여 사용하였다. (3점)

[3] 11월 04일 세금계산서를 발급할 수 없는 간이과세자인 일백토스트에서 공장 생산직 직원들의 간식용 토스트를 주문하였다. 대금은 현금으로 지급하고, 아래와 같은 영수증을 받았다(일반전표에 입력할 것). (3점)

**일백토스트**

사업자번호 121-15-12340　　　　김일백
경기도 이천시 가좌로1번길　　TEL : 031-400-1158
홈페이지 http://www.kacpta.or.kr

**현금(지출증빙용)**

구매 2025/11/04/10:06　　　　　　거래번호 : 150

| 상품명 | 단가 | 수량 | 금액 |
|---|---|---|---|
| 햄토스트 | 2,500원 | 4 | 10,000원 |
| 치즈토스트 | 2,000원 | 5 | 10,000원 |
| 합　　계 | | | 20,000원 |
| 받은금액 | | | 20,000원 |

[4] 11월 05일 전기에 대손이 확정되어 대손충당금과 상계처리하였던 ㈜대전전자의 외상매출금 500,000원이 회수되어 당사의 보통예금 계좌에 입금되었다. (3점)

[5] 11월 08일 기계장치 구입으로 인하여 부가가치세 제2기 예정신고기간에 발생한 부가가치세 환급금 10,300,000원이 보통예금 계좌로 입금되었다. 부가가치세 제2기 예정신고기간의 부가가치세 환급금은 미수금으로 회계처리를 하였다. (3점)

[6] 11월 30일 해외거래처인 ACE에 수출(선적일 : 11월 1일)한 제품에 대한 외상매출금 $2,000를 회수하였다. 외화로 회수한 외상매출금은 즉시 원화로 환전하여 당사 보통예금 계좌에 입금하였다. (3점)

- 2025년 11월 1일 환율 : 1,100원/$
- 2025년 11월 30일 환율 : 1,150원/$

## 문제3  다음의 거래 자료를 [매입매출전표입력] 메뉴를 이용하여 입력하시오. (18점)

< 입력 시 유의사항 >
- 일반적인 적요의 입력은 생략하지만, 타계정 대체거래는 적요번호를 선택하여 입력한다.
- 별도의 요구가 없는 한 반드시 기 등록되어 있는 거래처코드를 선택하는 방법으로 거래처명을 입력한다.
- 제조경비는 500번대 계정코드를, 판매비와 관리비는 800번대 계정코드를 사용한다.
- 회계처리시 계정과목은 별도제시가 없는 한 등록되어 있는 계정과목 중 가장 적절한 과목으로 한다.
- 입력화면 하단의 분개까지 처리하고, 전자세금계산서 및 전자계산서는 전자입력으로 반영한다.

[1] 10월 16일 ㈜한국마트에서 대표이사 신윤철이 업무와 무관하게 개인적으로 이용하기 위하여 노트북 1대를 2,500,000원(부가가치세 별도)에 외상으로 구매하고 전자세금계산서를 받았다(단, 거래처를 입력할 것). (3점)

| 전자세금계산서 | | | | 승인번호 | 20251016 - 15454645 - 58811886 | | |
|---|---|---|---|---|---|---|---|
| 공급자 | 등록번호 | 105-81-23608 | 종사업장번호 | | 등록번호 | 126-87-10121 | 종사업장번호 | |
| | 상호(법인명) | ㈜한국마트 | 성명 | 한만군 | 상호(법인명) | ㈜금왕전자 | 성명 | 신윤철 |
| | 사업장주소 | 서울특별시 동작구 여의대방로 28 | | | 사업장주소 | 경기도 이천시 가좌로1번길 21-26 | | |
| | 업태 | 도소매 | 종목 | 전자제품 | 업태 | 제조,도소매 | 종목 | 전자제품 |
| | 이메일 | | | | 이메일 | | | |
| | | | | | 이메일 | | | |

| 작성일자 | 공급가액 | 세액 | 수정사유 | 비고 |
|---|---|---|---|---|
| 2025-10-16 | 2,500,000원 | 250,000원 | 해당 없음 | |

| 월 | 일 | 품목 | 규격 | 수량 | 단가 | 공급가액 | 세액 | 비고 |
|---|---|---|---|---|---|---|---|---|
| 10 | 16 | 노트북 | | 1 | 2,500,000원 | 2,500,000원 | 250,000원 | |

| 합계금액 | 현금 | 수표 | 어음 | 외상미수금 | 위 금액을 (**청구**) 함 |
|---|---|---|---|---|---|
| 2,750,000원 | | | | 2,750,000원 | |

[2] 10월 21일 ㈜송송유통에 제품을 판매하고 다음과 같이 전자세금계산서를 발급하였다. 판매대금 중 10,000,000원은 지주상사가 발행한 어음으로 받았고, 나머지는 다음 달에 받기로 하였다. (3점)

| 전자세금계산서 | | | | | 승인번호 | 20251021 - 15454645 - 58811886 | | |
|---|---|---|---|---|---|---|---|---|
| 공급자 | 등록번호 | 126-87-10121 | 종사업장번호 | | 공급받는자 | 등록번호 | 110-81-19066 | 종사업장번호 | |
| | 상호(법인명) | ㈜금왕전자 | 성명 | 신윤철 | | 상호(법인명) | ㈜송송유통 | 성명 | 이송 |
| | 사업장주소 | 경기도 이천시 가좌로1번길 21-26 | | | | 사업장주소 | 서울특별시 강남구 강남대로 30 | | |
| | 업태 | 제조,도소매 | 종목 | 전자제품 | | 업태 | 도소매 | 종목 | 전자제품 |
| | 이메일 | | | | | 이메일 | | | |
| | | | | | | 이메일 | | | |
| 작성일자 | | 공급가액 | | 세액 | | 수정사유 | | 비고 | |
| 2025-10-21 | | 40,000,000원 | | 4,000,000원 | | 해당 없음 | | | |
| 월 | 일 | 품목 | 규격 | 수량 | 단가 | 공급가액 | 세액 | 비고 |
| 10 | 21 | 전자제품 | | | | 40,000,000원 | 4,000,000원 | |
| 합계금액 | | 현금 | | 수표 | | 어음 | 외상미수금 | 위 금액을 (청구) 함 |
| 44,000,000원 | | | | | | 10,000,000원 | 34,000,000원 | |

[3] 11월 02일 ㈜이에스텍으로부터 공장 시설보호를 목적으로 CCTV 설치를 완료하고 전자세금계산서를 발급받았다. 대금총액 3,300,000원(부가가치세 포함) 중 현금으로 300,000원을 지급하였고, 나머지는 10회에 걸쳐 매달 말 균등 지급하기로 하였다(계정과목은 시설장치 과목을 사용할 것). (3점)

[4] 11월 27일 당사는 본사의 사옥을 신축할 목적으로 기존 건물이 있는 토지를 취득하고 즉시 건물을 철거한 후 ㈜철거로부터 전자세금계산서를 발급받았다. 구건물 철거 비용 33,000,000원(공급가액 30,000,000원, 세액 3,000,000원) 중 15,000,000원은 보통예금으로 지급하고, 나머지는 외상으로 하였다. (3점)

[5] 12월 01일 개인 소비자인 권지우씨에게 제품을 2,400,000원(부가가치세 별도)에 판매하고, 판매대금은 신용카드로 결제받았다. 단, 신용카드에 의한 판매는 매출채권으로 처리한다. (3점)

```
            카드매출전표
─────────────────────────────
카 드 종 류 : 국민카드
회 원 번 호 : 2224 - 1222 - **** - 1345
거 래 일 시 : 2025.12.1. 16:05:16
거 래 유 형 : 신용승인
매 출  액 : 2,400,000원
부 가 세 액 :   240,000원
합 계  액 : 2,640,000원
결 제 방 법 : 일시불
승 인 번 호 : 71999995
은 행 확 인 : 국민은행
가 맹 점 명 : ㈜금왕전자
          - 이 하 생 략 -
```

[6] 12월 20일 미국 소재 법인 dongho와 8월 4일 직수출 계약을 체결한 제품 $5,000의 선적을 완료하고, 수출대금은 차후에 받기로 하였다. 직수출 계약일의 기준환율은 1,180원/$, 선적일의 기준환율은 1,185원/$이다(수출신고번호 입력은 생략함). (3점)

## 문제4

[일반전표입력] 및 [매입매출전표입력] 메뉴에 입력된 내용 중 다음과 같은 오류가 발견되었다. 입력된 내용을 확인하여 수정 또는 삭제, 추가 입력하여 오류를 정정하시오. (6점)

[1] 08월 25일 제1기 확정신고기간의 부가가치세 납부세액과 가산세 162,750원을 보통예금으로 납부하고 일반전표에서 세금과공과(판)로 회계처리 하였다. 단, 6월 30일의 부가가치세 회계처리를 확인하고, 가산세는 세금과공과(판)로 처리하시오. (3점)

[2] 10월 17일 ㈜이플러스로부터 구매한 스피커의 대금 2,200,000원을 보통예금 계좌에서 이체하고 일반전표에서 상품으로 회계처리 하였으나, 사실은 영업부 사무실에서 업무용으로 사용할 목적으로 구입하고 지출증빙용 현금영수증을 발급받은 것으로 확인되었다. 회사는 이를 비품으로 처리하고 매입세액공제를 받으려고 한다. (3점)

### 문제5  결산정리사항은 다음과 같다. 해당 메뉴에 입력하시오. (9점)

[1] 외상매입금 계정에는 중국에 소재한 거래처 상하이에 대한 외상매입금 2,200,000원($2,000)이 포함되어있다(결산일 현재 적용환율 : 1,120원/$). (3점)

[2] 7월 1일 전액 비용으로 회계처리한 보험료(제조부문 : 2,400,000원, 영업부문 : 1,500,000원)는 1년분(2025.7.1.~2026.6.30.) 보험료를 일시에 지급한 것으로, 보험료는 월할계산 한다. (3점)

[3] 9월 15일 가수금으로 처리한 2,550,000원에 대한 원인을 조사한 결과, 그 중 2,530,000원은 ㈜인천의 외상매출금을 회수한 것으로 밝혀졌다. 나머지 금액은 결산일 현재까지 그 차이의 원인을 알 수 없어 당기 수익(영업외수익)으로 처리하였다. (3점)

### 문제6  다음 사항을 조회하여 답안을 메뉴에 입력하시오. (9점)

[1] 1분기(1월~3월) 중 제품매출이 가장 많은 달(月)과 가장 적은 달(月)의 차이는 얼마인가? (단, 음수로 입력하지 말 것) (3점)

[2] 부가가치세 제1기 예정신고기간(1월~3월) 중 신용카드로 매입한 사업용 고정자산의 공급가액은 얼마인가? (3점)

[3] 6월 중 한일상회에서 회수한 외상매출금은 얼마인가? (3점)

## 2회 실기모의고사 답안

### 문제1

1.
[답]
[거래처등록] > [일반거래처] 탭 > ·거래처코드 : 7171
· 거래처명 : ㈜천천상사
· 유형 : 1.매출
· 사업자등록번호 : 129-86-78690
· 대표자 : 이부천
· 업태 : 도매
· 종목 : 전자제품
· 주소 : 인천광역시 계양구 경명대로 1077 로얄프라자 201호(계산동)

2.
[답]
[거래처별초기이월] > ·외상매출금 : ㈜목포전자 2,000,000원 추가입력
· 외상매입금 : 저팔계산업 1,200,000원 삭제 또는 0원으로 수정
· 받을어음 : ㈜대구전자 600,000원 → 300,000원으로 수정

3.
[답]
· [전기분원가명세서] > ·소모품비(530) 3,000,000원 → 5,000,000원으로 수정
· 당기제품제조원가 305,180,000원 → 307,180,000원으로 변경 확인
· [전기분손익계산서] > ·소모품비(830) 10,000,000원 → 8,000,000원으로 수정
· 당기제품제조원가 305,180,000원 → 307,180,000원으로 수정입력
· 매출원가 332,530,000원 → 334,530,000원으로 변경 확인
· 당기순이익 144,970,000원 확인
· [전기분재무상태표] : 당기순이익은 변동이 없으므로 수정 불필요
· [전기분이익잉여금처분계산서] : 미처분이익잉여금 및 이월이익잉여금 변동 없으므로 수정 불필요

### 문제2

1.
[답] 일반전표입력
07.20.　　(차) 보통예금　　　　　　29,000,000원　(대) 매도가능증권(178.투자자산)　28,000,000원
　　　　　　　　매도가능증권평가이익　 4,000,000원　　　　매도가능증권처분이익　　　 5,000,000원
· 전기말 회계처리
(차) 매도가능증권(178)　　4,000,000원　　(대) 매도가능증권평가이익　　4,000,000원
· 매도가능증권처분이익 : 처분가액 29,000,000원 - 취득가액 24,000,000원 = 5,000,000원

2.
[답] 일반전표입력
09.26.     (차) 수선비(제)     550,000원     (대) 원재료(적요 8. 타계정으로 대체)     550,000원

3.
[답] 일반전표입력
11.04.     (차) 복리후생비(제)     20,000원     (대) 현금     20,000원
         또는 출금전표     복리후생비(제)     20,000원

4.
[답] 일반전표입력
11.05.     (차) 보통예금     500,000원     (대) 대손충당금(109.외상매출금)     500,000원

5.
[답] 일반전표입력
11.08.     (차) 보통예금     10,300,000원     (대) 미수금     10,300,000원

6.
[답] 일반전표입력
11.30.     (차) 보통예금     2,300,000원     (대) 외상매출금(ACE)     2,200,000원
                                     외환차익     100,000원

## 문제3

1.
[답] 매입매출전표입력
유형: 54.불공   공급가액: 2,500,000원   부가세: 250,000원   거래처: ㈜한국마트   전자: 여   분개: 혼합
불공제사유 : ②사업과 직접 관련 없는 지출
10.16.     (차) 가지급금(대표이사 신윤철)     2,750,000원     (대) 미지급금(㈜한국마트)     2,750,000원

2.
[답] 매입매출전표입력
유형: 11.과세   공급가액: 40,000,000원   부가세: 4,000,000원   거래처:㈜송송유통   전자: 여   분개: 혼합
10.21.     (차) 받을어음(지주상사)     10,000,000원     (대) 제품매출     40,000,000원
         외상매출금(㈜송송유통)     34,000,000원         부가세예수금     4,000,000원

3.
[답] 매입매출전표입력
유형: 51.과세   공급가액: 3,000,000원   부가세: 300,000원   거래처: ㈜이에스텍   전자: 여   분개: 혼합
11.02.   (차) 시설장치           3,000,000원   (대) 미지급금(㈜이에스텍)   3,000,000원
              부가세대급금         300,000원         현금                     300,000원

4.
[답] 매입매출전표입력
유형: 54.불공   공급가액: 30,000,000원   부가세: 3,000,000원   거래처: ㈜철거   전자: 여   분개: 혼합
불공제사유 : ⑥토지의 자본적 지출 관련
11.27.   (차) 토지              33,000,000원   (대) 보통예금              15,000,000원
                                                   미지급금(㈜철거)        18,000,000원

5.
[답] 매입매출전표입력
유형: 17.카과   공급가액: 2,400,000원   부가세: 240,000원   거래처: 권지우   분개: 혼합 또는 카드
신용카드사 : 국민카드
12.01.   (차) 외상매출금(국민카드)   2,640,000원   (대) 제품매출              2,400,000원
                                                       부가세예수금           240,000원

6.
[답] 매입매출전표입력
유형: 16.수출   공급가액: 5,925,000원   부가세: 0원   거래처: dongho   분개: 외상 또는 혼합
영세율구분 : ①직접수출(대행수출 포함)
12.20.   (차) 외상매출금(dongho)   5,925,000원   (대) 제품매출              5,925,000원


## 문제4

1.
[답]
• 수정 전 : 08.25.   (차) 세금과공과(판)   22,759,840원   (대) 보통예금   22,759,840원
• 수정 후 : 08.25.   (차) 미지급세금       22,597,090원   (대) 보통예금   22,759,840원
                          세금과공과(판)     162,750원

2.
[답] 일반전표 삭제 후 매입매출전표입력
• 수정 전 : 일반전표입력
10.17.   (차) 상품   2,200,000원   (대) 보통예금   2,200,000원
• 수정 후 : 매입매출전표입력
유형: 61.현과   공급가액: 2,000,000원   부가세: 200,000원   거래처: ㈜이플러스   분개: 혼합

| 10.17. | (차) 비품 | 2,000,000원 | (대) 보통예금 | 2,200,000원 |
|---|---|---|---|---|
| | 부가세대급금 | 200,000원 | | |

## 문제5

**1.**
[답] 일반전표 입력

| 12.31. | (차) 외화환산손실 | 40,000원 | (대) 외상매입금(상하이) | 40,000원 |
|---|---|---|---|---|

**2.**
[답] 일반전표입력

| 12.31. | (차) 선급비용 | 1,950,000원 | (대) 보험료(제) | 1,200,000원 |
|---|---|---|---|---|
| | | | 보험료(판) | 750,000원 |
| 또는 | (차) 선급비용 | 1,200,000원 | (대) 보험료(제) | 1,200,000원 |
| | (차) 선급비용 | 750,000원 | (대) 보험료(판) | 750,000원 |

· 제조부문 : 2,400,000원×6/12 = 1,200,000원
· 영업부문 : 1,500,000원×6/12 = 750,000원

**3.**
[답] 일반전표입력

| 12.31. | (차) 가수금 | 2,550,000원 | (대) 외상매출금(㈜인천) | 2,530,000원 |
|---|---|---|---|---|
| | | | 잡이익 | 20,000원 |

## 문제6

**1.**
[답] 61,858,180원
= 3월 120,480,000원 - 2월 58,621,820원
·[총계정원장] > 조회기간 : 1월 1일~3월 31일 > 계정과목 : 제품매출(404) 조회

**2.**
[답] 3,500,000원
[부가가치세신고서] > 조회기간 : 1월 1일~3월 31일 조회 :
> 14. 그밖의 공제매입세액 > 42. 신용카드매출수령금액 합계표 : 고정매입 금액

**3.**
[답] 10,000,000원
[거래처원장] > 조회기간 : 6월 1일~6월 30일 > 계정과목 : 외상매출금(108) > 거래처 : 한일상회 조회

# 3회 실기모의고사

㈜일진자동차(회사코드:1003)는 자동차특장을 제조하여 판매하는 중소기업으로, 당기(제7기)의 회계기간은 2025.1.1.~2025.12.31.이다. 전산세무회계 수험용 프로그램을 이용하여 다음 물음에 답하시오.

### 문제1

다음은 [기초정보관리] 및 [전기분재무제표]에 대한 자료이다. 각각의 요구사항에 대하여 답하시오. (10점)

[1] 다음은 ㈜일진자동차의 사업자등록증이다. [회사등록] 메뉴에 입력된 내용을 검토하여 누락분은 추가입력하고 잘못된 부분은 정정하시오(주소입력 시 우편번호는 입력하지 않아도 무방함). (3점)

## 사업자등록증
( 법인사업자 )
등록번호 : 134-86-81692

법인명(단체명) : ㈜일진자동차
대　표　자 : 김일진
개 업 연 월 일 : 2019년 05월 06일　법인등록번호 · 110111-1390212
사 업 장 소 재 지 : 경기도 화성시 송산면 마도북로 40

본 점 소 재 지 : 경기도 화성시 송산면 마도북로 40

사 업 의 종 류 :  제조업　　종목 자동차특장

발 급 사 유 : 신규

사업자 단위 과세 적용사업자 여부 : 여(　) 부(v)
전자세금계산서 전용 전자우편주소 :

2019 년 05 월 04 일
화 성 세 무 서 장

[2] 다음 자료를 이용하여 아래의 계정과목에 대한 적요를 추가로 등록하시오. (3점)

- 계정과목 : 831. 수수료비용
- 현금적요 : (적요NO. 8) 오픈마켓 결제대행 수수료

[3] 전기분 재무제표 중 아래의 계정과목에서 다음과 같은 오류를 발견하였다. 수정 후 잔액이 되도록 적절하게 관련 재무제표를 모두 수정하시오. (4점)

| 부서 | 계정과목 | 수정 전 잔액 | 수정 후 잔액 |
|---|---|---|---|
| 영업부 | 수도광열비 | 3,300,000원 | 2,750,000원 |
| 생산부 | 가스수도료 | 7,900,000원 | 8,450,000원 |

## 문제2

다음의 거래 자료를 [일반전표입력] 메뉴를 이용하여 입력하시오(일반전표입력의 모든 거래는 부가가치세를 고려하지 말 것). (18점)

< 입력 시 유의사항 >
- 일반적인 적요의 입력은 생략하지만, 타계정 대체거래는 적요번호를 선택하여 입력한다.
- 채권·채무와 관련된 거래는 별도의 요구가 없는 한 반드시 기 등록되어 있는 거래처코드를 선택하는 방법으로 거래처명을 입력한다.
- 제조경비는 500번대 계정코드를, 판매비와 관리비는 800번대 계정코드를 사용한다.
- 회계처리시 계정과목은 별도제시가 없는 한 등록되어 있는 계정과목 중 가장 적절한 과목으로 한다.

[1] 07월 30일 제품을 판매하고 ㈜초코로부터 받은 약속어음 5,000,000원을 만기가 도래하기 전에 보람은행에 할인하고, 할인료 30,000원을 차감한 후 보통예금 계좌로 입금되었다 (단, 매각거래로 처리한다). (3점)

[2] 08월 10일 7월분 국민연금보험료를 현금으로 납부하였다. 납부한 총금액은 540,000원이며, 이중 50%는 직원 부담분이고, 나머지 50%는 회사부담분(제조부문 직원분:180,000원, 관리부문 직원분:90,000원)이다. 단, 회사부담분은 세금과공과로 처리한다. (3점)

[3] 09월 26일 우리은행에 예치한 정기예금 50,000,000원의 만기일이 도래하여 정기예금 이자에 대한 원천징수세액을 차감한 후 보통예금 계좌로 입금되었다(단, 원천징수세액은 자산으로 처리한다). (3점)

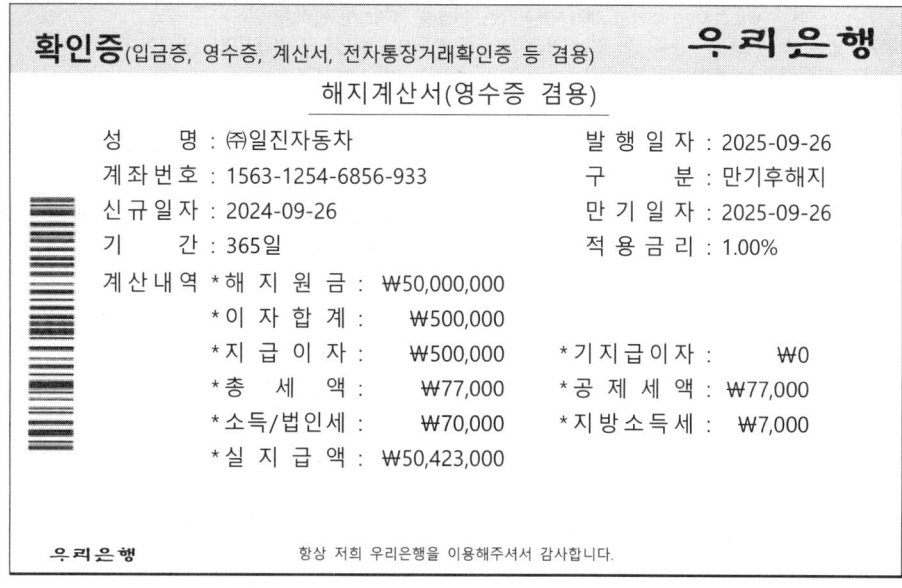

[4] 10월 26일 주당 발행가액 6,000원에 유상증자를 실시하여 신주 10,000주(주당 액면가액 5,000원)를 발행하였으며, 주금납입액은 보통예금 계좌에 입금되었다. 단, 증자 전 주식할인발행차금 계정의 잔액은 1,000,000원이다. (3점)

[5] 10월 29일 아주중고로부터 매입한 원재료에 대한 매입운임 50,000원을 현금으로 지급하였다. (3점)

[6] 11월 08일 제조부문이 사용하고 있는 건물의 증축공사에서 발생한 인건비 15,000,000원을 보통예금 계좌에서 이체하여 지급하였다(단, 해당 비용은 자본적지출에 해당하며, 해당 인건비에 대해 원천징수를 하지 않는다고 가정한다). (3점)

## 제11편. 전산회계1급 -실기모의고사

**문제3** 다음의 거래 자료를 [매입매출전표입력] 메뉴를 이용하여 입력하시오. (18점)

< 입력 시 유의사항 >
- 일반적인 적요의 입력은 생략하지만, 타계정 대체거래는 적요번호를 선택하여 입력한다.
- 별도의 요구가 없는 한 반드시 기 등록되어 있는 거래처코드를 선택하는 방법으로 거래처명을 입력한다.
- 제조경비는 500번대 계정코드를, 판매비와 관리비는 800번대 계정코드를 사용한다.
- 회계처리시 계정과목은 별도제시가 없는 한 등록되어 있는 계정과목 중 가장 적절한 과목으로 한다.
- 입력화면 하단의 분개까지 처리하고, 전자세금계산서 및 전자계산서는 전자입력으로 반영한다.

[1] 09월 30일 제조부문이 사용하는 기계장치의 원상회복을 위한 수선을 하고 수선비 330,000원을 전액 하나카드로 결제하고 다음의 매출전표를 수취하였다(미지급금으로 회계처리 할 것). (3점)

**매출전표**

| 단말기번호 | 11213692 | 전표번호 | 234568 |
|---|---|---|---|
| 카드종류 | | 거래종류 | 결제방법 |
| 하나카드 | | 신용구매 | 일시불 |
| 회원번호(Card No) | | 취소시 원거래일자 | |
| 4140-0202-3245-9959 | | | |
| 유효기간 | | 거래일시 | 품명 |
| 2026.12.31. | | 2025.09.30. | 기계수선 |
| 전표제출 | 금 액/AMOUNT | | 300,000 |
| | 부 가 세/VAT | | 30,000 |
| 전표매입사 | 봉 사 료/TIPS | | |
| | 합 계/TOTAL | | 330,000 |
| 거래번호 | 승인번호/(Approval No.) | | |
| | 98421147 | | |

가 맹 점  ㈜다고쳐
대 표 자  김세무           TEL  031-628-8624
가맹점번호  3685062     사업자번호  204-19-76690
주    소   경기 성남시 수정구 고등동 525-5

서명(Signature)
㈜일진자동차

[2] 10월 11일 아재자동차로부터 원재료 운반용 화물자동차를 매입하고 전자세금계산서를 발급받았으며, 대금 중 3,300,000원은 보관 중인 ㈜삼진의 약속어음을 배서하여 지급하고, 잔액은 외상으로 하였다. (3점)

| 전자세금계산서 | | | | 승인번호 | 20251011-1000000-00009329 | | | |
|---|---|---|---|---|---|---|---|---|
| 공급자 | 등록번호 | 519-15-00319 | 종사업장번호 | | 공급받는자 | 등록번호 | 134-86-81692 | 종사업장번호 | |
| | 상호(법인명) | 아재자동차 | 성명 | 김아재 | | 상호(법인명) | ㈜일진자동차 | 성명 | 김일진 |
| | 사업장주소 | | | | | 사업장주소 | 경기도 화성시 송산면 마도북로 40 | | |
| | 업태 | 제조,도소매 | 종목 | 자동차, 부품 | | 업태 | 제조 | 종목 | 자동차특장 |
| | 이메일 | | | | | 이메일 | | | |
| | | | | | | 이메일 | | | |

| 작성일자 | 공급가액 | 세액 | 수정사유 | 비고 |
|---|---|---|---|---|
| 2025-10-11 | 6,000,000원 | 600,000원 | 해당 없음 | |

| 월 | 일 | 품목 | 규격 | 수량 | 단가 | 공급가액 | 세액 | 비고 |
|---|---|---|---|---|---|---|---|---|
| 10 | 11 | 화물자동차 | | | | 6,000,000원 | 600,000원 | |

| 합계금액 | 현금 | 수표 | 어음 | 외상미수금 | 위 금액을 (영수) 함 (청구) |
|---|---|---|---|---|---|
| 6,600,000원 | | | 3,300,000원 | 3,300,000원 | |

[3] 10월 15일 미국에 소재한 ANGEL사로부터 수입한 원재료에 대하여 수입전자세금계산서(공급가액 5,000,000원, 부가가치세 500,000원)를 인천세관으로부터 발급받고, 이에 관한 부가가치세를 보통예금 계좌에서 이체하였다. (3점)

[4] 11월 04일 ㈜삼양안전으로부터 제조부문에서 사용할 안전용품을 구입하고 아래의 전자세금계산서를 발급받았다. 단, 안전용품은 소모품(자산) 계정을 사용하여 회계처리한다. (3점)

| 전자세금계산서 | | | 승인번호 | 20251104-1000000-00009331 | | |
|---|---|---|---|---|---|---|
| 공급자 | 등록번호 | 109-81-33618 | 종사업장번호 | | 공급받는자 | 등록번호 | 134-86-81692 | 종사업장번호 | |
| | 상호(법인명) | ㈜삼양안전 | 성명 | 이수진 | | 상호(법인명) | ㈜일진자동차 | 성명 | 김일진 |
| | 사업장주소 | 경기도 의정부시 부자로 11 | | | | 사업장주소 | 경기도 화성시 송산면 마도북로 40 | | |
| | 업태 | 도소매 | 종목 | 목재 | | 업태 | 제조 | 종목 | 자동차특장 |
| | 이메일 | | | | | 이메일 | | | |
| | | | | | | 이메일 | | | |
| 작성일자 | 공급가액 | | 세액 | | 수정사유 | 비고 |
| 2025-11-04 | 1,600,000원 | | 160,000원 | | 해당 없음 | |
| 월 | 일 | 품목 | 규격 | 수량 | 단가 | 공급가액 | 세액 | 비고 |
| 11 | 04 | 안전용품 | | | | 1,600,000원 | 160,000원 | |
| 합계금액 | 현금 | 수표 | 어음 | 외상미수금 | 위 금액을 (영수) 함 (청구) |
| 1,760,000원 | 300,000원 | | | 1,460,000원 | |

[5] 11월 14일 제조부문에서 사용하던 기계장치(취득원가 50,000,000원, 감가상각누계액 43,000,000원)를 인천상사에 5,000,000원(부가가치세 별도)에 매각하면서 전자세금계산서를 발급하였으며, 대금 중 부가가치세는 현금으로 받고, 나머지는 전액 인천상사가 발행한 약속어음으로 수령하였다. (3점)

[6] 11월 22일 매출처인 ㈜성남의 야유회에 증정할 물품으로 미래마트에서 음료수 550,000원(부가가치세 포함)을 구입하고 전자세금계산서를 발급받고, 대금은 보통예금 계좌에서 이체하여 지급하였다. (3점)

## 문제4

[일반전표입력] 및 [매입매출전표입력] 메뉴에 입력된 내용 중 다음과 같은 오류가 발견되었다. 입력된 내용을 확인하여 수정 또는 삭제, 추가 입력하여 오류를 정정하시오. (6점)

[1] 07월 03일 ㈜한성전자의 부도로 미수금 잔액 10,000,000원이 회수불능되어 전액 대손 처리하였으나, 확인 결과 ㈜한성전자의 미수금이 아니라 ㈜성한전기의 미수금이며, 부도시점에 미수금에 대한 대손충당금 잔액 1,000,000원이 있었던 것으로 확인된다. (3점)

[2] 11월 29일 일시 보유목적으로 시장성 있는 태평상사의 주식 100주를 주당 10,000원에 취득하면서 취득과정에서 발생한 수수료 10,000원도 취득원가로 회계처리 하였다. (3점)

## 문제5

결산정리사항은 다음과 같다. 해당 메뉴에 입력하시오. (9점)

[1] 국민은행의 정기예금에 대한 기간경과분 이자수익을 인식하다(단, 월할로 계산할 것). (3점)

| · 예금금액 : 60,000,000원 | · 예금기간 : 2년(2025.10.01.~2027.09.30.) |
|---|---|
| · 연이자율 : 2% | · 이자지급일 : 연 1회(매년 9월 30일) |

[2] 10월 05일 영업부문에서 사용할 소모품 500,000원을 구입하고 자산으로 회계처리 하였다. 결산일 현재 소모품 사용액은 350,000원이다. (3점)

[3] 결산일 현재 외상매출금 잔액의 1%에 대하여 대손이 예상된다. 보충법에 의하여 대손충당금 설정 회계처리를 하시오(단, 대손충당금 설정에 필요한 정보는 관련 데이터를 조회하여 사용할 것). (3점)

**문제6** 다음 사항을 조회하여 답안을 메뉴에 입력하시오. (9점)

[1] 제1기 부가가치세 확정신고기간(4월~6월) 중 매입세액을 공제받지 않은 공급가액은 얼마인가? (3점)

[2] 제1기 부가가치세 예정신고기간(1월~3월)과 확정신고기간(4월~6월)의 매출세금계산서 발급매수의 차이는 얼마인가? (단, 답이 음수인 경우에도 양수로 입력한다.) (3점)

[3] 4월(4월 1일~4월 30일) 중 외상매출금 회수액은 얼마인가? (3점)

# 3회 실기모의고사 답안

## 문제1

[1]
[답]
[기초정보관리] > [회사등록] > ・사업자등록번호 : 134-68-81692 → 134-86 - 81692
・사업장주소 : 경기도 화성시 송산면 봉가리 473-1
→ 경기도 화성시 송산면 마도북로 40
・업태 : 도소매 → 제조업
・종목 : 자동차 → 자동차특장
・개업연월일 : 2019년 5월 4일 → 2019년 5월 6일

[2]
[답]
[기초정보관리] > [계정과목및적요등록] > 831. 수수료비용 > 현금적요No.8, 오픈마켓 결제대행 수수료

[3]
[답]
・[전기분원가명세서] > ・가스수도료 7,900,000원 → 8,450,000원으로 수정
・당기제품제조원가 553,935,000원 → 554,485,000원 변경 확인
・[전기분손익계산서] > ・제품매출원가 > 당기제품제조원가 553,935,000원 → 554,485,000원으로 수정
・815.수도광열비 3,300,000원 → 2,750,000원으로 수정
・당기순이익 83,765,000원 → 83,765,000원 금액 확인
・[전기분잉여금처분계산서] > ・당기순이익 83,765,000원 확인
・미처분이익잉여금 합계액 121,665,000원 확인
・[전기분재무상태표] > ・이월이익잉여금 121,665,000원 확인
・대차 일치 여부 확인

# 제11편. 전산회계1급 -실기모의고사

## 문제2

[1]
[답] 일반전표입력
07월 30일 (차) 보통예금 4,970,000원 (대) 받을어음(㈜초코) 5,000,000원
　　　　　　　　매출채권처분손실 30,000원

[2]
[답] 일반전표입력
08월 10일 (차) 예수금 270,000원 (대) 현금 540,000원
　　　　　　　　세금과공과(제) 180,000원
　　　　　　　　세금과공과(판) 90,000원
　또는　출금전표　예수금　　　　270,000원
　　　　출금전표　세금과공과(제)　180,000원
　　　　출금전표　세금과공과(판)　 90,000원

[3]
[답] 일반전표입력
09월 26일 (차) 보통예금 50,423,000원 (대) 정기예금 50,000,000원
　　　　　　　　선납세금 77,000원 　　　이자수익 500,000원

[4]
[답] 일반전표입력
10월 26일 (차) 보통예금 60,000,000원 (대) 자본금 50,000,000원
　　　　　　　　　　　　　　　　　　　　　주식할인발행차금 1,000,000원
　　　　　　　　　　　　　　　　　　　　　주식발행초과금 9,000,000원

[5]
[답] 일반전표입력
10월 29일 (차) 원재료 50,000원 (대) 현금 50,000원
　　또는　출금전표　원재료　50,000원

[6]
[답] 일반전표입력
11월 08일 (차) 건물 15,000,000원 (대) 보통예금 15,000,000원

## 문제3

[1]
[답] 매입매출전표입력

유형: 57.카과   공급가액: 300,000원   부가세: 30,000원   거래처:㈜다고쳐   분개: 카드 또는 혼합
신용카드사:하나카드

09월 30일   (차) 수선비(제)      300,000원      (대) 미지급금(하나카드)   330,000원
                부가세대급금    30,000원

[2]
[답] 매입매출전표입력

유형: 51.과세   공급가액: 6,000,000원   부가세: 600,000원   거래처:아재자동차   전자: 여   분개: 혼합

10월 11일   (차) 차량운반구    6,000,000원    (대) 받을어음(㈜삼진)      3,300,000원
                부가세대급금    600,000원          미지급금(아재자동차)   3,300,000원

[3]
[답] 매입매출전표입력

유형: 55.수입   공급가액: 5,000,000원   부가세: 500,000원   거래처:인천세관   전자: 여 분개: 혼합

10월 15일   (차) 부가세대급금    500,000원    (대) 보통예금            500,000원

[4]
[답] 매입매출전표입력

유형: 51.과세   공급가액: 1,600,000원   부가세: 160,000원   거래처:㈜삼양안전   전자. 여   분개: 혼합

11월 04일   (차) 소모품         1,600,000원    (대) 미지급금            1,460,000원
                부가세대급금    160,000원          현금                  300,000원

[5]
[답] 매입매출전표입력

유형: 11.과세   공급가액: 5,000,000원   부가세: 500,000원   거래처:인천상사   전자: 여   분개: 혼합

11월 14일   (차) 미수금              5,000,000원    (대) 기계장치         50,000,000원
                현금                  500,000원          부가세예수금      500,000원
                감가상각누계액(207)  43,000,000원
                유형자산처분손실     2,000,000원

[6]
[답] 매입매출전표입력
유형: 54.불공    공급가액: 500,000원    부가세: 50,000원    거래처:미래마트    전자: 여    분개: 혼합
불공제사유:④기업업무추진비 및 이와 유사한 비용 관련

11월 22일    (차) 기업업무추진비(판)  550,000원    (대) 보통예금    550,000원

## 문제4

[1]
[답] 일반전표입력
- 수정 전 : 07월 03일    (차) 기타의대손상각비    10,000,000원    (대) 미수금(㈜한성전자)    10,000,000원
- 수정 후 : 07월 03일    (차) 대손충당금(121)    1,000,000원    (대) 미수금(㈜성한전기)    10,000,000원
                          기타의대손상각비    9,000,000원

[2]
[답] 일반전표입력
- 수정 전 : 11월 29일   (차) 단기매매증권    1,010,000원    (대) 현금    1,010,000원
- 수정 후 : 11월 29일   (차) 단기매매증권    1,000,000원    (대) 현금    1,010,000원
                         수수료비용(984)    10,000원
           또는 출금전표    단기매매증권    1,000,000원
                출금전표    수수료비용(984)    10,000원
※ 단기매매증권의 부대비용은 취득원가에 포함되지 않고, 영업외비용으로 처리해야 한다.

## 문제5

[1]
[답] 일반전표입력
12월 31일    (차) 미수수익    300,000원    (대) 이자수익    300,000원
*60,000,000원×2%×3/12 = 300,000원

[2]
[답] 일반전표입력
12월 31일    (차) 소모품비(판)    350,000원    (대) 소모품    350,000원

[3]
[답]
1. 일반전표입력

12월 31일　　(차) 대손상각비(835)　 1,251,560원　　 (대) 대손충당금(109)　 1,251,560원
• 대손충당금(외상매출금) : 137,506,000원×1% - 123,500원 = 1,251,560원
2. 또는 [결산자료입력] > F8 대손상각 > 대손율(%) 1% 입력
> 외상매출금 외 채권의 대손충당금 설정액 0원 입력
> 결산반영 > F3 전표 추가

## 문제6

[1]
[답] 300,000원
• [매입매출장] > 조회기간 : 4월 1일~6월 30일 > 구분 : 3.매입 > 유형 : 54.불공, ⓞ전체
• [부가가치세신고서] > 조회기간 : 4월 1일~6월 30일 > 공제받지못할매입세액

[2]
[답] 3매
= 36매(4월~6월) - 33매(1월~3월)
• [세금계산서합계표] > • 조회기간 : 1월~3월
• 조회기간 : 4월~6월

[3]
[답] 40,000,000원
• [계정별원장] > 기간 : 4월 1일~4월 30일 > 계정과목 : 108. 외상매출금 조회 > 대변 합계금액 확인

# 제12편
# 전산회계1급 집중심화

1회 기출문제 및 해답(코드 1021) ·········································· 639
2회 기출문제 및 해답(코드 1022) ·········································· 655
3회 기출문제 및 해답(코드 1023) ·········································· 671
4회 기출문제 및 해답(코드 1024) ·········································· 687
5회 기출문제 및 해답(코드 1025) ·········································· 705

# 1회 집중심화

## ✽ 이론시험 ✽

다음 문제를 보고 알맞은 것을 골라 이론문제 답안작성 메뉴에 입력하시오.(객관식 문항당 2점)

1. 다음 중 회계정보의 질적특성과 관련된 설명으로 잘못된 것은?
① 유형자산을 역사적 원가로 평가하면 측정의 신뢰성은 저하되나 목적적합성은 제고된다.
② 회계정보는 기간별 비교가 가능해야 하고, 기업실체간 비교가능성도 있어야 한다.
③ 회계정보의 질적특성은 회계정보의 유용성을 판단하는 기준이 된다.
④ 회계정보가 갖추어야 할 가장 중요한 질적특성은 목적적합성과 신뢰성이다.

2. 다음 중 재무상태표가 제공할 수 있는 재무정보로 올바르지 않은 것은?
① 타인자본에 대한 정보
② 자기자본에 대한 정보
③ 자산총액에 대한 정보
④ 경영성과에 관한 정보

3. 다음 중 유형자산의 취득원가에 포함하지 않는 것은?
① 토지의 취득세
② 새로운 상품과 서비스를 소개하는데 소요되는 원가
③ 유형사산의 취득과 관련하여 불가피하게 매입한 국공채의 매입금액과 현재가치와의 차액
④ 설계와 관련하여 전문가에게 지급하는 수수료

4. 다음 중 유가증권과 관련한 내용으로 가장 옳은 것은?
① 만기보유증권은 유가증권 형태상 주식 및 채권에 적용된다.
② 매도가능증권은 만기가 1년 이상인 경우에 투자자산으로 분류하며 주식 형태만 가능하다.
③ 단기매매증권은 주식 및 채권에 적용되며 당좌자산으로 분류한다.
④ 만기보유증권은 주식에만 적용되며 투자자산으로 분류한다.

5. 다음 중 자본조정항목으로 분류할 수 없는 계정과목은?
① 감자차익   ② 주식할인발행차금   ③ 자기주식   ④ 자기주식처분손실

6. 다음 중 수익의 측정에 대한 설명으로 옳지 않은 것은?
① 로열티수익은 관련된 계약의 경제적 실질을 반영하여 발생기준에 따라 인식한다.
② 이자수익은 원칙적으로 유효이자율을 적용하여 발생기준에 따라 인식한다.
③ 배당금수익은 배당금을 받을 권리와 금액이 확정되는 시점에 인식한다.
④ 수익은 권리의무확정주의에 따라 합리적으로 인식한다.

7. 다음 자료에 의할 때 당기의 매출원가는 얼마인가?

| · 기초상품재고액 | 500,000원 | · 기말상품재고액 | 1,500,000원 |
| · 매입에누리금액 | 750,000원 | · 총매입액 | 8,000,000원 |
| · 타계정대체금액 | 300,000원 | · 판매대행수수료 | 1,100,000원 |

① 7,050,000원　② 6,950,000원　③ 6,250,000원　④ 5,950,000원

8. ㈜연무는 2025년 12월 26일 거래처에 상품을 인도하였으나 상품 판매대금 전액이 2026년 1월 5일에 입금되어 동일자에 전액 수익으로 인식하였다. 위 회계처리가 2025년도의 재무제표에 미치는 영향으로 올바른 것은?(단, 매출원가에 대해서는 고려하지 않는다.)
① 자산의 과소계상　② 비용의 과대계상
③ 부채의 과소계상　④ 수익의 과대계상

9. 아래의 자료에서 설명하는 원가행태에 해당하는 것은?

| 조업도의 변동과 관계없이 총원가가 일정한 고정원가와 조업도의 변동에 비례하여 총원가가 변동하는 변동원가가 혼합된 원가 |

① 전화요금　② 직접재료원가　③ 감가상각비　④ 화재보험료

10. 다음 중 개별원가계산에 대한 설명으로 옳지 않은 것은?
① 단일 종류의 제품을 연속생산, 대량생산하는 업종에 적합한 원가계산 방법이다.
② 조선업, 건설업이 개별원가계산에 적합한 업종에 해당한다.
③ 직접원가와 제조간접원가의 구분이 중요하며, 제조간접원가의 배부가 핵심과제이다.
④ 각 제조지시서별로 원가계산을 해야 하므로 많은 시간과 비용이 발생한다.

**11.** 다음의 자료를 보고 영업외비용으로 처리해야 할 공손의 수량을 구하시오.

- 기초재공품    400개
- 당기착수량   1,000개
- 정상공손은 완성품 수량의 5%로 한다.
- 기말재공품    200개
- 공손수량      200개

① 50개　　　　② 100개　　　　③ 150개　　　　④ 200개

**12.** 다음 자료를 이용하여 당기 총제조원가를 구하면 얼마인가?

- 기초 재공품 원가    100,000원
- 기말 재공품 원가     80,000원
- 공장 전력비         50,000원
- 직접재료원가       180,000원
- 직접노무원가       320,000원
- 공장 임차료        200,000원

① 500,000원　　② 600,000원　　③ 730,000원　　④ 750,000원

**13.** 다음 중 부가가치세법상 과세 대상으로 볼 수 없는 것은?
① 재화의 공급　　② 용역의 공급　　③ 재화의 수입　　④ 용역의 수입

**14.** 다음 중 부가가치세법상 사업자등록에 관한 설명으로 잘못된 것은?
① 사업자는 사업장마다 사업개시일부터 20일 이내에 사업자등록을 신청해야 한다.
② 사업자는 사업자등록의 신청을 사업장 관할 세무서장에게만 할 수 있다.
③ 신규로 사업을 시작하려는 자는 사업개시일 이전이라도 사업자등록을 신청할 수 있다.
④ 사업자는 등록사항이 변경되면 지체 없이 사업장 관할 세무서장에게 신고하여야 한다.

**15.** 다음 중 부가가치세법상 간이과세에 대한 설명으로 가장 옳지 않은 것은?
① 직전 1역년의 재화·용역의 공급대가의 합계액이 1억 4백만원 미만인 개인사업자가 간이과세자에 해당한다.
② 해당 과세기간의 공급대가의 합계액이 4천800만원 미만인 경우에는 납부세액의 납부의무가 면제된다.
③ 직전연도의 공급대가의 합계액이 4천800만원 미만인 간이과세자는 세금계산서를 발급할 수 없다.
④ 매출세액보다 매입세액이 클 경우 환급을 받을 수 있다.

## 제12편. 전산회계1급 －집중심화

### ✱ 실무시험 ✱

문제에서 한국채택국제회계기준을 적용하도록 하는 전제조건이 없는 경우, 일반기업회계기준을 적용하여 회계처리 한다.

남다른패션㈜(회사코드: 1021)은 스포츠의류 등의 제조업 및 도소매업을 영위하는 중소기업으로 당기(제7기) 회계기간은 2025.1.1.~2025.12.31.이다. 전산세무회계 수험용 프로그램을 이용하여 다음 물음에 답하시오.

**문제1** 다음은 [기초정보관리] 및 [전기분재무제표]에 대한 자료이다. 각각의 요구사항에 대하여 답하시오. (10점)

[1] 아래의 자료를 바탕으로 다음 계정과목에 대한 적요를 추가 등록하시오. (3점)

- 코드 : 0511
- 계정과목 : 복리후생비
- 현금적요 : NO 9. 생산직원 독감 예방접종비 지급
- 대체적요 : NO 3. 직원 휴가비 보통예금 인출

[2] 다음 자료를 보고 [거래처등록] 메뉴에서 신규 거래처를 등록하시오. (3점)

- 거래처구분 : 일반거래처
- 거래처코드 : 00450
- 대표자명 : 박대박
- 업태 : 제조
- 유형 : 동시
- 거래처명 : ㈜대박
- 사업자등록번호 : 403-81-51065
- 종목 : 원단
- 사업장 주소 : 경상북도 칠곡군 지천면 달서원길 16 (※ 주소 입력 시 우편번호 입력은 생략해도 무방함.)

[3] 전기분 손익계산서를 검토한 결과 다음과 같은 오류가 발견되었다. 전기분 손익계산서, 전기분 잉여금처분계산서, 전기분 재무상태표 중 관련된 부분을 수정하시오. (4점)

| 계정과목 | 틀린 금액 | 올바른 금액 |
|---|---|---|
| 광고선전비 | 3,800,000원 | 5,300,000원 |

## 문제2

다음의 거래 자료를 [일반전표입력] 메뉴를 이용하여 입력하시오(일반전표입력의 모든 거래는 부가가치세를 고려하지 말 것). (18점)

―――――― < 입력 시 유의사항 > ――――――
· 일반적인 적요의 입력은 생략하지만, 타계정 대체거래는 적요번호를 선택하여 입력한다.
· 채권·채무와 관련된 거래는 별도의 요구가 없는 한 반드시 기 등록되어 있는 거래처코드를 선택하는 방법으로 거래처명을 입력한다.
· 제조경비는 500번대 계정코드를, 판매비와 관리비는 800번대 계정코드를 사용한다.
· 회계처리시 계정과목은 별도제시가 없는 한 등록되어 있는 계정과목 중 가장 적절한 과목으로 한다.

[1] 07월 18일 ㈜괴안공구에 지급할 외상매입금 33,000,000원 중 일부는 아래의 전자어음을 발행하고 나머지는 보통예금 계좌에서 지급하였다. (3점)

**전자어음**

(주)괴안공구 귀하　　　　　　　　00512151020123456789

금　이천삼백만원정　　　　　　　　23,000,000원

위의 금액을 귀하 또는 귀하의 지시인에게 지급하겠습니다.

| 지급기일 | 2025년 8월 30일 | 발행일 | 2025년 7월 18일 |
| 지 급 지 | 하나은행 | 발행지 주 소 | 세종특별자치시 가름로 232 |
| 지급장소 | 신중동역지점 | 발행인 | 남다른패션(주) |

[2] 07월 30일 매출거래처인 ㈜지수포장의 파산으로 인해 외상매출금 1,800,000원이 회수 불가능할 것으로 판단하여 대손 처리하였다. 대손 발생일 직전 외상매출금에 대한 대손충당금 잔액은 320,000원이다. (3점)

[3] 08월 30일 사무실 이전을 위하여 형제상사와 체결한 건물 임대차계약의 잔금 지급일이 도래하여 임차보증금 5,000,000원 중 계약금 1,500,000원을 제외한 금액을 보통예금 계좌에서 지급하였다. (3점)

[4] 10월 18일 대표이사로부터 차입한 잔액 19,500,000원에 대하여 채무를 면제받았다(해당 차입금은 단기차입금으로 계상되어 있다). (3점)

[5] 10월 25일 시장조사를 위해 호주로 출장을 다녀온 영업부 사원 누리호에게 10월 4일에 지급하였던 출장비 3,000,000원(가지급금으로 처리함) 중 실제 여비교통비로 지출한 2,850,000원에 대한 영수증과 잔액 150,000원을 현금으로 수령하였다(단, 거래처를 입력할 것). (3점)

[6] 11월 04일 확정기여형(DC형) 퇴직연금 불입액 5,000,000원(영업부 2,000,000원, 생산부 ₩3,000,000원)이 보통예금 계좌에서 이체되었다. (3점)

### 문제3  다음 거래 자료를 [매입매출전표입력] 메뉴에 입력하시오. (18점)

< 입력 시 유의사항 >
· 일반적인 적요의 입력은 생략하지만, 타계정 대체거래는 적요번호를 선택하여 입력한다.
· 별도의 요구가 없는 한 반드시 기 등록되어 있는 거래처코드를 선택하는 방법으로 거래처명을 입력한다.
· 제조경비는 500번대 계정코드를, 판매비와 관리비는 800번대 계정코드를 사용한다.
· 회계처리시 계정과목은 별도제시가 없는 한 등록되어 있는 계정과목 중 가장 적절한 과목으로 한다.
· 입력화면 하단의 분개까지 처리하고, 전자세금계산서 및 전자계산서는 전자입력으로 반영한다.

[1] 07월 14일 미국에 소재한 HK사에 제품(공급가액 50,000,000원)을 직수출하고, 6월 30일에 수령한 계약금 10,000,000원을 제외한 대금은 외상으로 하였다. (3점)

[2] 08월 05일 ㈜동도유통에 제품을 판매하고 다음과 같이 전자세금계산서를 발급하였다. 대금 중 10,000,000원은 ㈜서도상사가 발행한 어음을 배서양도 받고, 나머지는 다음 달에 받기로 하였다. (3점)

| 전자세금계산서 | | | | 승인번호 | | 20250805-15454645-58811886 | | |
|---|---|---|---|---|---|---|---|---|
| 공급자 | 등록번호 | 320-87-12226 | 종사업장번호 | | 공급받는자 | 등록번호 | 115-81-19867 | 종사업장번호 | |
| | 상호(법인명) | 남다른패션㈜ | 성명 | 고길동 | | 상호(법인명) | ㈜동도유통 | 성명 | 남길도 |
| | 사업장주소 | 세종특별자치시 가름로 232 | | | | 사업장주소 | 서울시 서초구 강남대로 291 | | |
| | 업태 | 제조,도소매,무역 | 종목 | 스포츠의류 외 | | 업태 | 도소매 | 종목 | 의류 |
| | 이메일 | | | | | 이메일 | | | |
| | | | | | | 이메일 | | | |

| 작성일자 | 공급가액 | 세액 | 수정사유 | 비고 |
|---|---|---|---|---|
| 2025-08-05 | 10,000,000원 | 1,000,000원 | 해당 없음 | |

| 월 | 일 | 품목 | 규격 | 수량 | 단가 | 공급가액 | 세액 | 비고 |
|---|---|---|---|---|---|---|---|---|
| 08 | 05 | 의류 | | | | 10,000,000원 | 1,000,000원 | |

| 합계금액 | 현금 | 수표 | 어음 | 외상미수금 | 위 금액을 (청구) 함 |
|---|---|---|---|---|---|
| 11,000,000원 | | | 10,000,000원 | 1,000,000원 | |

[3] 08월 20일 일반과세자인 함안전자로부터 영업부 직원들에게 지급할 업무용 휴대전화(유형자산) 3대를 4,840,000원(부가가치세 포함)에 구입하고, 법인 명의의 국민카드로 결제하였다. (3점)

[4] 11월 11일 ㈜더람에 의뢰한 마케팅전략특강 교육을 본사 영업부 직원(10명)들을 대상으로 실시하고, 교육훈련비 5,000,000원에 대한 전자계산서를 발급받았다. 교육훈련비는 11월 1일 지급한 계약금을 제외한 나머지를 보통예금 계좌에서 지급하였다(단, 관련 계정을 조회하여 전표 입력할 것). (3점)

[5] 11월 26일 ㈜미래상사로부터 기술연구소의 연구개발에 사용하기 위한 연구용 재료를 10,000,000원(부가가치세 별도)에 구입하면서 전자세금계산서를 발급받고, 대금은 보통예금 계좌에서 지급하였다(단, 연구용 재료와 관련하여 직접 지출한 금액은 무형자산으로 처리할 것). (3점)

[6] 12월 04일 생산부가 사용하는 업무용승용차(2,000cc)의 엔진오일과 타이어를 차차카센터에서 교환하고 전자세금계산서를 발급받았다. 교환비용 825,000원(부가가치세 포함)은 전액 보통예금 계좌에서 이체하였다(단, 교환비용은 차량유지비(제조원가)로 처리할 것). (3점)

## 문제4

[일반전표입력] 및 [매입매출전표입력] 메뉴에 입력된 내용 중 다음과 같은 오류가 발견되었다. 입력된 내용을 확인하여 정정하시오. (6점)

[1] 08월 02일 보통예금 계좌에서 지급한 800,000원은 외상으로 매입하여 영업부에서 업무용으로 사용 중인 컴퓨터(거래처 : 온누리)에 대한 대금 지급액으로 확인되었다. 잘못된 항목을 올바르게 수정하시오. (3점)

[2] 11월 19일 차차운송에 현금으로 지급한 운송비 330,000원(부가가치세 포함)은 원재료를 매입하면서 지급한 것으로 회계팀 신입사원의 실수로 일반전표에 입력하였다. 운송 관련하여 별도의 전자세금계산서를 발급받았다. (3점)

## 문제5

결산정리사항은 다음과 같다. 해당 메뉴에 입력하시오. (9점)

[1] 결산일 현재 재고자산을 실사하던 중 도난, 파손의 사유로 수량 부족이 발생한 제품의 원가는 2,000,000원으로 확인되었다(단, 수량 부족의 원인은 비정상적으로 발생한 것이다). (3점)

[2] 홍보용 계산기를 구매하고 전액 광고선전비(판매비와관리비)로 비용처리하였다. 결산 시 미사용한 2,500,000원에 대해 올바른 회계처리를 하시오(단, 소모품 계정을 사용하며 음수로 입력하지 말 것). (3점)

[3] 당기의 법인세등으로 계상할 금액은 10,750,000원이다(법인세 중간예납세액은 선납세금으로 계상되어 있으며, 이를 조회하여 회계처리할 것). (3점)

**문제6** 다음 사항을 조회하여 답안을 메뉴에 입력하시오. (9점)

[1] 6월 말 현재 외상매입금 잔액이 가장 큰 거래처명과 그 금액은 얼마인가? (3점)

[2] 부가가치세 제1기 확정신고 기간(4월~6월)의 차가감하여 납부할 부가가치세액은 얼마인가? (3점)

[3] 2분기(4월~6월) 중 판매비와관리비 항목의 광고선전비 지출액이 가장 많이 발생한 월과 그 금액은 얼마인가? (3점)

# 제12편. 전산회계1급 -집중심화

## ✏️ 1회 이론시험 답안

| A형 | <1> | <2> | <3> | <4> | <5> | <6> | <7> | <8> | <9> | <10> | <11> | <12> | <13> | <14> | <15> |
|---|---|---|---|---|---|---|---|---|---|---|---|---|---|---|---|
| | ① | ④ | ② | ③ | ① | ④ | ④ | ① | ① | ① | ③ | ④ | ④ | ② | ④ |

1.
[답] ① [일반기업회계기준 재무회계개념체계 문단 52] 유형자산을 역사적 원가로 평가하면 일반적으로 검증가능성이 높으므로 측정의 신뢰성은 제고되나 목적적합성은 저하될 수 있다.

2.
[답] ④ [일반기업회계기준 문단 2.44] 손익계산서는 일정 기간 동안 기업의 경영성과에 대한 정보를 제공하는 보고서이다. 손익계산서는 당해 회계기간의 경영성과를 나타낼 뿐만 아니라 기업의 미래현금흐름과 수익창출능력 등의 예측에 유용한 정보를 제공한다.

3.
[답] ② 새로운 상품과 서비스를 제공하는데 소요되는 원가는 취득원가에 포함하지 않는다.

4.
[답] ③ 만기보유증권은 채권에만 적용되며, 매도가능증권은 주식, 채권에 적용 가능하다.

5.
[답] ① 감자차익은 자본잉여금에 속한다.
• 주식할인발행차금, 자기주식, 자기주식처분손실은 자본조정에 속한다.

6.
[답] ④ [일반기업회계기준서 문단 16.17] 재화의 판매, 용역의 제공, 이자, 배당금, 로열티로 분류할 수 없는 기타의 수익은 다음 조건을 모두 충족할 때 발생기준에 따라 합리적인 방법으로 인식한다.
⑴ 수익가득과정이 완료되었거나 실질적으로 거의 완료되었다.
⑵ 수익금액을 신뢰성 있게 측정할 수 있다.
⑶ 경제적 효익의 유입 가능성이 매우 높다.

7.
[답] ④ 5,950,000원
= 기초상품재고액 500,000원 + 당기순매입액 7,250,000원 - 타계정대체금액 300,000원 - 기말상품재고액 1,500,000원
· 순매입액 : 총매입액 8,000,000원 - 매입에누리금액 750,000원 = 7,250,000원

상품(자산)

(단위 : 원)

| | | | |
|---|---|---|---|
| 기초상품재고액 | 500,000 | 매출원가 | 5,950,000 |
| 총매입액 | 8,000,000 | 타계정대체금액 | 300,000 |
| 매입에누리금액<br>(증가) | (750,000) | 기말상품재고액<br>(감소) | 1,500,000 |
| | 7,750,000 | | 7,750,000 |

8.
[답] ① 자산 과소계상 및 수익 과소계상
· 아래의 올바른 회계처리가 누락되어 자산(외상매출금)과 수익(상품매출)이 과소계상된다.
12.26.    (차) 외상매출금    (대) 상품매출

9.
[답] ① 자료에서 설명하는 원가는 준변동원가로, 기본요금 및 사용량에 따른 요금이 부과되는 전화요금이 이에 해당한다.
· 변동원가 : 직접재료원가, 직접노무원가
· 고정원가 : 감가상각비, 화재보험료 등
· 준변동원가 : 전력비, 전화요금, 가스요금 등
· 준고정원가 : 생산관리자의 급여, 생산량에 따른 설비자산의 임차료 등

10.
[답] ① 단일 종류의 제품을 연속생산, 대량생산하는 업종에 적합한 원가계산 방법은 종합원가계산이다. 개별원가계산은 다품종 소량생산, 주문생산하는 업종에 적합하다.

11.
[답] ③ 150개
= 공손수량 200개 - 정상공손수량 50개
· 당기 완성품 수량 : 기초재공품 400개 + 당기착수량 1,000개 - 기말재공품 200개 - 공손수량 200개
= 1,000개
· 정상공손수량 : 당기 완성품 수량 1,000개×5% = 50개
· 영업외비용으로 처리할 공손은 비정상공손을 말한다.

12.
[답] ④ 750,000원
= 직접재료원가 180,000원 + 직접노무원가 320,000원 + 제조간접원가 250,000원
・제조간접원가 : 공장 전력비 50,000원 + 공장 임차료 200,000원 = 250,000원

13.
[답] ④ 부가가치세법 제4조, 부가가치세는 다음 각 호의 거래에 대하여 과세한다.
1. 사업자가 행하는 재화 또는 용역의 공급
2. 재화의 수입

14.
[답] ② 부가가치세법 제8조 제2항, 사업자는 제1항에 따른 사업자등록의 신청을 사업장 관할 세무서장이 아닌 다른 세무서장에게도 할 수 있다. 이 경우 사업장 관할 세무서장에게 사업자등록을 신청한 것으로 본다.

15.
[답] ④ 부가가치세법 제63조 제5항, 간이과세자의 경우 제3항(매입세금계산서 등 수취세액공제) 및 제46조 제1항(신용카드매출전표 등 발행세액공제)에 따른 금액의 합계액이 각 과세기간의 납부세액을 초과하는 경우에는 그 초과하는 부분은 없는 것으로 본다.

# 1회 실무시험 답안

## 문제1

[1]
[답]
[계정과목및적요등록] > 511.복리후생비 > •현금적요 > 적요NO : 9, 생산직원 독감 예방접종비 지급
•대체적요 > 적요NO : 3, 직원 휴가비 보통예금 인출

[2]
[답]
[기초정보관리] > 거래처등록 > 일반거래처 > •거래처코드 : 00450
- 거래처명 : ㈜대박
- 유형 : 3.동시
- 사업자등록번호 : 403-81-51065
- 대표자 : 박대박
- 업태 : 제조
- 종목 : 원단
- 사업장주소 : 경상북도 칠곡군 지천면 달서원길 16

[3]
[답]
1. [전기분손익계산서] > •광고선전비(판) 3,800,000원 → 5,300,000원으로 수정
 •당기순이익 88,020,000원 → 86,520,000원으로 변경 확인
2. [전기분잉여금처분계산서] > •6.당기순이익 88,020,000원 → 86,520,000원으로 수정(또는 F6불러오기)
 •Ⅰ.미처분이익잉여금 164,900,000원 → 163,400,000원으로 변경 확인
3. [전기분재무상태표] > •이월이익잉여금 164,900,000원 → 163,400,000원으로 수정
 •대차차액이 없음을 확인

## 문제2

[1]
[답] 일반전표입력
07.18.　　　(차) 외상매입금(㈜괴안공구)　33,000,000원　(대) 지급어음(㈜괴안공구)　23,000,000원
　　　　　　　　　　　　　　　　　　　　　　　　　　　보통예금　　　　　　　　10,000,000원

[2]
[답] 일반전표입력
07.30. (차) 대손충당금(109)  320,000원    (대) 외상매출금(㈜지수포장)  1,800,000원
            대손상각비(판)   1,480,000원

[3]
[답] 일반전표입력
08.30. (차) 임차보증금(형제상사)  5,000,000원   (대) 선급금(형제상사)  1,500,000원
                                                보통예금         3,500,000원

[4]
[답] 일반전표입력
10.18. (차) 단기차입금(대표이사)  19,500,000원   (대) 채무면제이익  19,500,000원

[5]
[답] 일반전표입력
10.25. (차) 여비교통비(판)  2,850,000원    (대) 가지급금(누리호)  3,000,000원
            현금            150,000원

[6]
[답] 일반전표입력
11.04. (차) 퇴직급여(판)  2,000,000원    (대) 보통예금  5,000,000원
            퇴직급여(제)  3,000,000원

## 문제3

[1]
[답] 매입매출전표입력
유형: 16.수출   공급가액: 50,000,000원   부가세: 0원   거래처:HK사   분개: 혼합
영세율구분:①직접수출(대행수출 포함)
07.14. (차) 선수금        10,000,000원   (대) 제품매출  50,000,000원
            외상매출금    40,000,000원

[2]
[답] 매입매출전표입력
유형: 11.과세   공급가액: 10,000,000원  부가세: 1,000,000원  거래처:㈜동도유통  전자: 여   분개: 혼합
08.05. (차) 받을어음(㈜서도상사)  10,000,000원   (대) 부가세예수금  1,000,000원
            외상매출금            1,000,000원        제품매출      10,000,000원

[3]
[답] 매입매출전표입력
유형: 57.카과   공급가액: 4,400,000원   부가세: 440,000원   거래처: 함안전자   분개: 혼합 또는 카드
신용카드사:국민카드
08.20.      (차) 부가세대급금      440,000원      (대) 미지급금(국민카드)   4,840,000원
                비품            4,400,000원

[4]
[답] 매입매출전표입력
유형: 53.면세   공급가액: 5,000,000원   부가세: 0원   거래처:㈜더람   전자: 여   분개: 혼합
11.11.      (차) 교육훈련비(판)   5,000,000원      (대) 선급금            1,000,000원
                                                   보통예금          4,000,000원

[5]
[답] 매입매출전표입력
유형: 51.과세   공급가액: 10,000,000원   부가세: 1,000,000원   거래처: ㈜미래상사   전자: 여   분개: 혼합
11.26.      (차) 부가세대급금    1,000,000원      (대) 보통예금         11,000,000원
                개발비         10,000,000

[6]
[답] 매입매출전표입력
유형:54.불공   공급가액:750,000원   부가세:75,000원   거래처:차차카센터   전자:여   분개:혼합
불공제사유:③비영업용 소형승용자동차차 구입·유지 및 임차
12.04.      (차) 차량유지비(제)   825,000원      (대) 보통예금          825,000원


## 문제4

[1]
[답] 일반전표입력
· 수 정 전 : 2022.08.02.  (차) 외상매입금(온누리)   800,000원      (대) 보통예금   800,000원
· 수 정 후 : 2022.08.02.  (차) 미지급금(온누리)     800,000원      (대) 보통예금   800,000원

[2]
[답]
· 수 정 전 : 일반전표입력
11.19.      (차) 운반비(판)      330,000원      (대) 현금       330,000원
· 수 정 후 : 일반전표 삭제 후 매입매출전표입력
유형: 51.과세   공급가액: 300,000원   부가세: 30,000원   거래처:차차운송   전자: 여   분개: 현금 또는 혼합
11.19.      (차) 부가세대급금      30,000원      (대) 현금       330,000원
                원재료           300,000원

## 제12편. 전산회계1급 -집중심화

### 문제5

[1]
[답] 일반전표입력
12.31.　　(차) 재고자산감모손실　2,000,000원　　(대) 제품　　2,000,000원
　　　　　　　　　　　　　　　　　　　　　　　　　　(적요 8. 타계정으로 대체액)

[2]
[답] 일반전표입력
12.31.　　(차) 소모품　2,500,000원　　(대) 광고선전비(판)　2,500,000원

[3]
[답]
1. [결산자료입력] > 기간 : 1월~12월
　> 9. 법인세등 > 1). 선납세금 결산반영금액 6,500,000원 입력　　> F3 전표추가
　2). 추가계상액 결산반영금액 4,250,000원 입력
2. 일반전표입력
12.31.　　(차) 법인세등　10,750,000원　　(대) 선납세금　6,500,000원
　　　　　　　　　　　　　　　　　　　　　　　　미지급세금　4,250,000원

### 문제6

[1]
[답] 다솜상사, 63,000,000원
・[거래처원장] > 기간 : 1월 1일~6월 30일 > 계정과목 : 외상매입금(251) 조회

[2]
[답] 11,250,700원
・[부가가치세신고서] > 기간 : 4월 1일~6월 30일 > 차가감하여 납부할세액(환급받을세액) 확인

[3]
[답] 6월, 5,000,000원
・[총계정원장] > 기간 : 4월 1일~6월 30일 > 계정과목 : 광고선전비(833) 조회

# 2회 집중심화

## ✻ 이론시험 ✻

다음 문제를 보고 알맞은 것을 골라 이론문제 답안작성 메뉴에 입력하시오.(객관식 문항당 2점)

1. 다음 중 재무제표에 대한 설명으로 가장 올바른 것은?
① 자산은 현재 사건의 결과로 기업이 통제하고 있고 미래경제적효익이 기업에 유입될 것으로 기대되는 자원이다.
② 부채는 과거 사건에 의하여 발생하였으며, 경제적효익이 기업으로부터 유출됨으로써 이행될 것으로 기대되는 미래의무이다.
③ 수익은 자산의 유입 또는 부채의 감소에 따라 자본의 증가를 초래하는 특정 회계기간 동안에 발생한 경제적효익의 증가로서 지분참여자에 대한 출연과 관련된 것은 제외한다.
④ 비용은 자산의 유출 또는 부채의 증가에 따라 자본의 감소를 초래하는 특정 회계기간 동안에 발생한 경제적효익의 감소로서 지분참여자에 대한 분배를 제외하며, 정상영업활동의 일환이나 그 이외의 활동에서 발생할 수 있는 차손은 포함하지 않는다.

2. 다음 중 기말재고자산의 수량 결정 방법으로 옳은 것을 모두 고른 것은?

| 가. 총평균법 | 나. 계속기록법 | 다. 선입선출법 | 라. 후입선출법 | 마. 실지재고조사법 |

① 가, 다      ② 나, 마      ③ 가, 나, 다      ④ 다, 라, 마

3. 기업이 보유하고 있는 수표 중 현금및현금성자산으로 분류되지 아니하는 것은?
① 선일자수표     ② 당좌수표     ③ 타인발행수표     ④ 자기앞수표

4. 다음 중 유형자산에 대한 설명으로 옳은 것은?
① 기업이 보유하고 있는 토지는 기업의 보유목적에 상관없이 모두 유형자산으로 분류된다.
② 유형자산의 취득 시 발생한 부대비용은 취득원가로 처리한다.
③ 유형자산을 취득한 후에 발생하는 모든 지출은 발생 시 당기 비용으로 처리한다.
④ 모든 유형자산은 감가상각을 한다.

## 제12편. 전산회계1급 -집중심화

**5.** 다음은 ㈜한국의 단기매매증권 관련 자료이다. ㈜한국의 당기 손익계산서에 반영되는 영업외손익의 금액은 얼마인가?

- A사 주식의 취득원가는 500,000원이고, 기말공정가액은 700,000원이다.
- B사 주식의 취득원가는 300,000원이고, 기말공정가액은 200,000원이다.
- 당기 중 A사로부터 현금배당금 50,000원을 받았다.
- 당기 초 250,000원에 취득한 C사 주식을 당기 중 300,000원에 처분하였다.

① 200,000원　② 250,000원　③ 300,000원　④ 400,000원

**6.** 다음 중 사채의 발행과 관련한 내용으로 옳은 것은?
① 사채를 할인발행한 경우 매년 액면이자는 동일하다.
② 사채를 할증발행한 경우 매년 유효이자(시장이자)는 증가한다.
③ 사채발행 시 발행가액에서 사채발행비를 차감하지 않고 사채의 차감계정으로 처리한다.
④ 사채의 할인발행 또는 할증발행 시 발행차금의 상각액 또는 환입액은 매년 감소한다.

**7.** 다음 중 계정과목과 자본 항목의 분류가 올바르게 연결된 것은?
① 주식발행초과금 : 이익잉여금
② 자기주식처분손실 : 자본조정
③ 자기주식 : 자본잉여금
④ 매도가능증권평가손익 : 자본조정

**8.** 유형자산의 자본적지출을 수익적지출로 잘못 처리했을 경우, 당기의 당기순이익과 차기의 당기순이익에 미치는 영향으로 올바른 것은?

|   | 당기 당기순이익 | 차기 당기순이익 |
|---|---|---|
| ① | 과대 | 과소 |
| ② | 과소 | 과소 |
| ③ | 과소 | 과대 |
| ④ | 과대 | 과대 |

**9.** 다음 중 매몰원가에 해당하지 않는 것은?
① 전기승용차 구입 결정을 함에 있어 사용하던 승용차 처분 시 기존 승용차의 취득원가
② 과거 의사결정으로 발생한 원가로 향후 의사결정을 통해 회수할 수 없는 취득원가
③ 사용하고 있던 기계장치의 폐기 여부를 결정할 때, 해당 기계장치의 취득원가
④ 공장의 원재료 운반용 화물차를 판매 제품의 배송용으로 전환하여 사용할지 여부를 결정할 때, 새로운 화물차의 취득가능금액

10. 다음 중 제조원가에 관한 설명으로 옳지 않은 것은?
① 간접원가는 제조과정에서 발생하는 원가이지만 특정 제품 또는 특정 부문에 직접 추적할 수 없는 원가를 의미한다.
② 조업도의 증감에 따라 총원가가 증감하는 원가를 변동원가라 하며, 직접재료원가와 직접노무원가가 여기에 속한다.
③ 고정원가는 관련범위 내에서 조업도가 증가할수록 단위당 고정원가가 감소한다.
④ 변동원가는 관련범위 내에서 조업도가 증가할수록 단위당 변동원가가 증가한다.

11. ㈜대한은 평균법에 의한 종합원가계산을 채택하고 있다. 재료원가는 공정 초기에 모두 투입되며, 가공원가는 공정 전반에 걸쳐 고르게 투입되는 경우 완성품환산량으로 맞는 것은?

- 기초재공품 : 100개(완성도 50%)
- 당기완성수량 : 1,800개
- 당기착수수량 : 2,000개
- 기말재공품 : 300개(완성도 70%)

|   | 재료원가 완성품환산량 | 가공원가 완성품환산량 |
|---|---|---|
| ① | 2,100개 | 2,010개 |
| ② | 2,100개 | 2,100개 |
| ③ | 2,100개 | 1,960개 |
| ④ | 2,100개 | 1,950개 |

12. 다음은 제조기업의 원가 관련 자료이다. 매출원가 금액으로 옳은 것은?

- 당기총제조원가    1,500,000원
- 기초제품재고액    800,000원
- 기말제품재고액    300,000원
- 기초재공품재고액  500,000원
- 기말재공품재고액  1,300,000원
- 직접재료원가      700,000원

① 700,000원　　② 800,000원　　③ 1,200,000원　　④ 2,000,000원

13. 다음 중 부가가치세법상 면세에 해당하지 않는 것은?
① 도서대여 용역
② 여성용 생리 처리 위생용품
③ 주무관청에 신고된 학원의 교육 용역
④ 개인택시운송사업의 여객운송 용역

**14. 다음 중 부가가치세 신고와 납부에 대한 설명으로 옳지 않은 것은?**
① 간이과세를 포기하는 경우 포기신고일이 속하는 달의 마지막 날로부터 25일 이내에 신고, 납부하여야 한다.
② 확정신고를 하는 경우 예정신고 시 신고한 과세표준은 제외하고 신고하여야 한다.
③ 신규로 사업을 시작하는 경우 사업개시일이 속하는 과세기간의 종료일로부터 25일 이내에 신고, 납부하여야 한다.
④ 폐업하는 경우 폐업일로부터 25일 이내에 신고, 납부하여야 한다.

**15. 다음 중 부가가치세법상 법인사업자의 사업자등록 정정 사유가 아닌 것은?**
① 사업의 종류에 변경이 있는 때
② 상호를 변경하는 때
③ 주주가 변동되었을 때
④ 사업장을 이전할 때

# ✱ 실무시험 ✱

문제에서 한국채택국제회계기준을 적용하도록 하는 전제조건이 없는 경우, 일반기업회계기준을 적용하여 회계처리 한다.

세무사랑㈜(회사코드: 1022)은 부동산임대업 및 전자제품의 제조·도소매업을 영위하는 중소기업으로 당기(제9기) 회계기간은 2025.1.1.~2025.12.31.이다. 전산세무회계 수험용 프로그램을 이용하여 다음 물음에 답하시오.

### 문제1

다음은 [기초정보관리] 및 [전기분재무제표]에 대한 자료이다. 각각의 요구사항에 대하여 답하시오. (10점)

[1] 다음 자료를 이용하여 [계정과목 및 적요등록] 메뉴에서 견본비(판매비및일반관리비) 계정과목의 현금적요를 추가로 등록하시오. (3점)

- 코드 : 842
- 계정과목 : 견본비
- 현금적요 : NO.2 전자제품 샘플 제작비 지급

[2] 세무사랑㈜의 기초 채권 및 채무의 올바른 잔액은 다음과 같다. 주어진 자료를 검토하여 잘못된 부분은 오류를 정정하고, 누락된 부분은 추가하여 입력하시오. (3점)

| 계정과목 | 거래처 | 금액 |
|---|---|---|
| 외상매출금 | ㈜홍금전기 | 30,000,000원 |
| | ㈜금상기업 | 10,000,000원 |
| 외상매입금 | 삼신산업 | 30,000,000원 |
| | 하나무역 | 26,000,000원 |
| 받을어음 | ㈜대호전자 | 25,000,000원 |

[3] 전기분 재무제표 중 아래의 계정과목에서 다음과 같은 오류를 발견하였다. 관련 재무제표를 적절하게 수정하시오. (4점)

| 계정과목 | 관련 부서 | 수정 전 잔액 | 수정 후 잔액 |
|---|---|---|---|
| 전력비 | 생산부 | 2,000,000원 | 4,200,000원 |
| 수도광열비 | 영업부 | 3,000,000원 | 1,100,000원 |

# 제12편. 전산회계1급 -집중심화

**문제2** 다음의 거래 자료를 [일반전표입력] 메뉴를 이용하여 입력하시오(일반전표입력의 모든 거래는 부가가치세를 고려하지 말 것). (18점)

―――――― < 입력 시 유의사항 > ――――――
· 일반적인 적요의 입력은 생략하지만, 타계정 대체거래는 적요번호를 선택하여 입력한다.
· 채권·채무와 관련된 거래는 별도의 요구가 없는 한 반드시 기 등록되어 있는 거래처코드를 선택하는 방법으로 거래처명을 입력한다.
· 제조경비는 500번대 계정코드를, 판매비와 관리비는 800번대 계정코드를 사용한다.
· 회계처리시 계정과목은 별도제시가 없는 한 등록되어 있는 계정과목 중 가장 적절한 과목으로 한다.

[1] 07월 03일 영업부 사무실로 사용하기 위하여 세무빌딩과 사무실 임대차계약을 체결하고, 보증금 6,000,000원 중 계약금 600,000원을 보통예금(우리은행) 계좌에서 이체하여 지급하였다. 잔금은 다음 달에 지급하기로 하였다. (3점)

[2] 08월 01일 하나카드의 7월분 매출대금 3,500,000원에서 가맹점수수료 2%를 차감한 금액이 당사의 보통예금 계좌로 입금되었다(단, 신용카드 매출대금은 외상매출금으로 처리하고 있다). (3점)

[3] 08월 16일 영업부 직원의 퇴직으로 인해 발생한 퇴직금은 8,800,000원이다. 당사는 모든 직원에 대해 전액 확정급여형(DB형) 퇴직연금에 가입하고 있으며, 현재 퇴직연금운용자산의 잔액은 52,000,000원이다. 단, 퇴직급여충당부채와 퇴직연금충당부채는 설정하지 않았다. (3점)

[4] 08월 23일 나라은행으로부터 차입한 대출금 20,000,000원(대출기간 : 2023.01.01.~2026.12.31.)을 조기 상환하기로 하고, 이자 200,000원과 함께 보통예금 계좌에서 이체하여 지급하다. (3점)

[5] 11월 05일 ㈜다원의 제품매출 외상대금 4,000,000원 중 3,000,000원은 동점 발행 약속어음으로 받고, 1,000,000원은 금전소비대차계약(1년 대여)으로 전환하였다. (3점)

[6] 11월 20일 사업용 중고트럭 취득과 관련된 취득세 400,000원을 현금으로 납부하였다. (3점)

## 문제3 다음 거래 자료를 [매입매출전표입력] 메뉴에 입력하시오. (18점)

< 입력 시 유의사항 >
- 일반적인 적요의 입력은 생략하지만, 타계정 대체거래는 적요번호를 선택하여 입력한다.
- 별도의 요구가 없는 한 반드시 기 등록되어 있는 거래처코드를 선택하는 방법으로 거래처명을 입력한다.
- 제조경비는 500번대 계정코드를, 판매비와 관리비는 800번대 계정코드를 사용한다.
- 회계처리시 계정과목은 별도제시가 없는 한 등록되어 있는 계정과목 중 가장 적절한 과목으로 한다.
- 입력화면 하단의 분개까지 처리하고, 전자세금계산서 및 전자계산서는 전자입력으로 반영한다.

[1] 08월 17일 구매확인서에 의해 수출용 제품의 원재료를 ㈜직지상사로부터 매입하고 영세율전자세금계산서를 발급받았다. 매입대금 중 10,000,000원은 외상으로 하고, 나머지 금액은 당사가 발행한 3개월 만기 약속어음으로 지급하였다. (3점)

### 영세율전자세금계산서

| | | | | | | |
|---|---|---|---|---|---|---|
| 승인번호 | | | 20250817-15454645-58811574 | | | |

| 공급자 | 등록번호 | 136-81-29187 | 종사업장번호 | | | |
|---|---|---|---|---|---|---|
| | 상호(법인명) | ㈜직지상사 | 성명 | 나인세 | | |
| | 사업장주소 | 서울특별시 동작구 여의대방로 35 | | | | |
| | 업태 | 도소매 | 종목 | 전자제품 | | |
| | 이메일 | | | | | |

| 공급받는자 | 등록번호 | 123-81-95681 | 종사업장번호 | |
|---|---|---|---|---|
| | 상호(법인명) | 세무사랑㈜ | 성명 | 이진우 |
| | 사업장주소 | 울산광역시 중구 종가로 405-3 | | |
| | 업태 | 제조 외 | 종목 | 전자제품 외 |
| | 이메일 | | | |
| | 이메일 | | | |

| 작성일자 | 공급가액 | 세액 | 수정사유 | 비고 |
|---|---|---|---|---|
| 2025-08-17 | 15,000,000원 | 0원 | 해당 없음 | |

| 월 | 일 | 품목 | 규격 | 수량 | 단가 | 공급가액 | 세액 | 비고 |
|---|---|---|---|---|---|---|---|---|
| 08 | 17 | 원재료 | | | 15,000,000원 | 15,000,000원 | | |
| | | | | | | | | |
| | | | | | | | | |
| | | | | | | | | |

| 합계금액 | 현금 | 수표 | 어음 | 외상미수금 | 위 금액을 (청구) 함 |
|---|---|---|---|---|---|
| 15,000,000원 | | | 5,000,000원 | 10,000,000원 | |

[2] 08월 28일 제조부 직원들에게 지급할 작업복을 이진컴퍼니로부터 공급가액 1,000,000원(부가가치세 별도)에 외상으로 구입하고 종이세금계산서를 발급받았다. (3점)

[3] 09월 15일 우리카센타에서 공장용 화물트럭을 수리하고 수리대금 242,000원(부가가치세 포함)은 현금으로 결제하면서 지출증빙용 현금영수증을 받았다(단, 수리대금은 차량유지비로 처리할 것). (3점)

[4] 09월 27일 인사부가 사용할 직무역량 강화용 책을 ㈜대한도서에서 구입하면서 전자계산서를 수취하고 대금은 외상으로 하다. (3점)

| 전자계산서 | | | | 승인번호 | 20250927-15454645-58811886 | | |
|---|---|---|---|---|---|---|---|
| 공급자 | 등록번호 | 120-81-32052 | 종사업장번호 | 공급받는자 | 등록번호 | 123-81-95681 | 종사업장번호 |
| | 상호(법인명) | ㈜대한도서 | 성명 박대한 | | 상호(법인명) | 세무사랑㈜ | 성명 이진우 |
| | 사업장주소 | 인천시 남동구 서해2길 | | | 사업장주소 | 울산광역시 중구 종가로 405-3 | |
| | 업태 | 도소매 | 종목 도서 | | 업태 | 제조 | 종목 전자제품 |
| | 이메일 | | | | 이메일 | | |
| | | | | | 이메일 | | |
| 작성일자 | 공급가액 | 수정사유 | 비고 | | | | |
| 2025-09-27 | 200,000원 | 해당 없음 | | | | | |
| 월 | 일 | 품목 | 규격 | 수량 | 단가 | 공급가액 | 비고 |
| 09 | 27 | 도서(직장생활 노하우 외) | | | 200,000원 | 200,000원 | |
| 합계금액 | 현금 | 수표 | 어음 | 외상미수금 | 위 금액을 (청구) 함 | | |
| 200,000원 | | | | 200,000원 | | | |

[5] 09월 30일 ㈜세무렌트로부터 영업부에서 거래처 방문용으로 사용하는 승용차(배기량 2,000cc, 5인승)의 당월분 임차료에 대한 전자세금계산서를 수취하였다. 당월분 임차료는 다음 달에 결제될 예정이다. (3점)

| 전자세금계산서 | | | | 승인번호 | 20250930-15454645-58811886 | | |
|---|---|---|---|---|---|---|---|
| 공급자 | 등록번호 | 105-81-23608 | 종사업장번호 | 공급받는자 | 등록번호 | 123-81-95681 | 종사업장번호 |
| | 상호(법인명) | ㈜세무렌트 | 성명 왕임차 | | 상호(법인명) | 세무사랑㈜ | 성명 이진우 |
| | 사업장주소 | 서울시 강남구 강남대로 8 | | | 사업장주소 | 울산광역시 중구 종가로 405-3 | |
| | 업태 | 서비스 | 종목 임대 | | 업태 | 제조 | 종목 전자제품 |
| | 이메일 | | | | 이메일 | | |
| | | | | | 이메일 | | |
| 작성일자 | 공급가액 | 세액 | 수정사유 | 비고 | | | |
| 2025-09-30 | 700,000원 | 70,000원 | 해당 없음 | | | | |
| 월 | 일 | 품목 | 규격 | 수량 | 단가 | 공급가액 | 세액 | 비고 |
| 09 | 30 | 차량렌트대금(5인승) | 2,000cc | 1 | 700,000원 | 700,000원 | 70,000원 | |
| 합계금액 | 현금 | 수표 | 어음 | 외상미수금 | 위 금액을 (청구) 함 | | |
| 770,000원 | | | | 770,000원 | | | |

[6] 10월 15일 우리자동차㈜에 공급한 제품 중 일부가 불량으로 판정되어 반품 처리되었으며, 수정전자세금계산서를 발행하였다. 대금은 해당 매출 관련 외상매출금과 상계하여 처리하기로 하였다(단, 음수( - )로 회계처리할 것). (3점)

| 전자세금계산서 | | | | | 승인번호 | | 20251015-58754645-58811367 | |
|---|---|---|---|---|---|---|---|---|
| 공급자 | 등록번호 | 123-81-95681 | 종사업장번호 | | 공급받는자 | 등록번호 | 130-86-55834 | 종사업장번호 |
| | 상호(법인명) | 세무사랑㈜ | 성명 | 이진우 | | 상호(법인명) | 우리자동차㈜ | 성명 | 신방자 |
| | 사업장주소 | 울산광역시 중구 종가로 405-3 | | | | 사업장주소 | 서울특별시 강남구 논현로 340 | |
| | 업태 | 제조 | 종목 | 전자제품 | | 업태 | 제조 | 종목 | 자동차(완성차) |
| | 이메일 | | | | | 이메일 | | |
| | | | | | | 이메일 | | |
| 작성일자 | 공급가액 | | 세액 | | 수정사유 | | 비고 | |
| 2025-10-15 | - 10,000,000원 | | - 1,000,000원 | | 일부 반품 | | 품질 불량으로 인한 반품 | |

| 월 | 일 | 품목 | 규격 | 수량 | 단가 | 공급가액 | 세액 | 비고 |
|---|---|---|---|---|---|---|---|---|
| 10 | 15 | 제품 | | | | - 10,000,000원 | - 1,000,000원 | |

| 합계금액 | 현금 | 수표 | 어음 | 외상미수금 | 위 금액을 (청구) 함 |
|---|---|---|---|---|---|
| - 11,000,000원 | | | | - 11,000,000원 | |

## 문제4

[일반전표입력] 및 [매입매출전표입력] 메뉴에 입력된 내용 중 다음과 같은 오류가 발견되었다. 입력된 내용을 확인하여 정정하시오. (6점)

[1] 07월 06일 ㈜상문의 외상매입금 3,000,000원을 보통예금 계좌에서 이체한 것이 아니라 제품을 판매하고 받은 상명상사 발행 약속어음 3,000,000원을 배서하여 지급한 것으로 밝혀졌다. (3점)

[2] 12월 13일 영업부 사무실의 전기요금 121,000원(공급대가)을 현금 지급한 것으로 일반전표에 회계처리 하였으나, 이는 제조공장에서 발생한 전기요금으로 한국전력공사로부터 전자세금계산서를 수취한 것으로 확인되었다. (3점)

## 문제5  결산정리사항은 다음과 같다. 해당 메뉴에 입력하시오. (9점)

[1] 결산일을 기준으로 대한은행의 장기차입금 50,000,000원에 대한 상환기일이 1년 이내에 도래할 것으로 확인되었다. (3점)

[2] 무형자산인 특허권(내용연수 5년, 정액법)의 전기 말 상각후잔액은 24,000,000원이다. 특허권은 2024년 1월 10일에 취득하였으며, 매년 법정 상각범위액까지 무형자산상각비로 인식하고 있다. 특허권에 대한 당기분 무형자산상각비(판)를 계상하시오. (3점)

[3] 당기 법인세비용은 13,500,000원으로 산출되었다(단, 법인세 중간예납세액은 선납세금을 조회하여 처리할 것). (3점)

## 문제6  다음 사항을 조회하여 답안을 메뉴에 입력하시오. (9점)

[1] 6월 30일 현재 현금및현금성자산의 전기말 현금및현금성자산 대비 증감액은 얼마인가? 단, 감소한 경우에도 음의 부호( - )를 제외하고 양수로만 입력하시오. (3점)

[2] 2025년 제1기 부가가치세 확정신고기간(2025.04.01.~2025.06.30.)의 매출액 중 세금계산서발급분 공급가액의 합계액은 얼마인가? (3점)

[3] 6월(6월 1일~6월 30일) 중 지예상사에 대한 외상매입금 결제액은 얼마인가? (3점)

## 2회 이론시험 답안

| A형 | <1> | <2> | <3> | <4> | <5> | <6> | <7> | <8> | <9> | <10> | <11> | <12> | <13> | <14> | <15> |
|---|---|---|---|---|---|---|---|---|---|---|---|---|---|---|---|
| | ③ | ② | ① | ② | ① | ① | ② | ③ | ④ | ④ | ① | ③ | ④ | ④ | ③ |

1.
[답] ③
• 자산 : 자산은 과거의 거래나 사건의 결과로서 현재 기업실체에 의해 지배되고 미래에 경제적 효익을 창출할 것으로 기대되는 자원이다.
• 부채 : 부채는 과거의 거래나 사건의 결과로 현재 기업실체가 부담하고 있고 미래에 자원의 유출 또는 사용이 예상되는 의무이며, 기업실체가 현재 시점에서 부담하는 경제적 의무이다.
• 비용 : 비용은 차손을 포함한다.

2.
[답] ② 계속기록법과 실지재고조사법을 통해 기말재고자산의 수량을 결정한다.

3.
[답] ① 선일자수표는 받을어음으로 처리한다.

4.
[답] ②
• 기업이 보유하고 있는 토지는 보유목적에 따라 재고자산, 투자자산, 유형자산으로 분류될 수 있다.
• 유형자산을 취득한 후에 발생하는 비용은 성격에 따라 당기 비용 또는 자산의 취득원가에 포함한다.
• 토지와 건설중인자산은 감가상각을 하지 않는다.

5.
[답] ① 200,000원
= 단기매매증권평가이익 200,000원 - 단기매매증권평가손실 100,000원 + 배당금수익 50,000원 + 단기매매증권처분이익 50,000원
• 단기매매증권평가이익 : A주식 기말공정가액 700,000원 - 취득원가 500,000원 = 200,000원
• 단기매매증권평가손실 : B주식 취득원가 300,000원 - 기말공정가액 200,000원 = 100,000원
• 단기매매증권처분이익 : C주식 처분가액 300,000원 - 취득원가 250,000원 = 50,000원

6.
[답] ① 사채의 액면발행, 할인발행, 할증발행 여부와 관계없이 액면이자는 매년 동일하다.
• 할증발행 시 유효이자는 매년 감소한다.
• 사채발행비는 사채발행가액에서 차감한다.
• 할인발행 또는 할증발행 시 발행차금의 상각액 및 환입액은 매년 증가한다.

7.
[답] ②
• 주식발행초과금 : 자본잉여금
• 자기주식 : 자본조정
• 매도가능증권평가손익 : 기타포괄손익누계액

8.
[답] ③ 자본적지출을 수익적지출로 잘못 처리했을 경우 당기 비용은 과대계상되어 당기의 당기순이익은 과소계상되고, 차기의 당기순이익은 과대계상된다.

9.
[답] ④ 자산을 다른 용도로 사용하는 것은 기회원가에 해당한다. 대체 자산 취득 시 기존 자산의 취득원가는 의사결정에 영향을 주지 않는 경우 매몰원가에 해당한다.

10.
[답] ④ 변동원가는 관련범위 내에서 조업도가 증가하면 변동원가 총액이 증가하고, 단위당 변동원가는 일정하다.

11.
[답] ①
• 재료원가 : 당기완성 1,800개 + 기말재공품 300개 = 2,100개
• 가공원가 : 당기완성 1,800개 + 기말재공품 300개×70% = 2,010개

12.
[답] ③ 1,200,000원
= 기초제품 800,000원 + 당기제품제조원가 700,000원 - 기말제품 300,000원
• 당기제품제조원가 : 기초재공품 500,000원 + 당기총제조원가 1,500,000원 - 기말재공품 1,300,000원 = 700,000원

13.
[답] ④ 부가가치세법 제26조 제1항, 다음 각 호의 재화 또는 용역의 공급에 대하여는 부가가치세를 면제한다.
　　　　-여객운송 용역. 다만, 다음 각 목의 어느 하나에 해당하는 여객운송 용역으로서 대통령령으로 정하는 것은 제외한다.
　　　　-항공기, 고속버스, 전세버스, 택시, 특수자동차, 특종선박(特種船舶) 또는 고속철도에 의한 여객운송 용역

14.
[답] ④ 부가가치세법 제49조 제1항, 사업자는 각 과세기간에 대한 과세표준과 납부세액 또는 환급세액을 그 과세기간이 끝난 후 25일(폐업하는 경우 제5조 제3항에 따른 폐업일이 속한 달의 다음 달 25일) 이내에 대통령령으로 정하는 바에 따라 납세지 관할 세무서장에게 신고하여야 한다.

15.
[답] ③ 법인사업자의 주주가 변동된 것은 사업자등록 정정 사유가 아니다.

## 문제1

[1]
[답]
[계정과목 및 적요등록] > 842. 견본비 > 현금적요 > 적요NO : 2, 전자제품 샘플 제작비 지급

[2]
[답]
[거래처별초기이월] > ・외상매출금 : ㈜홍금전기 3,000,000원 → 30,000,000원으로 수정
・외상매입금 : 하나무역 12,000,000원 → 26,000,000원으로 수정
・받을어음 : ㈜대호전자 25,000,000원 추가 입력

[3]
[답]
・[전기분원가명세서] > ・전력비 수정 : 2,000,000원 → 4,200,000원
・당기제품제조원가 변경 확인 : 94,300,000원 → 96,500,000원
・[전기분손익계산서] > ・당기제품제조원가 수정 : 94,300,000원 → 96,500,000원
・제품매출원가 변경 확인 : 121,650,000원 → 123,850,000원
・수도광열비(판) 수정 : 3,000,000원 → 1,100,000원
・당기순이익 변경 확인 : 88,200,000원> → 87,900,000원
・[전기분잉여금처분계산서] > ・F6 불러오기
・당기순이익 변경 확인 88,200,000원 → 87,900,000원
・미처분이익잉여금 및 차기이월미처분이익잉여금 변경 확인 : 134,800,000원 → 134,500,000원
・[전기분재무상태표] > ・이월이익잉여금 수정 : 134,800,000원 → 134,500,000원
・대차 금액 일치 확인

## 문제2

[1]
[답] 일반전표입력
07.03.　　　(차) 선급금(세무빌딩)　600,000원　　(대) 보통예금　　600,000원

[2]
[답] 일반전표입력
08.01.　　(차) 보통예금　　　3,430,000원　　　(대) 외상매출금(하나카드)　　3,500,000원
　　　　　　　수수료비용(판)　　70,000원

[3]
[답] 일반전표입력
08.16.　　(차) 퇴직급여(판)　　8,800,000원　　　(대) 퇴직연금운용자산　　8,800,000원

[4]
[답] 일반전표입력
08.23.　　(차) 장기차입금(나라은행)　20,000,000원　　(대) 보통예금　　　20,200,000원
　　　　　　　이자비용　　　　　200,000원

[5]
[답] 일반전표입력
11.05　　(차) 받을어음(㈜다원)　　3,000,000원　　(대) 외상매출금(㈜다원)　4,000,000원
　　　　　　　단기대여금(㈜다원)　1,000,000원

[6]
[답] 일반전표입력
11.20.　　(차) 차량운반구　　400,000원　　(대) 현금　　400,000원
　　　또는 출금전표　　차량운반구　　400,000원

## 문제3

[1]
[답] 매입매출전표입력
유형: 52.영세　　공급가액: 15,000,000원　　거래처: ㈜직지상사　　전자: 여　　분개: 혼합
08.17.　　(차) 원재료　　15,000,000원　　(대) 지급어음　　5,000,000원
　　　　　　　　　　　　　　　　　　　　　　　외상매입금　　10,000,000원

[2]
[답] 매입매출전표
유형: 51.과세　　공급가액: 1,000,000원　　부가세: 100,000원　　거래처: 이진컴퍼니　　전자: 부　　분개: 혼합
08.28.　　(차) 부가세대급금　　100,000원　　(대) 미지급금　　1,100,000원
　　　　　　　복리후생비(제)　1,000,000원　　　　(또는 미지급비용)

[3]
[답] 매입매출전표입력
유형: 61.현과     공급가액: 220,000원     부가세: 22,000원     거래처: 우리카센타     분개: 현금 또는 혼합
09.15.     (차) 부가세대급금          22,000원     (대) 현금          242,000원
           차량유지비(제)     220,000원

[4]
[답] 매입매출전표입력
유형: 53.면세     공급가액: 200,000원     거래처: ㈜대한도서     전자: 여     분개: 혼합
09.27.     (차) 도서인쇄비(판)     200,000원     (대) 미지급금          200,000원
           (또는 교육훈련비(판))              (또는 미지급비용)

[5]
[답] 매입매출전표입력
유형: 54.불공     공급가액: 700,000원     부가세: 70,000원     거래처: ㈜세무렌트     전자: 여     분개: 혼합
불공제사유: ③비영업용 소형승용자동차 구입·유지 및 임차
09.30.     (차) 임차료(판)     770,000원     (대) 미지급금          770,000원
                                              (또는 미지급비용)

[6]
[답] 매입매출전표입력
유형: 11.과세 공급가액: -10,000,000원 부가세: -1,000,000원 거래처:우리자동차㈜ 전자: 여 분개: 외상또는혼합
10.15.     (차) 외상매출금     -11,000,000원     (대) 부가세예수금     -1,000,000원
                                                    제품매출          -10,000,000원
                                                    (또는 매출환입및에누리(405))

## 문제4

[1]
[답] 일반전표입력
· 수정 전 : 07.06.  (차) 외상매입금(㈜상문)  3,000,000원  (대) 보통예금               3,000,000원
· 수정 후 : 07.06.  (차) 외상매입금(㈜상문)  3,000,000원  (대) 받을어음(상명상사)  3,000,000원

[2]
[답]
· 수정 전 : 일반전표입력
12.13.     (차) 수도광열비(판)     121,000원     (대) 현금     121,000원
· 수정 후 : 일반전표 삭제 후 매입매출전표입력
유형: 51.과세 공급가액: 110,000원 부가세:11,000원 거래처:한국전력공사 전자: 여 분개: 현금 또는 혼합
12.13.     (차) 부가세대급금          11,000원     (대) 현금          121,000원
           전력비(제)     110,000원

# 제12편. 전산회계1급 -집중심화

## 문제5

[1]
[답] 일반전표입력
12.31. (차) 장기차입금(대한은행) 50,000,000원 (대) 유동성장기부채(대한은행) 50,000,000원

[2]
[답]
· [결산자료입력] > 기간 : 01월~12월
> 4. 판매비와 일반관리비
> 6). 무형자산상각비
> 특허권 결산반영금액란 > 6,000,000원 입력 > F3전표추가
· 또는 일반전표입력
12.31. (차) 무형자산상각비(판) 6,000,000원 (대) 특허권 6,000,000원
· 특허권 취득가액 : 전기말 상각후잔액 24,000,000원×5/4 = 30,000,000원
· 무형자산상각비 : 30,000,000원×1/5 = 6,000,000원

[3]
[답]
1. [결산자료입력] > 기간 : 01월~12월
> 9. 법인세등 > ·1). 선납세금 6,800,000원 입력 > F3전표추가
· 2). 추가계상액 6,700,000원 입력
2. 또는 일반전표입력
12.31. (차) 법인세등 13,500,000원 (대) 선납세금 6,800,000원
　　　　　　　　　　　　　　　　　　　　　　미지급세금 6,700,000원

## 문제6

[1]
[답] 191,786,000원
= 6월 30일 284,609,000원 - 전기말 92,823,000원
· [재무상태표] > 기간 : 6월 > [제출용] 탭

[2]
[답] 390,180,000원
= 과세 세금계산서 발급분 공급가액 351,730,000원 + 영세 세금계산서발급분 공급가액 38,450,000원
· [부가가치세신고서] > 기간 : 4월 1일~6월 30일 조회

[3]
[답] 40,000,000원
· [거래처원장] > 기간 : 6월 1일~6월 30일 > 계정과목 : 251.외상매입금 > 지예상사 차변 금액

## 회계 1급 / 3회 집중심화

### ✽ 이론시험 ✽

다음 문제를 보고 알맞은 것을 골라 이론문제 답안작성 메뉴에 입력하시오.(객관식 문항당 2점)

1. 자기주식을 취득가액보다 낮은 금액으로 처분한 경우, 다음 중 재무제표상 자기주식의 취득가액과 처분가액의 차액이 표기되는 항목으로 옳은 것은?
   ① 영업외비용   ② 자본잉여금   ③ 기타포괄손익누계액   ④ 자본조정

2. ㈜전주는 ㈜천안에 제품을 판매하기로 약정하고, 계약금으로 제3자인 ㈜철원이 발행한 당좌수표 100,000원을 받았다. 다음 중 회계처리로 옳은 것은?
   ① (차) 현금      100,000원   (대) 선수금    100,000원
   ② (차) 당좌예금  100,000원   (대) 선수금    100,000원
   ③ (차) 현금      100,000원   (대) 제품매출  100,000원
   ④ (차) 당좌예금  100,000원   (대) 제품매출  100,000원

3. 다음 중 기말재고자산을 실제보다 과대계상한 경우 재무제표에 미치는 영향으로 잘못된 것은?
   ① 자산이 실제보다 과대계상된다.
   ② 자본총계가 실제보다 과소계상된다.
   ③ 매출총이익이 실제보다 과대계상된다.
   ④ 매출원가가 실제보다 과소계상된다.

4. 다음 중 일반기업회계기준상 무형자산의 상각에 관한 내용으로 옳지 않은 것은?
   ① 무형자산의 상각방법은 정액법, 체감잔액법 등 합리적인 방법을 적용할 수 있으며, 합리적인 방법을 정할 수 없는 경우에는 정액법을 적용한다.
   ② 내부적으로 창출한 영업권은 원가의 신뢰성 문제로 인하여 자산으로 인정되지 않는다.
   ③ 무형자산의 상각기간은 독점적·배타적인 권리를 부여하고 있는 관계 법령이나 계약에 정해진 경우에도 20년을 초과할 수 없다.
   ④ 무형자산의 잔존가치는 없는 것을 원칙으로 하나, 예외도 존재한다.

## 제12편. 전산회계1급 —집중심화

**5.** 다음 자료를 이용하여 단기투자자산의 합계액을 계산한 것으로 옳은 것은?

| · 현금 5,000,000원 | · 1년 만기 정기예금 3,000,000원 | · 단기매매증권 4,000,000원 |
| · 당좌예금 3,000,000원 | · 우편환증서 50,000원 | · 외상매출금 7,000,000원 |

① 7,000,000원  ② 8,000,000원  ③ 10,000,000원  ④ 11,050,000원

**6.** 다음 중 비유동부채에 해당하는 것은 모두 몇 개인가?

| 가. 사채 | 나. 퇴직급여충당부채 |
| 다. 유동성장기부채 | 라. 선수금 |

① 1개  ② 2개  ③ 3개  ④ 4개

**7.** 일반기업회계기준에 근거하여 다음의 재고자산을 평가하는 경우 재고자산평가손익은 얼마인가?

| 상품명 | 기말재고수량 | 취득원가 | 추정판매가격<br>(순실현가능가치) |
|---|---|---|---|
| 비누 | 100개 | 75,000원 | 65,000원 |
| 세제 | 200개 | 50,000원 | 70,000원 |

① 재고자산평가이익 3,000,000원  ② 재고자산평가이익 4,000,000원
③ 재고자산평가손실 3,000,000원  ④ 재고자산평가손실 1,000,000원

**8.** 다음 중 수익의 인식에 대한 설명으로 가장 옳은 것은?
① 시용판매의 경우 수익의 인식은 구매자의 구매의사 표시일이다.
② 예약판매계약의 경우 수익의 인식은 자산의 건설이 완료되어 소비자에게 인도한 시점이다.
③ 할부판매의 경우 수익의 인식은 항상 소비자로부터 대금을 회수하는 시점이다.
④ 위탁판매의 경우 수익의 인식은 위탁자가 수탁자에게 제품을 인도한 시점이다.

**9.** 당기의 원재료 매입액은 20억원이고, 기말 원재료 재고액이 기초 원재료 재고액보다 3억원이 감소한 경우, 당기의 원재료원가는 얼마인가?

① 17억원  ② 20억원  ③ 23억원  ④ 25억원

**10.** 다음 중 제조원가명세서의 구성요소로 옳은 것을 모두 고른 것은?

| 가. 기초재공품재고액 | 나. 기말원재료재고액 |
| 다. 기말제품재고액 | 라. 당기제품제조원가 |
| 마. 당기총제조비용 | |

① 가, 나  ② 가, 나, 라  ③ 가, 나, 다, 라  ④ 가, 나, 라, 마

11. 당사는 직접노무시간을 기준으로 제조간접원가를 배부하고 있다. 당기의 제조간접원가 실제 발생액은 500,000원이고, 예정배부율은 200원/직접노무시간이다. 당기의 실제 직접노무시간이 3,000시간일 경우, 다음 중 제조간접원가 배부차이로 옳은 것은?
① 100,000원 과대배부
② 100,000원 과소배부
③ 200,000원 과대배부
④ 200,000원 과소배부

12. 다음 중 종합원가계산에 대한 설명으로 옳지 않은 것은?
① 각 공정별로 원가가 집계되므로 원가에 대한 책임소재가 명확하다.
② 일반적으로 원가를 재료원가와 가공원가로 구분하여 원가계산을 한다.
③ 기말재공품이 존재하지 않는 경우 평균법과 선입선출법의 당기완성품원가는 일치한다.
④ 모든 제품 단위가 완성되는 시점을 별도로 파악하기가 어려우므로 인위적인 기간을 정하여 원가를 산정한다.

13. 다음 중 세금계산서 발급 의무가 면제되는 경우로 틀린 것은?
① 간주임대료
② 사업상 증여
③ 구매확인서에 의하여 공급하는 재화
④ 폐업시 잔존 재화

14. 다음 중 부가가치세법상 업종별 사업장의 범위로 맞지 않는 것은?
① 제조업은 최종제품을 완성하는 장소
② 사업장을 설치하지 않은 경우 사업자의 주소 또는 거소
③ 운수업은 개인인 경우 사업에 관한 업무를 총괄하는 장소
④ 부동산매매업은 법인의 경우 부동산의 등기부상 소재지

15. 다음 중 부가가치세에 대한 설명으로 옳지 않은 것은?
① 법률상 면세 대상으로 열거된 것을 제외한 모든 재화나 용역의 소비행위에 대하여 과세한다.
② 납세의무자는 개인사업자나 영리법인으로 한정되어 있다.
③ 매출세액에서 매입세액을 차감하여 납부(환급)세액을 계산한다.
④ 납세의무자는 재화 또는 용역을 공급하는 사업자이지만, 담세자는 최종소비자가 된다.

# 제12편. 전산회계1급 -집중심화

## ✽ 실무시험 ✽

문제에서 한국채택국제회계기준을 적용하도록 하는 전제조건이 없는 경우, 일반기업회계기준을 적용하여 회계처리 한다.

고성상사㈜(회사코드: 1023)는 가방 등의 제조·도소매업 및 부동산임대업을 영위하는 중소기업으로 당기(제8기) 회계기간은 2025.1.1.~2025.12.31.이다. 전산세무회계 수험용 프로그램을 이용하여 다음 물음에 답하시오.

### 문제1
다음은 [기초정보관리] 및 [전기분재무제표]에 대한 자료이다. 각각의 요구사항에 대하여 답하시오. (10점)

**[1]** [거래처등록] 메뉴를 이용하여 다음의 신규 거래처를 추가로 등록하시오. (3점)

- 거래처코드 : 3000
- 사업자등록번호 : 108-81-13579
- 유형 : 동시
- 거래처명 : ㈜나우전자
- 업태 : 제조
- 사업장주소 : 서울특별시 서초구 명달로 104(서초동)
- 대표자 : 김나우
- 종목 : 전자제품

※ 주소 입력 시 우편번호 입력은 생략해도 무방함.

**[2]** 다음 자료를 이용하여 [계정과목및적요등록]을 하시오. (3점)

- 계정과목 : 퇴직연금운용자산
- 대체적요 1. 제조 관련 임직원 확정급여형 퇴직연금부담금 납입

**[3]** 전기분 재무상태표 작성 시 기업은행의 단기차입금 20,000,000원을 신한은행의 장기차입금으로 잘못 분류하였다. [전기분재무상태표] 및 [거래처별초기이월]을 수정, 삭제 또는 추가입력하시오. (4점)

## 문제2

[일반전표입력] 메뉴를 이용하여 다음의 거래 자료를 입력하시오(일반전표입력의 모든 거래는 부가가치세를 고려하지 말 것). (18점)

< 입력 시 유의사항 >
- 일반적인 적요의 입력은 생략하지만, 타계정 대체거래는 적요번호를 선택하여 입력한다.
- 채권·채무와 관련된 거래는 별도의 요구가 없는 한 반드시 기 등록되어 있는 거래처코드를 선택하는 방법으로 거래처명을 입력한다.
- 제조경비는 500번대 계정코드를, 판매비와 관리비는 800번대 계정코드를 사용한다.
- 회계처리시 계정과목은 별도제시가 없는 한 등록되어 있는 계정과목 중 가장 적절한 과목으로 한다.

[1] 08월 01일 미국은행으로부터 2024년 10월 31일에 차입한 외화장기차입금 중 $30,000를 상환하기 위하여 보통예금 계좌에서 39,000,000원을 이체하여 지급하였다. 일자별 적용환율은 아래와 같다. (3점)

| 2024.10.31.<br>(차입일) | 2024.12.31.<br>(직전연도 종료일) | 2025.08.01.<br>(상환일) |
|---|---|---|
| 1,210/$ | 1,250/$ | 1,300/$ |

[2] 08월 12일 금융기관으로부터 매출거래처인 ㈜모모가방이 발행한 어음 50,000,000원이 부도처리되었다는 통보를 받았다. (3점)

[3] 08월 23일 임시주주총회에서 6월 29일 결의하고 미지급한 중간배당금 10,000,000원에 대하여 원천징수세액 1,540,000원을 제외한 금액을 보통예금 계좌에서 지급하였다. (3점)

[4] 08월 31일 제품의 제조공장에서 사용할 기계장치(공정가치 5,500,000원)를 대주주로부터 무상으로 받았다. (3점)

[5] 09월 11일 단기매매차익을 목적으로 주권상장법인인 ㈜대호전자의 주식 2,000주를 1주당 2,000원(1주당 액면금액 1,000원)에 취득하고, 증권거래수수료 10,000원을 포함한 대금을 모두 보통예금 계좌에서 지급하였다. (3점)

[6] 09월 13일 ㈜다원의 외상매출금 4,000,000원 중 1,000,000원은 현금으로 받고, 나머지 잔액은 ㈜다원이 발행한 약속어음으로 받았다. (3점)

## 제12편. 전산회계1급 -집중심화

**문제3** 다음 거래 자료를 [매입매출전표입력] 메뉴에 입력하시오. (18점)

─── < 입력 시 유의사항 > ───
· 일반적인 적요의 입력은 생략하지만, 타계정 대체거래는 적요번호를 선택하여 입력한다.
· 별도의 요구가 없는 한 반드시 기 등록되어 있는 거래처코드를 선택하는 방법으로 거래처명을 입력한다.
· 제조경비는 500번대 계정코드를, 판매비와 관리비는 800번대 계정코드를 사용한다.
· 회계처리시 계정과목은 별도제시가 없는 한 등록되어 있는 계정과목 중 가장 적절한 과목으로 한다.
· 입력화면 하단의 분개까지 처리하고, 전자세금계산서 및 전자계산서는 전자입력으로 반영한다.

[1] 07월 13일 ㈜남양가방에 제품을 판매하고, 대금은 신용카드(비씨카드)로 결제받았다(단, 신용카드 판매액은 매출채권으로 처리할 것). (3점)

**신용카드 매출전표**

**결제정보**
| | | | |
|---|---|---|---|
| 카드종류 | 비씨카드 | 카드번호 | 1234-5050-4646-8525 |
| 거래종류 | 신용구매 | 거래일시 | 2025-07-13 |
| 할부개월 | 0 | 승인번호 | 98465213 |

**구매정보**
| | | | |
|---|---|---|---|
| 주문번호 | 511-B | 과세금액 | 5,000,000원 |
| 구매자명 | ㈜남양가방 | 비과세금액 | 0원 |
| 상품명 | 크로스백 | 부가세 | 500,000원 |
| | | 합계금액 | 5,500,000원 |

**이용상점정보**
| | |
|---|---|
| 판매자상호 | ㈜남양가방 |
| 판매자 사업자등록번호 | 105-81-23608 |
| 판매자 주소 | 서울특별시 동작구 여의대방로 28 |

[2] 09월 05일 특별주문제작하여 매입한 기계장치가 완성되어 특수운송전문업체인 쾌속운송을 통해 기계장치를 인도받았다. 운송비 550,000원(부가가치세 포함)을 보통예금 계좌에서 이체하여 지급하고 쾌속운송으로부터 전자세금계산서를 수취하였다. (3점)

[3] 09월 06일 정도정밀로부터 제품임가공계약에 따른 제품을 납품받고 전자세금계산서를 수취하였다. 제품임가공비용은 10,000,000원(부가가치세 별도)이며, 전액 보통예금 계좌에서 이체하여 지급하였다(단, 제품임가공비용은 외주가공비 계정으로 처리할 것). (3점)

[4] 09월 25일 제조공장 인근 육군부대에 3D프린터기를 외상으로 구입하여 기증하였고, 아래와 같은 전자세금계산서를 발급받았다. (3점)

| 전자세금계산서 | | | | | 승인번호 | 20250925 - 15454645 - 58811889 | | |
|---|---|---|---|---|---|---|---|---|
| 공급자 | 등록번호 | 220 - 81 - 55976 | 종사업장번호 | · | 공급받는자 | 등록번호 | 128-81-32658 | 종사업장번호 |
| | 상호(법인명) | ㈜목포전자 | 성명 | 정찬호 | | 상호(법인명) | 고성상사㈜ | 성명 | 현정민 |
| | 사업장주소 | 서울특별시 서초구 명달로 101 | | | | 사업장주소 | 서울시 중구 창경궁로5다길 13-4 | |
| | 업태 | 도소매 | 종목 | 전자제품 | | 업태 | 제조,도소매 | 종목 | 가방 등 |
| | 이메일 | | | | | 이메일 | | |
| | | | | | | 이메일 | | |

| 작성일자 | 공급가액 | 세액 | 수정사유 | 비고 |
|---|---|---|---|---|
| 2025-09-25 | 3,500,000원 | 350,000원 | 해당 없음 | |

| 월 | 일 | 품목 | 규격 | 수량 | 단가 | 공급가액 | 세액 | 비고 |
|---|---|---|---|---|---|---|---|---|
| 09 | 25 | 3D 프린터 | | 1 | 3,500,000원 | 3,500,000원 | 350,000원 | |
| | | | | | | | | |
| | | | | | | | | |
| | | | | | | | | |

| 합계금액 | 현금 | 수표 | 어음 | 외상미수금 | 위 금액을 (청구) 함 |
|---|---|---|---|---|---|
| 3,850,000원 | | | | 3,850,000원 | |

[5] 10월 06일 본사 영업부에서 사용할 복합기를 구입하고, 대금은 하나카드로 결제하였다. (3점)

| 매출전표 | | |
|---|---|---|
| 단말기번호 A - 1000 | | 전표번호 56421454 |
| 회원번호(CARD NO) | | |
| 3152-3155-****-**** | | |
| 카드종류 | 유효기간 | 거래일자 |
| 하나카드 | 12/25 | 2025.10.06. |
| 거래유형 | | 취소시 원 거래일자 |
| 신용구매 | | |
| 결제방법 | 판 매 금 액 | 1,500,000원 |
| 일시불 | 부 가 가 치 세 | 150,000원 |
| 매입처 | 봉 사 료 | |
| 매입사제출 | 합 계 (TOTAL) | 1,650,000원 |
| 전표매입사 | 승인번호(APPROVAL NO) | |
| 하나카드 | 35745842 | |
| 가맹점명 | 가맹점번호 | |
| ㈜ok사무 | 5864112 | |
| 대표자명 | 사업자번호 | |
| 김사무 | 204-81-76697 | |
| 주소 | | |
| 경기도 화성시 동탄대로 537, 101호 | | |
| 서명(SIGNATURE) | | |
| 고성상사(주) | | |

## 제12편. 전산회계1급 - 집중심화

[6] 12월 01일 ㈜국민가죽으로부터 고급핸드백 가방 제품의 원재료인 양가죽을 매입하고, 아래의 전자세금계산서를 수취하였다. 부가가치세는 현금으로 지급하였으며, 나머지는 외상거래이다. (3점)

| 전자세금계산서 | | | | 승인번호 | 20251201 - 15454645 - 58811886 | | |
|---|---|---|---|---|---|---|---|
| 공급자 | 등록번호 | 204-81-35774 | 종사업장번호 | | 등록번호 | 128-81-32658 | 종사업장번호 | |
| | 상호(법인명) | ㈜국민가죽 | 성명 | 김국민 | 상호(법인명) | 고성상사㈜ | 성명 | 현정민 |
| | 사업장주소 | 경기도 안산시 단원구 석수로 555 | | | 사업장주소 | 서울시 중구 창경궁로5다길 13-4 | | |
| | 업태 | 도소매 | 종목 | 가죽 | 업태 | 제조,도소매 | 종목 | 가방 등 |
| | 이메일 | | | | 이메일 | | | |
| | | | | | 이메일 | | | |
| 작성일자 | 공급가액 | 세액 | 수정사유 | 비고 |
| 2025-12-01 | 2,500,000원 | 250,000원 | 해당 없음 | |

| 월 | 일 | 품목 | 규격 | 수량 | 단가 | 공급가액 | 세액 | 비고 |
|---|---|---|---|---|---|---|---|---|
| 12 | 01 | 양가죽 | | | 2,500,000원 | 2,500,000원 | 250,000원 | |

| 합계금액 | 현금 | 수표 | 어음 | 외상미수금 | 위 금액을 (**청구**) 함 |
|---|---|---|---|---|---|
| 2,750,000원 | 250,000원 | | | 2,500,000원 | |

### 문제4
[일반전표입력] 및 [매입매출전표입력] 메뉴에 입력된 내용 중 다음과 같은 오류가 발견되었다. 입력된 내용을 확인하여 정정하시오. (6점)

[1] 07월 22일 제일자동차로부터 영업부의 업무용승용차(공급가액 15,000,000원, 부가가치세 별도)를 구입하여 대금은 전액 보통예금 계좌에서 지급하고 전자세금계산서를 받았다. 해당 업무용승용차의 배기량은 1,990cc이나 회계담당자는 990cc로 판단하여 부가가치세를 공제받는 것으로 회계처리하였다. (3점)

[2] 09월 15일 매출거래처 ㈜댕댕오디오의 파산선고로 인하여 외상매출금 3,000,000원을 회수불능으로 판단하고 전액 대손상각비로 대손처리하였으나, 9월 15일 파산선고 당시 외상매출금에 관한 대손충당금 잔액 1,500,000원이 남아있던 것으로 확인되었다. (3점)

문제5  결산정리사항은 다음과 같다. 관련 메뉴를 이용하여 결산을 완료하시오. (9점)

[1] 2025년 9월 16일에 지급된 2,550,000원은 그 원인을 알 수 없어 가지급금으로 처리하였던바, 결산일인 12월 31일에 2,500,000원은 하나무역의 외상매입금을 상환한 것으로 확인되었으며 나머지 금액은 그 원인을 알 수 없어 당기 비용(영업외비용)으로 처리하기로 하였다. (3점)

[2] 결산일 현재 필립전자에 대한 외화 단기대여금($ 30,000)의 잔액은 60,000,000원이다. 결산일 현재 기준환율은 $1당 2,200원이다(단, 외화 단기대여금도 단기대여금 계정과목을 사용할 것). (3점)

[3] 대손충당금은 결산일 현재 미수금(기타 채권은 제외)에 대하여만 1%를 설정한다. 보충법에 의하여 대손충당금 설정 회계처리를 하시오(단, 대손충당금 설정에 필요한 정보는 관련 데이터를 조회하여 사용할 것). (3점)


문제6  다음 사항을 조회하여 답안을 메뉴에 입력하시오. (9점)

[1] 당해연도 제1기 부가가치세 예정신고기간(1월~3월) 중 카드과세매출의 공급대가 합계액은 얼마인가? (3점)

[2] 2025년 6월의 영업외비용 총지출액은 얼마인가? (3점)

[3] 2025년 제1기 부가가치세 확정신고기간의 공제받지못할매입세액은 얼마인가? (3점)

# 3회 이론시험 답안

| A형 | <1> | <2> | <3> | <4> | <5> | <6> | <7> | <8> | <9> | <10> | <11> | <12> | <13> | <14> | <15> |
|---|---|---|---|---|---|---|---|---|---|---|---|---|---|---|---|
| | ④ | ① | ② | ③ | ① | ② | ④ | ① | ③ | ④ | ① | ③ | ③ | ④ | ② |

1.
[답] ④ 자기주식처분손실은 자본조정 항목이다.

2.
[답] ① 계약금은 선수금으로 회계처리하고, 타인이 발행한 당좌수표를 수취한 경우에는 현금으로 회계처리한다.

3.
[답] ② 기말재고자산을 실제보다 과대계상한 경우, 매출원가가 실제보다 과소계상되고, 매출총이익 및 당기순이익은 과대계상되어 자본총계도 과대계상된다.

4.
[답] ③ [일반기업회계기준 문단 11.26] 무형자산의 상각기간은 독점적·배타적인 권리를 부여하고 있는 관계 법령이나 계약에 정해진 경우를 제외하고는 20년을 초과할 수 없다.

5.
[답] ① 7,000,000원
= 1년 만기 정기예금 3,000,000원 + 단기매매증권 4,000,000원
· 현금및현금성자산 : 현금, 당좌예금, 우편환증서
· 매출채권 : 외상매출금

6.
[답] ② 2개
· 비유동부채 : 사채, 퇴직급여충당부채
· 유동부채 : 유동성장기부채, 선수금

7.
[답] ④ 재고자산평가손실 1,000,000원
= 비누(취득원가 75,000원 - 순실현가능가치 65,000원)×100개
· 세제의 경우 평가이익에 해당하나 최초의 취득가액을 초과하는 이익은 저가법상 인식하지 않는다.

8.
[답] ①
• 예약판매계약 : 공사결과를 신뢰성 있게 추정할 수 있을 때에 진행기준을 적용하여 공사수익을 인식한다.
• 할부판매 : 이자부분을 제외한 판매가격에 해당하는 수익을 판매시점에 인식한다. 이자부분은 유효이자율법을 사용하여 가득하는 시점에 수익으로 인식한다.
• 위탁판매 : 위탁자는 수탁자가 해당 재화를 제3자에게 판매한 시점에 수익을 인식한다.

9.
[답] ③ 23억원
= 당기 원재료 매입액 20억원 + 원재료 재고 감소액 3억원
• 당기원재료비 : 기초 원재료 재고액 A + 당기 원재료 매입액 20억원 - 기말 원재료 재고액 B

10.
[답] ④ 기말제품재고액은 재무상태표와 손익계산서에서 확인할 수 있다.
• 기초재공품재고액, 기말원재료재고액, 당기제품제조원가, 당기총제조비용은 제조원가명세서에서 확인할 수 있다.

11.
[답] ① 100,000원 과대배부
= 제조간접원가 예정배부액 600,000원 - 실제 제조간접원가 발생액 500,000원
• 제조간접원가 예정배부액 : 실제 직접노무시간 3,000시간 × 예정배부율 200원 = 600,000원

12.
[답] ③ 기초재공품이 존재하지 않는 경우에 평균법과 선입선출법의 당기완성품원가와 기말재공품 원가가 일치한다.

13.
[답] ③ 구매확인서에 의하여 공급하는 재화는 영세율 적용 대상 거래이지만 세금계산서 발급의무가 있다.

14.
[답] ④ 부가가치세법 시행령 제8조 제1항, 부동산매매업은 법인의 경우 법인의 등기부상 소재지

15.
[답] ② 부가가치세법 제3조 제1항, 사업자 또는 재화를 수입하는 자 중 어느 하나에 해당하는 자로서 개인, 법인(국가·지방자치단체와 지방자치단체조합을 포함한다), 법인격이 없는 사단·재단 또는 그 밖의 단체는 이 법에 따라 부가가치세를 납부할 의무가 있다.

# 3회 실무시험 답안

## 문제1

[1]
[답] [거래처등록] > ・코드 : 3000
・거래처명 : ㈜나우전자
・유형 : 3.동시
・사업자등록번호 : 108-81-13579
・대표자성명 : 김나우
・업종 : 업태 - 제조, 종목 - 전자제품
・주소 : 서울특별시 서초구 명달로 104 (서초동)

[2]
[답]
[계정과목 및 적요 등록] > 186. 퇴직연금운용자산
 > ・적요NO : 1
 ・대체적요 : 제조 관련 임직원 확정급여형 퇴직연금부담금 납입

[3]
[답]
[전기분재무상태표] > ・260.단기차입금 20,000,000원 추가입력
 ・장기차입금 20,000,000원 → 0원으로 수정
[거래처별초기이월] > ・260.단기차입금 : 기업은행 20,000,000원 추가입력
 ・장기차입금 : 신한은행 20,000,000원 → 0원으로 수정 또는 삭제
또는
[전기분재무상태표] > ・260.단기차입금 20,000,000원 추가입력
 ・장기차입금 > 20,000,000원 → 삭제
[거래처별초기이월] > ・260.단기차입금 : 기업은행 20,000,000원 추가입력

## 문제2

[1]
[답] 일반전표입력
08.01.　　　(차) 외화장기차입금(미국은행)　　37,500,000원　　(대) 보통예금　　39,000,000원
　　　　　　　　외환차손　　　　　　　　　　 1,500,000원

[2]
[답] 일반전표입력
08.12.   (차) 부도어음과수표(㈜모모가방)   50,000,000원   (대) 받을어음(㈜모모가방)   50,000,000원

[3]
[답] 일반전표입력
08.23.   (차) 미지급배당금   10,000,000원   (대) 보통예금   8,460,000원
                                                    예수금      1,540,000원

[4]
[답] 일반전표입력
08.31.   (차) 기계장치   5,500,000원   (대) 자산수증이익   5,500,000원

[5]
[답] 일반전표입력
09.11.   (차) 단기매매증권   4,000,000원   (대) 보통예금   4,010,000원
         수수료비용(984)    10,000원
• 단기매매증권의 취득과 직접 관련된 거래원가는 비용(일반적인 상거래에 해당하지 않으므로 영업외비용 항목의 수수료비용)으로 처리한다.

[6]
[답] 일반전표입력
09.13.   (차) 현금          1,000,000원   (대) 외상매출금(㈜다원)   4,000,000원
         받을어음(㈜다원)  3,000,000원

## 문제3

[1]
[답] 매입매출전표
유형: 17.카과   공급가액: 5,000,000원   부가세: 500,000원   거래처: ㈜남양가방   분개: 카드 또는 혼합
신용카드사: 비씨카드
07.13.   (차) 외상매출금(비씨카드)   5,500,000원   (대) 부가세예수금   500,000원
                                                    제품매출       5,000,000원

[2]
[답] 매입매출전표
유형: 51.과세　　공급가액: 500,000원　　부가세: 50,000원　　거래처:쾌속운송　　전자: 여　　분개: 혼합
09.05.　　(차) 부가세대급금　　50,000원　　(대) 보통예금　　550,000원
　　　　　　　기계장치　　500,000원

[3]
[답] 매입매출전표입력
유형: 51.과세　　공급가액: 10,000,000원　　부가세: 1,000,000원　　거래처:정도정밀　　전자: 여　　분개: 혼합
09.06.　　(차) 부가세대급금　　1,000,000원　　(대) 보통예금　　11,000,000원
　　　　　　　외주가공비(제)　　10,000,000원

[4]
[답] 매입매출전표입력
유형: 54.불공　　공급가액: 3,500,000원　　부가세: 350,000원　　거래처:㈜목포전자　　전자: 여　　분개: 혼합
불공제사유:②사업과 직접 관련 없는 지출
09.025.　　(차) 기부금　　3,850,000원　　(대) 미지급금　　3,850,000원
· 국가 및 지방자치단체에 무상으로 공급하는 재화의 경우, 취득 당시 사업과 관련하여 취득한 재화이면 매입세액을 공제하고, 사업과 무관하게 취득한 재화이면 매입세액을 공제하지 아니한다.

[5]
[답] 매입매출전표입력
유형: 57.카과　　공급가액: 1,500,000원　　부가세: 150,000원　　거래처: ㈜ok사무　　분개: 카드 또는 혼합
신용카드사:하나카드
10.06.　　(차) 부가세대급금　　150,000원　　(대) 미지급금(하나카드)　　1,650,000원
　　　　　　　비품　　1,500,000원

[6]
[답] 매입매출전표입력
유형: 51.과세　　공급가액: 2,500,000원　　부가세: 250,000원　　거래처:㈜국민가죽　　전자: 여　　분개: 혼합
12.01.　　(차) 부가세대급금　　250,000원　　(대) 현금　　250,000원
　　　　　　　원재료　　2,500,000원　　　　　외상매입금　　2,500,000원

## 문제4

**[1]**
**[답]**
• 수정 전 :
유형: 51.과세    공급가액: 15,000,000원    부가세: 1,500,000원    거래처:제일자동차    전자: 여    분개: 혼합
07.22.    (차) 부가세대급금    1,500,000원    (대) 보통예금    16,500,000원
          차량운반구        15,000,000원

• 수정 후 :
유형: 54.불공    공급가액: 15,000,000원    부가세: 1,500,000원    거래처:제일자동차    전자: 여    분개: 혼합
불공제사유:③비영업용 소형승용자동차 구입·유지 및 임차
07.22.    (차) 차량운반구    16,500,000원    (대) 보통예금    16,500,000원

**[2]**
[답] 일반전표입력
• 수정 전 : 09.15.    (차) 대손상각비    3,000,000원    (대) 외상매출금(㈜댕댕오디오)    3,000,000원
• 수정 후 : 09.15.    (차) 대손충당금(109)    1,500,000원    (대) 외상매출금(㈜댕댕오디오)    3,000,000원
                    대손상각비(판)    1,500,000원


## 문제5

**[1]**
[답] 일반전표입력
12.31    (차) 외상매입금(하나무역)    2,500,000원    (대) 가지급금    2,550,000원
         잡손실                     50,000원
또는    (차) 외상매입금(하나무역)    2,500,000원    (대) 가지급금    2,500,000원
       (차) 잡손실                  50,000원    (대) 가지급금    50,000원

**[2]**
[답] 일반전표입력
12.31.    (차) 단기대여금(필립전자)    6,000,000원    (대) 외화환산이익    6,000,000원
• 대여일 기준환율 : 60,000,000원÷$30,000 = 2,000원/$
• 외화환산이익 : $30,000×(결산일 기준환율 2,200원 - 대여일 기준환율 2,000원) = 6,000,000원

[3]
[답]
1. [결산자료입력] > 기간 : 1월~12월
> F8 대손상각 > ㆍ대손율(%) : 1.00 입력
ㆍ미수금 외 채권 : 추가설정액 0원 입력
> 결산반영 > F3 전표추가
2. [결산자료입력] > 7.영업외비용 > 2).기타의대손상각 > 미수금 결산반영금액 300,000원 입력 > F3 전표추가
3. 또는 일반전표입력
12.31.     (차) 기타의대손상각비   300,000원     (대) 대손충당금(121)   300,000원
ㆍ대손충당금(미수금) : 미수금 잔액 40,000,000원×1% - 대손충당금(121) 잔액 100,000원 = 300,000원

## 문제6

[1]
[답] 1,330,000원
ㆍ[매입매출장] > 기간 : 01월 01일~03월 31일 > 구분 : 2.매출 > 유형 : 17.카과 > 분기계 합계 금액 확인

[2]
[답] 131,000원
ㆍ[일계표/월계표] > [월계표] > 조회기간 : 6월~6월 > 8.영업외비용 차변 계 확인

[3]
[답] 3,060,000원
ㆍ[부가가치세신고서] > 기간 : 4월 1일~6월 30일 > 16.세액(공제받지못할매입세액) 금액 확인

## 회계 1급 / 4회 집중심화

✻ 이론시험 ✻

다음 문제를 보고 알맞은 것을 골라 이론문제 답안작성 메뉴에 입력하시오.(객관식 문항당 2점)

1. 회계분야 중 재무회계에 대한 설명으로 적절한 것은?
① 관리자에게 경영활동에 필요한 재무정보를 제공한다.
② 국세청 등의 과세관청을 대상으로 회계정보를 작성한다.
③ 법인세, 소득세, 부가가치세 등의 세무 보고서 작성을 목적으로 한다.
④ 일반적으로 인정된 회계원칙에 따라 작성하며 주주, 투자자 등이 주된 정보이용자이다.

2. 유가증권 중 단기매매증권에 대한 설명으로 옳지 않은 것은?
① 시장성이 있어야 하고, 단기시세차익을 목적으로 하여야 한다.
② 단기매매증권은 당좌자산으로 분류된다.
③ 기말평가방법은 공정가액법이다.
④ 단기매매증권은 투자자산으로 분류된다.

3. 다음 중 재고자산의 평가에 대한 설명으로 옳지 않은 것은?
① 성격이 상이한 재고자산을 일괄 구입하는 경우에는 공정가치 비율에 따라 안분하여 취득원가를 결정한다.
② 재고자산의 취득원가에는 취득과정에서 발생한 할인, 에누리는 반영하지 않는다.
③ 저가법을 적용할 경우 시가가 취득원가보다 낮아지면 시가를 장부금액으로 한다.
④ 저가법을 적용할 경우 발생한 차액은 전부 매출원가로 회계처리한다.

4. 다음 중 유형자산의 자본적지출을 수익적지출로 잘못 처리했을 경우 당기의 자산과 자본에 미치는 영향으로 올바른 것은?

|   | 자산 | 자본 |
|---|------|------|
| ① | 과대 | 과소 |
| ② | 과소 | 과소 |
| ③ | 과소 | 과대 |
| ④ | 과대 | 과대 |

5. ㈜재무는 자기주식 200주(1주당 액면가액 5,000원)를 1주당 7,000원에 매입하여 소각하였다. 소각일 현재 자본잉여금에 감자차익 200,000원을 계상하고 있는 경우 주식소각 후 재무상태표상에 계상되는 감자차손익은 얼마인가?
   ① 감자차손 200,000원
   ② 감자차손 400,000원
   ③ 감자차익 200,000원
   ④ 감자차익 400,000원

6. 다음 중 손익계산서에 대한 설명으로 옳지 않은 것은?
   ① 매출원가는 제품, 상품 등의 매출액에 대응되는 원가로서 판매된 제품이나 상품 등에 대한 제조원가 또는 매입원가이다.
   ② 영업외비용은 기업의 주된 영업활동이 아닌 활동으로부터 발생한 비용과 차손으로서 기부금, 잡손실 등이 이에 해당한다.
   ③ 손익계산서는 일정 기간의 기업의 경영성과에 대한 유용한 정보를 제공한다.
   ④ 수익과 비용은 각각 순액으로 보고하는 것을 원칙으로 한다.

7. ㈜서울은 ㈜제주와 제품 판매계약을 맺고 ㈜제주가 발행한 당좌수표 500,000원을 계약금으로 받아 아래와 같이 회계처리하였다. 다음 중 ㈜서울의 재무제표에 나타난 영향으로 옳은 것은?

   | (차) 당좌예금 | 500,000원 | (대) 제품매출 | 500,000원 |
   | --- | --- | --- | --- |

   ① 당좌자산 과소계상
   ② 당좌자산 과대계상
   ③ 유동부채 과소계상
   ④ 당기순이익 과소계상

8. ㈜한국상사의 2025년 1월 1일 자본금은 50,000,000원(발행주식 수 10,000주, 1주당 액면금액 5,000원)이다. 2025년 10월 1일 1주당 6,000원에 2,000주를 유상증자하였을 경우, 2025년 기말 자본금은 얼마인가?
   ① 12,000,000원
   ② 50,000,000원
   ③ 60,000,000원
   ④ 62,000,000원

9. 원가 및 비용의 분류항목 중 제조원가에 해당하는 것은 무엇인가?
   ① 생산공장의 전기요금
   ② 영업용 사무실의 전기요금
   ③ 마케팅부의 교육연수비
   ④ 생산공장 기계장치의 처분손실

10. 다음 중 보조부문 상호간의 용역수수관계를 고려하여 보조부문원가를 제조부문과 보조부문에 배분함으로써 보조부문간의 상호 서비스 제공을 완전히 반영하는 방법으로 옳은 것은?
    ① 직접배분법
    ② 단계배분법
    ③ 상호배분법
    ④ 총배분법

**11. 다음의 자료에 의한 당기직접재료원가는 얼마인가?**

| · 기초원재료 | 1,200,000원 | · 기초재공품 | 200,000원 |
| · 당기원재료매입액 | 900,000원 | · 기말재공품 | 300,000원 |
| · 기말원재료 | 850,000원 | · 기초제품 | 400,000원 |
| · 기말제품 | 500,000원 | · 직접노무원가 | 500,000원 |

① 1,150,000원　　② 1,250,000원　　③ 1,350,000원　　④ 1,650,000원


**12. ㈜성진은 직접원가를 기준으로 제조간접원가를 배부한다. 다음 자료에 의하여 계산한 제조지시서 no.1의 제조간접원가 배부액은 얼마인가?**

| 공장전체 발생원가 | 제조지시서 no.1 |
|---|---|
| · 총생산수량 : 10,000개<br>· 기계시간 : 24시간<br>· 직접재료원가 : 800,000원<br>· 직접노무원가 : 200,000원<br>· 제조간접원가 : 500,000원 | · 총생산수량 : 5,200개<br>· 기계시간 : 15시간<br>· 직접재료원가 : 400,000원<br>· 직접노무원가 : 150,000원<br>· 제조간접원가 : (　?　)원 |

① 250,000원　　② 260,000원　　③ 275,000원　　④ 312,500원


**13. 다음 중 부가가치세법상 과세기간에 대한 설명으로 옳지 않은 것은?**
① 간이과세자의 과세기간은 1월 1일부터 12월 31일까지이다.
② 사업자가 폐업하는 경우의 과세기간은 폐업일이 속하는 과세기간의 개시일부터 폐업일까지로 한다.
③ 일반과세자가 간이과세자로 변경되는 경우에 그 변경되는 해의 간이과세자 과세기간은 7월 1일부터 12월 31일까지이다.
④ 간이과세자가 일반과세자로 변경되는 경우에 그 변경되는 해의 간이과세자 과세기간은 1월 1일부터 12월 31일까지이다.

**14. 다음 중 세금계산서의 필요적 기재사항에 해당하지 않는 것은?**
① 공급연월일
② 공급하는 사업자의 등록번호와 성명 또는 명칭
③ 공급받는자의 등록번호
④ 공급가액과 부가가치세액


**15. 다음 중 부가가치세법에 따른 재화 또는 용역의 공급시기에 대한 설명으로 적절하지 않은 것은?**
① 위탁판매의 경우 수탁자가 공급한 때이다.
② 상품권의 경우 상품권이 판매되는 때이다.
③ 장기할부판매의 경우 대가의 각 부분을 받기로 한 때이다.
④ 내국물품을 외국으로 반출하는 경우 수출재화를 선적하는 때이다.

## ✲ 실무시험 ✲

문제에서 한국채택국제회계기준을 적용하도록 하는 전제조건이 없는 경우, 일반기업회계기준을 적용하여 회계처리 한다.

정민상사㈜(회사코드: 1024)는 전자제품의 제조 및 도·소매업을 영위하는 중소기업으로 당기(제9기)의 회계기간은 2025.1.1.~2025.12.31.이다. 전산세무회계 수험용 프로그램을 이용하여 다음 물음에 답하시오.

**문제1** 다음은 [기초정보관리] 및 [전기분재무제표]에 대한 자료이다. 각각의 요구사항에 대하여 답하시오. (10점)

[1] 다음 자료를 이용하여 [거래처등록] 메뉴에 등록하시오. (3점)

- 거래처코드 : 01230
- 거래처명 : 태형상사
- 유형 : 동시
- 사업자등록번호 : 107-36-25785
- 대표자 : 김상수
- 업태 : 도소매
- 종목 : 사무기기
- 사업장주소 : 서울시 동작구 여의대방로10가길 1(신대방동)
  ※ 주소 입력 시 우편번호 입력은 생략해도 무방함.

[2] 정민상사㈜의 전기말 거래처별 채권 및 채무의 올바른 잔액은 다음과 같다. 주어진 자료를 검토하여 잘못된 부분은 오류를 정정하고, 누락된 부분은 추가하여 입력하시오. (3점)

| 채권 및 채무 | 거래처 | 금액 |
|---|---|---|
| 받을어음 | ㈜원수 | 15,000,000원 |
| | ㈜케스터 | 2,000,000원 |
| 단기차입금 | ㈜이태백 | 10,000,000원 |
| | ㈜빛날통신 | 13,000,000원 |
| | Champ사 | 12,000,000원 |

[3] 전기분 손익계산서를 검토한 결과 다음과 같은 오류가 발견되었다. 전기분재무제표 중 관련 재무제표를 모두 적절하게 수정 또는 삭제 및 추가입력하시오. (4점)

| 계정과목 | 오류내용 |
|---|---|
| 보험료 | 제조원가 1,000,000원을 판매비와관리비로 회계처리 |

## 문제2

**[일반전표입력]** 메뉴를 이용하여 다음의 거래 자료를 입력하시오(일반전표입력의 모든 거래는 부가가치세를 고려하지 말 것). (18점)

―――――――――― < 입력 시 유의사항 > ――――――――――
- 일반적인 적요의 입력은 생략하지만, 타계정 대체거래는 적요번호를 선택하여 입력한다.
- 채권·채무와 관련된 거래는 별도의 요구가 없는 한 반드시 기 등록되어 있는 거래처코드를 선택하는 방법으로 거래처명을 입력한다.
- 제조경비는 500번대 계정코드를, 판매비와 관리비는 800번대 계정코드를 사용한다.
- 회계처리시 계정과목은 별도제시가 없는 한 등록되어 있는 계정과목 중 가장 적절한 과목으로 한다.

[1] 08월 20일 인근 주민센터에 판매용 제품(원가 2,000,000원, 시가 3,500,000원)을 기부하였다. (3점)

[2] 09월 02일 대주주인 전마나 씨로부터 차입한 단기차입금 20,000,000원 중 15,000,000원은 보통예금 계좌에서 이체하여 상환하고, 나머지 금액은 면제받기로 하였다. (3점)

[3] 10월 19일 ㈜용인의 외상매입금 2,500,000원에 대해 타인이 발행한 당좌수표 1,500,000원과 ㈜수원에 제품을 판매하고 받은 ㈜수원 발행 약속어음 1,000,000원을 배서하여 지급하다. (3점)

[4] 11월 06일 전월분 고용보험료를 다음과 같이 현금으로 납부하다(단, 하나의 전표로 처리하고, 회사부담금은 보험료로 처리할 것). (3점)

| 고용보험 납부내역 ||||||
|---|---|---|---|---|
| 사원명 | 소속 | 직원부담금 | 회사부담금 | 합계 |
| 김정직 | 제조부 | 180,000원 | 221,000원 | 401,000원 |
| 이성실 | 마케팅부 | 90,000원 | 110,500원 | 200,500원 |
| 합계 || 270,000원 | 331,500원 | 601,500원 |

[5] 11월 11일 영업부 직원에 대한 확정기여형(DC) 퇴직연금 7,000,000원을 하나은행 보통예금 계좌에서 이체하여 납입하였다. 이 금액에는 연금운용에 대한 수수료 200,000원이 포함되어 있다. (3점)

[6] 12월 03일 일시보유목적으로 취득하였던 시장성 있는 ㈜세무의 주식 500주(1주당 장부금액 8,000원, 1주당 액면금액 5,000원, 1주당 처분금액 10,000원)를 처분하고 수수료 250,000원을 제외한 금액을 보통예금 계좌로 이체받았다. (3점)

## 문제3 [매입매출전표입력] 메뉴를 이용하여 다음의 거래 자료를 입력하시오. (18점)

< 입력 시 유의사항 >
· 일반적인 적요의 입력은 생략하지만, 타계정 대체거래는 적요번호를 선택하여 입력한다.
· 별도의 요구가 없는 한 반드시 기 등록되어 있는 거래처코드를 선택하는 방법으로 거래처명을 입력한다.
· 제조경비는 500번대 계정코드를, 판매비와 관리비는 800번대 계정코드를 사용한다.
· 회계처리시 계정과목은 별도제시가 없는 한 등록되어 있는 계정과목 중 가장 적절한 과목으로 한다.
· 입력화면 하단의 분개까지 처리하고, 전자세금계산서 및 전자계산서는 전자입력으로 반영한다.

[1] 07월 28일 총무부 직원들의 야식으로 저팔계산업(일반과세자)에서 도시락을 주문하고, 하나카드로 결제하였다. (3점)

```
            신용카드매출전표
가 맹 점 명 : 저팔계산업
사업자번호 : 127-10-12343
대 표 자 명 : 김돈육
주      소 : 서울 마푸구 상암동 332
롯 데 카 드 : 신용승인
거 래 일 시 : 2025-07-28 20:08:54
카 드 번 호 : 3256-6455-****-1324
유 효 기 간 : 12/24
가맹점번호 : 123412341
매  입  사 : 하나카드(전자서명전표)
     상품명              금액
    도시락세트          220,000
공 급 가 액 :   200,000
부 가 세 액 :    20,000
합     계 :   220,000
```

[2] 09월 03일 공장에서 사용하던 기계장치(취득가액 50,000,000원, 처분 시점까지의 감가상각누계액 38,000,000원)를 보람테크㈜에 처분하고 아래의 전자세금계산서를 발급하였다 (당기의 감가상각비는 고려하지 말고 하나의 전표로 입력할 것). (3점)

| 전자세금계산서 | | | | 승인번호 | 20250903-145654645-58811657 | | |
|---|---|---|---|---|---|---|---|
| 공급자 | 등록번호 | 680-81-32549 | 종사업장번호 | | 등록번호 | 110-81-02129 | 종사업장번호 | |
| | 상호(법인명) | 정민상사㈜ | 성명 | 최정민 | 상호(법인명) | 보람테크㈜ | 성명 | 김종대 |
| | 사업장주소 | 경기도 수원시 권선구 평동로79번길 45 | | | 사업장주소 | 경기도 안산시 단원구 광덕서로 100 | | |
| | 업태 | 제조,도매 | 종목 | 전자제품 | 업태 | 제조 | 종목 | 반도체 |
| | 이메일 | | | | 이메일 | | | |
| | | | | | 이메일 | | | |

| 작성일자 | 공급가액 | 세액 | 수정사유 | 비고 |
|---|---|---|---|---|
| 2025.09.03. | 13,500,000 | 1,350,000 | 해당 없음 | |

| 월 | 일 | 품목 | 규격 | 수량 | 단가 | 공급가액 | 세액 | 비고 |
|---|---|---|---|---|---|---|---|---|
| 09 | 03 | 기계장치 매각 | | | | 13,500,000 | 1,350,000 | |

| 합계금액 | 현금 | 수표 | 어음 | 외상미수금 | 위 금액을 (청구) 함 |
|---|---|---|---|---|---|
| 14,850,000 | 4,850,000 | | | 10,000,000 | |

[3] 09월 22일 마산상사로부터 원재료 5,500,000원(부가가치세 포함)을 구입하고 전자세금계산서를 발급받았다. 대금은 ㈜서울에 제품을 판매하고 받은 ㈜서울 발행 약속어음 2,000,000원을 배서하여 지급하고, 잔액은 외상으로 하다. (3점)

[4] 10월 31일 NICE Co.,Ltd의 해외수출을 위한 구매확인서에 따라 전자제품 100개(@700,000원)를 납품하고 영세율전자세금계산서를 발행하였다. 대금 중 50%는 보통예금 계좌로 입금받고 잔액은 1개월 후에 받기로 하다. (3점)

[5] 11월 04일 영업부 거래처의 직원에게 선물할 목적으로 선물세트를 외상으로 구입하고 아래와 같은 전자세금계산서를 발급받았다. (3점)

| 전자세금계산서 | | | | 승인번호 | 20251104-15454645-58811889 | | |
|---|---|---|---|---|---|---|---|
| 공급자 | 등록번호 | 113-18-77299 | 종사업장번호 | 공급받는자 | 등록번호 | 680-81-32549 | 종사업장번호 |
| | 상호(법인명) | 손오공상사 | 성명 황범식 | | 상호(법인명) | 정민상사㈜ | 성명 최정민 |
| | 사업장주소 | 서울특별시 서초구 명달로 102 | | | 사업장주소 | 경기도 수원시 권선구 평동로79번길 45 | |
| | 업태 | 도매 | 종목 잡화류 | | 업태 | 제조,도소매 | 종목 전자제품 |
| | 이메일 | | | | 이메일 | | |
| | | | | | 이메일 | | |
| 작성일자 | 공급가액 | | 세액 | 수정사유 | | 비고 | |
| 2025.11.04. | 1,500,000 | | 150,000 | 해당 없음 | | | |
| 월 | 일 | 품목 | 규격 | 수량 | 단가 | 공급가액 | 세액 | 비고 |
| 11 | 04 | 선물세트 | | 1 | 1,500,000 | 1,500,000 | 150,000 | |

| 합계금액 | 현금 | 수표 | 어음 | 외상미수금 | 위 금액을 (청구) 함 |
|---|---|---|---|---|---|
| 1,650,000 | | | | 1,650,000 | |

[6] 12월 05일 공장 신축 목적으로 취득한 토지의 토지정지 등을 위한 토목공사를 하고 ㈜만듬건설로부터 아래의 전자세금계산서를 발급받았다. 대금 지급은 기지급한 계약금 5,500,000원을 제외하고 외상으로 하였다. (3점)

| 전자세금계산서 | | | | 승인번호 | 20251205-15454645-58811886 | | |
|---|---|---|---|---|---|---|---|
| 공급자 | 등록번호 | 105-81-23608 | 종사업장번호 | 공급받는자 | 등록번호 | 680-81-32549 | 종사업장번호 |
| | 상호(법인명) | ㈜만듬건설 | 성명 다만듬 | | 상호(법인명) | 정민상사㈜ | 성명 최정민 |
| | 사업장주소 | 서울특별시 동작구 여의대방로 24가길 28 | | | 사업장주소 | 경기도 수원시 권선구 평동로79번길 45 | |
| | 업태 | 건설 | 종목 토목공사 | | 업태 | 제조,도소매 | 종목 전자제품 |
| | 이메일 | | | | 이메일 | | |
| | | | | | 이메일 | | |
| 작성일자 | 공급가액 | | 세액 | 수정사유 | | 비고 | |
| 2025.12.05. | 50,000,000 | | 5,000,000 | 해당 없음 | | | |
| 월 | 일 | 품목 | 규격 | 수량 | 단가 | 공급가액 | 세액 | 비고 |
| 12 | 05 | 공장토지 토지정지 등 | | | 50,000,000 | 50,000,000 | 5,000,000 | |

| 합계금액 | 현금 | 수표 | 어음 | 외상미수금 | 위 금액을 (청구) 함 |
|---|---|---|---|---|---|
| 55,000,000 | | 5,500,000 | | 49,500,000 | |

## 제13편. 전산회계1급 -최근기출문제

**문제4** [일반전표입력] 및 [매입매출전표입력] 메뉴에 입력된 내용 중 다음과 같은 오류가 발견되었다. 입력된 내용을 확인하여 정정하시오. (6점)

[1] 11월 10일 공장 에어컨 수리비로 가나상사에 보통예금 계좌에서 송금한 880,000원을 수선비로 회계처리 하였으나, 해당 수선비는 10월 10일 미지급금으로 회계처리한 것을 결제한 것이다. (3점)

[2] 12월 15일 당초 제품을 $10,000에 직수출하고 선적일 당시 환율 1,000원/$을 적용하여 제품매출 10,000,000원을 외상판매한 것으로 회계처리하였으나, 수출 관련 서류 검토 결과 직수출이 아니라 내국신용장에 의한 공급으로 ㈜강서기술에 전자영세율세금계산서를 발급한 외상매출인 것으로 확인되었다. (3점)

**문제5** 결산정리사항은 다음과 같다. 관련 메뉴를 이용하여 결산을 완료하시오. (9점)

[1] 거래처 ㈜태명에 4월 1일 대여한 50,000,000원(상환회수일 2027년 3월 31일, 연 이자율 6%)에 대한 기간경과분 이자를 계상하다. 단, 이자는 월할 계산하고, 매년 3월 31일에 받기로 약정하였다. (3점)

[2] 제조공장의 창고 임차기간은 2025.04.01.~2026.03.31.으로 임차개시일에 임차료 3,600,000원을 전액 지급하고 즉시 당기 비용으로 처리하였다. 결산정리분개를 하시오. (3점)

[3] 당기 중 단기간 시세차익을 목적으로 시장성이 있는 유가증권을 75,000,000원에 취득하였다. 당기말 해당 유가증권의 시가는 73,000,000원이다. (3점)

### 문제6  다음 사항을 조회하여 알맞은 답안을 메뉴에 입력하시오. (9점)

[1] 2025년 상반기(1월~6월) 중 판매비및관리비의 급여 발생액이 가장 많은 월(月)과 가장 적은 월(月)의 차액은 얼마인가? (단, 양수로만 기재할 것) (3점)

[2] 일천상사에 대한 제품매출액은 3월 대비 4월에 얼마나 감소하였는가? (단, 음수로 입력하지 말 것) (3점)

[3] 2025년 제1기 예정신고기간(1월~3월) 중 ㈜서산상사에 발행한 세금계산서의 총발행매수와 공급가액은 얼마인가? (3점)

## 4회 이론시험 답안

| A형 | <1> | <2> | <3> | <4> | <5> | <6> | <7> | <8> | <9> | <10> | <11> | <12> | <13> | <14> | <15> |
|---|---|---|---|---|---|---|---|---|---|---|---|---|---|---|---|
| | ④ | ④ | ② | ② | ① | ④ | ③ | ③ | ① | ③ | ② | ③ | ④ | ① | ② |

1.
[답] ④ 일반목적의 재무제표 작성을 목적으로 하며 주주, 투자자, 채권자 등이 회계정보이용자이다.
① 원가관리회계의 목적이다.
② 세무회계의 정보이용자에 해당한다.
③ 세무회계의 목적이다.

2.
[답] ④ 단기매매증권은 유동자산 중 당좌자산으로 분류된다.

3.
[답] ② 재고자산의 매입원가는 매입금액에 매입운임, 하역료 및 보험료 등 취득과정에서 정상적으로 발생한 부대비용을 가산한 금액이다. 매입과 관련된 할인, 에누리 및 기타 유사한 항목은 매입원가에서 차감한다.

4.
[답] ② 자본적지출을 수익적지출로 잘못 처리하게 되면, 자산은 과소계상, 비용은 과대계상되므로 자본은 과소계상하게 된다.

5.
[답] ① 감자차손 200,000원
 = 200주×(취득가액 7,000원 - 액면가액 5,000원) - 감자차익 200,000원
• 기인식된 감자차익 200,000원을 상계하고 감자차손은 200,000원만 인식한다.

6.
[답] ④ 수익과 비용은 각각 총액으로 보고하는 것을 원칙으로 한다.

7.
[답] ③ 선수금을 제품매출로 인식함에 따라 유동부채가 과소계상된다.
• 옳은 회계처리 : (차) 현금    500,000원    (대) 선수금    500,000원
• 당좌자산의 금액은 차이가 없으나, 영업수익(제품매출)은 과대계상 하였으므로 당기순이익도 과대계상된다.

8.
[답] ③ 60,000,000원
= 기초 자본금 50,000,000원 + (2,000주×액면금액 5,000원)

9.
[답] ①
• 판매비와관리비 : 영업용 사무실의 전기요금, 마케팅부의 교육연수비
• 영업외손익 : 유형자산의 처분으로 인한 손익

10.
[답] ③ 상호배분법

11.
[답] ② 1,250,000원
= 기초원재료 1,200,000원 + 당기원재료매입액 900,000원 - 기말원재료 850,000원

12.
[답] ③ 275,000원
= (직접재료원가 400,000원 + 직접노무원가 150,000원)×배부율 0.5원
• 제조간접원가 배부율 : 제조간접원가 500,000원÷(직접재료원가 800,000원 + 직접노무원가 200,000원)
= 0.5원/직접원가당

13.
[답] ④ 부가가치세법 제5조, 간이과세자가 일반과세자로 변경되는 경우 : 그 변경되는 해의 1월 1일부터 6월 30일까지

14.
[답] ① 공급연월일은 임의적 기재사항이며, 작성연월일이 필요적 기재사항이다.

15.
[답] ② 상품권이 현물과 교환되어 재화가 실제로 인도되는 때를 공급시기로 본다.

# 제13편. 전산회계1급 -최근기출문제

# ✏️ 4회 실무시험 답안

## 문제1

[1]
[답]
[기초정보관리] > [거래처등록] > [일반거래처] > ・코드 : 01230
・거래처명 : 태형상사
・유형 : 3.동시
・사업자등록번호 : 107-36-25785
・대표자성명 : 김상수
・업태 : 도소매
・종목 : 사무기기
・사업장주소 : 서울시 동작구 여의대방로10가길 1(신대방동)

[2]
[답] [거래처별 초기이월] > ・받을어음 > ㈜원수 10,000,000원→15,000,000원으로 수정
・단기차입금 > ㈜이태백 10,000,000원 추가입력
・단기차입금 > ㈜빛날통신 3,000,000원→13,000,000원으로 수정

[3]
[답]
[전기분원가명세서] > ・보험료(제) 1,000,000원 추가입력
・당기제품제조원가 93,000,000원→94,000,000원 금액 변경 확인
[전기분손익계산서] > ・제품매출원가 > 당기제품제조원가 93,000,000원→94,000,000원으로 수정
・매출원가 금액 120,350,000원→121,350,000원 변경 확인
・보험료(판) 3,000,000원→2,000,000원으로 수정
・당기순이익 356,150,000원 변동 없음.
따라서 재무상태표, 잉여금처분계산서는 변동사항 없음.

## 문제2

[1]
[답] 일반전표입력
08.20.    (차) 기부금    2,000,000원    (대) 제품    2,000,000원
                                                  (적요 8. 타계정으로 대체액)
・제품을 기부하였을 경우 해당 비용은 원가의 금액으로 하며, 적요는 8. 타계정으로 대체 처리한다.

[2]
[답] 일반전표입력

| 09.02. | (차) 단기차입금(전마나) | 20,000,000원 | (대) 보통예금 | 15,000,000원 |
| | | | 채무면제이익 | 5,000,000원 |

또는
| | (차) 단기차입금(전마나) | 15,000,000원 | (대) 보통예금 | 15,000,000원 |
| | (차) 단기차입금(전마나) | 5,000,000원 | (대) 채무면제이익 | 5,000,000원 |

[3]
[답] 일반전표입력

| 10.19. | (차) 외상매입금(㈜용인) | 2,500,000원 | (대) 현금 | 1,500,000원 |
| | | | 받을어음(㈜수원) | 1,000,000원 |

[4]
[답] 일반전표입력

| 11.06. | (차) 예수금 | 270,000원 | (대) 현금 | 601,500원 |
| | 보험료(제) | 221,000원 | | |
| | 보험료(판) | 110,500원 | | |

[5]
[답] 일반전표입력

| 11.11. | (차) 퇴직급여(판) | 6,800,000원 | (대) 보통예금 | 7,000,000원 |
| | 수수료비용(판) | 200,000원 | | |

또는
| | (차) 퇴직급여충당부채 | 6,800,000원 | (대) 보통예금 | 7,000,000원 |
| | 수수료비용(판) | 200,000원 | | |

[6]
[답] 일반전표입력

| 12.03. | (차) 보통예금 | 4,750,000원 | (대) 단기매매증권 | 4,000,000원 |
| | | | 단기매매증권처분이익 | 750,000원 |

· 처분금액 : 10,000원×500주 - 처분수수료 250,000원 = 4,750,000원
· 장부금액 : 8,000원×500주 = 4,000,000원
· 처분손익 : 처분금액 4,750,000원 - 장부금액 4,000,000원 = 처분이익 750,000원

## 문제3

**[1]**
[답] 매입매출전표입력
유형: 57.카과    공급가액: 200,000원    부가세: 20,000원    거래처:저팔계산업    분개: 카드 또는 혼합
신용카드사:하나카드
07.28.    (차) 부가세대급금        20,000원    (대) 미지급금(하나카드)    220,000원
              복리후생비(판)      200,000원          (또는 미지급비용)

**[2]**
[답] 매입매출전표입력
유형: 11.과세    공급가액: 13,500,000원    부가세: 1,350,000원    거래처:보람테크㈜    전자: 여    분개: 혼합
09.03.    (차) 감가상각누계액    38,000,000원    (대) 부가세예수금      1,350,000원
              현금                 4,850,000원          기계장치         50,000,000원
              미수금              10,000,000원          유형자산처분이익  1,500,000원

**[3]**
[답] 매입매출전표
유형: 51.과세    공급가액: 5,000,000원    부가세: 500,000원    거래처:마산상사    전자: 여    분개: 혼합
09.22.    (차) 부가세대급금       500,000원    (대) 받을어음(㈜서울)    2,000,000원
              원재료             5,000,000원          외상매입금          3,500,000원

**[4]**
[답] 매입매출전표입력
유형: 12.영세    공급가액: 70,000,000원    거래처:NICE Co.,Ltd    전자: 여    분개: 혼합
영세율구분:③내국신용장·구매확인서에 의하여 공급하는 재화
10.31.    (차) 외상매출금    35,000,000원    (대) 제품매출    70,000,000원
              보통예금      35,000,000원

**[5]**
[답] 매입매출전표입력
유형: 54.불공    공급가액: 1,500,000원    부가세: 150,000원    거래처:손오공상사    전자: 여    분개: 혼합
불공제사유:④기업업무추진비 및 이와 유사한 비용 관련
11.04.    (차) 기업업무추진비(판) 1,650,000원    (대) 미지급금    1,650,000원
                                                      (또는 미지급비용)

[6]
[답] 매입매출전표입력
유형: 54.불공   공급가액: 50,000,000원   부가세: 5,000,000원   거래처:㈜만듬건설   전자: 여   분개: 혼합
불공제사유:⑥토지의 자본적지출 관련

12.05.   (차) 토지   55,000,000원   (대) 선급금   5,500,000원
                                    미지급금   49,500,000원

## 문제4

[1]
[답] 일반전표입력
· 수정 전 : 11.10.   (차) 수선비(제)   880,000원   (대) 보통예금   880,000원
· 수정 후 : 11.10.   (차) 미지급금(가나상사)   880,000원   (대) 보통예금   880,000원

[2]
[답] 매입매출전표입력
· 수정 전 :
유형: 16.수출   공급가액: 10,000,000원   거래처:㈜강서기술   전자: 부   분개: 혼합
영세율구분:①직수출(대행수출 포함)

12.15.   (차) 외상매출금   10,000,000원   (대) 제품매출   10,000,000원

· 수정 후 :
유형: 12.영세   공급가액: 10,000,000원   거래처:㈜강서기술   전자: 여   분개: 혼합
영세율구분:③내국신용장·구매확인서에 의하여 공급하는 재화

12.15.   (차) 외상매출금   10,000,000원   (대) 제품매출   10,000,000원

## 문제5

[1]
[답] 일반전표입력
12.31.   (차) 미수수익   2,250,000원   (대) 이자수익   2,250,000원
· 이자수익 : 50,000,000원×6%×9/12 = 2,250,000원

[2]
[답] 일반전표입력
12.31.   (차) 선급비용   900,000원   (대) 임차료(제)   900,000원

[3]
[답] 일반전표입력
12.31.　　　(차) 단기매매증권평가손실　2,000,000원　(대) 단기매매증권　2,000,000원

## 문제6

[1]
[답] 3,000,000원
= 3월 8,400,000원 - 1월 5,400,000원
• [총계정원장] > 기간 : 1월 1일~6월 30일 > 계정과목 : 801.급여 조회

[2]
[답] 8,140,000원
= 3월 13,000,000원 - 4월 4,860,000원
• [거래처원장] > • 기간 : 3월 1일~3월 31일 > 계정과목 : 404.제품매출 > 거래처 : 일천상사 조회
　> 대변합계
• 기간 : 4월 1일~4월 30일 > 계정과목 : 404.제품매출 > 거래처 : 일천상사 조회 > 대변합계

[3]
[답] 6매, 10,320,000원
• [세금계산서합계표] > 매출 > 기간 : 1월~3월 조회

## 5회 집중심화

**✽ 이론시험 ✽**

다음 문제를 보고 알맞은 것을 골라 이론문제 답안작성 메뉴에 입력하시오.(객관식 문항당 2점)

1. 다음 중 재무상태표에 관한 설명으로 가장 옳은 것은?
① 일정 시점의 현재 기업이 보유하고 있는 자산과 부채 및 자본에 대한 정보를 제공하는 재무보고서이다.
② 일정 기간 동안의 기업의 수익과 비용에 대해 보고하는 보고서이다.
③ 일정 기간 동안의 현금의 유입과 유출에 대한 정보를 제공하는 보고서이다.
④ 기업의 자본변동에 관한 정보를 제공하는 재무보고서이다.

2. 다음 중 유동부채에 포함되지 않는 것은 무엇인가?
① 매입채무　　② 단기차입금　　③ 유동성장기부채　　④ 임대보증금

3. 다음 중 무형자산과 관련된 설명으로 옳지 않은 것은?
① 연구프로젝트에서 발생한 지출이 연구단계와 개발단계로 구분할 수 없는 경우에는 모두 연구단계에서 발생한 것으로 본다.
② 내부적으로 창출한 브랜드, 고객목록과 같은 항목은 무형자산으로 인식할 수 있다.
③ 무형자산은 회사가 사용할 목적으로 보유하는 물리적 실체가 없는 자산이다.
④ 무형자산의 소비되는 행태를 신뢰성 있게 결정할 수 없을 경우 정액법으로 상각한다.

4. 다음 중 일반기업회계기준에 의한 수익 인식 시점에 대한 설명으로 옳지 않은 것은?
① 위탁판매의 경우에는 수탁자가 위탁품을 소비자에게 판매한 시점에 수익을 인식한다.
② 시용판매의 경우에는 상품 인도 시점에 수익을 인식한다.
③ 광고 제작 수수료의 경우에는 광고 제작의 진행률에 따라 수익을 인식한다.
④ 수강료의 경우에는 강의 시간에 걸쳐 수익으로 인식한다.

5. 재고자산의 단가 결정 방법 중 매출 시점에서 해당 재고자산의 실제 취득원가를 기록하여 매출원가로 대응시킴으로써 가장 정확하게 원가 흐름을 파악할 수 있는 재고자산의 단가 결정 방법은 무엇인가?
① 개별법　　② 선입선출법　　③ 후입선출법　　④ 총평균법

## 제13편. 전산회계1급 -최근기출문제

**6. 다음 중 영업이익에 영향을 주는 거래로 옳은 것은?**

① 거래처에 대한 대여금의 전기분 이자를 받았다.
② 창고에 보관하고 있던 상품이 화재로 인해 소실되었다.
③ 차입금에 대한 전기분 이자를 지급하였다.
④ 일용직 직원에 대한 수당을 지급하였다.

**7. 다음의 거래를 적절하게 회계처리 하였을 경우, 당기순이익의 증감액은 얼마인가? 단, 주어진 자료 외의 거래는 없다고 가정한다.**

- 매도가능증권 : 장부금액 5,000,000원, 결산일 공정가치 4,500,000원
- 단기매매증권 : 장부금액 3,000,000원, 결산일 공정가치 3,300,000원
- 투 자 부 동 산 : 장부금액 9,000,000원, 처분금액 8,800,000원

① 100,000원 감소   ② 100,000원 증가   ③ 400,000원 감소   ④ 400,000원 증가

**8. ㈜수암골의 재무상태가 다음과 같다고 가정할 때, 기말자본은 얼마인가?**

| 기초 | | 기말 | | 당기 중 추가출자 | 이익 배당액 | 총수익 | 총비용 |
|---|---|---|---|---|---|---|---|
| 자산 | 부채 | 부채 | 자본 | | | | |
| 900,000원 | 500,000원 | 750,000원 | (      ) | 100,000원 | 50,000원 | 1,100,000원 | 900,000원 |

① 500,000원    ② 550,000원    ③ 600,000원    ④ 650,000원

**9. 다음 중 원가회계에 대한 설명이 아닌 것은?**

① 외부의 정보이용자들에게 유용한 정보를 제공하기 위한 정보이다.
② 원가통제에 필요한 정보를 제공하기 위함이다.
③ 제품원가계산을 위한 원가정보를 제공한다.
④ 경영계획수립과 통제를 위한 원가정보를 제공한다.

**10. 다음 중 원가행태에 따라 변동원가와 고정원가로 분류할 때 이에 대한 설명으로 올바른 것은?**

① 변동원가는 조업도가 증가할수록 총원가도 증가한다.
② 변동원가는 조업도가 증가할수록 단위당 원가도 증가한다.
③ 고정원가는 조업도가 증가할수록 총원가도 증가한다.
④ 고정원가는 조업도가 증가할수록 단위당 원가도 증가한다.

**11. 다음 중 보조부문의 원가 배분에 대한 설명으로 옳지 않은 것은?**

① 보조부문의 원가 배분방법으로는 직접배분법, 단계배분법 및 상호배분법이 있으며, 어떤 방법을 사용하더라도 전체 보조부문의 원가는 차이가 없다.
② 상호배분법을 사용할 경우, 부문간 상호수수를 고려하여 계산하기 때문에 어떤 배분방법보다 정확성이 높다고 할 수 있다.
③ 단계배분법을 사용할 경우, 배분순서를 어떻게 하더라도 각 보조부문에 배분되는 금액은 차이가 없다.
④ 직접배분법을 사용할 경우, 보조부문 원가 배분액의 계산은 쉬우나 부문간 상호수수에 대해서는 전혀 고려하지 않는다.

**12. 다음 중 개별원가계산과 종합원가계산에 대한 설명으로 옳지 않은 것은?**

① 개별원가계산은 작업지시서에 의한 원가계산을 한다.
② 개별원가계산은 주문형 소량 생산 방식에 적합하다.
③ 종합원가계산은 공정별 대량 생산 방식에 적합하다.
④ 종합원가계산은 여러 공정에 걸쳐 생산하는 경우 적용할 수 없다.

**13. 다음 중 부가가치세법상 사업자등록 정정 사유가 아닌 것은?**

① 상호를 변경하는 경우
② 사업장을 이전하는 경우
③ 사업의 종류에 변동이 있는 경우
④ 증여로 인하여 사업자의 명의가 변경되는 경우

**14. 다음 중 부가가치세법상 영세율에 대한 설명으로 가장 옳지 않은 것은?**

① 수출하는 재화에 대해서는 영세율이 적용된다.
② 영세율은 수출산업을 지원하는 효과가 있다.
③ 영세율을 적용하더라도 완전면세를 기대할 수 없다.
④ 영세율은 소비지국과세원칙이 구현되는 제도이다.

**15. 다음 중 영수증 발급 대상 사업자가 될 수 없는 업종에 해당하는 것은?**

① 소매업
② 도매업
③ 목욕, 이발, 미용업
④ 입장권을 발행하여 영위하는 사업

# 제13편. 전산회계1급 -최근기출문제

## ✻ 실무시험 ✻

문제에서 한국채택국제회계기준을 적용하도록 하는 전제조건이 없는 경우, 일반기업회계기준을 적용하여 회계처리 한다.

오영상사㈜(회사코드: 1025)는 가방 등의 제조·도소매업 및 부동산임대업을 영위하는 중소기업으로 당기(제9기) 회계기간은 2025.1.1.~2025.12.31.이다. 전산세무회계 수험용 프로그램을 이용하여 다음 물음에 답하시오.

### 문제1
다음은 [기초정보관리] 및 [전기분재무제표]에 대한 자료이다. 각각의 요구사항에 대하여 답하시오. (10점)

**[1]** 다음 자료를 이용하여 거래처등록의 [신용카드] 탭에 추가로 입력하시오. (3점)

| · 코드 : 99850 | · 거래처명 : 하나카드 | · 카드종류 : 사업용카드 |
| · 유형 : 매입 | · 카드번호 : 5531-8440-0622-2804 | |

**[2]** [계정과목및적요등록] 메뉴에서 여비교통비(판매비및일반관리비) 계정에 아래의 적요를 추가로 등록하시오. (3점)

· 현금적요 6번 : 야근 시 퇴근택시비 지급
· 대체적요 3번 : 야근 시 퇴근택시비 정산 인출

**[3]** 전기분 손익계산서를 검토한 결과 다음과 같은 오류가 발견되었다. 해당 오류와 연관된 재무제표를 모두 올바르게 정정하시오. (4점)

공장 생산직 사원들에게 지급한 명절 선물 세트 1,000,000원이 회계 담당 직원의 실수로 인하여 본사 사무직 사원들에게 지급한 것으로 회계처리 되어 있음을 확인하다.

## 문제2

[일반전표입력] 메뉴를 이용하여 다음의 거래 자료를 입력하시오(일반전표입력의 모든 거래는 부가가치세를 고려하지 말 것). (18점)

─── < 입력 시 유의사항 > ───
· 일반적인 적요의 입력은 생략하지만, 타계정 대체거래는 적요번호를 선택하여 입력한다.
· 채권·채무와 관련된 거래는 별도의 요구가 없는 한 반드시 기 등록되어 있는 거래처코드를 선택하는 방법으로 거래처명을 입력한다.
· 제조경비는 500번대 계정코드를, 판매비와 관리비는 800번대 계정코드를 사용한다.
· 회계처리시 계정과목은 별도제시가 없는 한 등록되어 있는 계정과목 중 가장 적절한 과목으로 한다.

[1] 07월 04일 나노컴퓨터에 지급하여야 할 외상매입금 5,000,000원과 나노컴퓨터로부터 수취하여야 할 외상매출금 3,000,000원을 상계하여 처리하고, 잔액은 당좌수표를 발행하여 지급하였다. (3점)

[2] 09월 15일 투자 목적으로 보유 중인 단기매매증권(보통주 1,000주, 1주당 액면가액 5,000원, 1주당 장부가액 9,000원)에 대하여 1주당 1,000원씩의 현금배당이 보통예금 계좌로 입금되었으며, 주식배당 20주를 수령하였다. (3점)

[3] 10월 05일 제품을 판매하고 ㈜영춘으로부터 받은 받을어음 5,000,000원을 만기 이전에 주거래은행인 토스뱅크에 할인하고, 할인료 55,000원을 차감한 나머지 금액을 보통예금 계좌로 입금받았다. 단, 어음의 할인은 매각거래에 해당한다. (3점)

[4] 10월 30일 영업부에서 대한상공회의소 회비 500,000원을 보통예금 계좌에서 지급하고 납부영수증을 수취하였다. (3점)

[5] 12월 12일 자금 조달을 위하여 발행하였던 사채(액면금액 10,000,000원, 장부가액 10,000,000원)를 9,800,000원에 조기 상환하면서 보통예금 계좌에서 지급하였다. (3점)

[6] 12월 21일 보통예금 계좌를 확인한 결과, 결산이자 500,000원에서 원천징수세액 77,000원을 차감한 금액이 입금되었음을 확인하였다(단, 원천징수세액은 자산으로 처리할 것). (3점)

## 제13편. 전산회계1급 -최근기출문제

**문제3** [매입매출전표입력] 메뉴를 이용하여 다음의 거래 자료를 입력하시오. (18점)

< 입력 시 유의사항 >
· 일반적인 적요의 입력은 생략하지만, 타계정 대체거래는 적요번호를 선택하여 입력한다.
· 별도의 요구가 없는 한 반드시 기 등록되어 있는 거래처코드를 선택하는 방법으로 거래처명을 입력한다.
· 제조경비는 500번대 계정코드를, 판매비와 관리비는 800번대 계정코드를 사용한다.
· 회계처리시 계정과목은 별도제시가 없는 한 등록되어 있는 계정과목 중 가장 적절한 과목으로 한다.
· 입력화면 하단의 분개까지 처리하고, 전자세금계산서 및 전자계산서는 전자입력으로 반영한다.

[1] 07월 11일 성심상사에 제품을 판매하고 아래의 전자세금계산서를 발급하였다. (3점)

| 전자세금계산서 | | | | 승인번호 | 20250711-1000000-00009329 | | |
|---|---|---|---|---|---|---|---|
| 공급자 | 등록번호 | 124-87-05224 | 종사업장번호 | 공급받는자 | 등록번호 | 134-86-81692 | 종사업장번호 |
| | 상호(법인명) | 오영상사㈜ | 성명 | 김하현 | | 상호(법인명) | 성심상사 | 성명 | 황성심 |
| | 사업장주소 | 경기도 성남시 분당구 서판교로6번길 24 | | | 사업장주소 | 경기도 화성시 송산면 마도북로 40 |
| | 업태 | 제조,도소매 | 종목 | 가방 | | 업태 | 제조 | 종목 | 자동차특장 |
| | 이메일 | | | | 이메일 | |
| | | | | | 이메일 | |

| 작성일자 | 공급가액 | 세액 | 수정사유 | 비고 |
|---|---|---|---|---|
| 2025/07/11 | 3,000,000 | 300,000 | 해당 없음 | |

| 월 | 일 | 품목 | 규격 | 수량 | 단가 | 공급가액 | 세액 | 비고 |
|---|---|---|---|---|---|---|---|---|
| 07 | 11 | 제품 | | | | 3,000,000 | 300,000 | |

| 합계금액 | 현금 | 수표 | 어음 | 외상미수금 | 위 금액을 (영수) 함 (청구) |
|---|---|---|---|---|---|
| 3,300,000 | 1,000,000 | | | 2,300,000 | |

[2] 08월 25일 본사 사무실로 사용하기 위하여 ㈜대관령으로부터 상가를 취득하고, 대금은 다음과 같이 지급하였다(단, 하나의 전표로 입력할 것). (3점)

· 총매매대금은 370,000,000원으로 토지분 매매가액 150,000,000원과 건물분 매매가액 220,000,000원(부가가치세 포함)이다.
· 총매매대금 중 계약금 37,000,000원은 계약일인 7월 25일에 미리 지급하였으며, 잔금은 8월 25일에 보통예금 계좌에서 이체하여 지급하였다.
· 건물분에 대하여 전자세금계산서를 잔금 지급일에 수취하였으며, 토지분에 대하여는 별도의 계산서를 발급받지 않았다.

[3] 09월 15일 총무부가 사용하기 위한 소모품을 골드팜㈜으로부터 총 385,000원(공급대가)에 구매하고 보통예금 계좌에서 이체하였으며, 지출증빙용 현금영수증을 발급받았다. 단, 소모품은 구입 즉시 비용으로 처리한다. (3점)

[4] 09월 30일 경하자동차㈜로부터 본사에서 업무용으로 사용할 승용차(5인승, 배기량 998cc, 개별소비세 과세 대상 아님)를 구입하고 아래의 전자세금계산서를 발급받았다. (3점)

| 전자세금계산서 | | | | | 승인번호 | | 20250930-145982301203467 | | |
|---|---|---|---|---|---|---|---|---|---|
| 공급자 | 등록번호 | 610-81-51299 | 종사업장번호 | | 공급받는자 | 등록번호 | 124-87-05224 | 종사업장번호 | |
| | 상호(법인명) | 경하자동차㈜ | 성명 | 정선달 | | 상호(법인명) | 오영상사㈜ | 성명 | 김하현 |
| | 사업장주소 | 울산 중구 태화동 150 | | | | 사업장주소 | 경기도 성남시 분당구 서판교로6번길 24 | | |
| | 업태 | 제조,도소매 | 종목 | 자동차 | | 업태 | 제조,도소매 | 종목 | 가방 |
| | 이메일 | | | | | 이메일 | | | |
| | | | | | | 이메일 | | | |
| 작성일자 | | 공급가액 | | 세액 | 수정사유 | | 비고 | | |
| 2025/09/30 | | 15,000,000 | | 1,500,000 | | | | | |
| 월 | 일 | 품목 | 규격 | 수량 | 단가 | 공급가액 | 세액 | 비고 | |
| 09 | 30 | 승용차(배기량 998cc) | | 1 | | 15,000,000 | 1,500,000 | | |
| 합계금액 | | 현금 | | 수표 | 어음 | 외상미수금 | 위 금액을 (청구) 함 | | |
| 16,500,000 | | | | | | 16,500,000 | | | |

[5] 10월 17일 미국에 소재한 MIRACLE사에서 원재료 8,000,000원(부가가치세 별도)을 수입하면서 인천세관으로부터 수입전자세금계산서를 발급받고 부가가치세는 보통예금 계좌에서 지급하였다(단, 재고자산에 대한 회계처리는 생략할 것). (3점)

[6] 10월 20일 개인 소비자에게 제품을 판매하고 현금 99,000원(부가가치세 포함)을 받았다. 단, 판매와 관련하여 어떠한 증빙도 발급하지 않았다. (3점)

## 문제4

[일반전표입력] 및 [매입매출전표입력] 메뉴에 입력된 내용 중 다음과 같은 오류가 발견되었다. 입력된 내용을 확인하여 정정하시오. (6점)

[1] 08월 31일 운영자금 조달을 위해 개인으로부터 차입한 부채에 대한 이자비용 362,500원을 보통예금 계좌에서 이체하고 회계처리하였으나 해당 거래는 이자비용 500,000원에서 원천징수세액 137,500원을 차감하고 지급한 것으로 이에 대한 회계처리가 누락되었다(단, 원천징수세액은 부채로 처리하고, 하나의 전표로 입력할 것). (3점)

[2] 11월 30일 제품생산공장 출입문의 잠금장치를 수리하고 영포상회에 지급한 770,000원(부가가치세 포함)을 자본적지출로 회계처리하였으나 수익적지출로 처리하는 것이 옳은 것으로 판명되었다. (3점)

## 문제5

결산정리사항은 다음과 같다. 관련 메뉴를 이용하여 결산을 완료하시오. (9점)

[1] 2월 11일에 소모품 3,000,000원을 구입하고 모두 자산으로 처리하였으며, 12월 31일 현재 창고에 남은 소모품은 500,000원으로 조사되었다. 부서별 소모품 사용 비율은 영업부 25%, 생산부 75%이며, 그 사용 비율에 따라 배부한다. (3점)

[2] 기중에 현금시재 잔액이 장부금액보다 부족한 것을 발견하고 현금과부족으로 계상하였던 235,000원 중 150,000원은 영업부 업무용 자동차의 유류대금을 지급한 것으로 확인되었으나 나머지는 결산일까지 그 원인이 파악되지 않아 당기의 비용으로 대체하다. (3점)

[3] 12월 31일 결산일 현재 재고자산의 기말재고액은 다음과 같다. (3점)

| 원재료 | 재공품 | 제품 |
|---|---|---|
| • 장부수량 10,000개(단가 1,000원)<br>• 실제수량 9,500개(단가 1,000원)<br>• 단, 수량차이는 모두 정상적으로 발생한 것이다. | 8,500,000원 | 13,450,000원 |

문제6 | 다음 사항을 조회하여 알맞은 답안을 메뉴에 입력하시오. (9점)

[1] 2025년 5월 말 외상매출금과 외상매입금의 차액은 얼마인가? (단, 양수로 기재할 것) (3점)

[2] 제1기 부가가치세 확정신고기간(4월~6월)의 영세율 적용 대상 매출액은 모두 얼마인가? (3점)

[3] 6월에 발생한 판매비와일반관리비 중 발생액이 가장 적은 계정과목과 그 금액은 얼마인가? (3점)

# 제13편. 전산회계1급 －최근기출문제

## ✏️ 5회 이론시험 답안

| A형 | <1> | <2> | <3> | <4> | <5> | <6> | <7> | <8> | <9> | <10> | <11> | <12> | <13> | <14> | <15> |
|---|---|---|---|---|---|---|---|---|---|---|---|---|---|---|---|
| | ① | ④ | ② | ② | ① | ④ | ② | ④ | ① | ① | ③ | ④ | ④ | ③ | ② |

1.
[답] ① 재무상태표는 일정 시점 현재 기업이 보유하고 있는 자산과 부채, 그리고 자본에 대한 정보를 제공하는 재무보고서이다.
· 일정 기간 동안의 기업의 수익과 비용에 대해 보고하는 보고서는 손익계산서이다.
· 일정 기간 동안의 현금의 유입과 유출의 정보를 제공하는 보고서는 현금흐름표이다.
· 기업의 자본변동에 관한 정보를 제공하는 재무보고서는 자본변동표이다.

2.
[답] ④ 임대보증금은 비유동부채에 포함된다.

3.
[답] ② 내부적으로 창출한 브랜드, 고객목록과 같은 항목은 무형자산으로 인식할 수 없다.

4.
[답] ② 시용판매의 경우에는 소비자가 매입의사를 표시하는 시점에 수익을 인식한다.

5.
[답] ① 매출 시점에 실제 취득원가를 기록하여 매출원가로 대응시켜 원가 흐름을 가장 정확하게 파악할 수 있는 재고자산의 단가 결정 방법은 개별법이다.

6.
[답] ④ 일용직 직원에 대한 수당은 잡급(판)으로 처리한다. 이자수익은 영업외수익으로, 재해손실과 이자비용은 영업외비용으로 처리한다.

7.
[답] ② 100,000원 증가
= 단기매매증권평가이익 300,000원 - 투자자산처분손실 200,000원
· 결산일에 매도가능증권을 공정가치로 평가하여 발생하는 손익은 기타포괄손익누계액(자본)으로 회계처리하도록 규정하고 있다.
· 단기매매증권평가이익 : 공정가치 3,300,000원 - 장부금액 3,000,000원 = 300,000원
· 투자자산처분손실 : 처분금액 8,800,000원 - 장부금액 9,000,000원 = △200,000원

8.
[답] ④ 650,000원
= 기초자본 400,000원 + 추가출자 100,000원 - 이익배당액 50,000원 + 당기순이익 200,000원
- 기초자본 : 기초자산 900,000원 - 기초부채 500,000원 = 400,000원
- 당기순이익 : 총수익 1,100,000원 - 총비용 900,000원 = 200,000원

9.
[답] ① 외부의 정보이용자들에게 유용한 정보를 제공하는 것은 재무회계의 목적이다.

10.
[답] ① 변동원가는 조업도가 증가할수록 총원가는 증가하지만 단위당 원가는 변동이 없다. 고정원가는 조업도가 증가할 때 총원가는 일정하며 단위당 원가는 감소한다.

11.
[답] ③ 단계배분법을 사용할 경우, 배부순서에 따라 각 보조부문에 배분되는 금액은 차이가 발생한다.

12.
[답] ④ 공정별 원가계산에 적합한 것이 종합원가계산이다.

13.
[답] ④ 증여로 인하여 사업자의 명의가 변경되는 경우
- 증여로 인하여 사업자의 명의가 변경되는 경우는 폐업 사유에 해당한다. 증여자는 폐업, 수증자는 신규 사업자등록 사유이다.

14.
[답] ③ 영세율은 완전면세제도이다.

15.
[답] ② 도매업

# 제13편. 전산회계1급 -최근기출문제

# ✏️ 5회 실무시험 답안

## 문제1

[1]
[답] [거래처등록] > [신용카드] 탭 > ・코드 : 99850
・거래처명 : 하나카드
・유형 : 2.매입
・카드번호 : 5531-8440-0622-2804
・카드종류 : 3.사업용카드

[2]
[답] [계정과목및적요등록] > 812.여비교통비 > ・현금적요 NO.6, 야근 시 퇴근택시비 지급
・대체적요 NO.3, 야근 시 퇴근택시비 정산 인출

[3]
[답]
・[전기분원가명세서] > ・511.복리후생비 9,000,000원 > 10,000,000원
・당기제품제조원가 94,200,000원 > 95,200,000원
・[전기분손익계산서] > ・당기제품제조원가 94,200,000원 > 95,200,000원
・455.제품매출원가 131,550,000원 > 132,550,000원
・811.복리후생비 30,000,000원 > 29,000,000원
・당기순이익 61,390,000원 확인
・[전기분이익잉여금처분계산서] > 미처분이익잉여금이나 이월이익잉여금에 변동이 없으므로 정정 불필요
・[전기분재무상태표] > 당기순이익에 변동이 없으므로 정정 불필요

## 문제2

[1]
[답] 일반전표입력
07.04.     (차) 외상매입금(나노컴퓨터)  5,000,000원     (대) 외상매출금(나노컴퓨터)  3,000,000원
                                                         당좌예금              2,000,000원

[2]
[답] 일반전표입력
09.15.     (차) 보통예금           1,000,000원     (대) 배당금수익           1,000,000원

[3]
[답] 일반전표입력
10.05.　　　(차) 보통예금　　　　4,945,000원　　(대) 받을어음(㈜영춘)　5,000,000원
　　　　　　　　매출채권처분손실　　55,000원

[4]
[답] 일반전표입력
10.30.　　　(차) 세금과공과(판)　　500,000원　　(대) 보통예금　　　　500,000원

[5]
[답] 일반전표입력
12.12.　　　(차) 사채　　　　10,000,000원　　(대) 보통예금　　　　9,800,000원
　　　　　　　　　　　　　　　　　　　　　　　　　사채상환이익　　　200,000원

[6]
[답] 일반전표입력
12.21.　　　(차) 보통예금　　　　423,000원　　(대) 이자수익　　　　500,000원
　　　　　　　　선납세금　　　　　77,000원

## 문제3

[1]
[답] 매입매출전표입력
유형: 11.과세　　공급가액: 3,000,000원　　부가세: 300,000원　　거래처:성심상사　　전자: 여　　분개: 혼합
07.11.　　　(차) 외상매출금　　　2,300,000원　　(대) 부가세예수금　　300,000원
　　　　　　　　현금　　　　　　1,000,000원　　　　제품매출　　　　3,000,000원

[2]
[답] 매입매출전표입력
유형: 51.과세　　공급가액: 200,000,000원　　부가세: 20,000,000원　　거래처:㈜대관령　　전자: 여　　분개: 혼합
08.25.　　　(차) 부가세대급금　　20,000,000원　　(대) 선급금　　　　37,000,000원
　　　　　　　　토지　　　　　150,000,000원　　　　보통예금　　　333,000,000원
　　　　　　　　건물　　　　　200,000,000원

[3]
[답] 매입매출전표입력

유형: 61.현과　　공급가액: 350,000원　　부가세: 35,000원　　거래처:골드팜㈜　　분개: 혼합
09.15.　　(차) 부가세대급금　　35,000원　　(대) 보통예금　　385,000원
　　　　　　　소모품비(판)　　350,000원

또는

유형: 62.현면　　공급가액: 385,000원　　　　　　거래처: 골드팜㈜　　분개: 혼합
09.15.　　(차) 소모품비(판)　　385,000원　　(대) 보통예금　　385,000원

[4]
[답] 매입매출전표입력

유형: 51.과세　　공급가액: 15,000,000원　　부가세: 1,500,000원　　거래처:경하자동차㈜　　전자: 여　　분개: 혼합
09.30.　　(차) 부가세대급금　　1,500,000원　　(대) 미지급금　　16,500,000원
　　　　　　　차량운반구　　15,000,000원

※ 개별소비세 과세 대상 차량이 아닌 승용차는 매입세액 공제 대상이다.

[5]
[답] 매입매출전표입력

유형: 55.수입　　공급가액: 8,000,000원　　부가세: 800,000원　　거래처:인천세관　　전자: 여　　분개: 혼합
10.17.　　(차) 부가세대급금　　800,000원　　(대) 보통예금　　800,000원

[6]
[답] 매입매출전표입력

유형: 14.건별　　공급가액: 90,000원　　　　　　부가세: 9,000원　　　　　　분개: 현금 또는 혼합
10.20.　　(차) 현금　　99,000원　　(대) 부가세예수금　　9,000원
　　　　　　　　　　　　　　　　　　　　제품매출　　90,000원

## 문제4

[1]
[답] 일반전표입력 수정
· 수정 전 : 2023.08.31. (차) 이자비용　362,500원　　(대) 보통예금　362,500원
· 수정 후 : 2023.08.31. (차) 이자비용　500,000원　　(대) 보통예금　362,500원
　　　　　　　　　　　　　　　　　　　　　　　　　　　　예수금　　137,500원

[2]
[답] 매입매출전표입력 수정
・수정 전 :
유형: 51.과세    공급가액: 700,000원    부가세: 70,000원    거래처:영포상회    전자: 여    분개: 혼합
11.30.        (차) 부가세대급금        70,000원    (대) 보통예금            770,000원
              건물                   700,000원
・수정 후 :
유형: 51.과세    공급가액: 700,000원    부가세: 70,000원    거래처:영포상회    전자: 여    분개: 혼합
11.30.        (차) 부가세대급금        70,000원    (대) 보통예금            770,000원
              수선비(제)              700,000원

## 문제5

[1]
[답] 일반전표입력
12.31.        (차) 소모품비(제)        1,875,000원    (대) 소모품            2,500,000원
              소모품비(판)            625,000원

    또는    (차) 소모품비(제)        1,875,000원    (대) 소모품            1,875,000원
            (차) 소모품비(판)          625,000원    (대) 소모품              625,000원

・소모품비(판) : (3,000,000원 - 500,000원)×25% = 625,000원
・소모품비(제) : (3,000,000원 - 500,000원)×75% = 1,875,000원

[2]
[답] 일반전표입력
12.31.        (차) 차량유지비(판)      150,000원    (대) 현금과부족          235,000원
              잡손실                  85,000원

[3]
[답] [결산자료입력] > 기간 : 1월~12월 > ① 원재료 9,500,000원 입력 > F3 전표추가
② 재공품 8,500,000원 입력
③ 제품 13,450,000원 입력
・원재료 : 9,500개×1,000원 = 9,500,000원(정상적인 수량차이는 원가에 포함한다.)

## 문제6

[1]
[답] 40,465,000원
= 외상매출금 107,700,000원 - 외상매입금 67,235,000원
· [재무상태표] > 기간 : 05월 조회

[2]
[답] 48,450,000원
= 12.영세 38,450,000원 + 16.수출 10,000,000원
1. [매입매출장] > 조회기간 : 04월 01일~06월 30일
　　　　　　　 > 구분 : 2.매출
　　　　　　　 > ·유형 : 12.영세 > ⓞ 전체 > 분기계 합계 금액 확인
　　　　　　　　 ·유형 : 16.수출 > 분기계 합계 금액 확인
2. [부가가치세신고서] > 조회기간 : 04월 1일~06월 30일
　　　　　　　　　　 > 과세표준및매출세액
　　　　　　　　　　 > 영세 > ·세금계산서발급분 금액
　　　　　　　　　　　 ·기타 금액

[3]
[답] 도서인쇄비, 10,000원
· [일계표(월계표)] > [월계표] 탭 > 조회기간 : 06월~06월

# 제13편
# 전산회계1급 기출문제

| | |
|---|---|
| 제113회 기출문제 및 해답(코드 1113) | 722 |
| 제114회 기출문제 및 해답(코드 1114) | 740 |
| 제115회 기출문제 및 해답(코드 1115) | 758 |
| 제116회 기출문제 및 해답(코드 1116) | 774 |
| 제117회 기출문제 및 해답(코드 1117) | 792 |

## 회계 1급 / 제 113회 기출문제

### ※ 이론시험 ※

다음 문제를 보고 알맞은 것을 골라 이론문제 답안작성 메뉴에 입력하시오.(객관식 문항당 2점)

**1. 다음 중 회계의 기본가정과 특징이 아닌 것은?**

① 기업의 관점에서 경제활동에 대한 정보를 측정·보고한다.
② 기업이 예상가능한 기간동안 영업을 계속할 것이라 가정한다.
③ 기업은 수익과 비용을 인식하는 시점을 현금이 유입·유출될 때로 본다.
④ 기업의 존속기간을 일정한 기간단위로 분할하여 각 기간 단위별로 정보를 측정·보고한다.

**2. 다음 중 상품의 매출원가 계산 시 총매입액에서 차감해야 할 항목은 무엇인가?**

① 기초재고액
② 매입수수료
③ 매입환출 및 매입에누리
④ 매입 시 운반비

**3. 건물 취득 시에 발생한 금액들이 다음과 같을 때, 건물의 취득원가는 얼마인가?**

| ・건물 매입금액 | 2,000,000,000원 | ・자본화 대상 차입원가 | 150,000,000원 |
| ・건물 취득세 | 200,000,000원 | ・관리 및 기타 일반간접원가 | 16,000,000원 |

① 21억 5,000만원   ② 22억원   ③ 23억 5,000만원   ④ 23억 6,600만원

**4. 다음 중 무형자산에 대한 설명으로 틀린 것은?**

① 물리적인 실체는 없지만 식별이 가능한 비화폐성 자산이다.
② 무형자산을 통해 발생하는 미래 경제적 효익을 기업이 통제할 수 있어야 한다.
③ 무형자산은 자산의 정의를 충족하면서 다른 자산들과 분리하여 거래를 할 수 있거나 계약상 또는 법적 권리로부터 발생하여야 한다.
④ 일반기업회계기준은 무형자산의 회계처리와 관련하여 영업권을 포함한 무형자산의 내용연수를 원칙적으로 40년을 초과하지 않도록 한정하고 있다.

5. 다음 중 재무제표에 해당하지 않는 것은?
① 기업의 계정별 합계와 잔액을 나타내는 시산표
② 일정 시점 현재 기업의 재무상태(자산, 부채, 자본)을 나타내는 보고서
③ 기업의 자본에 관하여 일정기간 동안의 변동 흐름을 파악하기 위해 작성하는 보고서
④ 재무제표의 과목이나 금액에 기호를 붙여 해당 항목에 대한 추가 정보를 나타내는 별지

6. 다음 중 유동부채와 비유동부채의 분류가 적절하지 않은 것은?

| | 유동부채 | 비유동부채 |
|---|---|---|
| ① | 단기차입금 | 사채 |
| ② | 외상매입금 | 유동성장기부채 |
| ③ | 미지급비용 | 장기차입금 |
| ④ | 지급어음 | 퇴직급여충당부채 |

7. 다음의 자본 항목 중 포괄손익계산서에 영향을 미치는 항목은 무엇인가?
① 감자차손
② 주식발행초과금
③ 자기주식처분이익
④ 매도가능증권평가이익

8. 다음 자료 중 빈 칸 ( A )에 들어갈 금액으로 적당한 것은?

| 기초상품재고액 | 매입액 | 기말상품재고액 | 매출원가 | 매출액 | 매출총이익 | 판매비와 관리비 | 당기순손익 |
|---|---|---|---|---|---|---|---|
| 219,000원 | 350,000원 | 110,000원 | | 290,000원 | | 191,000원 | A |

① 당기순손실 360,000원
② 당기순손실 169,000원
③ 당기순이익 290,000원
④ 당기순이익 459,000원

9. 다음 중 원가행태에 따라 변동원가와 고정원가로 분류할 때 이에 대한 설명으로 틀린 것은?
① 고정원가는 조업도가 증가할수록 단위당 원가도 증가한다.
② 고정원가는 조업도가 증가하여도 총원가는 일정하다.
③ 변동원가는 조업도가 증가하여도 단위당 원가는 일정하다.
④ 변동원가는 조업도가 증가할수록 총원가도 증가한다.

10. 다음 중 보조부문원가를 배분하는 방법 중 옳지 않은 것은?
① 상호배분법은 보조부문 상호 간의 용역수수관계를 완전히 반영하는 방법이다.
② 단계배분법은 보조부문 상호 간의 용역수수관계를 전혀 반영하지 않는 방법이다.
③ 직접배분법은 보조부문 상호 간의 용역수수관계를 전혀 반영하지 않는 방법이다.
④ 상호배분법, 단계배분법, 직접배분법 어떤 방법을 사용하더라도 보조부문의 총원가는 제조부문에 모두 배분된다.

11. 다음 자료에 의한 당기총제조원가는 얼마인가? 단, 노무원가는 발생주의에 따라 계산한다.

| | | | |
|---|---|---|---|
| • 기초원재료 | 300,000원 | • 당기지급임금액 | 350,000원 |
| • 기말원재료 | 450,000원 | • 당기원재료매입액 | 1,300,000원 |
| • 전기미지급임금액 | 150,000원 | • 제조간접원가 | 700,000원 |
| • 당기미지급임금액 | 250,000원 | • 기초재공품 | 200,000원 |

① 2,100,000원　② 2,300,000원　③ 2,450,000원　④ 2,500,000원

12. 다음 중 종합원가계산에 대한 설명으로 옳지 않은 것은?
① 소품종 대량 생산하는 업종에 적용하기에 적합하다.
② 공정 과정에서 발생하는 공손 중 정상공손은 제품의 원가에 가산한다.
③ 평균법을 적용하는 경우 기초재공품원가를 당기에 투입한 것으로 가정한다.
④ 제조원가 중 제조간접원가는 실제 조업도에 예정배부율을 반영하여 계산한다.

13. 다음 중 부가가치세법상 세금계산서를 발급할 수 있는 자는?
① 면세사업자로 등록한 자
② 사업자등록을 하지 않은 자
③ 사업자등록을 한 일반과세자
④ 간이과세자 중 직전 사업연도 공급대가가 4,800만원 미만인 자

14. 다음 중 부가가치세법상 대손사유에 해당하지 않는 것은?
① 소멸시효가 완성된 어음·수표
② 특수관계인과의 거래로 인해 발생한 중소기업의 외상매출금으로서 회수기일이 2년 이상 지난 외상매출금
③ 채무자의 파산, 강제집행, 형의 집행, 사업의 폐지, 사망, 실종, 행방불명으로 인하여 회수할 수 없는 채권
④ 부도발생일부터 6개월 이상 지난 외상매출금(중소기업의 외상매출금으로서 부도발생일 이전의 것에 한정한다)

15. 다음 중 부가가치세법상 공급시기로 옳지 않은 것은?
① 폐업 시 잔존재화의 경우 : 폐업하는 때
② 내국물품을 외국으로 수출하는 경우 : 수출재화의 선적일
③ 무인판매기로 재화를 공급하는 경우 : 무인판매기에서 현금을 인취하는 때
④ 위탁판매의 경우(위탁자 또는 본인을 알 수 있는 경우) : 위탁자가 판매를 위탁한 때

## ✱ 실무시험 ✱

문제에서 한국채택국제회계기준을 적용하도록 하는 전제조건이 없는 경우, 일반기업회계기준을 적용하여 회계처리 한다.

㈜혜송상사(회사코드:1113)는 자동차부품 등의 제조 및 도소매업을 영위하는 중소기업으로 당기(제13기) 회계기간은 2025.1.1.~2025.12.31.이다. 전산세무회계수험용프로그램을 이용하여 다음 물음에 답하시오.

### 문제1

다음은 [기초정보관리] 및 [전기분재무제표]에 대한 자료이다. 각각의 요구사항에 대하여 답하시오. (10점)

**[1]** 다음의 자료를 이용하여 [거래처등록] 메뉴에서 신규거래처를 추가로 등록하시오. (3점)

- 거래처코드 : 00777
- 거래처명 : 슬기로운㈜
- 사업자등록번호 : 253-81-13578
- 업태 : 도매
- 사업장주소 : 부산광역시 부산진구 중앙대로 663(부전동)
- 거래처구분 : 일반거래처
- 유형 : 동시
- 대표자 : 김슬기
- 종목 : 금속

※ 주소 입력 시 우편번호는 생략해도 무방함

**[2]** 다음 자료를 이용하여 [계정과목및적요등록] 메뉴에서 대체적요를 등록하시오. (3점)

- 코드 : 134
- 계정과목 : 가지급금
- 대체적요 : 8. 출장비 가지급금 정산

**[3]** 전기분 손익계산서를 검토한 결과 다음과 같은 오류가 발견되었다. 해당 오류와 관련된 [전기분원가명세서] 및 [전기분손익계산서]를 수정하시오. (4점)

공장 일부 직원의 임금 2,200,000원이 판매비및일반관리비 항목의 급여(801)로 반영되어 있다.

## 문제2

[일반전표입력] 메뉴를 이용하여 다음의 거래 자료를 입력하시오(일반전표입력의 모든 거래는 부가가치세를 고려하지 말 것). (18점)

―――――――― < 입력 시 유의사항 > ――――――――
· 일반적인 적요의 입력은 생략하지만, 타계정 대체거래는 적요번호를 선택하여 입력한다.
· 채권·채무와 관련된 거래는 별도의 요구가 없는 한 반드시 기 등록되어 있는 거래처코드를 선택하는 방법으로 거래처명을 입력한다.
· 제조경비는 500번대 계정코드를, 판매비와 관리비는 800번대 계정코드를 사용한다.
· 회계처리시 계정과목은 별도제시가 없는 한 등록되어 있는 계정과목 중 가장 적절한 과목으로 한다.

[1] 07월 15일 ㈜상수로부터 원재료를 구입하기로 계약하고, 당좌수표를 발행하여 계약금 3,000,000원을 지급하였다. (3점)

[2] 08월 05일 사옥 취득을 위한 자금 900,000,000원(만기 6개월)을 우리은행으로부터 차입하고, 선이자 36,000,000원(이자율 연 8%)을 제외한 나머지 금액을 보통예금 계좌로 입금받았다(단, 하나의 전표로 입력하고, 선이자지급액은 선급비용으로 회계처리할 것). (3점)

[3] 09월 10일 창고 임차보증금 10,000,000원(거래처 : ㈜대운) 중에서 미지급금으로 계상되어 있는 작년분 창고 임차료 1,000,000원을 차감하고 나머지 임차보증금만 보통예금으로 돌려받았다. (3점)

[4] 10월 20일 ㈜영광상사에 대한 외상매출금 2,530,000원 중 1,300,000원이 보통예금 계좌로 입금되었다. (3점)

[5] 11월 29일 장기투자 목적으로 ㈜콘프상사의 보통주 2,000주를 1주당 10,000원(1주당 액면가액 5,000원)에 취득하고 대금은 매입수수료 240,000원과 함께 보통예금 계좌에서 이체하여 지급하였다. (3점)

[6] 12월 08일 수입한 상품에 부과된 관세 7,560,000원을 보통예금 계좌에서 이체하여 납부하였다. (3점)

| 납부영수증서[납부자용] | | | | File No : 사업자과세 B/L No. : 45241542434 | |
|---|---|---|---|---|---|
| 사업자번호 : 312-86-12548 | | | | | |
| 회계구분 | 관세청소관 일반회계 | | | 납부기한 | 2025년 12월 08일 |
| 회계연도 | 2025 | | | 발행일자 | 2025년 12월 02일 |
| 수입징수관 계좌번호 | 110288 | 납부자 번호 | 0127 040-11-17-6-178461-8 | 납기내금액 | 7,560,000 |
| ※수납기관에서는 위의 굵은 선 안의 내용을 즉시 전산입력하여 수입징수관에 EDI방식으로 통지될 수 있도록 하시기 바랍니다. | | | | 납기후금액 | |
| 수입신고번호 | 41209-17-B11221W | | 수입징수관서 | 인천세관 | |
| 납부자 | 성명 | 황동규 | 상호 | (주)혜송상사 | |
| | 주소 | 경기도 용인시 기흥구 갈곡로 6(구갈동) | | | |

2025년 12월 2일
수입징수관 인천세관

## 문제3  다음 거래 자료를 [매입매출전표입력] 메뉴에 입력하시오. (18점)

< 입력 시 유의사항 >
· 일반적인 적요의 입력은 생략하지만, 타계정 대체거래는 적요번호를 선택하여 입력한다.
· 별도의 요구가 없는 한 반드시 기 등록되어 있는 거래처코드를 선택하는 방법으로 거래처명을 입력한다.
· 제조경비는 500번대 계정코드를, 판매비와 관리비는 800번대 계정코드를 사용한다.
· 회계처리시 계정과목은 별도제시가 없는 한 등록되어 있는 계정과목 중 가장 적절한 과목으로 한다.
· 입력화면 하단의 분개까지 처리하고, 전자세금계산서 및 전자계산서는 전자입력으로 반영한다.

[1] 08월 10일 ㈜산양산업으로부터 영업부에서 사용할 소모품(공급가액 950,000원, 부가가치세 별도)을 현금으로 구입하고 전자세금계산서를 발급받았다. 단, 소모품은 자산으로 처리한다. (3점)

[2] 08월 22일 내국신용장으로 수출용 제품의 원재료 34,000,000원을 ㈜로띠상사에서 매입하고 아래의 영세율전자세금계산서를 발급받았다. 대금은 당사가 발행한 3개월 만기 약속어음으로 지급하였다. (3점)

| 영세율전자세금계산서 | | | | 승인번호 | 20250822-14258645-58811657 | | |
|---|---|---|---|---|---|---|---|
| 공급자 | 등록번호 | 124-86-15012 | 종사업장번호 | 공급받는자 | 등록번호 | 312-86-12548 | 종사업장번호 |
| | 상호(법인명) | ㈜로띠상사 | 성명 | 이로운 | 상호(법인명) | ㈜혜송상사 | 성명 | 황동규 |
| | 사업장 | 대전광역시 대덕구 대전로1019번길 28-10 | | | 사업장 | 경기도 용인시 기흥구 갈곡로 6 | | |
| | 업태 | 제조 | 종목 | 부품 | 업태 | 제조,도소매 | 종목 | 자동차부품 |
| | 이메일 | | | | 이메일 | hyesong@hscorp.co.kr | | |
| 작성일자 | 공급가액 | | 세액 | | 수정사유 | | | |
| 2025/08/22 | 34,000,000원 | | | | | | | |
| 비고 | | | | | | | | |
| 월 | 일 | 품목 | 규격 | 수량 | 단가 | 공급가액 | 세액 | 비고 |
| 08 | 22 | 부품 kT_01234 | | | | 34,000,000원 | | |
| 합계금액 | 현금 | 수표 | 어음 | 외상미수금 | 이 금액을 ( 청구 ) 함 |
| 34,000,000원 | | | 34,000,000원 | | |

[3] 08월 25일 송강수산으로부터 영업부 직원선물로 마른멸치세트 500,000원, 영업부 거래처선물로 마른멸치세트 300,000원을 구매하였다. 대금은 보통예금 계좌에서 이체하여 지급하고 아래의 전자계산서를 발급받았다(단, 하나의 거래로 작성할 것). (3점)

| 전자계산서 | | | | 승인번호 | 20250825-1832324-1635032 | | |
|---|---|---|---|---|---|---|---|
| 공급자 | 등록번호 | 850-91-13586 | 종사업장번호 | 공급받는자 | 등록번호 | 312-86-12548 | 종사업장번호 |
| | 상호(법인명) | 송강수산 | 성명 | 송강 | 상호(법인명) | ㈜혜송상사 | 성명 | 황동규 |
| | 사업장 | 경상남도 남해군 남해읍 남해대로 2751 | | | 사업장 | 경기도 용인시 기흥구 갈곡로 6 | | |
| | 업태 | 도소매 | 종목 | 건어물 | 업태 | 제조,도소매 | 종목 | 자동차부품 |
| | 이메일 | | | | 이메일 | hyesong@hscorp.co.kr | | |
| 작성일자 | 공급가액 | | 수정사유 | | 비고 | | | |
| 2025/08/25 | 800,000원 | | | | | | | |
| 월 | 일 | 품목 | 규격 | 수량 | 단가 | 공급가액 | 비고 |
| 08 | 25 | 마른멸치세트 | | 5 | 100,000원 | 500,000원 | |
| 08 | 25 | 마른멸치세트 | | 3 | 100,000원 | 300,000원 | |
| 합계금액 | 현금 | 수표 | 어음 | 외상미수금 | 이 금액을 ( 영수 ) 함 |
| 800,000원 | 800,000원 | | | | |

[4] 10월 16일 업무와 관련없이 대표이사 황동규가 개인적으로 사용하기 위하여 상해전자㈜에서 노트북 1대를 2,100,000원(부가가치세 별도)에 외상으로 구매하고 아래의 전자세금계산서를 발급받았다(단, 가지급금 계정을 사용하고, 거래처를 입력할 것). (3점)

| 전자세금계산서 | | | | 승인번호 | 20251016-15454645-58811886 | | |
|---|---|---|---|---|---|---|---|
| 공급자 | 등록번호 | 501-81-12347 | 종사업장번호 | 공급받는자 | 등록번호 | 312-86-12548 | 종사업장번호 |
| | 상호(법인명) | 상해전자㈜ | 성명 김은지 | | 상호(법인명) | ㈜혜송상사 | 성명 황동규 |
| | 사업장 | 서울특별시 동작구 여의대방로 28 | | | 사업장 | 경기도 용인시 기흥구 갈곡로 6 | |
| | 업태 | 도소매 | 종목 전자제품 | | 업태 | 제조,도소매 | 종목 자동차부품 |
| | 이메일 | | | | 이메일 | hyesong@hscorp.co.kr | |

| 작성일자 | 공급가액 | 세액 | 수정사유 |
|---|---|---|---|
| 2025/10/16 | 2,100,000원 | 210,000원 | 해당 없음 |
| 비고 | | | |

| 월 | 일 | 품목 | 규격 | 수량 | 단가 | 공급가액 | 세액 | 비고 |
|---|---|---|---|---|---|---|---|---|
| 10 | 16 | 노트북 | | 1 | 2,100,000원 | 2,100,000원 | 210,000원 | |

| 합계금액 | 현금 | 수표 | 어음 | 외상미수금 | 이 금액을 ( 청구 ) 함 |
|---|---|---|---|---|---|
| 2,310,000원 | | | | 2,310,000원 | |

[5] 11월 04일 개인소비자 김은우에게 제품을 770,000원(부가가치세 포함)에 판매하고, 대금은 김은우의 신한카드로 수취하였다(단, 신용카드 결제대금은 외상매출금으로 회계처리할 것). (3점)

[6] 12월 04일 제조부가 사용하는 기계장치의 원상회복을 위한 수선비 880,000원을 하나카드로 결제하고 다음의 매출전표를 수취하였다. (3점)

```
             하나카드 승인전표
카드번호      4140-0202-3245-9959
거래유형      국내일반
결제방법      일시불
거래일시      2025.12.04.15:35:45
취소일시
승인번호      98421149
공급가액                    800,000원
부가세                       80,000원
봉사료
승인금액                    880,000원
가맹점명      ㈜뚝딱수선
가맹점번호    00990218110
가맹점 전화번호 031-828-8624
가맹점 주소    경기도 성남시 수정구 성남대로 1169
사업자등록번호 204-81-76697
대표자명      이은쌤
         하나카드
```

## 문제4

[일반전표입력] 및 [매입매출전표입력] 메뉴에 입력된 내용 중 다음과 같은 오류가 발견되었다. 입력된 내용을 확인하여 정정하시오. (6점)

[1] 09월 09일 ㈜초록산업으로부터 5,000,000원을 차입하고 이를 모두 장기차입금으로 회계처리하였으나, 그중 2,000,000원의 상환기일은 2025년 12월 8일로 확인되었다. (3점)

[2] 10월 15일 바로카센터에서 영업부의 영업용 화물차량을 점검 및 수리하고 차량유지비 250,000원(부가세 별도)을 현금으로 지급하였으며, 전자세금계산서를 발급받았다. 그러나 회계담당 직원의 실수로 이를 일반전표에 입력하였다. (3점)

## 제13편. 전산회계1급 -최근기출문제

**문제5** 결산정리사항은 다음과 같다. 관련 메뉴를 이용하여 결산을 완료하시오. (9점)

[1] 결산일 현재 외상매입금 잔액은 2025년 1월 2일 미국에 소재한 원재료 공급거래처 NOVONO 로부터 원재료 $5,500를 외상으로 매입하고 미지급한 잔액 $2,000가 포함되어 있다(단, 매입 시 기준환율은 1,100원/$, 결산 시 기준환율은 1,200원/$이다). (3점)

[2] 12월 31일 결산일 현재 단기 매매 목적으로 보유 중인 지분증권에 대한 자료는 다음과 같다. 적절한 결산 분개를 하시오. (3점)

| 종목 | 취득원가 | 결산일 공정가치 | 비고 |
|---|---|---|---|
| ㈜가은 | 56,000,000원 | 54,000,000원 | 단기 매매 목적 |

[3] 2025년 5월 1일 제조부 공장의 1년치 화재보험료(2025년 5월 1일~2026년 4월 30일) 3,600,000원을 보통예금 계좌에서 이체하여 납부하고 전액 보험료(제조경비)로 회계처리하였다 (단, 보험료는 월할 계산하고, 거래처입력은 생략할 것). (3점)

**문제6** 다음 사항을 조회하여 답안을 메뉴에 입력하시오. (9점)

[1] 2025년 제1기 부가가치세 확정신고(2025.04.01.~2025.06.30.)에 반영된 예정신고누락분 매출의 공급가액과 매출세액은 각각 얼마인가? (3점)

[2] 2분기(4월~6월) 중 제조원가 항목의 복리후생비 지출액이 가장 많이 발생한 월(月)과 그 금액을 각각 기재하시오. (3점)

[3] 4월 말 현재 미지급금 잔액이 가장 큰 거래처명과 그 금액은 얼마인가? (3점)

# 113회 이론시험 답안

| A형 | <1> | <2> | <3> | <4> | <5> | <6> | <7> | <8> | <9> | <10> | <11> | <12> | <13> | <14> | <15> |
|---|---|---|---|---|---|---|---|---|---|---|---|---|---|---|---|
| | ③ | ③ | ③ | ④ | ① | ② | ④ | ① | ① | ② | ② | ④ | ③ | ② | ④ |

**1.**
[답] ③ 회계는 발생주의를 기본적 특징으로 한다. 위 내용은 현금주의에 대한 설명이다.
① 기업실체의 가정, ② 계속기업의 가정, ④ 기간별보고의 가정

**2.**
[답] ③ 상품의 매입환출 및 매입에누리는 매출원가 계산 시 총매입액에서 차감하는 항목이다.

**3.**
[답] ③ 23억5,000만원
  = 매입금액 20억원 + 자본화차입원가 1억 5,000만원 + 취득세 2억원
• 관리 및 기타 일반간접원가는 판매비와관리비로서 당기 비용처리한다.

**4.**
[답] ④ 일반기업회계기준은 무형자산의 회계처리와 관련하여 영업권을 포함한 무형자산의 내용연수를 원칙적으로 20년을 초과하지 않도록 한정하고 있다.

**5.**
[답] ① 합계잔액시산표에 관한 설명으로 합계잔액시산표는 재무제표에 해당하지 않는다. 재무제표는 재무상태표, 손익계산서, 현금흐름표 및 자본변동표와 주석으로 구성되어 있다.
② 재무상태표 ③ 자본변동표 ④ 주석

**6.**
[답] ② 유동성장기부채는 비유동부채였으나 보고기간 종료일 현재 만기가 1년 이내 도래하는 부채를 의미하므로 영업주기와 관계없이 유동부채로 분류한다.

**7.**
[답] ④ 매도가능증권평가이익은 기타포괄손익누계액에 포함되는 항목으로 매도가능증권평가이익의 증감은 포괄손익계산서상의 기타포괄손익에 영향을 미친다.

**8.**
[답] ① 당기순손실 360,000원

| 기초상품 재고액 | 매입액 | 기말상품 재고액 | 매출원가 | 매출액 | 매출총이익 | 판매비와 관리비 | 당기순손익 |
|---|---|---|---|---|---|---|---|
| 219,000원 | 350,000원 | 110,000원 | 459,000원 | 290,000원 | -169,000원 | 191,000원 | -360,000원 |

**9.**

[답] ① 고정원가는 조업도가 증가할수록 단위당 원가는 감소한다.

**10.**

[답] ② 단계배분법은 보조부문 상호 간의 용역수수관계를 일부 인식하는 방법이다.

**11.**

[답] ② 2,300,000원
　　　　= 직접재료원가 1,150,000원 + 직접노무원가 450,000원 + 제조간접원가 700,000원
・당기총제조원가 : 직접재료원가 + 직접노무원가 + 제조간접원가
・직접재료원가 : 기초원재료 300,000원 + 당기원재료매입액 1,300,000원 - 기말원재료 450,000원
　　　　　　　= 1,150,000원
・직접노무원가 : 당기지급임금액　350,000원 + 당기미지급임금액　250,000원 - 전기미지급임금액 150,000원
　　　　　　　= 450,000원

**12.**

[답] ④ 개별원가계산에 대한 설명이다.

**13.**

[답] ③ 사업자등록을 한 일반과세자

**14.**

[답] ② 중소기업의 외상매출금 및 미수금(이사 "외상매출금등"이라 한다)으로서 회수기일이 2년 이상 지난 외상매출금 등은 부가가치세법상 대손 사유에 해당한다. 다만, 특수관계인과의 거래로 인하여 발생한 외상매출금 등은 제외한다.

**15.**

[답] ④ 부가가치세법 시행령 제28조 제10항, 위탁판매의 경우 부가가치세법상 공급시기는 위탁받은 수탁자 또는 대리인이 실제로 판매한 때이다.

# 113회 실무시험 답안

## 문제1

**[1]**
[답] [기초정보관리]>[거래처등록]>[일반거래처]> • 코드 : 00777
　　　　　　　　　　　　　　　　　　　　　• 거래처명 : 슬기로운㈜
　　　　　　　　　　　　　　　　　　　　　• 유형 : 3.동시
　　　　　　　　　　　　　　　　　　　　　• 사업자번호 : 253-81-13578
　　　　　　　　　　　　　　　　　　　　　• 대표자성명 : 김슬기
　　　　　　　　　　　　　　　　　　　　　• 업태 : 도매
　　　　　　　　　　　　　　　　　　　　　• 종목 : 금속
　　　　　　　　　　　　　　　　　　　　　• 사업장주소 : 부산광역시 부산진구 중앙대로 663 (부전동)

**[2]**
[답] [계정과목및적요등록] > 134.가지급금 > 대체적요란 > 적요NO 8 : 출장비 가지급금 정산

**[3]**
[답]
• [전기분 원가명세서] > 임금 45,000,000원 → 47,200,000원 수정
　　　　　　　　　　　> 당기제품제조원가 398,580,000원 → 400,780,000원 변경 확인
• [전기분 손익계산서] > 제품매출원가 > 당기제품제조원가 398,580,000원 → 400,780,000원 수정
　　　　　　　　　　　> 매출원가 391,580,000원 → 393,780,000원 변경 확인
　　　　　　　　　　　> 급여 86,500,000원 → 84,300,000원 수정
　　　　　　　　　　　> 당기순이익 74,960,000원 확인
• 전기분재무상태표 및 전기분잉여금처분계산서 변동 없음

## 문제2

**[1]**
[답] 일반전표입력
(차) 선급금(㈜상수)　3,000,000원　　(대) 당좌예금　　3,000,000원

**[2]**
[답] 일반전표입력
(차) 보통예금　　864,000,000원　　(대) 단기차입금(우리은행)　900,000,000원
　　선급비용　　36,000,000원

**[3]**
[답] 일반전표입력
(차) 미지급금(㈜대운)　1,000,000원　　(대) 임차보증금(㈜대운)　10,000,000원
　　보통예금　　9,000,000원

**[4]**
[답] 일반전표입력
(차) 보통예금　　1,300,000원　　(대) 외상매출금(㈜영광상사)　1,300,000원

**[5]**
[답] 일반전표입력
(차) 매도가능증권(178)　20,240,000원　　(대) 보통예금　20,240,000원

**[6]**
[답] 일반전표입력
(차) 상품　　7,560,000원　　(대) 보통예금　　7,560,000원

## 문제3

**[1]**
[답] 매입매출전표입력
유형: 51.과세　공급가액: 950,000원　부가세: 95,000원　공급처명: ㈜산양산업　전자: 여　분개: 현금 또는 혼합
(차) 부가세대급금　　95,000원　　(대) 현금　　1,045,000원
　　소모품　　950,000원

[2]
[답] 매입매출전표입력
유형: 52.영세   공급가액: 34,000,000원   부가세: 0원   공급처명: ㈜로띠상사   전자: 여   분개: 혼합
(차) 원재료   34,000,000원   (대) 지급어음   34,000,000원

[3]
[답] 매입매출전표입력
유형: 53.면세   공급가액: 800,000원   공급처명: 송강수산   전자: 여   분개: 혼합
(차) 복리후생비(판)   500,000원   (대) 보통예금   800,000원
    기업업무추진비(판)   300,000원

[4]
[답] 매입매출전표입력
유형: 54.불공   공급가액: 2,100,000원   부가세: 210,000원   공급처명: 상해전자㈜   전자: 여   분개: 혼합
불공제사유: ②사업과 직접 관련 없는 지출
(차) 가지급금(황동규)   2,310,000원   (대) 미지급금   2,310,000원

[5]
[답] 매입매출전표입력
유형: 17.카과   공급가액: 700,000원   부가세: 70,000원   공급처명: 김은우   분개: 카드 또는 혼합
신용카드사: 신한카드
(차) 외상매출금(신한카드)   770,000원   (대) 부가세예수금   70,000원
                                          제품매출   700,000원

[6]
[답] 매입매출전표입력
유형: 57.카과   공급가액: 800,000원   부가세: 80,000원   공급처명: ㈜뚝딱수선   분개: 카드 또는 혼합
신용카드사: 하나카드
(차) 부가세대급금   80,000원   (대) 미지급금(하나카드)   880,000원
    수선비(제)   800,000원        (또는 미지급비용)

## 문제4

**[1]**

[답] 일반전표입력 수정
- 수정 전: (차) 보통예금 5,000,000원 (대) 장기차입금(㈜초록산업) 5,000,000원
- 수정 후: (차) 보통예금 5,000,000원 (대) 장기차입금(㈜초록산업) 3,000,000원
　　　　　　　　　　　　　　　　　　　단기차입금(㈜초록산업) 2,000,000원

　또는 (차) 보통예금 3,000,000원 (대) 장기차입금(㈜초록산업) 3,000,000원
　　　　(차) 보통예금 2,000,000원 (대) 단기차입금(㈜초록산업) 2,000,000원

**[2]**

[답]
- 수정 전: 일반전표입력
  - (차) 차량유지비(판) 275,000원 (대) 현금 275,000원
- 수정 후: 일반전표 삭제 후 매입매출전표입력
  - 유형: 51.과세  공급가액: 250,000원  부가세: 25,000원  공급처명: 바로카센터  전자: 여  분개: 현금 또는 혼합
  - (차) 부가세대급금 25,000원 (대) 현금 275,000원
　　　차량유지비(판) 250,000원

## 문제5

**[1]**

[답] 일반전표입력
(차) 외화환산손실 200,000원 (대) 외상매입금(NOVONO) 200,000원
- 기말환산액: $2,000 × 결산 시 기준환율 1,200원 = 2,400,000원
- 장부금액: $2,000 × 매입 시 기준환율 1,100원 = 2,200,000원
- 외화환산손실: 기말환산액 2,400,000원 - 장부금액 2,200,000원 = 200,000원, 외화부채이므로 외화환산손실로 처리한다.

**[2]**

[답] 일반전표입력
(차) 단기매매증권평가손실 2,000,000원 (대) 단기매매증권 2,000,000원

**[3]**

[답] 일반전표입력
(차) 선급비용 1,200,000원 (대) 보험료(제) 1,200,000원

문제6

[1]
[답] 공급가액 5,100,000원, 세액 300,000원
- [부가가치세신고서] > 조회기간 : 2025년 4월 1일~2025년 6월 30일 조회
  > 과세표준 및 매출세액란 > 예정신고누락분 금액 및 세액 확인
  (또는 7.매출(예정신고누락분) 합계 금액 및 세액 확인)

[2]
[답] 4월, 416,000원
- [총계정원장] > [월별] 탭 > 기간 : 2025년 04월 01일~2025년 06월 30일 > 계정과목 : 0511.복리후생비 조회

[3]
[답] 세경상사, 50,000,000원
- [거래처원장] > [잔액] 탭 > 기간 : 2025년 1월 1일~2025년 4월 30일 > 계정과목 : 0253.미지급금 조회

## 제 114회 기출문제

### ✻ 이론시험 ✻

다음 문제를 보고 알맞은 것을 골라 이론문제 답안작성 메뉴에 입력하시오.(객관식 문항당 2점)

1. 다음 중 거래내용에 대한 거래요소의 결합관계를 바르게 표시한 것은?

|   | 거래요소의 결합관계 | 거래내용 |
|---|---|---|
| ① | 자산의 증가 : 자산의 증가 | 외상매출금 4,650,000원을 보통예금으로 수령하다. |
| ② | 자산의 증가 : 부채의 증가 | 기계장치를 27,500,000원에 구입하고 구입대금은 미지급하다. |
| ③ | 비용의 발생 : 자산의 증가 | 보유 중인 건물을 임대하여 임대료 1,650,000원을 보통예금으로 수령하다. |
| ④ | 부채의 감소 : 자산의 감소 | 장기차입금에 대한 이자 3,000,000원을 보통예금에서 이체하는 방식으로 지급하다. |

2. 다음 중 재고자산이 아닌 것은?
① 약국의 일반의약품 및 전문의약품
② 제조업 공장의 생산 완제품
③ 부동산매매업을 주업으로 하는 기업의 판매 목적 토지
④ 병원 사업장소재지의 토지 및 건물

3. 다음은 ㈜한국이 신규 취득한 기계장치 관련 자료이다. 아래의 기계장치를 연수합계법으로 감가상각할 경우, ㈜한국의 당기(회계연도 : 매년 1월 1일~12월 31일) 말 현재 기계장치의 장부금액은 얼마인가?

| • 기계장치 취득원가 : 3,000,000원 | • 취득일 : 2025.01.01. |
|---|---|
| • 잔존가치 : 300,000원 | • 내용연수 : 5년 |

① 2,000,000원　② 2,100,000원　③ 2,400,000원　④ 2,460,000원

4. 다음은 ㈜서울의 당기 지출 내역 중 일부이다. 아래의 자료에서 무형자산으로 기록할 수 있는 금액은 모두 얼마인가?

- 신제품 특허권 취득 비용 30,000,000원
- 신제품의 연구단계에서 발생한 재료 구입 비용 1,500,000원
- A기업이 가지고 있는 상표권 구입 비용 22,000,000원

① 22,000,000원  ② 30,000,000원  ③ 52,000,000원  ④ 53,500,000원

5. 다음 중 매도가능증권에 대한 설명으로 옳지 않은 것은?
① 기말 평가손익은 기타포괄손익누계액에 반영한다.
② 취득 시 발생한 수수료는 당기 비용으로 처리한다.
③ 처분 시 발생한 처분손익은 당기손익에 반영한다.
④ 보유 목적에 따라 당좌자산 또는 투자자산으로 분류한다.

6. 다음 중 채권 관련 계정의 차감적 평가항목으로 옳은 것은?
① 감가상각누계액
② 재고자산평가충당금
③ 사채할인발행차금
④ 대손충당금

7. 다음 중 자본잉여금 항목에 포함되는 것을 모두 고른 것은?

가. 주식발행초과금
나. 자기주식처분손실
다. 주식할인발행차금
라. 감자차익

① 가, 라  ② 나, 다  ③ 가, 나, 다  ④ 가, 다, 라

8. 다음은 현금배당에 관한 회계처리이다. 아래의 괄호 안에 각각 들어갈 회계처리 일자로 옳은 것은?

| (가) | (차) 이월이익잉여금 | ×××원 | (대) 이익준비금 | ×××원 |
|---|---|---|---|---|
| | | | 미지급배당금 | ×××원 |
| (나) | (차) 미지급배당금 | ×××원 | (대) 보통예금 | ×××원 |

|  | (가) | (나) |
|---|---|---|
| ① | 회계종료일 | 배당결의일 |
| ② | 회계종료일 | 배당지급일 |
| ③ | 배당결의일 | 배당지급일 |
| ④ | 배당결의일 | 회계종료일 |

9. 원가의 분류 중 원가행태(行態)에 따른 분류에 해당하는 것은?
① 변동원가　　② 기회원가　　③ 관련원가　　④ 매몰원가

10. 다음은 제조업을 영위하는 ㈜인천의 당기 원가 관련 자료이다. ㈜인천의 당기총제조원가는 얼마인가? 단, 기초재고자산은 없다고 가정한다.

| • 기말재공품재고액 | 300,000원 | • 기말제품재고액 | 500,000원 |
|---|---|---|---|
| • 매출원가 | 2,000,000원 | • 기말원재료재고액 | 700,000원 |
| • 제조간접원가 | 600,000원 | • 직접재료원가 | 1,200,000원 |

① 1,900,000원　　② 2,200,000원　　③ 2,500,000원　　④ 2,800,000원

11. 평균법에 따른 종합원가계산을 채택하고 있는 ㈜대전의 당기 물량 흐름은 다음과 같다. 재료원가는 공정 초기에 전량 투입되며, 가공원가는 공정 전반에 걸쳐 균등하게 발생한다. 아래의 자료를 이용하여 재료원가 완성품환산량을 계산하면 몇 개인가?

| • 기초재공품 수량 : 1,000개(완성도 20%) | • 당기완성품 수량 : 8,000개 |
|---|---|
| • 당기착수량 : 10,000개 | • 기말재공품 수량 : 3,000개(완성도 60%) |

① 8,000개　　② 9,000개　　③ 9,800개　　④ 11,000개

12. 다음 중 개별원가계산에 대한 설명으로 옳지 않은 것은?
① 항공기 제조업은 종합원가계산보다는 개별원가계산이 더 적합하다.
② 제품원가를 제조공정별로 집계한 후 이를 생산량으로 나누어 단위당 원가를 계산한다.
③ 직접원가와 제조간접원가의 구분이 중요하다.
④ 단일 종류의 제품을 대량으로 생산하는 업종에는 적합하지 않은 방법이다.

13. 다음 중 우리나라 부가가치세법의 특징으로 틀린 것은?
① 국세
② 인세(人稅)
③ 전단계세액공제법
④ 다단계거래세

14. 다음 중 부가가치세법상 주된 사업에 부수되는 재화·용역의 공급으로서 면세 대상이 아닌 것은?
① 은행업을 영위하는 면세사업자가 매각한 사업용 부동산인 건물
② 약국을 양수도하는 경우로서 해당 영업권 중 면세 매출에 해당하는 비율의 영업권
③ 가구제조업을 영위하는 사업자가 매각한 사업용 부동산 중 토지
④ 부동산임대업자가 매각한 부동산임대 사업용 부동산 중 상가 건물

15. 다음 중 부가가치세법상 아래의 괄호 안에 공통으로 들어갈 내용으로 옳은 것은?

| 가. 부가가치세 매출세액은 ( )에 세율을 곱하여 계산한 금액이다. |
| --- |
| 나. 재화 또는 용역의 공급에 대한 부가가치세의 ( )(은)는 해당 과세기간에 공급한 재화 또는 용역의 공급가액을 합한 금액으로 한다. |
| 다. 재화의 수입에 대한 부가가치세의 ( )(은)는 그 재화에 대한 관세의 과세가격과 관세, 개별소비세, 주세, 교육세, 농어촌특별세 및 교통·에너지·환경세를 합한 금액으로 한다. |

① 공급대가
② 간주공급
③ 과세표준
④ 납부세액

# 제13편. 전산회계1급 -최근기출문제

## ✲ 실무시험 ✲

문제에서 한국채택국제회계기준을 적용하도록 하는 전제조건이 없는 경우, 일반기업회계기준을 적용하여 회계처리 한다.

㈜하나전자(회사코드:1114)는 전자부품의 제조 및 도소매업을 영위하는 중소기업으로 당기(제9기) 회계기간은 2025.1.1.~2025.12.31.이다. 전산세무회계 수험용 프로그램을 이용하여 다음 물음에 답하시오.

### 문제1
다음은 [기초정보관리] 및 [전기분재무제표]에 대한 자료이다. 각각의 요구사항에 대하여 답하시오. (10점)

**[1]** 다음의 자료를 이용하여 [거래처등록] 메뉴에서 신규 거래처를 추가로 등록하시오. (3점)

- 거래처코드 : 00500
- 거래처구분 : 일반거래처
- 사업자등록번호 : 134-24-91004
- 업태 : 정보통신업
- 거래처명 : 한국개발
- 유형 : 동시
- 대표자성명 : 김한국
- 종목 : 소프트웨어개발
- 주소 : 경기도 성남시 분당구 판교역로192번길 12 (삼평동) ※ 주소 입력 시 우편번호 입력은 생략함

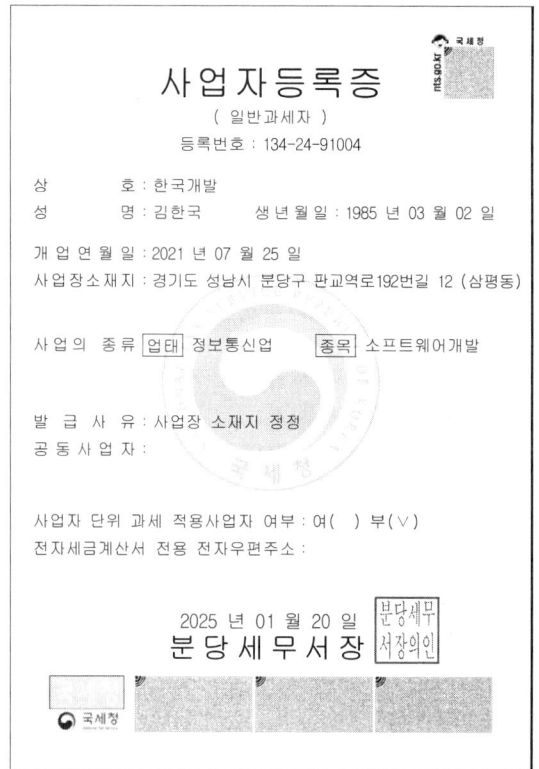

사업자등록증
( 일반과세자 )
등록번호 : 134-24-91004

상      호 : 한국개발
성      명 : 김한국    생년월일 : 1985년 03월 02일
개업연월일 : 2021년 07월 25일
사업장소재지 : 경기도 성남시 분당구 판교역로192번길 12 (삼평동)

사업의 종류  업태 정보통신업   종목 소프트웨어개발

발급사유 : 사업장 소재지 정정
공동사업자 :

사업자 단위 과세 적용사업자 여부 : 여( ) 부(✓)
전자세금계산서 전용 전자우편주소 :

2025년 01월 20일
분당세무서장  [분당세무서장의인]

국세청

[2] 다음 자료를 이용하여 [계정과목및적요등록]에 반영하시오. (3점)

- 코드 : 862
- 계정과목 : 행사지원비
- 성격 : 경비
- 현금적요 1번 : 행사지원비 현금 지급
- 대체적요 1번 : 행사지원비 어음 발행

[3] 전기분 원가명세서를 검토한 결과 다음과 같은 오류가 발견되었다. 이와 관련된 전기분 재무제표(재무상태표, 손익계산서, 원가명세서, 잉여금처분계산서)를 모두 적절하게 수정하시오. (4점)

해당 연도(2024년)에 외상으로 매입한 부재료비 3,000,000원이 누락된 것으로 확인된다.

## 문제2

[일반전표입력] 메뉴를 이용하여 다음의 거래 자료를 입력하시오(일반전표입력의 모든 거래는 부가가치세를 고려하지 말 것). (18점)

─── < 입력 시 유의사항 > ───

- 일반적인 적요의 입력은 생략하지만, 타계정 대체거래는 적요번호를 선택하여 입력한다.
- 채권·채무와 관련된 거래는 별도의 요구가 없는 한 반드시 기 등록되어 있는 거래처코드를 선택하는 방법으로 거래처명을 입력한다.
- 제조경비는 500번대 계정코드를, 판매비와 관리비는 800번대 계정코드를 사용한다.
- 회계처리시 계정과목은 별도제시가 없는 한 등록되어 있는 계정과목 중 가장 적절한 과목으로 한다.

[1] 07월 05일 영업팀 직원들에 대한 확정기여형(DC형) 퇴직연금 납입액 1,400,000원을 보통예금 계좌에서 이체하여 납입하였다. (3점)

[2] 07월 25일 ㈜고운상사의 외상매출금 중 5,500,000원은 약속어음으로 받고, 나머지 4,400,000원은 보통예금 계좌로 입금받았다. (3점)

[3] 08월 30일 자금 부족으로 인하여 ㈜재원에 대한 받을어음 50,000,000원을 만기일 전에 은행에서 할인받고, 할인료 5,000,000원을 차감한 잔액이 보통예금 계좌로 입금되었다(단, 본 거래는 매각거래이다). (3점)

[4] 10월 03일 단기 투자 목적으로 보유하고 있는 ㈜미학건설의 주식으로부터 배당금 2,300,000원이 확정되어 즉시 보통예금 계좌로 입금되었다. (3점)

[5] 10월 31일 재무팀 강가연 팀장의 10월분 급여를 농협 보통예금 계좌에서 이체하여 지급하였다(단, 공제합계액은 하나의 계정과목으로 회계처리할 것). (3점)

| 2025년 10월 급여명세서 | | | |
|---|---|---|---|
| 이름 | 강가연 | 지급일 | 2025년 10월 31일 |
| 기 본 급 | 4,500,000원 | 소 득 세 | 123,000원 |
| 식 대 | 200,000원 | 지 방 소 득 세 | 12,300원 |
| 자가운전보조금 | 200,000원 | 국 민 연 금 | 90,500원 |
| | | 건 강 보 험 | 55,280원 |
| | | 고 용 보 험 | 100,000원 |
| 급 여 계 | 4,900,000원 | 공 제 합 계 | 381,080원 |
| | | 지 급 총 액 | 4,518,920원 |

[6] 12월 21일 자금 조달을 위하여 사채(액면금액 8,000,000원, 3년 만기)를 8,450,000원에 발행하고, 납입금은 당좌예금 계좌로 입금하였다. (3점)

### 문제3  다음 거래 자료를 [매입매출전표입력] 메뉴에 입력하시오. (18점)

< 입력 시 유의사항 >
· 일반적인 적요의 입력은 생략하지만, 타계정 대체거래는 적요번호를 선택하여 입력한다.
· 별도의 요구가 없는 한 반드시 기 등록되어 있는 거래코드를 선택하는 방법으로 거래처명을 입력한다.
· 제조경비는 500번대 계정코드를, 판매비와 관리비는 800번대 계정코드를 사용한다.
· 회계처리시 계정과목은 별도제시가 없는 한 등록되어 있는 계정과목 중 가장 적절한 과목으로 한다.
· 입력화면 하단의 분개까지 처리하고, 전자세금계산서 및 전자계산서는 전자입력으로 반영한다.

[1] 07월 20일 미국 소재법인 NDVIDIA에 직수출하는 제품의 선적을 완료하였으며, 수출대금 $5,000는 차후에 받기로 하였다. 제품수출계약은 7월 1일에 체결하였으며, 일자별 기준환율은 아래와 같다(단, 수출신고번호 입력은 생략할 것). (3점)

| 일자 | 계약일 2025.07.01. | 선적일 2025.07.20. |
|---|---|---|
| 기준환율 | 1,100원/$ | 1,200원/$ |

[2] 07월 23일 당사가 소유하던 토지(취득원가 62,000,000원)를 돌상상회에 65,000,000원에 매각하기로 계약하면서 동시에 전자계산서를 발급하였다. 대금 중 30,000,000원은 계약 당일 보통예금 계좌로 입금받았으며, 나머지는 다음 달에 받기로 약정하였다. (3점)

[3] 08월 10일 영업팀에서 회사 제품을 홍보하기 위해 광고닷컴에서 홍보용 수첩을 제작하고 현대카드로 결제하였다. (3점)

| 카드번호 | (9876-****-****-1230) |
|---|---|
| 승인번호 | 28516480 |
| 거래일자 | 2025년08월10일15:29:44 |
| 결제방법 | 일시불 |
| 가맹점명 | 광고닷컴 |
| 가맹점번호 | 23721275 |
| 대표자명 | 김광고 |
| 사업자등록번호 | 305-35-65424 |
| 전화번호 | 02-651-1212 |
| 주소 | 서울특별시 서초구 명달로 100 |
| 공급가액 | 4,000,000원 |
| 부가세액 | 400,000원 |
| 승인금액 | 4,400,000원 |

고객센터(1577-8398) | www.hyundaicard.com

Hyundai Card 현대카드

[4] 08월 17일 제품 생산에 필요한 원재료를 구입하고, 아래의 전자세금계산서를 발급받았다. (3점)

| 전자세금계산서 | | | | 승인번호 | 20250817-15454645-58811889 | | |
|---|---|---|---|---|---|---|---|
| 공급자 | 등록번호 | 139-81-54313 | 종사업장번호 | 공급받는자 | 등록번호 | 125-86-65247 | 종사업장번호 | |
| | 상호(법인명) | ㈜고철상사 | 성명 | 황영민 | | 상호(법인명) | ㈜하나전자 | 성명 | 김영순 |
| | 사업장 | 서울특별시 서초구 명달로 3 | | | 사업장 | 경기도 남양주시 덕릉로 1067 | |
| | 업태 | 도소매 | 종목 | 전자부품 | | 업태 | 제조,도소매 | 종목 | 전자부품 |
| | 이메일 | | | | 이메일 | | |
| | | | | | 이메일 | | |

| 작성일자 | 공급가액 | 세액 | 수정사유 |
|---|---|---|---|
| 2025/08/17 | 12,000,000 | 1,200,000 | 해당 없음 |
| 비고 | | | |

| 월 | 일 | 품목 | 규격 | 수량 | 단가 | 공급가액 | 세액 | 비고 |
|---|---|---|---|---|---|---|---|---|
| 08 | 17 | k-312 벨브 | | 200 | 60,000 | 12,000,000 | 1,200,000 | |

| 합계금액 | 현금 | 수표 | 어음 | 외상미수금 | 이 금액을 ( 청구 ) 함 |
|---|---|---|---|---|---|
| 13,200,000 | | | 5,000,000 | 8,200,000 | |

[5] 08월 28일 ㈜와마트에서 업무용으로 사용하는 냉장고를 5,500,000원(부가가치세 포함)에 현금으로 구입하고, 현금영수증(지출증빙용)을 수취하였다(단, 자산으로 처리할 것). (3점)

**㈜와마트**

133-81-05134 류예린
서울특별시 구로구 구로동로 10 TEL : 02-117-2727
홈페이지 http://www.kacpta.or.kr

**현금영수증(지출증빙용)**

구매 2025/08/28/17:27      거래번호 : 0031-0027

| 상품명 | 수량 | 단가 | 금액 |
|---|---|---|---|
| 냉장고 | 1 | 5,500,000원 | 5,500,000원 |
| | | 과 세 물 품 가 액 | 5,000,000원 |
| | | 부 가 가 치 세 액 | 500,000원 |
| | | 합 계 | 5,500,000원 |
| | | 받 은 금 액 | 5,500,000원 |

[6] 11월 08일 대표이사 김영순(거래처코드 : 375)의 호텔 결혼식장 대관료(업무관련성 없음)를 당사의 보통예금 계좌에서 이체하여 지급하고, 아래의 전자세금계산서를 수취하였다. (3점)

| 전자세금계산서 | | | | 승인번호 | 20251108-27620200-4651260 | | |
|---|---|---|---|---|---|---|---|
| 공급자 | 등록번호 | 511-81-53215 | 종사업장번호 | 공급받는자 | 등록번호 | 125-86-65247 | 종사업장번호 |
| | 상호(법인명) | 대박호텔㈜ | 성명 | 김대박 | | 상호(법인명) | ㈜하나전자 | 성명 | 김영순 |
| | 사업장 | 서울특별시 강남구 도산대로 104 | | | 사업장 | 경기도 남양주시 덕릉로 1067 |
| | 업태 | 숙박,서비스 | 종목 | 호텔, 장소대여 | | 업태 | 제조,도소매 | 종목 | 전자부품 |
| | 이메일 | | | | 이메일 | |
| | | | | | 이메일 | |

| 작성일자 | 공급가액 | 세액 | 수정사유 |
|---|---|---|---|
| 2025/11/08 | 25,000,000 | 2,500,000 | 해당 없음 |

| 비고 | | | | | | | |

| 월 | 일 | 품목 | 규격 | 수량 | 단가 | 공급가액 | 세액 | 비고 |
|---|---|---|---|---|---|---|---|---|
| 11 | 08 | 파라다이스 홀 대관 | | | 25,000,000 | 25,000,000 | 2,500,000 | |

| 합계금액 | 현금 | 수표 | 어음 | 외상미수금 | 이 금액을 (영수) 함 |
|---|---|---|---|---|---|
| 27,500,000 | 27,500,000 | | | | |

---

### 문제4

[일반전표입력] 및 [매입매출전표입력] 메뉴에 입력된 내용 중 다음과 같은 오류가 발견되었다. 입력된 내용을 확인하여 정정하시오. (6점)

[1] 11월 12일 호호꽃집에서 영업부 사무실에 비치할 목적으로 구입한 공기정화식물(소모품비)의 대금 100,000원을 보통예금 계좌에서 송금하고 전자계산서를 받았으나 전자세금계산서로 처리하였다. (3점)

[2] 12월 12일 본사 건물에 엘리베이터를 설치하고 ㈜베스트디자인에 지급한 88,000,000원(부가가치세 포함)을 비용으로 처리하였으나, 건물의 자본적지출로 처리하는 것이 옳은 것으로 판명되었다. (3점)

## 문제5 결산정리사항은 다음과 같다. 관련 메뉴를 이용하여 결산을 완료하시오. (9점)

[1] 당기 중 단기시세차익을 목적으로 ㈜눈사람의 주식 100주(1주당 액면금액 100원)를 10,000,000원에 취득하였으나, 기말 현재 시장가격은 12,500,000원이다(단, ㈜눈사람의 주식은 시장성이 있다). (3점)

[2] 기말 현재 미국 GODS사에 대한 장기대여금 $2,000가 계상되어 있다. 장부금액은 2,100,000원이며, 결산일 현재 기준환율은 1,120원/$이다. (3점)

[3] 기말 현재 당기분 법인세(지방소득세 포함)는 15,000,000원으로 산출되었다. 관련된 결산 회계처리를 하시오(단, 당기분 법인세 중간예납세액 5,700,000원과 이자소득 원천징수세액 1,300,000원은 선납세금으로 계상되어 있다). (3점)

## 문제6 다음 사항을 조회하여 답안을 메뉴에 입력하시오. (9점)

[1] 3월에 발생한 판매비와일반관리비 중 발생액이 가장 적은 계정과목과 그 금액은 얼마인가? (3점)

[2] 2025년 2월 말 현재 미수금과 미지급금의 차액은 얼마인가? (단, 반드시 양수로 기재할 것) (3점)

[3] 2025년 제1기 부가가치세 확정신고기간(4월~6월)의 공제받지못할매입세액은 얼마인가? (3점)

# 📝 114회 이론시험 답안

| A형 | <1> | <2> | <3> | <4> | <5> | <6> | <7> | <8> | <9> | <10> | <11> | <12> | <13> | <14> | <15> |
|---|---|---|---|---|---|---|---|---|---|---|---|---|---|---|---|
| | ② | ④ | ② | ③ | ② | ④ | ① | ③ | ① | ④ | ④ | ② | ② | ④ | ③ |

**1.**
[답] ② (차) 기계장치 27,500,000원(자산 증가)　　(대) 미지급금 27,500,000원(부채 증가)

**2.**
[답] ④ 병원 사업장소재지의 토지 및 건물은 병원의 유형자산이다.

**3.**
[답] ② 2,100,000원
　　　 = 취득원가 3,000,000원 - 감가상각누계액 900,000원
・1차연도 감가상각비 : (취득원가 3,000,000원 - 잔존가치 300,000원)×5/(5+4+3+2+1) = 900,000원

**4.**
[답] ③ 52,000,000원
　　　 = 신제품 특허권 구입 비용 30,000,000원 + A기업의 상표권 구입 비용 22,000,000원
・연구단계에서 발생한 비용은 기간비용으로 처리한다.

**5.**
[답] ② 매도가능증권을 취득하는 경우에 발생한 수수료는 취득원가에 가산한다.

**6.**
[답] ④ 대손충당금은 자산의 채권 관련 계정의 차감적 평가항목이다.

**7.**
[답] ① 가, 라
・자본잉여금 : 주식발행초과금, 감자차익
・자본조정 : 자기주식처분손실, 주식할인발행차금

**8.**
[답] ③ (가)는 배당결의일의 회계처리이고, (나)는 배당지급일의 회계처리이다.

**9.**
[답] ① 변동원가
・원가행태에 따른 분류에는 변동원가, 고정원가, 혼합원가, 준고정원가가 있다.

**10.**

[답] ④ 2,800,000원
= 당기제품제조원가 2,500,000원 + 기말재공품 300,000원 - 기초재공품 0원
· 당기제품제조원가 : 기말제품 500,000원 + 매출원가 2,000,000원 - 기초제품 0원 = 2,500,000원

**11.**

[답] ④ 11,000개
= 당기완성품 수량 8,000개 + 기말재공품 완성품환산량 3,000개

**12.**

[답] ② 종합원가계산에 대한 설명이다.

**13.**

[답] ② 부가가치세법은 인적사항을 고려하지 않는 물세이다.

**14.**

[답] ④ 부동산임대업자가 해당 사업에 사용하던 건물을 매각하는 경우는 과세 대상이다.

**15.**

[답] ③ 과세표준
· 부가가치세법 제29조

# 114회 실무시험 답안

## 문제1

**[1]**
[답] [기초정보관리] > [거래처등록] > • 코드 : 00500
　　　　　　　　　　　　　　　　• 거래처명 : 한국개발
　　　　　　　　　　　　　　　　• 유형 : 3.동시
　　　　　　　　　　　　　　　　• 사업자등록번호 : 134-24-91004
　　　　　　　　　　　　　　　　• 대표자성명 : 김한국
　　　　　　　　　　　　　　　　• 업태 : 정보통신업
　　　　　　　　　　　　　　　　• 종목 : 소프트웨어개발
　　　　　　　　　　　　　　　　• 주소 : 경기도 성남시 분당구 판교역로192번길 12 (삼평동)

**[2]**
[답] [기초정보관리] > [계정과목및적요등록] > 862.행사지원비
　　　　　　　　　　　　　　　　　　 > 성격 : 3.경비
　　　　　　　　　　　　　　　　　　 > 현금적요 NO.1, 행사지원비 현금 지급
　　　　　　　　　　　　　　　　　　 > 대체적요 NO.1, 행사지원비 어음 발행

**[3]**
[답]
• [전기분원가명세서] > 부재료비 > 당기부재료매입액 3,000,000원 추가입력
　　　　　　　　　　　 > 당기제품제조원가 87,250,000원→90,250,000원으로 변경 확인
• [전기분손익계산서] > 당기제품제조원가 87,250,000원→90,250,000원
　　　　　　　　　　 > 당기순이익 81,210,000원→78,210,000원으로 변경 확인
• [전기분잉여금처분계산서] > F6불러오기 > 당기순이익 81,210,000원→78,210,000원으로 변경 확인
　　　　　　　　　　　　　 > 미처분이익잉여금 93,940,000원→90,940,000원으로 변경 확인
• [전기분재무상태표] > 이월이익잉여금 90,940,000원으로 수정
　　　　　　　　　　 > 외상매입금 90,000,000원으로 수정

# 제13편. 전산회계1급 -최근기출문제

## 문제2

**[1]**
[답] 일반전표입력
(차) 퇴직급여(판)　1,400,000원　　(대) 보통예금　1,400,000원

**[2]**
[답] 일반전표입력
(차) 보통예금　　　　　　4,400,000원　　(대) 외상매출금(㈜고운상사)　9,900,000원
　　받을어음(㈜고운상사)　5,500,000원

**[3]**
[답] 일반전표입력
(차) 보통예금　　　　　45,000,000원　(대) 받을어음(㈜재원)　50,000,000원
　　매출채권처분손실　　5,000,000원

**[4]**
[답] 일반전표입력
(차) 보통예금　2,300,000원　　(대) 배당금수익　2,300,000원

**[5]**
[답] 일반전표입력
(차) 급여(판)　4,900,000원　　(대) 예수금　　　　381,080원
　　　　　　　　　　　　　　　　　보통예금　4,518,920원

**[6]**
[답] 일반전표입력
(차) 당좌예금　8,450,000원　　(대) 사채　　　　　　　8,000,000원
　　　　　　　　　　　　　　　　　사채할증발행차금　　450,000원

# 문제3

**[1]**

[답] 매입매출전표입력

유형: 16.수출    공급가액: 6,000,000원    부가세: 0원    공급처명: NDVIDIA    분개: 외상 또는 혼합
영세율구분:①직접수출(대행수출 포함)

(차) 외상매출금(NDVIDIA)    6,000,000원    (대) 제품매출    6,000,000원

**[2]**

[답] 매입매출전표입력

유형: 13.면세    공급가액: 65,000,000원    공급처명: 돌상상회    전자: 여    분개: 혼합

(차) 보통예금    30,000,000원    (대) 토지    62,000,000원
    미수금      35,000,000원         유형자산처분이익    3,000,000원

**[3]**

[답] 매입매출전표입력

유형: 57.카과    공급가액: 4,000,000원    부가세: 400,000원    공급처명: 광고닷컴    분개: 카드 또는 혼합
신용카드사:현대카드

(차) 부가세대급금    400,000원    (대) 미지급금(현대카드)    4,400,000원
    광고선전비(판)  4,000,000원         또는 미지급비용(현대카드)

**[4]**

[답] 매입매출전표입력

유형: 51.과세    공급가액: 12,000,000원    부가세: 1,200,000원    공급처명: ㈜고철상사    전자: 여    분개: 혼합

(차) 원재료         12,000,000원    (대) 지급어음      5,000,000원
    부가세대급금   1,200,000원         외상매입금    8,200,000원

**[5]**

[답] 매입매출전표입력

유형: 61.현과    공급가액: 5,000,000원    부가세: 500,000원    공급처명: ㈜와마트    분개: 현금 또는 혼합

(차) 비품          5,000,000원    (대) 현금    5,500,000원
    부가세대급금    500,000원

**[6]**

[답] 매입매출전표입력

유형: 54.불공    공급가액: 25,000,000원    부가세: 2,500,000원    공급처명: 대박호텔㈜    전자: 여    분개: 혼합
불공제사유:②사업과 직접 관련 없는 지출

(차) 가지급금(김영순)    27,500,000원    (대) 보통예금    27,500,000원
· 해당 거래는 사업과 관련없는 거래로 불공제 처리하고 가지급금으로 처리한다.

# 제13편. 전산회계1급 -최근기출문제

## 문제4

**[1]**

[답] 매입매출전표입력
- 수정 전 :
  유형: 51.과세    공급가액: 90,909원    부가세: 9,091원    공급처명: 호호꽃집    전자: 여    분개: 혼합
  (차) 부가세대급금         9,091원    (대) 보통예금         100,000원
       소모품비(판)        90,909원
- 수정 후 :
  유형: 53.면세    공급가액: 100,000원    공급처명: 호호꽃집    전자: 여    분개: 혼합
  (차) 소모품비(판)       100,000원    (대) 보통예금         100,000원

**[2]**

[답] 매입매출전표입력
- 수정 전 :
  유형: 51.과세    공급가액: 80,000,000원    부가세: 8,000,000원    공급처명: ㈜베스트디자인    전자: 여  분개: 혼합
  (차) 수선비(판)      80,000,000원    (대) 보통예금       88,000,000원
       부가세대급금     8,000,000원
- 수정 후 :
  유형: 51.과세    공급가액: 80,000,000원    부가세: 8,000,000원    공급처명: ㈜베스트디자인    전자: 여  분개: 혼합
  (차) 건물            80,000,000원    (대) 보통예금       88,000,000원
       부가세대급금     8,000,000원

## 문제5

**[1]**
[답] [일반전표입력]
(차) 단기매매증권　　　2,500,000원　　(대) 단기매매증권평가이익　　2,500,000원

**[2]**
[답] 일반전표입력
(차) 장기대여금(미국 GODS사) 140,000원 (대) 외화환산이익　　140,000원
・($2,000×1,120원) - 2,100,000원 = 140,000원

**[3]**
[답]
1. [결산자료입력] > 9. 법인세등 > ・1). 선납세금 결산반영금액 7,000,000원 입력　　　> F3 전표추가
　　　　　　　　　　　　　　　　　　・2). 추가계상액 결산반영금액 8,000,000원 입력

2. 또는 일반전표입력
(차) 법인세등　　15,000,000원　　(대) 선납세금　　　7,000,000원
　　　　　　　　　　　　　　　　　　　미지급세금　　8,000,000원

## 문제6

**[1]**
[답] 기업업무추진비, 50,000원
・[일계표(월계표)] > [월계표] 탭 > 조회기간 : 2025년 03월~2025년 03월

**[2]**
[답] 5,730,000원
　　= 미수금 22,530,000원 - 미지급금 16,800,000원
・[재무상태표] 기간 : 2025년 02월 조회

**[3]**
[답] 3,060,000원
・[부가가치세신고서] > 조회기간 : 4월 1일~6월 30일 > 공제받지못할매입세액(16)란의 세액 확인

# 제 115회 기출문제

## ✱ 이론시험 ✱

다음 문제를 보고 알맞은 것을 골라 이론문제 답안작성 메뉴에 입력하시오.(객관식 문항당 2점)

1. 다음 중 회계순환과정에 있어 기말결산정리의 근거가 되는 가정으로 적절한 것은?
   ① 발생주의 회계  ② 기업실체의 가정  ③ 계속기업의 가정  ④ 기간별 보고의 가정

2. 다음 중 당좌자산에 포함되지 않는 것은 무엇인가?
   ① 선급비용  ② 미수금  ③ 미수수익  ④ 선수수익

3. 다음에서 설명하는 재고자산 단가 결정방법으로 옳은 것은?

   > 실제 물량 흐름과 원가 흐름의 가정이 유사하다는 장점이 있으나, 수익·비용 대응의 원칙에 부적합하고, 물가 상승 시 이익이 과대 계상되는 단점이 있다.

   ① 개별법  ② 선입선출법  ③ 후입선출법  ④ 총평균법

4. 다음 중 유형자산에 대한 추가적인 지출이 발생했을 경우 발생한 기간의 비용으로 처리하는 거래로 옳은 것은?
   ① 건물의 피난시설을 설치하기 위한 지출
   ② 내용연수를 연장시키는 지출
   ③ 건물 내부 조명기구를 교체하는 지출
   ④ 상당한 품질향상을 가져오는 지출

5. 다음 중 무형자산에 대한 설명으로 가장 옳지 않은 것은?
   ① 무형자산은 상각완료 후 잔존가치로 1,000원을 반드시 남겨둔다.
   ② 무형자산의 상각방법은 정액법, 정률법 둘 다 사용 가능하다.
   ③ 무형자산을 상각하는 회계처리를 할 때는 일반적으로 직접법으로 처리하고 있다.
   ④ 무형자산 중 내부에서 창출한 영업권은 무형자산으로 인정되지 않는다.

6. 다음 중 일반기업회계기준에 따른 부채가 아닌 것은 무엇인가?
   ① 임차보증금  ② 퇴직급여충당부채  ③ 선수금  ④ 미지급배당금

7. 다음의 자본 항목 중 성격이 다른 하나는 무엇인가?
① 자기주식처분이익   ② 감자차익   ③ 자기주식   ④ 주식발행초과금

8. 다음의 자료를 이용하여 영업이익을 구하시오(기초재고는 50,000원, 기말재고는 '0'으로 가정한다).

| | | |
|---|---|---|
| • 총매출액 500,000원 | • 매출할인 10,000원 | • 당기총매입액 300,000원 |
| • 매입에누리 20,000원 | • 이자비용 30,000원 | • 급여 20,000원 |
| • 통신비 5,000원 | • 감가상각비 10,000원 | • 배당금수익 20,000원 |
| • 임차료 25,000원 | • 유형자산처분손실 30,000원 | |

① 60,000원   ② 70,000원   ③ 100,000원   ④ 130,000원

9. 다음 중 보조부문의 원가 배분에 대한 설명으로 옳지 않은 것은?
① 보조부문의 원가 배분방법으로는 직접배분법, 단계배분법 및 상호배분법이 있으며, 이들 배분 방법에 따라 전체 보조부문의 원가에 일부 차이가 있을 수 있다.
② 상호배분법은 부문간 상호수수를 고려하여 계산하기 때문에 다른 배분방법보다 계산이 복잡한 방법이라 할 수 있다.
③ 단계배분법은 보조부문간 배분순서에 따라 각 보조부문에 배분되는 금액에 차이가 있을 수 있다.
④ 직접배분법은 보조부문 원가 배분액의 계산이 상대적으로 간편한 방법이라 할 수 있다.

10. 다음의 원가 분류 중 분류 기준이 같은 것으로만 짝지어진 것은?

| 가. 변동원가  나. 관련원가  다. 직접원가  라. 고정원가  마. 매몰원가  바. 간접원가 |
|---|

① 가, 나   ② 나, 다   ③ 나, 마   ④ 라, 바

11. 다음 자료를 참고하여 2025년 제조작업지시서 #200에 대한 제조간접원가 예정배부율과 예정배부액을 계산하면 각각 얼마인가?

가. 2024년 연간 제조간접원가 4,200,000원, 총기계작업시간은 100,000시간인 것으로 파악되었다.
나. 2025년 연간 예정제조간접원가 3,800,000원, 총예정기계작업시간은 80,000시간으로 예상하고 있다.
다. 2025년 제조작업지시서별 실제기계작업시간은 다음과 같다.
  • 제조작업지시서 #200 : 11,000시간
  • 제조작업지시서 #300 : 20,000시간

|   | 제조간접원가 예정배부율 | 제조간접원가 예정배부액 |
|---|---|---|
| ① | 42원/기계작업시간 | 462,000원 |
| ② | 52.5원/기계작업시간 | 577,500원 |
| ③ | 47.5원/기계작업시간 | 522,500원 |
| ④ | 46원/기계작업시간 | 506,000원 |

12. 다음 중 종합원가계산을 적용할 경우 평균법과 선입선출법에 의한 완성품 환산량의 차이를 발생시키는 주요 원인은 무엇인가?
① 기초재공품 차이
② 기초제품 차이
③ 기말제품 차이
④ 기말재공품 차이

13. 다음 중 부가가치세법상 납세의무자에 대한 설명으로 가장 옳지 않은 것은?
① 부가가치세법상 사업자는 일반과세자와 간이과세자이다.
② 국가·지방자치단체도 납세의무자가 될 수 있다.
③ 사업자단위과세사업자는 모든 사업장의 부가가치세를 총괄하여 신고만 할 수 있다.
④ 영세율을 적용받는 사업자도 부가가치세법상의 사업자등록의무가 있다.

14. 다음 중 부가가치세법상 매입세액공제가 가능한 경우는?
① 면세사업에 관련된 매입세액
② 비영업용 소형승용자동차의 유지와 관련된 매입세액
③ 토지의 형질변경과 관련된 매입세액
④ 제조업을 영위하는 사업자가 농민으로부터 구입한 면세 농산물의 의제매입세액

15. 다음 중 부가가치세법상 세금계산서 발급 의무가 면제되지 않는 경우는?
① 택시운송사업자가 공급하는 재화 또는 용역
② 미용업자가 공급하는 재화 또는 용역
③ 제조업자가 구매확인서에 의하여 공급하는 재화
④ 부동산임대업자의 부동산임대용역 중 간주임대료

## ✲ 실무시험 ✲

문제에서 한국채택국제회계기준을 적용하도록 하는 전제조건이 없는 경우, 일반기업회계기준을 적용하여 회계처리 한다.

다산컴퓨터㈜(회사코드:1115)는 컴퓨터 등의 제조 및 도소매업을 영위하는 중소기업으로 당기(제10기) 회계기간은 2025.1.1.~2025.12.31.이다. 전산세무회계 수험용 프로그램을 이용하여 다음 물음에 답하시오.

### 문제1

다음은 [기초정보관리] 및 [전기분재무제표]에 대한 자료이다. 각각의 요구사항에 대하여 답하시오. (10점)

[1] 다음 자료를 보고 [거래처등록] 메뉴에서 신규 거래처를 등록하시오(단, 주어진 자료 외의 다른 항목은 입력할 필요 없음). (3점)

- 거래처코드 : 02411
- 거래처명 : ㈜구동컴퓨터
- 사업자등록번호 : 189-86-70759
- 업태 : 제조
- 사업장주소 : 울산광역시 울주군 온산읍 종동길 102
- 거래처구분 : 일반거래처
- 유형 : 동시
- 대표자성명 : 이주연
- 종목 : 컴퓨터 및 주변장치

[2] 기초정보관리의 [계정과목및적요등록] 메뉴에서 821.보험료 계정과목에 아래의 적요를 추가로 등록하시오. (3점)

- 현금적요 7번 : 경영인 정기보험료 납부
- 대체적요 5번 : 경영인 정기보험료 미지급
- 대체적요 6번 : 경영인 정기보험료 상계

[3] 다음은 다산컴퓨터㈜의 올바른 선급금, 선수금의 전체 기초잔액이다. [거래처별초기이월] 메뉴의 자료를 검토하여 오류가 있으면 올바르게 삭제 또는 수정, 추가 입력을 하시오. (4점)

| 계정과목 | 거래처명 | 금액 |
|---|---|---|
| 선급금 | 해원전자㈜ | 2,320,000원 |
| | 공상㈜ | 1,873,000원 |
| 선수금 | ㈜유수전자 | 2,100,000원 |
| | ㈜신곡상사 | 500,000원 |

# 제13편. 전산회계1급 - 최근기출문제

**문제2** [일반전표입력] 메뉴를 이용하여 다음의 거래 자료를 입력하시오(일반전표입력의 모든 거래는 부가가치세를 고려하지 말 것). (18점)

―――――― < 입력 시 유의사항 > ――――――
- 일반적인 적요의 입력은 생략하지만, 타계정 대체거래는 적요번호를 선택하여 입력한다.
- 채권·채무와 관련된 거래는 별도의 요구가 없는 한 반드시 기 등록되어 있는 거래처코드를 선택하는 방법으로 거래처명을 입력한다.
- 제조경비는 500번대 계정코드를, 판매비와 관리비는 800번대 계정코드를 사용한다.
- 회계처리시 계정과목은 별도제시가 없는 한 등록되어 있는 계정과목 중 가장 적절한 과목으로 한다.

[1] 07월 28일 거래처 ㈜경재전자의 외상매입금 2,300,000원 중 2,000,000원은 당사에서 어음을 발행하여 지급하고 나머지는 면제받았다. (3점)

[2] 09월 03일 하나은행에서 차입한 단기차입금 82,000,000원과 이에 대한 이자 2,460,000원을 보통예금계좌에서 이체하여 지급하였다. (3점)

[3] 09월 12일 중국의 DOKY사에 대한 제품 수출 외상매출금 10,000$(선적일 기준환율 : 1,400원/$)를 회수하여 즉시 원화 보통예금 계좌로 입금하였다(단, 입금일의 기준환율은 1,380원/$이다). (3점)

[4] 10월 07일 주당 액면가액이 5,000원인 보통주 1,000주를 주당 7,000원에 발행하였고, 발행가액 전액이 보통예금 계좌로 입금되었다(단, 하나의 전표로 처리하며 신주 발행 전 주식할인발행차금 잔액은 1,000,000원이고 신주발행비용은 없다고 가정한다). (3점)

[5] 10월 28일 당기분 DC형 퇴직연금 불입액 12,000,000원이 자동이체 방식으로 보통예금 계좌에서 출금되었다. 불입액 12,000,000원 중 4,000,000원은 영업부에서 근무하는 직원들에 대한 금액이고 나머지는 생산부에서 근무하는 직원들에 대한 금액이다. (3점)

[6] 11월 12일 전기에 회수불능으로 일부 대손처리한 ㈜은상전기의 외상매출금이 회수되었으며, 대금은 하나은행 보통예금 계좌로 입금되었다. (3점)

[보통예금(하나)] 거래 내용

| 행 | 연월일 | 내용 | 찾으신 금액 | 맡기신 금액 | 잔액 | 거래점 |
|---|---|---|---|---|---|---|
| | | | 계좌번호 120-99-80481321 | | | |
| 1 | 2025-11-12 | ㈜은상전기 | | ₩2,500,000 | ****** | 1111 |

## 문제3

**[매입매출전표입력]** 메뉴를 이용하여 다음의 거래 자료를 입력하시오. (18점)

< 입력 시 유의사항 >

- 일반적인 적요의 입력은 생략하지만, 타계정 대체거래는 적요번호를 선택하여 입력한다.
- 별도의 요구가 없는 한 반드시 기 등록되어 있는 거래처코드를 선택하는 방법으로 거래처명을 입력한다.
- 제조경비는 500번대 계정코드를, 판매비와 관리비는 800번대 계정코드를 사용한다.
- 회계처리시 계정과목은 별도제시가 없는 한 등록되어 있는 계정과목 중 가장 적절한 과목으로 한다.
- 입력화면 하단의 분개까지 처리하고, 전자세금계산서 및 전자계산서는 전자입력으로 반영한다.

[1] 07월 03일 회사 영업부 야유회를 위해 도시락 10개를 구입하고 현대카드로 결제하였다. (3점)

**신용카드매출전표**

가 맹 점 명 : 맛나도시락
사업자번호 : 127-10-12343
대 표 자 명 : 김도식
주      소 : 서울 마포구 마포대로 2
롯 데 카 드 : 신용승인
거 래 일 시 : 2025-07-03 11:08:54
카 드 번 호 : 3256-6455-****-1329
유 효 기 간 : 12/26
가맹점번호 : 123412341
매  입  사 : 현대카드(전자서명전표)

| 상품명 | 금액 |
|---|---|
| 한식도시락세트 | 330,000 |
| 공급가액 : | 300,000 |
| 부가세액 : | 30,000 |
| 합  계 : | 330,000 |

[2] 08월 06일 제품을 만들고 난 후 나온 철 스크랩을 비사업자인 최한솔에게 판매하고, 판매대금 1,320,000원(부가가치세 포함)을 수취하였다. 대금은 현금으로 받고, 해당 거래에 대한 증빙은 아무것도 발급하지 않았다(계정과목은 잡이익으로 하고, 거래처를 조회하여 입력할 것). (3점)

[3] 08월 29일 ㈜선월재에게 내국신용장에 의해 제품을 판매하고 전자세금계산서를 발급하였다. 대금 중 500,000원은 현금으로 받고 나머지는 외상으로 하였다(단, 서류번호입력은 생략할 것). (3점)

| 영세율 전자세금계산서 | | | | 승인번호 | 20250829-100028100-484650 | | |
|---|---|---|---|---|---|---|---|
| 공급자 | 등록번호 | 129-81-50101 | 종사업장번호 | | 등록번호 | 601-81-25803 | 종사업장번호 | |
| | 상호(법인명) | 다산컴퓨터㈜ | 성명 | 박새은 | 공급받는자 | 상호(법인명) | ㈜선월재 | 성명 | 정일원 |
| | 사업장주소 | 경기도 남양주시 가운로 3-28 | | | | 사업장주소 | 경상남도 사천시 사천대로 11 | | |
| | 업태 | 제조,도소매 | 종목 | 컴퓨터 | | 업태 | 도소매 | 종목 | 컴퓨터 및 기기장치 |
| | 이메일 | | | | | 이메일 | | | |
| | | | | | | 이메일 | | | |

| 작성일자 | 공급가액 | 세액 | 수정사유 | 비고 |
|---|---|---|---|---|
| 2025.08.29 | 5,200,000 | | | |

| 월 | 일 | 품목 | 규격 | 수량 | 단가 | 공급가액 | 세액 | 비고 |
|---|---|---|---|---|---|---|---|---|
| 8 | 29 | 제품A | | 1 | 5,200,000 | 5,200,000 | | |

| 합계금액 | 현금 | 수표 | 어음 | 외상미수금 | 위 금액을 (청구) 함 |
|---|---|---|---|---|---|
| 5,200,000 | 500,000 | | | 4,700,000 | |

[4] 10월 15일 ㈜우성유통에 제품을 판매하고 다음과 같이 전자세금계산서를 발급하였다. 대금 중 8,000,000원은 하움공업이 발행한 어음을 배서양도 받고, 나머지는 다음 달에 받기로 하였다. (3점)

| 전자세금계산서 | | | | 승인번호 | 20251015-100028100-484650 | | |
|---|---|---|---|---|---|---|---|
| 공급자 | 등록번호 | 129-81-50101 | 종사업장번호 | | 등록번호 | 105-86-50416 | 종사업장번호 | |
| | 상호(법인명) | 다산컴퓨터㈜ | 성명 | 박새은 | 공급받는자 | 상호(법인명) | ㈜우성유통 | 성명 | 김성길 |
| | 사업장주소 | 경기도 남양주시 가운로 3-28 | | | | 사업장주소 | 서울시 강남구 강남대로 292 | | |
| | 업태 | 제조,도소매 | 종목 | 컴퓨터 | | 업태 | 도소매 | 종목 | 기기장치 |
| | 이메일 | | | | | 이메일 | | | |
| | | | | | | 이메일 | | | |

| 작성일자 | 공급가액 | 세액 | 수정사유 | 비고 |
|---|---|---|---|---|
| 2025.10.15 | 10,000,000 | 1,000,000 | 해당 없음 | |

| 월 | 일 | 품목 | 규격 | 수량 | 단가 | 공급가액 | 세액 | 비고 |
|---|---|---|---|---|---|---|---|---|
| 10 | 15 | 컴퓨터 | | | | 10,000,000 | 1,000,000 | |

| 합계금액 | 현금 | 수표 | 어음 | 외상미수금 | 위 금액을 (청구) 함 |
|---|---|---|---|---|---|
| 11,000,000 | | | 8,000,000 | 3,000,000 | |

[5] 10월 30일 미국의 MARK사로부터 수입한 업무용 컴퓨터(공급가액 6,000,000원)와 관련하여 인천세관장으로부터 수입세금계산서를 발급받고, 해당 부가가치세를 당좌예금 계좌에서 이체하여 납부하였다(단, 부가가치세 회계처리만 할 것). (3점)

[6] 12월 02일 공장 직원들의 휴게공간에 간식을 비치하기 위해 두나과일로부터 샤인머스캣 등을 구매하면서 구매대금 275,000원을 현금으로 지급하고, 지출증빙용 현금영수증을 발급받았다. (3점)

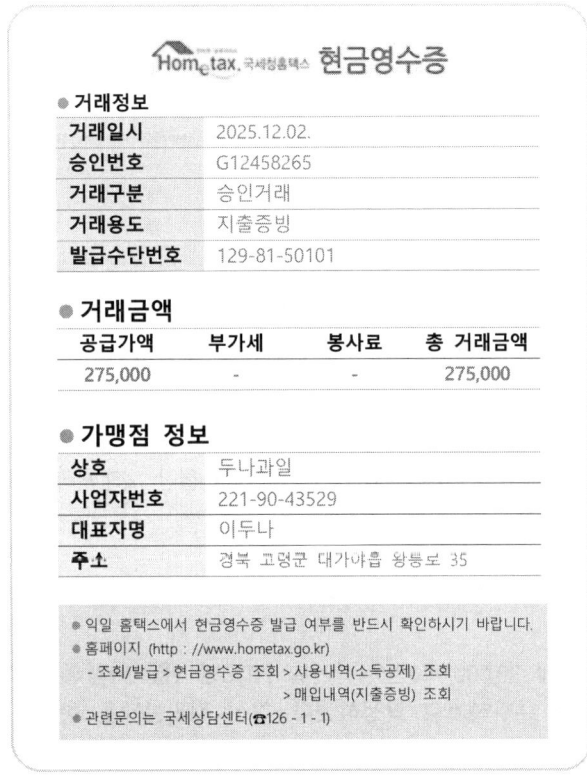

# 제13편. 전산회계1급 -최근기출문제

**문제4** [일반전표입력] 및 [매입매출전표입력] 메뉴에 입력된 내용 중 다음과 같은 오류가 발견되었다. 입력된 내용을 확인하여 정정하시오. (6점)

[1] 11월 01일 ㈜호수의 주식 1,000주를 단기간 차익을 목적으로 1주당 12,000원(1주당 액면가 5,000원)에 현금으로 취득하고 발생한 수수료 120,000원을 취득원가에 포함하였다. (3점)

[2] 11월 26일 원재료 매입 거래처의 워크숍을 지원하기 위해 ㈜산들바람으로부터 현금으로 구매한 선물세트 800,000원(부가가치세 별도, 종이세금계산서 수취)을 소모품비로 회계 처리하였다. (3점)

**문제5** 결산정리사항은 다음과 같다. 관련 메뉴를 이용하여 결산을 완료하시오. (9점)

[1] 12월 31일 제2기 부가가치세 확정신고기간의 부가가치세 매출세액은 14,630,000원, 매입세액은 22,860,000원, 환급세액은 8,230,000원이다. 관련된 결산 회계처리를 하시오(단, 환급세액은 미수금으로 처리한다). (3점)

[2] 10월 1일에 로배전자에 30,000,000원(상환기일 2026년 9월 30일)을 대여하고, 연 7%의 이자를 상환일에 원금과 함께 수취하기로 약정하였다. 결산 정리분개를 하시오(이자는 월할계산할 것). (3점)

[3] 12월 31일 현재 신한은행의 장기차입금 중 일부인 13,000,000원의 만기상환기일이 1년 이내에 도래할 것으로 예상되었다. (3점)

**문제6** 다음 사항을 조회하여 알맞은 답안을 메뉴에 입력하시오. (9점)

[1] 6월 말 현재 외상매입금 잔액이 가장 많은 거래처명과 그 금액은 얼마인가? (3점)

[2] 1분기(1월~3월) 중 판매비와관리비 항목의 소모품비 지출액이 가장 적게 발생한 월과 그 금액은 얼마인가? (3점)

[3] 2025년 제1기 확정신고기간(4월~6월) 중 ㈜하이일렉으로부터 발급받은 세금계산서의 총 매수와 매입세액은 얼마인가? (3점)

# 115회 이론시험 답안

| A형 | <1> | <2> | <3> | <4> | <5> | <6> | <7> | <8> | <9> | <10> | <11> | <12> | <13> | <14> | <15> |
|---|---|---|---|---|---|---|---|---|---|---|---|---|---|---|---|
| | ④ | ④ | ② | ③ | ① | ① | ③ | ③ | ① | ③ | ③ | ① | ③ | ④ | ③ |

**1.**
[답] ④ 재무제표의 기본가정 중 기간별 보고의 가정이 기말결산정리의 근거가 되는 가정이다.

**2.**
[답] ④ 선수수익은 유동부채 항목이다.

**3.**
[답] ②
- 원가 흐름의 가정 중 선입선출법은 먼저 입고된 자산이 먼저 출고된 것으로 가정하여 입고 일자가 빠른 원가를 출고 수량에 먼저 적용한다. 선입선출법은 실제 물량 흐름과 원가 흐름의 가정이 유사하다는 장점이 있으나, 수익·비용 대응의 원칙에 부적합하고, 물가 상승 시 이익이 과대 계상되는 단점이 있다.

**4.**
[답] ③ 건물 내부의 조명기구를 교체하는 지출은 수선유지를 위한 지출에 해당하며 이는 자본적 지출에 해당하지 않으므로 발생한 기간의 비용으로 인식한다.

**5.**
[답] ① 무형자산의 잔존가치는 원칙적으로 '0'인 것으로 본다.

**6.**
[답] ① 임차보증금은 기타비유동자산으로서 자산계정에 해당한다.

**7.**
[답] ③ 자기주식은 자본조정 항목이고, 자기주식처분이익과 감자차익, 주식발행초과금은 자본잉여금 항목이다.

**8.**
[답] ③ 100,000원
- 순매출액 : 총매출액 500,000원 - 매출할인 10,000원 = 490,000원
- 매출원가 : 기초재고 50,000원 + (당기총매입액 300,000원 - 매입에누리 20,000원) = 330,000원
- 판매비와관리비 : 급여 20,000원 + 통신비 5,000원 + 감가상각비 10,000원 + 임차료 25,000원 = 60,000원
- 영업이익 : 순매출액 490,000원 - 매출원가 330,000원 - 판매비와관리비 60,000원 = 100,000원
- 이자비용과 유형자산처분손실은 영업외비용, 배당금수익은 영업외수익이다.

**9.**
[답] ① 보조부문의 원가 배분방법으로는 직접배분법, 단계배분법 및 상호배분법이 있으며, 이들 배분 방법에 관계없이 전체 보조부문의 원가는 동일하다.

**10.**
[답] ③ 나, 마
- 가, 라 : 원가행태에 따른 분류
- 나, 마 : 의사결정과의 관련성에 따른 분류
- 다, 바 : 원가 추적가능성에 따른 분류

**11.**
[답] ③
- 제조간접원가 예정배부율 : 3,800,000원/80,000시간 = 47.5원/기계작업시간
- 제조간접원가 예정배부액 : 11,000시간(#200 실제기계작업시간)×47.5원/기계작업시간 = 522,500원

**12.**
[답] ① 평균법과 선입선출법에 의한 완성품 환산량의 차이는 기초재공품의 차이에서 발생한다.

**13.**
[답] ③ 사업자단위과세사업자는 모든 사업장의 부가가치세를 총괄하여 신고 및 납부할 수 있다.

**14.**
[답] ④ 부가가치세법 제42조, 사업자가 부가가치세를 면제받아 공급받거나 수입한 농·축·수산물 또는 임산물을 원재료로 하여 제조·가공한 재화 또는 창출한 용역의 공급에 대하여 부가가치세가 과세되는 경우 면세 농산물 등에 매입세액이 있는 것으로 보아 매입세액을 공제할 수 있다.

**15.**
[답] ③ 부가가치세법 제33조 제1항 및 시행령 제71조 제1항, 내국신용장 또는 구매확인서에 의하여 공급하는 재화는 세금계산서 발급 의무가 있다.

# 제13편. 전산회계1급 -최근기출문제

# 📝 115회 실무시험 답안

## 문제1

**[1]**
[답]
- [기초정보관리] > 거래처등록 > 일반거래처 >
  - 거래처코드 : 02411
  - 거래처명 : ㈜구동컴퓨터
  - 등록번호 : 189-86-70759
  - 유형 : 3.동시
  - 대표자 : 이주연
  - 업태 : 제조
  - 종목 : 컴퓨터 및 주변장치
  - 사업장주소 : 울산광역시 울주군 온산읍 종동길 102

**[2]**
[답]
- [계정과목및적요등록] > 821.보험료 >
  - 현금적요 NO.7, 경영인 정기보험료 납부
  - 대체적요 NO.5, 경영인 정기보험료 미지급
  - 대체적요 NO.6, 경영인 정기보험료 상계

**[3]**
[답]
- [거래처별초기이월] > 선급금 > · 공상㈜ 1,873,000원 입력
  - 해원전자㈜ 1,320,000원 → 2,320,000원으로 수정
  - > 선수금 > · ㈜유수전자 210,000원 → 2,100,000원으로 수정
  - 데회전자 500,000원 삭제(또는 금액을 0원으로 수정)

## 문제2

**[1]**
[답] 일반전표입력
(차) 외상매입금(㈜경재전자)  2,300,000원   (대) 지급어음(㈜경재전자)  2,000,000원
                                              채무면제이익              300,000원

[2]
[답] 일반전표입력
(차) 단기차입금(하나은행)   82,000,000원   (대) 보통예금    84,460,000원
    이자비용              2,460,000원

[3]
[답] 일반전표입력
(차) 보통예금            13,800,000원   (대) 외상매출금(DOKY사)  14,000,000원
    외환차손              200,000원

[4]
[답] 일반전표입력
(차) 보통예금            7,000,000원    (대) 자본금              5,000,000원
                                            주식할인발행차금     1,000,000원
                                            주식발행초과금       1,000,000원

[5]
[답] 일반전표입력
(차) 퇴직급여(제)         8,000,000원    (대) 보통예금           12,000,000원
    퇴직급여(판)         4,000,000원

[6]
[답] 일반전표입력
(차) 보통예금            2,500,000원    (대) 대손충당금(109)     2,500,000원


## 문제3

[1]
[답] 매입매출전표입력
유형:57.카과,  공급가액:300,000원,  부가세: 30,000원,  공급처명:맛나도시락,  분개:카드 또는 혼합
신용카드사:현대카드
(차) 부가세대급금         30,000원     (대) 미지급금(현대카드)   330,000원
    복리후생비(판)        300,000원          또는 미지급비용

[2]
[답] 매입매출전표입력
유형:14.건별,  공급가액:1,200,000원,  부가세:120,000원,  공급처명:최한솔,  분개:현금 또는 혼합
(차) 현금               1,320,000원    (대) 부가세예수금         120,000원
                                            잡이익              1,200,000원

# 제13편. 전산회계1급 -최근기출문제

[3]
[답] 매입매출전표입력
유형:12.영세,　　공급가액:5,200,000원,　　공급처명:㈜선월재,　　전자:여,　　분개:혼합
영세율구분:③내국신용장·구매확인서에 의하여 공급하는 재화
(차) 현금　　　　　　　　500,000원　　(대) 제품매출　　　5,200,000원
　　외상매출금　　　　　4,700,000원

[4]
[답] 매입매출전표입력
유형:11.과세, 공급가액: 10,000,000원, 부가세:1,000,000원, 공급처명:㈜우성유통, 전자:여, 분개:혼합
(차) 받을어음(하움공업)　　8,000,000원　　(대) 부가세예수금　　1,000,000원
　　외상매출금　　　　　　3,000,000원　　　　제품매출　　　10,000,000원

[5]
[답] 매입매출전표입력
유형:55.수입, 공급가액: 6,000,000원부가세: 600,000원공급처명: 인천세관,전자:여 또는 부, 분개:혼합
(차) 부가세대급금　　　600,000원　　(대) 당좌예금　　　600,000원

[6]
[답] 매입매출전표입력
유형:62.현면,　　공급가액:275,000원,　　공급처명:두나과일,　　분개:현금 또는 혼합
(차) 복리후생비(제)　　275,000원　　(대) 현금　　　　275,000원
또는 출금전표 복리후생비(제) 275,000원

## 문제4

[1]
[답] 일반전표입력
• 수정 전 : 11.01.　(차) 단기매매증권　　12,120,000원　(대) 현금　　12,120,000원
• 수정 후 : 11.01.　(차) 단기매매증권　　12,000,000원　(대) 현금　　12,120,000원
　　　　　　　　　　　　수수료비용(984)　　120,000원

[2]
[답] 매입매출전표입력
• 수정 전 :
　유형:51.과세,　공급가액:800,000원, 부가세: 80,000원, 공급처명:㈜산들바람,　전자:부,　분개:혼합
　(차) 부가세대급금　　　80,000원　　(대) 현금　　　　880,000원
　　　소모품비(제)　　　800,000원

• 수정 후 :
  유형: 54.불공, 공급가액: 800,000원, 부가세: 80,000원, 공급처명: ㈜산들바람, 전자: 부, 분개: 현금 또는 혼합
  불공제사유:④기업업무추진비 및 이와 유사한 비용 관련
  (차) 기업업무추진비(제)    880,000원    (대) 현금    880,000원
       또는 출금전표 기업업무추진비(제) 880,000원

## 문제5

**[1]**
[답] 일반전표입력
(차) 부가세예수금    14,630,000원    (대) 부가세대급금    22,860,000원
     미수금           8,230,000원

**[2]**
[답] 일반전표입력
(차) 미수수익    525,000원    (대) 이자수익    525,000원
• 당기분 이자 : 30,000,000원×7%×3/12 = 525,000원

**[3]**
[답] 일반전표입력
(차) 장기차입금(신한은행)  13,000,000원    (대) 유동성장기부채(신한은행)  13,000,000원

## 문제6

**[1]**
[답] 민선전자, 36,603,000원
• [거래처원장] > [잔액] > 조회기간 : 1월 1일~6월 30일 > 계정과목 : 251.외상매입금 조회

**[2]**
[답] 2월, 800,000원
• [총계정원장] > 기간 : 1월 1일 ~ 3월 31일 → 계정과목 : 소모품비(830) 조회

**[3]**
[답] 2매, 440,000원
• 세금계산서합계표 > 2025년 4월~2024년 6월 조회 > 매입 > ㈜하이일렉의 매수와 세액 확인

# 제 116회 기출문제

## ✻ 이론시험 ✻

다음 문제를 보고 알맞은 것을 골라 이론문제 답안작성 메뉴에 입력하시오.(객관식 문항당 2점)

1. 다음 중 일반기업회계기준에 따른 재무제표에 대한 설명으로 가장 옳지 않은 것은?
① 재무상태표는 일정 시점 현재 기업실체가 보유하고 있는 경제적 자원인 자산과 경제적 의무인 부채, 그리고 자본에 대한 정보를 제공하는 재무보고서이다.
② 손익계산서는 일정 시점 현재 기업실체의 경영성과에 대한 정보를 제공하는 재무보고서이다.
③ 현금흐름표는 일정 기간 동안 기업실체에 대한 현금유입과 현금유출에 대한 정보를 제공하는 재무보고서이다.
④ 자본변동표는 기업실체에 대한 자본의 크기와 그 변동에 관한 정보를 제공하는 재무보고서이다.

2. 다음 중 단기매매증권 취득 시 발생한 비용을 취득원가에 가산할 경우 재무제표에 미치는 영향으로 옳은 것은?
① 자산의 과소계상  ② 부채의 과대계상  ③ 자본의 과소계상  ④ 당기순이익의 과대계상

3. ㈜회계는 2024년 1월 1일 10,000,000원에 유형자산(기계장치)을 취득하여 사용하다가 2025년 6월 30일 4,000,000원에 처분하였다. 해당 기계장치의 처분 시 발생한 유형자산처분손실을 계산하면 얼마인가? 단, 내용연수 5년, 잔존가액 1,000,000원, 정액법(월할상각)의 조건으로 2025년 6월까지 감가상각이 완료되었다고 가정한다.
① 2,400,000원
② 3,300,000원
③ 5,100,000원
④ 6,000,000원

4. 다음의 자료를 바탕으로 2025년 12월 31일 현재 현금및현금성자산과 단기금융상품의 잔액을 계산한 것으로 옳은 것은?

- 현금시재액 : 200,000원
- 당좌예금 : 500,000원
- 정기예금 : 1,500,000원(만기 2026년 12월 31일)
- 선일자수표 : 150,000원
- 외상매입금 : 2,000,000원

① 현금및현금성자산 : 700,000원
② 현금및현금성자산 : 2,500,000원
③ 단기금융상품 : 1,650,000원
④ 단기금융상품 : 2,000,000원

5. 다음 중 대손충당금에 대한 설명으로 가장 옳지 않은 것은?
① 대손충당금은 유형자산의 차감적 평가계정이다.
② 회수가 불확실한 채권은 합리적이고 객관적인 기준에 따라 산출한 대손 추산액을 대손충당금으로 설정한다.
③ 미수금도 대손충당금을 설정할 수 있다.
④ 매출 활동과 관련되지 않은 대여금에 대한 대손상각비는 영업외비용에 속한다.

6. 다음 중 자본에 영향을 미치지 않는 항목은 무엇인가?
① 당기순이익   ② 현금배당   ③ 주식배당   ④ 유상증자

7. 다음 중 일반기업회계기준에 따른 수익 인식 시점에 대한 설명으로 옳지 않은 것은?
① 위탁판매의 경우 수탁자가 위탁품을 소비자에게 판매한 시점에 수익을 인식한다.
② 배당금수익은 배당금을 받을 권리와 금액이 확정되는 시점에 수익을 인식한다.
③ 대가가 분할되어 수취되는 할부판매의 경우 대가를 나누어 받을 때마다 수익으로 인식한다.
④ 설치수수료 수익은 재화가 판매되는 시점에 수익을 인식하는 재화의 판매에 부수되는 설치의 경우를 제외하고는 설치의 진행률에 따라 수익으로 인식한다.

**8. 다음 중 재고자산에 대한 설명으로 옳지 않은 것은?**
① 기업이 생산과정에 사용하거나 판매를 목적으로 보유한 자산이다.
② 취득원가에 매입부대비용은 포함되지 않는다.
③ 기말 평가방법에 따라 기말 재고자산 금액이 다를 수 있다.
④ 수입 시 발생한 관세는 취득원가에 가산하여 재고자산에 포함된다.

**9. 다음 중 원가에 대한 설명으로 옳지 않은 것은?**
① 원가의 발생형태에 따라 재료원가, 노무원가, 제조경비로 분류한다.
② 특정 제품에 대한 직접 추적가능성에 따라 직접원가, 간접원가로 분류한다.
③ 조업도 증감에 따른 원가의 행태로서 변동원가, 고정원가로 분류한다.
④ 기회비용은 과거의 의사결정으로 인해 이미 발생한 원가이며, 대안 간의 차이가 발생하지 않는 원가를 말한다.

**10. 부문별 원가계산에서 보조부문의 원가를 제조부문에 배분하는 방법 중 보조부문의 배분 순서에 따라 제조간접원가의 배분액이 달라지는 방법은?**
① 직접배분법　　　② 단계배분법　　　③ 상호배분법　　　④ 총배분법

**11. 다음 중 제조원가명세서에서 제공하는 정보는 무엇인가?**
① 기부금
② 이자비용
③ 당기총제조원가
④ 매출원가

12. 다음의 자료를 이용하여 평균법에 의한 가공원가 완성품환산량을 구하시오(단, 재료는 공정 초기에 전량 투입되고 가공원가는 공정 전반에 걸쳐 균등하게 발생한다).

   · 당기완성품 : 40,000개   · 당기착수수량 : 60,000개
   · 기초재공품 : 10,000개(완성도 30%)   · 기말재공품 : 30,000개(완성도 60%)

   ① 52,000개
   ② 54,000개
   ③ 56,000개
   ④ 58,000개

13. 다음 중 부가가치세법상 납세의무자에 대한 설명으로 틀린 것은?
   ① 사업의 영리 목적 여부에 관계없이 사업상 독립적으로 재화 및 용역을 공급하는 사업자이다.
   ② 영세율을 적용받는 사업자는 납세의무자에 해당하지 않는다.
   ③ 간이과세자도 납세의무자에 포함된다.
   ④ 재화를 수입하는 자는 그 재화의 수입에 대한 부가가치세를 납부할 의무가 있다.

14. 다음 중 부가가치세법상 사업장에 대한 설명으로 옳지 않은 것은?
   ① 사업장은 사업자가 사업을 하기 위하여 거래의 전부 또는 일부를 하는 고정된 장소로 한다.
   ② 사업장을 설치하지 않고 사업자등록도 하지 않은 경우에는 과세표준 및 세액을 결정하거나 경정할 당시의 사업자의 주소 또는 거소를 사업장으로 한다.
   ③ 제조업의 경우 따로 제품 포장만을 하거나 용기에 충전만 하는 장소도 사업장에 포함될 수 있다.
   ④ 부동산상의 권리만 대여하는 경우에는 그 사업에 관한 업무를 총괄하는 장소를 사업장으로 한다.

15. 부가가치세법상 법인사업자가 전자세금계산서를 발급하는 경우 전자세금계산서 발급 명세를 언제까지 국세청장에게 전송해야 하는가?
   ① 전자세금계산서 발급일의 다음 날
   ② 전자세금계산서 발급일로부터 1주일 이내
   ③ 전자세금계산서 발급일이 속하는 달의 다음 달 10일 이내
   ④ 전자세금계산서 발급일이 속하는 달의 다음 달 25일 이내

## ✻ 실무시험 ✻

문제에서 한국채택국제회계기준을 적용하도록 하는 전제조건이 없는 경우, 일반기업회계기준을 적용하여 회계처리 한다.

㈜태림상사(회사코드:1116)는 자동차부품의 제조 및 도소매업을 영위하는 중소기업으로 당기(제10기) 회계기간은 2025.1.1. ~ 2025.12.31.이다. 전산세무회계 수험용 프로그램을 이용하여 다음 물음에 답하시오.

### 문제1
다음은 [기초정보관리] 및 [전기분재무제표]에 대한 자료이다. 각각의 요구사항에 대하여 답하시오. (10점)

[1] [거래처등록] 메뉴를 이용하여 다음의 신규 거래처를 추가로 등록하시오. (3점)

- 거래처코드 : 05000
- 거래처명 : ㈜대신전자
- 대표자 : 김영일
- 사업자등록번호 : 108-81-13579
- 업태 : 제조
- 종목 : 전자제품
- 유형 : 매출
- 사업장주소 : 경기도 시흥시 정왕대로 56(정왕동)

※ 주소 입력 시 우편번호 입력은 생략해도 무방함.

[2] ㈜태림상사의 기초 채권 및 채무의 올바른 잔액은 아래와 같다. [거래처별초기이월] 메뉴의 자료를 검토하여 오류가 있으면 올바르게 삭제 또는 수정, 추가 입력을 하시오. (3점)

| 계정과목 | 거래처 | 금액 |
|---|---|---|
| 외상매출금 | ㈜동명상사 | 6,000,000원 |
| 받을어음 | ㈜남북 | 1,000,000원 |
| 지급어음 | ㈜동서 | 1,500,000원 |

[3] 전기분 손익계산서를 검토한 결과 다음과 같은 오류를 발견하였다. 해당 오류사항과 관련된 [전기분원가명세서] 및 [전기분손익계산서]를 수정 및 삭제하시오. (4점)

- 공장 건물에 대한 재산세 3,500,000원이 판매비와관리비의 세금과공과금으로 반영되어 있다.

**문제2**  [일반전표입력] 메뉴를 이용하여 다음의 거래 자료를 입력하시오(일반전표입력의 모든 거래는 부가가치세를 고려하지 말 것). (18점)

< 입력 시 유의사항 >
· 일반적인 적요의 입력은 생략하지만, 타계정 대체거래는 적요번호를 선택하여 입력한다.
· 채권·채무와 관련된 거래는 별도의 요구가 없는 한 반드시 기 등록되어 있는 거래처코드를 선택하는 방법으로 거래처명을 입력한다.
· 제조경비는 500번대 계정코드를, 판매비와 관리비는 800번대 계정코드를 사용한다.
· 회계처리시 계정과목은 별도제시가 없는 한 등록되어 있는 계정과목 중 가장 적절한 과목으로 한다.

[1] 08월 05일 회사는 운영자금 문제를 해결하기 위해서, 보유 중인 ㈜기경상사의 받을어음 1,000,000원을 한국은행에 할인하였으며 할인료 260,000원을 공제하고 보통예금 계좌로 입금받았다(단, 매각거래로 간주한다). (3점)

[2] 08월 10일 본사관리부 직원의 국민연금 800,000원과 카드결제수수료 8,000원을 법인카드(하나카드)로 결제하여 일괄 납부하였다. 납부한 국민연금 중 50%는 회사부담분, 50%는 원천징수한 금액으로 회사부담분은 세금과공과로 처리한다. (3점)

[3] 08월 22일 공장에서 사용할 비품(공정가치 5,000,000원)을 대주주로부터 무상으로 받았다. (3점)

[4] 09월 04일 ㈜경기로부터 원재료를 구입하기로 계약하고, 계약금 1,000,000원을 보통예금 계좌에서 이체하여 지급하였다. (3점)

[5] 10월 28일 영업부에서 사용할 소모품을 현금으로 구입하고 아래의 간이영수증을 수취하였다 (단, 당기 비용으로 처리할 것). (3점)

| 영 수 증 (공급받는자용) | | | | |
|---|---|---|---|---|
| No. | ㈜태림상사 귀하 | | | |
| 공급자 | 사업자등록번호 | 314-36-87448 | | |
| | 상      호 | 솔잎문구 | 성    명 | 김솔잎 (인) |
| | 사 업 장 소 재 지 | 경기도 양주시 남방동 25 | | |
| | 업      태 | 도소매 | 종    목 | 문구점 |
| 작성년월일 | 공급대가 총액 | | 비고 | |
| 2025.10.28. | 70,000원 | | | |
| 위 금액을 정히 **영수**(청구)함. | | | | |

| 월일 | 품목 | 수량 | 단가 | 공급가(금액) |
|---|---|---|---|---|
| 10.28. | A4 | 2 | 35,000원 | 70,000원 |
| | | | | |
| | | | | |
| | | | | |
| 합계 | | | | 70,000원 |

부가가치세법시행규칙 제25조의 규정에 의한 (영수증)으로 개정

[6] 12월 01일 단기시세차익을 목적으로 ㈜ABC(시장성 있는 주권상장법인에 해당)의 주식 100주를 주당 25,000원에 취득하였다. 이와 별도로 발생한 취득 시 수수료 50,000원과 함께 대금은 모두 보통예금 계좌에서 이체하여 지급하였다. (3점)

문제3 [매입매출전표입력] 메뉴를 이용하여 다음의 거래 자료를 입력하시오. (18점)

< 입력 시 유의사항 >

- 일반적인 적요의 입력은 생략하지만, 타계정 대체거래는 적요번호를 선택하여 입력한다.
- 별도의 요구가 없는 한 반드시 기 등록되어 있는 거래처코드를 선택하는 방법으로 거래처명을 입력한다.
- 제조경비는 500번대 계정코드를, 판매비와 관리비는 800번대 계정코드를 사용한다.
- 회계처리시 계정과목은 별도제시가 없는 한 등록되어 있는 계정과목 중 가장 적절한 과목으로 한다.
- 입력화면 하단의 분개까지 처리하고, 전자세금계산서 및 전자계산서는 전자입력으로 반영한다.

[1] 07월 05일 제일상사에게 제품을 판매하고 신용카드(삼성카드)로 결제받고 발행한 매출전표는 아래와 같다. (3점)

```
카드매출전표
----------------------------
카드종류 : 삼성카드
회원번호 : 951-3578-654
거래일시 : 2025.07.05. 11:20:22
거래유형 : 신용승인
매    출 : 800,000원
부 가 세 : 80,000원
합    계 : 880,000원
결제방법 : 일시불
승인번호 : 2025070580001
은행확인 : 삼성카드사
============================
       - 이 하 생 략 -
```

[2] 07월 11일 ㈜연분홍상사에게 다음과 같은 제품을 판매하고 1,000,000원은 현금으로, 15,000,000원은 어음으로 받고 나머지는 외상으로 하였다. (3점)

| 전자세금계산서 | | | | | | | 승인번호 | 20250711-1000000-00009329 | | |
|---|---|---|---|---|---|---|---|---|---|---|
| 공급자 | 등록번호 | 215-81-69876 | | 종사업장번호 | | 공급받는자 | 등록번호 | 134-86-81692 | 종사업장번호 | |
| | 상호(법인명) | ㈜태림상사 | | 성명 | 정대우 | | 상호(법인명) | ㈜연분홍상사 | 성명 | 이연홍 |
| | 사업장주소 | 경기도 양주시 양주산성로 85-7 | | | | | 사업장주소 | 경기도 화성시 송산면 마도북로 40 | | |
| | 업태 | 제조,도소매 | 종목 | 자동차부품 외 | | | 업태 | 제조 | 종목 | 자동차특장 |
| | 이메일 | school_01@taelim.kr | | | | | 이메일 | pink01@hanmail.net | | |
| | | | | | | | 이메일 | | | |

| 작성일자 | 공급가액 | 세액 | 수정사유 | 비고 |
|---|---|---|---|---|
| 2025/07/11 | 30,000,000 | 3,000,000 | 해당 없음 | |

| 월 | 일 | 품목 | 규격 | 수량 | 단가 | 공급가액 | 세액 | 비고 |
|---|---|---|---|---|---|---|---|---|
| 07 | 11 | 제품 | | | | 30,000,000 | 3,000,000 | |

| 합계금액 | 현금 | 수표 | 어음 | 외상미수금 | 위 금액을 (영수) 함 (청구) |
|---|---|---|---|---|---|
| 33,000,000 | 1,000,000 | | 15,000,000 | 17,000,000 | |

[3] 10월 01일 제조공장 직원들의 야근 식사를 위해 대형마트에서 국내산 쌀(면세)을 1,100,000원에 구입하고 대금은 보통예금 계좌에서 이체하였으며, 지출증빙용 현금영수증을 발급받았다. (3점)

| 현금영수증 |||
|---|---|---|
| 승인번호 | 구매자 발행번호 | 발행방법 |
| G54782245 | 215-81-69876 | 지출증빙 |
| 신청구분 | 발행일자 | 취소일자 |
| 사업자번호 | 2025.10.01 | - |
| 상품명 |||
| 쌀 |||
| 구분 | 주문번호 | 상품주문번호 |
| 일반상품 | 20251001054897 | 2025100185414 |

**판매자 정보**

| 판매자상호 | 대표자명 |
|---|---|
| 대형마트 | 김대인 |
| 사업자등록번호 | 판매자전화번호 |
| 201-17-45670 | 02-788-8888 |
| 판매자사업장주소 ||
| 서울특별시 종로구 종로동 2-1 ||

**금액**

| 공급가액 | 1,100,000 |
|---|---|
| 부가세액 | |
| 봉사료 | |
| 승인금액 | 1,100,000 |

[4] 10월 30일 미국의 Nice Planet에 $50,000(수출신고일 10월 25일, 선적일 10월 30일)의 제품을 직수출하였다. 수출대금 중 $20,000는 10월 30일에 보통예금 계좌로 입금받았으며, 나머지 잔액은 11월 3일에 받기로 하였다. 일자별 기준환율은 다음과 같다(단, 수출신고필증은 정상적으로 발급받았으며, 수출신고번호는 고려하지 말 것). (3점)

| 일자 | 10월 25일 | 10월 30일 | 11월 03일 |
|---|---|---|---|
| 기준환율 | 1,380원/$ | 1,400원/$ | 1,410원/$ |

[5] 11월 30일 ㈜제니빌딩으로부터 영업부 임차료에 대한 공급가액 3,000,000원(부가가치세 별도)의 전자세금계산서를 수취하고 대금은 다음 달에 지급하기로 한다. 단, 미지급금으로 회계처리 하시오. (3점)

[6] 12월 10일 건축물이 있는 토지를 취득하여 그 건축물을 철거하고 토지만 사용하고자 한다. 건물 철거비용에 대하여 ㈜시온건설로부터 아래의 전자세금계산서를 발급받았다. 대금은 ㈜선유자동차로부터 제품 판매대금으로 받아 보관 중인 ㈜선유자동차 발행 약속어음으로 전액 지급하였다. (3점)

| | 전자세금계산서 | | | | 승인번호 | 20251210-12595557-12569886 | |
|---|---|---|---|---|---|---|---|
| 공급자 | 등록번호 | 105-81-23608 | 종사업장번호 | | 등록번호 | 215-81-69876 | 종사업장번호 |
| | 상호(법인명) | ㈜시온건설 | 성명 | 정상임 | 상호(법인명) | ㈜태림상사 | 성명 | 정대우 |
| | 사업장주소 | 서울특별시 강남구 도산대로 42 | | | 사업장주소 | 경기도 양주시 양주산로 85-7 | |
| | 업태 | 건설 | 종목 | 토목공사 | 업태 | 제조, 도소매 | 종목 | 자동차부품 외 |
| | 이메일 | sion@hanmail.net | | | 이메일 | school_01@taelim.kr | |
| | | | | | 이메일 | | |
| 작성일자 | 공급가액 | 세액 | 수정사유 | 비고 |
| 2025/12/10 | 60,000,000 | 6,000,000 | 해당 없음 | |

| 월 | 일 | 품목 | 규격 | 수량 | 단가 | 공급가액 | 세액 | 비고 |
|---|---|---|---|---|---|---|---|---|
| 12 | 10 | 철거비용 | | | 60,000,000 | 60,000,000 | 6,000,000 | |

| 합계금액 | 현금 | 수표 | 어음 | 외상미수금 | 위 금액을 (영수) 함 |
|---|---|---|---|---|---|
| 66,000,000 | | | 66,000,000 | | |

## 문제4

**[일반전표입력] 및 [매입매출전표입력] 메뉴에 입력된 내용 중 다음과 같은 오류가 발견되었다. 입력된 내용을 확인하여 정정하시오. (6점)**

[1] 09월 01일 ㈜가득주유소에서 주유 후 대금은 당일에 현금으로 결제했으며 현금영수증을 수취한 것으로 일반전표에 입력하였다. 그러나 해당 주유 차량은 제조공장의 운반용트럭(배기량 2,500cc)인 것으로 확인되었다. (3점)

[2] 11월 12일 경영관리부서 직원들을 대상으로 확정기여형(DC형) 퇴직연금에 가입하고 보통예금 계좌에서 당기분 퇴직급여 17,000,000원을 이체하였으나, 회계담당자는 확정급여형(DB형) 퇴직연금에 가입한 것으로 알고 회계처리를 하였다(단, 납입 당시 퇴직급여충당부채 잔액은 없는 것으로 가정한다). (3점)

## 제13편. 전산회계1급 -최근기출문제

**문제5** 결산정리사항은 다음과 같다. 관련 메뉴를 이용하여 결산을 완료하시오. (9점)

― < 입력 시 유의사항 > ―
- 적요의 입력은 생략한다.
- 채권·채무와 관련된 거래는 별도의 요구가 없는 한 반드시 기등록된 거래처코드를 선택하는 방법으로 거래처명을 입력한다.
- 회계처리 시 계정과목은 별도의 제시가 없는 한 등록된 계정과목 중 가장 적절한 과목으로 한다.

[1] 7월 1일에 가입한 하나은행의 정기예금 10,000,000원(만기 1년, 연 이자율 4.5%)에 대하여 기간 경과분 이자를 계상하였다(단, 이자 계산은 월할 계산하며, 원천징수는 없다고 가정한다). (3점)

[2] 경남은행으로부터 차입한 장기차입금 중 50,000,000원은 2026년 11월 30일에 상환기일이 도래한다. (3점)

[3] 2024년 제2기 부가가치세 확정신고 기간에 대한 부가세예수금은 52,346,500원, 부가세대급금은 52,749,000원일 때 부가가치세를 정리하는 회계처리를 하시오(단, 납부세액(또는 환급세액)은 미지급세금(또는 미수금)으로 회계처리하고, 불러온 자료는 무시한다). (3점)

**문제6** 다음 사항을 조회하여 알맞은 답안을 메뉴에 입력하시오. (9점)

[1] 3월 말 현재 외상매출금 잔액이 가장 큰 거래처명과 그 금액은 얼마인가? (3점)

[2] 2025년 중 실제로 배당금을 수령한 달은 몇 월인가? (3점)

[3] 2025년 제1기 부가가치세 확정신고서(2025.04.01. ~ 2025.06.30.)의 매출액 중 세금계산서 발급분 공급가액의 합계액은 얼마인가? (3점)

# 📝 116회 이론시험 답안

| A형 | <1> | <2> | <3> | <4> | <5> | <6> | <7> | <8> | <9> | <10> | <11> | <12> | <13> | <14> | <15> |
|---|---|---|---|---|---|---|---|---|---|---|---|---|---|---|---|
| | ② | ④ | ② | ① | ① | ③ | ③ | ② | ④ | ② | ③ | ④ | ② | ③ | ① |

## 1.
[답] ② [일반기업회계기준 "재무회계개념체계" 문단 79] 손익계산서는 일정 기간 동안 기업실체의 경영성과에 대한 정보를 제공하는 재무보고서이다.

## 2.
[답] ④ 단기매매증권 취득 시 발생한 거래원가는 당기비용으로 처리한다. 만약 이를 자산으로 계상 시 자산의 과대계상으로 이어지고 이는 자본 및 당기순이익의 과대계상을 초래한다.

## 3.
[답] ② 3,300,000원
- 2024년 감가상각비 : (10,000,000원 - 1,000,000원)/5년 = 1,800,000원
- 2025년 감가상각비 : (10,000,000원 - 1,000,000원)/5년 × 6/12 = 900,000원
- 처분손실 : (10,000,000원 - 1,800,000원 - 900,000원) - 4,000,000원 = 3,300,000원

## 4.
[답] ①
- 현금및현금성자산 : 현금시재액 200,000원 + 당좌예금 500,000원 = 700,000원
- 단기금융상품 : 정기예금 1,500,000원(보고기간 종료일로부터 1년 이내에 만기가 도래)

## 5.
[답] ① 대손충당금은 채권의 차감적 평가계정이다.

## 6.
[답] ③ 주식배당
① 미처분이익잉여금을 증가시킴(자본증가)
② 미처분이익잉여금을 감소시킴(자본감소)
③ 미처분이익잉여금을 감소시킴과 동시에 자본금을 증가시킴(영향 없음)
④ 자본금 및 자본잉여금을 증가시킴(자본증가)

## 7.
[답] ③ [일반기업회계기준 문단 16. 사례8] 대가가 분할되어 수취되는 할부판매의 경우에는 이자 부분을 제외한 판매가격에 해당하는 수익을 판매시점에 인식한다. 판매가격은 대가의 현재가치로서 수취할 할부금액을 내재이자율로 할인한 금액이다.

## 8.
[답] ② 취득원가에 매입부대비용은 포함된다.

**9.**
[답] ④ 매몰비용(매몰원가)에 대한 설명이다.

**10.**
[답] ② 단계배분법은 보조부문원가의 배분순서를 정하여 그 순서에 따라 보조부문원가를 다른 보조부문과 제조부문에 단계적으로 배분하는 방법이다.

**11.**
[답] ③ 나머지는 손익계산서에서 제공하는 정보이다.

**12.**
[답] ④ 58,000개
• 가공원가 완성품환산량 : 당기완성품 40,000개 + 기말재공품 30,000개×60%(완성도) = 58,000개

**13.**
[답] ② 부가가치세법 제3조 제1항 제1호 및 제2호, 영세율을 적용받는 사업자도 납세의무자에 해당한다.

**14.**
[답] ③ 제조업의 경우 따로 제품 포장만을 하거나 용기에 충전만 하는 장소는 사업장에서 제외한다.

**15.**
[답] ① 전자세금계산서는 발급일의 익일까지 국세청장에게 전송하여야 한다.

# 📝 116회 실무시험 답안

### 문제1

**[1]**
[답]
- [기초정보관리] > 거래처등록 > 일반거래처 > • 거래처코드 : 05000
  - • 거래처명 : ㈜대신전자
  - • 사업자등록번호 : 108-81-13579
  - • 유형 : 1.매출
  - • 대표자성명 : 김영일
  - • 업태 : 제조
  - • 종목 : 전자제품
  - • 사업장주소 : 경기도 시흥시 정왕대로 56(정왕동)

**[2]**
[답]
- [거래처별초기이월] > 외상매출금 > •㈜동명상사 5,000,000원 → 6,000,000원으로 수정
  - > 받을어음 > •㈜남북 2,500,000원 → 1,000,000원으로 수정
  - > 지급어음 > •㈜동서 1,500,000원 추가 입력

**[3]**
[답]
- [전기분원가명세서] > 세금과공과금 3,500,000원 입력
  - > 당기제품제조원가 104,150,000원 → 107,650,000원으로 수정 확인
- [전기분손익계산서] > 당기제품제조원가 107,650,000원으로 수정
  - > 판매비와관리비 세금과공과금 3,500,000원 삭제
  - > (※ 또는 세금과공과금 금액을 0원으로 수정)
  - > 당기순이익 18,530,000원 변동 없음 확인

# 제13편. 전산회계1급 -최근기출문제

## 문제2

**[1]**
[답] 일반전표입력
(차) 보통예금　　　　　740,000원　　(대) 받을어음(㈜기경상사)　1,000,000원
　　　매출채권처분손실　260,000원

**[2]**
[답] 일반전표입력
(차) 세금과공과(판)　400,000원　　(대) 미지급금(하나카드)　808,000원
　　　수수료비용(판)　　 8,000원　　　　 또는 미지급비용
　　　예수금　　　　　400,000원

**[3]**
[답] 일반전표입력
(차) 비품　　5,000,000원　　(대) 자산수증이익　5,000,000원

**[4]**
[답] 일반전표입력
(차) 선급금(㈜경기)　1,000,000원　　(대) 보통예금　1,000,000원

**[5]**
[답] 일반전표입력
(차) 소모품비(판)　70,000원　　(대) 현금　70,000원

**[6]**
[답] 일반전표입력
(차) 단기매매증권　　　 2,500,000원　　(대) 보통예금　2,550,000원
　　　수수료비용(984)　　 50,000원

## 문제3

**[1]**
[답] 매입매출전표입력
유형: 17.카과, 공급가액: 800,000원, 부가세: 80,000원, 공급처명: 제일상사, 분개: 카드 또는 혼합
신용카드사:삼성카드
(차) 외상매출금(삼성카드)    880,000원    (대) 제품매출         800,000원
                                              부가세예수금       80,000원

**[2]**
[답] 매입매출전표입력
유형: 11.과세, 공급가액: 30,000,000원, 부가세: 3,000,000원, 공급처명: ㈜연분홍상사, 전자: 여, 분개: 혼합
(차) 외상매출금         17,000,000원    (대) 제품매출       30,000,000원
    받을어음           15,000,000원         부가세예수금    3,000,000원
    현금                1,000,000원

**[3]**
[답] 매입매출전표입력
유형: 62.현면, 공급가액: 1,100,000원, 부가세: 0 원, 공급처명: 대형마트, 분개: 혼합
(차) 복리후생비(제)    1,100,000원    (대) 보통예금       1,100,000원

**[4]**
[답] 매입매출전표입력
유형: 16.수출, 공급가액: 70,000,000원, 부가세: 0 원, 공급처명: Nice Planet, 분개: 혼합
영세율구분: ①직접수출(대행수출 포함)
(차) 보통예금         28,000,000원    (대) 제품매출       70,000,000원
    외상매출금       42,000,000원

**[5]**
[답] 매입매출전표입력
유형: 51.과세, 공급가액: 3,000,000원, 부가세: 300,000원, 공급처명: ㈜제니빌딩, 전자: 여, 분개: 혼합
(차) 임차료(판)        3,000,000원    (대) 미지급금        3,300,000원
    부가세대급금       300,000원

**[6]**
[답] 매입매출전표입력
유형: 54.불공, 공급가액: 60,000,000원, 부가세: 6,000,000원, 공급처명: ㈜시온건설, 전자: 여, 분개: 혼합
불공제사유: ⑥토지의 자본적지출 관련
(차) 토지             66,000,000원    (대) 받을어음(㈜선유자동차)    66,000,000원

## 문제4

**[1]**
[답]
· 수정 전 :
(차) 차량유지비(판)     110,000원     (대) 현금     110,000원
· 수정 후 : 일반전표에 입력된 내용 삭제하고 매입매출전표에 다음과 같이 입력
유형: 61.현과,   공급가액: 100,000원,   부가세: 10,000원,   공급처명: ㈜가득주유소,   분개: 현금 또는 혼합
(차) 차량유지비(제)     100,000원     (대) 현금     110,000원
    부가세대급금          10,000원

**[2]**
[답] 일반전표입력
· 수정 전 :
(차) 퇴직연금운용자산     17,000,000원     (대) 보통예금     17,000,000원
· 수정 후 :
(차) 퇴직급여(판)     17,000,000원     (대) 보통예금     17,000,000원

## 문제5

**[1]**
[답] 일반전표입력
(차) 미수수익     225,000원     (대) 이자수익     225,000원
· 10,000,000원 × 4.5% × 6/12 = 225,000원

**[2]**
[답] 일반전표입력
(차) 장기차입금(경남은행)     50,000,000원     (대) 유동성장기부채(경남은행)     50,000,000원

**[3]**
[답] 일반전표입력
(차) 부가세예수금     52,346,500원     (대) 부가세대급금     52,749,000원
    미수금            402,500원

## 문제6

**[1]**

[답] 양주기업, 50,000,000원
- [거래처원장] > [잔액] 탭 > 기간 : 2025년 1월 1일 ~ 2025년 3월 31일 > 계정과목 : 0108.외상매출금 조회

**[2]**

[답] 4월
- [계정별원장] > 배당금수익 조회

**[3]**

[답] 295,395,000원
- [부가가치세신고서] > 기간 : 4월 1일 ~ 6월 30일 조회
- 과세 세금계산서 발급분 공급가액 290,395,000원 + 영세 세금계산서 발급분 공급가액 5,000,000원

# 제 117회 기출문제

## ✱ 이론시험 ✱

다음 문제를 보고 알맞은 것을 골라 이론문제 답안작성 메뉴에 입력하시오.(객관식 문항당 2점)

1. 다음 중 재무상태표에 기재되지 않는 것은?
① 개발비(무형자산의 인식요건을 충족함)
② 영업권(기업인수에 따른 평가금액)
③ 연구비(연구단계에서 발생한 지출)
④ 선급비용

2. 다음 중 당좌자산에 해당하지 않는 것은?
① 외상매출금
② 받을어음
③ 현금 및 현금성자산
④ 단기차입금

3. 다음 중 무형자산에 대한 설명으로 옳지 않은 것은?
① 무형자산의 소비되는 행태를 신뢰성 있게 결정할 수 없을 경우 정률법으로 상각한다.
② 무형자산을 취득하는 경우 수익·비용 대응의 원칙에 따라 합리적인 방법을 이용하여 상각한다.
③ 영업권, 산업재산권, 개발비 등이 무형자산에 해당한다.
④ 영업권 중에서도 내부적으로 창출된 영업권은 무형자산으로 인식할 수 없으나 외부에서 구입한 영업권은 재무상태표에 계상할 수 있다.

4. 기말에 창고의 재고금액을 실사한 결과 300,000원이었고 추가로 아래의 항목을 발견하였다. 아래의 항목을 고려하여 적절히 수정할 경우 정확한 기말재고자산 금액은 얼마인가?

- 도착지(목적지)인도조건으로 판매하여 기말현재 운송 중인 재고 : 20,000원
- 위탁자로부터 받아 창고에 보관 중인 수탁품 : 30,000원

① 290,000원   ② 300,000원   ③ 320,000원   ④ 350,000원

5. 다음 중 단기매매증권에 대한 설명으로 가장 옳지 않은 것은?
① 단기매매증권은 당좌자산으로 분류된다.
② 단기매매증권은 주로 단기간 내의 매매차익을 목적으로 취득한 유가증권으로서 매수와 매도가 적극적이고 빈번하게 이루어지는 것을 말한다.
③ 단기매매증권의 취득과 직접 관련된 거래원가는 최초 인식하는 공정가치에 가산한다.
④ 단기매매증권에 대한 미실현보유손익은 당기손익항목으로 처리한다.

6. 다음의 회계처리로 인한 부채의 증가액은 얼마인가?

| 회사는 현금배당을 하기로 하였으며, 아래와 같이 회계처리하였다. |
| --- |
| (차) 이익잉여금　　220,000원　　(대) 미지급배당금　　200,000원<br>　　　　　　　　　　　　　　　　　　법정적립금　　　 20,000원 |

① 부채 220,000원 증가
② 부채 200,000원 증가
③ 부채 90,000원 증가
④ 부채 100,000원 증가

7. 다음 중 자본에 대한 설명으로 옳지 않은 것은?
① 이익잉여금을 자본 전입하는 주식배당 시, 자본금은 증가하고 이익잉여금은 감소한다.
② 주식발행초과금은 주식의 발행가액이 액면가액을 초과하는 경우 그 초과금액을 말한다.
③ 기말 재무상태표상 미처분이익잉여금은 당기 이익잉여금의 처분사항이 반영되기 전의 금액이다.
④ 주식배당과 무상증자 시 순자산의 증가가 발생한다.

8. 다음 중 영업외수익에 해당하지 않는 것은?
① 외환차익
② 자산수증이익
③ 채무면제이익
④ 매출액

9. ㈜삼척은 직접노무시간을 기준으로 제조간접원가를 배부하고 있다. 당해연도 초의 예상 직접노무시간은 50,000시간이고, 제조간접원가 예상액은 3,000,000원이었다. 6월의 제조간접원가 실제 발생액은 500,000원이고, 실제 직접노무시간이 3,000시간인 경우 6월의 제조간접원가 배부차이는 얼마인가?
① 과소배부 320,000원
② 과대배부 320,000원
③ 과소배부 180,000원
④ 과대배부 180,000원

10. 다음의 항목을 원가행태에 따라 분류할 경우 성격이 가장 다른 하나는 무엇인가?
① 제품의 제조에 사용하는 원재료
② 매월 일정하게 발생하는 임차료
③ 시간당 지급하기로 한 노무비
④ 사용량(kw)에 따라 발생하는 전기료(단, 기본요금은 없음)

11. 다음의 자료를 이용하여 가공원가를 계산하면 얼마인가?

| 구분 | 금액 |
| --- | --- |
| 직접재료원가 | 1,000,000원 |
| 직접노무원가 | 2,500,000원 |
| 제조간접원가 | 1,800,000원 |

① 2,500,000원　② 2,800,000원　③ 3,500,000원　④ 4,300,000원

12. 다음 중 원가배분에 대한 설명으로 옳지 않은 것은?
① 직접배분법은 보조부문 상호간의 용역수수관계를 전혀 고려하지 않는 방법이다.
② 직접배분법은 보조부문 상호간의 용역수수관계가 밀접한 경우 정확한 원가배분이 가능하다.
③ 단계배분법은 보조부문간의 일정한 배분 순서를 정한 다음 그 배분 순서에 따라 보조부문비를 배분하는 방법이다.
④ 단계배분법은 용역수수관계를 완전히 반영하지 못하기 때문에 원가계산의 부정확성이 존재한다.

13. 다음 중 부가가치세법상 면세 대상이 아닌 것은?
① 수돗물
② 일반의약품
③ 미가공식료품
④ 도서

14. 다음 중 부가가치세법상 재화의 공급시기가 잘못 연결된 것은?
① 할부판매 : 재화가 인도되거나 이용가능한 때
② 반환조건부판매 : 조건이 성취되거나 기한이 지나 판매가 확정되는 때
③ 장기할부판매 : 대가의 각 부분을 수령한 때
④ 폐업 시 잔존재화 : 폐업하는 때

15. 다음 중 부가가치세법상 수출을 지원하는 효과가 있는 제도는 무엇인가?
① 영세율제도  ② 사업자단위과세제도  ③ 면세제도  ④ 대손세액공제제도

# 제13편. 전산회계1급 —최근기출문제

## ✱ 실무시험 ✱

문제에서 한국채택국제회계기준을 적용하도록 하는 전제조건이 없는 경우, 일반기업회계기준을 적용하여 회계처리 한다.

㈜원효상사(회사코드 : 1117)는 자동차부품의 제조 및 도소매업을 영위하는 중소기업으로 당기(제9기) 회계기간은 2025.1.1.~2025.12.31.이다. 전산세무회계 수험용 프로그램을 이용하여 다음 물음에 답하시오.

### 문제1
다음은 [기초정보관리] 및 [전기분재무제표]에 대한 자료이다. 각각의 요구사항에 대하여 답하시오. (10점)

**[1]** 다음 자료를 이용하여 [계정과목및적요등록] 메뉴에서 대체적요를 등록하시오. (3점)

  • 코드 : 812    • 계정과목 : 여비교통비    • 대체적요 : 3. 교통비 가지급금 정산

**[2]** ㈜원효상사의 기초 채권 및 채무의 올바른 잔액은 다음과 같다. 주어진 자료를 검토하여 잘못된 부분은 오류를 정정하고, 누락된 부분은 추가하여 입력하시오. (3점)

| 계정과목 | 거래처 | 금액 |
|---|---|---|
| 외상매출금 | ㈜장전전자 | 20,000,000원 |
|  | ㈜부곡무역 | 10,000,000원 |
| 외상매입금 | 구서기업 | 30,000,000원 |
|  | ㈜온천전기 | 26,000,000원 |
| 받을어음 | 데모산업 | 20,000,000원 |

**[3]** 전기분 재무제표를 검토한 결과 다음과 같은 오류를 확인하였다. 이와 관련된 전기분 재무제표를 적절히 수정하시오. (4점)

  운반비(제조원가에 속함) 5,500,000원이 누락 된 것으로 확인되었다.

**문제2** [일반전표입력] 메뉴를 이용하여 다음의 거래 자료를 입력하시오(일반전표입력의 모든 거래는 부가가치세를 고려하지 말 것). (18점)

───────────── < 입력 시 유의사항 > ─────────────
· 일반적인 적요의 입력은 생략하지만, 타계정 대체거래는 적요번호를 선택하여 입력한다.
· 채권·채무와 관련된 거래는 별도의 요구가 없는 한 반드시 기 등록되어 있는 거래처코드를 선택하는 방법으로 거래처명을 입력한다.
· 제조경비는 500번대 계정코드를, 판매비와 관리비는 800번대 계정코드를 사용한다.
· 회계처리시 계정과목은 별도제시가 없는 한 등록되어 있는 계정과목 중 가장 적절한 과목으로 한다.

[1] 07월 20일 파주시청에 판매용 제품(원가 20,000,000원, 시가 35,000,000원)을 기부하였다. (3점)

[2] 08월 28일 ㈜나른물산에 제품을 5,000,000원에 판매하기로 계약하고, 판매대금 중 30%를 당좌예금 계좌로 송금받았다. (3점)

[3] 10월 01일 ㈜부곡무역의 외상매출금 중 2,000,000원은 대손요건을 충족하였다(단, 대손발생일 현재 회사의 대손충당금 잔액은 없다). (3점)

[4] 11월 11일 장기투자 목적으로 ㈜부산상사의 보통주 4,000주를 1주당 10,000원(1주당 액면가 5,000원)에 취득하고, 대금은 매입수수료 115,000원과 함께 보통예금 계좌에서 이체하여 지급하였다. (3점)

[5] 12월 04일 외부전문가를 초빙하여 생산부서 직원의 교육을 실시하였다. 강사료는 2,500,000원이고 원천징수금액을 차감한 2,280,000원을 보통예금 계좌에서 이체하여 지급하였다. (3점)

[6] 12월 28일 ㈜온천전기에 대한 외상매출금 6,900,000원을 ㈜온천전기에 대한 외상매입금과 상계하기로 하였다. (3점)

# 제13편. 전산회계1급 -최근기출문제

## 문제3 [매입매출전표입력] 메뉴를 이용하여 다음의 거래 자료를 입력하시오. (18점)

**< 입력 시 유의사항 >**
- 일반적인 적요의 입력은 생략하지만, 타계정 대체거래는 적요번호를 선택하여 입력한다.
- 별도의 요구가 없는 한 반드시 기 등록되어 있는 거래처코드를 선택하는 방법으로 거래처명을 입력한다.
- 제조경비는 500번대 계정코드를, 판매비와 관리비는 800번대 계정코드를 사용한다.
- 회계처리시 계정과목은 별도제시가 없는 한 등록되어 있는 계정과목 중 가장 적절한 과목으로 한다.
- 입력화면 하단의 분개까지 처리하고, 전자세금계산서 및 전자계산서는 전자입력으로 반영한다.

[1] 07월 11일 내국신용장에 의하여 ㈜전남에 제품을 16,500,000원에 판매하고, 영세율전자세금계산서를 발급하였다. 판매대금 중 계약금을 제외한 잔금은 ㈜전남이 발행한 약속어음(만기 3개월)으로 수령하였으며, 계약금 5,000,000원은 작년 말에 현금으로 받았다(단, 서류번호 입력은 생략할 것). (3점)

[2] 08월 25일 회사 건물에 부착할 간판 제작대금 5,500,000원(부가가치세 포함) 중 500,000원은 현금으로 빛나는간판에 지급하였다. 나머지는 다음 달에 지급하기로 하고 전자세금계산서를 수취하였다(단, 자산으로 처리할 것). (3점)

| 전자세금계산서 | | | | | 승인번호 | 20250825-1000000-00009329 | | |
|---|---|---|---|---|---|---|---|---|
| 공급자 | 등록번호 | 731-25-82303 | 종사업장번호 | | 공급받는자 | 등록번호 | 519-85-00312 | 종사업장번호 |
| | 상호(법인명) | 빛나는간판 | 성명 | 최찬희 | | 상호(법인명) | ㈜원효상사 | 성명 | 김효원 |
| | 사업장 | 부산광역시 해운대구 센텀중앙로 145 | | | | 사업장 | 부산광역시 해운대구 해운대로 777 | | |
| | 업태 | 제조업 | 종목 | 간판 | | 업태 | 제조,도소매 | 종목 | 자동차부품 |
| | 이메일 | | | | | 이메일 | | | |
| | | | | | | 이메일 | | | |

| 작성일자 | 공급가액 | 세액 | 수정사유 |
|---|---|---|---|
| 2025.08.25. | 5,000,000 | 500,000 | 해당없음 |
| 비고 | | | |

| 월 | 일 | 품목 | 규격 | 수량 | 단가 | 공급가액 | 세액 | 비고 |
|---|---|---|---|---|---|---|---|---|
| 08 | 25 | 간판 | | | | 5,000,000 | 500,000 | |

| 합계금액 | 현금 | 수표 | 어음 | 외상미수금 | 이 금액을 ( 청구 ) 함 |
|---|---|---|---|---|---|
| 5,500,000 | 500,000 | | | 5,000,000 | |

[3] 09월 17일 한수상사에 제품을 5,500,000원에 판매하고 전자세금계산서를 발급하였다. 보통예금으로 2,000,000원을 입금받고 나머지는 이달 말 입금 받을 예정이다. (3점)

| 전자세금계산서 | | | | 승인번호 | 20250917-1000000-00008463 | | |
|---|---|---|---|---|---|---|---|
| 공급자 | 등록번호 | 519-85-00312 | 종사업장번호 | 공급받는자 | 등록번호 | 154-36-61695 | 종사업장번호 |
| | 상호(법인명) | ㈜원효상사 | 성명 김효원 | | 상호(법인명) | 한수상사 | 성명 김한수 |
| | 사업장주소 | 부산광역시 해운대구 해운대로 777 | | | 사업장주소 | 부산 남구 대연동 125 | |
| | 업태 | 제조,도소매 | 종목 자동차부품 | | 업태 | 제조 | 종목 자동차특장 |
| | 이메일 | | | | 이메일 | | |
| | | | | | 이메일 | | |
| 작성일자 | 공급가액 | | 세액 | 수정사유 | 비고 | | |
| 2025.09.17. | 5,000,000 | | 500,000 | 해당 없음 | | | |
| 월 | 일 | 품목 | 규격 | 수량 | 단가 | 공급가액 | 세액 | 비고 |
| 09 | 17 | 제품 | | | | 5,000,000 | 500,000 | |

| 합계금액 | 현금 | 수표 | 어음 | 외상미수금 | 위 금액을 (영수) 함 (청구) |
|---|---|---|---|---|---|
| 5,500,000 | 2,000,000 | | | 3,500,000 | |

[4] 10월 02일 비사업자인 나누리에게 제품을 1,100,000원(부가가치세 포함)에 판매하였다. 대금은 현금으로 받고 현금영수증을 발행하였다(단, 공급처명을 입력할 것). (3점)

**Hometax. 국세청홈택스 현금영수증**

● 거래정보

| 거래일시 | 2025-10-02 |
|---|---|
| 승인번호 | G54782245 |
| 거래구분 | 승인거래 |
| 거래용도 | 소득공제 |
| 발급수단번호 | 010 - **** - 1234 |

● 거래금액

| 공급가액 | 부가세 | 봉사료 | 총 거래금액 |
|---|---|---|---|
| 1,000,000 | 100,000 | 0 | 1,100,000 |

● 가맹점 정보

| 상호 | ㈜원효상사 |
|---|---|
| 사업자번호 | 519-85-00312 |
| 대표자명 | 김효원 |
| 주소 | 부산광역시 해운대구 해운대로 777 |

● 익일 홈택스에서 현금영수증 발급 여부를 반드시 확인하시기 바랍니다.
● 홈페이지 (http://www.hometax.go.kr)
  - 조회/발급 > 현금영수증 조회 > 사용내역(소득공제) 조회
                                    > 매입내역(지출증빙) 조회
● 관련문의는 국세상담센터(☎126-1-1)

[5] 11월 19일 해외거래처인 Winstom으로부터 제품 생산에 필요한 원재료를 수입하면서 부산세관으로부터 아래의 수입전자세금계산서를 발급받고, 부가가치세는 현금으로 납부하였다(단, 재고자산에 대한 회계처리는 생략할 것). (3점)

| 수입전자세금계산서 | | | | | 승인번호 | | 20251119-11324560-11134348 | | |
|---|---|---|---|---|---|---|---|---|---|
| 세관명 | 등록번호 | 601-83-00048 | 종사업장번호 | | 수입자 | 등록번호 | 519-85-00312 | 종사업장번호 | |
| | 세관명 | 부산세관 | 성명 | 김부산 | | 상호(법인명) | ㈜원효상사 | 성명 | 김효원 |
| | 세관주소 | 부산광역시 남구 용당동 121 | | | | 사업장주소 | 부산광역시 해운대구 해운대로 777 | | |
| | 수입신고번호또는일괄발급기간(총건) | | | | | 업태 | 제조, 도소매 | 종목 | 자동차부품 |
| 납부일자 | | 과세표준 | | 세액 | | 수정사유 | | 비고 | |
| 2025.11.19. | | 2,600,000 | | 260,000 | | 해당 없음 | | | |
| 월 | 일 | 품목 | 규격 | 수량 | 단가 | | 공급가액 | 세액 | 비고 |
| 11 | 19 | 수입신고필증 참조 | | | | | 2,600,000 | 260,000 | |
| 합계금액 | | | | | | | 2,860,000 | | |

[6] 12월 01일 본사 관리팀에서 회사 이미지 개선을 위해 광고대행사에 광고를 의뢰하고, 우리카드(법인카드)로 결제하고 아래와 같이 카드영수증을 수취하였다. (3점)

```
                    카드매출전표
 2025.12.01  14:03:54
 정상승인 | 일시불
 결제 정보
 카드                                우리카드(법인)
 회원번호                        2245-1223-****-1537
 승인번호                                    76993452
 이용구분                                        일시불
 결제 금액                                  3,300,000원
 공급가액                                   3,000,000원
 부가세                                       300,000원
 봉사료                                              0원
 가맹점 정보
 가맹점명                                   ㈜광고나라
 사업자등록번호                          126-86-21617
 대표자명                                        김사라
               위 거래 사실을 확인합니다.
```

## 문제4

[일반전표입력] 및 [매입매출전표입력] 메뉴에 입력된 내용 중 다음과 같은 오류가 발견되었다. 입력된 내용을 확인하여 정정하시오. (6점)

[1] 07월 13일 ㈜정모상사로부터 12,000,000원을 차입하고 이를 모두 장기차입금으로 회계처리하였으나, 그 중 2,000,000원의 상환기일은 2025년 12월 15일로 확인되었다(단, 하나의 전표로 처리할 것). (3점)

[2] 11월 10일 공장건물에 운반 목적의 엘리베이터를 설치하고 대금 11,000,000원(부가가치세 포함)을 다온테크㈜의 보통예금 계좌로 이체하여 지급하였다. 해당 엘리베이터 설치는 건물의 자본적 지출에 해당하지만 착오로 인해 수익적 지출(수선비)로 처리하였다. (3점)

## 문제5

결산정리사항은 다음과 같다. 관련 메뉴를 이용하여 결산을 완료하시오. (9점)

[1] 12월 11일에 실제 현금보유액이 장부상 현금보다 670,000원이 많아서 현금과부족으로 처리하였던 금액 중 340,000원은 결산일에 선수금(㈜은비상사)으로 밝혀졌으나, 330,000원은 그 원인을 알 수 없다. (3점)

[2] 2025년 7월 1일에 제품 생산공장의 1년분(2025년 7월 1일 ~ 2026년 6월 30일) 임차료 1,200,000원을 지불하고 전액 비용으로 일반전표에 회계처리 하였다. 이에 대한 기간 미경과분 임차료를 월할계산하여 결산정리분개를 하시오. (3점)

[3] 회계연도 말 현재 퇴직금 추계액은 다음과 같다. 회사는 확정기여형(DC형) 퇴직연금에 올해 처음 가입하였고, 회계연도 말(12월 31일) 당기분 퇴직연금을 보통예금 계좌에서 전액 이체하여 납입하였다(단, 납입일 현재 퇴직급여충당부채 잔액은 없다). (3점)

| 근무부서 | 회계연도 말 현재 퇴직금 추계액 |
| --- | --- |
| 생산부서 | 22,000,000원 |
| 판매관리부서 | 18,000,000원 |
| 합계 | 40,000,000원 |

### 문제6  다음 사항을 조회하여 알맞은 답안을 메뉴에 입력하시오. (9점)

[1] 2025년 제1기 예정신고기간(1월~3월) 중 ㈜행복에 발급한 전자세금계산서의 총발행매수와 공급대가는 얼마인가? (3점)

[2] 2025년 6월 한 달 동안 발생한 영업외비용 중 발생액이 가장 많은 계정과목과 가장 적은 계정과목의 차액은 얼마인가? (3점)

[3] 4월 중 거래처 리제상사로부터 회수한 외상매출금은 얼마인가? (3점)

# 117회 이론시험 답안

| A형 | <1> | <2> | <3> | <4> | <5> | <6> | <7> | <8> | <9> | <10> | <11> | <12> | <13> | <14> | <15> |
|---|---|---|---|---|---|---|---|---|---|---|---|---|---|---|---|
| | ③ | ④ | ① | ① | ③ | ② | ④ | ④ | ① | ② | ④ | ② | ② | ③ | ① |

**1.**
[답] ③ 연구단계에서 발생한 지출은 당기 비용으로 처리한다.

**2.**
[답] ④ 단기차입금은 유동부채에 해당한다.

**3.**
[답] ① 무형자산의 소비되는 행태를 신뢰성 있게 결정할 수 없을 경우 정액법으로 상각한다.

**4.**
[답] ① 290,000원
- 300,000원(실사금액) + 20,000원(주1) - 30,000원(주2) = 290,000원

(주1)일반기업회계기준 실7.5(문단7.3)의 (1)미착상품 : 목적지 인도조건인 경우에는 상품이 목적지에 도착하여 매입자가 인수한 시점에 소유권이 매입자에게 이전되기 때문에 매입자의 재고자산에 포함하지 않는다.
(주2)일반기업회계기준 실7.5(문단7.3)의 (3)적송품 : 적송품은 수탁자가 제3자에게 판매하기 전까지는 위탁자의 재고자산에 포함한다.

**5.**
[답] ③ [일반기업회계기준 문단 6.12] 최초 인식 이후 공정가치로 측정하고 공정가치의 변동을 당기손익으로 인식하는 금융자산, 즉, 단기매매증권 등의 취득과 직접 관련된 거래원가는 당기비용으로 처리한다.

**6.**
[답] ② 이익잉여금(자본), 미지급배당금(부채), 법정적립금(이익잉여금)

**7.**
[답] ④ 주식배당과 무상증자는 순자산의 증가가 발생하지 않는다.

**8.**
[답] ④ 기업의 주된 영업활동에서 발생하는 매출액은 영업수익이다.

**9.**
[답] ① 과소배부 320,000원
- 과소배부 : 실제 발생액 500,000원 - 예정 배부액 180,000원 = 320,000원
- 예정배부율 : 예상액 3,000,000원/50,000시간 = 60원/시간
- 예정배부액 : 실제 직접노무시간 3,000시간 × 예정배부율 60원/시간 = 180,000원

## 제13편. 전산회계1급 -최근기출문제

**10.**
[답] ② 고정원가에 해당한다. 나머지는 변동원가에 해당한다.

**11.**
[답] ④ 4,300,000원
・가공원가 : 직접노무원가 2,500,000원 + 제조간접원가 1,800,000원 = 4,300,000원

**12.**
[답] ② 직접배분법은 보조부문 상호간의 용역수수관계가 밀접한 경우 부정확한 원가배분을 초래하는 단점이 있다.

**13.**
[답] ② 약사의 조제의약품은 면세 대상이나, 일반의약품은 과세 대상이다.

**14.**
[답] ③ 부가가치세법 시행령 제28조 제1항, 장기할부판매는 대가의 각 부분을 받기로 한 때를 공급시기로 한다.

**15.**
[답] ① 영세율제도 : 주로 수출하는 기업에 영세율을 적용하여 부가가치세가 환급되므로 수출을 지원하는 효과가 있다.

# 117회 실무시험 답안

## 문제1

**[1]**
[답] [계정과목및적요등록] > 812.여비교통비 > 대체적요란 > 적요NO.3 : 교통비 가지급금 정산

**[2]**
[답]
- [거래처별초기이월] > 외상매출금 > ㈜장전전자 2,000,000원 → 20,000,000원으로 수정
  > 외상매입금 > 구서기업 23,000,000원 → 30,000,000원으로 수정
  > 받을어음 > 데모산업 20,000,000원 추가 입력

**[3]**
[답]
- [전기분원가명세서] > 운반비 5,500,000원 추가 입력
  > 당기제품제조원가 74,650,000원 → 80,150,000원으로 수정 확인
- [전기분손익계산서] > 제품매출원가 > 당기제품제조원가 74,650,000원 → 80,150,000원으로 수정
  > 당기순이익 24,030,000원 → 18,530,000원으로 수정 확인
- [전기분잉여금처분계산서] > F6불러오기 > 당기순이익 24,030,000원 → 18,530,000원으로 수정 확인
  > 미처분이익잉여금 42,260,000원 → 36,760,000원으로 수정 확인
- [전기분재무상태표] > 이월이익잉여금 42,260,000원 → 36,760,000원으로 수정
  > 대차차액 0원 확인

## 문제2

**[1]**
[답] 일반전표입력
(차) 기부금　　　　20,000,000원　　(대) 제품　　　　　　20,000,000원
　　　　　　　　　　　　　　　　　　　　(적요8.타계정으로 대체액)
- 제품을 파주시청(지방자치단체)에 기부하였을 경우 해당 비용은 원가의 금액으로 하며, 적요는 8.타계정으로 대체 처리한다.

**[2]**
[답] 일반전표입력
(차) 당좌예금　　　1,500,000원　　(대) 선수금(㈜나른물산)　1,500,000원

[3]
[답] 일반전표입력
(차) 대손상각비(835)   2,000,000원   (대) 외상매출금(㈜부곡무역)   2,000,000원

[4]
[답] 일반전표입력
(차) 매도가능증권(178)   40,115,000원   (대) 보통예금   40,115,000원

[5]
[답] 일반전표입력
(차) 교육훈련비(525)   2,500,000원   (대) 예수금   220,000원
                                      보통예금   2,280,000원

[6]
[답] 일반전표입력
(차) 외상매입금(㈜온천전기)   6,900,000원   (대) 외상매출금(㈜온천전기)   6,900,000원

## 문제3

[1]
[답] 매입매출전표입력
유형: 12.영세,   공급가액: 16,500,000원,   부가세: 0원,   공급처명: ㈜전남,   전자: 여,   분개: 혼합
영세율구분:③내국신용장·구매확인서에 의하여 공급하는 재화
(차) 선수금   5,000,000원   (대) 제품매출   16,500,000원
    받을어음   11,500,000원

[2]
[답] 매입매출전표입력
유형: 51.과세,   공급가액: 5,000,000원,   부가세: 500,000원,   공급처명: 빛나는간판   전자: 여,   분개: 혼합
(차) 비품   5,000,000원   (대) 현금   500,000원
    부가세대급금   500,000원       미지급금   5,000,000원

[3]
[답] 매입매출전표입력
유형: 11.과세,   공급가액: 5,000,000원,   부가세: 500,000원,   공급처명: 한수상사,   전자: 여,   분개: 혼합
(차) 외상매출금   3,500,000원   (대) 부가세예수금   500,000원
    보통예금   2,000,000원       제품매출   5,000,000원

[4]
[답] 매입매출전표입력
유형: 22.현과,　공급가액: 1,000,000원,　부가세: 100,000원,　공급처명: 나누리,　분개: 현금
(차) 현금　　　　1,100,000원　　(대) 제품매출　　　　1,000,000원
　　　　　　　　　　　　　　　　　부가세예수금　　　100,000원

[5]
[답] 매입매출전표입력
유형: 55.수입, 공급가액: 2,600,000원, 부가세: 260,000원, 공급처명: 부산세관, 전자: 여, 분개: 현금 또는 혼합
(차) 부가세대급금　　260,000원　　(대) 현금　　　260,000원
　　또는 출금전표 부가세대급금 260,000원

[6]
[답] 매입매출전표
유형: 57.카과,　공급가액: 3,000,000원,　부가세: 300,000원,　공급처명: ㈜광고나라,　분개: 카드 또는 혼합
신용카드사:우리카드(법인)
(차) 부가세대급금　　300,000원　　(대) 미지급금(우리카드(법인))　3,300,000원
　　광고선전비(판)　3,000,000원　　　　또는 미지급비용

## 문제4

[1]
[답] 일반전표입력
• 수정 전 : 07.13. (차) 보통예금　12,000,000원　(대) 장기차입금(㈜정모상사)　12,000,000원
• 수정 후 : 07.13. (차) 보통예금　12,000,000원　(대) 장기차입금(㈜정모상사)　10,000,000원
　　　　　　　　　　　　　　　　　　　　　　　단기차입금(㈜정모상사)　 2,000,000원

[2]
[답] 매입매출전표입력
• 수정 전 :
유형: 51.과세,　공급가액: 10,000,000원,　부가세: 1,000,000원,　공급처명: 다온테크㈜,　분개: 혼합
11.10.　　(차) 부가세대급금　　1,000,000원　　(대) 보통예금　　11,000,000원
　　　　　　　　수선비(제)　　10,000,000원
• 수정 후 :
유형: 51.과세,　공급가액: 10,000,000원,　부가세: 1,000,000원,　공급처명: 다온테크㈜,　분개: 혼합
11.10.　　(차) 부가세대급금　　1,000,000원　　(대) 보통예금　　11,000,000원
　　　　　　　　건물　　　　　10,000,000원

## 문제5

**[1]**
[답] 일반전표입력
(차) 현금과부족　　　670,000원　　　(대) 선수금(㈜은비상사)　340,000원
　　　　　　　　　　　　　　　　　　　　잡이익　　　　　　　330,000원

**[2]**
[답] 일반전표입력
(차) 선급비용　　　　600,000원　　　(대) 임차료(제)　　　　600,000원
· 선급비용 : 1,200,000원×6개월/12개월 = 600,000원

**[3]**
[답] 일반전표입력
(차) 퇴직급여(제)　　22,000,000원　　(대) 보통예금　　　　40,000,000원
　　　퇴직급여(판)　　18,000,000원

## 문제6

**[1]**
[답] 9매, 72,050,000원
· 세금계산서합계표＞매출＞기간(1월 ~ 3월 조회)

**[2]**
[답] 960,000원
· 일계표(월계표)＞월계표 6월 조회
· 가장 많은 계정과목 : 이자비용 1,460,000원
· 가장 적은 계정과목 : 기부금 500,000원
· 차액 : 1,460,000원 - 500,000원 = 960,000원

**[3]**
[답] 16,300,000원
· [거래처원장]＞기간 : 4월 1일 ~ 4월 30일＞계정과목 : 108.외상매출금 조회＞거래처 : 리제상사＞대변 합계금액 확인

### 저자 | 오 상 복

■ **자격 및 약력** ■
- 경영학사 / 회계학 전공
- 직업능력개발 훈련교사 2급 자격 / 중부지방노동청
- 전산회계실무교사 자격 / 서울시 교육청
- TAT, FAT 자격 / 한국공인회계사회
- 전산세무, 전산회계, 기업회계 자격 / 한국세무사회
- ERP정보관리사 자격 / 한국생산성본부
- 정보기술자격증(ITQ) OA MASTER 자격 / 한국생산성본부
- 부기, 주산 자격 / 대한상공회의소
- 전산회계운용사 자격 / 대한상공회의소
- 직업훈련모범교사 표창 / 국회의원
- 고려주산부기타자학원 및 기타학원 / 강사(1987.08~1990.01)
- 동서컴퓨터전산세무회계학원 / 부원장(1992.08~2010.05)
- 강림직업전문학교 / 팀장(2006.05~2009.07)
- 박재형세무회계사무소 / 교육.신고업무(2015.11~2016.09)
- 오름세무회계사무소 / 교육.신고업무(2016.09~2018.03)
- 수원탑학원(개원) / 학원장(2010.07~현재)
  - 2018년~20년 직업능력심사평가원 "훈련이수자평가 A등급" 획득
  - 2019년~21년 직업능력심사평가원/고용노동부 "우수훈련기관" 인증
  - 2020년~21년 ㈜나이스디앤비 "우수기술기업(T-5)" 인증
  - 2022년~26년 직업능력심사평가원/고용노동부 "우수훈련기관" 인증
  - 2023년~ 직업능력심사평가원 "훈련이수자평가 A등급" 획득

■ **저 서** ■
- 오쌤 전산회계1급 - NCS훈련교재
- 오쌤 전산회계2급 - NCS훈련교재
- 오쌤 전산회계1급(2급)통합본 - NCS훈련교재
- 오쌤 전산회계2급.1급 통합본 - 나눔에이엔티
- FAT회계실무1급 - NCS훈련교재
- TAT세무실무2급 - NCS훈련교재

■ **저자 이메일** ■
- sutop-osb@naver.com

---

# 오쌤 전산회계2급·1급 (2025년 통합본)

| | | |
|---|---|---|
| 편   저 | 오 상 복 | 발행 \| 2025년 1월 20일 |
| 발 행 인 | 이 윤 근 | |
| 발 행 처 | 나눔에이엔티 | |

등   록   제307-2009-58호
주   소   서울시 성북구 보문로35길 39
홈 페 이 지   www.nanumant.com
전   화   02-924-6545
팩   스   02-924-6548
ISBN   978-89-6891-432-4(13320)

@2025 나눔에이엔티

**가격 30,000원**

파본은 구입하신 서점이나 출판사에서 교환해 드립니다.

> 나눔 A&T는 정확한 지식과 정보를 독자분들께 제공하고자 최선의 노력을 다하고 있습니다. 본서가 모든 경우에 완벽성을 갖는 것은 아니므로 주의를 기울이시고 필요한 경우 전문가와 사전 논의를 하시기 바랍니다. 본서의 수록내용은 특정시안에 대한 구체적인 의견 제시가 될 수 없으므로 본서의 적용결과에 대해서 책임지지 않습니다.